中国社会科学院创新工程学术出版资助项目

构建中国特色马克思主义史学理论和史学学科创新体系

——中国社会科学院第二届唯物史观与马克思主义史学理论论坛文集

上

卜宪群 主编

中国社会科学出版社

图书在版编目(CIP)数据

构建中国特色马克思主义史学理论和史学学科创新体系：中国社会科学院第二届唯物史观与马克思主义史学理论论坛文集：全2册 / 卜宪群主编. —北京：中国社会科学出版社，2018.10
ISBN 978 – 7 – 5203 – 2957 – 6

Ⅰ.①构… Ⅱ.①卜… Ⅲ.①马克思主义—史学理论—文集 Ⅳ.①A851.692 – 53

中国版本图书馆CIP数据核字（2018）第180513号

出 版 人	赵剑英
责任编辑	田　文
责任校对	张爱华
责任印制	王　超

出　　版	中国社会科学出版社
社　　址	北京鼓楼西大街甲158号
邮　　编	100720
网　　址	http://www.csspw.cn
发 行 部	010 – 84083685
门 市 部	010 – 84029450
经　　销	新华书店及其他书店

印刷装订	北京君升印刷有限公司
版　　次	2018年10月第1版
印　　次	2018年10月第1次印刷

开　　本	710×1000　1/16
印　　张	76.75
插　　页	2
字　　数	1258千字
定　　价	298.00元（全二册）

凡购买中国社会科学出版社图书，如有质量问题请与本社营销中心联系调换
电话：010 – 84083683
版权所有　侵权必究

《构建中国特色马克思主义史学理论和史学学科创新体系》编委会

主　　编　卜宪群

编　　委　卜宪群　杨艳秋　徐歆毅
　　　　　高希中　廉　敏　谢辉元
　　　　　朱昌荣　宋学立

目 录

（上　册）

领导讲话及致辞

以唯物史观为指导加快构建中国特色马克思主义史学理论和
　　史学学科创新体系
　　　　——在中国社会科学院第二届唯物史观与马克思主义
　　　　　史学理论论坛上的讲话………………………… 王伟光（3）
坚持和发展唯物史观，以科学的理论指导史学研究
　　　　——在中国社会科学院第二届唯物史观与马克思主义
　　　　　史学理论论坛上的致辞………………………… 李　捷（14）

唯物史观与20世纪中国史学方法（一）

继承侯外庐的史学理论遗产推进学科建设 ………… 瞿林东（19）
略论马克思主义的社会科学方法论价值 ……………… 侯惠勤（32）
关于建构中国特色马克思主义史学的思考 …………… 邹兆辰（43）
从社会性质出发：历史研究的根本方法 ……………… 李红岩（59）
唯物史观与中国近现代思想史研究 …………………… 郑大华（79）
以马克思唯物史观指导研究海疆史历史人物的研究 … 侯　毅（94）
唯物史观与历史人物评价
　　　　——以中共领袖人物为例 ………………………… 宋学勤（114）
20世纪30年代不同政治取向的近代史家视野中的
　　农民运动 …………………………………………… 龚　云（131）

阶级分析法在党史研究中的价值
　　——基于几个重大党史问题的分析·················· 阚和庆（144）
历史的无意义与意义
　　——论章太炎的《易》学、《春秋》学及其历史观 ········ 江　湄（158）
唯物史观与1949年后顾颉刚的古史研究 ·················· 李政军（179）
柴德赓史学研究的方法和特点初探 ······················ 侯德仁（195）
唯物史观与冉昭德学术创新的风范 ······················ 张　峰（206）
回归理论还是延续考证？
　　——20世纪80年代"回到乾嘉去"史学现象再认识 ···· 范国强（212）
构建双主线、多支线的中国世界史编撰线索体系
　　——全球时代马克思世界历史理论的应用 ············ 董欣洁（223）
民族性与世界性的交融
　　——建设中国特色世界通史编纂学的几点思考 ········ 曹小文（240）
刘秀的帝位之争和形象塑造 ···························· 陶继双（256）
当代中国历史记录理论初探 ···························· 钱茂伟（268）
论史学价值观与历史教育 ······························ 尤学工（282）

唯物史观与20世纪中国史学方法（二）

关于史学理论学术体系建设问题的思考 ·················· 乔治忠（301）
"中国马克思主义史学"称谓辨析 ······················ 张　越（315）
思想分歧与道路选择：重新认识五四时期的"社会主义
　　论战" ·· 左玉河（321）
郭沫若和翦伯赞的史家修养论 ·························· 徐国利（344）
郭沫若早期文史研究中的唯物史观探析 ········ 孙寿涛　周德丰（358）
范文澜与经学 ······································· 周文玖（372）
关于李大钊论历史学性质问题的探析 ···················· 张文生（386）
出史与入道
　　——李大钊的史学之道及史学应有的研究理路 ········ 杨　东（395）
李大钊与中国古代历史研究 ···························· 武　军（408）
重估侯外庐"早期启蒙思想"学说 ······················ 冯　峰（419）
论侯外庐对马克思生产方式理论的研究与运用 ············ 程鹏宇（441）

抗战时期桂林地区马克思主义史学家群体 ……………… 谢辉元（456）
东北解放区的历史教育与马克思主义历史著作的
　　出版传播 ………………………………………… 安学勇（467）
新中国成立初期毛泽东为普及唯物史观的努力 ………… 欧阳雪梅（483）
论"十七年"史学之集体研究 ……………………………… 赵庆云（502）
深入探究唯物史观与中国史学的科学道路
　　——评《唯物史观与中国历史学》 ……………… 朱露川（517）

领导讲话及致辞

以唯物史观为指导加快构建中国特色马克思主义史学理论和史学学科创新体系

——在中国社会科学院第二届唯物史观与
马克思主义史学理论论坛上的讲话

王伟光

（2016 年 9 月 9 日）

为了更好地贯彻落实习近平总书记在哲学社会科学座谈会上的重要讲话精神，必须把巩固马克思主义在我国哲学社会科学领域的指导地位，坚持以唯物史观为指导，加快构建中国特色马克思主义史学理论和史学学科创新体系作为中国史学界的重要任务。

一　坚持唯物史观的立场、观点和方法

唯物史观的创立，是人类思想史上的一次伟大革命。它将唯心主义从社会历史领域中彻底清除出去，从而彻底地解决了历史观领域唯心史观长期占统治地位的状况，实现了自然观上的唯物主义与历史观上的唯物主义的统一，马克思主义哲学成为彻底的和完备的唯物主义学说。

习近平总书记指出，在革命、建设、改革各个历史时期，我们党运用历史唯物主义，系统、具体、历史地分析中国社会发展的规律，在认识世界和改造世界过程中不断把握规律、积极运用规律，推动党和人民事业取得了一个又一个胜利。历史和现实都表明，只有坚持唯物史观，我们才能更好地识别各种唯心主义观点、更好地抵御各种历史虚无主义谬论，才能不断把对中国特色社会主义规律的认识提高到新的水平，不断开辟当代中国马克思主义发展新境界。

坚持唯物史观，需要准确理解和全面掌握历史唯物主义的科学体系。历史唯物主义理论体系的内容十分丰富。马克思和恩格斯在《〈政治经济学批判〉序言》《路德维希·费尔巴哈和德国古典哲学的终结》等著作中，对唯物史观的基本思想作了精辟论述，论证了唯物史观的基本范畴和规律，勾画出了唯物史观理论体系的基本框架和主要理论观点，如生产观点、群众观点、阶级和阶级斗争观点，以及社会存在和社会意识相互关系理论、社会经济形态理论、社会基本矛盾理论、国家、社会革命和无产阶级专政理论、社会意识形态理论、社会利益理论、人和人的自由全面发展理论，等等。

唯物史观是一个完整的、系统的、科学的理论体系，弄懂弄通唯物史观的基本观点，就可以更坚定地坚持工人阶级和人民群众的立场。而始终坚守工人阶级和人民群众的立场，又可以坚定地把握唯物史观的基本观点，就可以把这些基本观点作为思想方法和工作方法运用到实践中去，认识世界、改造世界。就可以坚守崇高理想信念，坚持正确方向，驳斥种种谬误，不断取得胜利。

近年来，唯物史观受到历史虚无主义思潮的严重挑战。当前，在我国存在一股否定历史唯物主义、否定马克思主义史学理论的错误倾向，集中体现为"三化"：一是把历史唯物主义、马克思主义史学理论"边缘化"；二是在史学研究中"去政治化"；三是在史学研究中"去意识形态化"。这"三化"集中起来可以称作彻底的"告别革命"。这个"告别革命"，不仅是要告别中国共产党领导的新民主主义革命和社会主义革命，而且对于历史上一切推进社会进步的革命，都要告别。这股"告别革命"的错误思潮，实际上是一种逆历史而动的唯心主义历史观，形成了一股历史虚无主义思潮。

批判历史虚无主义，就应该坚持唯物史观的基本立场、基本观点、基本方法。江泽民同志多次强调："在任何时候任何情况下，与人民群众同呼吸、共命运的立场不能变，全心全意为人民服务的宗旨不能忘，坚信群众是真正英雄的历史唯物主义观点不能丢。"[①] "要在全党范围内进行马克思主义唯物史观的教育，批判各种否定、贬低人民群众在社会发展中的地位和作用的历史唯心主义观点，牢固树立推动历史前进的决定性力量是人

[①]《江泽民文选》第3卷，人民出版社2006年版，第271页。

民群众的科学观点"①。要落实习近平总书记2013年12月在中共中央政治局就历史唯物主义基本原理和方法论进行集体学习时的要求："推动全党学习历史唯物主义基本原理和方法论，更好认识国情，更好认识党和国家事业发展大势，更好认识历史发展规律，更加能动地推进各项工作。"

二 坚持唯物史观对历史学的指导作用

习近平总书记在哲学社会科学工作座谈会上指出："坚持以马克思主义为指导，是当代中国哲学社会科学区别于其他哲学社会科学的根本标志，必须旗帜鲜明加以坚持。"② 坚持以唯物史观指导我国史学研究，是我国史学发展必须解决好的首要问题。我国的历史研究离开了唯物史观指导，就会丧失方向，丧失灵魂。必须牢牢把握坚持以唯物史观为指导的灵魂和方向。

（一）历史学具有鲜明的意识形态属性

历史学是研究人类社会历史运动过程及其规律的科学，历史学的研究对象离不开社会历史现象、历史事件、历史人物、历史思潮。历史学的任务，是在广泛收集、占有、鉴别史料的基础上，揭示历史的真相，说明历史规律，以便科学地总结历史经验，准确地阐释人类社会历史活动的本质和规律。人类社会处于阶级社会阶段的历史特点决定了历史学鲜明的意识形态属性和政治属性。我国当代历史学，作为思想精神力量，作为观念形态的文化，首先是社会主义方向、性质的理论学术，是为中国特色社会主义的政治经济服务的，是党的思想文化和意识形态的重要战线，从属、服务于社会主义主流意识形态，不能脱离党的政治领导和马克思主义指导。正确认识这一问题，关系到我国当代历史学的性质方向和繁荣发展。我们不否认也不反对个人研究兴趣、爱好和追求，但作为党领导的历史学工作者，个人的兴趣要服从于人民、党和国家的需要，要为现实服务、为人民服务、为中国特色社会主义服务。

强调历史学的意识形态属性，绝对不会否定或削弱其科学属性和文

---

① 《江泽民文选》第1卷，人民出版社2006年版，第98—99页。
② 习近平：《在哲学社会科学工作座谈会上的讲话》，《人民日报》2016年5月19日。

化、学术价值。在历史研究中，必须处理好学术与政治、与意识形态的关系，正确区分学术问题和政治问题，不要把一般的学术问题当成政治问题，也不要把政治问题当作一般的学术问题；既反对把学术问题、理论问题和不同观点的讨论无限上纲，与政治问题、意识形态问题不加区别地混淆在一起，反对"打棍子、扣帽子、抓辫子、装袋子"的阶级斗争扩大化做法和用解决政治问题的办法对待学术问题的简单化做法，也反对打着学术研究旗号从事违背历史学属性、背离学术道德、违反宪法法律，与中国特色社会主义、与人民群众背道而驰的虚假的"学术"行为。

（二）唯物史观是史学研究的利器

习近平总书记指出："无论时代如何变迁、科学如何进步，马克思主义依然显示出科学思想的伟力，依然占据着真理和道义的制高点。"①

唯物史观是科学的历史观，是史学研究的思想武器。坚持以唯物史观为指导，是中国特色历史学最鲜明的特色，是中国特色历史学繁荣发展的题中应有之义，是我们在错综复杂的形势下，保持清醒头脑，保持坚定正确的政治方向和学术导向的思想政治保证。当年，郭沫若在谈到唯物史观对他学问和人生的作用时说："尤其辩证唯物论给了我精神上的启蒙，我从学习着使用这个钥匙，才认真把人生和学问上的无门关参破了。我才认真明白了做人和做学问的意义。"②

我国老一辈马克思主义历史学家在研究历史问题时始终坚持历史唯物主义世界观和方法论，坚持阶级分析法。著名马克思主义历史学家翦伯赞精辟地指出："要严格地运用历史唯物主义的原则，把历史事件和人物放在他们自己的历史条件之下，用无产阶级的阶级观点加以说明。如果离开无产阶级立场，不用阶级观点进行分析，而只是用历史条件与历史倾向、历史局限性等等为某一历史事件或人物的落后、反动进行辩护，这就不是历史唯物主义而是客观主义。"③ 著名马克思主义历史学家尚钺提出要对史料进行阶级性分析："运用史料还要严肃的掌握阶级性，马列主义告诉我们：历史科学就是严肃的党性科学，所以必须掌握阶级观点，因为不严肃

---

① 习近平：《在哲学社会科学工作座谈会上的讲话》，《人民日报》2016 年 5 月 19 日。
② 郭沫若：《中国古代社会研究（外二种）》（下），河北人民出版社 2000 年版，第 1041 页。
③ 翦伯赞：《对处理若干历史问题的初步意见》，《光明日报》1963 年 12 月 22 日。

掌握阶级观点,就要犯大的原则上的错误,同时我们搞历史的人是知道的,过去历史记录权不掌握在人民群众手里,掌握在奴隶主阶级手里,掌握在封建主阶级手里,掌握在资产阶级手里,因此我们运用过去史料,要不严格地批判地来看这些史料,就很容易落在地主阶级和资产阶级那个迷魂阵里边去。"①

我国一些国学功底很深的史学家坚信唯物史观的立场、观点和方法,坚持阶级分析方法。著名史学家吕思勉在晚年自述中说:"予之将马列主义与予旧见解相结合融化,其重要之点如下:(一)旧说皆以为智巧日开,则诈欺愈甚……得今社会学家之说,乃知欺诈之甚,实由于社会组织之变坏,非由于智识之进步……(二)超阶级之观点,希望有一个或一群贤明之人,其人不可必得……今知社会改进之关键,在于阶级斗争……(三)国家民族之危机,非全体动员,不能挽救,而阶级矛盾存在,即无从全体动员……故今日之社会主义,实使人类之行动,转变一新方向也。"② 著名经学家周予同总结用阶级分析方法分析中国经学演变时说:"根据经学家在不同历史时期中对某些'经学'问题的一定共同点的思想体系而形成经学派别,而这种派别归根到底又受经学家的世界观的直接支配。就其'继承'的形式来看,有其师承关系或治学方法的基本一致性;但就其本质来说,是有其阶级性的,是和时代的特点密切相关的。"③

(三) 弘扬我国史学研究的马克思主义优良传统

近代以来,马克思主义传入中国,我国许多老一辈历史学家深受马克思主义影响,学习、运用唯物史观的立场、观点、方法于史学研究,开创了我国史学研究的崭新局面。李大钊曾这样描述唯物史观在中国早期的传播:"晚近以来,高等教育机关里的史学教授,几无人不被唯物史观的影响,而热心创造一种社会的新生。"④ 1922 年,著名清史专家萧一山在《史学之研究》中专门论述了"唯物史观在史学上之价值"。他说:"唯物史观在史学之价值,既如此其重大,而人生所被之影响,又如此其紧要,

---

① 《尚钺史学论文选集》,人民出版社 1984 年版,第 33 页。
② 《吕思勉遗文集》(上),华东师范大学出版社 1997 年版,第 440—441 页。
③ 《周予同经学史论著选集》(增订本),上海人民出版社 1983 年版,第 768—769 页。
④ 《李大钊文集》(下),人民出版社 1984 年版,第 365 页。

我辈不可不明其真义，藉得一新人生之了解。"①

新中国成立后，一大批历史学家更加自觉地接受唯物史观指导，努力构建马克思主义史学理论，形成用马克思主义指导史学研究的一代新风。著名经学家周予同在自传中记述了他对唯物史观的看法："我研究中国的经学与史学，主观上是要从思想上文化上清算长期的封建社会……清算封建社会，如同医学家解剖尸体，需要有犀利而合适的解剖刀。我年青时试用过多种解剖刀，也就是中国的和西方的社会历史学说，主要是进化论。但用来用去，还是认定只有马克思主义的唯物史观，才能帮助我们解决封建的、资产阶级的学者们总是纠缠不清的种种问题，指引我们把社会历史的研究变成科学。我在五四时代就已结识毛泽东同志，听过李大钊同志的演说，也访问过鲁迅先生。他们努力把马克思主义的普遍真理同中国革命的具体实践相结合，实事求是地解决中国面临的各种问题，使我十分钦仰。我觉得我们研究学问，也应该走他们开辟的道路，解剖刀才能发挥作用，既不会泥古不化，也不会乱砍一气。"② 著名魏晋南北朝史专家唐长孺1955年在出版《魏晋南北朝史论丛》跋语中写道："在研究过程中，我深刻体会到企图解决历史上的根本问题，必须掌握马克思列宁主义的理论。"③ 著名历史地理学家谭其骧1979年回忆新中国成立初期学习唯物史观带来史学的巨大进步："记得建国初期，史学工作者都在努力学习马克思主义理论，并试图应用到自己的专业研究中去。在史学界展开了关于古史分期、汉民族形成、资本主义萌芽……一系列的讨论，编辑了大部头的史料丛刊。史学界出现了一片欣欣向荣的新气象。"④ 著名历史学家何兹全晚年表示：辩证唯物主义和历史唯物主义仍是指导历史研究的最正确的历史理论和方法。⑤

（四）坚持用唯物史观指导史学研究

习近平总书记指出："我国广大哲学社会科学工作者要自觉坚持以马克思主义为指导，自觉把中国特色社会主义理论体系贯穿研究和教学全过

---

① 萧一山：《史学之研究》，1922年1月10日。
② 周予同：《周予同自传》，《晋阳学刊》1981年第1期。
③ 唐长孺：《魏晋南北朝史论丛》，河北教育出版社2000年版，第433页。
④ 谭其骧：《勿空破，认真立》，《中国史研究》1979年第3期。
⑤ 何兹全：《何兹全学述》，浙江人民出版社2009年版，第123页。

程，转化为清醒的理论自觉、坚定的政治信念、科学的思维方法。"广大史学工作者落实、贯彻习近平总书记的讲话精神，要自觉以唯物史观为指导，必须首先做到解决好真学真懂真信，最终要落实到怎么用上来。

1944年2月，毛泽东同志在《整顿党的作风》一文中讲到："对于马克思主义的理论，要能够精通它、应用它，精通的目的全在于应用。"马克思主义不仅在于解释世界，更重要的是在于改造世界。掌握马克思主义必须体现在用上。对于史学工作者来说，体现在运用唯物史观于史学研究，提出历史问题、分析历史问题、认识历史问题，出成果，出人才。当前，史学工作者的一个重要任务就是要坚持运用唯物史观，反对历史虚无主义思潮的蔓延和危害，坚持史学研究的正确政治方向和学术导向。

三 努力推进以马克思主义为指导的中国特色史学建设

人事有代谢，往来成古今。习近平总书记在致第二十二届国际历史科学大会的贺信中指出："历史研究是一切社会科学的基础，承担着'究天人之际，通古今之变'的使命。重视历史、研究历史、借鉴历史，可以给人类带来很多了解昨天、把握今天、开创明天的智慧。历史是人类最好的老师。"希望广大历史工作者能够深入学习贯彻习近平总书记在哲学社会科学座谈会上重要讲话精神，积极构建以马克思主义为指导的中国特色史学创新体系。

（一）树立强烈的社会责任感，灵活运用马克思主义世界观方法论，努力为人民而从事史学研究

今天，党所领导的中国特色史学，特就特在坚持马克思主义历史观的指导地位上。坚持马克思主义指导，首先必须解决好史学研究为什么人的问题。习近平总书记指出："我国哲学社会科学要有所作为，就必须坚持以人民为中心的研究导向。"作为历史研究者，核心要解决好为什么人的问题，时刻关注人民对历史研究的需求。如果无法满足人民的需求、脱离了人民，史学便不能吸引人、感染人、影响人，也就失去了生命力，更不可能发挥自己的社会功能。侯外庐先生曾说过："伟大的时代驱使我将全身心投入新史学的踏勘。"著名历史学家陈垣在反思新中国成立前"为学术而学术"的治学方法时说，以前的研究"谈不到大众化，更谈不到为人民服务"，"糊里糊涂做了一辈子学问，也不知为谁服务"。新中国成立后，"我们可以按照人民的迫切需要、国家当前的任务来从事科学研究工作了"。① 新中国成立后，历史学界坚持为人民书写历史，撰写了一大批反映劳动人民的史学著作。譬如加强了农民战争的研究，开辟了中国农民战争史新学科。英国著名历史学家巴勒克拉夫对此评价说，新中国历史研究由于强调了农民战争的革命性以及对促进社会变革的推动作用，"从根本上改变了中国历史的语言"，"建立了评估和重现中国过去历史的标准"，"这个问题为中国历史学增添了一个新领域，却是毫无争议的"②。

坚持马克思主义指导地位，自觉为人民做学问，就要站在人民的立场上，坚持科学性与革命性的统一。科学性和革命性在马克思主义中是内在地、不可分割地结合在一起的。马克思主义要求历史学必须把严格的、高度的科学性和革命性结合起来。研究立场是任何一位史学工作者都无法回避的。列宁明确指出："唯物主义本身包含有所谓党性，要求在对事变作任何评价时都必须直率而公开地站到一定社会集团的立场上。"③ 只有坚持马克思主义的严肃立场，才不会被个人私心、个人恩怨和狭隘利益遮蔽住自己的眼睛，在纷繁复杂的历史现象中抓住本质。站在工人阶级和广大劳动人民群众的立场，运用唯物史观研究历史，才能得出有益于广大人民群众的观点和结论；如果站在剥削阶级立场，运用唯心史观，就会得出不利于人民群众的观点和结论。郭沫若在阐明自己的历史研究时说："我是以一个史学家的立场来阐明各家学说的真相。我并不是以一个宣教师的态度企图传播任何教条。"④ "是什么还他个什么，这是史学家的态度，也是科学家的态度。"⑤ 翦伯赞也说过："历史学是一门科学，第一是科学性，第二是革命性。"⑥ 党领导下的历史学工作者要学会运用马克思主义立场、观点、方法从事史学研究。

---

① 参见周少川《陈垣晚年史学及学术思想的升华》，《史学史研究》2000 年第 4 期。
② ［英］杰弗里·巴勒克拉夫：《当代史学主要趋势》，杨豫译，上海译文出版社 1987 年版，第 222、220 页。
③ 《列宁全集》第 1 卷，人民出版社 1984 年版，第 363 页。
④ 郭沫若：《中国古代社会研究（外二种）》（上），河北人民出版社 2000 年版，第 589 页。
⑤ 同上书，第 590 页。
⑥ 翦伯赞：《关于历史教学和研究的几个问题》，《广西师范学院学报》1978 年第 4 期。

（二）不辜负时代要求，努力推进我国马克思主义史学理论及其话语体系创新建设

习近平总书记指出："面对世界范围内各种思想文化交流交融交锋的新形势，如何加快建设社会主义文化强国、增强文化软实力、提高我国在国际上的话语权，迫切需要哲学社会科学更好发挥作用。"习近平总书记对哲学社会科学界提出了"不断推进学科体系、学术体系、话语体系建设和创新"的任务。在我国发展的重要阶段，推进哲学社会科学理论和话语体系建设具有十分重要的意义。我国史学界应直面不足，努力在马克思主义指导下，体现继承性、民族性、原创性、时代性、系统性、专业性，推进中国特色史学创新体系建设，努力掌握学术话语权。为此，需要做到：

一要坚持我国老一辈马克思主义史学家形成的史学共识。从20世纪20年代开始，李大钊、陈独秀、李达、郭沫若、吕振羽、范文澜、翦伯赞、侯外庐等一批中国学者就开始坚持以马克思主义为指导，运用唯物史观研究中国历史，形成了最基本的马克思主义史学共识。这些基本共识是我们构建中国特色史学理论和话语体系的重要前提。今天，建设中国特色史学学术体系、提升话语权，关键在继承前辈学者的基础上，总结、概括出新的科学概念和学科范式。要坚持原始社会、奴隶社会、封建社会、资本主义社会、社会主义社会和共产主义社会的社会形态演变规律和我国半殖民地半封建社会、社会主义初级阶段社会性质判断等一系列科学范畴，要坚持反帝反封建反官僚资本主义斗争，旧三民主义和新三民主义，旧民主主义革命、新民主主义革命和社会主义革命等科学概念，在更多史料的支持下进一步论证和丰富这些范畴概念；要对我国学者有较多话语权的，以马克思主义为指导的，关于社会历史发展规律，以及关于历史现象、历史事件、历史人物、历史思潮的学说、观点进行更加深入的学术研究和论证。只有在这些方面进行努力，我国史学界才能把中国特色史学创新体系提升到一个新的水平，而不是跟在西方学者后面亦步亦趋。

二要开展扎实深入的史学研究。史学工作者要大力弘扬实事求是、理论联系实际的优良学风，推动形成崇尚精品、严谨治学、注重诚信、讲究责任、扎实深入的道德风尚，营造风清气正、互学互鉴、积极向上的学术生态；树立良好学术道德，自觉遵守学术规范，讲究博学、审问、慎思、明辨、笃行，崇尚"士以弘道"的价值追求，真正把做人、做事、做学问统一起来；要有"十年磨一剑"的执着坚守，耐得住寂寞，经得起诱惑，守得住底线，立志做大学问、做真学问；要把社会责任放在首位，严肃对待学术研究的社会效果，自觉践行社会主义核心价值观，做真善美的追求者和传播者，以深厚的学识修养赢得尊重，以高尚的人格魅力引领风气，在为祖国、为人民立德立言中成就自我、实现价值。历史学者要有甘坐冷板凳的精神，研究要有十分扎实的史料根据、十分严谨的论证逻辑，要有令人信服的阐释力。只有这样的研究，才能在学术上有说服力，才有助于提高我国史学创新体系建设水平。

三要自觉贯彻"双百"方针，提倡学术创新。百花齐放、百家争鸣是繁荣发展我国哲学社会科学的重要方针。要提倡理论创新和知识创新，鼓励大胆探索，开展平等、健康、活泼和充分说理的学术争鸣，活跃学术空气。要坚持和发扬学术民主，尊重差异，包容多样，提倡不同学术观点、不同风格学派相互切磋、平等讨论。著名马克思主义史学家刘大年1954年就提出："只有创造性的讨论，自由的批评，科学才能发展；反之，如果放弃了争论，取消了批评，任何科学都是不可能发展，不可能进步的……如果我们要学习马克思主义而又不要批评的精神，这就抛弃了马克思主义的灵魂。有了批评与自我批评，就可以使我们学习马克思主义的速度加快。"[①]

四要发挥集体和个人的双重积极性。建设中国特色史学创新体系，既需要学者个人开展深入的研究，产出一系列运用史料得当、见解独到的精深专著；又需要发挥我国制度的优越性，运用集体力量组织学者攻关，产出多种体系宏大、结构严密的大部头著作；还需要具有战略思考能力的学者在专门研究的基础上对研究成果进行新的概括，提出具有主体性、原创性的概念和理论，使我们的研究在史学理论和史学方法论意义上对国际史学界产生重要影响。

（三）加大马克思主义史学理论与史学研究成果普及，反对历史虚无主义

毛泽东同志1959年就说过："历史上不管中国与外国，凡是不应该否定一切的而否定一切，凡是这么做了的，结果统统毁灭了他们自己。"[②] 我

[①] 刘大年：《历史研究所第三所的研究工作》，《科学通报》1954年第8期。
[②] 《毛泽东在省、市、自治区党委书记会议上的讲话（1959年2月2日）》，《党的文献》2007年第5期。

们在构建中国特色史学体系过程中，要注重普及马克思主义史学理论创新和史学研究成果，旗帜鲜明地反对历史虚无主义思潮的侵袭。

当前某些历史研究成果和历史题材作品竭力淡化马克思主义关于生产力与生产关系、经济基础与上层建筑的矛盾运动是推动人类社会历史前进动力的观点，淡化人民群众在历史上的地位，淡化阶级分析方法，淡化主流意识形态，去政治化、去意识形态化，"告别革命"，从而使历史发展的动力观、阶级观、群众观、社会形态观等许多牵涉唯物史观的重大基本理论问题受到挑战。在某些历史著述和作品中，剥削阶级意识形态沉渣泛起，剥削阶级价值观得到弘扬，客观上形成了与当前建设社会主义先进文化的冲突。某些历史著述和作品肆意曲解中国历史的发展道路，某些历史著述和作品不顾历史背景、历史事实，颠倒是非，甚至盲目宣传某些在历史上曾经对中国犯有侵略行为的历史事件、人物等。这些都需要引起我们史学工作者的高度警惕！

史学研究成果要真正能够服务于人民群众，服务于中国特色社会主义事业。要坚决反对错误的历史观，将科学的历史观和历史知识传播给大众，杜绝人为杜撰的虚假历史。要积极运用现代科学技术，创新历史研究的手段、方法、载体。要注重发挥互联网等现代传媒在人们工作和生活中的独特作用，弘扬20世纪五六十年代大家写小书的传统，加大科学历史观的宣传教育和历史知识普及力度，遏制历史虚无主义思潮的影响。

习近平总书记在哲学社会科学工作座谈会上指出："历史表明，社会大变革的时代，一定是哲学社会科学大发展的时代。当代中国正经历着我国历史上最为广泛而深刻的社会变革，也正在进行着人类历史上最为宏大而独特的实践创新。这种前无古人的伟大实践，必将给理论创造、学术繁荣提供强大动力和广阔空间。这是一个需要理论而且一定能够产生理论的时代，这是一个需要思想而且也能够产生思想的时代。我们不能辜负了这个时代。"中国特色社会主义事业是前无古人的伟大实践，为历史学的发展提供了广大的舞台、空间和不竭的源泉。中国历史学不仅要记录这个人类历史上的重要篇章，更要参与这个重要历史篇章的创造。中国历史学工作者应该不辜负这个伟大的时代，要大有可为，一定可为，一定能够创造无愧于伟大时代和伟大实践的灿烂的中国特色的历史学。

（作者单位：中国社会科学院）

坚持和发展唯物史观，
以科学的理论指导史学研究

——在中国社会科学院第二届唯物史观与
马克思主义史学理论论坛上的致辞

李 捷
（2016 年 9 月 9 日）

尊敬的伟光院长、张江副院长，各位专家学者：

大家上午好！

仲秋时节，群贤毕至。在此隆重举行中国社会科学院第二届唯物史观与马克思主义史学理论论坛，是史学界的一大盛事，必将为坚持和发展唯物史观、构建中国特色的马克思主义史学理论体系，推动我国历史科学研究事业发展，建设具有中国特色、中国风格、中国气派的哲学社会科学作出新的贡献。我谨代表中国史学会和求是杂志社，对本届论坛的成功举办表示热烈的祝贺！

历史研究是构建中国特色哲学社会科学体系的基础学科之一，承担着重要的责任和使命。习近平总书记指出："历史研究是一切社会科学的基础，承担着'究天人之际，通古今之变'的使命。"而要真正发挥好这样的作用，就必须坚持正确的学术方向，始终以马克思主义唯物史观为指导。唯有如此，史学研究才有科学的世界观和方法论，在复杂纷繁的社会历史现象中把握规律、把握本质、把握主流、把握方向；才有正确的立场，在各种迷雾和假象中坚持科学性、党性、人民性的高度统一；才有正确的价值观，明辨是非善恶美丑，坚持崇高理想，在占领真理高地的同时占领道义高地。

历史研究的目的，一在求真，一在求理。无论求真，还是求理，如果脱离了科学历史观的指导，就会陷入非历史的、唯心的、机械的研究误区。影响历史发展的因素错综复杂，存在着偶然与必然、特殊与一般、现象与本质、局部与整体、过程与阶段、动机与效果等各种矛盾关系，如何以科学的世界观、认识论和方法论来处理这些关系，是历史研究者必须面对的基本问题。唯物史观关于生产力与生产关系、经济基础与上层建筑、社会存在与社会意识、英雄人物与人民群众、历史曲折与历史进步、社会革命与社会改良、主观动机与客观效果等充满了历史辩证法和辩证唯物论的认识论的重要观点和论述，为我们拨开历史迷雾提供了最为根本的科学指导。事实上，马克思主义唯物史观进入中国，在中国史学从传统走向现代的历程中，引发了最为根本、最为深刻的、影响最为久远的史学革命。可以说，从 20 世纪以来直至现在，中国马克思主义史学研究所取得的众多成就，始终离不开唯物史观的指引。唯物史观的传入并发生广泛深刻影响，是 20 世纪中国史学最显著的特征。中国马克思主义史学的诞生，则是 20 世纪中国史学最重要的标志性成就。世界观的转变，立场的转变，是最为根本的转变。20 世纪以来产生的中国史学大师，灿若群星，包括郭沫若、范文澜、吕振羽、翦伯赞、侯外庐、胡绳等等。他们自觉地以唯物史观为指导，吸收和借鉴中国传统史学与西方史学的方法，运用、丰富和发展了马克思主义史学理论，不断开拓中国历史研究和人类历史研究的新领域，构建形成富有中国特色的中国史体系和世界史体系，为我们推动当代中国哲学社会科学事业的繁荣发展树立了榜样。

展望 21 世纪中国史学，我们欣喜地看到，在广大史学研究工作者的不懈努力下，无论是在唯物史观研究，还是在史学理论研究，以及在具体历史研究各个方面，马克思主义史学都取得了长足进步。与此同时，历史虚无主义和文化虚无主义等错误思潮对史学研究乃至社会公众的历史认知所产生的负面影响，也值得我们高度关注和警惕。他们在一些重要节点上，公开发出一些貌似史学研究、历史考证、历史揭秘的非理性、非历史的噪音杂音，以此解构历史，否定中国马克思主义史学所取得的研究成果，否定唯物史观的科学性和正确性。特别是历史虚无主义，通过割断历史的内在关联来歪曲历史，从而否定党史国史，曲解中国近现代史，来达到其否定中国共产党领导、马克思主义指导、社会主义道路的政治目的。同这些错误思潮的斗争，是长期的、复杂的，必须坚持不懈、敢于斗争、善于斗争。我们强调历史研究要始终坚持以唯物史观为指导，用一脉相承、接续发展的辩证眼光看问题，用科学严谨的历史研究成果来辨明真伪、解疑释惑、批驳谬误。

21世纪的中国史学研究，要继续实现自己的光荣与梦想，就必须始终坚持以马克思主义唯物史观为指导，始终坚持"百花齐放、百家争鸣"的方针。同时，还要面向当代、面向未来、面向世界。史学研究要有时代高度和宽广视野，以历史研究为媒介，打通中国与世界，打通过去、现在与未来；要有宏大的历史观和强烈的现实关怀，把当今发展中令人困惑的疑难问题，放在科技进步、制度昌明与经济社会发展的历史长河之中，以史学的通达、包容与智慧开导人、激励人、启迪人；要坚持正确导向，自觉抵制历史虚无主义和文化虚无主义影响，在全社会倡导科学理性进取的历史观和价值观。这里，史学研究要坚持正确导向至关重要。没有科学的历史观，便难以构建起科学的史学理论体系，便难以为历史研究提供更有效、更理性、更客观的认识工具。相信通过本届论坛的成功举办，一定能为推进唯物史观研究和中国马克思主义史学理论建设作出重要贡献。

预祝第二届唯物史观与马克思主义史学理论论坛圆满成功！

（作者单位：求是杂志社）

唯物史观与20世纪中国史学方法（一）

继承侯外庐的史学理论遗产推进学科建设

瞿林东

《侯外庐著作与思想研究》三十三卷巨帙的出版，进一步展现出了侯外庐先生学术思想的博大精深。这是中国马克思主义史学发展史上的一座丰碑，是中国近现代学术史上的宝贵遗产，它在当今的和未来的中国学术事业发展中，必将产生更广泛的积极影响。

张岂之先生在这一巨帙的"总序"中指出："侯外庐先生治中国历史、中国社会史和中国思想史，既继承中国思想学术史的优良传统，又创造性地运用马克思主义历史唯物论作为研究的指导，在马克思主义与中国社会史、学术史、思想史研究方面做出了重要贡献。"[①]"总序"还对侯外庐先生关于"亚细亚生产方式"的学术观点与理论阐发，以及《中国思想通史》等著作，作了中肯的、简明扼要的评价，对读者了解、阅读这部巨帙，具有指导意义。

本文仅就侯外庐先生在史学理论与历史学学科建设上的贡献，如论史学工作者自身的修养、历史研究的原则和方法、历史研究新的生长点如何产生、人才培养与教学改革，以及马克思主义史学中国化等重要问题，讲一点我学习的体会和粗浅的认识，向史学界同仁请教。

一 论史学工作者的修养

关于史学工作者的自身修养，是侯外庐先生在史学领域中最为关注的问题。他在1961年发表的《在严格要求下从事科学研究工作》、1979年

---

① 张岂之：《侯外庐著作与思想研究》总序，见《侯外庐著作与思想研究》第一卷，长春出版社2016年版，第1—2页。

发表的《实事求是,搞好史学研究工作》与《提倡科学上的诚实态度》,以及1986年修改定稿的《侯外庐史学论文选集》自序等文,都对此有所论述,他的基本观点是:

> 对待科学工作应该有严肃认真的态度、实事求是的科学方法。这就是说,研究任何问题都必须从实际出发,详细地占有材料,从这些材料中找出事物固有的内部联系,引出正确的结论。马克思列宁主义经典作家无论是研究现代社会的经济运动规律,探索历史的总的发展进程,或是研究某一个专门领域以至个别的历史实例,都严格遵循这种科学的方法。①

这里说的"严肃认真的态度,实事求是的科学方法",是侯外庐先生关于科学工作者(包括史学工作者)自身修养的总的认识。这一认识,是从马克思、恩格斯和毛泽东的有关论断中和他本人的学术生涯中概括出来的。

在此后的十余年中,尤其是经历了"文化大革命"的十年动乱,侯外庐先生对史学工作者自身的修养,提出了更加明确的认识。首先,他强调学习马克思主义理论的重要性和迫切性。1979年,他在《实事求是,搞好史学研究工作》一文中指出:

> 建国以来,我们史学工作者做了不少的工作,其中有许多成功的经验,也有一些失败的教训。所有这些都需要我们深入地加以总结,作为我们进一步开展史学研究工作的借鉴。我们把经验总结起来,才能够彻底肃清"四人帮"的余毒。这两个方面是相互联系的。
>
> 我们的经验很多,集中到一点上,就是要加强马克思列宁主义、毛泽东思想的学习,坚持马克思主义的基本原则,坚持实事求是的科学精神。②

---

① 侯外庐:《在严格要求下从事科学研究工作》,见张岂之主编《侯外庐著作与思想研究》第二十四卷,长春出版社2016年版,第831页。
② 侯外庐:《实事求是,搞好史学研究工作》,见张岂之主编《侯外庐著作与思想研究》第二十四卷,长春出版社2016年版,第855—856页。

这是一位老一辈的马克思主义史学家,在经历了数十年的风风雨雨之后所总结出来的基本经验。他说的学习马克思主义和"彻底肃清'四人帮'的余毒","这两个方面是相互联系的",是道出了 20 世纪 70 年代末和 80 年代初,思想界、理论界、学术界所面临的最紧要的任务。人们在痛定思痛之后,对于侯外庐先生所总结的经验教训,必然有强烈的共鸣,这就是:

> 我们讲要坚信马列主义、毛泽东思想对于史学研究的指导,就是要从马克思主义那里找研究历史的立场、观点和方法,绝不是要我们把马克思主义的个别词句当成抽象的公式和套语,去任意剪裁中国历史和世界历史,也不是要我们用马克思主义的个别词句去代替对于历史实际的具体研究。恩格斯说:"我们的历史观首先是进行研究工作的指南,并不是按照黑格尔学派的方式构造体系的方法。"(《马克思恩格斯选集》第 4 卷,第 456 页)①

侯外庐先生明确指出,对于背离、破坏马克思主义的做法,必须坚决反对,予以揭露。然而,把马克思主义作教条主义的理解和做法,也必须予以纠正。这是从正反两个方面总结出来的理性认识。这一认识,对于正确评价中国马克思主义史学的历史,辨明其现实的道路和未来的前景,都是十分重要的。侯外庐先生的这一认识,在今天的史学界以至学术界,仍具有突出的现实意义。

其次,他强调史学工作者应具有科学上的诚实态度。侯外庐先生在 1979 年撰文指出:"我们应当提倡科学上的诚实态度,反对科学上的卑鄙行为。我的这个意思并不是什么新东西,而是马克思主义创始人早已经讲过多次的。"他进而对这句话作了如下解释:

> 什么是"科学上的诚实"?那就是"毫无顾忌地"尊重客观规律的科学精神。马克思在《剩余价值理论》(《资本论》第 4 卷)中称赞英国古典政治经济学家李嘉图的这种态度。他说:"李嘉图的毫无

---

① 侯外庐:《实事求是,搞好史学研究工作》,见张岂之主编《侯外庐著作与思想研究》第二十四卷,长春出版社 2016 年版,第 856 页。

顾忌不仅是科学上的诚实,而且从他的立场来说也是科学上的必要。因此对李嘉图来说,生产力的进一步发展究竟是毁灭土地所有权还是毁灭工人,这是无关紧要的。如果这种进步使工业资产阶级的资本贬值,李嘉图也是欢迎的。如果劳动生产力的发展,使现有的固定资本贬值一半,那将怎样呢?李嘉图说:'要知道人类劳动生产率却因此提高了一倍。'这就是科学上的诚实。"(《马克思恩格斯全集》第26卷,第2册,第125页)①

侯外庐先生认为,作为资产阶级的经济学家,在"人类劳动生产率"提高的面前,即使会导致"资本贬值"的结果,李嘉图在理论上说了真话,因此受到马克思的称赞。这就是"科学上的诚实"态度。当然,后来资产阶级为了维护自身的利益,还是丧失了这种"科学上的诚实"态度。可见,坚守这种"科学上的诚实"态度,并不是一件容易的事情。

侯外庐先生认为:同"科学上的诚实"态度相对应的,是"科学上的卑鄙"。他援引马克思的话作解释,写道:

> 什么是"科学上的卑鄙"?用马克思的话说,就是:"一个人如果力求使科学去适应不是从科学本身(不管这种科学如何错误),而是从外部引出的、与科学无关的、由外在利益支配的观点,我就说这种人'卑鄙'。"马克思把李嘉图和马尔萨斯做对比,尖锐地批评马尔萨斯是个"无赖""无耻的献媚者",他为了资产阶级的特殊利益而在科学领域内伪造自己的结论,"这就是他在科学上的卑鄙"。(上引均见《马克思恩格斯全集》第26卷,第2册,第126—127页)②

在经历了"文化大革命"的十年动乱之后,尤其是目睹"四人帮"对科学的践踏,侯外庐先生对马克思的上述见解有更加深刻的认识,这就是:终生为追求科学而奋斗,为无产阶级最高利益而奋斗的马克思,在"科学"面前不容有半点虚伪,"诚实"的对应面便是"卑鄙"。唯其如

---

① 侯外庐:《提倡科学上的诚实态度》,见张岂之主编《侯外庐著作与思想研究》第二十四卷,长春出版社2016年版,第858页。
② 同上书,第859页。

此，提倡"科学上的诚实态度"是多么重要。

最后，他强调史学工作者应具有自省的精神品质。侯外庐先生晚年写过这样一段话：

> 执行自我批判，聆听学术批评。我认为，学贵自得，亦贵自省，二者相因，不可或缺。前者表现科学探索精神，后者表现自我批判勇气。历史科学如同其它科学一样，总是在探索中前进的，难免走弯路，有反复，因而不断执行自我批判，检点得失，总结经验教训，是十分必要的，否则就会固步自封。就资质而论，我是个常人，在科学道路上自知无捷径可走，惟有砥砺自学，虚心求教，深自省察，方能不断前进。我和我的合作者可以互相改稿，没有顾虑。即或是青年同志，只要他们对我的稿子提出了意见，我总是虚心考虑，将不妥之处反复进行修改。仅以《老子》研究而言，我自30年代撰写《中国古代社会与老子》，至50年代修订重版《中国思想通史》第一卷的20年间，曾四易其稿。每易一稿，都可以说是执行一次自我批判。①

读着这段话，我总是会联想到郭沫若的"自我批判"，联想到范文澜为他撰写的《中国通史简编》所作的长篇"检讨"文字，这难道不正是老一辈马克思主义史学家的共同品质吗！虚怀若谷，在反思和自省中不断进取，这是多么纯朴的学风和高尚的精神！这种品质、学风、精神，是史学工作者自身修养的崇高境界，永远值得后人敬仰、学习。

上述三个方面综合起来，是强调史学工作者在理论上和品质上修养的极其重要性，即正确的理论指导，"科学上的诚实"态度，"执行自我批判"的精神，是史学工作者在其学术生涯中要思考、要坚守的几个重要方面。

二 论历史研究的原则和方法

历史研究的基本路径、原则和方法，是侯外庐先生关注的又一个重要的史学理论问题。

---

① 侯外庐：《侯外庐史学论文选集》（上）自序，人民出版社1987年版，第19页。

在20世纪60年代末与70年代初,侯外庐先生在特定的历史条件下,多次强调历史研究的基本原则。他认为,历史研究是一项科学工作,必须在严格要求下从事这一工作,指出:"不管研究什么个别历史实例或社会生活问题,都必须首先充分地掌握一切有关的材料;即使是研究某个具体的细节的问题,也必须这样做。大量地占有材料,这是科学研究工作的出发点。只有在大量材料的基础上,科学研究工作才是'有的放矢',才能获得成果;从分析大量材料中得出的结论,才会是正确的、有根据的。"① 这是一切研究工作的基础,在这个基础上,以诚实的、实事求是的态度开展研究,才有可能获得正确的结论。这就是上文讲到的"坚持马克思主义的基本原则,坚持实事求是的科学精神"。

关于历史研究的路径,侯外庐先生着重指出社会史研究作为基础研究的必要性。在这个问题上,侯外庐先生建立了他的独特的理论要求,即"社会史研究,先从经济学入手"。"以历史唯物论为指导的历史科学不能不从研究经济学开始。""我对于中国历史——无论是古代的奴隶制社会和中古的封建制社会——的研究,都是从'生产方式'这一经济学的基本范畴开始的。"② 侯外庐先生的这一思想观念的形成,与他早年致力于马克思《资本论》第一卷的翻译有极大关系。与此相互密切联系的是,侯外庐先生"对中国封建社会的研究,强调以法典化作为确定历史分期的标志。因为从封建专制主义国家的法典来研究土地所有权及其相应的地租形态,研究不同地租形态的转变过程、途径和为法律所固定了的型范,就能比较确切地反映整个封建社会历史发展的阶段性"③。从"法典化"来判定"土地所有权及其相应的地租形态",再从地租形态的"转变"与"型范"来判断"封建社会历史发展的阶段性",这是侯外庐先生强调的"经济学研究"的具体化,由此达到认识"社会史"的目的。

侯外庐先生这一"社会史研究"的独特的理论要求,正是他研究中国思想史的路径。他对自己数十年的中国思想史研究作过这样的总结:

---

① 侯外庐:《在严格要求下从事科学研究工作》,见张岂之主编《侯外庐著作与思想研究》第二十四卷,长春出版社2016年版,第833页。
② 侯外庐:《侯外庐史学论文选集》(上)自序,人民出版社1987年版,第9页。
③ 同上书,第10页。

> 对中国思想史的研究，我以社会史研究为前提，着重于综合哲学思想、逻辑思想和社会思想（包括政治、经济、道德、法律等方面的思想）。应该指出，哲学史不能代替思想史，但是，思想史也并不是政治思想、经济思想、哲学思想的简单总和，而是要研究整个社会意识的历史特点及其变化规律，所以我的研究既注意每种思想学说的"横通"（即它与社会历史时代的联系），又注意它的"纵通"（思想源流的演变）；既注意思潮，也注意代表人物。①

这一段话非常重要，从我的肤浅认识来看，它把侯外庐先生研究中国思想史的路径、范围和关注点都讲到了。其中，关于"横通"和"纵通"的结合最为紧要：以时代为依托的"横通"，要求研究者对时代特点有准确的把握，在"存在"与"意识"的关系上作出符合实际的阐述；以时间为主轴的"纵通"，要求研究者对研究对象在历史发展中的演变有动态的观察。可见，要做到"横通"与"纵通"的合理结合，殊为不易。在中国史学上，司马迁讲"通古今之变"（司马迁：《报任安书》，见班固《汉书·司马迁传》），班固讲"上下洽通"（班固：《汉书·叙传下》），郑樵讲"会通之义"（郑樵：《通志》总序，见《通志二十略》上册），都是横通与纵通相结合，而经过郑樵对"会通之义"的阐发在史学上产生重大影响。侯外庐先生继承并发展了这一优良传统，在中国思想史的研究上取得重大成就，同时在理论上深化了这一优良传统的内涵。

至于"既注意思潮，也注意代表人物"，这是否可以看作是对于"面"和"点"的关系的处理。换言之，这是全局意识和把握重点的关系。比如，思潮对人有何影响，人在思潮中扮演着怎样的角色，二者形成辩证关系。讲思潮自当举出代表人物，不泛泛而论；论人物必将其置于思潮中加以考察，不脱离大的背景。侯外庐先生总结的"既注意思潮，也注意代表人物"这一研究中的关注点，是辩证思维在研究工作中的具体运用，对于当今的史学界来说，尤其具有现实的指导意义。

侯外庐先生关于历史研究的路径和方法的理论，还突出地表现在对历史材料的论述方面。侯外庐先生在1961年发表《在严格要求下从事科学研究工作》，以主要篇幅论述了历史材料问题，在一定意义上可视为一部

---

① 侯外庐：《侯外庐史学论文选集》（上）自序，人民出版社1987年版，第11页。

"历史材料论"的论纲。

论点之一：批评在科学研究工作中的两种"轻率态度"，一是"对历史实例或实际生活不做具体分析而主观任意地虚构出'结论'和'体系'的态度和方法"；二是"有些人对历史事例和实际问题不下苦功搜集和占有材料，不进行独立的艰苦的研究，只是一味图省事地把历史唯物主义的原理变成套语，套在他们所研究的事物上。他们一味只是用历史唯物主义的套语来把自己贫乏的历史知识尽快地构成系统，然后就可以自豪地去欣赏自己的功业。"① 他认为这两种"轻率态度"都违背了科学工作的要求。

论点之二："对任何一个历史问题，任何一个实际问题，不从占有大量材料出发来做具体的研究，而搬弄一些抽象的概念，这是最简便不过的了，这样做是绝不会做出任何成绩来的。"② 这里一连用三个"任何"，可见在侯外庐先生看来，在重视材料这个问题上，是必要的、必需的，没有丝毫可以轻视、可以商量余地的。材料是历史研究的基础，空想和杜撰都不是真正的历史研究，都是与历史研究背道而驰的。反之，只有在占有大量历史材料的基础上，才能开始历史研究工作。

论点之三：关于"搜集和积累材料"的方法。侯外庐先生指出："搜集和积累材料，大体上有两种情况，一种是从本问题的材料向其他方面扩展，一种是从本问题的大量材料中抓住典型。"具体说来，前一种情况是："一个历史实例的研究，必然联系到与本问题相关的若干方面，有时甚至联系到较远的方面。因此，除了掌握本问题的直接材料，还要旁及其他方面的材料。"这是材料范围的扩大。后一种情况是："一个历史实例的材料十分丰富，那末，我们就不能对于一切材料等量齐观，无所选择，而必须在全面考察之中把握有决定意义的部分，进行重点分析。"③ 这是要突出重点材料。概括说来，这两种情况，就是关于材料之面的扩大和材料之点的深入，侯外庐先生对此作这样细致的分析与阐说，足见他对于历史研究的材料的重视。

论点之四：继承前人成果，丰富、提高自己。侯外庐先生指出："要对材料做出缜密而正确的批判审查，还必须善于从文献资料中发掘和继承

---

① 侯外庐：《在严格要求下从事科学研究工作》，见张岂之主编《侯外庐著作和思想研究》第二十四卷，长春出版社2016年版，第831、832页。
② 同上书，第832页。
③ 同上书，第834页。

前人已有的研究成果,以丰富我们的知识,提高我们的概括能力。"① 这样做的结果,文献中保存的前人研究成果,也就变得有生命力了。侯外庐先生的这一论述,使我想到先师白寿彝先生有关历史资料"二重性"的说法。他在一次讲演中提出这一看法,认为:"历史资料,第一,它是记载过去的事情,记载过去的历史,同时,还是用于解释现在的资料。""第二,历史资料不止是研究历史的资料,同时还是好多种学科研究的资料,它既是历史资料,又是当前进行一些学术研究的资料。"因此,"我们可以把它叫做历史资料的二重性。"② 侯、白二位先生对历史研究的"材料"之用途与内涵,在表述形式上不尽相同,但却存在着内在的联系,读来都有许多启发。

论点之五:对材料进行综合和概括。对材料的认识从感性层面提升到理论层面,这就需要综合和概括。侯外庐先生指出:"对大量的材料进行具体全面的分析,又要加以综合和概括,运用科学的抽象力。""离开科学的概括和抽象,就会淹没在大量的材料中,就不能深刻地揭示出事物的本质。"这是因为对事物的感性认识,一般只是认识事物的现象,只有理性认识才可能触及事物的本质。侯外庐先生进一步分析道:

> 运用抽象力来对材料进行研究,是科学研究工作必经的阶段。没有抽象,也就没有科学。虽然科学研究工作的起点在于搜集大量的材料,具体分析和整理这些材料,但是只有经过概括和抽象,才能将丰富的材料加以去粗取精、去伪存真、由此及彼、由表及里,发现事物内部的规律性,得出科学的结论。③

需要指出的是,侯外庐先生关于历史研究的原则、路径和方法的理论,不是相互割裂的,而是相互关联的整体,这一以"材料论"为主要内容的理论,值得史学工作者尤其是青年史学工作者学习、参考,使之与网络技术结合起来,必将大有裨益。

---

① 侯外庐:《在严格要求下从事科学研究工作》,见张岂之主编《侯外庐著作和思想研究》第二十四卷,长春出版社2016年版,第835页。
② 白寿彝:《白寿彝史学论集》上,北京师范大学出版社1994年版,第308、309页。
③ 以上均见侯外庐《在严格要求下从事科学研究工作》,见张岂之主编《侯外庐著作和思想研究》第二十四卷,长春出版社2016年版,第836页。

三 论历史研究的"生长点"

"生长点"好像是一个新的词汇,但侯外庐先生在20世纪60年代就使用了这个词汇。1962年,侯外庐先生在中央党校的一次"关于学习历史的方法"讲课中,首先就讲到了"历史科学的生长点的问题"。当然,他说的"历史科学的生长点的问题",不是局部性的问题,而是全局性的、战略性的问题。侯外庐先生认为:

> 所谓历史科学的生长点,就是说在研究历史科学时,应从哪方面着手才能带动起整个历史科学发展的问题,就像很多科学的发展都是从近代物理学的发展而生长起来的一样。这是科学界要注意的问题,也是我们每一个人应该注意的问题。①

从这一论述来看,侯外庐先生是从时代出发,站在鸟瞰科学界的高度而提出"历史科学的生长点"问题。显然,这个问题的提出,既有它的历史时代性,也有它的现实性。侯外庐先生在20世纪60年代初提出这个问题,充分反映了一位马克思主义史学家的社会责任感和在科学上的战略眼光。

那么,历史科学的生长点究竟在哪里呢?侯外庐先生从矛盾学说的角度作出说明,他认为:"到底什么是我们的生长点呢?我看历史科学的发展,离不开批评、斗争;没有斗争就不能发展。这是主要方面。当然,其他方面,我们也要把握好,要把握史料,不说空话。"②侯外庐先生结合当时的历史形势,举出一些"生长点"同"斗争"的关联。联系到中国马克思主义史学发展的历史,不同形式的批评和斗争确是存在的。这里,我想结合中国史学史的发展,说明"批评"对于"生长点"之产生的重要。举例来说:班彪、班固父子对司马迁《史记》的批评而有《汉书》的撰写;唐太宗对十八家晋史的批评而有唐修《晋书》的面世;李大师、李延寿父

---

① 侯外庐:《在严格要求下从事科学研究工作》,见张岂之主编《侯外庐著作和思想研究》第二十四卷,长春出版社2016年版,第839页。
② 同上书,第843页。

子对南北朝官修正史的批评而有《南史》《北史》的撰成；欧阳修因不满于《旧唐书》《旧五代史》而著《新唐书》《新五代史》；郑樵批评班固"断代为史"、破坏了"会通"的为史之义的传统而作《通志》，等等。这种实例，在中国史学史上举不胜举，显示出批评对于"生长点"的催生作用。从这个意义上说，对中国史学批评史的研究，将有益于中国史学史研究的深入发展。

重温侯外庐先生关于"生长点"的论述，深感其立论高远，对学术发展有重要的启发意义。同时也促使人们产生许多联想。记得1984年，白寿彝先生发表一篇短文《中国史学史上的两个重大问题》，旨在提出问题，引发思考，推进中国史学史研究的深入。文章写道：

> 近两年，国内的形势很好，在某些战线上，大有突飞猛进之势。在这样的新形势下，我们的史学史工作也应该甩掉旧的躯壳，大踏步前进，把新的史学史学科早日建立起来。这项工作牵涉的方面比较多，但我认为有两个重要问题，是应该多下点工夫及早解决的。这两个问题如果解决得好，史学史这门学科就可能面目一新。
>
> 我说的这两个问题，第一，是对于历史本身的认识的发展过程；第二，是史学的社会作用的发展过程。①

这里说的"甩掉旧的躯壳"，是指甩掉《四库全书总目提要》和一般"史书要籍介绍"的影响。作者认为对上述两个"重大问题"的研究、论述，将有利于中国史学史学科建设。这两个问题，一是史学家对历史的认识，一是史学家对史学的认识。中国史学史研究者如何说明历史怎样产生史学，以及史学如何反作用于历史这样一个存在与意识的辩证关系，实为中国史学史研究中的核心问题。当然，白寿彝先生并没有提出"生长点"的问题，但他的这篇短文确实起到了催生"生长点"的作用。诚如作者所解释的那样："在中国史学史上，重要的问题不少，这两个问题，恐怕是当前更为重要的问题。在史学史的编撰上，一个史学家一个史学家地写，一部史学名著一部史学名著地写，这可以说是必要的，也可以说是研究过程中所难免的。但是否可以要求更高一些，要求更上一层楼，是否可以把

---

① 白寿彝：《白寿彝史学论集》下，北京师范大学出版社1994年版，第603页。

这些以人为主、以书为主的许多框框综合起来，展示出各个历史时期史学发展的清晰面貌呢？这当然不容易，但总还不失为一个可以考虑的前进方向吧。"① 20 世纪 80 年代中期以来，中国史学史研究有了新的发展，原因是多方面的，而这篇文章提出的问题所产生的积极影响，是其中一个原因。

从学术史的观点来看，侯外庐先生在 50 多年前提出的"历史科学的生长点的问题"，可以说是一个永恒的问题，在今天仍具有现实的启示意义，这是因为学术总是在"日日新，又日新"的运行轨迹中前进，而寻求"生长点"就是寻求新的创造。

四 结语

1946 年，侯外庐先生在《中国古代思想学说史》一书的"再版序言"中写道：

> 中国学人已经超出了仅仅于仿效西欧的语言之阶段了，他们自己曾活用自己的语言而讲解自己的历史与思潮了。从前他们讲问题在执笔时总是先取欧美和日本的足迹，而现在却不同了。他们在自己土壤上无所顾虑地能够自己使用新的方法，掘发自己民族的文化传统了。我以为歧路是暂时的，不久将来就能明白孰正孰偏。同时我相信一方面的研究会在业绩方面呈现于全世界的文坛，虽则说并不脱离其幼稚性，而安步总在学步之时可以看出来的，问题在于从前仍然限十九世纪以前的步伐，语言形式重于内容，而现在则是内容更重于语言形式了。②

40 年后，即 1986 年，侯外庐先生在《侯外庐史学论文选集》自序的修改稿中保留着这样一段话：

> 注意马克思主义历史科学的民族化。所谓"民族化"，就是要把中国丰富的历史资料，和马克思主义历史科学关于人类社会发展的规

---

① 白寿彝：《白寿彝史学论集》下，北京师范大学出版社 1994 年版，第 605 页。
② 见张岂之主编《侯外庐著作与思想研究》第八卷，长春出版社 2016 年版，第 1 页。

律，做统一的研究，从中总结出中国社会发展的规律和历史特点。马克思主义历史科学的理论和方法，给我们研究中华民族的历史提供了金钥匙，应该拿它去打开古老中国的历史宝库。我曾试图把中国古代社会研究，看作是恩格斯关于家庭、私有制和国家起源问题的理论在中国引申和发展。而这项工作不是我个人所能做到的，但却心向往之。①

上引这两段话，给我们提供了一个重要的学术信息，即侯外庐对于中国历史文化的深厚的情怀和充分的自信。从"活用自己的语言而讲解自己的历史与思潮"，到"把中国丰富的历史资料，和马克思主义历史科学关于人类社会发展的规律，做统一的研究，从中总结出中国社会发展的规律和历史特点"，其间，时间的跨越并没有改变这位大家的学术旨趣，而是使这一旨趣变得更加清晰了，这就是"马克思主义历史科学的民族化"或马克思主义史学中国化。

通观卷帙浩繁的《侯外庐著作与思想研究》，从《资本论》第一卷的中译本，到《近代中国思想学说史》的影印本，其间贯穿着侯外庐先生"'韧'的追求"，不正是"马克思主义历史科学的民族化"么！这也正是侯外庐先生留给后人的学术遗产和精神遗产。

（作者单位：北京师范大学历史学院）

---

① 侯外庐：《侯外庐史学论文选集》（上）自序，人民出版社1987年版，第18页。

略论马克思主义的社会科学方法论价值

侯惠勤

强调马克思主义在哲学社会科学研究中的世界观、方法论作用,往往被视为学术不自由、人格不独立,这其中除了意识形态的偏见,也有学理上的混乱之处,本文试图做点澄清。

一 如何确立社会科学研究的客观标准

大家知道,社会历史领域离不开"主观性",可如果建立不了"客观性"标准,该领域的研究就无法成为科学。因此,从黑格尔到马克思,都致力于寻找历史的"内在必然性",黑格尔称之为"客观精神",马克思称之为"历史规律"。两者的共同点在于把这种"客观性"视为非个人意志的产物。而马克思以后的所有不赞成马克思的探索,几乎都试图以"个人"(及其意志)来说明历史。其中最为典型的就是马克斯·韦伯和卡尔·波普尔。韦伯把马克思的唯物史观视为"只能支配外行和浅薄人的头脑"予以断然拒绝[①],而波普尔则指认唯物史观是"历史决定论的贫困"。有意思的是,他们并不希望将历史变成个人主观意志的"任性",因此不约而同地将"客观性"定在了历史地积淀于个人内心的人性诉求上。在韦伯看来,历史领域的"客观性"只能是深藏在个人内心的价值判断。"正是'个人'的最内在的因素,规定我们的行动、赋予我们的生活以意义的最高和最终的价值判断,才是某种我们感到有'客观'价值的东西。"[②]

但是,把渗入每个人内心的"人性诉求"(其表现形式就是"普世价

[①] 马克斯·韦伯:《社会科学方法论》,韩水法、莫茜译,中央编译出版社2002年版,第19页。

[②] 同上书,第6页。

值"或"良知")作为历史"客观性"的依据,存在着明显的"软肋":尽管人类的道德理想、价值追求有一个"向善"的指向,有跨民族、时代的共同性,但历史从来不是按人们的内心愿望"直线式"发展,而是曲折、跌宕、出乎意料地发展的。用"普世价值"去设定历史的人,无法说明曾经的"价值共识"总是不断被颠覆的历史事实,无法证明我们今天究竟是处在历史的"高点""低点"还是"拐点",因而无法证明今天被大多数人认可的价值观从历史趋势上看是否属于"普世价值",也就是说,无法证明该价值观(比如西方式的民主、自由)高于其他价值观的优先性。

历史反复证明,如果大多数人的认同("普世价值")就等同于历史规律,人类社会可能就止步于原始社会了(因为从社会和谐的道德眼光看,阶级分化显然是不可接受的);新制度、新道路的开辟,总是由小到大、由弱变强;历史潮流不取决于一时的人数多少,而取决于是否遵循客观真理和历史规律;甚至可以从一定意义上说,历史的每一个进步,都是对于某种"普世价值"的颠覆。恩格斯曾经高度评价黑格尔关于"恶"在历史中的作用的思想,他指出:"在黑格尔那里,恶是历史发展的动力的表现形式。这里有双重意思,一方面,每一种新的进步都必然表现为对某一神圣事物的亵渎,表现为对陈旧的、日渐衰亡的、但为习惯所崇奉的秩序的叛逆,另一方面,自从阶级对立产生以来,正是人的恶劣的情欲——贪欲和权势欲成了历史发展的杠杆,关于这方面,例如封建制度的和资产阶级的历史就是一个独一无二的持续不断的证明。"[①] 关于贪欲的历史作用问题我们这里暂且不论,而历史的进步总是在挑战曾经的"价值共识"中实现则是再也清楚不过的事情。资本主义必然是对封建社会的"尊贵血统"和"家族荣誉"一类价值共识的颠覆,而科学社会主义则必然要用"消灭阶级""共同富裕""劳动解放"等价值追求,对体现了资本力量的"自由""民主"一类价值共识进行颠覆,相信在这点上不会有歧义。反过来,成功颠覆了资本主义社会价值共识的科学社会主义,就必然被现今依然占据统治地位的"价值共识"视为洪水猛兽般的"恶",这同样是不争的事实。

同样,"良知"也不能成为历史的客观坐标。虽然"人同此心",但心并不能阻挡"人心不古",不能破解"人心叵测"、更不能揭示"人心向

[①] 《马克思恩格斯选集》第4卷,人民出版社1995年版,第237页。

背"。"良知"是否天性、"天良"能否发现、"天理"是否能容,于人于事都难以定于一规,只能听凭见仁见智、可信可疑、毁誉随意;"良知"为天性还是"习得","致良知"如何可能,争了几千年也没有争明白。以此为据,能有真正的历史科学吗?

因此,在我看来,人性诉求并不是决定历史趋势的主导力量和根本原因。几乎所有的人(包括韦伯)都承认价值观的相对性(只是他称之为"积极的相对主义"),既然如此,它就必然有使之成立的更为根本的缘由。在今天一些人看来,自由的价值是绝对不可或缺的,可正如弗洛姆指出的那种"逃避自由"的情况,则一再出现在历史的记忆中。恩格斯就引证过德国农奴在17世纪放弃"自由"、寻求领主保护的史实,说明个人意志是历史条件的产物,而不是相反。"甘受奴役的现象在整个中世纪都存在,在德国直到三十年战争后还可以看到。普鲁士在1806年和1807年战败之后,废除了依附农制,同时还取消了仁慈的领主照顾贫病老弱的依附农的义务,当时农民曾向国王请愿,请求让他们继续处于受奴役的地位——否则在他们遭到不幸的时候谁来照顾他们呢?"①(注:30年战争的时间为1618—1648)在马克思主义看来,在存在着资产阶级和无产阶级对立的社会,社会的最高价值只能是消灭阶级、消灭剥削,而不是所谓的"自由",因为在资产阶级统治的社会所能实现的自由,就只能是资本的自由、金钱的自由,而不是个性自由。只有在消灭了阶级的共产主义社会,人类才可能进入个性自由发展的时期。

我们不能不说,用个人意志或核心价值观来说明历史,并不比用生产力状况来说明历史更高明。毫无疑义,人类文明的基础在于生产力的状况,正如马克思指出的,"社会关系和生产力密切相联。随着新生产力的获得,人们改变自己的生产方式,随着生产方式即谋生的方式的改变,人们也就会改变自己的一切社会关系。手推磨产生的是封建主的社会,蒸汽磨产生的是工业资本家的社会。"②需要指出,生产工具和生产关系的统一并不是简单的一一对应关系,而是对立统一的矛盾关系,就是说,生产力之所以总是要突破相应的生产关系,说到底是因为某一生产力的最佳状态并不是在现有的生产关系中,而是在新生产关系的萌芽中达到的,从而预

---

① 《马克思恩格斯选集》第3卷,人民出版社1995年版,第440页。
② 《马克思恩格斯选集》第1卷,人民出版社1995年版,第141—142页。

示着革命变革的趋势。正如"手推磨"的最大生产力并不是封建式手工作坊,而是资本主义工场手工业一样,机器大工业的最佳生产力也不是资本主义大工业,而是社会主义大生产。从迫使工人适应机器的运转(加大劳动强度)、造成剩余劳动大军等方面看,机器大工业确实满足了资本主义最大限度地节约劳动成本和无限扩大生产的需要,因而在机器大工业的初期普遍出现了"工人和机器之间的斗争";但是,这种实际运用并不是符合机器大工业本性的状态,因而造成了深刻的"经济学悖论","即缩短劳动时间的最有力的手段,竟变为把工人及其家属的全部生活时间转化为受资本支配的增殖资本价值的劳动时间的最可靠的手段。"① 因此,在马克思看来,"工人要学会把机器和机器的资本主义应用区别开来,从而学会把自己的攻击从物质生产资料本身转向物质生产资料的社会使用形式"。② 由机器大工业开创的社会化大生产,归根到底是资本主义自我否定的内在力量,它本质上属于高于资本主义的未来社会。

二 宏观的社会分析如何做到"具体"?

对于宏观的社会问题只能有两种选择:或者视其为空洞的"宏大叙事"而加以拒斥,或者通过"概念的具体"而加以应对。当代西方哲学的主流是否定整体认识社会的可能性,因而拒斥"宏大叙事"而沉溺于"局部工程"的认知、"细小叙事"的把玩,绝对的相对主义和"碎片化"则成为其特征。排斥了对于社会发展的整体性认识,也就失去了历史制高点和道德制高点的依据。这是当代思想混乱和价值缺失以致道德危机的根源。就哲学社会科学研究而言,缺乏"大气""大手笔"的成果已成为当今许多人的忧虑,以至于我们不仅不能深刻洞察历史的未来,甚至对于当前的国际金融危机等现实问题也一筹莫展。费弗在《下一个马克思》一文中是这样感叹的:"我们在等待一位现代马克思,他可以拿出对现有经济正统观念的尖锐批评意见和变革计划,从而使左派和右派同样大吃一惊。如果下一位马克思正在某个地方奋笔疾书,未来可能会

---

① 《马克思恩格斯文集》第5卷,人民出版社2009年版,第469页。
② 同上书,第493页。

出现迥然不同的经济体制。"① 这一期盼折射出近年来"碎片化"研究的浅薄和无效，足以发人深省。当然，用概念代替现实、以逻辑剪裁历史、靠想象设计未来的抽象整体性研究，也于事无补。唯一可行的是开辟出具体地、科学地整体认识社会的道路，而这正是马克思主义可能给我们以启发的地方。

首先，这个命题所说的"具体"，不是感性具体，而是思维具体、概念具体。关于这个方面我们通常可以看到以下两种偏向：一是用抽象的整体否定具体的部分。当戈尔巴乔夫指认"全人类的利益高于无产阶级的阶级利益"时，似乎很是理直气壮。因为无产阶级人数再多，也是人类的部分，而整体大于部分则是毋庸置疑。但是且慢，问题在于这个"全人类的利益"，自人类历史进入阶级社会以来，它就没有现实地存在过，而现实存在的是对抗的阶级利益，或以革命阶级利益为代表的多数人利益。因此，正确的提法就不是抽象的全人类利益与具体的阶级利益相比较，而是什么阶级的阶级利益更能代表大多数人的利益，什么阶级的阶级利益代表了人类发展的未来。马克思正是在这个意义上强调无产阶级的利益高于一切。进一步说，也正是存在着阶级利益的对抗，才存在着（统治阶级）用抽象的人类利益去否定某些现实利益的情形。而一旦实现了人类大同，当个人的自由全面发展与社会的进步能够协调一致的时候，用抽象的整体利益去和现实的具体利益加以比较并否定后者的思维方式也就失去了根据。可见，这种抽象性思维本身就是阶级对抗社会的产物。

二是用抽象的人性否定具体的个性。作为资产阶级社会抽象思维的典型表现，就是把体现了该社会具体历史条件下的人性状况，视为是一成不变的抽象人性，并以此作为根本的价值依据。这一抽象思维方式可以达到双重功效：一是为现存的资产阶级社会辩护，使其占领"自然如此"的人性高地；另一是消解任何试图超越资本主义的努力，使其陷入"违反人性"的道义困境。但是这种把一成不变的人性视为历史的深层根据是经不起科学检验的。无论是历史科学还是自然科学都证明，人性是人类文明进化的结果，因而不同的文化背景、不同的历史阶段也就呈现出人性的不同状况。比如资产阶级话语体系中最为重要的"自我"及其

---

① 约翰·费弗是美国对外政策焦点研究所副所长。

引申出的人权、民主等价值,就不仅存在着东西方文化上的重大差异,而且存在着生理基础上的差异。"阿姆巴迪认为,文化神经系统科学的确促进人类的有关认识。她说,'自我/母亲'方面的发现'证明了集体主义文化中自我与(你所亲近的人)之间的强有力的重叠,以及个人主义文化中自我与他人之间的分离,因此将有关分析推进到大脑水平上是十分必要的'。尤其是,这种分析能显示出文化差异的根本性,诸如人权、民主等'普世'概念可能并不是放之四海而皆准的东西。"① 从马克思主义的观点看,人性不是社会矛盾的根源,而是其表现;不是人性创造历史,而是历史改变人性。

可见,用抽象的人性去解释社会现象,本身就是资产阶级的思想统治方式,因为资产阶级社会是真正的抽象化社会。"抽象性"在真正意义上构成了资本主义社会的本质。就经济过程而言,资本主义市场经济使得劳动抽象化,"劳动一般"正是这种状况的写照。与此相应就是人的抽象化以及思维方式的抽象化,而抽象观念的统治则是社会的自我认同方式,碎片化的"细小叙事"(它以抽象观念为前提)则是其表现方式。因此,"具体"从根本上说是马克思主义破解资本主义社会抽象化陷阱的思维方式。

在马克思看来,祛除因阶级利益的遮蔽而导致的不愿面对真相的因素,需要提出可以进行具体分析的"问题",这就是马克思主义所强调的"改变世界"的问题。没有改变世界的追问,必然会把存在的东西作为当然的前提,其讨论问题就必然只在解释现象上兜圈子,而与真正的现实相隔阂。这就不可能达到对于世界的规律性认识,具体分析也就无从谈起。"这些哲学家没有一个想到要提出关于德国哲学和德国现实之间的联系问题,关于他们所作的批判和他们自身的物质环境之间的联系问题。"因此,"哲学家们只是用不同的方式解释世界,而问题在于改变世界。"② 历史总是在发展变化的,无论从何种意义上说都不可能"终结"。尽管历史发展的方式有渐变(量变)和突变(质变)两种,但量变是本质,质变是方向。社会科学研究的前提就是准确判断当前的发展态势、努力推动事物的

---

① 美国《新闻周刊》网站 2010 年 2 月 18 日文:"西方的大脑,东方的大脑",作者沙伦·贝格利。
② 《马克思恩格斯选集》第 1 卷,人民出版社 1995 年版,第 66、61 页。

革命转化。改良主义的谬误不在于其重视事物的修修补补，而在于其力图保存当前的事物。

其次，需要能够进行具体分析的具体概念。概念具体是指能够正确把握和历史再现客观存在的思想范畴，这就决定了它必然是以对立统一为特征的矛盾概念，而不是孤立（单一）、静止（无差别）的范畴。这就是说，具体概念的构成至少是"二"，而不是"一"，其次这"二"是又对立又统一，其动态展开过程就是现实事物变化的逻辑表现。以历史唯物主义的核心概念为例，作为具体概念，它既不是单一的"生产力"概念，也不是单一的"生产关系"概念，而是"生产力和生产关系的矛盾"。这就是说，脱离了生产力的生产关系和脱离了生产关系的生产力都是抽象概念，都不能准确反映现实的经济运动过程。"生产力"概念不是马克思发明的，但在马克思之前运用这一概念的人（例如德国贸易保护主义之父、经济学家弗·李斯特）并没有运用这一概念对现代社会的发展作出科学的描述。根本原因就在于其没有看到，任何物质资料的生产和再生产过程，同时也是社会关系（在阶级社会则是统治关系）的生产和再生产过程，没有形成"生产关系"的概念，实际上也就没有发现社会发展的客观规律。只有马克思恩格斯才第一次做出了"一切历史冲突都根源于生产力和交往形式之间的矛盾"这一具体的分析。[①]

最后，具体分析还是一个不断认识新情况、解决新矛盾的过程。如果说概念具体在于其能够再现事物的过程性存在的话，那么把握具体概念就必须深入到现实的矛盾性关系中。不深入到事物的矛盾内部认清矛盾的主次及主次方面，认清矛盾的发展规律，就不可能做到具体情况具体分析，而这"深入"就要求我们要通过科学实践、实验总结、实际调查等方式去进入实际。如果说"一切从实际出发"强调的是事物的客观真实性、规律性的方面的话，那么，"具体分析"则强调的是事物在思维中的准确再现。只有把握思维的进程是从抽象上升到具体，并通过具体这一许多规定的综合，才能在思维中再现实在和具体现实。"后一种显然是科学上正确的方法。具体之所以具体，因为它是许多规定的综合，因而是多样性的统一。因此它在思维中表现为综合的过程，表现为结果，而不是表现为起点，虽然它是现实中的起点，因而也是直观和表象的起点。在第一条道路上，完

[①] 《马克思恩格斯选集》第1卷，人民出版社1995年版，第115页。

整的表象蒸发为抽象的规定；在第二条道路上，抽象的规定在思维行程中导致具体的再现。"①

可见，"具体分析"有两个过程：一是深入实际，这其实是一个拆分实际、梳理问题、发现本质的过程；另一是解决实际，这其实是一个综合整理、形成思路、解决问题的过程。因此，"具体分析"就是用具体概念还原现实，其实质是体现理论的彻底性，抓住事物的根本，形成可以说服人并用以指导实践的科学理论。

贯彻"具体分析"的要求，我们研究任何社会问题，有两个根本界限必须分清：一是通过体制内的改良、自我调整能够加以解决的，和必须通过推倒原体制才可以解决的；二是前进中、发展中的问题，和停滞不前的问题。我们不否定当前中国社会存在的种种问题，甚至不否定某些问题的极其严重性。但是，如果问题属于两个界限的前一类，那么从总体上看就是社会凝聚力大于社会的对抗性，人们对于未来的信心大于对当下困难的不满，或者说，机遇大于挑战。这就是我们反对"中国崩溃"论的根据，同样，这也是我们反对夸大中国的发展成就，掩饰其存在的问题，灌"迷魂汤"式"捧杀"的理由。

三　微观的社会研究如何做到"真实"？

微观研究和宏观研究密不可分。从数学的排列组合看，似乎有四种情况：宏观、微观都科学，宏观准确、微观错误，宏观错误、微观准确，宏观、微观均失真。但从归根到底的意义上，则只有两种结果：宏观、微观的具体、历史统一中的真实或不真实。也就是说，宏观分析正确，也可能出现对于某一阶段、某一局部分析不准确的情况，但这只能是暂时的，如果一直改变不了，则宏观分析也是站不住的；反之，宏观分析失真，而局部、阶段性分析有效，这也只能是暂时的，有其历史界限的，否则，其宏观分析就不能是错误的。常常可以听到这样的议论：西方经济学微观管用，宏观失效；马克思主义经济学宏观有效，微观无效。这在一定历史界限、一定社会范围内可能成立，超出了这一范围或界限，情况就会改变。比如，将西方经济学的定量分析用于当前中国的社会研究，可能就会导致

---

① 《马克思恩格斯全集》第 12 卷，人民出版社 1962 年版，第 751 页。

谬误。

现在有一个误解，似乎一谈到微观研究，就只能做定量分析，只能靠"数学模型"解决问题。其实，微观研究离不开宏观分析、定量研究离不开定性分析，仅靠抽象的数字是解决不了实际问题的。毛泽东早就指出，必须抓住中国近代以来的社会特点，才能找到中国革命的出路。而最重要的特点就是"中国政治经济发展不平衡——微弱的资本主义经济和严重的半封建经济同时存在，近代式的若干工商业都市和停滞着的广大农村同时存在，几百万产业工人和几万万旧制度统治下的农民和手工业工人同时存在，管理中央政府的大军阀和管理各省的小军阀同时存在，反动军队中有隶属蒋介石的所谓中央军和隶属各省军阀的所谓杂牌军这样两部分军队同时存在，若干的铁路航路汽车路和普遍的独轮车路、只能用脚走的路和用脚还不好走的路同时存在。"① 这种"不平衡"说明中国是个"异质化"的社会，其挑战和出路都在这里，而使用抽象的数字去解决中国问题就更加需要格外的谨慎。如果说，抽象的数字过去说明不了阶级力量对比、军队士气及战斗力，更解决不了中国社会的现实出路的话，那么今天，抽象的数字同样难以有效观察当代中国的社会问题。

实际上，对于当代中国问题容易产生误判的一个原因，就是迷信抽象的数字和公式。比如，人们可以根据世界银行关于美国5%的人口掌握了60%的财富，而中国则是1%的家庭掌握了全国41.4%的财富，财富集中度远远超过了美国的最新报告，得出中国已成为全球两极分化最严重国家之一的结论；从中国基尼系数从30年前改革开放之初的0.28已上升到2009年的0.47，目前仍在继续上升的数字，得出社会利益共享机制发生严重断裂，甚至社会已经发生严重分裂的结论。我要说，"基尼系数""恩格尔系数""人均GDP""国际标准"，等等，都不是判断中国问题的最终依据，对于中国问题的话语权不在这里，而在于真正深入了解中国的社会结构和中国人的生活方式。欧美发达国家可以说是个均衡化、同质化的社会，表现为生活方式的单一，因而抽象的数字能够说明问题。换言之，日均收入10美元的，生活质量肯定高于日均5美元的，而日均不足2美元的肯定是极端贫困的人口。但是中国直到今天还是一个发展极不平衡的国家，实际上是一个真正的多元化社会，在不同的区域、不同的社区、不同

---

① 《毛泽东选集》第1卷，人民出版社1991年版，第188页。

的社群，有不同的"活法"。因此，同样的收入，生活质量迥异；收入稍高的，不等于生活质量就一定较高；在西方按"国际标准"看来简直无法生存的收入，在中国就可能生存，甚至还有一定的生活乐趣。我丝毫没有否认或忽视中国当今存在的种种问题的意思，而是想强调，如果仅仅凭一些统计数字或公式概念去判断和预测中国，就必然失之偏颇。今天的中国并没有出现"崩溃"的迹象。同时，我们也达成了这样的共识，那就是如果老百姓挣的钱都用去看病了（这印证了"健康"的价值），都被坑蒙拐骗了（"安全"很重要），空气、水和食品都被污染了（"绿色"的价值），GDP又有何意义？单纯的GDP观点正在被改变。

如果满足于所谓的"微观正确"，不从史料的真实上升到历史的真实，必然会在两个问题上失足：一是混淆"卑躬屈膝"和"忍辱负重"的界限；另一是混淆"惨无人道"和"壮士断臂"的界限。这两个问题就现象看有相似之处，卑躬屈膝和忍辱负重都是一种"妥协"，而惨无人道和壮士断臂则都是一种"伤害"，但是两者的本质和本性却截然相反：有两种妥协，一种是维护更大的利益而作出的"必要让步"，另一种则是贪图私利而丧失道德意志的"缴械投降"；同样，有两种"伤害"：一种是灭绝人性的屠杀，另一则是展现人性光辉的牺牲。两者的根本区别就在于是否"正义"，而判断是否正义就需要科学的历史尺度，树立判断是非善恶的价值坐标。由于历史是复杂的，事物的性质往往也是多重性的，因而更需要把握事物根本性质的客观标准，更需要确立这一客观标准的科学方法。

近代以来，东方社会不断受到西方资本主义的入侵，如何看待这种入侵，成为全部近代史之争的焦点。在"西化"的观点看来，入侵尽管也伴随着血腥和压迫，但其带来了现代文明则总是历史的进步，因而"西化"是唯一的出路；而在马克思主义看来，这种入侵虽然依靠了现代文明，却不能使被侵略国享受现代文明成果，并从根本上毁灭了其原来的文化传统，因而不仅本质上是野蛮的，而且预示了资本主义文明的衰落和社会主义文明的兴起。马克思在谈到英国对印度入侵的后果时指出："印度人失掉了他们的旧世界而没有获得一个新世界，这就使他们现在所遭受的灾难具有一种特殊的悲惨色彩，使不列颠统治下的印度斯坦同它的一切古老传统，同它过去的全部历史，断绝了联系。"[①] 山河破碎、积弱贫穷是这种入

---

① 《马克思恩格斯选集》第1卷，人民出版社1995年版，第762页。

侵的物质后果，而丧失民族自尊心和文化自信则是这种入侵的精神后果。因此，我们从根本上不能歌颂、赞美西方的殖民侵略，而必须揭露和控诉这一侵略、歌颂人民的反侵略斗争。这才是真正的历史真实，而离开这一基本面的所谓材料真实，都不是历史的本来面貌。

（原载《长沙理工大学学报（社会科学版）》2015年第1期）

（作者单位：中国社会科学院马克思主义研究院）

关于建构中国特色马克思主义史学的思考

邹兆辰

习近平总书记 2016 年 5 月 17 日在哲学社会科学工作座谈会上的讲话中指出：要加快完善对哲学社会科学具有支撑作用的学科，如哲学、历史学、经济学、政治学、法学、社会学、民族学、新闻学、人口学、宗教学、心理学等，打造具有中国特色和普遍意义的学科体系。这就表明历史学也是属于对哲学社会科学具有"支撑作用"的学科，毫无疑问打造具有中国特色和普遍意义的历史学学科体系是一项非常重要的任务，是每个史学工作者都应关注的问题。

一 中国特色马克思主义史学的理论基础必须是马克思主义

习近平总书记在这次座谈会的讲话中指出："在对待坚持以马克思主义为指导问题上，绝大部分同志认识是清醒的、态度是坚定的。同时，也有一些同志对马克思主义理解不深、理解不透，在运用马克思主义立场、观点、方法上功力不足、高水平成果不多，在建设以马克思主义为指导的学科体系、学术体系、话语体系上功力不足、高水平成果不多。社会上也存在一些模糊甚至错误的认识。有的认为马克思主义已经过时，中国现在搞的不是马克思主义；有的说马克思主义只是一种意识形态说教，没有学术上的学理性和系统性。实际工作中，在有的领域中马克思主义被边缘化、空泛化、标签化，在一些学科中'失语'、教材中'失踪'、论坛上'失声'。这种状况必须引起我们高度重视。"① 习总书记指

---

① 习近平：《在哲学社会科学工作座谈会上的讲话》，《人民日报》2016 年 5 月 19 日。

出的这些问题在史学领域也是存在的,同样也是历史学工作者需要高度重视的。

长期以来,总有一种摆脱、取消、淡化马克思主义对历史研究指导作用的观点、主张、做法存在。有的人在反思新中国成立以来的史学发展时,不加区分地把新中国成立以来的史学都看作是极左的政治产物,是教条主义的史学,是意识形态话语体系的产物,实际是在说明马克思主义对历史研究的指导只是起了负面作用。有人通过批评旧的哲学教材对唯物史观的阐释,说明"传统唯物史观"的理论存在着严重的理论缺陷,如果以这种唯物史观做指导,马克思主义史学绝难继续保持我国史学的主流地位,而只能沦为一个不大的史学流派。因此提出要超越唯物史观。有的人在运用五种生产方式的理论来解释不同民族、国家的历史时出现某些解释不通的问题,从而完全否定马克思主义的社会经济形态理论。也有的人,鉴于我国新时期以来工作重点的转移,不再强调阶级斗争,从而根本否认马克思主义阶级斗争的理论对于解释人类历史发展的重要意义。也有的在解释历史发展的动力时,根本否定人民群众对历史发展的作用。在一些历史研究的成果中,已经看不到马克思主义对史学的指导的作用,也不再探讨有关历史发展的规律性问题。

马克思主义对历史研究的指导作用问题是一个老问题。列宁在19世纪末就曾经指出:"自从《资本论》问世以来,唯物主义历史观已经不是假设,而是科学地证明了的原理。在我们还没有看见另一种科学地解释某种社会形态(正是社会形态,而不是什么国家或民族甚至阶级等等的生活方式)的活动和发展的尝试以前,没有看见另一种像唯物主义那样能把'有关事实'整理得井然有序,能对某一社会形态作出严格的科学解释并给以生动描绘的尝试以前,唯物主义历史观始终是社会科学的同义词。"[①]

列宁的话虽然是在一百多年前说的,但他的观点并没有过时。英国著名历史学家巴勒特拉夫就认同列宁的观点。他指出:"在历史研究的发展过程中,马克思主义的重要性首先在于,当历史主义(就其唯心主义和相对主义的词义上说)因为本身的内部问题而丧失早期的生命力时,马克思

[①] 列宁:《什么是"人民之友"以及他们如何攻击社会民主党人?》(1894年春夏),摘自《列宁专题文集:论辩证唯物主义和历史唯物主义》,人民出版社2009年版,第163页。

主义为取代历史主义而提供了有说服力的体系。"① 在巴勒克拉夫看来，马克思主义的影响力所以日益增长，原因就在于人们认为马克思主义提供了合理地排列人类历史复杂事件的使人满意的唯一基础。他总结了马克思主义作为哲学的和总的观念，从五个方面对历史学家的思想产生了影响。一是促进了历史学研究方向的转变，从政治的事件转向社会、经济的复杂过程；二是使历史学家注意到需要研究人们生活的物质条件；三是促进了对人民群众历史作用的研究；四是社会阶级结构的观念及对阶级斗争的研究，对历史研究产生了广泛的影响；五是重新唤起了对历史研究的理论前提的兴趣及整个历史学理论的兴趣。巴勒克拉夫讲得很有道理，面对新时期的历史研究，无论是对中国史的研究还是全世界历史的研究，马克思主义对历史学研究的指导作用是依然存在的。目前没有任何一种理论可以取代马克思主义的作用。

　　自马克思主义传入中国以来，获得了一大批历史学家的衷心信服并在自己的史学研究工作中自觉地运用。郭沫若、吕振羽、范文澜、翦伯赞、侯外庐等一大批马克思主义史家，都是终身信奉唯物史观的，他们创立了马克思主义史学中国化的范例。有的历史家，他们最初并不是信奉马克思主义的，但在新中国的条件下，在他们学习了马克思主义以后，真诚地感受到它的魅力，以及它在解释历史过程中的作用，从而坚信唯物史观是最科学的、最有效的历史观。何兹全先生是20世纪30年代北京大学的学生，师从过陶希圣；毕业后曾留学日本，曾在中央大学历史系和中研院历史语言所工作，直接受傅斯年的指导；40年代后期又留学美国。这样一个学术背景应该说对他接受马克思主义并不有利，但在他回国以后，却接受了马克思主义。晚年时明确地对来访的青年人说："到目前为止，马克思主义的唯物论、辩证法仍然是观察社会历史最科学、最有力的理论。西方的东西有它进步的地方，但它没有经过辩证法的过滤、提高，这正是中国年青一代的史学家应该从事的工作。你们应该用辩证法来总结西方的史学思想，这样的话，20年后，中国的史学思想会超过西方的史学思想。"他真诚地对年轻人说："如果你们对马克思的历史理论、对辩证唯物论接受得还不够，还要多学习学习。这没有坏处，

---

① 杰弗里·巴勒克拉夫：《当代史学主要趋势》，上海译文出版社1987年版，第26页。

我不会害你们。"① 这样高屋建瓴的观察与思考，这样亲切真诚的教诲，难道不正是反映了老一代史学家对坚持马克思主义的自信吗？当然，何先生并不认为马克思主义是教条，马克思主义所以有活力就在于它是不断发展的。马克思如果多在世一年就会多有一些东西。学习马克思主义要不死守教条。学术上的东西可以经受较长时间的检验，而政治方面的东西变化很快。

中国马克思主义史学发展的历史证明，我们今天之所以要坚持以马克思主义来指导历史学研究，正是因为它是一种科学的理论，一种完整的世界观，至今没有任何其他的理论可以超越。列宁在一百年前说过这样的话："沿着马克思的理论的道路前进，我们将愈来愈接近客观真理（但决不会穷尽它）；而沿着任何其他的道路前进，除了混乱和谬误之外，我们什么也得不到。"② 今天的情况，依然是这样。当然，由于百年来的情况十分复杂，我们必须分清哪些是必须长期坚持的马克思主义基本原理，哪些是需要结合新的实际加以丰富发展的理论判断；哪些是必须破除的对马克思主义的教条式的理解，哪些是必须澄清的附加在马克思主义名下的错误观点。用科学的态度对待马克思主义，用发展着的马克思主义指导新的实践。

二 总结中国马克思主义史学诞生以来的学术理念和方法，形成中国特色的马克思主义史学话语体系

当代中国马克思主义史学话语体系的建设，是建构中国特色马克思史学的核心问题。中外史学发展的历史表明，每一个时代的史学、每一个思想体系下发展起来的史学、每一个民族或国家的思想传统下形成的史学都会有自己独特的话语体系。这个体系不是先验的，而是在众多的史学家的努力下，经过时代思想、理论、观念、方法的不断冲刷、提炼而逐步形成的。古代希腊罗马史学的话语体系与西方中世纪史学的话语体系不同；同样，中国马克思主义史学的话语体系与中国进化论思想、实证主义思想影

---

① 邹兆辰：《我的人生与治学之路——访何兹全教授》，《变革时代的学问人生》，首都师范大学出版社2011年版，第23页。
② 《列宁专题文集：论辩证唯物主义和历史唯物主义》，人民出版社2009年版，第50页。

响下的史学话语体系也不同。每一种话语体系，都有自己的形成、发展、凝结、更新的过程。

中国马克思主义史学的话语体系自史学本身形成之日起就已经开始形成。李大钊是最早主张用马克思主义来指导史学研究的学者，他的一系列关于史学的观点，构成了最早的中国马克思主义史学的话语表述，直到今天仍然为史学家们所津津乐道。正是李大钊最早地指出了马克思的唯物史观与历史学可以上升到科学地位的关系。他指出："马克思所以主张以经济为中心考察社会的变革的原故，因为经济关系能如自然科学发见因果律。这样子遂把历史学提升到科学的地位。……与吾人以一个整个的活泼泼的历史的观念，是吾人不能不感谢马克思的。"① 这里，李大钊把马克思的唯物史观和历史学上升到科学的问题联系在一起，从本质上揭示了马克思主义历史学的特点。也许李大钊这里论述的还不够全面和深入，但时至今日，谁还能把历史学从科学的位置上再拉下来，让它成为旧日的历史学的余续。除了"后现代"的学者，恐怕谁也没有这种勇气了。李大钊的许多观点，如他对于历史是什么的观点，仍为90多年后的学者们所熟知，应该是马克思主义史学话语体系中的核心内容。李大钊认为，研究历史的任务是：（1）整理事实，寻找它的正确的证据。（2）理解事实，寻出它的进步的真理。这里面，整理事实，可以用各派历史学家共同认可的有效方法；而理解事实，进一步解释事实，就要靠各派历史学家自己的话语体系了。

一种史学的话语体系，既然是一种"体系"，就不会是简单的一种观点、一种概念、一种方法。话语体系的核心内容，是这种史学的历史观，就如马克思主义史学的话语体系的核心是马克思主义的历史观。此外，还应该包括解释历史、说明历史的主要的理论、观点、概念、侧重点以及研究方法，等等。这种话语体系，往往会在一些大型的史学编纂工程中运用和体现出来。例如，著名马克思主义史学家范文澜1940年来到延安，主持编写一本中国通史，作为干部学习之用，这就是著名的《中国通史简编》。新中国成立以后，范文澜同志开始修订这部通史简编，使其成为一部多卷本的中国通史。从1954年到1963年，他不断修改这部通史的"绪言"，使之成为这部通史编撰的指导思想。从旧版的《中国通史

---

① 李大钊：《史学要论》，《李大钊全集》第4卷，人民出版社2006年版，第402页。

简编》到修订版的这部通史，他始终坚持了这样一些基本的指导思想，这也就是那个时代解释中国历史的话语体系：（1）劳动人民是历史的主人；（2）阶级斗争论是研究历史的基本线索；（3）在生产斗争中的科学发明；（4）汉族社会发展史的阶段划分；（5）汉族封建社会的分期；（6）初期封建社会开始于西周；（7）自秦汉起中国成为统一国家的原因；（8）历史上的爱国主义；（9）历史上战争的分类。这些内容可以从一定程度上，反映出20世纪40—60年代中国马克思主义史学的话语体系的基本内容。

改革开放以后，白寿彝先生主持编纂大型的《中国通史》，从20世纪70年代末开始酝酿，到90年代末全部出齐。参加编纂的学者有几百人，这么大型的史学编纂工程不可能没有共同的指导思想，这也就是话语体系。关于这个体系的说明在1989年率先出版的《中国通史·导论》中有着明显的体现。《导论》所涉及的内容，就是指导编纂的基本指导思想。其中包括：（1）统一的多民族的历史；（2）历史发展的地理条件；（3）人的因素，科学技术和社会生产力；（4）生产关系和阶级关系；（5）国家和法；（6）社会意识形态；（7）历史理论和历史文献；（8）史书体裁和历史文学；（9）中国与世界。这九个方面，是经过了一番整理和归纳的。在1981年最初讨论这个导论的提纲时，曾经涉及12个方面，346个问题。这说明，话语体系的形成也是要经过一番讨论、筛选、提炼、归纳，最后形成一些无法避开并要着重说明的问题，这也就是基本的话语体系。

改革开放以来，中国学者在自己的世界史研究中，在批判"欧美中心论"的基础上，也提出了自己的话语体系。如吴于廑教授的"世界史宏观理论"提出：世界历史这一学科的主要内容是对人类历史自原始、孤立、分散的人群发展成一密切联系整体的过程进行系统探讨和阐述。世界历史学科的主要任务是以世界全局的观点，综合考察各地区、各国、各民族的历史，运用相关学科如文化人类学、考古学的成果，研究和阐明人类历史的演变，揭示演变的规律和趋向。他认为，人类历史发展为世界历史，经历了纵向发展和横向发展漫长的过程。纵向发展，是指人类物质生产史上不同生产方式的演变和由此引起的不同社会形态的更迭。而横向发展，是指历史由各地区间的相互闭塞到逐步开放，由彼此分散到逐步联系密切，终于发展成为整体的世界历史这一客观过程而言的。历史正是在不断的纵向、横向发展中，已经在越来越大的程度上成为世界历史。吴于廑的世界史宏观系统理论,成为中国学者对"世界历史"的经典表述,自然也是这个话语体系的核心。

中国马克思主义史学的话语体系的形成是一个历史过程,也会随着史学研究的不断发展、深入、扩大,而不断充实、发展、完善自己的内容。21世纪初期,中国马克思主义史学将总结自己百余年来的发展历程,汲取其优秀的思想成果,顺应时代的发展和学术本身的发展,形成自己崭新的话语体系。

三 必须从中国丰富的史学遗产中汲取营养,使这个史学体系更具有中国特点

中国特色的马克思主义史学体系最显著的特点是具有民族的特点。这个民族特点是中国史学在两千年来的史学发展的实践中逐渐积累、升华出来的,这就是史学遗产的作用。

白寿彝先生指出:"我们建设有民族特点的马克思主义史学,必须是在我们过去的历史学的基础上,在对我们过去的史学遗产的总结的基础上来进行工作。"他说:"马克思主义没传入中国以前,中国历史学不可能有一个历史唯物主义的思想体系,这是没有问题的。但这并不等于说,我们过去没有正确的历史观点。""尽管过去人没有历史唯物主义的思想体系,但有好多正确思想,我们还是应该发掘,应该阐述、应该发展,从而丰富我们的史学思想。"①

白先生认为,中国历代的史学家、历代的思想家,有不少的人都有他们的历史思想、历史观点。他们讲到社会发展、社会思想的时候,讲到政治思想的时候,离不开史学思想。对于具体历史问题、具体历史现象、具体历史人物、具体历史事件,过去也曾经有过不同程度的正确看法,这些看法不可能都写在马克思主义经典里面,但是它们是正确的。在今天我们有马克思主义指导了,对于这些前人所做的成果,我们不要一脚踢开,应该吸收过来做我们的营养。这样做,可以丰富我们的史学思想。他曾举例说司马迁对秦始皇的评价具有两点论,可供我们参考。过去历史家评论一

---

① 白寿彝:《关于建设有中国民族特点的马克思主义史学的几个问题》,《中国史学史论集》,中华书局1999年版,第383—385页。

个政权，评论一种政策的得失，总是要看它得不得人心。像这样一类的关于社会变化、关于政局变化、关于兴亡得失的评论，今天拿来看看，也还是有用处的。

在历史理论方面，我们可以从历史学遗产中找到很多可以借鉴的内容，而在史学理论方面我们则可以从史学遗产中得到更多的启示。因为中国不仅历史悠久，历史记载的传统也是连续不断。因此，我们研究中国历史学的特点，也就是研究中国史学遗产的特点。中国特色的马克思主义史学，它的显著特点是应该在有关史学的理论方面显示出来。

例如，中国传统的史学所具有的"求通"的特点，应该在中国特色的马克思主义史学中得到很好的继承和发扬。司马迁讲的"究天人之际，通古今之变，成一家之言"是中国历代史家所向往的最高境界。出于这种对"通"的追求，中国史学史上出现了一批求"通"的大家。在司马迁的影响下，唐代有杜佑的《通典》，宋代有郑樵的《通志》，元代有马端临的《文献通考》，世称"三通"，都体现了古代史家求"通"的底蕴，如果把这"三通"加上刘知幾的《史通》、司马光的《资治通鉴》、章学诚的《文史通义》合为"六通"，就更加彰显中国史学的求通精神。中国特色的马克思主义史学必须继承这种"求通"的精神，不仅上下古今要通，中国与周边、中国与世界的左右方向也要通；不仅从历史学的视角研究历史要通，从历史学与其他社会科学、考古学、文字学甚至自然科学相关联的视角上也要通。

再如，中国史学的遗产中具有非常丰富的"以史为鉴"的传统，讲求"见盛观衰"，"稽其成败兴坏之理"，"鉴前世之兴衰，考当今之得失"。从上古的史家到清代的史家，都把"经世致用"作为研究和撰写史书的重要原则。新中国成立以后，毛泽东提出"古为今用"的方针，这些依然应该是今后中国马克思主义史学必须继承的传统。史学不能"经世"，不能为当今的经济、政治、思想文化建设服务，这样的史学是没有前途的。

中国史学在两千年的发展过程中，形成了一个衡量、判断自身价值、水平的标准，也是史家培养、造就自身必备素养的标准，即"史德""史学""史才""史识"，从刘知幾到章学诚再到梁启超，对此都做过精辟的论述，在中国史学家中已经形成了共识，并且以这些标准来衡量、检验史学自身的工作。这是中国优秀的史学遗产中的最具有应用价值的判断标准。这些标准，无疑对今天建构中国特色的马克思主义史学仍然具有现实的意义。

中国传统史学讲求书法不隐、秉笔直书，这不仅是对史学家的道德的要求，也是具体的历史撰写的实际操作的要求。南史氏和董狐成为中国史家追求直笔精神的先祖。清代乾嘉考证学家提出的"实事求是"考史理念，就是要以记载和考证历代典制与事迹的真实为己任，然后写出尊重真实事实的信史。这种学风为传统史学向近代新史学的转变奠定了基础，对中国近现代史学产生了极其深远的影响。在今天，我们建构中国特色的马克思主义史学仍然不能放弃这种精神。

中国史学在长期的发展过程中形成了丰富的体裁形式，从纪传体到编年体，从典制体到纪事本末体，到现当代又出现了综合体。当然，这些体裁的运用不排斥来自西方的章节体。历史研究的内容是丰富多彩的，史书撰写的形式也应该是多种多样的。这也应该成为中国特色马克思主义史学的一个特征。

中国史学在阐述历史内容时的表述形式、表述风格也有自己的特点，中国特色的马克思主义史学也应该保持自己的特点，要突出自己民族的风格，不应为了去和国际"接轨"，而使中国史学成为西方史学的中国版。例如，中国史学著述在阐述理论问题时，往往是"未尝离事而言理"，即不脱离历史事实来阐述理论性问题，这样会使读者感到比较亲切。这是中国史学有别于西方史学的一个特点，看起来思辨色彩不那么突出，但这也形成了中国历史理论言简意赅、平实易懂的特点。

四 中国特色的马克思主义史学必须站在世界史学的高度，吸收国外史学的丰富成果，建立中国的世界史研究体系

中国特色马克思主义史学承担着"究天人之际，通古今之变"的使命，不仅弘扬中国传统史学的积极内容，而且有其特定的时代特征和具体的历史内容。它不仅仅为了解和研究中国的前天、昨天和今天服务，它的视角也扩展到整个世界。我们的世界史学者认识到："今天，中国和世界的联系密不可分，中国已不再是处于世界体系边缘的旁观者，也不再是国际秩序被动的接受者，而是积极的参与者和建设者。抗日战争胜利和新中国成立

后,中国洗雪国家耻辱、恢复民族自信,自强自立于世界民族之林,从当今世界发生的任何重大事件中都不难看到中国直接或间接的影响。中国作为影响现代世界历史进程的重要力量之一,必须对现代世界有真切的了解。"① 然而,世界的今天是从世界的昨天发展来的,历史会变化,但不会消失。要了解世界的今天,也必须了解世界的昨天。正如习近平总书记在致第二十二届国际历史科学大会的贺信中所说:"今天世界遇到的很多事情可以在历史中找到影子,历史上发生的很多事情也可以作为今天的镜鉴。重视历史、研究历史、借鉴历史,可以给人类带来很多了解昨天、把握今天、开创明天的智慧。"他说:"历史是人类最好的老师。"② 因此,我们建构中国特色马克思主义历史学的目的和研究的对象,不仅仅是指中国的历史,也包括世界的历史。它具有中国特色,但又具有世界的眼光。

首先,中国特色的马克思主义史学在考察世界历史、阐释世界历史时必须坚持自己的思想武器和话语体系。我们应该有选择地汲取外国史学的优秀成果为我所用,但不能不加分析地照抄照搬西方的史学理论,生吞活剥,盲目崇拜,更不能放弃自己的理论体系和话语体系,去与西方"接轨",使我们的学术研究受制于人,丧失起码的学术尊严和民族自信。习近平总书记指出:我们"要开门搞研究","对人类创造的有益的理论观点和学术成果,我们应该吸收借鉴,但不能把一种理论观点和学术成果当成'唯一准则',不能企图用一种模式来改造整个世界,否则就容易滑入机械论的泥坑。一些理论观点和学术成果可以用来说明一些国家和民族的发展历程,在一定地域和历史文化中具有合理性,但如果硬要把它们套在各国各民族头上、用它们来对人类生活进行格式化,并以此为裁判,那就是荒谬的了。"③

其次,中国的史学工作者要更多地关注人类的命运、国际形势的变迁,从历史的视角阐释这种变迁。当今世界正在发生复杂、深刻的变化。世界多极化、经济全球化深入发展,文化多样化、社会信息化持续推进,科技革命孕育新的突破。同时,我们也要看到世界很不安宁。国际金融危机影响深远,全球发展不平衡加剧,霸权主义、新干涉主义有所上升,全球性的问题日益突出。与此同时,习近平总书记在党的十八大以后,明确

---

① 于沛:《铭记历史,开创未来——学习"习近平致第二十二届国际历史科学大会的贺信"札记》,《史学理论研究》2015 年第 4 期。
② 习近平:《致第二十二届国际历史科学大会的贺信》,《人民日报》2015 年 8 月 24 日。
③ 习近平:《在哲学社会科学工作座谈会上的讲话》,《人民日报》2016 年 5 月 19 日。

提出"人类命运共同体"的问题。他多次指出：

国际社会日益成为一个你中有我、我中有你的"命运共同体"，面对世界经济的复杂形势和全球性问题，任何国家都不可能独善其身。"人类命运共同体"成为近年中国政府反复强调的关于人类社会的新理念。人类命运共同体超越种族、文化、国家与意识形态的界限，为思考人类未来提供了全新的视角。习近平总书记曾经说过："历史是最好的教科书，也是最好的清醒剂。"只有清醒地认识到机遇和挑战并存的国际国内现实，才能够激发起我国学者研究世界历史的热情和责任感，更好地为世界人民服务。例如，2000年起商务印书馆陆续出版了一套《中东国家通史》13卷，由彭树智主编。其中包括沙特阿拉伯卷、以色列卷、伊拉克卷、土耳其卷、巴勒斯坦卷、伊朗卷、埃及卷、阿富汗卷、叙利亚和黎巴嫩卷、也门卷、海湾五国卷、约旦卷、塞浦路斯卷等。这是我国出版的第一部中东国家通史，对国内来说是我国世界史学科的一项巨大成果，对国际史坛来说，也体现中国特色的马克思主义史学坚持自己的话语体系，是对"西方中心论"的有力批判。中国社会科学院和高校的世界史学者经过近10年的艰苦努力，完成了多卷本的《世界历史》，这是一部专题研究与编年相结合的通史著作，包括理论和方法、物质文明、制度模式、民族、宗教、战争、世界格局、思想文化、中国与世界8卷。科学地回答了人类历史发展过程中的一系列重大理论问题，揭示了人类历史不可逆转的进步趋势，也在此基础上概括了人类历史发展的一般规律和特殊规律。该书还广泛使用了跨学科的研究方法，汲取哲学社会科学相关学科的理论和方法，表现出当代中国世界史学者在马克思主义的指导下，对世界历史的独特理解，是中国学者对世界历史的一个新的探索，也是对世界历史的阐述上的一个创新。

再次，中国特色的马克思主义史学，应该善于从国外史学理论和方法中的积极成果汲取营养，丰富和提高我们自己的研究手段。改革开放以来，国外史学中的新学理，不断被介绍到国内，受到中国史学工作者的欢迎。比如，法国年鉴学派的史学理念就受到很大关注，比如问题意识、长时段、比较方法、社会史、心态史等等对中国学者都有很大启发。中国特色的马克思主义史学，不应该是封闭的，应该积极参与和国际史坛的交流对话，争取在各国学者共同关心的史学课题上有自己的发言权。2015年，第二十二届国际历史科学大会在中国举行，给了中国学者与各国学者交流的一次很好的机会。我们应该争取得到各国学者更多的关注，争取更多的发言权，并把中国史学家对世界历史研究的成果推向世界，这也是提高我们中国特色的马克思主义史学学术水平的良机。

五 在"百花齐放，百家争鸣"的学术氛围中发展中国特色的马克思主义史学

繁荣和发展中国特色的马克思主义史学，必须坚持我们党繁荣发展艺术和学术的"百花齐放，百家争鸣"的方针。毛主席在1953年提出"百家争鸣"的方针，正是针对历史学界对中国历史分期上的不同观点，具体来说就是针对郭沫若和范文澜两位史学家在中国进入封建社会的时间问题上的不同意见提出的方针。1956年4月28日，毛主席在中共中央政治局扩大会议上说，"百花齐放，百家争鸣"，我看这应该成为我们的方针。同年5月2日，毛主席在最高国务会议上讲"十大关系"时正式宣布了这个方针。他说，百家争鸣是说春秋战国时代，两千年以前那个时候，有许多学派，诸子百家，大家自由争论。现在我们也需要这个。新中国成立几十年来，百家争鸣的方针对促进哲学社会科学的繁荣发展起到了重要的作用，这是大家有目共睹的事实。

今天，在马克思主义史学内部要不要开展"百家争鸣"？换句话说，马克思主义史学内部应不应该有不同的学派？这也是我们应该考虑的问题。什么是学派？我们可以说，学派是在一门学问中由于师承关系组成的基本观点相同的科学家共同体。这个科学家共同体，不是一种有严密纪律与制度的社会组织，而是依靠共同的信念和方向，在其代表人物的感召下而形成的。我国历史上在学术和艺术领域里，在环境适宜的情况下往往出现学派，对于促进学术和艺术的发展起了积极作用。

在建设中国特色的社会主义文化事业中，同样需要学派、呼唤学派。习近平同志2004年12月23日在浙江省社科联第五次代表大会上的讲话中说道："浙江历史上出大师、出传世之作，将来也完全有可能出大师、出传世之作，出现以大师为统帅的学科学派，提高浙江哲学社会科学在全国乃至世界的影响力，提高浙江的文化软实力。"[①] "以大师为统帅的学科学

---

① 习近平：《干在实处　走在前列——推进浙江新发展的思考与实践》，中共中央党校出版社2006年版，第315页。

派"是推动哲学社会科学发展的重要力量。在历史上如此，今天依然如此。习近平同志很看重学派的作用，他讲到宋代浙江就有"永康学派"，代表人物是陈亮；还有"永嘉学派"，代表人物是叶适。他把他们看作是浙江的"文化基因"。

今天，马克思主义史学内部是不是可以有学派？长期以来对这个问题缺乏讨论，有人认为马克思主义史学内部不应该有学派。在他们看来，1949年以来的学术史，是学术思想与国家意识形态高度统一的，无论哲学、史学或一切社会科学，都不可能有所谓独立学派的产生。其实，在马克思主义史学内部由于研究理念、研究路径、研究方法、研究风格上的差异，形成学派是很自然的事情。关于学派的提法早已不绝于耳，例如"侯外庐学派"，早已在中国思想史研究的领域中成为人们的共识，他们把思想史的研究与社会史的研究结合，开辟了一条思想史研究的新路径。有人认为，侯外庐学派是成就最大、影响也最大的中国马克思主义史学派别，至今仍然在"薪火相传"。中国政治思想史研究中的"王权主义学派"或"刘泽华学派"在中国古代政治思想史研究中开拓了一系列重要领域，如政治哲学、政治文化、政治文明、政治思维方式、思想与社会互动等等。这些领域都围绕一个中心，就是揭示中国古代政治思想的王权主义本质，他的这些研究有着鲜明而集中的问题意识和思想指向。当代中国史学史研究中的"白寿彝学派"，是指以白寿彝先生为统帅的中国史学史学科的研究群体，这个学派的特点是高度重视中国古代优秀的史学遗产，在继承和弘扬这些史学遗产的基础上，建立有民族特点的史学。这些学者群体，已经具备构成一个学派的充足条件，有代表人物，有基本队伍，有代表性著作，有共同的学术宗旨和学术立场，为什么不能称之为学派呢？

除了这种以大师为统帅的学科学派外，学术界也有人把处在不同单位、不同地区但是有共同学术观点的学者群体称为"学派"。如有人把新时期以来在中国古代社会研究中主张中国历史没有经历过奴隶社会的学者群体称为"无奴派"。这里所说的"奴"，是指"奴隶社会"，而不是指"奴隶"或"奴隶制"。这个学派不仅有代表人物，而且赞同"无奴论"的学者也有相当大的数量。从这个意义上来说，也可成为一个"学派"。

我个人觉得，在当代社会科学的学术研究中，强调学派意识对于推进学术研究是有好处的。承认"学派"的存在，鼓励不同学派的学者在平等对话的基础上开展争鸣，这不仅有利于发挥领军人物的学术理念方面的积极因素，并且能够不断地推动学术的创新与发展，对于建构中国特色的马克思主义史学是有积极意义的。

当前，中国史学的发展已经形成了一个结构比较齐全的学科体系，包括一、二、三级的学科体系。在史学领域里已经有了中国史、世界史、考古学这样三个一级学科，在这三个一级学科之下的二、三级学科也在逐渐完善，这个体系对于学术的发展非常重要，如专业设置、课程设置、人才培养、资金投入等方面都要依托这个学科体系。但是，仍然有一些新兴学科、交叉学科很难在这个学科体系中找到自己的位置，这就在很大程度上限制了这些学科的发展。事实上改革开放以来，有些新兴学科、交叉学科的发展，恰恰是史学发展的亮点，但是没有得到充分的重视。因此，需要完善这个学科体系，补充短板，使历史学得到健康、蓬勃的发展。

六　中国特色马克思主义史学必须面向今天的社会实际，主动应对来自各方的挑战

我们所说的应对挑战，大体上包括两个方面：一方面是属于学术范围内的挑战，另一方面是非学术性的挑战。先谈前一种挑战：

2016年春节前后，我应《中国史研究动态》编辑部之邀，对北京师范大学资深教授刘家和先生进行了一次访谈，主要谈学术发展与应对挑战的问题。他认为回应挑战与学术创新、学术发展有着密切关系。他认为，人类历史就是在不断回应各种各样的挑战而逐渐创新中发展起来的。学术研究是人类生活中的一个重要部分，需要积极发现并回应挑战，在克服困难中前进。他说：我是把回应挑战当作学术能否创新的关键问题。这里我所说的挑战，是就其深层意义而言的，不仅是指人家向我们发起的挑战，而且更为重要或者说更深层次的，是我们必须能够自己向自己提出挑战。

他举了一个例子，谈他如何从黑格尔在《历史哲学》中关于"以史为鉴"的一段话中引起的回应挑战的意识。他在1959年读黑格尔的《历史哲学》时，其中有一句话引起他的思考。黑格尔说："人们惯以历史经验的教训，特别介绍给各君主、各政治家、各民族国家。但是经验和历史所昭示我们的，却是各民族和各政府没有从历史方面学到什么，也没有依据历史上演绎出来的法则行事。"刘先生说，这是不是对于"以史为鉴"说的直接挑战呢？他的话并非不值一驳，不理不行。他觉得黑格尔那一段话

里有合理之处，也有其自身的问题。

刘先生指出，黑格尔认为对于历史教训人们有自己的选择自由，这话的确不错。在殷、秦、隋等王朝因拒不接受历史教训而灭亡的同时还有周、汉、唐等王朝因乐于接受历史教训而兴起。周、汉、唐等王朝，因为能够虚心地接受了历史教训而勃然兴起，并在中国历史长河中熠熠生辉。怎么能说没有人接受了历史的经验教训呢？所以，黑格尔在这里犯了以偏概全的错误。因为讨论还在经验的层面，黑格尔是在经验分析论证中犯了片面性的错误。

刘家和先生是从1959年开始读黑格尔的著作的，到2010年才把他的观点正式发表出来，这中间经过了50年的思考。他认为，中国人完全可以站在理论思维的高度上与西方学术大师进行对话。这种对话是平等的、理论性的、富有启发意义和建设意义。他的文章在理论上回应了黑格尔对于"以史为鉴"的挑战。他说，如果不回应，"以史为鉴"的理论就会彻底被颠覆，我们中华民族四千年的文明史也就这样被颠覆了。回应这个挑战应该是我们中国史学工作者担负的神圣使命！他说，我想我今天思考这个问题，也是为了在黑格尔面前讨一个公道，给"以史为鉴"一个生存的权利。①刘先生这种敢于面对权威、积极应对挑战的精神是值得中国年轻一代学者学习的。如果我们认真思考，类似于黑格尔这样的西方学者提出的一些值得我们回应的问题确实很多，如果我们能够善于发现这些挑战，并能积极应对挑战，这对中国特色马克思主义史学的发展肯定是有积极作用的。

在中国特色马克思主义史学面前，另一类需特别注意的是来自历史虚无主义的挑战。这种挑战有时也打着学术的旗号，从国际共产主义运动的历史到中国新民主主义革命的历史，从中国的社会主义革命和建设到改革开放以来的历史，几乎没有不遭到攻击和否定的。对于新中国历史学中所树立的正面历史人物，从马克思列宁主义的创始人到我们党和国家的领导人，甚至那些革命烈士、英雄模范、民族英雄，也会遭到污蔑和丑化；相反，那些历史中的反面人物却被美化、翻案、辩护。习近平总书记曾针对历史虚无主义的本质和危害指出："古人说：'灭人之国，必先去其史。'国内外敌对势力往往就是拿中国革命史、新中国的历史来做文章，竭尽攻

---

① 参见邹兆辰《再谈挑战——访刘家和教授》，《中国史研究动态》2016年第3期。

击、丑化、污蔑之能事，根本目的就是要搞乱人心，煽动推翻中国共产党的领导和我国社会主义制度。"① 因此，我们要认识当前意识形态领域斗争的复杂性、长期性，增强同历史虚无主义斗争的持久性、自觉性。同历史虚无主义思潮的斗争，不可能一两个回合就能胜利，必须有长期斗争的打算。同时，在同历史虚无主义思潮的斗争中，将会重新建立与完善以马克思主义为指导的、具有中国民族特点并为广大群众喜闻乐见的新史学。这是中国特色马克思主义史学工作者义不容辞的责任。

中国特色的马克思主义史学不可能是平平静静地自然发展起来的，必须要在应对来自各方面的挑战中发展起来。上述两种挑战，不论哪一种都是要认真对待的。如果我们不去回应他们的挑战，就等于是默认他们所说的是正确的、合理的、符合客观事实的。而回应这种挑战，就不能简单地扣几个帽子就可以解决。刘家和先生回应黑格尔的挑战用了50年的时间来思考、准备，而这种回应过程，也就是发展理论、创新理论的过程。中国特色的马克思主义史学必须能够经受并积极回应各种挑战，才能使自己的理论体系更加系统完善，使自己的学术研究成果的科学性达到更高的水平，同时具有更强的说服力、战斗力。

（作者单位：首都师范大学历史学院）

---

① 中共中央文献研究室编：《十八大以来重要文献选编（上）》，中央文献出版社2014年版，第113页。

从社会性质出发：历史研究的根本方法

李红岩

一 关于史学方法的一般性讨论

在史学理论话语体系中，"历史理论""史学理论""历史哲学"处在理论框架的第一层次，"史学方法"与"史学方法论"则处在第二层次。五个概念关系密切，但理论层次不同，具体指向也不同。

谈到"史学方法"，首先要澄清：是哪个层次的史学方法？评价史学史上的某个史学方法，则首先要回答：这个方法在史学方法体系内，处于哪一层次？

史家常说："史无定法"。或者说："你有你法，我有我法。"这预示了史学方法的多样性。但是，虽然多样，但功能、价值以及适用领域、思想意义毕竟不同。大体言之，可将史学方法划分为宏观方法、中观方法、微观方法三个层次或界域。

宏观方法属于思想方法与理论方法，具有"方法论"的价值。微观方法属于实证方法与技术方法，具有"操作法"的价值。中观方法介于二者之间，具有"模式论"的价值。西方汉学家喜欢构建"模式"，其所采用的方法，大都属于中观方法。

例如弗兰克（Gunder Frank）的《白银资本》（REORIENT：The Global Economy in the Asian Age）、彭慕兰（Kenneth Pomeranz）的《大分流》（The Great Divergence：Europe，China，and the Making of Modern World Economy），其所运用与蕴含的方法，以及所谓"冲击—回应"模式（impact-response model）、中国中心观（China-centered approach）等等，即属于中观方法范畴。它们具有一定的思想启发性，但不具有方法论层面的普遍意义，达不到历史哲学的程度，同时又高于微观方法。当然，"模式"概念同样适用

于历史哲学层面的宏观方法,但在史学界,谈到模式,其所指与界限往往偏于"中观"层面,亦即适用于某个时段或区域,但并不指向或涵盖人类的普遍性与统一性。

从中国近代史学的实践考察,具有理论自觉及在实践中实际运用过的史学方法,大体可以梳理出二十余种。近二十几年来,中国史学家讨论较多的一种方法,是所谓"二重证据法"。还有学者喜欢从方法论角度讨论顾颉刚先生揭示概括的所谓"层累地造成的古史说"。胡适所倡导的史学方法,傅斯年的史料学主张,乃至乾嘉史学的考据方法等等,也得到程度不等的探究与讨论。在理论上探讨史学方法,则集中于比较史学方法、心态史学方法、计量史学方法、系统论方法、跨学科方法等等。这些探讨,均有其价值与意义,但总体上思想与宏观理论层面的启发性不大,对具体研究也较少影响。

对现代意义上的史学方法的自觉探讨,可以追溯到梁启超。其中1902年是一个具有标志性的年份。这一年除梁启超发表著名的《新史学》之外,还冒出一批新型史学理论文章,呈现出一种前所未有的革新气象。尔后几年,保持了这种势头。陈黻宸、马叙伦、邓实、汪荣宝等人,都有近代意义上的史学理论作品发表,被归入所谓"新史学"范畴。[①] 这时期史学方法性著作的一个显著特点,是受某些日本著作的影响较深[②],例如鸟居龙藏、重野安绎等人的著作。中国史学史研究者公认,这时候中国人的史学观念以及编制新式教科书的方法,"在形式或体裁方面,实受日本东洋史编著者的影响"[③]。

进入民国之后,史学方法类论著数量不断增多。何炳松、杨鸿烈等人撰写的专门著作,收集起来,应该有近20种。这些著作一般以"史学概论"的样式出现,非常广泛地论及不同层次和种类的史学方法。但是,由于缺乏思辨层面的思想性,笔者以为总体上价值并不大。

所以,无论从史学史上罗列,还是从理论上归纳,都可以概括出许许多多、各种各样的史学方法。由于史学家们的研究对象、知识结构、情趣

[①] 详见俞旦初《20世纪初年中国的新史学》,载所著《爱国主义与中国近代史学》,中国社会科学出版社1996年版。

[②] 参看胡逢祥《20世纪初日本近代史学在中国的传播和影响》,《学术月刊》1984年第9期。

[③] 朱维铮编:《周予同经学史论著选集》,上海人民出版社1983年版,第534—535页。

爱好等等的不同，他们对史法的运用各有偏爱与偏重，但就史学的全体大用而言，各种方法可谓交互为用，并非相互排斥。

但是，交互为用不等于价值上完全等同。历史学是在研究过程中展开的，但恰恰是运用于研究的具体方法，其思想理论价值反而更小，偏重于思想性的方法则理论价值更高。较具体的研究方法与相对抽象的思想方法，人们往往更欣赏后者。比如二重证据法，虽然一直很受推崇，但是它毕竟属于较具体的研究方法。对于任何一位史学家来说，如果条件许可，会自然而然地采用二重证据法。倘若不然，那就不是一位合格的史学家。当然，这样讲并不抵消王国维提炼总结二重证据法的贡献。而是说，二重证据法毕竟是一种经验总结，很容易与历史学家的职业习惯相契合。即使王国维不提炼出二重证据法，有条件的历史学家也会自然而然地那样做。①所以，讨论二重证据法的文章虽然不少，但到底给人多少启发，有多少史学家是看了文章才自觉地采用二重或多重证据的，大可疑问。

讲到史学方法，最核心的应是思想方法、理论方法，而非技术方法、研究过程中方法。历史学作为一种知识形态，由才、学、识、德四大系统建构而成。"学"的支柱为"功力"，"识"的支柱为"思想"。在"学"系统内，评判标准是对某种方法运用的娴熟程度、取得的成效，而不在其思想深度。王国维的"先公先王考"之所以受推崇，原因在此。但在个别史学史家那里，似乎发生了思想错位。他们看到王国维将二重证据法运用得那么成功，便必欲抽绎出此法的重大方法论价值，结果却是对继续运用二重证据法的人没有什么帮助。显然，没有什么人会通过阐述二重证据法的方法论文章去运用此法。二重证据法再高明，也属于"学"的范畴，属于技术性方法。技术性方法的流行途径在于传授，不在于对其思想内涵的发掘。因此，讨论史学方法，虽然不能排除技术性的研究方法，但主干应放在思想方法与理论方法上。缺乏思想性的史学方法讨论，尽管很热闹，但价值有限，本质上恰恰是思想方法的错位。毕竟，史学知识形态的全体大用是四大系统，不仅仅是"学"一个系统。

---

① 提出二重证据法的《古史新证》，是一组考据成果的汇集，而非史学方法专论。王国维将《尚书》等纸上材料与得于地下的甲骨今文相互对证，表现出深厚的史学功底，但思想并不深奥。

二　从社会性质出发的主导性

在史学方法丛林中，有没有一种最终具有了主导性、占据了核心地位的根本性方法呢？从中国近代史学发展演变的过程考察，"从社会性质出发"的方法，就是根本性的方法。

这是一种最后胜出的史学方法。尽管它与其他方法并不矛盾，不排斥其他方法，但是，它的理论层次最高，可以包容、统摄或衍生出许多子系统或小方法（例如二重证据法）。在中国近代史学史上，它的地位非常特殊，以至于在演变过程中，不仅成为研究方法，而且还成为思想方法，上升成为方法论，形成了非常完整而连贯的理论系统。

这种"从社会性质出发"的方法，与中国人根深蒂固的传统认识论观念息息相关。这种认识论观念，乃基于对"历史"与"现实"关系的省思与把握。它认为，要认识现实，就必须深入到历史中去。要干预现实①，必须先找到历史根据，之后才能实施干预。历史不仅与现实具有关联，而且还是现实发生的奥妙所在。因此，讲到现实，中国人想到的往往不是现实本身，而是历史。

这种将历史与现实贯通起来考察、通过历史干预现实、站在现实高度观察历史的认识方法，早在先秦时期便产生了。最著名的例证，便是所谓"孔子作《春秋》，乱臣贼子惧"。通过史书的书写，达到使现实向善的目的。两千多年里，中国人一直延续着这种最基本的思维模式。晚清民初的史学家夏曾佑说："万国人之性情，即其祖宗所经历之事之见效，若欲使之为性情本无之事，则必不成就。"② 他不仅用这一思维方式观察本国，而且以之去范型"万国"。他认为，今天之开花结果，无不缘于古人播撒的种子。所以，他在著名的历史教科书的《叙》中又说："目前所食之果，非一一于古人证其因，即无以知前途之险夷。"③ 教科书第二册《读本期历史之要旨》则说："至于今日，天下之人，环而相见，各挟持其固有之文

---

①　"干预"一词，如果替换为后现代主义概念，以"规训"（discipline）最为贴切。它多少有些嘲弄客观主义的意味。
②　上海图书馆编：《汪康年师友书札》（二），上海古籍出版社1986年版，第1374页。
③　夏曾佑：《最新中学教科书中国历史》第1册《叙》，杨琥编《夏曾佑集》下册，上海古籍出版社2011年版，第789页。

化，以相为上下。其为胜为负，岂尽今人之责哉，各食其古人之报而已矣。"① 这是典型的中华历史观念，亦即认为要看明白今天的事情，必须到民族历史中去找原因。

这种认识论观念与历史观念，方向感无疑是正确的，但从今天的认识水平来说，却还不够深刻。因为，尽管现实状况的原因存在于历史之中，但究竟存在于什么地方，是表层还是深层；是在某种关系之中，还是在地理条件之中，从孔子到夏曾佑都无法给出科学解答。这一方向感正确的认识线路，还需要深化。马克思说："现代历史著述方面的一切真正进步，都是当历史学家从政治形式的外表深入到社会生活的深处时才取得的。"② 夏曾佑等人触摸到"外表"，却没有"深入到社会生活的深处"。所谓"深入到社会生活的深处"，就是探明社会性质。

众所周知，探明社会性质的工作，是由马克思主义史学家来承担的。马克思主义史学家没有像孔子、夏曾佑那样仅仅停留于对历史的高度重视，还进一步深入到历史的"深处"。他们认为，仅仅将现实状况产生的原因归结于历史是不够的，而且要归结于"社会生活的深处"，然后在阐明"社会生活深处"的基础与前提下，才能建构历史的逻辑秩序。历史的逻辑秩序一旦建构起来，那呈现于人们面前的，就仿佛是一个"先验的结构"了。

由此可以看出，中国传统的认识论观念与历史意识，只有经过马克思主义历史理论的改造，才能得到提升和深化。将历史意识深化到社会性质的层面，使得"从社会性质出发"的方法的地位，迅速得到提升。它一方面与中国传统的历史意识相契合，另一方面表现为革命性的观念变革。同时，在理论建构上，又内在地包涵了从具体上升到抽象、再从抽象上升到具体、历史与逻辑相统一、考察对象的尽量广泛性与理论表述的抽样典型性之间的辩证关系以及本质一致。所谓社会形态理论，就是如此生发出来的。每一种社会形态，虽然在逻辑秩序上仿佛是一个先验的结构，但无一不源于对社会性质的深刻把握。

民国以后，中国马克思主义史学家始终沿着这一线路开展研究工作，

---

① 夏曾佑：《最新中学教科书中国历史》第1册《叙》，杨琥编《夏曾佑集》下册，上海古籍出版社2011年版，第947—948页。

② 马克思：《马志尼和拿破仑》，《马克思恩格斯全集》第12卷，人民出版社1962年版，第450页。

始终将社会性质作为核心主题予以钻研，将其作为统领性的方法论予以展开，既是对中国传统历史意识的继承与发展，更是以唯物史观为指导的必然选择。

阐明社会性质的目的，依然在于干预现实。但是，以"书写历史"来干预现实，不等于把书写者的主观意图强加给历史。恰恰相反，中国传统史学所推崇的"良史"，其最重要的学术与道德准则，就是"直书其事"，亦即兰克（Ranke）所谓如实而知（Wie es eigentlich Gewesen）。① 中国史家相信，只要把历史原原本本地写出来，就是对现实最好的干预，也就是促使现实向善的方向发展。这是对历史的尊重，但不能概括为纯客观主义。正如罗素（Bertrand Arthur William Russell）所说，"甚至从最纯粹的艺术观点来看，除非历史学家尽最大努力来保持对事实的忠实，否则历史就不值得称赞。"② 从先秦开始，中国史家就一直尽最大努力来保持对事实的忠实书写。他们相信，只有忠实于历史的真实，才能达致现实世界真善美的统一。所以，尊重历史不是不要价值，尊重历史的追求本身，就是价值取向。这种价值取向，在"从社会性质出发"的中国马克思主义史家那里，全都得到了继承与弘扬。

在"从社会性质出发"的方法主导下，中国马克思主义史学在探求历史奥秘、揭示历史秩序与结构、阐明历史基因组合序列、对历史做社会学分析等方面所取得的成就，有目共睹。百年来中国史学的顶级著作，无不循此而来。夏曾佑的中国历史教科书之所以受推崇，还仅仅因为触及这一主题。由于对社会性质的揭示不同，因此在循此方法以求的历史学家之间，也会形成争论。正因为争论，更加深化了对中国历史的理解与认识。

"从社会性质出发"方法扩展开来的过程，便是形成中国马克思主义史学完整知识形态的过程。他们既去探寻古代社会性质，又从古代社会性

---

① 提到兰克的名言，后现代主义者会立即显露出不屑一顾乃至嘲弄的神态。在他们看来，兰克的断语早已被证伪。但是，正如一位美国女性历史学家所说："相对主义并未被用来免去历史学家们尽其可能的客观的职责。相反，它迫使他们尽了最艰苦的努力，以便尽可能地客观，以超越他们的自然条件和倾向。"［美］格特鲁德·希梅尔法布（Gertrude Himmelfarb）：《新旧历史学》，余伟译，新星出版社2007年版，第20页。这里提到兰克，意在表明其史学观念与中国古代史学思想整体观念上的客观主义立场的一致性。参看拙文《中国古代史学文本的理论与实践》，《文史哲》2006年第5期。

② ［英］罗素：《历史作为一种艺术》，见张文杰等编译《现代西方历史哲学译文集》，上海译文出版社1984年版，第132页。

质出发来观察现实、解答现实问题、预测未来的历史走向。由于认定这一路径是最科学的路径,所以中国共产党第一代领导人以及早期的马克思主义史学家,几乎毫无例外地围绕中国社会性质问题而展开其思想行程与著述历程。20世纪30年代发生的中国社会史大论战,既是这一路径拓展与深化的结果,也是下一步继续拓展与深化的肇因,是连接20年代与40年代的中间环节,也是最关键的高潮期。

推动"从社会性质出发"方法成为主流的最强大与现实的力量,来自列宁所创建的共产国际。列宁非常关注中国社会性质。列宁对中国社会性质的关注,既指导也影响了世界范围内的一大批人。列宁认为近代中国属于半殖民地,但封建宗法关系占很大优势。列宁这种敏锐观察一方面成为理论指导,另一方面成为思想资源,启发了国际范围内对中国社会性质的深入探讨,从而形成大规模讨论。特别是在1924年至1927年国民革命运动失败的刺激下,先是对中国近代社会性质,然后延伸到中国古代史领域,形成一批前所未有的深刻著述。由列宁的论断,一方面形成"从社会性质出发"统领下的不同流派,一方面延展到对马克思东方社会乃至整个社会历史发展进程理论的钻研,合流为压倒性的学术风气。魏特夫(Karl A. Wittfogel)、梅洛蒂(Umberto Melotti)以及日本学者长野朗的《中国土地制度研究》、早川二郎的《古代社会史》,乃至森谷克己、伊藤藏平、佐野利一、羽仁五郎、伊豆公夫、平野义太郎、相川春喜、秋泽修二等人的论作,虽然出版年代有先后,却都是这一学术背景与风气下的产物。他们的观点当然不同,但采用的基本思路与方法,却是"从社会性质出发"。

"近代社会性质"是"古代社会性质"研究的起点——先有对前者的研究,后有对后者的研究;先有社会性质论战,后有社会史论战。因此,从社会性质出发,贯穿了中国通史研究。中国社会性质论战以及由此引发的中国社会史大论战,是这一方法迅速上升的关键。民国时期社会经济史研究的兴起,客观上呼应、支持了这一方法地位的提升。

只有解决好古代社会性质问题,近代中国社会性质的确定,才能既有历史根据,又在逻辑上讲得通。所以,围绕古代社会性质所展开的基本问题,也就是中国马克思主义史学所要解决的基本问题,是中国马克思主义史学体系的基本框架所在。考察中国马克思主义史学的演变过程与话语逻辑体系,只有从"社会性质"入手,才能顺理成章。中国马克思主义史学家们热烈地讨论诸如亚细亚生产方式问题、奴隶制问题、封建土地所有制形式问题、封建社会何以长期延续问题、井田制问题、郡县与分封问题、农民战争问题、资本主义萌芽问题，等等，看似纷纭繁杂，实质只有一点，即确证中国古代的社会性质。"社会性质"在史学方法论体系中话语之源的地位，由此彰显。

从社会性质出发，必然重视阐释历史上的生产关系。在考察历史的时候，中国马克思主义史学家向来把生产关系作为考察的核心对象。因为他们认为，历史最深层的"质"，主要通过生产关系反映出来，而非生产力。

当然，以"社会性质"为核心，不意味着非核心内容不重要，不意味着非核心的内容可以一劳永逸地得到彻底解决。本质不能代替现象，主流不能代替支流，不能以一种倾向去遮蔽另一种倾向。但是，从"社会性质"出发突出了中国马克思主义史学思想的特质，这是毋庸置疑的。

"从社会性质出发"绝不是循环论证，不会产生"社会性质"还没有找到、怎么就从它出发的问题。因为，所谓"从社会性质出发"属于宏观思想方法。它一方面在对象的确认上，确认历史学最本质的研究对象是社会性质；一方面从史学知识形态的建构上，确认历史学的认知系统应该以社会性质为统领去进行建构。认知对象即知识建构的出发点。至于不同民族或国家、区域不同时段的具体的历史社会性质怎样去确证，则需要在这一方法指导下，结合具体的史料去进行艰苦的实证研究。不同史家研究的结论可能并不一样，但研究的路数一致。因此，"从社会性质出发"作为方法论，并不导致具体研究的单一化，也不能保证不同史学家认知上的一模一样。所以，这一方法的本性与功能，是开放的，不是自我封闭的。

由于从社会性质出发，从而使得中国史学在整体样貌上得到系统性改观、在思想理论上得到前所未有的深化。历史学的范畴、概念、术语、词汇、修辞与思维方法、论证与表述方式全部改变了。诸如生产力、生产关系、生产方式等等，成为历史学的基本术语。中国历史具有了逻辑秩序。

由于"从社会性质出发"被中国马克思主义史学家们采用为最核心的方法，因而占据了史学方法体系的最高位置。它的理论来源，是历史唯物论。但是，辛亥前的新史学家，已经具有这样的思考方向。辛亥后，这一思维路径与中国人祖先崇拜、敬畏先人的宗法传统、文化血脉、历史意识相契合，在社会运动、政治运动、思想潮流及信古、疑古、释古等方法的激荡下，扬弃而精进、开新，在方法论的意义上愈加强化、整固、系统化，最终成为主流。

三 怎样在中国发现历史

不过,从孔夫子到马克思主义史家延续了两千多年的历史认识路径与方法,直至"从社会性质出发"的根本方法,正在饱受质疑。2013年,美国学者夏伟(Orville Schell)和鲁乐汉(John Delury)在共同出版的《富强:中国通往21世纪的长征》(*Wealth and Power: China's Long March to the Twenty-First Century*)一书中,就表达了这种质疑。同年7月19日《纽约时报》发表约瑟夫·卡恩的书评写道:"就算3万亿美元的外汇储备也没能愈合1842年的心理创伤;那年,中国在第一次鸦片战争中败给英国。这次冲突以后,中国四分五裂,先是被欧洲列强瓜分,然后是更具毁灭性的日本入侵。60多年前,中国军队赶走日本人,国家重新统一。但中国决心牢记这些伤害,不让它们被历史埋没。"① 这段话隐含的意思是说,中国已经很富裕了,没有必要还念念不忘过去的悲惨历史。有些西方人认为,中国人不忘历史的"自虐"性,反映的是小国心态,而非大国风范。他们不理解,中国人为什么总是把历史与现实紧紧地联系起来。

这种来自现实社会的疑惑与质疑,其实具有广阔的思想与学术背景。大体说来,进入20世纪以后,西方思想界一改其"构建体系"的传统,转而进入所谓"分析的时代",发生了所谓"语言学的转向"。语言学转向进一步演变的结果,便把"诗学"推到了思想领域的核心位置。在这一学术大潮主导下,用美国哲学家理查德·罗蒂(Richard Rorty)的话讲,便是所谓系统的哲学不吃香了,转而吃香的是所谓教化(edification)的哲学。所谓系统的哲学,便包括19世纪的历史学。其基本特征,是以认识论为中心,追求客观性与合理性,一般被指称为基础主义认识论、实证主义、经验主义。而教化哲学却以怀疑认识论为出发点,怀疑进步和最新论断,怀疑系统哲学和普遍公度性,认为"全部真理"这个概念本身就荒谬。因此,他们大都赞赏尼采对康德和黑格尔的抨击,主张以文艺取代科学作为文化的中心,以诗人取代科学家、哲学家或政治家。诗人和文艺创造开始在"哲学"中得到本体确证,哲学乃至历史学著作被当作虚构的修

---

① 《寻求国家复兴贯穿中国近现代史》,《参考消息》2013年7月22日第12版。

词学构造物来对待。①

受这种思想主潮影响最深的是文艺理论。其基本走向，是在"文本分析"领域，先将社会历史因素乃至作者要素从"文本"中抽离出去，单纯对"文本"作内部要素考察（即所谓文本中心论，以英美新批评文艺理论为代表），进而迅速地向文学消费与接受的维度发展，形成接受美学。这种抽离社会历史因素、抽离作者意图乃至驱离作者要素的文本分析，有中国学者称之为"强制阐释"。②"强制阐释"的立场与主张，与中国"知人论世"（孟子）的学术传统严重分离并对立。

强制阐释同样在历史研究领域表现出来，代表人物便是法国思想家米歇尔·福柯（Michel Foucauit）。由于他"排除了对起源、原因、出处、影响与目的等问题的关注"，"对历史过程的任何目的论或因果关系的观点持激烈的敌视态度"③。因此，他被称为反历史的历史学家。

强制阐释在历史理论上的典型代表，是波普尔（Karl R. Popper）。从波普尔的立场看，"从社会性质出发"无疑属于他所谓历史决定论（Historicism），而且应该是最典型的历史决定论，或者叫作历史基础论、历史本质论。对此，中国学者已经作了很有力的回应。④

强制阐释对"从社会性质出发"这一历史研究根本方法的挑战，大体始于20世纪70年代。从这一时期开始，马克思主义方法在学术研究中不断受到排挤，乃至发生了转型性的变化。以日本为例，从1945年到1960年，马克思主义史学实际上是日本史学界的主导。"只有马克思主义才具有打破以天皇为中心的皇国史观的力量。古代史的藤间生大、中世史的石母田正、近代史的井上清、远山茂树等人，继承了战前的讲座派马克思主义，形成了战后历史学。""战后历史学是革命的历史学，也是民主化的历史学。它通过批

---

① ［美］理查德·罗蒂：《哲学和自然之镜》，生活·读书·新知三联书店1987年版，第2、13、16、146、181、340、370、376、378、400页。

② 这是中国社会科学院张江教授提出的概念。参看张江《强制阐释论》，《文学评论》2014年第6期。在中国，钱锺书发表于1933年10月的《中国文学小史序论》，大概是国人最早阐述文本中心论的论文。《谈艺录》开篇的《诗分唐宋》是这一立场和观点的系统阐述，也是全书的总纲。参见李洪岩《智者的心路历程：钱锺书生平与学术》，河北教育出版社1997年版，第137、275页。

③ ［美］马丁·杰伊：《思想史应该接受语言学转向吗？》，载［美］拉卡普拉、卡普兰主编《现代欧洲思想史——新评价和新视角》，王加丰等译，人民出版社2014年版，第71页。

④ 参看何兆武《评波普尔和他的〈贫困〉》，附录于波普尔《历史主义贫困论》中译本（中国社会科学出版社1998年版）后面。

判侵略战争、天皇制、封建制,展望了建设近代的和民主的日本,最终将实现社会主义。"但是,从1956年到60年代,马克思主义在日本学界的影响力却逐渐降低。① 正如日本学者池田知久所说,日、中两国有关中国古代史的研究,大体上说,在第二次世界大战之后,主要基于以马克思主义唯物史观为方法论而展开,但是从20世纪70年代左右开始,日本对马克思主义的怀疑之风日益高涨,从而开始导入代替马克思主义的各式各样的方法论。其主要特征,是以法国年鉴学派著作为指标,结合新发现或出土的文书、档案、简帛、石刻等来推进实证性研究。② 日本学者岸本美绪在谈到她个人的学术经历时则说,她求学时开始认识到,与其把"封建制""资本制"这些外在的观点强加在中国史身上,不如具体考察一下历史上的中国人到底是怎么想、怎么做的。③ 池田知久描述了整体现象,岸本美绪提供了个体例证。

同样是从20世纪70年代开始,西方的思想史研究开始"经历一次意义深远的变化"。思想史家们开始面对"一个独特的问题",即应该在什么程度上"接受当地人的风俗习惯"。这就是说,社会史对思想史提出了"最大挑战","社会和文化史方向的重新导向看来已经发生"。④ 这种向社会文化史的转向,不是转向马克思主义学派所主张的社会形态或经济结构史,尤其不是转向对社会生产关系的分析,而是转向对社会生活各种要素条件的描述。而且,在大的理论前提下,他们认为马克思主义作为"假定或暗示"原本"具有虚假的或令人反感的性质"。所以,所谓思想史研究领域的社会史挑战,实际上是抛弃历史整体论,走向历史要素论,以"要素分析"代替"整体分析",以"区域研究"代替一元论历史观念的建构。这样做的极致,当然是走向碎片化。其基本取向,与"新清史"所表现出来的取向完全一致。

岸本美绪所表达的情绪,正是"历史要素"思想。她所谓"具体考察

---

① [日] 中村政则:《日本战后史》,张英莉译,中国人民大学出版社2008年版,第33页。
② [日] 池田知久:《主旨》,《第8回日中学者中国古代史论坛》论文集,2016年5月,第1页。池田知久所讲实为年鉴学派第三代,如果从年鉴学派第一代的基准来考察,则正如一位英国人所说:"日本对西方学术动态甚为热心,但要找出一项具有年鉴派传统的风格的日本史研究并不容易。"[英] 彼得·伯克:《法国史学革命:年鉴学派,1929—1989》,刘永华译,北京大学出版社2006年版,第93—94页。
③ [日] 岸本美绪:《怎样的传统中国经济秩序模式化?》,第164页。
④ [美] 拉卡普拉、卡普兰主编:《现代欧洲思想史——新评估和新视角》,人民出版社2014年版,第14页。

一下历史上的中国人到底是怎么想、怎么做的",正是西方思想史家们面对的所谓"接受当地人的风俗习惯"的问题,也就是某些美国汉学家所谓"在中国发现历史"的问题。这些本质一致的意思,借用哲学术语表达,那就是用海德格尔所使用的核心概念"此在"(Dasein)去代替"共在"(Mitsein)。"此在"的"此"(da),在"中国中心观"那里,是需要去"发现历史"的"中国";在思想史家那里,是"当地人的风俗习惯";在"新清史"那里,则是所谓"满洲元素"之类"独特性质";在文本中心论者那里,又是无须追问出自哪只母鸡、只需享用的"鸡蛋"①;在勒华拉杜里那里,便是"朗格多克"或"蒙塔尤"。②……这些具体内容并不相同、本质却没有区别的学术表象,其共同的理论预设,便是脱离波普尔所攻击的那种历史决定论。

在从"整体"向"要素"转向的过程中,一般认为,法国年鉴学派(特别是第三代)对于历史学科的范式转移发挥了旗手般的引领作用。

据悉,在20世纪,法国年鉴学派"研究观念史的方法已经成为主流"。而第一代年鉴学派立场的基本特点,就是使"每个个人都必须回归他的时代"。这无疑是正确的。正因如此,一些学者很强调年鉴学派与马克思主义学派之间的一致性。③ 但是,最早注意到年鉴学派的"马克思主义社会学家"沃勒斯坦讲过这样一句警示性的话:"年鉴学派提供的世界观似乎表达了对盎格鲁—撒克逊思想霸权和僵化的官方马克思主义的双重抵制。"④ 这启发我们去认识,年鉴学派所谓回归时代,是回归"他的"时代,亦即"此在",是回归历史现场与要素,不是回归社会性质。马克思主义所主张回归的时代,是指所有制关系,而年鉴派所强调的时代是指

---

① 据悉,钱锺书曾经在电话里对一位求见者说:"假如你吃了个鸡蛋觉得不错,何必认识那下蛋的母鸡呢?"杨绛:《将饮茶》,生活·读书·新知三联书店1987年版,第102页。

② 《朗格多克的农民》(*The Peasants of Languedoc*)是勒华拉杜里的博士论文,《蒙塔尤》(*Montaillou*)是他最著名的著作,有人称之为是"微观历史学"的一个早期典范。

③ 据悉,英国的马克思主义者对年鉴学派的欢迎程度最高。年鉴学派对结构、长时段、总体的强调,与马克思主义史学有类似之处。参看彼得·伯克《法国史学革命:年鉴学派,1929—1989》,刘永华译,北京大学出版社2006年版,第91—92页。与之相关的是,希梅尔法布提出一个很值得玩味的问题:"在一个对马克思主义的社会主义有着非常强的抗力的国家里,为什么有着那么多的卓越的马克思主义历史学家?"见[美]格特鲁德·希梅尔法布(Gertrude Himmelfarb)《新旧历史学》,第95页。

④ [美]伊曼纽尔·沃勒斯坦:《否思社会科学——19世纪范式的局限》,刘琦岩、叶萌芽译,生活·读书·新知三联书店2008年版,第260页。

所谓生态—人口学模式,亦即地质、气候、瘟疫、细菌之类要素,并以此作为历史研究的独创性所在。在年鉴学派大师费弗尔看来,"要把这种独创性先验地归纳成一个定义是不可能的"。因此,费弗尔必然反对所谓"从唯意志论观点推断出所有社会转化过程的整个思想史研究的传统"。①看到这里,人们自然会联想到波普尔关于历史决定论的那些话语。沃勒斯坦启发我们看到年鉴学派与马克思主义史学之间的本质区别,而非一致性。不将这种本质区别揭示出来,就无法通解20世纪70年代开始的对"从社会性质出发"方法的驱离,何以总是与年鉴学派挂钩。

总而言之,就年鉴学派的第一代大师而言,"布洛赫与费弗尔与他们那个时代的马克思主义的区别,正在于他们对社会经济史的热衷,并没有与社会经济因素决定其他一切的信念纠缠在一起。""费弗尔是个极端的唯意志论者。"到第二代,则出现向决定论的摆动。但到第三代,又"出现了摆回唯意志论的现象"。与之相伴的基本特征,是零碎化,"多中心论占了主流"。不要忘记,年鉴派运动第三阶段的发端时间,恰恰是1968年前后。② 这样,就不难理解何以对"从社会性质出发"方法的驱离,乃始于20世纪70年代了。

但是,对"从社会性质出发"的方法的驱离,在学术实践领域,往往会出现难以自圆的漏洞。"新清史"就是一个典型的案例。正如我国一位学者所指出的:"'新清史'的史学观念深深扎根于西方的哲学理论和史学思想,是西方史学理论发展的一种逻辑结果,在很大程度上反映了西方的意识形态。"③ 在笔者看来,这种"在很大程度上"反映出的西方意识形态或史学思想,就方法而言,就是驱离"从社会性质出发"的方法。那么,它的结果怎么样呢?

所谓驱离"从社会性质出发"的方法,表现在中国史研究领域,是大体通过两个层面的议题设置而进行的。在实践领域,两个层面总是相互蕴含或相互纠缠。只是作为思想分析的范畴,我们可以将不同层面比较清晰

---

① [美]拉卡普拉、卡普兰主编:《现代欧洲思想史——新评估和新视角》,第4、9页。
② [英]彼得·伯克:《法国史学革命:年鉴学派,1929—1989》,第3、60、102—103页。"然而1970年代末之后,在《年鉴》杂志的领导层和最接近该杂志的历史学家中,怀疑、质询也开始日益增多,很多人也纷纷和它疏远了。"[法]克里斯蒂昂·德拉克鲁瓦等:《19—20世纪法国史学思潮》,顾杭、吕一民、高毅译,商务印书馆2016年版,第422页。
③ 刘文鹏:《后记》,刘凤云、刘文鹏编:《清朝的国家认同:"新清史"研究与争鸣》,中国人民大学出版社2010年版,第430页。

地区分开来。第一个层面的议题，是所谓将某种强加给中国历史的外来因素或模式从中国历史的叙述中剥离出去。他们认为，与其将一种外部的模式套在中国历史身上，不如深入到中国历史内部，看看中国历史到底是什么样子。这种观点的典型表述，便是柯文（Paul A. Cohen）所概括的"在中国发现历史"（Discovering History in China），或者叫"中国中心取向"。就仿佛顾颉刚先生所谓层累地造成的古史说所揭示的那样，历史真相被遮蔽了，但遮蔽物已经不是顾先生当年所说的那些存在于中国内部的"记录纷纭已失真"方面的问题了，而是表现为来自中国以外的对中国历史的解释模式。当下要像剥笋一样剥离的，是这些外来模式。这种取向，在欧美以及日本汉学界，已经具有主流性。而且巧得很，它同样起始于20世纪70年代。至于中国学界，显然所受影响越来越大。

它看上去似乎很不错！特别是它还高举着反西方中心论的旗帜。但是，稍加分析，就会发现实际状况并不像人们想象的那样美妙。正如柯文早已预见到的那样，中国人对这套"中国立场"非但未必买账，而且还会产生警觉。

"在中国发现历史"的前提，是不作任何理论预设，以一种近乎清零的立场和状态走进中国历史本身。这样的前提，当然是不成立的。但问题的关键不在于此。关键在于，当学者们这样去做时，必然会不断地关注中国历史的多样性与复杂性，不断地深入中国历史内部，因而不断地分解、分析中国历史的要素，不断地从整体走向区域乃至个体、碎片，将历史切片予以解剖，结果导致对中国历史整体性的消解。这与其说是"在中国发现历史"，毋宁说是淹没历史。当人们在中国所"发现"的不是历史整体，而只是一个个历史地域、时段、断片或要素的时候，或者竟然把这些历史要素或断片当作历史整体的时候，那么，历史的活体，就只能成为供解剖用的零碎构件了。这样的研究路径，由于消解掉了"从社会性质出发"的方法，因而也就具体而微地映照出波普尔所谓"零碎工程学"的肢解性。中国学者对"新清史"的一个重大批评，即在于他们以某种历史要素肢解与消解整体历史。[①] 这当然不能说是"在中国发现历史"，只能说是"在中国肢解历史"。

---

① 这种研究方式有一个新式的称呼："点彩画法"。参看［美］格特鲁德·希梅尔法布《新旧历史学》，第141页。

其实，中国历史从来都是内外要素的合体。所谓"没有外来因素的单纯中国史"的提法，不能成立。

再说，将外来要素或模式强加给中国，原本就没有人赞同过。就此而言，对"冲击—回应"模式的批评有其合理性。但是，"冲击—回应"模式依然属于内外要素结合论，不属于外来模式单一论，只是主导性方面在"外"不在"内"而已。或者说，它属于外来要素主导论。

在坚守中国本位、反对外部强加的旗帜下驱离"从社会性质出发"的方法，具有很强的迷惑性。即使许多专业历史学者，都曾经或依旧认为那些主张与立场，是对中国友好、维护中国本位的表示（不排除有些主张者主观上确实如此）。但是，稍加分析，除发现我们上面所揭示的"肢解性"后果之外，还可以发现其中所蕴含乃至明确主张的第二个更深层面的议题设置，即将"五种生产方式"理论从中国历史的叙述中剥离出去。

这种剥离，既蕴含于第一个层面的议题设置中，也是第一个层面议题设置的真正核心所在。他们总的看法是，五种生产方式来自西欧，非人类社会所普遍经历，不适用于中国。因此，作为强加给中国历史的外来模式的最大宗，当然应该从中国历史的叙述中将其剥离出去。

其实，五种生产方式理论根本就不仅仅源自于西欧。众所周知，原始社会理论乃通过美国人摩尔根来自墨西哥。此外，至少具有原始性要素的亚细亚生产方式，也主要不在西欧。而且，即使在西欧内部，也差异性极大，不是各处都完整地经历过五阶段。奴隶制主要集中于雅典与罗马，封建制主要集中于法国部分地区，早期资本主义主要集中于英国。对此，马克思当然完全清楚。那么，既然如此支离破碎，马克思为什么还要概括出连西欧都不能彻底涵盖的五形态（发明权并非属于斯大林）呢？这是因为，五形态是历史与逻辑的统一体，是将实际过程中的历史样本逻辑化的结果，是"在观念上反映出来"的"材料的生命"，是"叙述"，而不是"研究"的本然状态。借韦伯的概念讲，乃是"理想类型"（Idealtypus，也译为理想典型、理想典范、理念类型）。

关于"五种生产方式"与"理想类型"的关系，值得深入讨论。这里，只是"借韦伯的概念"，并不是说五种生产方式就是韦伯笔下的理想类型。五种生产方式不是理想类型，但理想类型界说对于我们理解五种生产方式序列，是有启发性的。

五种生产方式之所以不是理想类型，首先在于理想类型是具有自然科学属性的逻辑体系，是类似于精确的自然科学命题的抽象，是纯逻辑形式的事实。而马克思的社会形态序列理论，众所周知，是历史与逻辑的统一，并非纯逻辑的序列。其次，由于理想类型是最高抽象的逻辑表达，因此韦伯认为它的内容最空洞，最没有价值，但众所周知，五种生产方式中的每一个，都包含丰富的历史内容。再次，理想类型针对的其实是所谓西方经济学的公理性基本前提假设。尽管韦伯否定"理想类型"是假设，但他所否定的"假设"，显然并不包括西方经济学的公理性前设立场与理论出发点。众所周知，五种生产方式不属于经济学假设的范畴。最后，韦伯理想类型"不能经验地在现实中的任何地方发现"，它完全是一个乌托邦，而五种生产方式，在历史上是真实地存在样本的（尽管并不是"在现实的任何地方"都可以"发现"），可以"作为社会状态的事实上有效的秩序而在经验现实中被观察到"。

但是，五种生产方式与理想类型又确实具有交叉性。就交叉所形成的共同性而言，它们同样是在精神上支配经验给定的材料，是抽象地综合众多具体的现象共有的东西。它们都是"通过把散乱和不明显的、此处多一些彼处少一些、有些地方不存在的"现象综合成为"一个自身统一的理想画卷"。它不是假设，但要为假设的形成指明方向；它不是对现实的描述，但它为描述提供清晰的表达手段。因此，对于五种生产方式，正如对于理想类型，如果彻底立足于从无限多样的社会个体去衡量，并由此去判断其是否具有经验上的有效性，那就属于驴唇不对马嘴了。

韦伯本人有意避免直接讨论马克思的理论与理想类型的关系，但他其实是在二者间画等号的。他说："所有马克思主义特有的'规律'和发展构思——就它们在理论上都是正确无误的而言——都具有理想典型的特征。凡是使用过马克思主义的概念的人都知道，如果把现实与这些理想典型进行比较，它们就具有巨大的，甚至是独一无二的启迪意义；同样，一旦把它们设想为经验有效的，或者甚至设想为实在的（事实上也就是形而上学的）'作用力'、'趋势'等等，它们就具有危险性。"① 这段话对错参半，但足以对教条主义提供警示。就基本思想体系与方法论而言，韦伯反对唯物史观，与五种生产方式理论也是对立的。

---

① ［德］马克斯·韦伯：《社会科学方法论》，李秋零、田薇译，中国人民大学出版社1999年版，第42页。所引用韦伯观点，均出自该译本。

总而言之，在韦伯笔下，理想类型的基本形象是负面的，受批判的，不具有普遍意义，而五种生产方式理论作为历史与逻辑的统一体，是具有丰富内容和普遍意义的。同时，作为具备理想类型某些要素与特征的范畴集合体，五种生产方式又预先设防了对它进行来自经验层面的衡定与破解。所谓具有普遍意义，是指它具有尺度的典范性或典型性，并不表明各个地方的历史都实际如此。源于历史的典型化序列一旦呈现出来，马克思说，那就仿佛是一个"先验的结构"了。① 许多人不理解这一点，以历史的多样性、具体性去消解五形态，却不知作为理想类型的五形态，原本就不容从那个角度去消解。

将上面的分析运用于对"在中国发现历史"这一具有特定含义的命题的解剖，会发现，要科学地在中国发现历史，既不能将外来因素套在中国历史身上，也不能完全抛弃外来因素，更不能抛弃马克思的理论。正确的做法，是将"内"与"外"两个维度结合。要"从社会性质出发"，就必须实行内外因素的结合。只有内外因素结合，才能看清社会性质。要结合，就得顾及两个方面。因为两个方面都顾及，所以很容易发现，无论是注重中国内部要素，还是注重中国外部要素，都可以从它那里发现学术渊源。

改革开放后，中国学者了解到西方学者对中国历史的最新看法，其中最早了解到的看法，便是所谓"在中国发现历史"。1990年8月，中国社会科学院近代史研究所在北京举办以"近代中国与世界"为主题的研讨会。会上，刘大年以美国学者柯文所著《在中国发现历史——中国中心观在美国的兴起》为引线，点评了美国学者研究中国近代史的四派观点。其中点评到所谓"中国中心观"或中国主线论时，指明"他们强调中国是具有自身运动能力的实体，中国的近代是中国这个实体的内部结构产生的各种巨大势力不断发生作用，不断为自己选择方向、开辟前进的道路所形成的。也就是说，中国近代历史的演变和方向，最后是由中国内部力量所决

---

① 马克思说："叙述方法必须与研究方法不同。研究必须充分地占有材料，分析它的各种发展形式，探寻这些形式的内在联系。只有这项工作完成以后，现实的运动才能适当地叙述出来。这点一旦做到，材料的生命一旦在观念上反映出来，呈现在我们面前的就好像是一个先验的结构了。"《马克思恩格斯文集》第5卷，人民出版社2009年版，第21—22页。

定的。无疑地这符合于历史运动的本质。"① 这是刘大年的一个重要史学观点。

柯文的著作很自然地让人们首先想到中国马克思主义史家尚钺，因为尚钺虽然在总体上是内外因素的结合论者，但在具体论著中，却是特别突出地强调"中国内部力量"的一个代表。甚至可以这样说，尚钺是中国主线论的先驱。但是，必须申明，尚钺绝不是单纯的绝对的中国主线论者。他说："我们不否认中国社会有自己的特殊性，但是特殊性最后必然要归结到普遍性，即归结到人类社会一般发展的法则，这是由客观事物本身的性质所规定的。"② 归根到底，他是中外要素结合论者。他说："我们研究中国近代史的起点，在考虑许多有关历史事变问题时，首先必须学习运用毛主席的两点论和外因与内因的相互作用的辩证唯物主义的方法。"③ 在坚守内外两点论的基本框架内，尚钺与其他马克思主义史家一样，牢牢把持着"从社会性质出发"的方法，亦即与五种社会形态的理论衔接、对历史发展普遍性的揭示。强调"普遍性"的结果，是容易被指责为以西方的历史阶段或模式套弄中国历史。对郭沫若《中国古代社会研究》的批评，即从此出。尚钺被批判为把中国历史机械地与西方历史相比附，也由此而来。其实，"教条""比附"只是研究过程中的问题。作为"原则"，强调"普遍性""历史的法则"，在马克思主义史学话语系统中，乃天经地义。强调普遍性，非但不妨碍"在中国发现历史"，反而恰恰是真正在中国发现历史的前提和保证。

尚钺既是中外要素结合论者又被指为强调"中国内部力量"的代表，二者并不矛盾。前者乃是基于对其整体历史观的观察，后者则立足于对其关于中国资本主义萌芽问题的研究而得出的结论。

从柯文的逻辑出发，不能不说，中国马克思主义史家对于资本主义萌芽问题的研究，就是"在中国发现历史"。尚钺等马克思主义史学家通过研究资本主义萌芽来突出"中国内部力量"，不是"在中国发现历史"，又是什么呢？对此，柯文显然非常敏锐地注意到了。他说："资本主义萌芽作为中国历史的内部因素，即使在70年代前的西方汉学界，也被注意

---

① 刘大年：《中国近代化的道路与世界的关系》，中国社会科学院近代史研究所科研组织处编：《走向近代世界的中国》，成都出版社1992年版，第10—11页。
② 《历史研究》编辑部编：《尚钺批判》（第1辑），1960年3月印行，第83页。
③ 尚钺：《有关中国资本主义萌芽问题的二三事》，《尚钺批判》（第1辑），第154页。

到了。"但是，柯文的敏锐与其说给自己帮了忙，毋宁说给自己添了麻烦。因为，他要点评美国的中国中心观，却悄然发现这个"中心观"原本在中国就存在着，这显然是一个起干扰作用的因素。因此，他显然有意避开了这一起干扰作用的因素，只选取对自己有利的学者（包括中国学者）的观点，认为资本主义萌芽的出现并不能确切说明发生了内部变化，原因有二，首先，未能断定这种变化完全是内部的；其次，至少有些中国经济史家认为实际上产生的变化不大（他指的是傅筑夫）。这样，中国学者关于资本主义萌芽问题的讨论，是否属于"在中国发现历史"的学术范畴，柯文在游移和含糊中，便回避掉了，但他的倾向又是明显的，即暗示由于资本主义萌芽至少在中国并不具有决定性的价值和意义，所以他可以不涉及。① 但是，柯文忘记了，即使他的两条理由与倾向性是成立的，也不可否认，对资本主义萌芽问题的追问本身，乃归属在"在中国发现历史"的学术逻辑之内，是无法剔除的。

马克思主义史家本来就始终致力于"在中国发现历史"，这一事实本身就说明，以后者去抵消"从社会性质出发"的根本方法，完全不能成立。

关于以所谓"中国中心观"去抵消"从社会性质出发"的方法，在柯文批评所谓"帝国主义取向"时，有最典型的反映。他认为，帝国主义取向的一个基本特征，就是"假设中国历史本来有一种自然的或正常的发展道路，可是这种道路受到西方（后来是日本）帝国主义的干扰。"② 这句话首先是针对毛泽东的，因为毛泽东说过："中国封建社会内的商品经济的发展，已经孕育着资本主义的萌芽，如果没有外国资本主义的影响，中国也将缓慢地发展到资本主义社会。外国资本主义的侵入，促进了这种发展。"③ 柯文认为毛泽东的见解属于极端目的论的历史观，但是，在笔者看来，毛泽东这里的前一句话，就属于中国中心观，亦即所谓"在中国发现历史"；后一句话，可以说属于"冲击—反应"模式。两句话合成整体意思，即中外要素结合论。因此，可以得出结论，毛泽东的论断，已经内在地包容了中国中心观与"冲击—反应"模式这两种趋向，但同时又避免了

---

① ［美］柯文：《在中国发现历史》，林同奇译，中华书局1989年版，第94页、第200页注释25、第190页注释34。
② 同上书，第4页。
③ 《毛泽东选集》第2卷，人民出版社1991年版，第626页。

其中任何一种趋向的片面性,因为在毛泽东的论断中,它们不过是一体的两面。而尚钺的研究模式,完全取法自毛泽东,只是在马克思主义史家当中,偏于前一句话的应用和发挥而已。有意思的是,在论及这个问题时,柯文又说:"只有清楚地认识到中国不是殖民地,而是半殖民地,我们才有可能开始正确理解帝国主义问题。"①显然,他也借用了"从社会性质出发"的思路。

最后,笔者想申明的是,将尚钺与美国汉学界中专注"中国内部力量"的一派挂钩,甚至将尚钺视为中国主线论的先驱,绝非天方夜谭。这里还想提供一个并非无关紧要的证据,那就是关于鸦片战争是否可视为中国近代史开端标识事件的问题。鸦片战争作为外部势力强加给中国的一个重大国际事件,正如柯文所说,在美国,除最老式的和最激进的以外,汉学家们都已经"放弃把1840年作为总的分期标界"。或者更干脆,"根本就不存在近代中国应从何时开始的问题"②。而在中国,唯一被怀疑否认鸦片战争是中国近代史开端的马克思主义史学大家,就是尚钺。之所以遭怀疑的是尚钺而不是他人,唯一的原因,无非是尚钺的"中国中心取向"。③

总之,真正科学地"在中国发现历史"的,是中国的马克思主义史学家。他们之所以能够"在中国发现历史",不是由于抛弃了从社会性质出发的方法,恰恰在于他们运用了这一方法。而抛弃从社会性质出发的方法的西方汉学家们,他们虽然标榜以中国为中心,其实只是在中国肢解历史。很显然,只要是"人"的历史,无论地域、民族、人种,一定具有内在的统一性。倘若不然,人类的交往就无从谈起,目前时兴的所谓"全球史",也就无从写起。对此,不能理解为是把西方的模式硬套在中国历史身上,而应理解为是从人类全体的统一性与普遍性出发,看一看中国历史到底是什么样子,亦即所谓普遍性与多样性的统一。这样的研究方法,不是历史决定论,而是历史根据论。

(作者单位:中国社会科学杂志社)

---

① [美]柯文:《在中国发现历史》,第116页。
② 同上书,第169、172页。
③ 参看童力《尚钺怎样看中国近代史的开端》,《中国社会科学报》2015年7月7日,第1版。

唯物史观与中国近现代思想史研究[*]

郑大华

中国近现代思想史学科是"五四"以后随着中国现代学术体系的建立而逐步形成的,已有近100年的历史。中国近现代思想史学科的历史虽然不短,但学术界却一直缺乏理论上的自觉,缺乏对中国近现代思想史学科自身的研究,对于中国近现代思想史的研究对象与范围,中国近现代思想史与中国近现代哲学史、中国近现代文化史、中国近现代学术史等其他中国近现代史分支学科以及与中国近现代政治思想史、中国近现代文化思想史、中国近现代学术思想史、中国近现代经济思想史等其他专门思想史的联系与区别,以及中国近现代思想史的逻辑起点、发展动因、研究方法、历史分期等等,都缺乏应有的讨论,更不用说取得高度的共识。这种状况严重地影响着中国近现代思想史研究的进一步发展。有鉴于此,本文拟就中国近现代思想史的研究方法谈点不成熟的意见。不当之处,欢迎批评指正。

一

研究中国近现代思想史,首先碰到和需要解决的是社会存在与社会意识、经济基础与上层建筑的关系问题。某一种思想或思潮为什么会在某一历史时期出现,而不是在另一历史时期出现;某一性质的思想家为什么会产生于某一时代,而不是另一时代,其原因可能很多,但其中最根本的或主要的原因,恐怕还是由当时的物质生产或社会存在决定的。马克思和恩格斯在《费尔巴哈》一文中指出:"思想、观念、意识的生产最初是直接

---

[*] 该文是篇旧文,近年来忙于中国社会科学院重大课题《中华思想通史·晚清卷》的资料收集、整理与编辑以及《中华思想通史·绪论卷》第五章写作大纲的拟定,根本没有时间写新作,故将旧文略加改动,特此说明。

与人们的物质活动,与人们的物质交往,与现实生活的语言交织在一起的。人们的想象、思维、精神交往在这里还是人们物质行动的直接产物。表现在某一民族的政治、法律、道德、宗教、形而上学等的语言中的精神生产也是这样。人们是自己的观念、思想等等的生产者,但这里所说的人们是现实的,从事活动的人们,他们受自己的生产力和与之相适应的交往的一定发展——直到交往的最遥远的形态——所制约。意识在任何时候都只能是被意识到了的存在,而人们的存在就是他们的现实生活过程。如果在全部意识形态中,人们和他们的关系就像在照相机中一样是倒立呈像的,那么这种现象也是从人们生活的历史过程中产生的,正如物体在视网膜上的倒影是直接从人们生活的生理过程中产生的一样"。① 比如,洪秀全之所以是洪秀全,而不能成为康有为或孙中山,最根本的原因就在于19世纪五六十年代的中国社会还不具备产生康有为或孙中山的物质基础或社会存在,中国的资本主义还没有产生,更不要说出现了一个新的资产阶级,加上国门刚刚被西方列强的大炮轰开,西方的先进思想和文化还没有大规模的传入中国,所以洪秀全只能提出反映农民小生产者愿望和要求的《天朝田亩制度》,而不可能提出反映资产阶级愿望和要求的君主立宪主张或"三民主义"纲领。再如,中国早期维新思潮之所以出现于19世纪的八九十年代,尽管原因很多很复杂,但最根本的原因,就在于19世纪七八十年代后,在洋务运动的作用和外国资本主义的刺激下,中国社会出现了民族资本主义经济,并伴随着中国民族资本主义经济的出现和初步发展,民族资本主义经济的政治代表——中国民族资产阶级开始了其形成的过程。一定的思想是与一定的经济关系和阶级关系相联系的。早期维新思潮反映的正是形成过程中的中国早期民族资产阶级的利益和愿望,换言之,如果没有资本主义经济的出现和正在形成过程中的早期民族资产阶级,也就不会有早期维新思潮。就此而言,我认为,研究中国近代思想史,首先要坚持以唯物史观为指导,至少要以唯物史观为重要的研究方法或原则,要搞清楚某一思想或思潮赖以产生的思想渊源和社会历史背景,考察思想家与其时代、思想的产生与物质的生产之间的相互关系。

当然,我们讲社会存在,是广义的社会存在,除生产力与生产关系、经济基础与上层建筑的矛盾运动外,还包括思想家的生活经历、生存状况

---

① 《马克思恩格斯选集》第1卷,人民出版社1995年版,第72页。

和生活环境。之所以是洪仁玕而不是洪秀全提出《资政新篇》，这是因为洪仁玕有过几年在香港的生活经历，接触和耳闻目睹过资本主义的东西，如果他像洪秀全一样始终生活在内地，恐怕也提不出具有资本主义改革性质的《资政新篇》来。郭嵩焘之所以能从洋务派中分化出来，主张全方位地向西方学习，甚至包括西方的政治制度，这与他出使英国、对西方思想文化和社会政治制度有较多了解和切身体会有关。实际上，一个人的生活经历尤其是青少年时期的生活经历对其一生有着重要影响。我们很多人都看过美国人埃德加·斯诺写的《西行漫记》，也就是《红星照耀中国》一书。斯诺在书中谈到，他在采访毛泽东时，毛泽东给他谈了他早年的一些故事。毛的父亲性格比较粗暴，动不动就打孩子。平常毛都忍受了，但有一次毛进行了反抗，父亲打他，他夺门而逃，父亲便在后面追打，当他跑到一个水塘边上时因无路可逃便站住了，他转身对身后追打他的父亲说，你再追我就跳下去。父亲果然不追了，因为当时是冬天，父亲怕他真的跳下去会冻坏身体。这件事使毛泽东认识到对于强权要反抗，也只有反抗才能维护自己的权利。这本来是少年时发生的一件小事，但在毛泽东的记忆中却留下了不可抹去的印记。他后来曾多次提到过这件事。由此可见它对毛泽东的影响之深远。长大后的毛泽东那种不畏强暴、敢于反抗和斗争的个性，在某种意义上可以说与这件事引起他的感悟和启发存在着一定的联系。

所谓生存状况既包括思想家的经济状况，是富有还是贫困？也包括思想家的社会地位，是当官的还是平民百姓？经济状况的不同，也会影响人们的思想差异。马克思就曾批评过19世纪中叶英国的那些衣食无忧、生活悠闲的大学教授们，在他们吃饱了、喝足后，嘲笑一天工作十几个小时、生活在饥寒交迫中的工人觉悟太低，只知道要面包吃、要缩减工作时间，而没有像他们一样要求选举权，要求民主和自由，是真正的下里巴人，这些大学教授们不知道，对当时的工人来说有面包吃和缩短工作时间比选举权和民主、自由更迫切、更重要。我们常常批评洋务派不主张学习西方的政治制度，不搞政治改革，这是洋务运动之所以失败的一个重要原因。实际上，洋务派并非对西方近代的政治制度不了解，并非不知道西方近代的政治制度比中国传统的政治制度更好一些，如洋务派代表人物李鸿章就对于中国上下隔绝的政治局面进行过批评，认为"中国政体，官与民，内与外，均难合一"，因而"不独远逊西洋，抑实不如日本"。① 他主张借鉴日本和西洋的所谓"善政",改善和调整君、臣、民之间的关系,以期实现"庙堂内外,议论人心",趋于统一。他在阅读了驻日公使黎庶昌寄来的日本改革官制后有"官员录"和明治宪法后,对中、日两国的官制进行了一番比较,认为明治维新后的日本"大抵有一官办一事,大官少,小官多,最为得法",而中国官制十分"冗繁","高资华选大半养望待迁之官","如此事何由治"?② 总理衙门大臣文祥介绍西方的政治制度:"其国中偶有动作,必由其主付上议院议之,所谓谋及卿士也;付下议员议之,所谓谋及庶人也。议之可行则行,否则止,事事必合乎民情而后决然行之"。③ 除李鸿章和文祥外,还有其他一些当权的洋务官僚也对西方"君民一体,上下一心"的政治制度给予过好评。但由于他们是体制内的人,是清王朝的封疆大吏或朝廷重臣,尽管认识到了中国政治制度的弊端和西方政治制度的长处,但和体制外的王韬、薛福成、郑观应、何启、胡礼垣等人不同,他们不敢也从来没有想过要对中国的政治制度进行改革,用西方的君主立宪制度来取代中国的君主专制制度。

至于生活环境对人的影响,我们可以举孟母三迁其居的故事为例。孟子的母亲之所以要三迁其居,就是为了给孟子营造一个良好的生活环境。另外,思想家所受的教育和他交往的圈子,对其思想的形成和发展也很有影响。人们常说"近朱者赤,近墨者黑",实际上讲的就是交友对一个人影响的重要性。

既然生活经历、生存状况和生活环境对一个人思想的产生或形成有如此重要的影响,因此,我们在研究某一位思想家的思想时,除要研究他生活的时代背景和社会背景外,还应加强对他的生活经历、生存状况和生活环境的研究,看他有过什么样的生活经历,到过哪些地方,经历过哪些事件,经济状况如何,有什么样的社会地位,喜欢和哪些人交往,其亲朋师友尤其是师友的思想是怎样的,对他产生过哪些影响等。在同一历史时代和社会背景之下所以会产生不同类型或性质的思想家,这与思想家们个人的生活经历、生存状况和生活环境的不同有着密切的关系。我们以胡适和

---

① 李鸿章:《复曾相》,《李鸿章全集》第 5 册,海南出版社 1997 年版,第 2607 页。
② 李鸿章:《复出使日本大臣黎莼斋》,《李文忠公尺牍》第 7 册。
③ 《清史稿·列传》第 173,《文祥传》。

吴宓为例。他们年纪相当，经历类似，早年都在故乡接受过传统文化教育，后来又几乎同时到美国留学，同时回到国内成为著名教授，但胡适是五四新文化派的代表人物，而吴宓是著名的文化保守主义者，他们的文化取向是不同的。其中的原因很复杂，但原因之一或许是一个重要原因，与他们在美国所接受的教育和经历有关。我们知道，胡适到美国后便拜倒在哥伦比亚大学杜威教授的门下，深受杜氏的实用主义哲学的影响，而吴宓到美国后则师从哈佛大学的白璧德教授，白氏的新人文主义对他的影响很大，他们两人的文化取向可以分别在杜威的实用主义哲学和白璧德的新人文主义中找到其理论根源。另外，他们两人留美期间的不同生活也或多或少影响着他们的文化取向。胡适在留美期间生活得非常安逸充实，天天是阳光鲜花，他是全美中国留学生会主席，经常应邀到各处发表演讲，他还是美国教授的座上宾，经常参加他们的周末家庭聚会，一位名叫韦司莲的美国小姐也非常爱他，与他有过无数次的花前月下。正是由于胡适在美国生活得太阳光了，这影响了他对美国的观察，在他的眼中，美国是理想的化身，是全世界最美好的地方，只有优点，没有缺点，他后来因而主张西化或全盘西化，实际上，胡适所讲的西化也就是美国化。而吴宓在美留学时的生活则没有胡适那样潇洒，他看到的美国既有阳光的一面，也有阴暗的一面，因而他并不认为美国是人间天堂，甚至在不少地方还不如中国。

  当然，坚持以唯物史观为指导，与继承中国史学传统中的优秀遗产，并有分析地引进和吸取西方史学理论与研究方法并不矛盾。毛泽东就说过："我们信奉马克思主义是正确的思想方法，这并不意味着我们忽视中国文化遗产和非马克思主义的外国思想的价值。"因为唯物史观是马克思主义的组成部分，而马克思主义是一开放的、与时俱进的理论，它可以也应该吸收一切先进的文明成果，并通过研究新问题、产生新理论而不断地丰富自己，发展自己。任何把唯物史观作为标签、在历史研究中生搬硬套的做法都是对马克思主义的教条化运用。

二

  近现代中国社会始终处在急剧的变化之中，近一百年的时间走完了西方几百年才走完的历史行程。如果借用已故著名历史学家陈旭麓先生的话说，近现代中国社会的发展"表现为急剧的新陈代谢，螺旋地前进，螺旋特别多"。① 面对这样一个急剧变化的时代，我们研究中国近现代思想史，就必须学会用历史的、发展的、联系的（或整体的）观点考察问题，这也是唯物史观的基本要求。

一是要把研究对象——思想、思潮或思想家，置于特定的历史条件下进行研究。一种思想、思潮或一位思想家的产生及其活动，都是特定的历史条件的产物，脱离特定的历史条件，就不可能对历史问题有真切的认识，更无法对研究对象得出实事求是的理解。用列宁的话说："在分析任何一个社会问题时，马克思主义理论的绝对要求，就是要把问题提到一定的历史范围之内。"② 比如，有人脱离辛亥革命后复辟与反复辟、尊孔与反尊孔的政治斗争和文化斗争背景，抽象地谈论五四新文化运动的反儒学、反孔教问题，不批判袁世凯、康有为借孔教复辟帝制的倒行逆施，反而指责五四新文化运动反儒学、反孔教是全盘反传统的过激行为，甚至认为五四新文化运动的反儒学、反孔教造成了中国文化的断裂，罪莫大焉。这就不是一种科学的历史主义的态度。

二是要把研究对象——思想、思潮或思想家，作为运动的历史发展过程进行研究。由于社会和时代的发展变化，一种思想、思潮或一位思想家往往在不同的历史阶段或时期的作用或地位是不同的，我们不能用静止的、僵化的观点来研究、评价他们。人们常说严复、康有为等人"从离异到回归"，早年进步，晚年保守。实际上无论严复，还是康有为，他们自身的思想前后并没有什么大的变化，变化的是社会，是时代。社会和时代变化了，前进了，而他们的思想却没有随着社会和时代的变化而变化，而进步，因而成了历史的落伍者。比如他们在政治取向上，始终都是君主立宪论者，如果说君主立宪在戊戌变法时期是一种进步的政治主张，在辛亥革命时期还有它的积极意义的话，那么到了民国初年，君主立宪则成了复辟倒退的代名词。又如大家所熟悉的"中体西用"，最早是冯桂芬1861年在他的《校邠庐抗议》一书中提出来的，后来为李鸿章、左宗棠等洋务派所继承和发展，成了洋务运动的文化观，但在洋务运动时期，它不仅不具有保守主义的性质，相反有它的积极意义。因为，在当时整个社会对西学缺乏正确的认识、以为学习西学就是"以夷变夏"的情况下，洋务派提倡

---

① 陈旭麓：《关于中国近代史线索的思考》，《历史研究》1988年第3期。
② 《列宁选集》第2卷，人民出版社1972年版，第512页。

"中体西用"，一方面强调中学之"体"的主导地位；另一方面又承认中学有"用"的不足，需要引进西学加以补充，从而实现以中学为本位、为主体的中西文化之间的调和或互补，这无疑是对传统的"中体中用"文化观的否定和突破，从而为学习西学扫清了道路。借用《中西体用之间》一书作者的话说：洋务派的"中体西学"，"形式上的重点是在强调中学之为'体'，事实上的重点却在强调西学之需'用'——从洋务派创导这种文化新观念的主旨而言，应当说：'中体西用'，意在'西用'。"① 但到了甲午战争之后，尤其是进入到20世纪之后，随着人们对中国所以贫弱、西方所以富强之原因认识的逐步加深，以及对西学的不断了解和"西用"范围的不断扩大，"中体西用"文化观的局限性便日益显现出来。"当着要求全面学习'体用兼备'的西学，在中国实行变法改制的思潮萌动的时候，'中体西用'论式的实际作用便发生了微妙的变化：原本是作为论证采用西学的一条有力理由，这时却渐渐变成了妨碍着从'大本大原'处学习西方的一付羁绊。"② 它也因此而失去了以前的积极意义，而成了保守主义的文化纲领。面对这样一种变化的社会和时代，我们在研究思想史时，就必须把研究对象放置于历史发展的脉络中，动态地而不是静态地研究他们在不同历史阶段或时期的地位和作用，这样才能对他们做出实事求是的科学评价。所以，我不赞成用"进步"或"落后""激进"或"保守""革命"或"改良"等词汇对近代思想人物的一生盖棺定论，而主张分时期分阶段地评价他们。实际上，我们在近代中国很难找到一个一生都"进步"或"落后""激进"或"保守""革命"或"改良"的思想人物。比如孙中山是中国革命的先驱者，发动和领导过辛亥革命、二次革命、护国运动、护法运动等，但他也不是一生都主张革命，他早年曾向往过改良。又如梁启超早年曾积极地介绍和宣传过西方文化，西方很多思想和思想家就是首先由他介绍到中国来的，但在晚年，受第一次世界大战的影响，他对西方文化持的则是批评的态度，而主张中西文化的互补和调和，换言之，在文化取向上他早年激进，晚年保守。

三是要把研究对象——思想、思潮或思想家，作为统一的、有联系的有机整体进行研究。实际上，和整个自然界、生物界一样，人类历史也表

---

① 丁伟志、陈崧：《中西体用之间》，中国社会科学出版社1995年版，第160页。
② 同上书，第173页。

现为统一的、运动的有机整体,并非偶然事件的毫无联系的堆积。因此,我们研究中国近代史上的思想、思潮和思想家时,就要用整体的、联系的观念,对它或他们进行全面的分析,这样才能揭示出其产生、发展的整体过程和内在本质。列宁就曾指出:研究历史,首先"就是不要忘记基本的历史联系,考察每个问题都要看某种现象在历史上怎样产生、在发展中经过了哪些主要阶段,并根据它的这种发展去考察这一事物现在是怎样的"。[①] 毛泽东在谈到"如何研究中共党史"时也说过:研究历史,根本的方法"就是全面的历史的方法",所谓"全面的历史的方法",也就是整体的、联系的方法,通俗地讲,叫作"古今中外法"。"就是弄清楚所研究的问题发生的一定的时间和一定的空间,把问题当作一定历史条件下的历史过程去研究。所谓'古今'就是历史的发展,所谓'中外'就是中国和外国,就是己方和彼方"。[②] 比如,我们研究某一思想或思潮的产生时,就不仅要研究它产生的时代背景和社会原因,还要研究它的思想或理论来源,这既包括中国固有的思想或理论来源,也包括外国输入的思想或理论来源,而且还要研究它与同时代的其他思想或思潮的相互关系。

谈到对近代思想人物的评价,可以有不同的评价标准。一是历史的评价标准,即坚持历史主义的原则,看他们的思想和活动是否合乎中国近代历史发展的需要。什么是中国近代历史的需要呢?中国近代历史发展的需要,一是民族独立;二是社会进步。在中国近代史上,凡是对民族独立和社会进步起过积极作用的历史人物就应肯定,反之,则应否定。二是道德或学理的评价标准,即看他们个人品质的优劣以及他们提出的思想或理论是否有学理的根据,或对学术发展有何贡献。思想人物如果在这两方面是统一的,那么其评价就不会出现大的问题或争论。如果在这两方面不是统一的,出现的问题和争论就比较多。一些研究者在评价思想人物主要用的是学理的或道德的标准,而不是历史的标准,得出的结论往往似是实非。如有的人从个人品质上肯定梁济和王国维为殉清而采取的自杀行为,而没有分析这种自杀应该不应该的问题。笔者承认梁济和王国维的自杀是"杀身取义",问题的关键在于此"义"该不该"取"。梁济和王国维之所以自杀,用他们自己的话说,是为了殉清,而按后来一些人的解释,是为了

[①]《列宁专题文集·论辩证唯物主义和历史唯物主义》,人民出版社2009年版,第283页。
[②]《毛泽东文集》第2卷,人民出版社1993年版,第400页。

殉中国传统文化（如陈寅恪就认为王国维自杀是殉传统文化），但不论是殉清也好，还是殉传统文也罢，都是一种逆历史潮流的行为。因为推翻清王朝，结束 2000 多年的君主专制统治，是历史的巨大进步，而传统文化之所以在五四前后受到人们的批判而日见衰落，是由于以儒家思想为核心的中国传统文化的基本价值已不适应现代社会生活，只有经过批判和改造，才能化腐朽为神奇，实现它的现代转型。我们在电影中经常能看到这样的镜头：那些侵略中国、双手沾满中国人民鲜血的日军军官在战败被中国军民包围后，往往是拔出战刀，剖腹自杀，以示对天皇的效忠。如果仅论个人品质，日军军官的这种"杀身取义"的行为不仅无可厚非，而且还应肯定，但从历史的评价来看，日军是侵略者，天皇是日军侵略中国的罪魁祸首，日军军官负隅顽抗，剖腹自杀，是死有余辜，不值得丝毫的同情。

因此，我们认为对思想人物的评价，应该坚持历史评价与道德评价、学理评价相结合、而以历史评价为主的原则，这样才能更客观科学地评价近代思想人物的历史作用和地位。以五四时期的东方文化派与新文化派的东西文化论争为例。从学理上分析，无论新文化派，还是东方文化派，对一些问题的认识都存在着片面性，但如果我们把他们所争论的问题放置于特定的历史背景下来考察，以历史发展的客观要求为其评价的标准，那么，显而易见新文化派的理论和主张比东方文化派的理论和主张更符合历史的要求，更有它的历史价值和现实意义。比如，在中西文化差异之性质的争论上，新文化派认为是"古今之别"，而东方文化派认为是"中外之异"，就学理而言，二者都失之片面：前者强调了文化的时代性，而忽略了文化的民族性；后者则强调了文化的民族性，而忽略了文化的时代性；实际上文化是民族性和时代性的统一。但从当时的历史要求来看，是要人们承认中国传统文化比西方近代文化的落后，从而奋起直追，使中华民族立于世界民族之林，而不是保持本民族文化的纯洁性，肯定它有其存在的特殊价值和意义。这正如一位论者指出的那样：应该看到新文化派对文化之时代性的片面强调，"既是一种认识上的错误，同时又是一种认识上的进步。这种进步就在于新文化运动提倡者开始懂得人类社会的文化进化史是具有共同性的，由是才从狭隘的民族视野中解放出来，放眼去观察世界，把整个人类文化的进程拿来进行宏观考察，从而他们才敢于略去民族性的差异，去径直进行时代性的先进与落后的比较研究，并对外国的先进文化具有敢于'拿来'的勇气。"① 我们以前只讲历史的评价，忽略了东方文化派在学理上的贡献，这固然是片面的，但如今有的学者从一个极端又走到另一个极端，只以学理的标准来评价新文化派和东方文化派，而放弃了历史评价的标准，贬斥前者，而肯定后者，这同样是片面的，不是评价历史人物的正确态度。

三

作为社会意识或上层建筑，一种思想或思潮产生的原因是很复杂的，除了起决定作用的物质生产或社会存在外，作为思想的提出者——人的素质、心理、性格、气质、情感等因素也起着一定的作用。黑格尔在《历史哲学》一书中就曾指出："人们活动的出发点是他们的需要、他们的热情、他们的性格和才能"。又说："要是没有热情，世界上任何伟大的事件都不会成功"。历史表明：许多重大历史事件的决策和发生，都在不同程度上与决策者的心理、情绪、甚至爱好有一定的关系。因此在研究中国近代思想史的过程中，我们在坚持和发展唯物史观的前提下，运用现代心理学的理论与方法，分析研究对象的心理活动和个性特征对其思想的影响，这有助于对丰富多彩的历史现象做出更符合历史事实的解释和评价。它与我们坚持和发展唯物史观及其方法不仅不构成矛盾，相反是对唯物史观及其方法的丰富和补充。

心理分析法，一般可分为"个体心理"分析和"群体心理"分析。个体心理分析主要是分析思想家个人的心理活动，以及他的家庭、亲友、同事对他心理的影响。现代社会学和心理学的研究成果表明，个人的成长和思想的形成发展，与其家庭环境的影响很有关系，特别是青少年时代表现出来的心理状态，往往成为一种"情结"，影响其一生。美国学者艾恺在《最后一个儒家：梁漱溟与现代中国的困境》中曾提出过这样一个观点，即：那些破落家庭的孩子比一般家庭的孩子对社会的观察更敏感，因而也更能在文学或其他社会科学方面取得成就，如曹雪芹、鲁迅、郭沫若、胡适、梁漱溟等人。群体心理分析法主要是研究群体的心理活动，这对思潮史的研究具有非常重要的意义。比如，已有学者将群体心理分析法运用于

---

① 丁伟志：《重评"文化调和论"》，《历史研究》1989年第3期。

义和团的研究，以探讨为什么在很短的时间内会有数以十万计的农民参加义和团运动，通过研究得出结论："从众心理"是促使数以十万计的农民一夜之间参加义和团运动的重要原因。

比较研究法，也是历史研究尤其是思想史研究中经常使用的一种方法。在中国的历史典籍中，如《左传》《国语》《战国策》《史记》《汉书》都广泛地运用过历史比较方法，比如在《史记》的"列传"中，司马迁就把一些可比性的人物放在一起，写成"合传"，进行比较。在古希腊的史学著作中，如被称之为"史学之父"的希罗多德的《希腊波斯战争史》中和"具有批判精神"的修昔底德的《伯罗奔尼撒战争史》中，也有许多历史的比较叙述。到了近现代，历史比较研究已经形成为一门独立的史学分支学科。马克思在回答西欧道路与俄国公社命运和社会发展前景的问题时就曾指出：极为相似的事变发生在不同的历史环境中会引起完全不同的结果。正确的研究方法应当是，"把这些演变中的每一个都分别加以研究"，弄清楚这些演变的历史背景、具体情况和发生原因，"然后再把它们加以比较"，从而"找到理解这种现象的钥匙"。① 因此，他与恩格斯在研究人类社会发展的规律时，就曾对资本主义社会与前资本主义社会、古代东方社会与西方社会、主要资本主义国家的社会进行过比较。恩格斯在《德国的革命与反革命》一书中，通过对德国的资产阶级、无产阶级、封建贵族阶级与英国的、法国的资产阶级、无产阶级、封建贵族阶级之间的比较，科学地总结了德国革命的经验和教训，认为是资产阶级的软弱无能、无产阶级的力量弱小和封建贵族阶级力量的强大，导致了1848—1851年德国资产阶级民主革命的失败。梁漱溟在五四时期写的《东西文化及其哲学》一书，是中国人最早对东西文化及其哲学进行系统比较的代表作，产生过重大影响，有其重要的学术地位。

就思想史的研究而言，经常运用的比较法主要有两种：即纵向比较和横向比较。所谓纵向比较，是将一定时代的思想家及其思想和他们的前辈及其思想进行比较，看他们是否提供了前人所没有提供的东西，也就是看他们在前人的基础上是否有所发展、有所进步。而横向比较，是在历史的横断面上，对同一时代的思想家及其思想进行比较，看他们谁更能把握时代的主题和要求，其思想更能贴近社会的需要，从而对他们及其思想做出

---

① 《马克思恩格斯文集》第3卷，人民出版社2009年版，第466、467页。

符合历史事实的客观评价。我有时又将纵向和横向这两种比较法称之为前后（纵向）和左右（横向）比较法。我们还可以进行国与国之间的比较，比如有学者在研究中国的洋务运动时，把它与日本的明治维新进行比较，分析洋务运动所以失败而明治维新所以成功的原因，就很有启发意义。

在运用比较研究法时，要特别注意可比性原则。所谓可比性原则，即是比较的对象必须具备共同的基础和联系。雷蒙德·格鲁在《比较历史研究概论》中就一再强调："历史比较研究方法在于对那些已被抽象地称作可资比较的集团、事件、机构、观念进行比较"。他又说："我们可以学会从类似的或不同的角度，对人类行为进行比较"。如果比较的对象没有可比性，就不能进行比较。否则，得出的只能是牵强附会的结论。比如，我曾在网上看到过一篇文章，把毛泽东和希特勒拿来比较，由于这两个人物没有丝毫的可比性，所以那篇文章得出的一些观点或结论纯属胡说八道，没有任何的科学性。

近年来，随着西方社会史研究的理论和方法的传入，已有越来越多的学者借用西方社会史研究的理论和方法来研究中国近代思想史，并取得了不少成果。思想史研究中引用西方社会史研究的理论和方法，这对推动中国近代思想史研究具有十分重要的意义。

首先，扩大了文献资料的使用范围。传统的思想史研究方法，多着重于文献资料的收集和解读。但长期以来，能用来作为思想史研究文献资料的不外"儒家的经典及注释、诸子的解说、文集、语录、正史、传记"等等，而很多的考古资料，如"器物或图像资料、数术方技文献"以及历代的历书、则例、类书、蒙书、方志、族谱、档案和其他一些不能登大雅之堂的文献资料则没有纳入到思想史研究的资料之中。因此，"在很长的一段时间里面，思想史还是像哲学史一样，讨论的重心还是集中在精英和经典"。① 但自西方社会史研究的理论和方法引入到中国思想史研究之后，原来那些没有或很少在思想史研究中使用的文献资料则得到了广泛运用。比如葛兆光的两卷本《中国思想史》就大量地引用了中国早期的星占历算、祭祀仪轨、医疗方技、各种类书、私塾教材以及碑刻造像、书札信件等资料，来说明"一般的知识、思想与信仰"。

其次，非文献资料和口述资料得到重视和利用。除文献资料外，一些

---

① 葛兆光：《什么可以成为思想史的资料?》，《新哲学》第 1 辑，第 294—295 页。

民间信仰、风俗习惯、行为方式、礼仪节日、图像音律、碑刻字画等非文献资料所记载或反映的可能是一种有着更广泛影响的社会思想，但由于文献资料尤其是那些官方的文献资料或精英留下的文献资料对此没有记载，或记载不多，长期以来，人们在研究中国思想史时几乎没有利用过这些非文献资料。而西方社会史研究的一个重要方法，就是通过田野调查，对大量的、散落在民间和社会上的非文献资料进行发掘、整理和利用。因此，随着西方社会史研究的理论和方法的引入，非文献资料在中国思想史研究中开始得到重视和利用。口述资料是文献资料的重要补充。但和非文献资料一样，口述资料在以前的中国思想史研究中也很少甚至没有被利用过。口述资料的被重视和利用也是在西方社会史研究的理论和方法被引用到思想史研究之后的事。

最后，改变了中国思想史的书写方式。我们以前书写的中国思想史，基本上是精英思想史。比如，在学术界产生过巨大影响的侯外庐先生的五卷本《中国思想通史》，就是以不同时期的精英思想为主轴而架构起来的。除侯外庐外，胡适、梁启超、冯友兰、钱穆等其他人书写的中国思想史或哲学史著作也都如此，都是精英式的，很少能看到一般人或社会大众的思想。但这种情况现在有了改变，一些学者在研究中国思想史时，受西方社会史研究的理论和方法的影响，开始利用原来很少利用的一些文献资料、非文献资料和口述资料，来研究一般人或社会大众的思想，甚至有学者以不同时期的一般人或社会大众思想为主轴来架构自己的中国思想史著作。这方面最成功也最典型的例子便是葛兆光的两卷本《中国思想史》。研究中国思想史，重视一般人或社会大众思想的研究，这是中国思想史研究的一大进步，值得充分肯定。但矫枉不能过正，不能只研究一般人或社会大众的思想，而不研究精英的思想。实际上，一部中国思想史，既要包括精英人物的思想，也要包括一般人或社会大众的思想，既不能以精英人物的思想为主轴，也不能以一般人或社会大众的思想为主轴，因为历史既不是精英人物独自创造的，也不是一般人或社会大众独自创造的，而是精英人物和社会大众共同创造的，只是在不同的历史时期、不同的历史场景下他们的贡献有多有少而已。

西方社会史研究的理论和方法的引入极大地推动了中国近代思想史研究。实际上，不只是西方社会史研究的理论和方法，西方其他的一些社会科学研究的理论和方法，如系统论、结构论、后现代主义理论的传入，都对推动中国历史研究，当然也包括中国思想史和中国近代思想史研究，起过或多或少的作用。就此而言，我们对来自于西方的一些社会科学研究的理论和方法应该持积极开放的态度。但这只是问题的一个方面，或主要的方面；问题的另一个方面，或次要的方面，我们也应看到，西方社会史以及西方其他社会科学研究的理论和方法的传入，也给研究者带来了一些问题与困惑：

首先是对史料与理论关系形成颠倒的错误认知。"论从史出"，这是史学的一个基本要求，所以在对史料的解读中我们要秉承客观、公正的态度，全面系统地占有资料，实事求是地分析史实，才能得出自己的结论，史料与理论之间是相互的，理论是从史料中得到的，史料也能用理论去验证，所以对于肢解史料以有利于自己的论证的做法是史学界尤其反对与警惕的。但是，近几年随着西方社会史研究的理论和方法的引入，许多学者开始运用"公共空间""市民社会""国家与社会"等范式进行思想史的研究，研究中常常采用的是先立论后举例子的程序。这样的做法一方面可以扩大研究视域，但是如果运用不当则会出现"以论代史"的现象，在已有"结论"的引导下去寻求史料，而达不到"论从史出"的要求。

其次是阐释的"过度"与概念的"滥用"。当带有后现代色彩的"话语分析"模式传入中国时，给研究者带来了一种"不良"的暗示——在研究中可以从文本到文本，依据自己的理解去阐释历史。这种暗示的危险是，从文本到文本的方法会产生阐释"过度"的现象。黄兴涛就对"想象""神话""吊诡"等名词在史学研究中的"滥用"提出过批评。他指出，许多人往往把带有想象性特点或者说曾有"想象"因素参与其中的历史认知过程，与"想象"作为根本性质的事物混为一谈，好像人类除了"想象"外，便无其他的思维活动；"神话"的标签也到处贴，并且使用的并不是本来意义上的概念。①

另外，一些学者在研究中国近代思想史时，受西方社会史研究的理论和方法的影响，将更多的关注下沉到民间，力图通过阐释与分析民众的社会生活方方面面以还原历史场景，但是却忘却了思想史研究的一个基本要求，即理论的要求，所以文章显得支离破碎，没有理论深度，这是社会史与思想史的结合没有到位的结果。所以，在今后的研究中，我们更多地需

---

① 黄兴涛：《"话语"分析与中国近代思想文化史研究》，《历史研究》2007年第2期。

要思考如何更好地打通不同学科,实现学科更好的结合;在引进西方的研究理论和方法时,我们要立足于中国的研究实际,将西方的研究理论和方法"中国化",从而建立本土化的中国思想史研究的理论、方法和范式。

(作者单位:中国社会科学院近代史研究所)

以马克思唯物史观指导研究
海疆史历史人物的研究

侯 毅

一 唯物史观对历史人物研究的重要意义

人类的历史是由人类的活动构成的。马克思说，"历史不过是追求着自己目的的人的活动而已"①。恩格斯说，"有了人，我们就开始有了历史"②。在几千年的人类历史发展进程中，尽管有过各种不同社会形态的更替，各个国家和地区有不同发展的过程，但都离不开人，离不开人的活动。正是这些活生生的人的活动构成了错综复杂、千姿百态的人类历史。

对历史上有过各种各样表演的人物进行认真研究，探究他们的思想动机和活动影响，以及在历史进程中所起的实际作用，并在此基础上揭示他们所代表的人群的利益，这会帮助我们更好地了解历史的真貌，认识历史活动的基本规律。同时，对历史人物的活动和思想做出正确评价，还有助于我们分清善与恶、是与非，褒彰历史的光明面，鞭挞历史的黑暗面，可以使我们能够吸收历史的经验和教训，指导以后的实践，对于树立正确的价值观、人生观，形成正确的价值判断认识具有重要作用。著名史学家尚钺曾指出，"我们研究历史人物的目的，不在于到博物馆或故纸堆中去寻找知己和朋友，也不是为历史人物而来研究历史人物，而是从历史人物活动中去发现我国某些历史时期支配社会的特有的和一般的法则，从而发现我国历史社会发展的规律与特点，来为现实服务。"③

在历史研究中，如何评价历史人物的活动历来是一个非常复杂的问

---

① 《马克思恩格斯全集》第 2 卷，人民出版社 1957 年版，第 118—119 页。
② 《马克思恩格斯全集》第 20 卷，人民出版社 1971 年版，第 374 页。
③ 尚钺：《有关历史人物评价的几个问题》，《历史研究》1964 年第 3 期。

题,甚至是古今中外历史研究中最具有争议的话题。由于历史人物活动发生在遥远的过去,具有不可亲历性,主要需要通过历史遗留的文献、遗物、遗迹等来考察还原历史人物的活动,由于有的历史人物的资料匮乏或者散失,因此,时人要想一时全面而准确地认识历史人物的活动影响、思想动机,把握历史人物的活动状态是非常困难的。此外,历史人物的研究还会受到其他社会因素的影响。例如,在我国,由于历代封建统治者在很长的历史时期内把持着历史方面的研究,所以,他们经常按照自己的政治需要和意志来编纂历史,评判历史,甚至篡改历史,很多历史人物活动的内容和形象被人为地篡改和扭曲,给后人正确地认识和评价历史人物带来了更多的困难。从事历史研究的史学家由于受到社会思潮的影响,有时会从不科学的理论出发来判定历史人物,这就造成了许多历史人物评价的不公正。例如,在封建社会,很多中国史学家就是以不科学的天命论或所谓"正统论"的唯心思想出发来判断历史人物的。

新中国成立后,历史研究工作者开始以科学的和严谨的态度来研究历史人物,做了大量的工作,但也出现了一些不正常的现象。主要有两种趋向。一是彻底否认新中国成立以来歌颂的历史人物,另一种情况是,片面地为一些历史人物"翻案"。尤其是一些与历史人物有特殊关系的人,比如,历史人物的后代,历史人物所在地域的人等等,为了自己的目的,不顾历史事实,为反动人物"翻案",以至于"翻案"成为当今历史学界的"时髦",加之有些学者急于功利,出于个人目的,迎合社会猎奇口味,滥造篡改,使得人们不知所向,莫衷一是,给人们的思想带来了极大的困扰。

历史人物研究存在上述问题的主要原因是,历史人物评价中的价值判断方面出现了问题。历史价值判断问题是史学界颇有争论的一个理论问题。客观主义史学对历史研究中的价值认识多持反对态度,他们主张历史学家在撰写著作时应当"没有判断和没有观点""没有评价",要求历史学家"收集和整理史实,犹如植物学之对待植物和动物学之对待动物,然后加以描述,但不进行评价"①,在历史研究中,如果加入作者的价值判断,必然会影响史事的客观性,影响人们对"真实"历史的认识。马克斯·韦伯也反对在历史研究中加入价值判断,他提出所谓"价值无涉原

---

① 参见陆泉淦《现代历史科学》,重庆出版社1991年版,第28页。

则",他认为,每一项职业都有它内在的准则,学术作为一种志业,"作为一种人格",要使它得以实现的方法就是全心全意地去实现它,而不是将它作为一种工具,因此,历史研究和其他的社会科学研究中都存在"人格"要求,研究者如不能在研究中做到价值无涉,他便没有"人格"。

实际上,无论从理论方面还是在实践方面,历史研究都不可能做到所谓的"价值无涉"。因为,历史认识是和价值判断紧密联系在一起的。完全排除了价值判断,不仅会使实际的历史研究活动失去了方向、目标和动力,同时,也违背了历史研究为社会现实服务的根本原则。没有价值判断的历史认识是不完整的历史认识,这样的历史认识也就失去了历史认识最基本,失去了历史认识最重要的功能。

历史认识是一个复杂的认知过程,从根本上说属于认识论的范畴。认识包括认识的主体、客体和中介体。历史认识的主体是人,客体是历史事实,中介体是史料、遗迹。历史认识是历史认识主体通过中介质认识历史客体的过程。历史认识主体在认识客体时,不是简单的感性认识,而是一种能动的反映,也就是说,历史认识是一个主观能动的反映过程。历史认识的主体正是通过价值判断,使历史认识的主体和客体之间发生密切的联系。历史学家的主要职责是不是通过描述来回答"是什么",而是通过在此基础上的价值认识和价值判断,在回答"为什么",是通过认识、分析这样或那样的"过去"的意义,来"还原"历史的原貌,阐释历史的真谛,不是也不可能是通过对"过去"的描述去说明历史。对于历史研究来说,如果没有历史认识过程,任何孤立的、单独的史料、文本就失去了自身的价值,这些中介材料只有纳入历史认识的价值判断的过程中,才能实现其科学价值,如果没有了价值判断,中介材料将永远是中介材料,"它们就像所有过去时代遗留下来的。缄默无言的残渣瓦砾一样,只是作为认识历史关系的源泉,即中介材料"。[①] 总之,中介材料不会自动地成为可以阐释历史,认识历史事实本质的科学文献,必须通过价值判断这个不可或缺的阶段,历史研究不能完全排除掉价值判断。

从历史研究的对象的特点来看,作为认识对象的以往的人类行为,"历史事实"在本质上说是存在价值负荷的。人们总会表达他们对历史的价值判断,只是有时是含蓄的,或者是小心翼翼地把他的历史价值认识隐

[①] 伽达默尔:《真理与方法》上卷,洪汉鼎译,上海译文出版社1999年版,第255页。

含在历史事实的陈述中。那种纯粹的物理学、化学的方式描述方式是不适用于历史研究的。

由于价值认识主体与对象中的价值主体是不同的主体，在认识过程中，认识主体在认知过程中会受到各种因素的影响，历史认识的主体或出于自身需要、利益的需要，或由于认识主体的情感、愿望、态度、知识结构的影响，会以不同的尺度去评估历史的价值，因此，认识结果具有强烈的主体性和浓厚的感情色彩，对同一历史事实或历史人物的认识，会做出不同的判断，甚至是完全相反的判断。

价值判断的影响具有正和反、积极和消极两种效应。在积极方面，由于历史认识主体通过价值判断，可以形成明确的认识目的和动力，使主体能从复杂混乱中的历史信息中，有选择、有指向地整理、分析出有关历史事实的存在及其状况，帮助主体正确地认识客体对象。从消极方面看，由于价值判断的作用，造成主体认识一定程度上存在片面性，甚至偏离。以片面代替全面，以主观替代客观的现象非常普遍。值得注意的是，与其他科学的研究活动相比，价值判断在历史研究活动中的消极影响更常见、更明显一些，因价值判断的失误而造成的错误的历史认识屡见不鲜。

对历史人物的错误的价值判断造成的危害是很大的。一是使人们思想意识产生混乱，无法形成正确的价值观，人生观，成为怀疑论者。对历史人物评价缺乏正确的分析判断，会对人们对现实的认识产生影响，混乱的历史认识会使人们无法分辨美与丑、善与恶、对与错，这样对自身行为的善、恶、美、丑也会无法分辨认清，不能以善为美，以德为先，其后果是严重的；思想意识的混乱还会使人们对客观真理和一切事物的价值产生怀疑，使人成为怀疑论者，使人们不再相信绝对真理的存在，从而无法形成正确的人生观、价值观。

二是对历史人物的错误的价值判断会对整个民族的文化传统产生消极影响，使人们成为民族虚无主义者。对历史人物错误的评判，会使人们辨认不清哪些历史人物是推动社会发展的，哪些人物是民族英雄，哪些历史人物的行为是值得赞扬和歌颂的，哪些历史人物的行为是应当批判和贬斥的。使人们对本民族整个历史的认识都处于一种混乱的状态，对本民族的历史产生错误认识，甚至成为民族虚无主义者。

总而言之，对历史人物评价的误判会导致严重的社会后果，对这一问题，必须要解释清楚，它不仅仅是会影响到人们对历史人物的认识，影响到历史学发展的科学性,更重要的是会影响人们的价值观,进而影响整个人类社会的进步与发展。因此,解决历史人物评价标准问题是史学界迫切需要解决的关键问题之一,无论在理论方面还是在实践方面都有重要意义。

二 影响历史人物价值判断的因素

(一) 主体因素

在历史学研究中,有一个有趣的现象,那就是历史学家在"从客观历史实际出发"的同一旗帜下,对同一个历史问题,会得出不同的历史结论。对同一历史人物的评价,存在不同甚至是相反的结论。形成这种现象的主要原因是,每一个研究者都有着自己独特的主体意识结构,并由此形成了他对历史的特殊测度。影响个人主体意识结构的因素是十分复杂的,是一个多种认识因素的集合。英国著名哲学家沃尔什将影响史学家观点的主体因素归结为四类。一是个人的好恶,无论是别人的还是某一类人的。二是偏见或与历史学家所属的某一集团的身份相联系着的假设。三是有关历史解说的各种相互冲突的学说。四是根本的哲学冲突。[①] 沃尔什的分类主要强调了认识主体在取舍、选择方面的主观因素。他的说法是比较客观的。在对历史人物进行价值判断时,也会受到认识主体因素的影响。

历史认识主体所具备的知识体系及其在此基础上形成的能力条件会影响历史评价的水平与精度,因此,是历史认识依赖的根基之一。所谓历史认识主体的知识体系是指历史认识主体的知识水平和知识结构,一般来说,包括两个部分:一部分是科学基础知识及与历史学相关具体知识,包括精深的历史专业知识与理论方法;另一个部分是生活经验。历史认识主体的知识体系是指历史认识主体通过全部文化教育所获得的知识的总和。大体来说,它包括知识水平、知识结构以及以此为基础所获得的思维方式、认识能力等。

历史认识主体的文化水平和知识素养对历史认识主体进行历史认识活动具有重要的意义,它直接规定了历史认识主体的认识范围和角度。正如

---

① 沃尔什:《历史哲学—导论》,社会科学文献出版社1991年版,第99—100页。

有的学者指出的那样,"认识是以认知为先决条件的,认识某物就是将其归入我们以前已知的某物,并通过以前有的知识将其区分开来。要是缺乏这样的参照(物),那我们只能面对一个谜"①。主体的知识经验的积累的广度和深度直接影响着主体的认识活动。"对于不辨音律的耳朵说来,最美的音乐也毫无意义。"② 不通音律,没有任何音乐方面的知识,对音乐就会听而不闻。主体的认识活动都是在一定的知识背景下进行的,人类已经创立的理论和已经获得的知识,是影响主体认识能动性的发挥的一个十分重要的因素。例如,在旧中国,史学家由于受到的教育是封建理论思想教育,因此,知识水平、知识结构受到了限制,在历史学研究方面,主要成就集中在政治史方面,对科技史等方面的研究相对薄弱,甚至是空白。随着人类社会的不断进步,人们的科学文化知识水平不断提高,认识世界,改造世界的能力不断提升,历史学家认识历史的广度和深度也不断加强。

19世纪,马克思提出了唯物史观,马克思唯物史观的提出,结合了经济学、人类学、哲学等其他社会科学的重要成果,马克思本人在经济学、哲学方面也有很深的造诣,因此,他的历史研究在研究范围和广度、深度上取得了重大成绩。

20世纪中国史学家陈寅恪,不仅通晓英、法、德、日、俄、希腊等外国语言,还学习过梵文、巴利文、满文、蒙文、藏文、突厥文、西夏文、马札儿文等稀有文字。在掌握了这些治学工具后,他就可以直接利用第一手材料,展开对中外多种文明与文化的研究,取得前人未有的成绩。

第二次世界大战后,世界历史进入了一个新的发展阶段,历史学的研究出现了一系列历史学新的分支,得到迅速发展的历史学分支学科主要有社会史学、文化史学、口史学、心智史学、心理史学、新经济史学、新政治史学、家庭史学、妇女史学、城市史学、口述史学、计量史学、比较史学等。历史学科开始更多地借助跨学科的方法对历史认识客体进行总体性的研究,传统史学同其他哲学社会科学各学科的界限,变得愈来愈模糊了。主要原因是世界政治格局和人类社会生活的深刻变革,不断提出新的问题,需要人们从历史与现实的结合上做出回答。这也是历史认识主体知识水平不断提高,认识范围不断扩大的结果。在新时期,历史认识主体的

---

① 拉兹洛:《系统、结构和经验》,上海译文出版社1987年版,第71页。
② 马克思:《1844年经济学—哲学手稿》,人民出版社1979年版,第79页。

知识水平和结构直接影响历史认识的范围和角度，最终影响到历史认识的结果。

所谓经验，是指从已发生的事件中获取的知识，是主体在实践过程中获得的有关现实的直接认识。作为直接认识的经验同作为间接认识的知识一起共同对主体认识产生影响，影响主体认识的主观能动性。由于每个历史认识主体都有自己不同的生活经历，个人经验，家庭环境，所以，认识主体在看待、理解历史人物时，都会带有个性色彩。

知识经验对主体认识能动性的影响有以下几个方面：

首先，已有的知识经验对主体的新认识起借鉴作用。在一般认识活动中，人们总是根据自己的经验来观察问题，处理问题，发表意见。在认识新事物或新现象时，主体会充分调动已有的知识经验来进行分析和推理，从纷繁复杂的现象中抓住事物的本质，做出正确的判断。已有的认识经验是新的知识的基础。"一朝遭蛇咬，十年怕井绳"，形容的就是这种现象。

其次，主体已有的知识经验对新知识起整合作用。已有的知识经验对主体认识能动性的发挥起着调节和整合作用。人对事务的新认识都是在原有的知识框架下进行的，在此基础上，进行整合，然后纳入到原有的知识体系当中。主体在对客体进行能动性反映，要对客体的各种信息进行筛选、提取和加工。在这个过程中，主体已有的知识经验就像一个"加工厂"，主体将客体的有关信息放到这个"加工厂"里来，经过加工、同化，形成新的认识，把这种新认识纳入自身的体系，从而更新了自己的结构形成了一个新的认识体系。因此，具有不同知识经验的人对同一客体的认识肯定不一样。一般说来，主体的知识经验是主体认识能动性得以发挥的前提，这是因为主体认识能动性不是随意地整合，不是主观自生的，而是以主体对客观规律的正确认识和把握为前提的。

当然，除了上述的积极作用外，已有的知识经验有时也会对主体认识能动性的发挥起消极作用。错误的、封闭的知识经验往往会使人产生错误的认识，甚至误入歧途。片面地依赖经验性认识，往往使我们走向狭隘的经验主义，不能认识历史的真知。因此，不能把经验这种能动的认识武器的作用夸大到不适当的程度，生活经验只能是主体意识结构中的一个重要组成部分，在历史认识活动中发挥着作用。

历史认识主体的能力条件也是影响主体认识事务的重要主体因素。主体在认识事物时受到思维方式和知识水平的影响，在认识的广度和深度上有所差异。人的思维方法与一定的知识水平、知识结构相联系,但其联系并不具有一种确定的指向,并非所有具有雄厚基础知识的人都一定具备较好的科学的思维方法。在人们的认识中,似乎相同学历的人都具备相同的知识基础。但是,由于天赋条件、生活阅历、主观努力等方面的原因,人们在接受同等教育的过程中所实际获得的知识和能力是很不相同的。这也是造成历史认识丰富性、多样性的重要因素之一。

(二) 客体因素

历史人物的研究中的价值判断还会受到客体因素的影响。今人要了解古人,就需要借助史料。历史内容是无限丰富的,但历史记录不能是无限的,所以,有的时候,在认识历史人物的时候,我们或因为史料缺失,或因为史料不够完整,使无法了解历史人物的全部活动和心理状态,甚至会有这样那样的偏差。例如,我们从斯当东的回忆录中得知,鸦片战争期间,巴麦尊曾经多次致信斯当东,希望约见斯当东,商讨侵华事宜。① 但具体两个人讨论了什么? 在何时,何处讨论,现在还有待新的史料的发掘。再如,在东西方史学界,有很多史学家认为,斯当东是首位翻译《大清律例》的西方人,时间是在1810年,由他翻译的《大清律例》英译本在伦敦出版,引起了各界的关注。实际上,1778年,俄国汉学家列昂季耶夫选译了《大清律例》部分内容,编为两册,在俄国出版,并引起了当时沙皇叶卡捷琳娜二世及其僚属的关注,叶卡捷琳娜二世命令列昂季耶夫全文翻译《大清会典》。这是目前已知的西方人第一次将中国法律原典译为

---

① 根据斯当东回忆录记载,1840年2月至1841年6月,巴麦尊共给斯当东写了六封信。在信中,巴麦尊的态度非常谦卑。这六封信的内容如下:第一封:亲爱的斯当东先生:我非常期望您能就中国事务给出一两条建议。如果您没有什么不方便之处的话,希望您能在下午4点到6点来找我。此致。巴麦尊。1840年2月16日。第二封:亲爱的斯当东:我非常感谢您写信给我,信的内容很有价值,也很有新意,现在将副本一份寄给您。此致,巴麦尊。1840年2月19日。第三封:亲爱的斯当东:昨天我在下议院到处找您。但是,我想您可能在我到来之前已经回家了。我希望能和您就中国的有关事务谈一谈,5分钟就好。今天中午12点半,我打算碰碰运气,希望您能到我家。1840年4月2日。第四封:亲爱的斯当东:请允许我向您表达由衷的感谢,您的演讲非常精彩,非常有力,给议会留下了深刻的印象。此致,巴麦尊。1840年4月8日。第五封:亲爱的斯当东:我希望如果您能够见一下亨利·璞鼎查,和他谈半个小时,他这周一就要出发了。假如您能够见他,明天任何时候都可以,如果您愿意见他,就给他写个便笺,他会去拜访您。他的地址是伯克利广场36号。此致,巴麦尊。第六封:我亲爱的斯当东:非常感谢您写便条给我,还有感谢您会见了璞鼎查。希望您明天傍晚能给我们讲几句,那将对我们是非常有用的。今天的消息发布后,您的讲话显得非常重要,我对此还不知道如何行事。巴麦尊。1841年6月1日。

西方文字。1781年，德国人亚力克司·里纳德夫在柏林出版了《中国法律》一书，其中也选译了《大清律例》中一些与刑法有关的内容。但上述著作由于种种原因，在西方世界广泛流传，影响不大。直到1810年，斯当东将《大清律例》翻译成英文，西方人才首次见到了完整的中国法典，对中国具体的法律条款有了直观的认识。以此为起点，西方人对中国法律的研究进入了一个新的阶段。

历史文献记录还涉及史料的取舍问题。记载什么，不记载什么，怎么记录或描述，完全是由记录者自己决定的，是记录者从自己的主体意识结构出发做出的裁决。这就是汤因比所说的"一切事实部分是人的意识的构造物"①。以斯当东为例，斯当东在英国议会中担任议员十余年，但是保存下来的重要发言、讲话，以及他在英国议会其他的一些活动的记录并不是很多，只有《中英关系杂评》（Remarks on the British Relations with China, and the proposed plans for improving them.）、《斯当东准男爵关于格雷汉姆提案的动议》（Corrected Report of the Speech of Sir George Staunton, on Sir James Graham's Motion on the China Trade, in the House of Commons, April 7, 1840. With an appendix, etc, 1840.）《斯当东准男爵关于阿什利提案的动议》（Corrected Report of the Speech of Sir George Staunton, on Lord Ashley's Motion, on the Opium Trade, in the House of Commons, April 4, 1843. With introductory remarks, etc, 1843.）等少数几种。为了更好地了解认识斯当东，这就需要我们查询其他的资料，包括其他当事人的记录等。

值得注意的是，有些文献记载者不可避免地将个人的主体意识渗透到记载当中，由于受到知识水平、认识能力的局限，有些也不一定是"信史"，我们还要时刻注意作史者的主观动机，是否存在伪造历史之嫌。例如，斯当东1793年来华时，曾晋见乾隆，中文的文献记载，当时的特使马戛尔尼以及斯当东都向乾隆行过叩头礼，但是，英文的记载或者语焉不详，或者否认马戛尔尼曾向乾隆行礼，中英双方各执一词。马戛尔尼使团副使，伦纳德·斯当东的记述是：马戛尔尼身穿绣花天鹅绒官服，缀以巴茨骑士钻石宝星及徽章，外罩巴茨骑士外衣。斯当东身穿官服，外面加罩了一件牛津大学法学博士的绸袍，与小斯当东等人在清礼部官员的引导下进入大幄。马戛尔尼"双手恭捧装在镶着珠宝的金盒子里面的英王书信于

---

① 汤因比：《历史研究》第12卷，牛津出版社1961年版，第231页。

头顶,至宝座拾阶而上,单腿下跪,简单致词,呈书信于皇帝手中。皇帝亲手接过,并不启阅,随手放在旁边。皇帝很仁慈地对特使(指马戛尔尼)说:'贵国君主派遣使臣携带书信和宝贵礼物前来作致敬和友好访问,我非常高兴。我愿意向贵国君主表示同样的心意,愿两国臣民永远和好'。"① 托马斯·斯当东的记载是,英国正使马戛尔尼、副使斯当东及其本人在觐见清帝时,都是行了"得体的礼"。而中方的记载则是英国使臣马戛尔尼是行了三跪九叩之礼的。嘉庆曾在给英王的信中说:"乾隆五十八年,尔使臣行礼悉跪如仪,此次岂容改易?"清人陈康祺《郎潜纪闻》的记述更为出奇有趣。他说:"乾隆癸丑,西洋英吉利国使当引对自陈,不习跪拜,强之止屈一膝。及至殿上,不觉双跪俯伏。故管侍御的温山堂诗有'一到殿廷齐膝地,天地能使万心降'之句。"② 直到现在,觐见礼仪问题依然是一桩历史谜案,尚待考证。

在历史记载中,出于完整性、连贯性的需要,有时记录者也会通过想象、猜测和推理去弥补材料的不足,填补历史联系的缺环。例如《史记·刺客列传》中记载的荆轲刺秦王的过程,连贯生动,人物形象惟妙惟肖。司马迁并不在刺杀的现场,因此,作者只能在依据有限的历史记载的基础上,发挥想象力,最终塑造了荆轲这一人物形象。而西方人亚历山大则通过自己的画笔来描述马戛尔尼使团来华的情景。亚历山大是一个画师,1793 年,随同马戛尔尼使团来华,但他没有参见马戛尔尼觐见乾隆的仪式,他根据马戛尔尼、斯当东等人的描述,通过想象,描绘了斯当东觐见乾隆并接受乾隆赠品的情景。在他的画中,斯当东单腿跪地,接受乾隆赠予的荷包。在画中,乾隆的座位明显是西式的,而乾隆背后站立着两个大臣,这显然是同中国的礼节不符的。

总之,客体对历史人物的价值判断存在制约与影响,这种制约和影响在许多情况下是难以避免的。无论评价主体的历史认识能力如何进步,也难以对尚未发展成熟的、复杂多变的历史事物做出完全恰当的评价。

三　社会环境因素

认识的主体,人总是在一定社会历史条件的产物。在社会中,人们相

---

① 故宫博物院编:《文献丛编》第十一辑,《嘉庆二十一年英使来聘案》,第 38 页。
② 《清朝野史大观》第二册,卷三,第 127 页。

互联系、彼此交往互相影响。从事认识活动的认识主体，不可避免地受到社会因素的影响。马克思认为，"人的本质不是单个人所固有的抽象物，在其现实性上，它是一切社会关系的总和。"① "个人是社会存在物。因此，他的生命表现，即使不采取共同的、同其他人一起完成的生命表现这种直接形式，也是社会生活的表现和确证。"② 因此，每一个认识主体，都不是孤立的个人，而是社会的人，是社会集体的成员，是在一定的社会经济条件下积极行动和进行认识的人。都会受到社会环境因素的影响。环境大致包括政治环境、社会文化环境、技术环境、时空环境等内容。

（一）政治环境

在社会环境影响因素中，政治环境因素对历史学有着重要影响，在对历史人物的评价方面最为明显。在不同的时代、不同的政治环境中，对历史人物的品行、历史活动、历史影响等都会有明显的差别。不同政治环境下，历史人物的定性经常大起大落，有着鲜明的反差。

例如，在这方面，对孔子的评价表现得尤为明显。自汉武帝"罢黜百家，独尊儒术"以后，历代封建王朝的统治者们都把孔子奉为圣人，称谓不断变化。汉代被称为"褒成宣尼公"。唐代孔子被尊为"先圣"，"太师"，"隆道公"，唐玄宗又将孔子升为"文宣王"。宋代加号孔子为"玄圣文宣王"，"至文宣王"。到了清代，对孔子的评价高到了极点，加号孔子为"大成至圣文宣先师"。"孔圣人"的言行代表了一切行为的准则。这主要是封建统治阶级为了达到加强中央集权和专制主义统治的政治目的，而采取的一种统一和钳制人们思想的政策。到了新民主主义革命时期，反对清朝统治是当时有志的爱国之士的共同理念，为了推翻满清王朝，鲁迅、陈独秀等先锋旗手纷纷发表文章，提出了"砸烂孔家店"的主张，目的是为推翻腐朽的清王朝和北洋军阀的统治做好舆论准备。到了"文革"期间，"四人帮"等人又借用"批林批孔"来实现其政治上阴谋夺权的计划。在这种极"左"的政治气候下，孔子在中国历史上的地位又被贬低到了极点，成了遗臭万年的人物。在对曹操的评价也有所体现。在封建社会，由于受到封建正统思想的影响，曹操长期是作为反面相形的代

---

① 《关于费尔巴哈的提纲》，《马克思恩格斯文集》第1卷，人民出版社2009年版，第501页。
② 《马克思恩格斯全集》第42卷，人民出版社1979年版，第122—123页。

言人出现的,一向是奸臣的代表。在戏剧中,曹操也通常被刻画为被讽刺的对象。直到20世纪50年代后,曹操的形象才有所变化。曹操的一些历史功绩被人们所熟悉,评价有了明显的不同,这主要是因为中华人民共和国成立了,在对历史人物的研究方面有了更客观的要求。

在当代社会,随着政治因素在不同意识形态的国家依然存在,政治因素对历史人物的评价的干扰和消极作用并没有完全消失。西方国家的一些历史学家坚持西方中心论,坚持西方的政治理念,在对一些东方国家的历史人物,特别是社会主义国家领导人的评价上,往往有明显的政治倾向。比如,法国人佩雷菲特在对评价毛泽东、评价中华人民共和国政权结构时,有这样的观点,他说:"皇帝同样的崇拜:只是毛代替了乾隆。一切都取决于他的意愿。同样将日常的管理工作委托给一位总理,他领会这位活神仙的思想,并周旋于阴谋诡计和派系斗争之间。除了来自上面的赞同之外,他得不到任何支持。对恪守传统和等级制度的礼仪表现出同样的关注。同样接受一个共同的、可以解释一切的衡量是非的标准:只是'毛的思想'代替了'孔子思想',康熙诏书之后是小红书而已。"①《剑桥世界近代史》中在论述斯大林妻子之死时,提出:"这个事件使斯大林的个性发展产生了一个重要的转折。斯大林生性一贯疑心太重,对个人报复毒辣,而对待自己的党羽的关系尤其如此,但是从历史记载中可以看出,正是从这个时候开始,他性格中的这些特点有了明显增强,变成一种病态心理,危害党和国家生活,到死方休。看来,大约也就是在那个时候,开始要求对以往各次反对派运动中的首要成员采用极刑"②。这种说法显然是失实的。

(二) 社会文化环境

每一社会都有和自己社会形态相适应的社会文化,并随着社会物质生产的发展变化而不断演变。作为观念形态的社会文化,如哲学、宗教、艺术、政治思想和法律思想、伦理道德等,都是一定社会经济和政治的反映,并又给社会的经济、政治等各方面以巨大的影响作用。

社会文化对历史人物的评价也会有所影响。不同社会形成的价值观念

---

① 佩雷菲特:《停滞的帝国》,生活·读书·新知三联书店2008年版,第4页。
② 克拉克主编:《新编剑桥世界近代史》第12卷,第605页。

不同，在评价标准上也会有所不同。而不同社会、不同时代、不同民族、不同阶级的价值观总是有着很大差别的，这种差别就在一定程度上造成了历史的内容与意义总被不断地改写，例如，中国历史上的贞洁观。明史《列女传》中记载，妇女孔氏，尚未嫁到夫家，丈夫便死了。孔氏欲往殉之。她的母亲不许女儿做此荒唐的事情，她就绝食七天，以示自己的殉夫之志。母亲强迫她喝些饮料，推拉之际，一对蛾子碰巧落入杯中淹死了。孔氏说，连虫子都知道我的心意，唯独母亲你不谅人。母亲无奈，悲伤地裁制素衣缟裳，眼睁睁看着女儿送死。孔氏辞别舅姑，然后上吊自尽了。在《元史·列女传》中，列举了上百位"烈女"，其中很大一部分是歌颂为夫守寡的烈女。但是，对一些有才华，为社会做出贡献的女性，有时没有给予充分的评价，比如蔡文姬。认为她三次改嫁，是缺乏贞洁观，不守妇道，这实际上反映了封建社会的价值观念。在男女平等的今天，男女婚姻享有自由的今天，女性在丧偶或离异后改嫁是很正常的。美国史学界对于迪厄斯·史蒂文斯和安德鲁·约翰逊的评价前后曾发生过巨大变化。有的美国史学家在分析这种变化时指出："曾几何时，迪厄斯·史蒂文斯是坏得不知羞耻，安德鲁·约翰逊总统则是好得十全十美，而今天毁誉完全颠倒了过来。然而这种改变并非因为史学家发现了新材料——从根本上说，他们并没有发现——而是因为他们看待过去所持的态度价值观变了。"①

一个社会文化环境是各种客观存在的经济社会政治结构和发展状况的反映，也是对人们理想中的个人发展目标和社会关系状况的期盼。因而，社会文化环境的变化必然带来社会价值观念的结构性变化和多样化，新的价值观念的不断出现会对人们的价值判断观念形成影响。

（三）技术环境

当今的时代是一个科学技术高度发达的时代，科技革命对史学发展的影响表现在以下几个方面：

第一，新的科学技术的发展拓宽了历史研究领域范围。科学技术是第一生产力。科技革命带来社会生产力的极大提高，导致社会的一系列发展

---

① 卡尔·U. 戴格勒：《重写美国史》，见《奴役与自由：美国的悖论——美国历史学家组织主席演说》，第 424 页。

变化。20世纪相对论、量子力学、高能物理学、控制论、电子计算机、遗传工程学等先进科学技术的迅速发展，给人类社会带来了巨大的影响。历史学家研究领域也逐渐扩大到这些领域范围。

第二，现代新科技革命也在逐渐引起史学思维的更新，产生了新的理论方法。[①] 史学思维的更新与科技的发展有着密切联系。因此，有人说："科技的发展在一定程度上说是史学思维方式变更的前提和先导"。[②] 19世纪末20世纪初以来，出现了以相对论、量子论、基因论。20世纪中叶以来，以信息论、控制论、系统论，这些都对史学思维方式的变革产生了重要的影响，使史学思维方式、思维活动类型逐渐多样化。新的史学理论与方法不断出现，为历史研究注入了新的活力。例如，心理史学、控制论史学、数理史学等。近年来，不少历史学家在这一方面进行大胆探索，创造了成功的经验。如有学者用系统论、控制论等分析研究中国封建社会长期延续的原因，提出中国封建社会具有超稳定结构，可谓一家之言。有的史学家则引进了自然科学的数学模型、定量分析方法来研究史学，出现了计量史学。[③]

第三，新的科学技术还为史学研究提供了新的研究手段。例如，电子计算机技术的发展，互联网的发展，在信息存贮资料、快速地检索资料，传送共享方面都提供了极大的便利。对于新的技术对历史科学的发展的贡献，有的学者提出："传统的史学研究在某种程度上，就是发掘史料功夫的较量，而在计算机数据库面前，在关键词确定的前提下，例如弄清楚某件事物历史上最早于什么时候出现，就不能再视为'研究'，而只是技术性操作。""在传统研究中，史学家花费了大量的时间来寻章摘句，现在，计算机能够在很大程度上将他们从这种重复劳动中解放出来，让史学家去进行更为复杂、更为抽象的理论分析。就某种意义而言，这是史学即将发生的一场革命。"[④] 现代新科技革命带来了史学成果载体与形式的多样化。

---

① 参见石光荣《论科技革命对现代史学思维方式的方法论原则和基本要求的影响》，《武汉大学学报》1997年第4期。
② 石光荣、殷正坤：《试论科技发展对史学思维方式的影响》，《武汉大学学报（哲学社会科学版）》1996年第3期。
③ 参见何兆武、陈启能主编《当代西方史学理论》，上海社会科学院出版社2003年版，第510—536页。
④ 包伟民：《论当前计算机信息技术对传统历史学的影响》，《杭州大学学报（哲学社会科学版）》1998年第2期。

计算机技术的发展使电子版书籍变得越来越普及。

此外,现代新科技革命对历史学家也提出了更高的要求。新科技革命的发展要求历史学家不断更新认知结构,以适应新形势、新情况。还要求在历史研究中科学精神与人文精神结合起来。

总之,技术环境对历史认识有着重要的影响,在对历史人物的研究方面也是存在的。首先,是扩展了历史人物研究的领域,我们不仅开始关注更多的历史人物、历史事件,例如瓦特等在科学技术史上做出重大贡献的人,而且开始使用一些新的方法来研究历史人物,例如心理史学、控制论史学等,都被引入到历史人物的研究当中,对历史人物的价值判断产生了深刻而又广泛的影响。

(四)时空环境

在历史人物研究活动中往往会出现这样的现象,由于评价主体与客体在时空上处于不同位置,因此,在研究过程中,只能通过设想、推理来感受历史人物的心境,研究他们的思想动机。这种跨时空的对话实际上也是历史人物研究上不可避免的。例如,我们在研究李鸿章时,就要思考他在签署《马关条约》等一系列屈辱条约时的心境。而这种跨时空的对话、推理由于时代的差异可能会有所不同。例如我们在现当代评价克莱武、希特勒等侵略分子时,可能就与19世纪初的评价标准不同。在19世纪初,是一个帝国主义扩张的时代,在那个时代,发展海外殖民地,向外侵略扩张是一种"英雄"行为,是值得赞赏的。在斯当东的思想深处也可以看到这一点。他积极维护英国的国家利益,维护英国在印度的殖民统治。但是,以今天的标准来看,克莱武也好,希特勒也好都是给人类带来巨大危害的人物。一旦评价的时间与空间条件变化了,评价主体对客体的价值认识也就随之改变了。这就是时空因素的困扰。

四 坚持以唯物史观科学评价海疆史历史人物研究

在历史人物的研究方面,要坚持唯物主义,从历史实际出发,实事求是地评价历史人物。历史认识过程包括了历史事件的偶然性与历史学科的规律性,认识主体的主观性与认识客体的客观性,历史现象的无限性与历史资料的有限性等矛盾,总会受到所处阶级、时代、环境的限制,但是,这并不能说明，历史认识完全是主观意识的产物，而且随着人们的实践活动的发展和历史过程本身的发展，人类对客观存在的历史真相及其规律的认识以及认识历史能力也会不断进步，也会由表及里，由浅入深。正如恩格斯所指出的："包罗万象的、最终完成的关于自然和历史的认识的体系是和辩证思维的基本规律相矛盾的；但是这决不排斥，反而肯定，对于整个外部世界的有系统的认识是可以一代一代地得到巨大进展的。"①

要实事求是地评价历史人物，首先要求历史认识主体具有科学端正的态度。由于历史认识在时空、媒介等方面存在不可亲历性，在认识结果方面存在价值判断，但是，这并不能由此而认定历史认识是纯主观意志的产物，认识主体可以随意修改，甚至编造历史。相反，历史学是一门科学，需要我们有严谨的态度来对待。历史认识的主体必须要有实事求是的态度，客观地来看待历史人物。认识主体不能为达到自己的目的或实现自己的某种意图，不负责任地按照自己的意志编写历史，甚至篡改历史。在市场经济发展的今天，一些地方政府为了获取现实的经济利益，纷纷打起历史名人牌，甚至为一些反面人物翻案。例如方伯谦的问题，就很耐人寻味。方伯谦在甲午海战中临阵脱逃，被处斩刑，史学界对此早有定论的历史。但最近十来年，方的后人不断为方伯谦鸣冤伸屈，方氏的后人认为，方伯谦冤枉主要是有些人比方伯谦的过失更大，而方伯谦只是一个替罪羊。经过多方奔走，1991年，在福州专门举行了一次名为"甲午战争中之方伯谦问题"的研讨会，与会者提交论文四十余篇，后来以《中日甲午海战中方伯谦问题研讨集》为名出版（知识出版社1993年版）。书中除一篇千把字的短文外，其他全是连篇累牍地为方伯谦鸣冤诉屈的翻案文章。这部论文集还搜罗了历来为方伯谦翻案的文章。有的文章认为，先逃离战场的"扬威舰"而不是"济远舰"，但实际上，"扬威舰"驶离战区是为了救火，而"济远舰"是径直逃回旅顺，性质完全不同。还有的人认为，虽然方伯谦有罪，但罪不及诛。还有人质问道，如果方伯谦真的贪生怕死，那他为什么不在战斗刚一打响时就逃跑，而要打到一半时才退却？但无论是谁，都不能否认方伯谦是在战斗的关键时刻逃离战场的。

要实事求是地评价历史人物，必须要考察个人活动背后的社会历史条件，发现历史规律，才能了解历史人物活动的实质。历史人物的活动反映

---

① 《马克思恩格斯全集》第19卷，人民出版社1963年版，第224页。

了当时的社会状况,马克思说:"人的本质不是单个人所固有的抽象物。在其现实性上,它是一切社会关系的总和。"① 不管是杰出人物还是普通群众都是时代的一部分,会受到时代环境的影响。陈胜、吴广是不会提出资产阶级革命的口号的。恩格斯在《致瓦·博尔吉乌斯》的信中说:"恰巧某个伟大人物在一定时间出现于某一国家,这当然纯粹是一种偶然现象。但是,如果我们把这个人除掉,那时就会需要有另外一个人来代替他,并且这个代替者是会出现的,——或好或坏,但是随着时间的推移总是会出现的。"② 离开历史人物活动的时代条件的分析和研究历史人物,历史人物的一切思想和行动都成了无本之木,无源之水,便不能得到解释和说明。

要辩证地研究历史人物,一是把历史人物的活动联系起来进行考察。人是社会的产物,也是历史的产物。人在创造历史的同时,也会受到历史社会环境的影响,既会受到前人的影响,也会受到同时代人的影响。人们创造历史,都是建立在前人基础上的,在继承历史的同时,改造现实,超越历史。马克思认为:"一个人的发展取决于和他直接或间接进行交往的其他一切人的发展;彼此发生关系的个人的世世代代是相互联系的,后代的肉体的存在是由他们的前代决定的,后代继承着前代积累起来的生产力和交往形式,这就决定了他们这一代的相互关系。总之,我们可以看到,发展不断地进行着,单个人的历史决不能脱离他以前的或同时代的个人的历史,而是由这种历史决定的。"③ 因此,要客观地评价历史人物,给历史人物以合理的定位,就需要把历史人物放到历史发展的全过程中进行考察,抓住当时社会发展的主要矛盾和主要发展趋势。看他的活动是顺应历史潮流的发展还是逆历史趋势的。历史复杂多变,社会矛盾扑朔迷离,只有抓住了主要社会矛盾和社会发展的趋势,才能确定历史人物评价的标尺。唯物史观认为,生产力与生产关系、经济基础与上层建筑的矛盾运动推动社会形态从低级向高级发展的规律,生产力的发展必然会推动生产关

---

① 马克思:《关于费尔巴哈的提纲》,《马克思恩格斯文集》第1卷,人民出版社2009年版,第501页。

② 《马克思恩格斯全集》第39A卷,人民出版社1974年版,第200页。戴逸:《戊戌变法中袁世凯告密真相》,《北京日报》1999年6月23日。

③ 《马克思、恩格斯、列宁、斯大林论历史人物评价问题》,人民出版社1981年版,第95页。

系,进而推动经济基础、上层建筑和整个社会形态从低级向高级发展。每一个社会形态都是人类社会发展历史过程中的一个阶段。无论哪个民族、哪个国家,只要社会生产力发展到了必然要冲破已有的生产关系相对上层建筑的束缚的程度,那里就或迟或早必定发生社会形态的变革。分析历史人物的活动在多大程度上满足了当时社会的需要,是评定历史人物的历史地位的基本方法。

辩证地研究历史人物,需要用发展的观点来看待历史人物的活动。辩证唯物主义认为,世界上一切事物都处在永不停息的运动、变化和发展的过程中,任何事物都有其产生和发展的过程,新事物不断产生,旧事物不断灭亡,新事物代替旧事物,整个世界就是一个无限变化和永恒发展的物质世界。恩格斯说:"当我们深思熟虑地考察自然界或人类历史或我们的精神活动的时候,首先呈现在我们眼前的,是一幅有种种联系和相互作用无穷无尽地交织起来的画面,其中没有任何东西是不动的和不变的,而是一切都在运动、变化、产生和消失。"① 正是无数具体事物的有限的变化和发展,才构成了整个世界的无限发展。

历史人物的思想、活动是非常复杂的。历史人物的有些活动的影响与意义从近期或局部的角度来看,可能并不明显,很难看出来,有些甚至还会带有极大的破坏性,但从长远或整体来看,其影响和作用又是相当大的。因此,就需要我们用发展的眼光来看待问题。我们判断历史人物的活动的时候,需要有发展的眼光。主要是考察历史人物的活动比前人提供了哪些进步的东西,与时代的人物相比,提供了哪些新的东西,对后世产生了哪些影响。列宁在《评经济浪漫主义》一文中说:"判断历史的功绩,不是根据历史活动家没有提供现代所要求的东西,而是根据他们比他们的前辈提供了新的东西。"② 郭沫若也曾讲过:"我们评价一位历史人物,应该从全面来看问题,应该从他的大节上来权其轻重,特别要看他对于当时的人民有无贡献,对于我们整个民族的发展、文化的发展有无贡献。"③ 因此,在分析历史人物,要注意处理局部与整体,近期影响与长期效益的关系。

---

① 《马克思、恩格斯、列宁、斯大林论历史人物评价问题》,人民出版社1981年版,第100—101页。
② 《列宁全集》第2卷,人民出版社1984年版,第154页。
③ 郭沫若:《替曹操翻案》,《人民日报》1959年3月23日。

辩证地研究历史人物，还要对历史人物的思想和活动进行具体分析。首先要弄清历史人物活动的动机与效果之间的关系。历史人物从事的历史活动都存在一定的目的、愿望和计划等主观的动机，产生一定的客观效果，但是，由于受到各种因素的影响，有时，历史人物活动的客观效果不一定完全能达到自己的主观愿望。例如，张伯伦希望通过谈判和经济手段迫使希特勒放弃进攻英、法，去进攻苏联，结果却是自己先挨了法西斯的枪子。哥伦布远航大西洋的本意是去寻找印度，开辟前往东方世界的商道，结果却"发现"了新大陆。列宁曾经说过："据说，历史喜欢作弄人，喜欢同人们开玩笑。本来要到这个房间，结果却走进了另一个房间。"① 实际上，就是指的这个问题。因此，考察历史人物的活动时，不能仅考虑动机，或者仅考虑效果的，而是要把两者结合起来，综合考察。一方面要考察动机和效果的性质，看动机和效果是好是坏；另一方面要考察动机与效果是否统一。值得注意的是，历史人物的思想、活动不是一成不变的，例如康有为，为了改变中国的落后状况，寻求真理，领导了"公车上书"运动，他是戊戌变法的倡导者和组织者，是资产阶级改良运动的先驱。变法失败后，康有为逃往日本，自称持有皇帝的衣带诏，继续组织宪政运动。但是，进入20世纪后，他继续鼓吹开明专制，反对革命，组织保皇会，公开反对民国政府。辛亥革命后，康有为于1913年回国，作为保皇党领袖，他反对共和制，一心谋划清帝复位。1917年，康有为协助北洋军阀张勋，拥立溥仪复辟，演出了一场丑剧。此时的康有为已经站在了历史潮流的对立面。再如杨度，他早年进京赶考，参与过"公车上书"，后来投靠袁世凯门下，成为袁复辟的重要助手，张勋复辟后，他与康有为等人决裂，转向支持民主共和。晚年，他积极支持中国共产党的革命活动，曾设法营救李大钊。1929年秋，在白色恐怖之时，杨度申请加入中国共产党，由潘汉年介绍，周恩来批准，秘密入党。直到四十多年后，周恩来病危时，他的党员身份才公之于世。②

历史人物的评价一方面反映了社会价值观念，另一方面对整个社会价值观念有着重要的影响。前文已经叙述过，我们研究历史人物的目的，不单单是还原历史人物的原貌，而是要通过研究历史人物，来了解历史、认

---

① 《列宁全集》第20卷，人民出版社1958年版，第459页。
② 参见王冶秋《难忘的记忆》，《人民日报》1978年7月30日。

识历史，总结经验教训，分清善与恶、是与非，褒彰历史的光明面，鞭挞历史的黑暗面。什么样的人值得尊重、学习，什么样的人要给予鞭挞、指斥，是一个严肃的问题，关乎每个人的价值观、世界观，整个社会的价值形态观念。当前的中国正处于高速发展时期，社会发展不平衡，社会环境异常复杂，拜金主义、享乐主义等思想冲击着社会价值观。在这种形势下，树立正确的价值观念体系显得尤为重要。一个人没有了正确的价值观，就会迷失方向，步入歧途；一个民族如果没有了正确的价值观，没有了科学的指导思想，就会失去发展的动力。中国近代历史上的经验教训已经证明了这一点。近代的鸦片战争、中法战争、甲午战争中，中国的失败不仅仅是由于在武器装备上的落后，更重要的是人的因素。历史人物的活动会对现实生活中的人产生示范效应。会对现实的人产生直接的价值形态上的影响。正确的历史人物价值判断体系会引导人向着正确的方向发展，而错误的价值判断体系则会将人领入歧途。历史学家在评价描述历史人物，阐述历史事实的时候，要时刻牢记这一点，就是我们的判断会对社会价值观念产生何种影响，所以，我们在评价历史人物时一定要慎之又慎。

因此，在坚持历史人物评价基本原则的基础上，坚持科学的方法论，坚持正确的价值导向是尤为重要的。

（作者单位：中国社会科学院中国边疆研究所）

唯物史观与历史人物评价*

——以中共领袖人物为例

宋学勤

历史人物评价是一个很复杂的问题，也是一个老问题，马克思、恩格斯、列宁、斯大林等著作中对于评价历史人物的原则作了诸多经典论述，并对若干历史人物进行了评论，这些理论与实践对于我们今天开展历史人物评价提供了方法论上的指导。当前，世界进入了全球化时代，各种社会思潮蜂拥而入，又恰逢中国进入了一个新的政治、经济、社会和文化的转型时期，时代与思潮的相互激荡，便形成了一股强大的推动力，使得我们的思维模式多元化，对一些问题的思考也变得复杂起来，对价值标准的追求也日趋多样化。这本来符合人类的认识规律，是进步的，认识方法和认识能力也是逐步提高的。但是，随着对历史的后现代"私化"，历史认识主体性的觉醒，历史认识图式大变，历史本身也从原来的"历史是一座大教堂，每个历史学家为了共同的事业为之添砖加瓦的形象"代之以"历史像一个都市，在这里，每个人走自己的路"的新样态。① 在这种时代背景下，作为历史研究的一个重要领域，历史人物评价的各种争论如同"每个人走自己的路"，有的走着走着就走向了"极端"，这种状况在中共领袖人物评价中体现得尤其显著，鉴于此，本文试对中共领袖人物研究中的诸多问题进行再认识。

---

* 本文系作者担任子课题负责人的国家社科基金重大项目"中共党史学科基本理论问题研究"（13ZD193）的阶段性成果。

① ［荷兰］F. R. 安克斯密特：《历史表现》，北京大学出版社2011年版，第156页。

一 乱象丛生：时代思潮影响下中共领袖人物评价的多元化趋向

改革开放新时期以后，中共党史研究的开篇就是围绕对重要中共领袖人物评价的拨乱反正而展开，以重要人物评价为契机，进一步丰富与深化了党史研究。30多年过去了，一些人物评价问题仍没有解决，但中共领袖人物评价却成为研究热点，一系列人物评传以及相关的书籍纷纷问世，对领袖人物评价的论文也难以数计。与此同时，由于各种社会思潮的影响，对中共领袖人物评价的纷争与分歧也此起彼伏，甚至对同一领袖人物的评价出现了天壤之别，有犹如圣经中"使徒行传"式的歌颂，也有"恨不能打入十八层地狱"式的诅咒。如在历史虚无主义思潮的影响下，一些研究者从否定重大历史事件到否定重要历史人物。他们往往以理论假设取代历史真实，采用极端消极和激进主观的态度解构历史。打着反思历史的旗号，把"现代化史观"与"革命史观"对立起来，否定"革命史观"，进而解构中共党史，借以否定中共领袖人物。

这种状况在对毛泽东的评价上表现得尤其突出。其实，早在"文化大革命"结束后的一段时间里，如何正确评价毛泽东和毛泽东思想，就成了众说纷纭的一个难点。有些人因为毛泽东的错误问题，就否定毛泽东，否认毛泽东思想的科学价值，否认毛泽东思想对中国革命和建设的指导作用；有些人对毛泽东的言论则采取教条主义态度，认为凡是毛泽东说过的话都是不可移易的真理，甚至不承认毛泽东晚年犯了错误，还企图在新的实践中坚持这些错误。此后，作为中外学术界与舆论界都非常持续关注的一个人物，毛泽东研究的热潮一直高涨，毛泽东的传记数不胜数，对他的研究达到了细致入微的程度，正如一千个读者心中有一千个哈姆雷特一样，一千个作者心中也有一千个毛泽东。更何况还一些别有用心之人，不尊重史实，夸张臆造之作。网络上有关毛泽东的言论更是混乱驳杂。当前学界对于毛泽东的评价仍属"百家争鸣"之状况。如，"两个毛泽东说"，即一说是"好的毛泽东"；一说是"不好的毛泽东"。就是都坚持"两个毛泽东说"者也有分歧，一说是"夺取政权前"即1949年前的毛泽东是"好的毛泽东"，"夺取政权后"即1949年后的毛泽东是"不好的毛泽东"；二说是1957年前的毛泽东是"好的毛泽东"，1957年后的毛泽东是

"不好的毛泽东"；等等。

陈独秀是中国近现代史和中共党史上争议最大的历史人物，被誉为"新文化运动的旗手"、"五四运动时期的总司令"、"中国共产党的创始人"、"中共一大到五大的总书记"、"伟大的思想家"、"有远见的哲人"，但也有过一些沉甸甸的帽子："机会主义二次革命论"、"右倾机会主义"、"右倾投降主义路线"、"托陈取消派"、"反苏"、"反共产国际"、"反党"、"反革命"、"汉奸"、"叛徒"等。① 自新时期以来，学术界沿着求真求实的路子，开始了为陈独秀正名的艰难历程，时至今日，陈独秀的"正名"尚未完成。学者唐宝林一生致力于陈独秀研究，2013 年推出《陈独秀全传》，堪为陈独秀研究的代表之作。

瞿秋白身后，对他的评价也是褒贬不一，甚至有天壤之别。1945 年 4 月 20 日，中共六届扩大的七中全会原则通过了《关于若干历史问题的决议》，是由毛泽东起草的，评价瞿秋白说："所谓犯'调和路线错误'的瞿秋白同志，是当时党内有威信的领导者之一，他在被打击以后仍继续做了许多有益的工作（主要是在文化方面），在一九三五年六月他英勇地牺牲在敌人的屠刀之下。所有这些同志的无产阶级英雄气概，乃是永远值得我们纪念的。"毛泽东为瞿秋白做出了公正的评价。1950 年 12 月 31 日，毛泽东挥毫题字："瞿秋白同志死去十五年了。在他生前，许多人不了解他，或者反对他，但他为人民工作的勇气并没有挫下来。他在革命困难的年月里坚持了英雄的立场，宁愿向刽子手的屠刀走去，不愿屈服。他的这种为人民工作的精神，这种临难不屈的意志和他在文字中保存下来的思想，将永远活着，不会死去。瞿秋白同志是肯用脑子想问题的，他是有思想的。他的遗集的出版，将有益于青年们，有益于人民的事业，特别是在文化事业方面。"② 反映了中共中央和毛泽东对瞿秋白历史功绩的高度评价。但由于在他临终之际写下的著作，因文中有"卷入了历史的纠葛"、"历史的误会"、"怅然若失"和"一场噩梦"等语。在"文革"刚开始

---

① 唐宝林：《陈独秀全传》，社会科学文献出版社 2013 年版，第 1 页。
② 《瞿秋白选集》，人民出版社 1985 年版。1950 年 12 月 31 日毛泽东为《瞿秋白文集》题词，但是在 1953 年 10 月至 1954 年 2 月出版的第一套四册八卷《瞿秋白文集》中并没有刊登。1980 年以后党中央批准收集整理瞿秋白的文稿，在重新编辑包括政治理论著作在内的瞿秋白文章时，才从中央档案馆里发现毛泽东的题词。经过中央批准，毛泽东的题词首次发表在 1985 年人民出版社出版的《瞿秋白选集》上。

时，瞿秋白就被公开称为"叛徒"，一些党史教科书则把瞿秋白当作反面人物进行鞭笞，称瞿秋白完全是一个假马克思主义政治骗子，说他在1922年混入中共内部后，在八七会议上窃取中共中央临时政治局书记的职务，后在福建长汀被国民党军队逮捕后，即向敌人屈膝投降，出卖中国共产党和革命，写下自首书《多余的话》，堕落为可耻的叛徒。学界对于瞿秋白在历史的关键时刻，被推到了中共最高领导人的职位，这是否如同《多余的话》中所说是一个"历史的误会"进行了种种澄清的论证，这些研究实足珍贵！

还有对华国锋的评价，有学者就认为我们从20世纪80年代以来，对华国锋这样一个人物的一些历史事实的叙述以及结论，或者是不符合史实的，或者是不公正的，应该重新做还原和研究，重新做评价。[①] 还有对胡耀邦的评价，有学者提出要把胡耀邦作为一个真实的历史人物来研究，客观反映胡耀邦在改革开放中的作用。既不能拔高，也不能矮化，尤其是不能神化。[②] 这些在中共党史上的重要人物，常常是特定时代的代表和旗帜，对他们的评价是认识特定时代的基础。但目前学界争议都较大。不同的时代对于人物评价有截然不同的认识，尚属历史认识的正常状况，但同一时代对于人物评价差异至天壤之别，就需要从价值观与方法论方面去分析探究。因此，本文拟以中共党史上的这些重要人物为考察对象，从方法论的角度在讨论中共领袖人物的过错评析的基础上，厘析中共领袖人物评价的标准，以此来探寻中共领袖人物评价的乱象之源、厘清中共领袖人物评价的真象之本。

二 问题根源：中共领袖人物的过错评析

如何对待历史人物的过错，实际上是引发我们在人物评价时争议分歧的根源。怎样来界定失误与错误？如近年来有学者对延安整风运动与社会主义改造运动的质疑颇多。应该说，政治运动或社会运动都有其局限性与负面效应，能不能断定是失误或错误？如果是失误或错误，能不能归结于某些历史领袖个体所造成？再说错误也有局部性过错与全局性错误之分。

---

① 韩刚：《还原华国锋——关于华国锋的若干史实》，爱思想（http://www.aisixiang.com）。
② 王海光：《如何研究胡耀邦》，《炎黄春秋》2015年第11期。

所以，在辨析失误与错误方面，我们还应该坚持唯物史观的方法论。习近平指出，"一个马克思主义政党对自己的错误所抱的态度，是衡量这个党是否真正履行对人民群众所负责任的一个最重要最可靠的尺度。我们党对自己包括领袖人物的失误和错误历来采取郑重的态度，一是敢于承认；二是正确分析；三是坚决纠正，从而使失误和错误连同党的成功经验一起成为宝贵的历史教材"①。毋庸置疑，这是对中国共产党人对待自身失误与错误的态度高度概括与总结。的确，"敢于承认"是胸怀宽广的中国共产党人对自己所犯的错误的基本态度。如邓小平，1980年2月，他在中共十一届五中全会上说："一九五七年反右派，我们是积极分子，反右派扩大化我就有责任，我是总书记呀。"② 1986年9月，他接受美国记者迈克·华莱士采访时坦言相告："我这个人，多年来做了不少好事，但也做了一些错事。'文化大革命'前，我们也有一些过失，比如'大跃进'这个事情，当然我不是主要的提倡者，但我没有反对过，说明我在这个错误中有份。如果要写传，应该写自己办的好事，也应该写自己办的不好的事，甚至是错事。"③ 1992年，邓小平南方谈话时说："我的一个大失误就是搞四个经济特区时没有加上上海。要不然，现在长江三角洲，整个长江流域，乃至全国改革开放的局面，都会不一样。"编辑出版《邓小平文选》（第3卷）时，工作人员多次建议把"我的一个大失误"这几个字去掉，而小平坚持保留。所以，我们现在看到的《邓小平文选》（第3卷），是以他检讨自己失误结束的。

"正确分析"应是对待历史人物过错的基本态度。如何正确地分析？习近平指出："对历史人物的评价，应该放在其所处时代和社会的历史条件下去分析，不能离开对历史条件、历史过程的全面认识和对历史规律的科学把握，不能忽略历史必然性和历史偶然性的关系。不能把历史顺境中的成功简单归功于个人，也不能把历史逆境中的挫折简单归咎于个人。不能用今天的时代条件、发展水平、认识水平去衡量和要求前人，不能苛求

---

① 习近平：《在纪念毛泽东同志诞辰120周年座谈会上的讲话》，《人民日报》2013年12月26日。
② 《邓小平文选》第2卷，人民出版社1994年版，第277页。
③ 《邓小平文选》第3卷，人民出版社1993年版，第173页。

前人干出只有后人才能干出的业绩来。"① 这就提出了一个评价历史人物的基本原则。对于中共领导人物的评价来说，我们还要进一步认识到，"革命领袖是人不是神。尽管他们拥有很高的理论水平、丰富的斗争经验、卓越的领导才能，但这并不意味着他们的认识和行动可以不受时代条件的限制。不能因为他们伟大就把他们像神那样顶礼膜拜，不容许提出并纠正他们的失误和错误；也不能因为他们有失误和错误就全盘否定，抹杀他们的历史功绩，陷入虚无主义的泥潭"②。如何看待毛泽东的错误，习近平指出："毛泽东同志晚年的错误有其主观因素和个人责任，还在于复杂的国内国际的社会历史原因，应该全面、历史、辩证地看待和分析。"③ 邓小平也曾反复提及在评价毛泽东错误时应该注意的问题，他说："毛泽东同志不是孤立的个人，他直到去世，一直是我们党的领袖。对于毛泽东同志的错误，不能写过头。写过头，给毛泽东同志抹黑，也就是给我们党、我们国家抹黑。这是违背历史事实的。""毛泽东同志犯了错误，这是一个伟大的革命家犯错误，是一个伟大的马克思主义者犯错误"，对错误的批评，"一定要实事求是，分析各种不同的情况，不能把所有的问题都归结到个人品质上"。"单单讲毛泽东同志本人的错误不能解决问题，最重要的是一个制度问题。毛泽东同志说了许多好话，但因为过去一些制度不好，把他推向了反面"。"讲错误，不应该只讲毛泽东同志，中央许多负责同志都有错误。……在这些问题上要公正，不要造成一种印象，别的人都正确，只有一个人犯错误。这不符合事实"④。邓小平的这些指导意见非常中肯，但学界仍然有一些人对之置若罔闻。如在"文革"研究的问题上，有人提出"阴谋论"的问题，把打倒刘少奇、林彪事件都说成是毛泽东搞阴谋，把"文革"的发动说成是毛泽东一人的事情，这就严重缺乏"正确分析"的思维。

"正确分析"党史人物，就是坚持一切从历史实际出发，实事求是地叙述和全面认识党史人物。我们不应该苛求党史人物，而应该正确看待他所具有的历史局限性和所犯的错误，而不能以偏概全和情绪化地评价党史

---

① 习近平：《在纪念毛泽东同志诞辰120周年座谈会上的讲话》，《人民日报》2013年12月26日。

② 同上。

③ 同上。

④ 《邓小平文选》第2卷，人民出版社1994年版，第299—302页。

人物。胡乔木曾指出："对于党史人物的评价，不能要求那些革命人物是完人，像悼词上说的那样。金无足赤，人无完人。毛泽东同志不是完人，是否被毛泽东同志整过的人就都是完人？也不能这样说。我与他们一起生活很长时间，了解一些情况。要尊重历史。不久前《人民日报》刊登的张树德同志的一篇文章，说一九四五年那篇《关于若干历史问题的决议》是由任弼时同志口授，由他记录的。几个人（包括我）整理一下就成了那个历史决议。这里要申明一下，不是因为牵涉到我，我就讲这件事。我认为，这篇文章写的基本上不是事实，不实事求是，现在写回忆文章，好像回忆谁，谁就都是正确的，形象非常高大。任弼时同志对革命贡献很大，但是他没有起到的作用不要硬加给他。回忆录有些不是本人写的，难免有些内容与客观事实不符，但要尽量做到科学，实事求是。历史上有些事情是不大容易弄清楚的，出现回忆文章不实事求是，让人更加弄不清楚。那个历史决议不是我的作品，也不是弼时同志的作品，是集体创作。讨论时大家提意见，弼时同志也不是提意见最多的。这只是一个例子。写党史时遇到周恩来、刘少奇、彭德怀、贺龙等同志，免不了感情上的问题，但不能说他们没有任何缺点，对这些人物都要采取公正、客观的态度来评价，否则许多问题不可理解。对毛泽东同志，开始是上帝，后来变成魔鬼，不成为历史，成了神话故事，成为不可理解的了。"① 对一些犯了严重错误的党史人物，也要实事求是地评价其功过。如对张国焘，胡乔木强调，"建党初期一些重要人物要搞清楚。不要回避张国焘。当时陈独秀有名无实，张国焘资格老，活动能力强，北方工人运动一直是他领导的，在党中央比较有发言权。后来他成立第二中央，为什么他能这样做，这与他在党内有资本，是老资格有关系。别人在当时的资格都不如他。现在党史中根本不提张国焘建党初期的活动，是不对的，要恢复历史的本来面目"②。可见，客观准确地评述党史人物，包括实事求是地指出他们的成绩，同时也包括他们的错误。诚如毛泽东所论，"我们研究党史必须是科学的，不是主观主义。研究党史上的错误，不应该只恨几个人。如果只恨几个人，那就是把历史看成是少数人创造的。马克思主义的历史观不是主观主义，应该找

---

① 胡乔木：《党史研究中的两个重要理论问题》（1985年11月4日），《胡乔木谈中共党史》，人民出版社2015年版，第237—238页。

② 胡乔木：《党史应拿出权威性的材料，要有些新东西》（1987年6月12日），《胡乔木谈中共党史》，人民出版社2015年版，第247页。

出历史事件的实质和它的客观原因。只看客观原因够不够呢？不够的，还必须看到领导者的作用，那是有很大作用的。但是领导人物也是客观的存在，搞'左'了，搞右了，或者犯了什么错误，都是有客观原因的。找到客观原因才能解释。"① 科学客观地认识中共领袖人物的过错，是我们正确评价中共领袖人物的前提，其中最首要的一点，就是必须客观地分析中共领袖人物的历史局限性，不苛求于历史人物，但亦分清是非，指出其过错中的个人责任。首先要指出时代环境对个人行为有着很强的规定性，任何伟大的人物，都无法超出时代给予的限制。针对新中国第一个 30 年的社会发展，邓小平曾指出："毛泽东同志在世的时候，我们也想扩大中外经济技术交流，包括同一些资本主义国家发展经济贸易关系，甚至引进外资、合资经营等等。但是那时候没有条件，人家封锁我们。后来'四人帮'搞得什么都是'崇洋媚外''卖国主义'，把我们同世界隔绝了。""经过几年的努力，有了今天这样的、比过去好得多的国际条件，使我们能够吸收国际先进技术和经营管理经验，吸收他们的资金。这是毛泽东同志在世的时候所没有的条件。"② 实事求是地分析了当时中国的时代环境对新中国第一代领导人政治决策的影响。其次，要实事求是地分清过错中的个人责任，指出个人有限的认识能力和活动能力的局限。对于陈独秀、瞿秋白等党史重要人物所犯的错误应该怎么看呢？很多学者已经指出，陈独秀的错误主要来自共产国际，他不过是一个"替罪羊"而已。如唐宝林认为："中国大革命是在联共政治局和共产国际直接指导下进行的。在此期间，联共政治局会议专门讨论中国革命问题 122 次，做出了 738 个决定。指导中国大革命的基本路线和方针、政策，几乎全部来自莫斯科，并且由莫斯科派驻中国的代表、顾问亲自执行；只有一小部分是在他们的代表严密监督下由陈独秀为首的中共中央执行。1923—1925 年，莫斯科提出的路线基本上是正确的；1925 年秋开始发生右倾化的转变，最后导致了大革命的失败。"③ 在充分利用《共产国际、联共（布）与中国革命档案资料丛书（1920—1927）》等新史料并借鉴他人研究成果的基础上，认为鉴于莫斯科直接干涉中国革命，中共中央的活动范围和实际权力是很小的，因此

---

① 毛泽东：《如何研究中共党史》，《党史研究》1980 年第 1 期。
② 《邓小平文选》第 2 卷，人民出版社 1994 年版，第 127 页。
③ 唐宝林：《重评共产国际指导中国大革命的路线》，《历史研究》2000 年第 2 期。

根本就不存在所谓的"陈独秀右倾机会主义"和"陈独秀右倾投降主义路线"。唐宝林坚持认为，在中国大革命中，没有"陈独秀为代表的右倾机会主义"，只有"联共（布）、共产国际为代表的右倾机会主义"，陈独秀犯了执行这条路线的右倾错误。陈独秀的错误在于缺乏坚持真理的决心，缺乏驾驭复杂问题的能力。

三　莫衷一是：中共领袖人物的评价标准

美国学者特里尔在写作《毛泽东传》时，指出："毛不仅是中国的，而且是世界的，他的影响早已超出了他的国家。人类有着某些相似的特质和志向，这就意味着我们要用一些更具普遍性的标准衡量人类的领袖人物。其中一个最基本的标准是：他为他领导的人们带来了什么。"[①] 那么我们究竟应该如何确立评价中共领袖人物的"更具普遍性"的标准呢？

以往，在人物评价中，曾出现过形形色色的评价标准，影响较大的有："阶级标准"、"当时当地标准"、"人民利益标准"、"道德标准"、"现代标准"、"历史作用标准"或"历史进步标准"，等等。这些标准在不同的历史时期被学界所反复讨论。新中国成立后，"阶级标准"一度成为历史人物评价的一种主要标尺，表现为阶级立场、阶级成分和家庭出身。主张此标准的学者大多认为，阶级社会没有超阶级的个人，个人的思想行动又是阶级利益的表现，因此我们不可能离开阶级来评价历史人物。但在阶级斗争甚嚣尘上之时，"阶级标准"甚至简化为贴阶级标签。很多历史人物之所以被否定，不是因为别的什么原因，就是因为他们出身于剥削阶级。新时期以来，"阶级标准"日渐式微。"当时当地标准"即把历史人物放到当时的社会条件下来考察，看他在当时所起的历史作用。有学者指出，评价历史人物，应从当时当地人民利益出发，看他的所作所为是好是坏？对生产是起促进作用还是破坏作用？对文化艺术是起提高作用还是摧毁作用？不能用要求现代人的标准来要求古人，也就是不可以苛求于前人。对历史人物，主要看他比他的前辈提供了什么新的东西。假如评价不是从当时当地的人民利益出发，那么，历史人物可能会没有一个及格。这是不符合实际的，是非历史主义的，也是非马克思列宁主义的。凡是在

---

① ［美］罗斯·特里尔：《毛泽东传》，河北人民出版社1989年版，第1页。

历史上起过进步作用的人物，在当时和后代会有不同的意见，什么看法才对？主要应该根据当时当地大多数人的意见。①这种标准的不妥之处甚多，的确如有些学者所论，当时当地的人们对历史人物及其活动的认识未必是正确的，而且多数人的看法未必正确，少数人的意见未必错谬；有些历史人物活动的意义与价值在当时当地未必能显示出来，倒是随着历史的延续和发展，才能逐步认识到它的意义。②"人民利益标准"即人民是历史的主体，一切历史评价都得看是否符合人民利益的标准与否，这种标准看上去十分科学，但实际上，却存在着自身局限性的，需要作进一步的解释。有学者认为，"人民利益标准"这一提法，缺乏思想的明晰性。是人民的一时利益，还是长远利益；是当时当地人民的利益，还是人民整体的利益；是加以历史界说的人民利益，还是抽象绝对的人民利益，这个标准并没有回答清楚。③"现代标准"以当代社会的各种需要去评判历史人物的功过，以今日之是非标准去衡量古人之是非。这种标准与历史主义原则相违背，是不证自明的。但是这种标准没有人会公然提倡，但是在实际的研究过程中，却时时闪现。"道德标准"一度被许多学者推崇，主张道德是评价历史人物的标准之一，其中包括历史人物品质、气节。"道德标准"表面上看来大家容易接受，但在实际研究的过程中，会出现一些棘手的问题。从道德人品的层面来评价历史人物，严格说来是危险的。因为它很容易导致研究者的情感倾向左右史实叙述，导致不客观。一旦对某些历史人物道德人品的观感极差，对其历史作用和地位的评价就会几乎完全负面，这是一种极不科学的做法。气节和个性品格强调的是精神层面的因素，显然不宜单独作为一种标准来使用，只能作为评价历史人物的重要依据。

郭沫若提出："历史是发展的，我们评定一个历史人物，应该以他所处的历史时代为背景，以他对历史发展所起的作用为标准，来加以全面的分析。这样就比较易于正确地看清他们在历史上所应处的地位。"④这种标准可称为"历史作用标准"或"历史进步标准"。主张要看历史人物的所作所为，是有利于解放生产力，还是束缚生产力，以历史人物对历史发展所起的推动或阻碍作用为标准。因为人类社会在由低级到高级的必然发展

---

① 吴晗：《关于历史人物评价问题》，《新建设》1961年第1期。
② 李振宏：《历史学的理论与方法》，河南大学出版社1999年版，第373页。
③ 同上书，第375页。
④ 《郭沫若全集·历史编》第3卷，人民出版社1984年版，第486页。

趋势中，首先表现为物质生产活动，即生产力与生产关系的矛盾运动，社会的发展过程也就是生产关系不断地适应生产力发展水平的过程。所以，生产力是推动社会前进最活跃的因素，是"社会进步的最高标准"。历史人物的言行或思想只要顺应这一必然趋势，推动社会的发展，就该肯定。反之，逆历史潮流，阻碍社会的发展。就该否定。这种标准得到了学界大多数人的认同，持类似观点的人很多，他们虽然表述不一，但基本观点一致，都是以历史人物所作所为的客观效果，以及对历史发展所起的推动或阻碍作用作为标准。如瞿林东认为，论定历史人物的功过得失关键在于，看他是"加速"了还是"延缓"了，是促进了还是阻碍了社会的发展、历史的进步。① 李振宏指出，分析任何历史事物，都必须站在历史进步的立场上，去认识其本质属性，从而肯定和支持一切推动历史上升和前进的动力。我们评价历史人物的标准也应该是看历史人物的实践活动对于历史进步的意义，看他是推动还是阻碍了历史的进步，可谓历史进步标准论。他还认为"历史进步标准"相较其他的人物评价标准具有客观性、全面性、本质性、稳定性的特点，是从方法论角度提出的一个人物评价的总的原则。②

以"历史进步标准"来看待这些人生经历较复杂的中共领袖人物，或许可以帮助我们理清一些难题。在全面准确掌握党史人物生平事迹的基础上，应该从一个人的主流、大节上去评价，看他的社会实践是不是符合历史前进的方向，有没有自己的创造和贡献。从历史整体分析出发，考察中共领袖人物对整体历史进程所产生的影响，以此判断其历史地位与历史价值。

邓小平指出："对毛泽东同志的评价，对毛泽东思想的阐述，不是仅仅涉及毛泽东同志个人的问题，这同我们党、我们国家的整个历史是分不开的。要看到这个全局。"③ 毛泽东同志的功绩是第一位。胡乔木也指出："毛主席的错误同功绩比是第二位的。毛主席的这些错误是非常令人痛心的。但毛主席对整个中国革命的贡献是这样伟大，决不能够动摇他在历史上的地位，在中国人民心目中的地位。他的错误是违犯了毛泽东思想的科

---

① 瞿林东：《关于评价历史人物的是是非非》，《湖北大学学报》1997年第2期。
② 李振宏：《历史学的理论与方法》，河南大学出版社1999年版，第376页。
③ 《邓小平文选》第2卷，人民出版社1994年版，第299页。

学体系。因此，这些错误不但没有动摇毛泽东思想的科学性，而且从反面证明了毛泽东思想是不能违背的，违背了就犯这样那样的错误。"① 江泽民在中国共产党第十五次全国代表大会上的报告中有一个概括："一个世纪以来，中国人民在前进道路上经历了三次历史性的巨大变化，产生了三位站在时代前列的伟大人物：孙中山、毛泽东、邓小平。"② 十五大报告的这个概括，有助于人们从大跨度的时间和空间，观察和把握中国20世纪历史的基本进程，从而也为这三位伟人的历史地位作了很准确的判定。十五大报告之所以把孙中山、毛泽东、邓小平并称为20世纪中国的三位伟人，主要是由于他们的伟大贡献所带来的三次历史性巨变。第一次是辛亥革命，推翻统治中国几千年的君主专制制度；第二次是中华人民共和国的成立和社会主义制度的建立；第三次是改革开放，为实现社会主义现代化而奋斗。从主流、大节上去评定毛泽东，也不至于为一些小节所迷失而得出错误的认识。

陈独秀的历史地位评定问题，一度在学界出现过很大的争议。1927年8月7日中共中央紧急会议（八七会议）决议、1929年11月中央政治局开除陈独秀党籍的决议、1945年六届七中全会通过的《关于党的若干历史问题决议》，是对陈独秀命运产生决定性影响的三个重要决议。③ 1951年，胡乔木在《中国共产党的三十年》中，界定为："陈独秀并不是好的马克思主义者。"④ 这个结论主导党史界多年，以至被沿用至改革开放前。改革开放新时期以后，对陈独秀的评价重新提上日程。目前学界对陈独秀的研究已经取得很大的进展，他的历史地位逐渐得到了恢复。但是，对他的评价仍然分歧很大。其实陈独秀的历史地位的评定取决于他所做的对整体历史进程刻痕较深的大事。早在毛泽东在1945年4月21日曾谈及陈独秀说："他是有过功劳的。他是五四运动时期的总司令，整个运动实际上是他领导的，……那个时候有《新青年》杂志，是陈独秀主编的。被这个杂志和五四运动警醒起来的人，后头有一部分进了共产党。这些人受陈独秀和他周围一群人的影响很大，可以说是由他们集合起来，这才成立了党。……

---

① 《胡乔木谈中共党史》，人民出版社2015年版，第104页。
② 《江泽民文选》第2卷，人民出版社2006年版，第2页。
③ 唐宝林：《陈独秀全传》，社会科学文献出版社2013年版，第1页。
④ 胡乔木：《中国共产党的三十年》，人民出版社2008年版，第8页。

他创造了党,有功劳。"① 毛泽东的这段话点出了两件大事,一是陈独秀是新文化运动的发起者与五四运动的总司令,当之无愧是 20 世纪中国第一次思想解放运动的倡导者。二是陈独秀是中国共产党的最主要的创始人。这两件大事都对于中国近现代历史的发展产生了巨大的影响,至今还在影响着中国历史的进程,其杰出的历史地位也是不容抹杀的。

但很多学者认为,历史进步标准具有高度的抽象概括性,很难把握,因为"进步"本身有时需要辨析。如郑师渠指出,在许多情况下,对历史的促进作用"不是径情直遂的,而是经中介产生影响,因而往往给史学家的判断造成困难和分歧"②。的确,历史人物各种各样、千差万别,情况复杂,对他们每一个人进行具体的评价,单用一个正确标准去套是不够准确的。但有一点可以在评价历史人物中去考量,尽管我们现在还不能确定什么是"历史进步标准",但可以确定什么不符合"历史进步标准"。因此,要想做到既全面,又实事求是地评价历史人物,还必须掌握一些最基本的评价方法。但以历史人物的行动是否符合历史发展的总趋势,是否有利于生产力的提高为依据,可以作为我们评价历史人物的最终标准。因为一切历史研究的最高境界就是"在事实的实际进程中真正思考过去的事实,从而发现每一事实在此进程中所起的积极作用;作为真正的思维,它不是外在的而是内在的"③。

四 一点思考:史实的厘清与价值的宣扬

近年来,中共领袖人物研究成为热点,分歧与争鸣也随之而来,如前所述,由于中共领袖人物研究的复杂性,以致中共领袖人物研究乱象丛生,而问题根源在于对待中共领袖人物的过错评析方面,以及对中共领袖人物的评价标准的莫衷一是。但随着档案和其他各种史料的大量公布和挖掘,中共领袖人物研究还是取得了很大进展,但如何更加客观公正地对待中共领袖人物是我们需要深入思考的一个问题。

我们在文中以几位中共中央的主要领导人物为例作了些分析,不难发

---

① 《毛泽东文集》第 3 卷,人民出版社 1996 年版,第 294 页。
② 郑师渠:《近些年来近代历史人物评价的若干问题》,《北京师范大学学报》1997 年第 1 期。
③ [意] 贝内德托·克罗齐:《作为思想和行动的历史》,商务印书馆 2012 年版,第 65—66 页。

现，功与过、正确与错误复杂地交织是一些中共领袖人物的共性。只有根除片面化与模式化的认识，不轻易地给人物定性，具体人物具体分析，使人们真正了解这些中共领袖人物的真实面貌才是评价中共领袖人物的关键所在。

90多年来，中国共产党的奋斗历程波澜壮阔、艰苦卓绝，而奋斗其中的中共领袖人物也极具复杂性和多样性，而在以往实际的研究中，单一思维模式一度盛行："我们有些传记作者往往把人物简单化了。只要是正面人物，几乎从幼年时代起都是'天才'，都是'神童'，造反精神都很强，都是百分之百正确。而一旦被打倒，又全部皆非。这种写法都是不符合实际情况的。"① 如对瞿秋白的认识。瞿秋白自加入中国共产党之后，直到1927年成为中国共产党的主要领导人发展一直是比较顺利的，一方面与他本人的勤奋努力有关；另一方面与共产国际及其代表对他的信任和重用也有极大关系。可是，后来被撤职，被开除出政治局，与他缺乏实际斗争经验，犯有"左"倾盲动主义错误有关，同时，也与共产国际某些领导人信用了王明密切相关。② 瞿秋白即使在犯"左"倾盲动错误时期，他的理论与实践也不是一切皆错，而是功与过、正确与错误复杂地交织在一起。瞿秋白既是"左"倾盲动错误的主要责任者，又是纠正实际工作中盲动行为的推动者；他积极探索新形势下中国革命发展的方式、道路，虽然没有从根本上突破"城市中心"论的局限，但却是"农村割据"思想的倡导者；他对"无间断的革命论"的阐述，既有混淆两个革命阶段界限的错误，又包含有可贵的理论成果。可以说，正确与错误的交织，是瞿秋白犯"左"倾错误时期思想与实践的一个显著特点。学界对瞿秋白的评价，持否定意见的大都是集中指向瞿秋白所犯的错误和他在生命结束之前留下的口供和文字，尤其是他对自己一生做出总结的《多余的话》。很多人读后对他产生了新的误解和曲解，甚至有人将其视作"叛变投降自白书"；持肯定意见的人则认为《多余的话》系他人伪造，尽力为其洗诬。经过学界多方考证，《多余的话》既非他人伪造，亦非"叛徒"的自白，而是他思想深层的无情解剖。在《多余的话》里，瞿秋白承认自己"一点没有真实的知识"，承认自己"确是一个最怯懦的'婆婆妈妈'的书生"，承认自己不

---

① 彭明：《如何评价历史人物》，《彭明文存》，北京广播学院出版社2004年版，第283页。
② 参见谢骏《论瞿秋白评价的合理性》，《暨南学报》1993年第2期。

行，虚负了"党的领袖的声名"，他是毫不掩饰、毫无顾忌地将自己心头的压抑与矛盾和盘托出，暴露出真实的、没有丝毫虚假的自我。陈铁健认为，"从党三大以后，瞿秋白以他比较高的理论素养，在制定中国革命的方针，宣传马列主义学说等方面，在推动国共合作和北伐战争，在反对国民党右派、反对戴季陶主义，反对陈独秀、彭述之右倾错误的斗争中，旗帜鲜明，功绩卓越。因此，当中央总书记陈独秀被解职以后，大家很自然地就选择了瞿秋白。从这一点上说，瞿秋白的当选，绝不是'历史的误会'，而是势所必至，顺理成章！但是，事情还有另外的一面。瞿秋白毕竟是个书生，他的浓厚的诗人气质，他的教授式的文雅风度，他的带有某些学院色彩的理论研究，再加上他缺乏只有经常直接深入工农群众运动才能获得的实际经验，而这种经验对于一个领导者具有特殊重要意义，这些弱点和不足，使他肩负其领导工作显得力不从心"①。这可谓是对瞿秋白"自我表白"的客观理解。这些中共历史人物的一生是极其复杂的，简单化、模式化的评价只能离历史真相更远。

另外，在这种简单化思维的左右下，我们在评价中共领袖人物时，还隐性地存在着增添衍加效应，只要某人可判定为可以肯定的人物，那么就"为善者更增其善"，成了"高、大、全"式的人物，没有任何的缺点；但当某人被判定为应该否定的人物时，那么就"为恶者更添其恶"。不论是"为善者更增其善"，还是"为恶者更添其恶"都是迷失了历史人物的本相，评价历史人物的基础还是应寻找历史人物本相。

彭明作为一位从事中共党史研究多年的专家，他曾谈过自己在这方面的感受："1948年，我那时作为华北大学的研究生跟随几位老师去东柏坡中宣部编审中学历史课本。当时肖三同志也在那里修改他的关于毛泽东青少年时期活动的一本书。他经常到我们的住处来聊天。当时他说的一句话，使我很受启发，一直没有忘记。他说：毛主席告诫他，在写他本人的传记时，不要像国民党给孙中山写传那样。毛泽东为什么这样讲呢？后来，我才了解到当时的一个具体情况。1948年春，毛泽东从陕北转移到晋察冀边区。当时，晋察冀有一种小学课本，书中说毛泽东从小时候就打菩萨，破除迷信。毛泽东看后对周恩来说：这个课本说的不是事实，我小时候不仅不打菩萨，反而为了母亲的病去拜过菩萨。进城以后，周恩来在

---

① 陈铁健：《瞿秋白传》，上海人民出版社1986年版，第324—325页。

1949 年全国青年第一次代表大会上号召学习毛泽东时，就讲到了这件事。他指出毛主席是从旧社会生长出来的，他否定过去，发展为今天这样，是有一个过程的。毛泽东本人也说过，他早年信奉过康有为、梁启超的思想，并说在一定时间内，'我的思想是自由主义、民主改良主义、空想社会主义等观念的大杂烩。'国民党是怎样写孙中山传记的呢？我记得小学课本上也有从小就打菩萨的事。1976 年，李新同志叫我跟随着几位同志到广东去帮助修改《孙中山年谱》，有机会读到了一些新中国成立前出版的有关孙中山的传记著作，才大开眼界，真正懂得了什么叫天才论、宿命论。许多书都把孙中山描述为一个从小就具有革命思想的神童，许多书都从地理环境（即翠亨村周围的风水）来解释一个伟大的历史人物的成长。"① "为善者更增其善"是中国史学的一个传统，同时也是一大弊病。

"为恶者更添其恶"这方面的例子更不胜枚举。林彪晚年犯下不可饶恕的错误，但由于他走上这条道路有一个发展变化的过程，所以在分析他各个历史时期的言行时，不宜简单地套用叛徒、卖国贼这个结论。林彪的阴谋活动主要是在 1959 年主持中央军委工作以后。但如果因为他后来的言行抹杀他前期的贡献，是不尊重历史的。对于类似党史人物不同阶段的言行，应放在具体历史条件下来考察，按照历史事实表述出来，而不应该带有任何的主观随意性。随意夸大错误就会严重地违背历史的真实。近年来，这种情况稍有改善。2007 年中国人民解放军建军 80 周年，军事博物馆挂上林彪的像，引起了国内外的注意，在一定程度上产生了正面效应。

中共领袖人物的一生的活动不是单一的，而是多面的。从纵的关系上讲，有些人可能有时间阶段上的变化，甚至在几年时间里，前后言行判若两人。从横的关系上讲，有些人又具有多重性。梁启超曾说过："天下惟庸人无咎无誉。"② 确实如此，很多中共领袖人物身上，往往表现出各种互相矛盾的现象，一生中的多面性和复杂性较难论定，但"我们始终如一的目标是写一个典型的、真实的、在一定历史条件下活动的人，而不是任意编造出一个人来，或借题发挥出一个人来。比如说陈独秀、王明、林彪等这样的党史人物，曾做过好事，也曾做过错事，还曾做过坏事，那你就得

---

① 彭明：《评价民国历史人物的几点意见》，《彭明文存》，第 290—291 页。
② 梁启超：《李鸿章传》，《梁启超全集》第一册，第 510 页。

实事求是地评价他们的历史地位和作用,评价他们的功过是非"①。

对一些人生历程较复杂,盖棺难以定论的中共领袖人物,根据不同人物的具体情况,我们就可以有多种评价体系。但追求思维模式多元化,并不意味着可以对中共领袖人物恣意褒贬、信口雌黄。对于那些冠以"不为人知"的噱头,打着"揭秘""还原真相"等种种旗号,夸大中共领袖人物所犯的错误,以及从生活细节与日常琐事等方面编造、虚构种种史实,污名化中共领袖人物的作品,要坚决予以揭批,从中探寻中共领袖人物评价的乱象之源,从而真正地做到正确地认识与客观地评价中共领袖人物。在这里,笔者不揣冒昧地提出一个建议:要想真正地揭批这些编造、虚构史实"污名化"领袖人物的作品,关键还在于中共高层追求历史真实的决心与愿望,文件、档案的解密至关重要。掌握了充分的原始史实,学人看问题的视角、高度就会发生变化,历史人物的面貌也就会越来越清晰。

最后值得指出的是,评价中共领袖人物不是为"评价"而评价,其主要目的终究还是为了弄清历史真相,同时对中共领袖人物存在的失误与错误采取"坚决纠正"的态度,"从而使失误和错误连同党的成功经验一起成为宝贵的历史教材"②。

(作者单位:中国人民大学马克思主义学院)

---

① 王首道:《关于党史人物研究的几点意见》,《人民日报》1983 年 12 月 9 日第 5 版。
② 习近平:《在纪念毛泽东同志诞辰 120 周年座谈会上的讲话》,《人民日报》2013 年 12 月 26 日。

20世纪30年代不同政治取向的近代史家视野中的农民运动

龚 云

英国历史家卡尔说:"历史是过去跟现实之间的对话","亦即历史学家对过去的解释,他对于有意义的和有联系的东西的选择,是随着新目标在前进中的不断出现而改进的。"①

不同阶级有不同的历史观,不同的历史观又与不同阶级所信奉的政治意识形态是紧密相连的,近代中国的不同的政治意识形态以不同的形式影响史家对中国近代史的评说。

历史学是一门具有较强意识形态色彩的科学。对同一历史事件、同一历史人物,因为史家的立场、观点不同,会出现不同的评价。20世纪30年代,政治是中国社会的主题,中国社会的各个阶层关注的焦点是政治。这一时期中国社会最大的变化就是政治的发展。整个中国社会呈现出高度政治化的特征。在这一政治环境下,以刚刚过去的政治为主要研究对象的中国近代史研究,自然会呈现出强烈的政治取向。20世纪30年代具有不同政治立场的近代史家蒋廷黻、陈恭禄、李鼎声,对近代中国农民运动的不同评价,就充分说明了这一点。

一

20世纪30年代,一批受欧美影响很大,持自由主义立场的知识分子,在国难当头之际,将民族复兴的希望寄托于南京国民政府,自觉地以学术为工具为国民党政权辩护。蒋廷黻就是这样一位知识分子。他1938年出版的《中国近代史》研究就是为了这种目的而写的一本论著,是中国近代

---

① [英]爱德华·卡尔:《历史是什么?》,商务印书馆1981年版,第135页。

史研究兴起时，代表主流意识形态的代表作之一，也是一个学者借中国近代史研究表达自己政治理念的著作。他对近代农民运动的评价集中反映在这本小册子中。

蒋廷黻认为当时中国的唯一出路就是现代化，要现代化就首先必须建立一个强有力的国家，"中国现在固然是百端待举，但归根起来，还是一件事，就是国家的现代化"①，"我们的出路在对内对外两方面，均不能不求之于建设，所谓建设就是物质和制度的创造与改造，就是全民族生活的更换，就是国家的现代化"②。为了实现这一目的，他主张中国首先应该建立一个统一的、强有力的、高效率的中央政府，"能维持全国的大治安，换句话说能取缔内战及内乱，全国必须承认它是中央"③，"我们应该积极的拥护中央，中央有错我们应该设法纠正，不能纠正的话，我们还是拥护，因为它是中央。我以为中国有一个强有力的中央政府，纵使它不满人望，比有三四个各自为政的好，即使这三四个小朝廷，好像都是励精图治的，我更以为中国要有好政府，必须自有一个政府始，我说政府不统一，政府不能好，只要有了强有力的中央政府，能维持国内的安宁，各种的事业——工业、商业、交通、教育，亦就自然而然的会进步"④。蒋廷黻的上述关于内政的主张，使他在现实中站在南京政府的立场，在他看来只有南京政府对外才能够合法的代表中国，对内才能统一中国，推进中国现代化。从这一立场出发，他坚决反对共产党，尤其共产党的暴力革命，认为共产党在搞割据，阻碍中国统一，而"统一的势力是我们国体的生长力，我们应该培养；破坏统一的势力，是我们国体的病菌，我们应该解除，我们现在的问题是国家存在不存在的问题，不是个哪种国家的问题"⑤。因此他坚决支持国民党的"攘外必先安内"政策，"'先剿匪后抗日'是当然的步骤……我们唯一的出路在于未失的疆土的整理，而整理的初步就是共产党的肃清"⑥。

蒋廷黻在《中国近代史》中，反映国民党主流意识形态、为国民政权服

---

① 《蒋廷黻选集》第一册，传统文学出版社1979年版，第169页。
② 《蒋廷黻选集》第三册，传统文学出版社1979年版，第475页。
③ 蒋廷黻：《论专制并答胡适之先生》，《独立评论》第83号，1933年12月。
④ 《蒋廷黻选集》第二册，传统文学出版社1979年版，第304页。
⑤ 蒋廷黻：《革命与专制》，《独立评论》第80号，1933年12月。
⑥ 蒋廷黻：《未失的疆土是我们的出路》，《独立评论》第47号，1933年4月。

务的观点,在本书第四章第四、五、六、七节得到了充分的体现,尤其是第七节"蒋总裁贯彻总理的遗教"就是在讲现实。在这节中,他称赞1928年蒋介石誓师北伐,是中华民国历史上的大分水岭,是蒋介石继承了孙中山的革命遗愿。蒋介石是孙中山革命事业的正统继承者,称蒋介石"在最近10年内的事业一贯的以中山先生的遗教为本",蒋介石"领导全国向近代化道路迈进",使中国"已踏上了复兴之路",并替蒋介石九一八事变后的外交政策辩护,最后号召全国追随蒋介石实现抗战建国。蒋廷黻的反共立场在这一节中也得到了反映,他说第一次国共合作是国民党联俄容共;把共产党与军阀相提并论,说成是误国的政治派别,称共产党主张九一八事变后对日开战是"反动分子","怀阴谋假爱国之美名消灭国民党政权"①。

蒋廷黻的唯心主义社会历史观,使他否认社会历史发展的客观规律性,坚决反对五个社会形态说,反对中国走社会主义道路,鼓吹庸俗进化论,反对革命尤其是阶级斗争,主张"一点一滴"地渐进改良,宣扬"个人造成历史"的英雄史观,所以在现实中他们极力否认群众的作用,鼓吹精英政治。他不承认中国有阶级斗争存在,虽然承认中国有阶级存在,有地主、佃农、自耕农之分,却认为阶级之间的关系,完全由传统来决定,而不是以法律来解决;皇帝的地位是超然的,他的职责就是领导人民和谐相处;中国不存在资本主义与工人的矛盾,因为中国还没发展到资本主义,因此他认为共产主义关于阶级斗争的理论是错误的。

蒋廷黻的政治观点,既指导了他一生的政治行为,也支配了他的中国近代史研究,影响到他对近代中国农民运动的评价。

蒋廷黻是一个精英主义者,他相信英雄创造历史,他自认为是先知先觉者,是社会的中坚分子,在政治上都有一种"吾曹不出如苍生何"之慨。他在《中国近代史》中对农民领袖充满了蔑称,"在定都南京以前,洪秀全的行动类似流寇";他称"尚有烧炭的杨秀清……,耕种山地的萧朝贵,曾捐监生与衙门胥吏为伍的韦昌辉,富豪石达开"。

蒋廷黻在《中国近代史》中,分析了近代中国不同时期的救国方案,及其成败得失。他衡量每一个救国方案的标准是以近代化为标尺的。他认为洪秀全领导的旧式民间运动,企图建立新王朝,与时代大潮相背,所以失败。他称义和团运动为拳匪运动,是第三个救国方案,这个方案是"顽

---

① 蒋廷黻:《中国近代史》,第127页。

固势力的总动员",是反对西洋化的、近代化的,所以更是大败,从反面证明了近代化潮流是不可阻挡的,"惨败代价之大,足证我民族要图生存绝不可以开倒车"①。

总之,从维护国民党统治和现代化视角出发,蒋廷黻对近代中国农民运动的评价很低,基本上持否定态度。

二

陈恭禄是20世纪30年代,一位以学术为职业的中国近代史研究者。作为教会大学教授,作为自由主义知识分子,他试图超然于任何党派,站在学者的立场客观地叙述中国近代史,但是现实的中国条件和主观因素使他又对中国政治抱有一种强烈的干预态度。作为一个无党派的学者,他以他的著作来表达自己的立场和观点,以学术来影响中国近代政治的发展。主观上他不傍依于任何党派,在客观上他的观点和立场却代表了这一时期中国自由主义知识分子的政治观点和政治立场。他对近代农民运动的评价反映在他1934年出版的《中国近代史》中。

陈恭禄的近代史研究,不仅将历史研究作为认识现实社会的一种手段,而且他在书中,直接对现实社会进行研究,而且通过提出他自己改造中国政治的主张。因此,他虽然主观上,想"客观"研究历史,以写"信史"为目的,但他所献身的历史学作为一门社会科学,"研究的客体和主体毫无例外地与各种复杂的社会阶级关系联系在一起。这些关系构成了从各自的阶级立场上来观察社会生活过程的可能性。马列主义科学公开承认研究的主体从属于由学者的党性所表达某一阶级的利益"②,在阶级社会,"没有一个活着的人能够不站到这个或那个阶级方面来(既然他已经了解它们的相互关系),能够不为这个或那个阶级的胜利而高兴,为其失败而悲伤,能够不对敌视这个阶级的人和散布落后观点来妨碍这个阶级发展的人表示愤怒"③。所以他著作中强烈的现实性,使他鲜明地把自己的政治立场表达出来了。作为一名教会大学的学者,他受西方影响很大,他的政治

---

① 蒋廷黻:《中国近代史》,第109页。
② 苏共中央社会科学院《科学与教学文献》编辑部编:《历史科学·方法论问题》,刘心语译,中国社会科学出版社1990年版,第20页。
③ 《列宁选集》第1卷,人民出版社1995年版,第135页。

理想也以欧美发达国家的政治为楷模,他看问题的态度是以中国是否能成功的演变为类似西方那样的国家为基点。他的著作以进化史观为指导,以英雄人物为核心,这种学术方法使他的对中国近代史的总体评价和对具体的历史事件、人物的评价与当时中国社会主流知识分子观点非常接近。当他从历史介入现实时,时代和阶级的局限又会使他在某些问题上认同于国民党政权,但在内心,对中国社会的出路,既不寄希望于国民党,也不将理想寄托于共产党,他希望走一种两党之外道路。作为一个无党无派的学院知识分子,他从自己的学术立场得出了中国社会走向的结论,反映了他个人的政治立场,但在当时,又不自觉地表征着中国社会中间势力的代表——自由派知识分子共同的政治取向,这是时代在他著作中投射的结果。陈恭禄的《中国近代史》既反映了现实中的政治如何影响和支配了一个学者对历史的认识,也反映了一个历史学家不管主动还是被动都会借自己的学术研究介入现实政治。英国历史学家卡尔说过:"历史学家是属于他本人的时代的,而且由于人类生存的条件使他将不得不属于这一时代。"① 在一个政治为主题的时代,一个对政治关注的学者,是会有自己政治态度的。

陈恭禄的《中国近代史》以中西冲突背景下的中国政治嬗变为主线,叙述了鸦片战争以来中国政坛的重大事件和重要人物,兼及中西文化交流、学术思想演变、典章制度更易、内外战争过程、主要条约内容等方面,构筑了以"政治史为经,事件史为纬"分析框架。他研究了在外力冲击下,以内政外交为主要内容的近代中国社会演变的原因、过程和结果。并提出了自己解决20世纪30年代中国问题的出路的设想。陈恭禄受西方学者对中国认识影响很大,在叙述近代中国社会的演变时,衡量历史事件和人物的标准是以西方为标准,所以在书中,对西方的作用多持积极的评价,对中国传统大加抨击,对近代中国社会演变的总体结果持否定态度,表明了他对近代中国历史的失望和对当时的中国走向的强烈关心。作为一个爱国的并且富有人道主义的学者,对近代中国的命运深感痛心,对人民所受的痛苦寄予了高度同情。

陈恭禄对近代中国基本走向的把握,影响了他对近代中国农民运动的评价,这种评价也反映了他的政治态度和政治立场。

---

① [英]爱德华·卡尔:《历史是什么?》,商务印书馆1981年版,第22页。

对于太平天国运动，他认为爆发的原因：一是由于清廷政治之腐败，外交之失策；二是由于人口增加，民众生计困难；三是由于会匪之不安。他称太平军初期的参加人员"多为民不畏死之无赖，铤而走险之贫民，乘势附从之会匪"。太平天国颁布的《天朝田亩制度》："一方面含有古代寓兵于农之意，一方面则本于孟子所言之井田"，所以，过于理想难以实现，"其难于实现之原因，则为中国耕种之地属于农民，其田多或不足20亩，大地主之田则多受之于勤俭耐劳之父祖。政府收为国有，给予代价，则时无法偿还，多而取之则非事理评，分受田地之先，对于国内田亩、人口，须有精确之统计，而时实不可得"。敬拜上帝对于中国文化"摧残破坏，不遗余力"，所以他认为太平天国运动攻扰17省，历时17年，始行消灭，"除人民流离、死亡而外，别无有意识之结果"①。

对于义和团更是大加否定，他认为义和团运动"始于愚蠢暴民之活动……造成于顽固雪耻之大臣。其人不知国际上形势，缺少辨别是非利害之能力，恨恶外，而力无如之何，仇视外人之心理，蕴郁日深，其报复之心愈毒"，由于义和团"心中存有恨恶之成见，而于不知不觉之中，袒护匪徒，甚至欲借其力，以杀外人汉奸，雪国耻，才造成战端"。所以他认为"义民不过动于情感，或唯利是图之愚民尔"，所以失败是固在料中，惜"中国于兵败屈服之际，而朝廷尚未彻底觉悟"②。他对主张镇压义和团的人，例如：荣禄，称之为"于此残忍仇杀暴民专制之中，勇敢直言生死于度外者"③。

总之，具有很强的社会精英意识、持自由主义立场的陈恭禄，虽然他也同情农民的悲惨生活，却看不起民众，他多次称民众为愚民，说"愚蠢者原无判断之知识，比较之能力，而为风俗、礼教所束缚"④。他称三元里人民抗英是"广东三元里之聚众，后经文人之浮夸，流传民间，使人信民力可恃"⑤。在他眼里，农民无知无识，不可能在近代中国社会演变中扮演积极角色，因此他对近代中国的农民运动都是持否定态度。

---

① 陈恭禄：《中国近代史》，中国工人出版社2012年版，第150、143、178、144、218页。
② 同上书，第501、537页。
③ 同上书，第523页。
④ 同上书，第468页。
⑤ 同上书，第504页。

三

李鼎声（1907—1966）是中国现代著名马克思主义史学家李平心的笔名。他在1933年出版的《中国近代史·序论》中用马克思主义观点评价了近代农民运动。

李鼎声公开声明他遵循的是一种新的历史观，这种新的历史观就是当时不能公开指明的唯物史观。他认为这一史观改变了历史学的传统，历史学不再单纯的是一种记载的科学，"它不仅要记述人类在与自然斗争及创造自己的历史过程中的种种活动，而且要说明此活动历史的条件与原因，解释历史上各种重大事变的因果关系以及指出在何种情况之下一种旧的社会为新的社会所代替"①；历史学任务的改变，决定了传统的"那种以帝王、圣贤、英雄为中心，专门记载朝代兴亡治乱的历史体系和那种偏重于人类文化生活的记载，而不能说明文化兴衰递嬗的全过程的历史编制，不能合理的存在了"②；"中国历史是全人类历史的一部分"，研究中国历史的主要任务，"乃是要考察中国社会在全人类历史之一般的进程中，特有的发展路线，同时要解释中国历史上许多重大事变，如民族的分合斗争、社会形态的转变、交替，各阶级的分化战斗，各种文化制度与意识形态的递嬗变化等发生的原因与其成果，说明中国文化与世界文化的交汇影响。只有这样，中国史才能成为人类一般历史的一个支流，才能帮助我们了解中国民族的内在变化与外在关系，而变成我们一种有用的智识的工具"③。中国近代史更是直接关系到20世纪30年代人们的生活，作为中国历史的一个重要片段，研究它的任务"就是要说明国际资本主义侵入中国以来，中国社会经济、政治所引起的重大变化，中国民族的殖民地化过程以及在此过程中所发生的社会阶级之分化与革命斗争的发展记录"④。

服务于中国共产党领导的新民主主义革命的需要，李鼎声的《中国近代史》以帝国主义侵略为主要线索，构筑中国近代史的分析框架，所以，对近代中国帝国主义侵华的历史事件按照时间的顺序进行了详细的论述。

---

① 李鼎声：《中国近代史》，光明书局1937年版，第1页。
② 同上。
③ 同上书，第1—2页。
④ 同上书，第2—3页。

这一线索是九一八事变后民族矛盾越来越成为中国社会主要矛盾的体现，也是他自觉地将史学研究纳入中国共产党领导的民族民主革命斗争中的一种表现。他对中国近代史的总体认识和鲜明的政治动机，决定了他对中国近代重大历史事件的评价。

李鼎声认为中国近代史指的是"自鸦片战争直到今日的中国历史"，明末清初不是中国近代史的开端，鸦片战争才是中国近代史的发端。因为明末清初不过是两个朝代的交替期，不能代表一个重大的历史转折时期；鸦片战争是中国开始为国际资本主义的浪涛所袭击，引起社会内部变化的一个重大关键。鸦片战争后，中国日益走上殖民地化的途程，在国民经济上、阶级阵容上以及思想文化上都表现出巨大的历史转变。① 显然李鼎声是按照社会生产方式的运动形态去区分中国近代史的，这样就对中国近代史的概念有了一个科学的界定。

他认为世界近代史是资本主义的历史，中国近代在西方侵略下，被纳入世界近代史的范畴，但中国近代却不是一个独立的资本主义国家，因为"鸦片战争以来的历史只是展开了国际资本主义对中国的榨取与掠夺，只是加深了中国民族的奴隶状况，旧有的农业经济，虽是为国际资本主义的铁爪逐次抓破了，而新的资本主义生产方法却没有支配着全国经济"，因此，"中国的近代史完全不能与资本主义国家的近代史相提并论，后者是一部资本主义的发达史，而前者却是一部中国民族沦为半殖民地及国民经济受着帝国主义破坏的历史，这部编年史是血与火来写成的"②。

根据对中国近代史的理解，李鼎声表明了他的《中国近代史》的写作目的："暴露国际资本的群魔，怎样从中国吸吮膏血来膨胀它们自身，怎样驱使他们的鹰犬，来榨取中国广大的勤劳人口以及中国的被压榨的奴隶大众，怎样用自己的战斗力量反抗此种残酷的吸血与绞榨。"③ 从对中国近代社会性质的判断出发，他认为中国近代史是一部帝国主义侵华史，中国近代史的主题就是中国人民的反帝斗争，帝国主义的入侵，"使得整个的国民经济屈服于国际资本的铁蹄之下，而且日益加深其殖民地化的创痕，结果使国内的社会关系因此起了分化，受着帝国主义驱策，并维护旧的生

---

① 李鼎声：《中国近代史》，光明书局1937年版，第4页。
② 同上。
③ 同上书，第5页。

产关系的阶级，站在一条战线上，反对帝国主义与封建剥削制度的阶级，站在另一条战线上，这样就激起了巨大的社会斗争，由对立发展所引起的突变——革命结局是要否定帝国主义与国内的旧生产关系，这便是历史发展过程的必然变化"①。显然，李鼎声是用阶级斗争理论指导他分析中国近代史的。他的研究目的决定了他的《中国近代史》取材"偏重富于历史意义之事实，如农民之战斗、民众之反帝运动、劳工之政治斗争、帝国主义之对立与阴谋"等，而"名人之言行、宫廷之变故、官吏之陟黜、政府之组织，则概从略"②。李鼎声以唯物史观为指导，肯定人民群众的历史主体性作用，明确声明他的书重点在歌颂人民群众在中国近代史上的主体作用，这是与以往中国近代史研究者的极大不同点。

李鼎声不仅在史观上与当时非马克思主义中国近代史研究者不同，在研究方法上也与他们不同。"没有正确的方法，要想了解中国近代史的真实内容与每一种事变的历史意义及因果关系是不可能的。"③ 他指出了当时许多近代史研究者普遍采用的形式逻辑研究方法的局限性：形式逻辑并不能解释许多重要的历史事变，不能投入历史现象里面，更不能发现贯穿全历史过程的法则性，这是因为形式逻辑排斥事物自身中的矛盾性，而历史上的一切正是基于矛盾地不断发生与解决上的；形式逻辑把全部的历史看作彼此孤立的事象之总和，而历史上的一切事象，正是彼此相联系相影响的；形式逻辑忽视了量与质的关系，而其实历史上一切事变都是由量发展到质的变动，引起量的变动的过程；形式逻辑把每个历史事件看作静止的、陈死的，而其实每一种历史时间都是在历史的过程中运动着、变化着的；形式逻辑只是用抽象的方法去观察历史的事变，而不能从具体的情况中考察历史的内在联系与其过程。是因为这样，形式逻辑就只能看到历史的外壳，而不能抓住历史的内心。④ 为了克服这种局限，在研究中国近代史时，就必须：第一，我们须将历史看作对立物相互转变的过程，即是矛盾不断地发生与解决的过程；第二，我们须得从各种历史现象变动的过程去追究它的发展；第三，我们须从历史上各方面的联系去研究一切事变的过程与联系；第四，我们须从具体的情况去研究，即是要考察每一种历史

---

① 李鼎声：《中国近代史》，光明书局1937年版，第10页。
② 《中国近代史·编辑凡例》。
③ 同上书，第6页。
④ 李鼎声：《中国近代史》，光明书局1937年版，第7—8页。

事件或事变的特质与其特殊的原因。它与别的历史事件或事变的内容上意义上的不同之点在什么地方，他在何种具体的特殊状态中发生出来；最后，我们还须警戒着机械的方法论侵入我们的研究中，机械论第一种错误就是否认量与质的区别，而以为质在客观上是不存在的，存在的只有量的发展；其次，机械论认为一切运动都是由于方向相反的力量彼此对抗发生出来的，而不能认识此等运动正是事物内部对立的发展，与相互转变的结果，机械论会抹杀中国社会内部的阶级矛盾与战斗。① 李鼎声认为只有在中国近代史研究中采用上述科学的研究方法，才能揭示中国近代历史的真实面貌和发展规律。实际上他提倡的就是马克思主义的唯物辩证法。在国民党把宣传马克思主义视为违法犯罪的情况下，他只能以科学研究方法来命名唯物辩证法。

李鼎声对中国近代史的总体认识和鲜明的政治动机，决定了他对中国近代农民运动的评价。

对于近代中国农民运动，李鼎声站在人民的立场，从反帝反封建的角度，肯定了农民运动的正义性，剥去了统治阶级对农民运动的诋毁和当时的学者因阶级偏见而产生的对农民的蔑视，恢复了农民在历史上的地位，指出了农民阶级的局限性。

对于太平天国运动和义和团运动的重新评价彰显了他的政治立场。关于太平天国运动，他认为"太平天国运动为勃起于清道、咸间农民反抗封建统治的伟大斗争"；是"喘息于残酷的封建剥削下的千百万农民反对封建榨取的集中斗争"，"它不仅掀起了国内反满洲政府的统治的民族革命，而且一开始就发展为划期的资产阶级性的农民革命"。太平天国提出了打破封建土地关系的土地政纲与解放妇女的男女平等纲领，颁布了一切废除人压迫人的奴隶剥削制度之社会政策，取消了贵族官僚的特权利益，这正是反映了全国被压榨的农民劳动大众的迫切要求，火一般的事实，已将反动者的造谣、污蔑烧成灰烬了。② 太平天国爆发的原因是"在国际资本主义的侵略与国内封建势力的榨取，错综复杂之必然爆发之革命战斗"，太平天国的失败"直接刺激了国内反动封建势力的猖獗，同时膨胀了中国民族的殖民地化运动"。太平天国失败的主观原因是："由于缺乏有严密组织

---

① 李鼎声：《中国近代史》，光明书局1937年版，第9—14页。
② 同上书，第61—62页。

与彻底的政治觉醒的中心领导力量","在当时没有进步的市民阶级之坚强的反封建组织,亦没有现代的集团的城市生产阶级之有力的革命指导,而充分地表现出来的散漫的私有制的农民意识"①。客观原因是"在革命扩大和深入以后,商业资产阶级起来帮助地主贵族,一致起来反攻革命,形成一条巨大的地主、商人、富农、绅士、官僚、贵族的反革命战线"和"帝国主义曾竭尽全力帮助地主、商人资产阶级进攻革命"②。李鼎声称与太平天国同时的"捻党叛乱"和回民暴动,都是反对清政府统治的农民暴动,他还专门用了一个章节进行论述。

关于义和团运动,他认为"义和团暴动本为一种初期的反帝国主义运动",它是近代中国从国际帝国主义侵略中国以来,发生的反帝运动的继续,这种斗争的初期是极原始而带有漫无组织的自发性质,"鸦片战争后,广东平英团的反英运动及太平天国时代上海匕首党与法帝国主义的英雄抗战,正是南方贫民与农民最原始的反帝斗争",这种斗争,"因为没有坚强有力的基本阶级的领导,同时因为不能与全国的反封建势力的革命斗争密切地联系起来,就常常给帝国主义和国内的封建统治阶级残酷的镇压下去了","义和团的暴动便是北方农民、贫民自发的反帝斗争,他表现了被压迫民众对于帝国主义侵略的痛恨,暴露了帝国主义列强分割中国的真相",但是,义和团不能担负起民族革命战争的任务,所以"就一面为国内统治阶级丑恶的利用糟蹋,一方面为帝国主义的炮火残酷的消灭下去","尽管义和团暴动是充分地暴露出流氓无产阶级乌合之众的散漫幼稚诸弱点,它始终不失为一个伟大的群众的反帝斗争"③。对"许多历史家竟公然称义和团暴动为'拳匪之乱',他们痛恨义和团的肇祸辱国,甚至以为帝国主义之加紧侵略中国是由所谓'拳匪'招之而来的,他们根本不认识帝国主义分割和掠夺中国的阴谋毒计,不认识当时的满清政府是如何地腐败昏暗,而只是将八国联军之祸归咎于所谓'拳匪',这真是'不齐其本,而务其末',在客观上是替帝国主义和满清政府辩护的"④。义和团暴动与八国联军之役根本原因,是"每一个帝国主义国家都想从中国割去一块肥肉,以扩大其资本主义生产基础,每一个帝国主义国家都想用武力镇压中国的反

---

① 李鼎声:《中国近代史》,光明书局 1937 年版,第 62—63 页。
② 同上书,第 95—96 页。
③ 同上书,第 231—232 页。
④ 同上书,第 232 页。

帝斗争，以遂其自由侵略之愿，而彀疎于帝国主义的暴力前的满清政府又没有能力反抗列强的侵略"①。李鼎声引用了拉狄克对于义和团的评价："这次农民运动决不是暴徒土匪的运动，而是旧中国衰败的结果，是以后中国革命的先兆，虽是他们被满洲政府所利用了，可是它还是表示旧中国崩坏的一个伏流的波浪"②来评价义和团。"正是因为义和团没有健全的生产阶级作领导，正是因为义和团为清政府所劫持所利用，这种运动就变成了可耻的反动的运动，但不能因此抹杀群众反帝国主义的斗争之意义。至于义和团以迷信的幼稚可笑的咒语与法术来抵抗帝国主义的炮火的武器，这当然是初期的反帝运动所不可避免的现象，亦就是因为这样一来而注定它的失败。"③

李鼎声对农民运动的肯定反映了他对中国共产党领导的现代农民革命的高度赞扬。对农民的态度，对历史上农民运动的评价是这一时期马克思主义中国近代史研究者与非马克思主义中国近代史研究者的重要分水岭。既肯定农民的优点，又承认其不足，是这一时期马克思主义中国近代史研究者对农民的基本评价。

四

20世纪30年代中国近代史研究就是在马克思主义、三民主义、自由主义三大政治意识形态为代表的意识形态斗争的政治语境下兴起的。信奉不同意识形态的近代史研究者根据自己的阶级立场，在近代史研究领域也展开了激烈的争论，对农民运动做出了不同的评价，表明了自己的政治主张。这种学术讨论，虽然不完全等同于阶级斗争，但在阶级社会里，"一切历史上的斗争，无论是在政治、宗教、哲学的领域中进行的，还是在任何其他意识形态领域中进行的，实际上只是各社会阶级的斗争或多或少明显的表现"④。

从20世纪30年代三种不同政治立场的史家对农民运动的评价可以看出，置于政治斗争旋涡中的马克思主义中国近代史研究者，公开地在著作

---

① 李鼎声：《中国近代史》，光明书局1937年版，第333页。
② 拉狄克：《中国革命运动史》，转引自李鼎声《中国近代史》，第257—258页。
③ 李鼎声：《中国近代史》，光明书局1937年版，第258页。
④ 《马克思恩格斯全集》第21卷，人民出版社1965年中文第1版，第291页。

中表明自己的政治目的,自觉地把中国近代史研究作为革命工作的一部分,将中国近代史视为认清国情、认清历史和为革命服务的工具,从历史和现实的双重层面,论证中国新民主主义革命的合法性、正义性、必然性及其走向。为国民党政权主流意识形态服务的中国近代史研究者,也把中国近代史研究当作确立国民党政权正统合法性,为其辩护和驳斥共产党革命的利器。视中国近代史研究为纯学术研究的中国近代史研究者主观上或许没有明确的政治目的,基于自己的学术立场研究中国近代史。但作为刚从传统社会过来的知识分子,在当时的政治背景下,现实中的政治观点,也会在著作中体现出来。即使抱着客观主义的立场,也会被时人视为一种政治立场,而且在他们内心深处,也会不自觉地把自己的研究当作学术救国的表现。毕竟中国社会还不能为学者创造一种为学问而学问的氛围,他们的中国近代史研究主要是由于史观、认识方法、对中国现实理解不同而产生与其他中国近代史研究者不同的观点。所以20世纪30年代中国近代史研究的主导取向是政治取向,因为"一切划时代的体系的真正的内容都是由于产生这些体系的那个时期的需要而形成起来的。"① 中国近代史研究兴起就是因应了这一时期的政治需要,并体现了这一时期中国社会政治运行的历程和走向。

20世纪30年代三种不同政治立场的史家对农民运动的评价说明,那种认为历史学可以脱离政治、完全做到客观是不符合实际的,问题在于科学地处理政治和学术的关系,尽量做到客观地再现历史。

(作者简介:中国社会科学院马克思主义研究院)

---

① 《马克思恩格斯全集》第3卷,人民出版社1960年版,第544页。

阶级分析法在党史研究中的价值[*]

——基于几个重大党史问题的分析

阚和庆

  阶级分析法是马克思主义理论的主要内容之一。它要求人们坚持和运用唯物史观及其阶级理论和观点，来分析与阶级关系及阶级矛盾、阶级斗争相关联的各种社会现象，以认识历史变迁的本质动因和发展规律。马克思主义阶级理论以及由此形成阶级分析法，深刻影响了中国共产党和近现代中国的历史发展。中国革命的胜利，在很大程度上得益于以毛泽东为代表的中国共产党人对马克思主义阶级分析法的科学运用。而在社会主义建设时期，中国共产党之所以犯了阶级斗争扩大化的错误，也与对马克思主义阶级理论的错误理解和运用有关。改革开放时期，中国共产党能够成功地探索出一条符合实际的社会主义现代化建设道路，一个重要原因在于恢复了马克思主义阶级理论的科学面目，并立足国情，科学运用和发展阶级分析法，调整阶级政策，实行了一系列正确的重大战略方针。

  作为马克思主义理论的重要内容，阶级分析法具有多重意蕴和表现形式，它体现着一种历史观，即唯物史观；意味着一种政治立场，即工人阶级和人民大众的立场；蕴含着一种科学思维，即历史辩证法的思维方式。"阶级关系——这是一种根本的和主要的东西，没有它，也就没有马克思主义。"[①] 马克思主义的阶级理论、阶级观点贯穿于中国共产党历史的全过程和几乎一切重大原则问题之中，阶级分析法因此更多地表现为一种宏观

---

 [*] 本文系国家社科基金重大课题"中共党史学科基本理论问题研究"（13&ZD057）、北京市哲学社会科学规划项目"当代中国社会思潮对大学生思想行为及对策研究"（课题编号：14KDB006）阶段性成果，并受北京高校中国特色社会主义理论研究协同创新中心（北京工业大学）资助。

 ① 《列宁选集》第4卷，人民出版社1995年版，第481页。

或整体性的方法。考察党的历史发展的基本规律和特点,总结党的历史经验教训,仍须要运用和借鉴阶级分析法,并在把握当代社会发展规律的基础上,不断丰富这一方法的时代内涵。

一 阶级分析法是认识和把握民主革命时期党史基本线索的科学方法

运用阶级分析法有助于认识、把握阶级社会的基本规律和线索,进行整体性研究。马克思主义认为,生产力与生产关系、经济基础与上层建筑的矛盾运动,是人类社会发展的根本动力。在阶级社会,这种矛盾运动突出表现为阶级斗争,并且通过阶级斗争为社会发展开辟道路。阶级分析法依据在生产关系中所处地位的不同,对现实的人区分为不同的阶级,并对各阶级的政治思想倾向、社会力量和阶级之间的关系进行客观、冷静的剖析,为人们认识和分析纷繁复杂的政治、经济、文化现象提供了科学的理论工具。马克思主义创始人认为:"一切重要历史事件的终极原因和伟大动力是社会的经济发展,是生产方式和交换方式的改变,是由此产生的社会之划分为不同的阶级,是这些阶级彼此之间的斗争。"① 而"以往的历史理论至多只是考察了人们历史活动的思想动机,而没有研究产生这些动机的原因,没有探索社会关系体系发展的客观规律性,没有把物质生产的发展程度看作这些关系的根源"。② 在此意义上,列宁指出,面对纷繁复杂的社会政治现象,"马克思主义提供了一条指导性的线索,使我们能在这种看来扑朔迷离、一团混乱的状态中发现规律性。这条线索就是阶级斗争的理论"③。沿着阶级分析这条线索,在探讨历史进程中的各种事件、现象时,就能准确地找到背后的社会经济根源以及社会历史规律;就能充分揭示纷繁复杂的历史现象的各个层面,抓住历史发展的主线和规律。

中国共产党人运用阶级分析法总结过去的革命经验,考察中国所处的时代背景以及现实的社会矛盾根源,揭示了近代中国社会的主要矛盾和革命发展规律,认识到帝国主义与中华民族的矛盾,封建主义与人民大众的

---

① 《马克思恩格斯选集》第3卷,人民出版社1995年版,第704—705页。
② 《列宁选集》第2卷,人民出版社1995年版,第425页。
③ 同上书,第426页。

矛盾，是近代中国社会的主要矛盾。毛泽东指出："这些矛盾的斗争及其尖锐化，就不能不造成日益发展的革命运动。伟大的近代和现代的中国革命，是在这些基本矛盾的基础之上发生和发展起来的，"① 解决这些主要矛盾的历史活动就是中国共产党在民主革命时期的主要任务，即领导以工农为主体的民众力量与得到帝国主义支持的官僚资产阶级、大地主及其走卒进行阶级斗争，以争取民族独立和社会进步，这一过程就是民主革命时期党的历史发展的主题和主线。也可以说，中国共产党领导的中国革命的历史从本质上就是一部阶级斗争史。认识和研究革命时期的党史，如果放弃阶级分析法，就难以正确把握这一时期党史的基本线索和规律，难以揭示历史现象背后的深刻本质。

把马克思主义阶级理论提升到中国共产党革命理论最重要位置的首推毛泽东。他认为："对于中国各个社会阶级的实际情况，没有真正具体的了解，真正好的领导是不会有的。"② 毛泽东从中国处在半殖民地半封建社会，资本主义发展极不充分，农民占人口绝大部分的实际出发，科学揭示了中国社会阶级斗争的客观规律。他还运用马克思主义阶级理论分析中国革命的具体实际，构建了阶级分析法的中国化形态，赋予阶级分析法以可靠的实践操作基础和丰富的理论内涵，使其发挥了巨大的指导作用。这集中表现为：他将调查研究法与阶级分析法结合起来，基于对中国"两头小、中间大"的社会阶级结构的深刻洞察，不仅探索制定了符合实际的阶级政策、土地政策，而且形成发展了群众路线、统一战线、思想建党等根本原则的方针。胡乔木曾说，毛泽东对中国社会阶级关系提出的一系列新观点，是其"对中国革命的理论政策非常重要的一个贡献。可以说，这是中国革命在四十年代能胜利发展的一个很重要的前提。"③ 新民主主义革命的胜利，充分说明了马克思主义阶级分析方法是正确地指导革命的思想方法。探究民主革命时期党史的基本线索规律及党的各种方针政策，把握各种事件、人物和社会力量的本质及内部联系，都离不开阶级分析法的指导。

否定阶级分析法，在党史研究中最突出的表现就是用"现代化范式"

---

① 《毛泽东选集》第2卷，人民出版社1991年版，第631页。
② 《毛泽东选集》第3卷，人民出版社1991年版，第789页。
③ 胡乔木：《胡乔木回忆毛泽东》，人民出版社1994年版，第4页。

取代"革命范式",并将二者完全对立起来。客观来看,从现代化的角度考察和研究党史不仅没有错,而且是时代发展的必然结果,有利于开阔研究视野,深化对党史规律的认识。但现代化范式并不意味应该排斥和否定革命范式,而是应该在唯物史观的指导下,把握历史的基本线索和规律,使二者相互补充,发挥出相得益彰的效应。事实上,革命与现代化是相统一的关系。近代中国社会发展的根本目标就是实现现代化,而为此就要通过革命来清除发展障碍。毛泽东曾指出:"我们搞政治,搞政府,搞军队,为的是什么?就是要破坏妨碍生产力发展的旧政治、旧政府、旧军队。""妨碍生产力发展的旧政治、旧军事力量不取消,生产力就不能解放,经济就不能发展。"① 历史学家罗荣渠在《现代化新论》一书中指出:"纵观近世以来各国的现代化,凡属成功的经验都是具有独立自主性的选择性现代化。"② 革命是中国实现现代化的先决条件和推动力量,若没有革命成功带来的国家独立、人民解放,中国就永无实现现代化的可能。实际上,仅在新中国成立后的7年内,中国共产党领导的工业化建设就取得了超过旧中国百年的成就,工业产值在社会总产值中的比重首次超过农业,充分说明了革命对于中国现代化发展的历史意义。

有人只根据一些零碎的、表面的历史现象就否定中国革命的合理性、正义性,指责中国共产党领导的革命搞错了,打断了中国现代化的进程,甚至提出了"殖民地带来现代化"之说。这种观点,脱离了对我国近现代社会主要矛盾的历史分析,抽象地理解现代化发展,实质上是以西方现代化模式附会、裁剪中国历史,必然导致"错置历史具体感的谬误"。对此,胡绳曾做过精辟的分析,他指出,面对帝国主义侵略的压力,"中国近代史中的现代化问题不可能不出现两种倾向。一种倾向是帝国主义允许的范围内的现代化,这就是,并不要根本改变封建主义的社会经济制度及其政治和意识形态的上层建筑,而只是在某些方面在极有限的程度内进行向资本主义制度靠拢的改变。另一种倾向是突破帝国主义所允许的范围,争取实现民族的独立自主,从而实现现代化"。他认为,要澄清对于近代中国的现代化问题的模糊认识,必须对这两种截然不同的"现代化"加以区分,而"要说清楚这两种倾向的区别和其他种种有关现代化的问题,在我

---

① 《毛泽东文集》第3卷,人民出版社1996年版,第108页。
② 罗荣渠:《现代化新论》,北京大学出版社1993年版,第340页。

看来都不可能离开马克思主义的阶级观点和阶级分析"①。一旦离开阶级分析法的科学指引,对中国革命和现代化的阐释通常会滑向历史虚无主义的泥潭,就会出现种种荒谬观点。正如史学家刘大年所说:"拒绝基本的阶级分析,那完全可以从人们早已达到的合乎历史实际的现实认识,会一百八十度向后转,把颠倒过来了的历史再又颠倒过去,以至比没有加工没有雕琢的唯心史观,显得更加荒唐。"②

二 运用阶级分析法有助于深刻剖析新中国成立后党的阶级斗争扩大化错误的根源和教训

党的历史发展并非一帆风顺,其中既有辉煌的成就,也有各种失误和曲折,尤其是在全面执政时期曾犯了严重的阶级斗争扩大化错误。这其中的原因较为复杂,但无疑与我们党对社会主义条件下阶级和阶级斗争的特点、规律缺乏科学认识有着直接的关系,特别是我们党曾扭曲了马克思主义阶级分析法的基本原则,不是从生产资料占有状况、经济地位和政治表现的维度综合分析社会的阶级关系和阶级矛盾,而是片面突出思想言论和政治态度在阶级分析中的地位、作用,且在处理阶级矛盾过程中缺乏具体的、可操作的政策和制度规范,因此导致划分阶级、分析阶级斗争形势均出现严重的主观性和随意性,造成阶级斗争扩大化。

马克思主义阶级分析法强调,区分不同的阶级应该以人们在经济关系、生产关系中的现实地位作为基本标准。社会阶级"在任何时候都是生产关系和交换关系的产物,一句话,都是自己时代的经济关系的产物"③。"每一历史时代的经济生产以及必然由此产生的社会结构,是该时代政治的和精神的历史的基础,"④列宁给阶级下的定义明确提出:"所谓阶级,就是这样一些集团,由于他们在一定社会经济结构中所处的地位不同,其中一个集团能够占有另一个集团的劳动。"⑤ "区别各阶级的基本标志,是

---

① 《胡绳全书》第 6 卷(上),人民出版社 1998 年版,第 8—10 页。
② 刘大年:《方法论问题》,《近代史研究》1997 年第 1 期。
③ 《马克思恩格斯选集》第 3 卷,人民出版社 1995 年版,第 365 页。
④ 《马克思恩格斯选集》第 1 卷,人民出版社 1995 年版,第 252 页。
⑤ 《列宁全集》第 37 卷,人民出版社 1986 年版,第 13 页。

它们在社会生产中所处的地位,也就是它们对生产资料的关系。"①

尽管阶级的存在主要表现为经济的内容,但还有着政治、思想方面的内涵,体现了经济和政治的辩证关系。事实上,马克思主义经典作家并不排斥或否认其他标准的存在。针对有人把马克思主义理论片面化、绝对化地理解为"经济决定论",恩格斯曾表达了极大的不满。他说:"根据唯物史观,历史过程中的决定性因素归根到底是现实生活的生产和再生产。无论马克思或我都从来没有肯定过比这更多的东西。如果有人在这里加以歪曲,说经济因素是唯一决定性的因素,那末他就是把这个命题变成毫无内容的、抽象的、荒诞无稽的空话。"② 实际上,马克思在强调经济关系对阶级划分的决定作用时,还曾充分肯定了其他因素诸如"阶级意识""生活方式""教育程度""共同关系"的作用,尽管这些因素仍直接或间接地受到生产资料占有关系的主导或制约。

在民主革命时期,中国共产党立足国情,善于运用马克思主义阶级分析法,为革命指明了方向并奠定了阶级和群众基础。毛泽东撰写的《中国社会各阶级的分析》一文就是运用阶级分析法指导革命的经典范例。这篇文章以生产资料占有状况和经济地位为标准划分社会各阶级,并依据各阶级所处的利益关系链条及具有的政治立场和思想态度,分析各个阶级的革命性,以及在革命中可能的表现,从而明确了中国革命的对象、动力、领导者、依靠力量和革命策略,解决了"谁是我们的敌人,谁是我们的朋友"这个革命首要问题。

社会主义改造完成之后,我国的剥削阶级基本消灭,阶级斗争已非社会主要矛盾,正确处理人民内部矛盾开始成为国家政治生活的主题。但是由于长期阶级斗争形成的强大思维惯性的影响,加之探索社会主义建设时间较短,全党尚未认清社会主义的本质,党的领导人仍习惯性以阶级斗争的思维视角认识和分析诸多社会矛盾之根源,自觉不自觉地扭曲了马克思主义阶级分析法的基本原则,因而对社会主义社会阶级划分、阶级斗争的认识出现重大偏差,最终走上了阶级斗争扩大化的道路。

马克思主义阶级分析法认为,阶级从本质和根源上属于经济范畴,界定社会群体的阶级属性应以生产资料占有状况和经济地位作为基本标准,

---

① 《列宁全集》第7卷,人民出版社1986年版,第30页。
② 《马克思恩格斯选集》第4卷,人民出版社1972年版,第477页。

同时综合考虑其政治意识和思想态度，否则就不能正确分析社会阶级关系和阶级斗争状况。在革命时期，很容易从经济地位、生产资料状况和政治立场等方面认清和界定阶级敌人，而在生产资料公有制占绝对主导地位、人民民主专政政权已经建立的社会主义建设时期，在强调阶级矛盾仍然是社会主要矛盾的条件下，如何判定阶级斗争的对象呢？当时的主要做法就是片面地强化政治立场的评价标准，单纯地通过人的思想言论和政治态度区分人的阶级属性。这样一来实际上是抽去阶级的经济意义，将阶级主要看作一个政治思想乃至伦理道德的范畴，进而建构出阶级斗争仍然是当时我国社会主要矛盾的话语和事实。而这就违背了阶级分析法的唯物史观精神，导致党的基本路线、发展纲领出现严重"左"倾错误。

  片面地强调以政治思想区分阶级敌人很容易导致阶级斗争扩大化的恶果。由于人的思想言论和政治态度受各种复杂因素的影响，并非固定不变，对之也难以有客观的、可操作性的统一评价标准，在实际运作中会掺杂各种人为的、随意性的因素，包括受到领导者的个人主观意志及"宁左勿右"思维的影响，因此很容易混淆不同性质的矛盾，将正常的学术争论、工作意见分歧、思想作风问题乃至日常言行失范，都上纲上线为阶级斗争加以处理，导致阶级敌人越抓越多，波及范围越来越广。例如，在我国社会主义改造完成之后，知识分子基本已是工人阶级的一部分，但仅因其受过资产阶级教育、具有某些与工农不同的思想意识和心理特征，就曾长期被定性为属于"资产阶级"，在政治上受到不公正待遇。又如，在"文革"时期，大批领导干部被认为执行了"修正主义路线"，被当作"走资派"打倒，这些都使党和国家的事业受到严重损失。"文革"结束之后，邓小平明确提出："我们反对把阶级斗争扩大化，不认为党内有一个资产阶级，也不认为在社会主义制度下，在确已消灭了剥削阶级和剥削条件之后还会产生一个资产阶级或其他剥削阶级。"① 这正是总结了党的阶级斗争扩大化历史教训的结果。

  在社会主义制度条件下，阶级斗争已非社会主要矛盾，但在一定范围内包括思想意识形态领域仍然存在着。能否运用马克思主义阶级分析法认识、处理思想意识形态领域的矛盾，善于立足时代的新特点解决新问题，在很大程度上关系着社会的全局发展。马克思主义执政党应该超越历史经

---

① 《邓小平文选》第2卷，人民出版社1994年版，第168页。

验的局限，以理性的态度去看待各种思想观点的不同，具体问题具体分析，避免过激的、盲目的反应，正如毛泽东在《关于正确处理人民内部矛盾的问题》一文中所言："只能用细致的讲理的方法。……只有采取讨论的方法，批评的方法，说理的方法，才能真正发展正确的意见，克服错误的意见，才能真正解决问题。"① 即使对于那些属于敌我矛盾性质的错误思想言论，也不应采取简单粗暴的政治运动方式处理，而是要运用解决思想问题的方式及法治手段进行斗争、处理，并严格控制处理范围和尺度。毕竟，可以用物质的手段推翻反动阶级的统治，但不能用类似方法去消灭其意识形态的影响。社会主义制度条件下在一定范围内存在的阶级斗争，具有其特殊的形式和独特的规律，应采用有别于革命时期的方式加以对待处理。

在阶级斗争扩大化的时期，由于片面地强调从政治立场和思想态度的视角划分阶级、理解阶级的内涵，扭曲了马克思主义阶级理论的基本要义，自然也就忽视从解放和发展生产力及人的解放的角度认识资产阶级、资本主义文明的历史作用，乃至对之持一种全面否定的态度。当时提出的"兴无灭资"、"对资产阶级实行全面专政"、"宁要社会主义的草，不要资本主义的苗"等口号及主张，实质都是以伦理的、道德的态度，而不是以历史的态度对待资本主义生产方式，对资本、资产阶级做了偏狭、扭曲的理解。这些都从深层次反映出当时我们党尚没有正确认识社会主义和资本主义关系，对在中国这样一个生产力水平十分落后的国家如何建设社会主义，还没有找到一条符合国情的正确道路。其实，否定资本主义制度决不意味着简单地否定资本主义文明，建设社会主义应该继承一切人类过去文明成果，其中就包括资本主义生产方式带来的社会化大生产。列宁曾指出："如果你们不能利用资产阶级世界留给我们的材料来建设大厦，你们就根本建不成它，你们也就不是共产党人，而是空谈家。"② "没有资本主义文化的遗产，我们建不成社会主义。除了用资本主义遗留给我们的东西以外，没有别的东西可以用来建设共产主义。"③ 历史地看，近代中国资产阶级是资本主义文明的重要承载者，具有二重性，既有剥削、压迫的一面，也有推进社会化大生产发展的一面。"无论哪一个社会形态，在它所

---

① 《毛泽东文集》第7卷，人民出版社1999年版，第232页。
② 《列宁全集》第36卷，人民出版社1985年版，第6页。
③ 同上书，第129页。

能容纳的全部生产力发挥出来以前,是决不会灭亡的。"① 生产力水平低下的社会主义中国对于资产阶级及其历史遗产应该采取批判地借鉴或扬弃的态度,而不能以极端化的阶级斗争思维对之全盘否定。而后来改革开放的启动和发展,在一定程度上即可谓是我们党汲取历史教训,科学运用马克思主义阶级理论认识考察社会主义和资本主义关系的历史行动。

三 认识改革开放时期党的先进性及政治优势离不开阶级分析法

在改革开放的历史新时期,党的领导方式、社会基础、执政环境和战略任务与过去相比发生很大变化。党领导人民进行的中国特色社会主义事业在取得了辉煌成就的同时,也面临诸多严峻的问题和挑战,诸如贫富分化严重、腐败现象突出、民主机制不健全等,这些在一定程度上都损害了党的形象和威望。在世情、国情、党情都发生巨大变化的当下,如何认识和理解党的根本性质和政治优势?党的先进性是否还存在?这些都是党史研究中不可回避的基本理论或现实问题,直接关系到党史研究的价值立场选择和学术生命力。认识、探究这些党史基本政治问题仍然离不开马克思主义的阶级分析法。抛弃、否定阶级分析法,就很容易在纷繁复杂的社会政治现象中迷失方向,看不清本质。

中国共产党以工人阶级作为自身的阶级基础,党长期执政的根本依据或历史合法性主要来源于工人阶级的先进性。马克思主义的阶级理论认为,工人阶级是社会化大生产的产物,具有其他阶级不可比拟的先进性,它代表着先进生产力,有很强的组织纪律性、很高的思想觉悟,是推进社会发展的主力军。工人阶级的阶级性质和历史使命,决定了它是最大公无私的阶级,其根本利益与人民大众根本的、长远的利益具有天然一致性,我们党的群众观点即是马克思主义阶级观点的延伸。工人阶级的先进性经过政党的理论建构、教育引导和制度规范等一系列机制的作用,凝练、升华为党的先进性,在社会实践中转化成马克思主义理论的科学指导、代表人民大众利益的各种制度政策、群众路线的工作方法以及党组织的坚强领导和党员的先锋模范作用等。

---

① 《马克思恩格斯选集》第 2 卷,人民出版社 1995 年版,第 33 页。

党领导和执政的政治优势根植于党的先进性，能否保持党的先进性关系到党和国家的前途命运。作为工人阶级的先进政治组织，党只有不断增强阶级基础和扩大社会基础，才能保持自身的先进性，担当起领导全国人民进行社会主义现代化建设的主心骨作用。所谓增强党的阶级基础，并非单纯地扩充工人阶级的规模和数量，而是依据马克思主义的阶级理论，从现代生产方式和先进思想意识的角度，不断提升工人阶级的先进性，并以工人阶级的价值观和精神品格来塑造党的先进面貌。具体来说，就是从工人阶级的历史运动和阶级意识中提炼党的指导理论，从工人阶级的根本利益出发制定党的执政战略，从工人阶级的精神品格中把握党的价值规范。

改革开放以来，随着我国市场经济的发展和所有制结构的变化，工人阶级内部分化严重，特别是传统的产业工人在国企改制过程中出现大量的下岗、转岗以及权益受损的现象，其社会地位和声望也有所下降，工人阶级的整体凝聚力和主体精神不断分化，与此同时，以私营企业主、非公企业中的技术人员和管理者为代表的社会新阶层逐渐兴起。据此，有人将知识分子和工人阶级对立起来，认为掌握先进科技和管理的知识分子才是先进生产力和生产关系的代表，工人阶级不能代表先进生产力，不具有先进性。还有人甚至主张放弃党的工人阶级先锋队的旗帜，党应变成"全民党"、"社会党"。此类观点和认识有一定的迷惑性，运用马克思主义的阶级理论和阶级分析法有助于剖析其根源和本质。

工人阶级的先进性在不同时代有具体的表现形式。正如在革命时期并不能因为我国工人阶级数量少就否定其先进性一样，在改革开放时期也不能因为工人阶级内部结构和关系的变化否定其先进性。在马克思主义阶级理论中，"无产阶级这个概念不仅仅是直接性的，而且是建构性的，它当然指称现实中的工人群体，但在理论的意义上却又不能仅仅当作全部工人无产者的一个总名称，而更主要是用来表征马克思政治理想的一个理论规定"[①]。从长远看，工人阶级内部的变化，是有利于我国生产力发展和工人阶级先进性增强的。我们应超越部分群体的直观感受和表象感知，从生产方式发展的视角来看待当代中国工人阶级的变化，运用历史唯物主义的科学抽象法审视工人阶级先进性。

---

① 张盾：《马克思的政治理论及其路径》，《中国社会科学》2006 年第 5 期。

认清当代我国工人阶级仍然具有先进性，这为保持、增强党的先进性和政治优势提供了一种理论前提。党从先进生产力要求和社会发展方向出发，并立足中国的客观国情，正确认识、处理了社会主义初级阶段条件下资本与劳动的特殊关系，制定了比较符合实际的一系列经济、社会政策，推进了生产力的发展和人民利益诉求的满足。马克思曾指出，资本"力求将成本价格缩减到它的最低限度的努力，成了提高劳动社会生产力的最有力的杠杆"①。在我国社会主义初级阶段，为了发展生产力和提高人民的生活水平，仍然离不开资本的作用，因此我国鼓励市场经济和多种所有制发展，但毋庸讳言，资本也具有严重的负面作用，资本的逐利本性与以工人阶级为代表的劳动者利益构成一种社会性矛盾。处理不好这种矛盾，将会导致颠覆性的错误和灾难性的后果。中国共产党对此有着清醒的、坚定的思想自觉，始终强调中国特色社会主义事业要坚持正确的政治方向，其主要目的就是防范资本对我国基本政治、经济制度和人民根本利益的销蚀作用。邓小平指出："社会主义有两个非常重要的方面，一是以公有制为主体，二是不搞两极分化。""一旦发现偏离社会主义方向的情况，国家机器就会出面干预，把它纠正过来。"② 他晚年还说过一句很深刻、很有分量的话："社会主义市场经济优越性在哪里？就在四个坚持。"③

作为当代中国的执政党，中国共产党的先进性渗透在代表人民大众利益的各种制度安排、政策方针中，在政治领域的本质表现就是坚持人民民主专政的国家基本制度，以保障工人阶级的领导地位，发挥人民在国家政治生活中的主体作用。人民民主专政体现了对人民民主和对敌人专政的统一。由于我国的民主政治建设是在阶级斗争仍存在的社会条件下进行的，因此只有对极少数破坏社会主义现代化建设的敌对势力、敌对分子依法惩治，才能保障人民的民主权利。人民民主专政在改革开放时期的巩固和发展，在很大程度上就是中国共产党运用马克思主义阶级理论，正确考察、处理当代中国的阶级关系和阶级斗争状况的结果。

在改革开放时期，我们党实事求是地分析了我国的阶级斗争和社会主要矛盾，既反对阶级斗争扩大化，又反对阶级斗争熄灭论。"文化大革命"

---

① 《马克思恩格斯文集》第 7 卷，人民出版社 2009 年版，第 997 页。
② 《邓小平文选》第 3 卷，人民出版社 1993 年版，第 138、139 页。
③ 中共中央文献研究室：《邓小平年谱》（1975—1997）（下），中央文献出版社 2004 年版，第 1363 页。

结束后，邓小平总结了党运用马克思主义阶级斗争理论的经验教训，提出阶级斗争不再是我国社会的主要矛盾，同时提出"特殊形式的阶级斗争"的概念，不忽视阶级斗争的存在。2000年6月28日，江泽民在中央思想政治工作会议上指出："我们纠正过去一度发生的'以阶级斗争为纲'的错误是完全正确的。但是这不等于阶级斗争已不存在了，只要阶级斗争还在一定范围内存在，我们就不能丢弃马克思主义的阶级和阶级分析的观点与方法。这种观点与方法始终是我们观察社会主义与各种敌对势力斗争的复杂政治现象的一把钥匙。"① 2014年，习近平强调："马克思主义政治立场，首先就是阶级立场，进行阶级分析。有人说这已经落后于时代了，这种观点是不对的。我们说阶级斗争已经不再是我国社会的主要矛盾并不是说阶级斗争在一定范围内不存在了，在国际大范围中也不存在了。改革开放以来，我们党在这个问题上的认识一直是明确的。"②

对我国改革开放时期阶级斗争状况的正确评判和处理，为人民民主专政的巩固发展提供了基本政治、经济和社会条件。首先，认识到阶级斗争不再是社会的主要矛盾和社会发展的主要动力，不能搞"以阶级斗争为纲"，反对阶级斗争扩大化，这保证了党和国家工作的重心能够放在经济建设上来，推进了生产力的发展和人民生活水平的提高，使得市场和社会力量得到培育和发展，阶级阶层结构趋向合理化，为我国的民主法治建设提供了经济、社会土壤。其次，反对阶级斗争熄灭论，认为阶级斗争在一定范围内仍然存在，运用专政手段有力抵制国外敌对势力西化、分化中国的图谋，遏制国内敌对分子的颠覆破坏，惩治严重犯罪分子，所有这些都保障了社会的稳定和谐及人民的各项权益。再次，从处理阶级斗争的方式来看，我们党强调"不能采取过去搞政治运动的办法，而要遵循社会主义法制的原则"③，并提出依法治国的基本方略，充分运用法治思维和方式处理社会矛盾包括对立性的敌我矛盾，从制度上避免了阶级斗争扩大化的严重后果，使得人民民主专政的制度基础更为巩固，权威性和正义性都大大增强。以上可以看出，我们党在改革开放时期巩固和发展了人民民主专政，在很大程度上是中国共产党人坚持并发展马克思主义阶级理论和阶级

---

① 《江泽民论有中国特色社会主义》（专题摘编），中央文献出版社2002年版，第34页。
② 刘世军：《中国政治学研究新时代的到来》，《文汇报》2014年6月30日。
③ 《邓小平文选》第2卷，人民出版社1994年版，第371页。

分析法的结果,这也体现了我们党注重考察国情,善于把握社会发展规律的执政先进性。

四　余论

阶级分析法在中共党史研究领域曾长期居于主导性的地位。当然,不容否认的是,在新中国成立后相当长的一段时间内,受"左"倾指导思想的影响,阶级分析法在党史研究中曾被教条化、庸俗化、片面化地理解和运用,主要表现就是:为了适应现实所谓"阶级斗争"的需要,对复杂的历史事件用贴标签的方式简单化认识,人物分析"脸谱化",党史完全变成了"阶级斗争史",阶级分析法几乎成了党史研究的唯一方法,从而阉割了历史的丰富性和复杂性,在很大程度上消解了党史研究的学术性和说服力。改革开放后,随着党的工作指导方针由强调阶级斗争为纲转向以经济建设为中心,加之思想文化环境逐渐宽松、开放,党史研究者注重吸取其他学科的知识方法,研究方法也呈多样化趋势。这从一方面反映了党史研究的视野不断开阔,方法更为灵活,总体水平不断发展进步,但同时应看到,在此过程中阶级分析法在党史研究领域也出现了严重边缘化甚至受到贬损、否定的情形。与过去阶级分析法在党史研究中处于绝对主导地位相比,这无疑是另一种极端的、片面的情形,是违背唯物辩证思维的一种非理性逻辑,应予反思和摒弃。

对阶级分析法的误用、滥用并不能消解这一方法具有的科学性。实际上,过去阶级斗争扩大化的实践恰恰是违背了阶级分析法基本原则的结果,理性的人们也不会因此就否定阶级分析法。在社会思潮多元化的今天,阶级分析法有助于我们澄清许多似是而非的历史观点,拨开思想意识的迷雾,看清历史的本质。丢掉这一科学方法,党史将会任人涂抹和歪曲,从而失去历史正义的基础和历史逻辑的科学阐释。

不过,正如恩格斯所说:"马克思的整个世界观不是教义,而是方法。它提供的不是现成的教条,而是进一步研究的出发点和供这种研究使用的方法。"[①]"我们只能在我们时代的条件下进行认识,而且这些条件达到什

---

① 《马克思恩格斯文集》第10卷,人民出版社2009年版,第691页。

么程度，我们便认识到什么程度。"① 坚持阶级分析法也意味着要随着时代的变化而不断创新发展这一方法，避免在运用中出现过去的那种庸俗化、片面化、简单化的现象。为此，党史研究者要立足于我国的新型社会分层和社会结构，善于从社会变化的特点和规律中拓展研究视野，汲取思想养分，并广泛汲取其他学科的思想方法，从而不断丰富和发展阶级分析法，促进党史研究理论的发展和整体研究水平的提升。

（作者单位：北京工业大学马克思主义学院）

---

① 《马克思恩格斯全集》第20卷，人民出版社1971年版，第585页。

历史的无意义与意义

——论章太炎的《易》学、《春秋》学及其历史观

江 湄

一 一个令人感到"迷惑和疑难"的思想家

在中国近现代史上，章太炎是一个非常重要而独特的思想家。他自述平生思想经"转俗成真"之变（1903—1911年）和"回真向俗"之变（1911年以后），[①] 而以"齐物"哲学为旨归，构成了一套独特的哲学体系和社会政治思想。他不但激烈破除中国"传统"，导五四新文化运动之先声，更对作为西方资本主义社会、政治模式及其观念基础的"现代性"进行了同样激烈的批判，坚决反对中国走西方资本主义式的现代化道路。汪荣祖颇能道出中外学者对章氏思想感到的"迷惑和疑难"：

> 一般认为章氏的思想与言论，难以捉摸，有时显得十分保守而有时又十分激烈；有时似乎很积极，而有时却甚消极。他是个儒者，却提倡佛教；他要革命，又要保存国粹；他讲民族主义，又谈无生主义；他倡导共和，却又谴责代议政府。因此，他那不一致的思想"犹如一幅荒谬的壁画，显示一个与自己以及整个世界相冲突的人。"……章氏

[①] 章太炎在写于1915—1916年的《菿汉微言·结语》中说"自揣平生学术，始则转俗成真，终乃回真向俗"。根据他的自述，在1903—1906年的监禁期间以及出狱之后，他在思想上发生了"转俗成真"之变，以佛教唯识学、德国唯心论哲学为媒介，形成一套独特的哲学思想体系，反对所有形而上学的绝对主义，反对一切宿命论与机械论，不但对中国传统也对现代西方的种种思想信条进行攻驳。"回真向俗"之变，以《齐物论释》的撰写为标志，酝酿于辛亥革命前后，完成于1913—1916年幽禁之中。他以"齐物"哲学为理据，构想现代世界的理想秩序，并重新评价和肯定了孔子以及儒家传统。关于章太炎思想的这两次重大转变，请参见姜义华《章太炎思想研究》第六章《一场夭折的哲学革命》，中国人民大学出版社2009年版。

不能真正配合辛亥革命的节拍,他与孙中山之间的严重争执,更加深此一印象,认为章氏不仅不是革命的主流,甚至是逆流!①

自20世纪80年代末尤其是90年代以来,中国深刻地参与到"全球化"之中,但同时又必须自主地探索一条没有任何现成模式可以遵循的发展道路,这时,与其他中国近现代思想家相比,章太炎那难以用"现代/传统"、"激进/保守"之框架来定位的思想主张遂显示出特别的价值和活力,更能与当今现实进行持续的对话。汪荣祖在1986年曾提示说:"再看中国,经过一世纪的仿效外国,总感格格不入,终于还是要回头追寻具有中国特色的思想与制度。岂不就是章氏早已指出的思想趋向!"② 在90年代中后期,汪晖提出,中国现代思想史的主线是追求"反现代性的现代性",力求批判、超越西方资本主义式的"现代性",探索一条自主的现代化道路。他将章太炎定位为一个最典型的反"现代性"的中国"现代"思想家。③

在《訄书》成书时期(1899—1904年),他基本上是吸收和赞同进化论的,如《訄书》重订本中的《中国通史略例》对进化论的态度与梁启超等并无不同。但经过"转俗成真"之变,章太炎开始将批判的矛头指向"现代性"的种种教义,而对"进化进步史观"的批判是其"反现代性"思想的观念核心,学者们大多就《俱分进化论》(1906)、《五无论》(1907)、《四惑论》(1908)等文来对章氏的"反进化进步史观"进行阐析。④ 在学习相关研究论著的同时,我认为,作为清代"汉学"嫡系传人的章太炎,他的《易》学和《春秋》学呈现出其历史观的全面结构和成熟

---

① 汪荣祖:《康章合论》,新星出版社2006年版,第81页。
② 汪荣祖:《康有为章炳麟合论》,《中央研究院近代史研究所集刊》第15期上册,1986年6月,第170页。
③ 汪晖:《现代中国思想的兴起》下卷第一部,生活·读书·新知三联书店2004年版,第1012—1014页。
④ 参见王汎森《章太炎的思想及其对儒学传统的冲击(1868—1919)》,台北:时报文化出版事业有限公司1985年版,第109—115页;王远义:《独立苍茫:辛亥革命前章太炎的激进思想及其乌托邦与反乌托邦性质》,《学术思想评论》第十辑,吉林人民出版社2003年版,第419—454页;汪晖:《现代中国思想的兴起》下卷第一部,生活·读书·新知三联书店2004年版,第1027—1037页;王玉华:《多元视野与传统的合理化——章太炎思想的阐释》,中国社会科学出版社2004年版,第158—189页;Viren Murthy(慕唯仁):*The Political Philosophy of Zhang Taiyan—The Resistance of Consciousness*, Leiden, The Netherlands: Koninklijke Brill NV, 2011, pp. 135 – 169.

定论,具有其他文本所不可取代的重要意义。

在两汉的经学系统中,《易》与《春秋》具有最重要的位置,《易》明天道,《春秋》具人事,代表"究天人之际"、"明古今之变"的两大思想主题,相互配合以形成和表达着完整的历史观。① 章太炎自觉地继承了这一传统,他说:

> 太史公说:"《易》本隐以之显,《春秋》推见以至隐。"引申他底意思,可以说《春秋》是胪列事实,中寓褒贬之意;《易经》却和近代"社会学"一般,一方面考察古来的事迹,得着些原则,拿这些原则,可以推测现在和将来。简单说起来,《春秋》是显明的史,《易经》是蕴着史的精华的。②

在1914年成书的《检论》中,章太炎自述"回真向俗"之变:

> 间气相撄,逼于舆台,去食七日,不起于床,喟然叹曰:余其未知羑里、匡人之事! 夫不学《春秋》,则不能解辨发,削左衽。不学《易》,则终身不能无大过,而悔吝随之。始玩爻象,重籀《论语》诸书,骤然若有瘳者。③

《周易》是与"齐物论"相贯通的一套高深的历史哲学,而《春秋》则是贯穿着孔子"史识"的"良史之学",我们只有将章太炎的《易》学和《春秋》学结合起来,才能真正理解其历史观的全部要义。

在《易》学中,章太炎从其"唯识"学、"齐物"论出发,对文明发展的起源和动力、历史的目的和意义,以及历史是否存在必然规律性等问题,讲出了非"传统"又反"现代"的一套,他彻底批判对历史的形上学预设及其"起源"观念,既破除了儒家"天人合一"的世界观历史观信

---

① 参见杨向奎《司马迁的历史哲学》,《绎史斋学术文集》,上海人民出版社1983年版,第126页。

② 章太炎:《国学概论》(1922年),张昭军编:《章太炎讲国学》,东方出版社2007年版,第76页。

③ 章太炎:《检论》卷三《订孔下》,《章太炎全集》三,上海人民出版社1984年版,第426页。

仰，又对"进化进步史观"这一现代的历史形上学进行拆解、痛下针砭，否定了"进化进步"的历史及其意义。更为重要的是，他的《易》学内涵"齐物"世界观和"缘起"历史观，以此为理据，章太炎从未否定特殊、具体的历史连续性，并积极肯定一种自觉的历史连续性和对"传统"的创造——这就是他所发明的《春秋》大义，从而鼓励每一种文化追求价值自足和自立，促进现实秩序的批判性更新和改造。当代中国步入反思"现代性"的后现代之境，身处一个文化多元化的"全球化"时代，不得不承继历史传统并取鉴他人探索自己的历史道路，在这样的现实语境中，章太炎的历史哲思具有丰富的启示意义。

二 《易》的"真审之义"：历史无目的、无规律、无意义

在疑古思潮兴起之后，学者们经过对《周易》的科学研究，一般认为，《易经》成书于西周，是卜筮之辞的汇编，而《易传》"十翼"则是战国至于秦汉时代的儒生伪托孔子所作。但章太炎却终其一生坚持司马迁所说，《易经》的卦、爻辞表达的是周文王身处易代废兴之际的忧患之思，而《易传》"十翼"则出于孔子之手。他之所以要如此固执"古文经说"，那是因为他相信"仲尼赞易而易独贵"，①《周易》中超绝的智慧只能来自孔子。

经1913—1916年的幽禁之中的"回真向俗"之变，他发现，孔子其实已经达到了佛陀、老、庄的境界，是人类历史上最高明的思想家之一，其哲思笼罩万世，就表现在《论语》和《易传》之中。《论语》所说"忠恕"之道，与"齐物"论异曲同工；《周易》则是一套高深而独到的历史哲学：

  圣人之道，笼罩群有，不亟以辩智为贤。上观《周易》，物类相召，势数相生，足以彰往察来。审度圣人之所忧患，与其卦序所次时物变迁，上考皇世而不谬，百世以俟后王群盗而不惑。洋洋美德乎！诚非孟荀之所逮闻也。②

---

① 章太炎撰，庞俊、郭诚永疏证：《国故论衡疏证》中卷《原经》，中华书局2008年版，第284页。
② 章太炎：《检论》卷三《订孔下》，《章太炎全集》三，第426页。

当然，章太炎借《周易》所表达的，乃是他身经"数千年未有之变局"以及生死之大忧而获得的思想突破，他以杂糅了佛学、庄子、德国唯心论的独特哲学思想来释《易》，完全超出了《周易》本身"天人合一"的思维模式，更远非孔子所能想见。章太炎有关《易》学的思想论述主要集中于1913年所写《自述学术次第》、1914年所成《检论》以及1915年所写《菿汉微言》之中，虽然前两种用较多的篇幅论述文明早期发展的一般进程，但更值得注意的是，他借《易》学的形式表达了一个较成系统的历史哲学论述，由于文意简奥，必须结合相关文献加以疏解，其说有与《俱分进化论》《四惑论》《五无论》《齐物论释》相印证补充之处，也有后者所未及言者，而这是以往研究者较少论及的。①

首先，章太炎将《序卦》对六十四卦的排列次第，阐发为一套有关人类文明起源演进的社会学、历史学理论，认为《序卦》从"屯"到"同人"的排列次序说的是人类从渔猎文明到农耕文明的进化历程。上述内容，多有学者加以阐发，兹不赘述。但有一点值得特别注意：章太炎强调，从"屯"卦以至于"同人"，即人类社会从起源到国家的形成，可以总结出一般性规律，但"过此以往，未之或知也"。所以说，要想把握人类历史的全部发展规律，实在是要等到历史终结之后："易之尽见，亦在乾坤将毁之世。"② 对于从历史发展中抽象出一般因果规律并据以判断现实走向的科学社会学、历史学理念，章太炎早有批判。在《社会通诠商兑》（1907年）中，他指出，所谓社会演化的"条例"其实都是从欧洲历史中抽象概括所得，不一定适用于中国历史实况。③ 在《征信论》（1910年）中，他对标榜"科学"的机械主义"因果律"以及史学主张进行了更为透彻的批评，他说，使得"因"能得出如此"果"的偶然、特殊的"缘"也是同样重要的，而"愚者"常常排除了具体环境中的偶然性、特殊性因素而得出"类例"，其结果往往是使"成事"削足适履以就"类例"；更何况，史书之记载往事总是有选择的，不可能把当时所有的事都网罗在

---

① 参见唐文权、罗福惠《章太炎思想研究》，华中师范大学出版社1986年版，第351—359页；夏金华：《章太炎"易"学蠡测》，《学术季刊》（上海）1992年第4期；张昭军：《儒学近代之境——章太炎儒学思想研究》，社会科学文献出版社2002年版，第128—130页；张昭军：《章太炎对周易义理的多维阐释》，《周易研究》2004年第3期。
② 章太炎：《检论》卷二《易论》，《章太炎全集》三，第381页。
③ 章太炎：《社会通诠商兑》，《章太炎全集》四，上海人民出版社1985年版，第323—324页。

内，在这种条件下想悉知事变的所以然之故再给出定理乃是徒劳无益的。①章太炎深知所谓"历史"并没有任何先验性的规律作用其间，不能以任何"成型""类例"规范乃至预见"历史"，所以，对于他在《易》学中表述的这一套社会学理论，我们不能按照当时流行的强调"科学"和"因果律"的实证主义去加以理解。

章太炎对《周易》基本精神的看法，与《易传》本意及其阐释传统大异其趣，简直令人惊骇！《易传》结合儒、道思想所讲出的宇宙观、世界观，注重的是"有"，把"生生"当作宇宙存在的实相——这也是一切儒家哲学最根本的出发点，且有着一种积极进取、促进"生生"的"动"的精神。② 但是，章太炎却说，《蛊》卦才是《周易》全书的灵魂，从"无"的视角出发讲宇宙万有，讲"生生之道"，才是《易》的真义所在：

> 夫生生之谓《易》，原始要终，知死生之说者，莫备乎《蛊》……广言之，释氏所谓惑、业、苦者，大略举之矣。沉溺蛊惑，斯非惑乎？蛊者事也，斯非业乎？蛊食心腹，斯非苦乎？③
>
> 章炳麟读《易传》曰：呜呼！伏曼容见之矣。《传》曰："蛊者，事也。"伏曼容曰："蛊，惑乱也。万事从惑而起，故以蛊为事。"二经十翼，可贵者此四字耳。④

一切人生事业、历史文明都起于对"有"的迷妄执着。执着于在世的自我生命，有所"沉溺惑蛊"，必然有所"事"而造成"业"。追求将自我生命客观化而获得存在感，又必然被自身的意欲情结所困所扰，感受人生之"苦"。从"无"的视角来看，一切具体的生命形态、一切功名成就、人类的文明事业，作为具体、有限、生灭无常的"有"，都不是实在的。在《俱分进化论》中，他曾论述，根植于人类自我意识的"我慢"即自尊好胜之心带来生存竞争，而生存竞争导致文明、社会的进化，也就是说，人类文明进化的根源更在于人性之"恶"，所以"善"进"恶"亦

---

① 章太炎：《征信论》下，《章太炎全集》四，第57—60页。
② 参见冯友兰《中国哲学史新编》第二册，人民出版社1984年版，第348—353页。
③ 章太炎：《自述学术次第》，陈平原编校：《中国现代学术经典·章太炎卷》，河北教育出版社1996年版，第646页。
④ 章太炎：《四惑论》，《章太炎全集》四，第443页。

进、"乐"进"苦"亦进。① 在他的价值视野中，人类被"沉溺蛊惑"所催动，无限制地追求幸福和生存价值的实现，带来文明的进化发展，这实在是令人"忧荻如疾首"的命运，无可如之何，但若将"进化"当作绝对价值加以肯定，当作理想加以追求，那实在是"惑"上加"惑"，"惑"不可及了。在他的辞典里，"幸福""进步"并不是美好的词汇："以善恶言，求增进幸福者，特贪冒之异名。""日进不已，亦惟是扩张兽性。"太炎期勉当代人类能自断"其追求无已之心，使归安稳"②。时至今天，人获取"幸福"的欲望和能力似乎已经到了极限，章太炎的这些"反动"言论倒像是先见之明了。

《易传》是一套完整的"天人合一"的形上学体系，宇宙万物有从而发生的总根源，万物资之以始，又复归于之；宇宙万物的生成和运动有根本规律，"道"贯通自然界和人生界，使整个宇宙成为一个秩序井然的世界。③ 但是，章太炎却说，这只是《易》教化一般大众的"通俗之言"，而《易》的"真审之义"恰恰与之相反，《易》否定所谓"本源""本体"的实在，否定宇宙、世界生成运动的目的性和秩序性，从而否定万物的运动变化有所谓根本法则和规律：

> 圣人吉凶与民同患，易"鼓万物而不与圣人同忧"。生生者，未有迄尽，故大极为旋机，群动之所宗主，万物资以流形。乾元恒动曰"龙"（即今所谓永动力），坤元恒静曰"利永贞"（即今所谓永静力），而"天德"固"不可为首"，是则群动本无所宗，虽"太极"亦粪除之矣。（《易》言大极为群动宗，又言"群龙无首"，则群动本未有宗。言非相反。"大极"，通俗之言，"无首"，真审之义，此非守文者所知）④

经过"转俗成真"的思想转变，章太炎从根本上反对那种设定并推求

---

① 章太炎：《俱分进化论》，《章太炎全集》四，第389—390页。
② 章太炎：《四惑论》，《章太炎全集》四，第450页。
③ 参见朱伯崑《易学哲学史》上册，北京大学出版社1986年版，第95—105页；冯友兰：《中国哲学史新编》第二册，第341—344页。
④ 章太炎：《检论》卷二《易论》，《章太炎全集》三，第383页。

"本体"的形上学思维。① 在《四惑论》中，他指出，"公理""因果律""自然规则"等都是人心所造设的"知识"，不能以之为实有而加以崇信，崇拜所谓"自然规则""进化法则"者，不脱将一切归结为上帝的"神教"思维，同样都是虚设一种外在的无上权威来获得依靠和支持，同样都是迷信和卑贱的表现。②

章太炎说，《易》所讲"生生之道"的真义见于"观"卦之爻辞和象辞，这正是他在《齐物论释》中阐发的"缘生""缘起"法：

> 《观》之"观我生"、"观其生"，展转追寻，以至无尽，而知造物无本……而"用九"乃言"群龙无首"，《象》曰："天德不可谓首"，义又相及。盖强阳之气，群动冥生，非有为之元本者。其曰穷理尽性，岂虚言哉！③
>
> 《观》之"象"曰："圣人以神道设教，而天下服。"教所由兴，则曰"观我生"、"观其生"。上者浮屠之说"缘生"，进退相征，不失其道；其下以为上帝所胎乳，最下事生乞奉神女而已矣。④

章太炎于1910年写成《齐物论释》，又在1911年以后加以改定。其中，章太炎破"因果律"而立"缘生""缘起"法。按照"万法唯识"的道理，人的思维造设一切事物皆有"自性"，从而要透过现象去追究实质，为此就要追究事物产生的根本原因，这是认识的基本方式和范畴，即所谓"原型观念"，章太炎又以"种子"名之。⑤ 章太炎通过一番分析、推理指出，追究原因到了最后，只能以"自然动"为究极，只能说"自尔"，

---

① 章太炎以"唯识"学批评西方哲学如"唯名论"、"本体论"、柏拉图之"理念"说，都是设定并推求事物的本质乃至存在的"本体"，并将所得之抽象概念当作了实在真有，犯了"法执"的错误。见《建立宗教论》《人无我论》，《章太炎全集》四，第403—418、419—429页。
② 章太炎：《四惑论》，《章太炎全集》四，第443—456页。
③ 章太炎：《自述学术次第》，《中国现代学术经典·章太炎卷》，第647页。
④ 《检论》卷二《易论》，《章太炎全集》三，第381—382页。
⑤ 章太炎对《齐物论》中"随其成心而师之，谁独且无师乎？"一段的解说就是在阐明"种子"、"成心"即"原型观念"的产生，他认为康德所立十二范畴实属"繁碎"，并提出包括"因果识"在内的"七种子"说。见《齐物论释定本》，《章太炎全集》六，上海人民出版社1986年版，第73—74页。

"法尔"。① 也就是说，我们无法追究到什么"根本原因""第一因"，种种事物互为产生、存在的原因和条件，相互依存并转化，所以，与其讲"因果"不如讲"缘生"：

> 佛法立十二缘生，前有后有，推荡相转，而更无第一因。
> 世尊所说果待于因，因复待因，如是展转，成无穷过。

章太炎说，庄子和孔子都懂得"缘生"的道理，《庄子·寓言篇》说：

> 莫知其所终，若之何其无命也！莫知其所始，若之何其有命也！

《田子方篇》引孔子之言说：

> 日出东方而入于西极，万物莫不比方，有目有趾者，待是而后成功，是出则存，是入则亡。万物亦然，有待也而死，有待也而生。吾一受其成形，而不化以待尽，效物而动，日夜无隙，而不知其所终；薰然其成形，知命不能规乎其前，丘以是日徂。②

这就是说，一切事物皆有所"待"，都是在多种因素和条件的相互作用下产生并变化，即所谓"因缘和合""因缘际会"，有着很大的偶然性和随意性。而所有事物的存在又都有一定的条件限制，都是暂时性的，在这个意义上，"缘生"亦是"空"。③ 如此说来，《系辞上》所说"故神无方而易无体"，才是《易传》关于"生生之道"的最根本纲领，更进一步地说，"易无体而感为体"。④ 宇宙万物的生成运动没有究竟的"起源"，也就没有任何先验的目的性，也就没有必然、普遍的规律性，任何事物皆处于流转不停的"缘生"之中，没有永恒不变的"自性"。对此，《四惑论》所说甚为精当：

---

① 《齐物论释定本》，《章太炎全集》六，上海人民出版社1986年版，第80—81页。
② 以上引文均见《齐物论释定本》，《章太炎全集》六，第111—112页。
③ 同上书，第83页。
④ 章太炎：《检论》卷二《易论》，《章太炎全集》三，第381页。

> 物无自性，一切为无常法所漂流。
>
> 言自然规则者，则胶于自性，不知万物皆展转缘生，即此展转缘生之法，亦由心量展转缘生。①

宇宙世界若是有什么"法"、什么"自然规则"，那就是万物"展转缘生"的"无常法"。这不禁令人想起福柯的话：

> 效果历史的世界只知道一个王国，在那里，没有天道或终极原因，只有"必须性的铁臂摇动着机遇的骰子盒"。②

人类的"生生之道"，为生存竞争所推动，"为无常法所漂流"，其进无已，不可遏制，而"进步"又带来欲望的不断滋生、生存斗争的不断激烈。章太炎说，《周易》最后两卦是"既济"和"未济"而终以"未济"，其大义在于：

> 群动而生，旁溢无节，万物不足以龚其宰割，壤地不足容其肤寸，虽成"既济"，其终犹"弗济"也。以是思，忧荻如疾首，可知已。③

如此说来，演《周易》的文王忧患于商、周兴盛衰亡之际，实在是"细"忧而已，对文明进化之前途的忧虑才是真正的大忧。

既然如此，人类文明进化的"生生之道"不应该也不可能成为人生价值和意义的根据。以《易传》《中庸》为代表的儒学大传统，皆把道德意识、人生意义建立在宇宙运动的总体目的和秩序之上，并用后者论证、支撑前者。与之不无相通的是，"进化进步史观"则将人生的意义规定为促进历史的进化进步。但，章太炎却说：

> 此土之圣，唯作《易》者知有忧患，忧其动而生生无有已时也。若《记》言至诚之效可以赞天地之化育，可以与天地参，是则崇奉根

---

① 章太炎：《四惑论》，《章太炎全集》四，第454—455页。
② 福柯：《尼采·谱系学·历史学》，朱苏力译，《学术思想评论》第四辑，第393页。
③ 章太炎：《检论》卷二《易论》，《章太炎全集》三，第383页。

本无明，而所谓与天地参者，适成摩醯首罗梵天王耳。……是故《易》者内道也，《中庸》者外道也。①

如此说来，把人生意义和道德责任认作"赞天地之化育"——转化为现代观念则是人类文明的进化事业，实在是"根本无明"，是"我痴"。作《易》者早就"秘密地"告诉我们：人类文明进化不已的"生生之道"不过是令人忧心不已的现实！

呜呼！昔之愚者，责人以不安命；今之妄者，责人以不求进化。二者行藏虽异，乃其根据则同。以命为当安者，谓命为自然规则，背之则非义故；以进化为当求者，亦谓进化为自然规则，背之则非义故。自我观之，承志顺则，自比于斯养之贱者，其始本以对越上神，神教衰而归敬于宿命，宿命衰而归敬于天钧，俞穴相通，源流不二。世有大雄无畏者，必不与竖子聚谈微贱之事！②

历史的"进化""进步"而不再是"神""上帝""天理"变成了道德、价值乃至人生意义的最高依据，或者说，以历史进化进步之趋势论证现代社会种种价值规范与秩序的合理性，这确实是进入"现代"之后的独特思想现象，福柯称之为"现代性的态度"。③ 而"大雄无畏"者如章太炎，已经洞彻了号称"自然规则"的种种现代教义作为"有待"的历史存在物的"虚妄"，他要一空依傍、自立法则！

在章太炎看来，《易》也讲"适者生存"的道理，教人要认识时势，顺应并把握时势，但《易》以为，时势之变是"不得不然"，道义则是"应然"，是否顺应时势而或"胜"或"败"，绝不能说明其是"优"还是"劣"：

《易略例》曰："犯时之忌，罪不在大；失其所适，过不在深。动天下，灭君主，而不可危也；侮妻子，用颜色，而不可易也。"由是

---

① 章太炎：《菿汉微言》，《章氏丛书》上册，台北：世界书局1982年版，第946页。
② 章太炎：《四惑论》，《章太炎全集》四，第457页。
③ 福柯：《什么是启蒙？》（1984年），汪晖译，汪晖、陈燕谷主编：《文化与公共性》，生活·读书·新知三联书店1998年版，第429页。

观之,胜不必优,败不必劣,各当其时。①

将历史潮流所向当作价值评判之根本标准的"进化进步史观",在当时的现实中往往成为帝国主义进行侵略殖民的护身符,作为一个"落后"的中国人,章太炎对于"进化进步史观"的霸权性格十分敏感。他的对策是指出,"优劣"与"胜败"根本是不同的价值序列,顺应历史潮流、合于进化之道不过是"适时"而已。

最后,章太炎借《易》表达了一种深沉的历史悲观主义。人类的生存竞争不可能"辩证"出历史向善演进的合理性,进化进步的历史并不能代替上帝做出正义的最后裁判,恰恰相反,《易》要告诉人们的是,历史上当道的总是生存竞争的强者,强者在以暴力进行征服、剥夺和颠覆之后,又重新制定规则而使现实秩序合法化,用道德观念驯化人民,使社会归于稳定有序,这就是历史的"规律":

"强者,事之始也,分之理也,物之纪也。所求于强,无不有也。"此为人以争竞,而得存活,《易》道故然。
"兵革为起,小国见亡,大国危殆,杀人父兄,虏人妻子,残国灭庙。""取以暴强,而治以文理,无逆四时,必亲贤士。""诸侯宾服,民众殷喜,邦家安宁,与世更始。汤、武行之,乃取天子;《春秋》著之,以为经纪。"综观凶人享国长世之事,是岂《易》所能讳隐邪?②

章太炎以得自切身的历史经验论证着这一历史"规律":经辛亥革命汉族最终光复,但当初犯下"扬州十日""嘉定三屠"之罪行的清朝统治者已掌权三百多年,其官僚军阀集团在革命之后仍然是实际的统治者,虽有"光复"之名却不能去腐生新,反更甚从前。《易》的本意是"为善人贤士谋",教导他们在衰乱之世能为历史的转变积蓄潜能,发挥默运乾坤之力,但是,历史的演进之理绝不服从"正义",而是强暴者"擅无穷之福利",怀抱道德理想的"善士"只能补救历史的创伤疮痍而已。《易》

---

① 章太炎:《检论》卷二《易论》,《章太炎全集》三,第383页。
② 同上书,第384页。

要告诉我们的"历史真相"实在是令人忧心不已：

> 夫成败之数，奸暴干纪者常荼，而贞端扶义者常踬。作《易》者虽聪敏，欲为贞端谋主，徒如补其创痍耳。由是言之，"既济"则暂，"未济"其恒矣！是亦圣哲所以忧患。①

但，章太炎绝不是一个历史虚无主义者，恰恰相反，正是从"齐物"的世界观出发，他才能洞识每一个文化、历史世界都是"缘起"的、"有待"的、具体的、特殊的，如果某一种文明将自身的历史及其在历史中生成积累的文化特性加以抽象化、本质化，名之为"普遍规律""普世价值"，那只能是一种虚假的"普遍性"，反映的是一种霸权意识。

章太炎作为清代"汉学"传人，但始终对汉《易》不满，以为不达《周易》真义，直到"齐物"思想形成，他发现，王弼对《周易》的阐说深谙"齐物"要旨，而这正是《周易》的精意所在：

> 余少读惠定宇、张皋文诸家《易》义，虽以为汉说固然，而心不能惬也。亦谓《易》道冥昧，可以存而不论。在东因究老、庄，兼寻辅嗣旧说，观其《明爻》，《明象》，乃叹其超绝汉儒也。近遭忧患，益复会心。②

王弼在《易略例》中以《明象篇》和《明爻变通篇》作为《易》之纲领要旨，章太炎说，《明象篇》是"明一以《象》"，《明爻变通篇》是"明歧以《爻》"，讲的正是"齐物""缘起"的世界观历史观，这是一种反本质主义、反普遍主义、反目的论、反决定论的本体学：

> 庄周明老聃意，而和之以齐物。推万类之异情，以为无正味正色，以其相伐，使并行而不害……其后独王弼能推庄生意，为《易略例》。
>
> 明一以《象》曰："自统而寻之，物虽众，则知可以执一御也。

---

① 章太炎：《检论》卷二《易论》，《章太炎全集》三，第385页。
② 章太炎：《自述学术次第》，《中国现代学术经典·章太炎卷》，第644页。

由本以观之，义虽博，则知可以一名举也。处旋玑以观大运，则天地之动未足怪也；据会要以观方来，则六合辐辏未足多也。故举卦之名，义有主矣；观其《象辞》，则思过半矣！夫古今虽殊，军国异容，中之为用，故未可远也。品制万变，宗主存焉。"

明歧以《爻》曰："情伪之动，非数之所求也。故合散屈伸，与体相乖。形躁好静，质柔爱刚，体与情反，质与愿违。巧历不能定其算数，圣明不能为之典要。法制所不能齐，度量所不能均也。""召云者龙，命吕者律。二女相违，而刚柔合体。隆坻永叹，远壑必盈。投戈散地，则六亲不能相保；同舟共济，则胡越何患乎异心。故苟识其情，不忧乖违；苟明其趣，不烦强武。"推而极之，大象准诸此，宁独人事之云云哉！道若无歧，宇宙至今如抟炭，大地至今如孰乳已。①

"明歧以《爻》"说的是"缘起"的道理。如上文已经论说，一切事物都是在多种因素和条件的相互作用下产生并变化，有很大的偶然性和随意性，绝不存在单一的普遍性原理，没有确定不变的规则，世界是"无常"的。每一个文化、历史世界其实都是这样一种"无常"的历史性存在，都是具体的、特殊的并不断经历不可预测的变化，皆无"真谛"意义上的实在性。如果把某一种"文明"的特性及其生成历史抽象化、本质化而命名为"普遍性"，其实将导致严重的偏见和不平等，使现实中"先进"的"文明"国家能够有冠冕堂皇的借口去侵略、干涉那些"落后"的"野蛮"国家，"进化进步史观"就存在这样的问题。

但是，与一般意义上的多元论、相对主义不同，章太炎强调每一种"缘起"的、特殊的事物之间并没有绝对的差别，都是可以根据其产生发展的限定性条件加以理解的，都是有其存在的理由和价值的，且总是可以和其他的事物相互沟通、转化的，它们构成了一个因差别而互相需要的整体，但其中并没有固定的、确定的"普遍性"。那么，每一个特殊的文化历史世界作为"齐物"世界中的不可或缺的"道""理"，皆有其相对的、具体的实在性。所以，《周易》虽"明歧以《爻》"而终归于"明一以《象》"。

---

① 章太炎撰，庞俊、郭诚永疏证：《国故论衡》下卷《原道下》，第 517—521 页。

三 《春秋》大义：历史对于人生的意义

1910年，《齐物论释》与《文始》《新方言》《国故论衡》同时面世，这对于我们理解章太炎的思想来说是很有意义的。章太炎在写于1908年的《印度人之论国粹》中说：

> 释迦氏论民族独立，先以研求国粹为主，国粹以历史为主。自余学术，皆普通之技，惟国粹则为特别。①

同年，他与吴稚晖及其主办的《新世纪》就是否废除汉语汉字而改行世界语进行论战，说道：

> 文字者，语言之符；语言者，心思之帜。虽天然语言，亦非宇宙间素有此物，其发端尚在人为，故大体以人事为准。人事有不齐，故言语文字亦不可齐。②

他又在写于1913年的《自述学术次第》中说：

> 凡在心在物之学，体自周圆，无间方国。独于言文历史，其体则方，自以己国为典型，而不能取之域外。③

历史与语言文字是"国粹"最重要的两端，非"天然""普通"之存在，而是"人为"之物，其体为方，自为典型，"不齐"亦"不可齐"。一旦一个"言文历史"世界在各种"因缘凑合"下产生并获得连续性的发展，获得了特殊的规定性，建构了自身的"传统"，并由此获得认同意识，它就成为"有""存在"，它不是"真谛"意义上的实在，但也不是一场春秋大梦。由"因缘际会""展转缘生"的不断积累而生成的"言文历

---

① 章太炎：《印度人之论国粹》，《章太炎全集》四，第366页。
② 章太炎：《规新世纪》，《民报》第24号。转引自姚奠中、董国炎编《章太炎学术年谱》，山西古籍出版社1996年版，第123页。
③ 章太炎：《自述学术次第》，《中国现代学术经典·章太炎卷》，第647页。

史"世界及其"自性",用章太炎的佛学术语说是"依他起自性",是"无常"的历史性存在,然而,正是一个具体的"言文历史"世界及其累积形成的相对稳定的价值体系、道德观念、生活方式——用章太炎的话说是"世法",为偶在的个体人生提供了生存的最实在的基础和理据,若不能"随顺"之,也就真的沦于虚无了:

> 此身为"正报",此土为"依报",即白衣所谓"命"也,已堕"正报"、"依报"之中,"法"尔,受其限制,以义务责人死节,以义务而自死节,无可奈何,即白衣所谓"知命",所谓"正命"也。庄生不欲以仁义撄人心,此纯为"出世法"之言也。又云:"子之爱亲,命也,不可解于心;臣之事君,义也,无所逃于天地之间。为人臣子者,固有所不得已行事之情而忘其身,何暇至于说生而恶死?"此不坏"世法"之言也。①

一切"有"皆是幻成,种种世间之"法"无非人心的虚构和假设,其存在皆是有时空条件的。但是,人之生存,就是堕入"此身""此土"之中,从来都是具体的文化世界中的人,并且是一种情感的伦理的存在,活在历史遗传的有规范的日常生活之中,受到限制也得到规定。如上文所述,从"齐物"的境界来看,每一个特定生活世界的规范、特性,虽不具有"真谛"意义上的实在性,但却有着"俗谛"意义上的具体的、相对的实在性——这正是"齐物"论内蕴的"真俗平等"义。②

章太炎一生重视《春秋》学,《春秋》学是他的"古文经学"的核心。章太炎所见"春秋大义"告诉我们,不具有"真谛"意义的、具体的、特殊的民族文化及其历史所具有的实在性是什么,即历史对于人生的意义究竟何在。

章太炎对"春秋大义"的认识和解说一直在发生变化,直在20世纪30年代才形成定论。③《国故论衡·原经》(1910年)、《检论·春秋故言》(1914年)代表其《春秋》学的第三阶段,即经过"回真向俗"之变后的

---

① 章太炎:《菿汉微言》,《章氏丛书》下册,第931—932页。
② 参见张志强《"操齐物以解纷,明天倪以为量"——论章太炎"齐物"哲学的形成及其意趣》,《中国哲学史》2012年第3期。
③ 详见拙文《章太炎〈春秋〉学三变为中心》,《史学史研究》2012年第1期。

《春秋》学新意,这时,他完全摆脱了今文经学的影响,认为孔子修《春秋》,左丘明为之《传》,不是为了"制法",甚至"论政"也非其所长,其大用乃在于开创中国史学的伟大传统,以绵延不断的历史记忆唤起和保持民族文化的认同意识:

> 夫发金匮之藏,被之萌庶,令人人不忘前王,自仲尼、左丘明始。……令迁、固得持续其迹,讫于今兹。则耳孙小子,耿耿不能忘先代,然后民无携志,国有与立,实仲尼、邱明之赐。……藉令生印度、波斯之原,自知建国长久,文教浸淫,而故记不传,无以褒大前哲,然后发愤于宝书,哀思于国命矣。①

但是,章太炎从来没有把"民族""历史""传统"这些概念本质化和实体化,由"因缘际会""展转缘生"而成的历史文化传统,用章太炎的术语说是"依他起自性",是相对于他者而产生的自我意识和自我界定,是人心之所建构,是"无常"的历史性存在。章太炎在写于1907年的《国家论》中说:

> 夫过去者已灭,未来者未生,此即虚空无有之境。然于现在正有之境,而爱之甚微,于过去未来无有之境,而爱之弥甚者,此何因缘?则以人心本念念生灭,如长渠水,相续流注,能忆念其已谢灭,而渴望其未萌芽者,以心为量,令百事皆入矩矱之中,故所爱者亦非现在之正有,而在过去、未来之无有。夫爱国者之爱此历史,亦犹是也。②

这一段话清楚地说明,过去—现在—未来的"历史连续性"或者说"传统",在章太炎看来,乃是"以心为量,令百事皆入矩矱之中",是一种有其现实必要性的观念建构即"名言"而非实存。然而,又如上文论述,人存在的基本境况和条件,人理解自身生存的唯一根据,就是分殊的、无常断灭的、"依他起自性"的、作为"俗谛"的文化、历史世界,而别无其他。

---

① 章太炎撰,庞俊、郭诚永疏证:《国故论衡疏证》卷中《原经》,第303—304页。
② 章太炎:《国家论》,《章太炎全集》四,第463页。

于是，在他看来，只有历史传承形成的"约定俗成"而不是什么"普世价值"或"普遍规律"才是至高之"理"，只能以之为根据来判断一国政法制度的好坏并进行新的创造，在章太炎的思想世界中，存古而明变的史学，有着比兴起民族主义更为根本、重要的功能：

> 典常法度本无固宜，约定俗成则谓之宜矣。生斯世为斯民，欲不随其宜而不可。①

在《国故论衡·原道》篇中，他说，老子是一位明察历史之变的"征藏史"，老子所主张的治理之道，就是撇开一切"前识""私智"，"不慕往古"，"不师异域"，唯根据历史积累传承而来的具体现实及其动向，"清问下民以制其中"，而受业于老子的孔子自然继承了老子的这一思想。②

1929年，章太炎写成他关于《春秋》学的最后定论《春秋左氏疑义答问》，他将作为孔子史识的《春秋》大义归结为两个要点，其一是"欲存国性，独赖史书"；其二则是师承于老子的"历史主义"及其政治理论：

> 王纲绝纽，乱政亟行，必绳以宗周之法，则比屋可诛；欲还就时俗之论，则彝伦攸斁。其唯禀时王之新命，采桓文之伯制，同列国之贯利，见行事之善败，明祸福之征兆，然后可施于乱世，关及盛衰。③

在"礼崩乐坏"的春秋时代，孔子不是以王道绳乱世的理论家、理想主义者，而是一个历史家和现实主义的政治家，他善于对时势做出准确判断，把握一定时势下的人心向背，明察可能的历史走向，然后因势利导，依据现实提供的条件求得治理的方略。

民国建立之后，章太炎往往根据其所见"大道之原"，反对尽变旧法而照搬欧美制度，强调要根据本国政法传统、风俗民情来创制中华民国的政法制度，1912年1月，他为《大共和日报》所撰《发刊词》，典型地表述了他那以"历史主义"为理据的政治"保守主义"：

---

① 章太炎：《代议然否论》（1908年），《章太炎全集》四，第300页。
② 章太炎撰，庞俊、郭诚永疏证：《国故论衡疏证》下卷《原道上》，第496—503页。
③ 章太炎：《春秋左氏疑义答问》卷一，《章氏丛书》下册，第1019页。

>政治法律，皆依习惯而成，是以圣人辅万物之自然而不敢为，其要在去甚、去泰、去奢。若横取他国已行之法，强施此土，斯非大愚不灵者弗为。君主立宪，本起于英，其后他国效之，形式虽同，中坚自异；民主立宪，起于法，昌于美，中国当继起为第三种。宁能一意刻划，施不可行之术于域中耶？①

又说：

>国体虽更为民主，而不欲改易社会习惯，亦不欲尽变旧时法制，此亦依于历史，无骤变之理。②

以"齐物"论为依据，章太炎肯定分殊、无常的文化、历史世界及其"情理""意见"的实在性，将之作为中华民国创制立法的唯一理据。不是将自身的文化传统实体化、本质化、固化，固守那个特殊的历史文化世界及其道德限度，而是要在历史的机遇中，在不断变化、难以预料的具体处境下，自觉地创造"传统"以维系之，让自己的生活世界及其历史成为"齐物"世界中应有的"道"。

洛维特（1897—1973）在《世界历史与救赎历史》（1949年）中检讨了进步史观与虚无主义的思想关系，他这样论述布克哈特的历史思想：

>历史的连续性高于一种单纯的延续，低于一种进步的发展……自觉的历史连续性创造着传统，并同时从传统中解脱出来。只有原始的和文明化了的野蛮人，才放弃这种历史自觉的优越性。历史的连续性是"我们人的此在的一种本质性利益，因为惟有它才能证明人的此在存续的意义"。因此，我们必须迫切地期望，对这种连续性的自觉始终活跃在我们里面。③

---

① 章太炎：《大共和日报发刊辞》，汤志钧编：《章太炎政论选集》下册，中华书局1977年版，第537页。
② 章太炎：《自述学术次第》，《中国现代学术经典·章太炎卷》，第649页。
③ 洛维特：《世界历史与救赎历史》，李秋零、田薇译，香港：汉语基督教文化研究所，1997年，第30页。

章太炎的《春秋》大义亦应作是解。

四　其实地上本没有路……

鲁迅说：

　　希望本是无所谓有，无所谓无的。这正如地上的路；其实地上本没有路，走的人多了，也便成了路。①

又说：

　　绝望之为虚妄，正与希望相同！②

作为弟子，他的这两句话生动而准确地诠释了章太炎的历史观。

章太炎生活的时代，是古老中国经历"数千年未有之大变局"的19世纪末20世纪初，以进化论的传播为标志，中国开始进行一场巨大、激烈的变革。在这样一个"天崩地解"的"拆散时代"，章太炎的思想从"传统"中解放出来的同时，也从"现代"中解放出来，他的历史观，打破了"普遍\特殊""现代\传统""文明\野蛮""进步\落后"等最基本的现代世界的等级秩序，代表着一个伟大的"能自恢璜"的文明传统，以现代浪潮的冲击为契机所获得的自我觉识以及对历史道路的自主追寻。

我们必须在这个意义上来理解章太炎肯定特殊的、具体的历史连续性并重新予之以意义。人之生存，用他的话说就是堕入"此身""此土"，从来都是某一特定的历史文化世界中的人，活在历史遗传的有规范的日常生活之中，惟有自觉地维系和创造具体的"历史连续性"，才能体现人生存于此世的实在性和意义。这样的历史观积极鼓励每一种文化追求价值自足和自立，从而成为一种新生力量的来源，以否定、转化那以"普遍性"为名的固化的现实秩序。不是从任何一元论的普遍主义的抽象宣称出发，

---

① 鲁迅：《呐喊·故乡》，《鲁迅全集》第一卷，人民文学出版社2005年版，第510页。
② 鲁迅：《野草·希望》，《鲁迅全集》第二卷，第182页。

也不是从任何多元主义、相对主义的态度出发，只有从个体乃至文明价值的具体的自主性出发，启蒙的价值才是可欲的。

麦金太尔（1929——　）曾论述"普遍性"与"特殊性""传统"与"理性"的关系：

> 自我不得不在社会共同体中和通过它的成员资格发现它的道德身份，如家庭、邻居、城邦、部族等共同体，但并不意味着，自我必须接受这些形式的共同体的特殊性的道德限度。但没有这些道德特殊性作为开端，就决不可能从任何地方开始；而对善和普遍性的寻求就出自于这种特殊性的向前的运动。但是，特殊性决不可能被简单地滞留在后面或被遗忘。摆脱特殊性进入完全普遍性的准则的领域，并认为这种普遍准则是人本身所有的观念，不论在18世纪的康德哲学的形式中，或在某些现代分析道德哲学的描述中，都是一种错觉，并且是一种有着痛苦后果的错觉。①

当今之世，资本主义的发展进入了"全球化"的新阶段，对现代资本主义的反思和批判也深入于启蒙时代产生的标榜"普遍性"和"理性"的现代社会之观念基础；与此同时，不同的族群和文化进行着争取"承认"的文化斗争，为反对"全球化"导致的文化同质化而提倡多元文化的存续，在这样的语境下，上述这一番对"普遍性"和"理性"的反省，正好从另外一个角度说明了一个世纪前章太炎的历史哲思在当今世界具有怎样的意义。

---

① 麦金太尔：《德性、个人生活的整体和传统的概念》（1984年），龚群、戴扬毅译，江怡主编：《理性与启蒙——后现代经典文选》，东方出版社2004年版，第472—473页。

唯物史观与1949年后顾颉刚的古史研究

李政军

以往我们探讨民国时期成名的非马克思主义史家，在 1949 年后对唯物史观的态度，多将关注重点置于"接受"或"排斥"的基本立场上。这当然是一项重要课题，不过，若仅局限于这种二元标准，可能存在如下问题：首先，民国时期，非马克思主义史家即便是所谓"史料派"学人，对唯物史观也不是全然排斥。对于并非全然排斥唯物史观的学人，简单的"接受"或"排斥"标准，便不完全适用。其次，1949 年后才接受唯物史观的史家，因为秉性、处境的不同，对唯物史观的认同方式，实际也存在差异。忽视这些差异，则不利于认清 1949 年后中国史学界的真实状况。因此，我们有必要在学界对"接受"和"排斥"问题的研究基础上，进一步探讨接受者对唯物史观的具体认同方式。① 本文即拟以顾颉刚古史研究具体成果为依据，分析其运用唯物史观的特点，作为探讨"认同方式"问题之一例。

一 1949 年后顾颉刚的学术困境及其应对

考察 1949 年后顾颉刚的学术困境，首先应明确 1949 年前他对唯物史观的态度；而要了解他在 1949 年前的态度，则不应太过局限于当下史料

---

① 目前，学界已有相关研究，如陈其泰《新历史考证学与史观指导》，《中国史研究》2012 年第 2 期；张耕华：《吕思勉与唯物史观》，《华东师范大学学报》2013 年第 6 期；张峰：《张政烺的学术道路与治史风格》，《中国史研究》2015 年第 2 期；张越：《选择与坚守：新中国建立初期的顾颉刚（1949—1954）》，《清华大学学报》2015 年第 5 期等。

（学）派与史观（学）派"各趋极端""尖锐对立"的认知模式。① 因为作为所谓"史料派"重要代表的顾颉刚，在1949年前已充分肯定了唯物史观的学术价值。

1933年，顾颉刚在《古史辨第四册序》中"绝不反对唯物史观"的表态，② 常被学者征引。但实际上，至迟在1926年，他已经表现出对唯物史观的兴趣。③ 到1928年，在广州中山大学，更将唯物史观作为一种新学术范式，积极介绍给学生。例如，在当时的《中国上古史讲义》中，顾颉刚就把程憬、梅思平等受唯物史观影响写成的论文，置于自己"预备建立上古史新系统之研究文字"中，认为程憬《商民族的氏族社会》一文对商史的研究，继王国维等之后"更上一层"，梅思平《春秋时代之政治及孔子之政治思维》更指出了"二千余年来历史学家所不曾指出的大势"，"是研究春秋时代的政治的最好一篇论文"。同时，还建议学生以此为"引论"，思考如何借助新的"手段""工具"，开辟古史研究的"新境界"。④ 在《日记》中，他更说：

> 梅思平先生《春秋时代之政治及孔子之政治思想》一文，极好，能将予欲说而不能说的话说出。⑤

程憬在清华国学研究院求学时，即信奉唯物史观，被同学戏称为"马列学者的怪物"；⑥ 梅思平则直接参与了中国社会史论战。他们或许不属于纯正的中国马克思主义者，但其运用的理论在当时人眼里，则属于唯物史

---

① 该说较早由余英时提出（参见余英时《中国史学的现阶段：反省与展望》，《文史传统与文化重建》，生活·读书·新知三联书店2004年版，第363—364页），后又被学者进一步发挥。民国时期，周予同虽也提出"史观派""史料派"的说法，但其内涵与余英时等人说法，有根本不同（参见周予同《五十年来中国之新史学》，朱维铮编：《周予同经学史论著选集（增订本）》，上海人民出版社1996年版，第513—573页）。

② 顾颉刚：《古史辨第四册序》，《顾颉刚古史论文集》卷一，中华书局2011年版，第124页。

③ 参见顾颉刚与程憬、傅斯年围绕"孔子学说何以适应于秦汉以来的社会"问题的往还书信，均收入《顾颉刚古史论文集》卷四，第13—27页。

④ 顾颉刚：《中国上古史讲义（中山大学）》，《顾颉刚古史论文集》卷三，第43—44、41页。

⑤ 顾颉刚：《顾颉刚日记》第二卷，1927年2月21日，台北，联经出版事业公司2007年版，第19页。

⑥ 陈泳超：《程憬先生学术年谱考述》，《国学学刊》2014年第4期。

观范畴。因此,如果说1917年顾颉刚感慨胡适讲授的"中国哲学史"都是他"想说而不知道怎样说才好的",属于一种全新学术"典范"的震动;① 那此时他说梅思平"能将予欲说而不能说的话说出",同样可以视为对另一种史学范式即唯物史观的肯定。

既然顾颉刚如此推崇唯物史观,那他为何没有及时将之用于历史研究?1932年,他在《日记》给予了解答,他说:

> 此事予非不愿,予亦知许多历史现象,非用此说明之不可。然予现在无法研究,若不成熟而惟取宠于人,则"画虎不成反类狗",内疚神明矣。②

可见,顾颉刚是愿意接受唯物史观的。他没有及时将之用于历史研究,主要是受客观条件、个人精力所限。

到1936—1937年,顾颉刚得到童书业帮助后,便写出一部带有浓厚唯物史观色彩的《春秋史讲义》。《讲义》"附编"先分析"春秋时的农业生活与商工业",后分析各种社会组织关系,这种篇章布局本身就体现了"经济基础决定上层建筑"的思想。而且,《讲义》中还明确提出:"无论那种社会组织,都逃不了被经济状况所决定。'经济为历史的重心'这个原则,是近代东西史家已经证明了的。"③

以上可见,民国时期顾颉刚就已经充分肯定了唯物史观的学术价值。因此,1949年后,要他接受唯物史观,应当不是难事。实际情况也是如此,1949年后,顾颉刚学习并尝试在研究中运用唯物史观的主观意图,表现得十分明显。④ 不过,在阶级属性作为学派、学说划分标准的重要性,已远超学术本身的时代背景下,顾颉刚至少还面临如下问题:一是在阶级分野不易弥合的情况下,他如何论证自己古史考辨工作的正当性,以获得主流认同;二是如何处理他曾力主的"为学问而学问"理念与主流学术价

---

① 余英时:《重寻胡适历程:胡适生平与思想再认识》,上海三联书店2012年版,第172、188页。
② 顾颉刚:《顾颉刚日记》第二卷,1932年1月10日,第600页。
③ 顾颉刚、童书业:《春秋史讲义》,《顾颉刚古史论文集》卷四,第352页。
④ 参见张越《选择与坚守:新中国建立初期的顾颉刚(1949—1954)》,《清华大学学报》2015年第5期。

值观的差异。这才是 1949 年后顾颉刚的主要学术困境。

顾颉刚的应对方式，是集中精力解决第一个问题。例如，1952 年，童书业等痛批"古史辨派"的阶级本质是"坚决抵抗无产阶级"，"在考据学上说，也没有什么价值"。① 对此，顾颉刚后来虽表示"浪得浮名卅余年，今当社会根本改变之际，分当打倒"，② 但在被批判后不久，他的《读书笔记》"疑古思想之由来"一条中却说：

> 列宁说："无产阶级文化应当是人类在资本主义社会、地主社会、官僚社会压迫下所创造出来的全部知识合乎规律的发展。"我想：疑古思想就是在地主社会和官僚社会的压迫下所创造出来的知识。……（省略内容大意为：古人的辨伪工作，是对列朝统治者为建立、巩固专制统治而托古改制伪造古史行为的反抗）他们的自觉或不自觉的方向总是朝着反地主社会和反官僚社会走去的……我生在他们之后，想把他们的成绩集个大成……《古史辨》是地主社会和官僚社会压迫下所创造出来的知识总汇发展的结果……是无产阶级的文化。③

紧随其后"整理古籍目的在批判接受"条又说：

> 《古史辨》的工作确是偏于破坏的，所要破坏的东西就是历代皇帝、官僚、地主为了巩固他们的反动政权而伪造或曲解的周代经典。这个反动政权是倒了，但他们在学术和历史上的偶像还没有倒，虽然将来批判接受总可去毒存粹，但批判接受的前提就是要作一回大整理，使得可以以周还周，以汉还汉，以唐还唐，以宋还宋，表现出极清楚的时代性，然后可以与社会的发展相配合，所以《古史辨》的工作还该完成。④

可见，顾颉刚既没有承认《古史辨》在考据方面"没有什么价值"，

---

① 童书业：《"古史辨派"的阶级本质》，陈其泰、张京华主编：《古史辨学说评价讨论集》，京华出版社 2001 年版，第 5、6 页。
② 顾颉刚：《顾颉刚日记》第七卷，1955 年 3 月 12 日，第 198 页。
③ 顾颉刚：《顾颉刚读书笔记》卷四，中华书局 2011 年版，第 497—498 页。
④ 同上书，第 499 页。

也没有抵制阶级学说，他所努力为之的，只是在阶级话语中为《古史辨》的正当性辩护。

顾颉刚的努力虽然收效甚微，但在持续不断的压力面前，他仍执着坚持。例如，在1955年3月5日胡适思想批判会上，他因主张"考据学是反封建的"，又遭"尖锐激烈之批判"。① 但此后，他在《读书笔记》中仍坚持说：

> 考据学之目的在求真，纵从事者无反封建之主观愿望，而工作之客观效果，必使封建统治者之所篡改涂附尽归扫荡。只恨考据大家曾不能将此工作理论化，遂使一般人无从认识其意义耳。予略识其义，而理论水平不高，无以折服人心，此则予之过也。②

不久，他又发现文澜阁《四库全书》本《鸡肋编》中有一段文字"视原文多出三字"，随即指出："本是民族斗争之文字，经此一改，竟变成了贬斥人民起义……《四库全书》既为统治阶级服务，即已失却考据学之目标与立场、方法，以考据学与偷改文字恰成对立之两极端也。"进而引申出"考据学不为封建统治阶级服务"的结论。③

顾颉刚之所以坚持论证考据学的反封建性，显然是想在持续不断的批判中，维护考据学的学术地位与价值。但从维护手段看，他始终都没有怀疑考据作为一种学术方法，其本身是否具有阶级性，而是直接把阶级标准默认成了立论前提。也就是说，在反复地批判与辩护中，顾颉刚在某种程度上已经接受了主流的学术价值观，而偏离了曾经"为学问而学问"的理念。

无论动因为何，1949年后，顾颉刚对马克思主义史学的接受都是真实的。例如，1955年，他的《读书笔记》"史料学任务"条全文摘录《苏联百科全书》，并在文末写道："此予今日治学之标的也，因录存之，俾时时省览。"④ 即便在当时，《读书笔记》仍是非公开的，顾颉刚在其中作出将"马克思列宁主义的史料学"作为"治学之标的"的表态，说明他对马克

---

① 详见顾潮《我的父亲顾颉刚》，人民文学出版社2010年版，第257—259页。
② 顾颉刚：《顾颉刚读书笔记》卷七，第87—88页。
③ 同上书，第92—93页。
④ 同上书，第11—12页。

思主义史学的接受是真实的。

再如，1958年，顾颉刚读到陈健伟在《光明日报》（1957年10月13日）发表的《邹衍的终始五德说的政治意义》一文后，在《读书笔记》中写道："三十年前，予作《五德终始说下的政治和历史》一文，冥思甚苦，然以未治马列主义，能言其然而不能言其所以然。陈君……大足补予之不逮。用抄于此，以为他日改作之准备焉。"[①] 在顾颉刚学术思想的演进脉络中，《五德终始说下的政治和历史》是一篇具有标志性意义的论文。他能就此文说出"以未治马列主义，能言其然而不能言其所以然。陈君……大足补予之不逮"，更显示其态度之真诚。

总之，1949年后，顾颉刚的主要学术困境并不是要不要接受唯物史观，而是如何证明史料考订工作具有正确的阶级性和革命性，以获得主流认同。因为急于在持续不断地压力中，为史料考订工作的正当性辩护，所以，他很快便把阶级标准默认成了立论前提，并逐渐接受。这样，"为学问而学问"理念与马克思主义史学价值观之间的差异，实际并未给顾颉刚造成实质性困扰。

二 1949年后顾颉刚基本古史观念的坚持

既然顾颉刚对1949年后的马克思主义史学是接受的，那他考辨古史的基本观念是否因此发生改变？这是考察1949年后顾颉刚对唯物史观认同方式的重要问题。

顾颉刚考辨古史的基本观念是：中国古史材料在战国、秦汉间人"托古改制"的思想背景下，经历了"有意造伪"和"无意成伪"的过程，传统古史系统即在这一过程中被层累叠加而成，因此，要建立科学的上古史，必须先按时间顺序还原这一"层累"序列。在方法论上，则体现为"不立一真，惟穷流变"的历史演进观念。1949年后顾颉刚的著述仍可谓丰硕，下面仅择要举例，以证其基本古史观念的不变。

1. 就其对中国古史"层累造成"的整体认识来看。1935年，顾颉刚曾出版《汉代学术史略》一书，1955年他将此书修订后，改题《秦汉的方士与儒生》出版。其弟子刘起釪依据修订内容、新增序言提出："这部

---

① 顾颉刚：《顾颉刚读书笔记》卷八，第371页。

书的修订,最具体地和较全面地反映了他思想认识各方面的变化",是顾颉刚"在思想和学术上的进步"体现。① 与《汉代学术史略》相比,《秦汉的方士与儒生》确实存在不少词句的改动,比如注意到应用阶级分野的概念,调整"封建""民众""群众"等用法。② 这些改动或许可以说明,顾颉刚在逐渐接受马克思主义史学的话语规范,但却不能说明他改变了中国古史"层累造成"的基本认识。上文已述,古史记载在战国、秦汉间被大规模篡改,是顾颉刚基本的古史观。《汉代学术史略》重点论述的,正是秦汉的方士、儒生与统治者之间相互利用、各取所需,进而伪篡并形塑旧古史系统的过程。这一主旨,在修订后的《秦汉的方士与儒生》中,没有丝毫改变。

在新增的序言中,顾颉刚批评自己"没有学习马克思列宁主义,不能从两汉社会的经济基础来分析当时的政治制度与学术思想",并表示要"好好地学习马克思列宁主义并继续从事于两汉史的研究……发掘现在所不注意的材料,寻出现在所看不出的问题"③。而实际上,修订后的《秦汉的方士与儒生》既没有增加新材料,更没有改变原来的解释。最为显著的,将禅让传说归于墨家的编造,认为"层累造成"的古史系统是王莽篡政时期定型下来的,是顾颉刚1949年前的一贯见解。到20世纪50年代,这些看法已大为边缘化,而另有不同解说,如禅让学说就被解释为原始公社制度的反映。④ 但《秦汉的方士与儒生》第九章、第十四章都畅言墨家造作禅让之说;第十六章《古史系统的大整理》更坚持了原书所有见解,指出:"王莽在政治上固然失败,但这个杜撰的古史系统却已立于不败之地……谁敢不奉为典则? 谁会想到这是王莽骗局的遗留?"⑤ 显然,顾颉刚并没有改变中国古史"层累造成"的观念。

再如,1965年末至1966年初,由顾颉刚口述,何启君记录的《中国史学入门》,开篇便提出要打破中华民族出于一元的错误观念;在"经书漫谈"部分,也强调"从汉代到清朝对于经书的迷信必须打破"等。⑥ 由

---

① 刘起釪:《顾颉刚先生学述》,中华书局1984年版,第253页。
② 日本学者小仓芳彦(小倉芳彦)有详尽的对照表,见《顾颉刚古史论文集》卷二,第577—589页。
③ 顾颉刚:《秦汉的方士与儒生·序》,群联出版社1955年版,第14、15页。
④ 参见范文澜《中国通史简编》(修订本)第一编,人民出版社1949年版,第92—95页。
⑤ 顾颉刚:《秦汉的方士与儒生》,第102页。
⑥ 顾颉刚:《中国史学入门》,《顾颉刚古史论文集》卷十二,第454、483页。

此，也可看出顾颉刚对传统古史记载信实与否的整体衡估。

2. 就史料考订来看。1955 年，顾颉刚将民国时期编辑出版的《辨伪丛刊》改题《古籍考辨丛刊》出版。在序言中，他概述历代学者考辨古籍的成就后，再次征引了 1931 年《古史辨第三册自序》中提出的"移置"说，并说："清代的考据学的主流无疑是要把从战国到三国的许多古籍的真伪和它们的著作时代考辨清楚，还给它们一个本来面目"，"我们做这考辨的工作……是要逐一决定它的时代，使后一时代的仿作和伪作不再混乱了前一时代的真相"。① 这种说法，显然就是胡适倡导"整理国故"时提出的，以周还周，以汉还汉，各还它本来面目。② 所以，顾颉刚虽然将"辨伪"改称"古籍考辨"，但其基本理念仍然是通过考明古籍文献产生的时间序列，来实现辨伪存真的目的。

《尚书》研究是 1949 年后顾颉刚最引人注目的工作之一。不少学者即以此为据提出顾颉刚古史观发生转变的说法。③ 与早年相比，顾颉刚对《尚书》的校、释、译、论，确实表现出从"大刀阔斧"到"细针密缕"的变化。但这种变化主要属于考据的风格特点，并不足以证明其古史观发生了改变，因为"细针密缕"并不专属于"考信"，同样可用于"辨伪"。

至于顾颉刚在《尚书》研究中是否改变了古史观？以 1959 年顾颉刚《尚书禹贡注释》中对"五服""九州"制度的讨论为例，他说：

> 五服制是在西周时代实行过的，到战国而消亡；九州制是由战国时开始酝酿的，到汉末而实现。又可以说：五服制似假而实真，由真而化幻；九州制似真而实假，由假而化真。《禹贡》篇里把落后的制度和先进的理想一齐记下，虽然显出了矛盾，可是它也就在这里自己说明了著作时代。④

"由真而化幻""由假而化真"的说法，表明他的重点仍在于辨明学说

---

① 顾颉刚：《古籍考辨丛刊第一集序》，《顾颉刚古史论文集》卷七，第 27—29 页。
② 胡适：《〈国学季刊〉发刊宣言》，《胡适文存二集》卷一，外文出版社 2013 年影印本，第 12 页。
③ 如许冠三就认为：这一时期顾颉刚"完全以立为宗"，并提出"始于疑终于信"的说法（见许冠三《新史学九十年》，岳麓书社 2003 年版，第 207 页）。该说有合理之处，不过，其所谓"信"绝不等同于 20 世纪 20 年代"信古"之"信"，而更接近于 30 年代的"建设"。
④ 顾颉刚：《尚书禹贡注释》，《顾颉刚古史论文集》卷九，第 111 页。

的流转演变,以还其本来面貌。而且,他在文中还明确表示《禹贡》中的齐整说法不可信,而坚持这些都是"假想的纸上文章"。所以,相比1949年前,顾颉刚在《尚书》研究中"存真"的成分有所增加,并不就意味着他放弃了"辨伪",须知"存真"是以"辨伪"为前提的。

3. 就其晚年著述中的古史观看。1979年,顾颉刚发表《周公制礼的传说和〈周官〉一书的出现》一文,肯定了周公制礼的存在,认为《周官》出现于战国时期。与早年辨伪力度相比,此文更趋平缓,因此,在不少学者眼里,这篇文章很有顾颉刚"晚年定论"的味道。实际上,此文原为1955年顾颉刚写的《周官辨非序》,只是到1979年才修订发表,① 而且,其考辨古史的基本理念,也没有根本改变。

从结论看,顾颉刚仍强调今本《周官》曾被古人严重篡改。他说:"这原是一部战国时的法家著作,在散亡之余,为汉代的儒家所获得,加以补苴增损,勉强凑足了五官;然而由于儒、法两家思想的不同,竟成了一个'四不像'的动物标本!这就是我写这篇文字的结论。"②

从考据方法看,顾颉刚首先指出《周官》记载和周初实际状况不符,然后以"战国时代的统一希望""孟子口中的周代'王政'说""荀子的'法后王'说""管子书的出现及其六官说和组织人民的胚胎思想",这样一条思想线索为依托,比较《周官》思想特征,确定其出现于战国,与《管子》是"孪生子"。先按时代顺序梳理思想演进的脉络,再在其中寻找思想特征相符的节点,以断定古书年代,是典型的依托"历史演进"观念而来的方法。在20世纪30年代老子年代问题争论中,顾颉刚曾因使用这种方法而被胡适严厉批评。③ 可见,顾颉刚考辨古书年代的方法理念依然如故。④

《"圣"、"贤"观念和字义的演变》与《"夏"和"中国"——祖国古代的称号》两文,才真正属于顾颉刚晚年之作,也是他除《尚书》研究

---

① 参见王煦华所写《后记》,《顾颉刚古史论文集》卷十一,第468页。
② 顾颉刚:《周官辨非序》,《顾颉刚古史论文集》卷十一,第463页。
③ 参见胡适《评论近人考据老子年代的方法》,《胡适全集》第4卷,安徽教育出版社2003年版,第114—139页。
④ 这一点,已有学者指出。如李零曾说:虽然顾颉刚把《周官》定为战国作品,"但他论证的方法却并没有改变,仍然是要找出一种'思想运动'作为造作之由"。见李零《待兔轩文存·读史卷》,广西师范大学出版社2011年版,第6页。

文字外，较为重要的学术论文。① 《"圣"、"贤"观念和字义的演变》主要通过考辨"圣""贤"观念在各历史阶段的具体内容及其产生条件，来展示古人、特别是春秋战国时期的诸子，如何在托古改制的驱动下造作伪古史系统。

以其对"圣（人）"分析为例，首先，顾颉刚指出：春秋以前，"圣"只是"聪明"的意思，"圣人"本是"最高级的君子"；春秋至战国，因结束兼并战争，实现大一统的时势所需，"圣人"逐渐被诸子描述为能够统一、治理天下，开创历史新局面的伟人；因为"圣人"具有了非同一般的能力，后来，又被古人逐渐赋予了种种神秘色彩。其次，顾颉刚又指出：春秋、战国诸子赋予"圣人"新含义，目的是阐发各自的政治主张，论证手段则是征引历史材料；在文献无征的情况下，他们便只有靠神话、传说来杜撰古史，于是，伪古史便不断被编造出来。该文对"贤（人）"的分析，也是先理清其观念在各时代的流变，然后指出诸子为证明自家主张正确，都采取了编造历史事实的手段。②

可见，顾颉刚此文的目的，不单是清理"圣""贤"观念和字义本身的演变，更在于以此来揭示古人因应时势需要而伪造古史的事实。如该文所说："弄清楚了各个历史阶段里的'圣''贤'观念的内容及其产生的条件，不仅可以揭示'圣''贤'观念本身演变的过程，而且可以根据它来推断一些有关'古圣先贤'的不同记载出现的时代，从而说明后人为了适应时代的需要是怎样地编造古史系统的。"③ 这种做法，和他1926年所写《春秋时代的孔子和汉代的孔子》如出一辙，④ 正符合其通过"不立一真，惟穷流变"的方式，来揭示"层累地造成的中国古史"现象的宗旨。因此我们说，直至晚年，顾颉刚考辨古史的基本理念都没有改变。

《"夏"和"中国"——祖国古代的称号》一文，与《"圣"、"贤"

---

① 《"圣"、"贤"观念和字义的演变》1979年3月据王煦华代作稿修改，载于《中国哲学》1979年第1辑；《"夏"和"中国"——祖国古代的称号》1979年1—6月与王树民合作，载于《中国历史地理论丛》1981年第1辑。
② 参见顾颉刚《"圣"、"贤"观念和字义的演变》，《顾颉刚古史论文集》卷一，第626—642页。
③ 顾颉刚：《"圣"、"贤"观念和字义的演变》，《顾颉刚古史论文集》卷一，第626页。
④ 《春秋时代的孔子和汉代的孔子》就是通过考辨春秋至东汉间，孔子形象从"君子"到"圣人"再到"教主"，最后又成为"圣人"的演变过程，来揭示"层累造成"现象的。文见《顾颉刚古史论文集》卷四，第5—12页。

观念和字义的演变》问题取向基本一致，只是考辨对象不同，此不赘述。①总之，1949年后，顾颉刚虽然对某些具体问题的论断存在一定变化，考据风格也更趋谨严，但其基本的古史观没有出现改变。

三 唯物史观在顾颉刚古史研究中的体现

1949年后顾颉刚主观上是接受唯物史观的，同时，他又没有改变传统中国古史系统乃"层累造成"的基本看法。这就形成了如下问题，即他对唯物史观的接受，仅仅是一种愿景，还是在具体研究中有所落实？这种分别，实际也是我们认识1949年后整个非马克思主义史家群体对唯物史观认同方式的重要问题。

事实上，唯物史观不仅在顾颉刚1949年后的古史研究中有所体现，而且还呈现出新特点，即（1）唯物史观的构成要素，得到了更为全面的体现；（2）唯物史观主要以服务于顾颉刚古史考辨宏观主旨的方式体现，并确实对其古史考辨产生了裨益。

第一个特点的形成，与唯物史观在20世纪中国的传播特点相关。较早在中国传播唯物史观的学者，多将之视为"经济史观"，或者说更看重其经济基础对社会发展起决定作用的理论。② 1949年前，唯物史观在顾颉刚的著述中集中体现为经济基础的决定理论，如前述《春秋史讲义》中对"经济为历史重心"原则的强调，就是受这种传播特点影响。1949年后，随着政治环境的改变，唯物史观得到更为全面的传播，顾颉刚对唯物史观的认识也随之出现变化，并在其古史研究中有所体现。此点较易说明，试举数例如下：

1951年，考证《尚书·无逸》系伪作，说道：

> 当西周初年，分割土地，封建诸侯及贵族，那时的农民非奴隶即农奴，无法自由挣得产业。这篇说："相小人，厥父母勤劳于稼穑，厥子乃不知稼穑之艰难，乃逸，乃谚"……恐怕必须到了战国才会有

---

① 文见《顾颉刚古史论文集》卷一，第643—658页。
② 参见［美］德里克（Arif Dirlik）《革命与历史：中国马克思主义历史学的起源，1919—1937》，翁贺凯译，江苏人民出版社2008年版，第26页。冯天瑜：《唯物史观在中国的早期传播及其遭遇》，《中国社会科学》2008年第1期。

这种现象；若在西周，则农民附着于土地，如何会说出这般轻松的话来！①

1959年，在《尚书禹贡注释》中，论证五服、九州两说不该并融于《禹贡》中，说道：

> 九州说是君主集权制下产生的，五服说却是在最高领主和大小封建领主占有土地的制度之下产生的……五服说的时代比较九州说为早。②

1961年，在《尚书大诰今译（摘要）》中，又说：

> 殷商以前似乎还没使用文字（有了阶级就有国家，统治阶级压迫被统治阶级，文字是一种工具，熟练文字技巧以为统治阶级服务的是史官。夏为一个大国是无疑的，夏代该有简单的文字，但现在尚未发现过）……③

"文化大革命"期间，顾颉刚的《读书笔记》中记有：

> 从周公到孔子，都以礼和乐作为统治的工具，礼是严峻的、阶级分明的社会秩序，乐是融和的，使人忘掉了阶级压迫的麻醉剂……这是周公、孔子的政治妙用。④

以上材料可见，除经济基础的单向决定作用外，生产力和生产关系、经济基础和上层建筑及其相互关系，以及当时流行的社会发展形态、阶级斗争学说等，都在顾颉刚的著述中有所体现。因此我们说，相比1949年前，唯物史观的构成要素在顾颉刚的著述中得到了更为全面的体现。

关于第二个特点，我们可以1965年顾颉刚《由烝报等婚姻方式看社

---

① 顾颉刚：《尚书无逸校释译论》，《顾颉刚古史论文集》卷九，第100—101页。
② 顾颉刚：《尚书禹贡注释》，《顾颉刚古史论文集》卷九，第109页。
③ 顾颉刚：《尚书大诰今译（摘要）》，《顾颉刚古史论文集》卷九，第269—270页。
④ 顾颉刚：《顾颉刚读书笔记》卷十四，第79页。

会制度的变迁》一文为例。首先，顾颉刚在该文中明显运用了唯物史观。例如，解释春秋后期，为后世礼教绝难容忍的"烝""报"等婚姻制度的消失，说：

> 这不是一个偶然的现象，应该看出，这是社会制度在起变化……春秋前期奴隶制的色彩比较浓厚，但由于社会生产的发展和阶级关系的变化，到了春秋后期就逐渐由量变而进展到质变，奠定了战国、秦、汉以下封建制的基础……有了这封建的经济基础，自然会反映到上层建筑……①

解释"齐国妇女的独立生活和浪漫风俗"时，说：

> 这个意识形态一定有它的社会基础。②

解释鲁庄公为齐国的"社祭"所吸引，却不能在鲁国推行，说：

> 这因鲁国的生产不同于齐国的生产，鲁国的社会风气不同于齐国的社会风气，他是号召不起来的。③

《由烝报等婚姻方式看社会制度的变迁》一文中，类似例子非常之多，可见顾颉刚在该文中确实运用了唯物史观。除此之外，该文对唯物史观的运用，还有其他特点。

该文首先分析了《礼记》《春秋公羊传》《白虎通》中关于古代天子、诸侯婚制的记载，指出这些"整齐""系统"的说法，多出于汉儒"托古改制"的想象，与实际状况不符。如说：汉儒抱着浓重的主观见解，要求古代的制度都有极整齐的一套，反而弄得彼此说法触处抵牾，经不起覆勘；他们这种"表面上为古人而实际为今人出主意"行为，是"托古改

---

① 顾颉刚：《由烝报等婚姻方式看社会制度的变迁》，《顾颉刚古史论文集》卷四，第459—460页。
② 同上书，第506页。
③ 同上书，第509页。

制"的显明例证,等等。① 然后,又分析了"烝""报"等在古人观念中"不正常"的婚姻形式产生、发展、消亡的过程及其原因。可见,此文的宗旨实际仍未脱离顾颉刚对传统古史记载的一贯看法,即经典记载中的齐整系统说法,多是古人"托古改制""整齐故事"的结果,是不可信的。只不过,此文又进一步考证出了如"烝""报"的"不正常"的婚姻方式,才是可信的。

顾颉刚对唯物史观的运用,必然不会与这一宗旨相悖。例如,解释天子、诸侯等多配偶问题的由来,他说:

> 母系氏族规定了外婚制……自从农业、畜牧业和手工业有显著发展……促成母系氏族公社转变到父系氏族公社……随着社会生产力的提高,男子拥有更多的财产,使得公社解体……于是父系血统的确定和财产继承权的确定成为社会的主要问题,对于女子要求她们严守一夫制,而男家长自身则可以实行多妻制。这就是上面叙述的作为天子、诸侯们配偶的后、妃和娣、姪人数问题的由来。娣随着姊,姪随着姑,嫁给一个丈夫,是古代群婚制的遗留和当时的一夫多妻制在奴隶制社会中的结合。②

显然,这属于马克思主义史家关于中国古代社会形态演变的说法。不过,从文章的结构看,这段文字只是顾颉刚辨明汉儒说法不可信后,又对汉儒说法的来源所作的进一步解释。这种解释大致相当于前述他感慨"未治马列主义,能言其然而不能言其所以然"中的"所以然"。而这种"所以然"对于顾颉刚的考证,主要起一种"锦上添花"的作用。

实际上,这篇论文虽题为"由烝报等婚姻方式看社会制度的变迁",但从其论证行文看,更像是"由社会制度解释烝报等婚姻方式的变迁"。如此,则顾颉刚征引社会形态说来为其古史考辨服务的特征,更为明显。

上述特点,在顾颉刚1949年后的著述中多有体现。例如,前述《"圣"、"贤"观念和字义的演变》一文中,解释春秋、战国时期"圣人"

---

① 顾颉刚:《由烝报等婚姻方式看社会制度的变迁》,《顾颉刚古史论文集》卷四,第438—439、443—444页。
② 同上书,第447页。

观念出现转变的原因，说道：

> 春秋以后，社会生产力的发展把黄河和长江两流域的广大地区里的各个国家在经济上都联系了起来，经济上的联系必然要求政治上的统一来为经济发展扫清道路……从春秋到战国，诸侯国的兼并战争接连不断，客观上就是实现这一历史发展的要求。但是，频繁的战争又使广大人民处于水深火热的痛苦之中，迫切需要把相互的兼并转化为全国的大一统来结束战争灾难。这就需要产生一个前所未有的伟大人物来领导人民实现这个愿望，开创历史的新局面。在当时的人们心目中，这个伟大的人物，就是"圣人"，从而圣人这个观念就变得非常崇高，并逐步向神秘和玄妙莫测的方向来发展。①

从社会背景去解释社会思潮的发生，是顾颉刚早年就常用的方法，不必归因于唯物史观的影响。但利用生产力、经济基础以及社会存在和社会意识这些唯物史观的基本原理，进一步解释"社会背景"的出现，则可以肯定是受唯物史观影响。前文已述，《"圣"、"贤"观念和字义的演变》一文所坚持的，仍是以"层累"说为核心的古史观，所以，唯物史观的作用仍是言其考据结论的所以然，为其古史考辨的宏观主旨服务，起一种"锦上添花"的作用。

四 结语

本文主要试图以顾颉刚为个案，展示 1949 年后非马克思主义史家对唯物史观认同方式的复杂性。和其他非马克思主义史家一样，1949 年后顾颉刚也面临着学术上的困境。但其困境不是要不要认同唯物史观，而是如何在阶级、革命话语盛行的环境中，为史料考订工作争取合法地位，以及处理"为学问而学问"理念与主流学术价值观念的差异。但现实处境造成他急于以主流学术价值标准为前提，去证明史料考订具有正确的阶级性，结果，他在潜移默化中便接受了这套价值观念。这样，"为学问而学问"与马克思主义史学价值观的差异，看似十分重要，实际却并未将顾颉刚带

---

① 顾颉刚：《"圣"、"贤"观念和字义的演变》，《顾颉刚古史论文集》卷一，第632页。

入困顿难解的窘境。

1949年后，顾颉刚对唯物史观的认同是真诚的。但他并没有因此改变对传统中国古史系统乃"层累造成"的基本认识，也没有改变古史考辨中"不立一真，惟穷流变"的历史演进观念。他对唯物史观的运用，主要是在其考辨古史的宏观主旨下，征引唯物史观及相关研究，对已经"言其然"的考据结果，作"言其所以然"的进一步解释。也就是说，顾颉刚主要是将唯物史观作为一种解释工具，来为其古史考辨服务。当然，唯物史观也确实起到了积极作用。

用"接受"和"排斥"标准考察1949年后非马克思主义史家对唯物史观的态度，是一项重要课题。但1949年后，在学术上绝对排斥唯物史观者，实际不占多数，而从顾颉刚的例子可见，多数接受唯物史观的学者，由于个人境况的不同，对唯物史观的认同方式也会存在差异，而这些差异正可反映出当时史学界的多样与复杂状况。因此，1949年后非马克思主义史家对唯物史观的认同方式，仍值得学界关注。

（作者单位：中国社会科学院近代史研究所）

柴德赓史学研究的方法和特点初探

侯德仁

柴德赓（1908—1970），是我国现代著名历史学家，浙江诸暨人。他是著名史学家陈垣先生的高足，曾先后在辅仁大学、北京师范大学、江苏师范学院任教，在历史学研究和教育方面都做出了杰出贡献。柴德赓先生一生学习和研究历史，在历史研究表现出了自身鲜明的治史方法和特点。

一　柴德赓的主要生平及主要著作

柴德赓，字青峰，1908年生于浙江省诸暨县思安乡柴家村。5岁入私塾，11岁能读《古文观止》，从而打下了坚实的古文功底。小学毕业后，开始研读《左传》《纲鉴易知录》《东莱博议》《古文辞类纂》，对文史产生了浓厚的兴趣。1923年，柴德赓进入临浦小学初中班，深受历史教师蔡东藩先生的影响和熏陶，研读文史知识的兴趣更加浓厚。1926年夏考入浙江省立第一中学高中文科。1929年柴德赓北上，考取北平师范大学史学系，师从史学大师陈垣，从此师生之间开始了长达四十年的深厚友谊。柴德赓深得陈垣先生的器重，得陈垣先生治学精神之真传，为"陈门四翰林"之首。大学毕业后，柴德赓先后任教于辅仁大学、北京师范大学及江苏师范学院（今苏州大学），并任北师大与江苏师院历史系系主任。他潜心研究史学四十年，成就斐然，造诣精深。又精于词章，兼擅书法。已故全国人大常委会副委员长、著名史学家周谷城先生题词赞其"育才治学，两有所长，专门治史，成绩昭彰"[①]。瞿林东先生也在《史籍举要》的

---

① 周谷城：《原全国人大常委会副委员长周谷城题词》，载何荣昌、张承宗、柴邦衡主编《百年青峰》，苏州大学出版社2007年版，卷首。

"重版前记"称柴先生"是 20 世纪中国著名史家,在史学界有广泛的影响"[1]。这些评价皆非虚誉,因为,无论在学术研究还是在人才培养上,柴先生确实对 20 世纪的中国史学做出了重要贡献。

柴德赓先生毕生从事史学研究与教学工作,是史学界的知名学者。在北平师范大学、辅仁大学读书和教书时,就备受陈垣先生的青睐。1930 年 6 月,陈垣先生在他的《中国史学名著评论》课的讲稿上,就有"十九年六月廿五日试卷,师大史系一年生柴德赓、王兰荫、雷震、李焕绂四卷极佳"[2] 的批语,可见甫一入学的柴德赓就受到了陈垣先生的青睐。从此,柴德赓就在陈垣先生的指导下从事史学研究,而且登堂入室,成为柴德赓的入室弟子,得意高足,是其学术传人。柴德赓在四十年的史学研究和教学工作中,成果丰硕。他精通目录学、文献学和考据学,对宋史、明清之际的历史与清代学术史,都有精湛的研究,在史学界产生了广泛的影响。然而,因历史条件限制,在其生前仅在学术期刊和报纸上发表了若干篇学术论文,尚未来得及将其所撰述的著作公开出版。柴德赓去世后,在其家属、学生的推动下他的一些学术著作先后公开发表。迄今为止,柴德赓先生的学术代表作《史学丛考》《史籍举要》《清代学术史讲义》《资治通鉴介绍》等先后得以发表。这些著作的发表,对于学术界学习和研究柴德赓先生的史学成就和方法提供了绝佳的素材。

作为 20 世纪著名的历史学家,柴德赓先生的学术影响是不言而喻的,因而总结其史学研究的方法和特点,对于深入理解 20 世纪的中国史学成就和特色,具有重要的学术意义。总括说来,柴德赓先生史学研究的方法和特点,体现在以下几个方面:精通目录学与文献学,考镜学术源流;擅长史学考据,方法缜密多样;熟谙史学比较方法,于比较中获得新见。

二 主张学术研究从目录学入手,开展寻流溯源的研究工作

张之洞在《书目答问》中曾指出:"读书不知要领,劳而无功;知某

---

[1] 瞿林东:《登堂入室的门径——〈史籍举要〉重版前记》,载何荣昌、张承宗、柴邦衡主编《百年青峰》,苏州大学出版社 2007 年版,第 82 页。
[2] 陈智超:《千古师生情》,载《民主》2008 年第 1 期。

书宜读而不得精校精注本,事倍功半。"因而,读书治学首先从目录学入手,应该是进行学术研究的一个捷径。柴德赓先生对此点更是晓然于胸。柴德赓先生的学术领域主要以文献学研究见长的,他在目录学和文献学方面的功力十分精湛,对史学文献和目录几乎烂熟于心,为他的史学学术研究提供了强大的助力,这一点可以从他的《史籍举要》一书就是最好的证明。柴德赓的学生周国伟,因个人爱好而经常向柴德赓问学,因而多次获得柴德赓亲炙教诲,后来他著成《二十四史评议》一书。周国伟在《怀念柴老师》一文曾回忆说:"当我第一次见面和求教时,柴老师问明了我读过哪些历史古籍和大致了解我的历史知识水平后指出:要研究历史,首须从目录学入门。作为一个原来学经济而转入学历史者来说,更需如此。因即从书架上取出一本张之洞《书目答问》给我,教我仔细阅读。又说要做学问,必须多读书,不可随便乱写文章。……而读书,必须详校,不校不读,边校边读。因要我首先校读前四史,教我以百衲本为底本校读光绪同文本,并从书架上抽出了这些书给我。"① 从这一段简短的文字中,我们就可以获得很丰富的信息。其一,柴德赓主张史学研究必须从目录学入手,张之洞的《书目答问》又是目录学入门的基础著作;其二,柴德赓主张读书要不同版本之间对照校读,边读边校,再从读书和校勘中发现问题,然而再去努力研究解决问题。其实柴德赓的这一主张,正是说明了柴德赓的思想服膺的乾嘉诸老的学术路径,乾嘉考据学家王鸣盛在《十七史商榷·序》中即表达了与柴德赓非常相似的观点,他说:"予识暗才懦,一切行能,举无克堪,惟读书校书颇自力,尝谓好著书不如多读书,欲读书必先精校书。校之未精而遽读,恐读亦多误矣;读之不勤而轻著,恐著且多妄矣。二纪以来,恒独处一室,覃思史事,既校始读,亦随读随校,购借善本,再三雠勘。"② 由此可见,王鸣盛与柴德赓都共同主张读书应该"随读随校,购借善本,再三雠勘"的主张,否则就会造成"校之未精而遽读,恐读亦多误矣;读之不勤而轻著,恐著且多妄矣"的问题。因而,我们可以得出结论:从目录学入手精读原始文献,并熟练掌握校勘学、版本学等史学常识,是历史学研究的重要前提。

柴德赓先生在学术研究中,甚至是在教学中都处处熟练运用目录学知

---

① 周国伟:《怀念柴老师》,载《青峰学记》,载《江苏文史资料第52辑》,第254页。
② 王鸣盛:《十七史商榷·序》,上海书店出版社2005年版,第2页。

识。比如他的《史籍举要》就是按照目录学体例来分类介绍历史典籍的。对二十四史逐一的介绍，本身体现了其源流变迁，这固不待言。其他体例比如纪事本末类，《史籍举要》首先介绍其起源说："纪事本末这一体裁，在中国史学史上出现是比较晚的。中国史学最早的是编年体。太史公出，创造了包括纪传表志的综合体例，南北朝以至唐宋，大致如是。至南宋始有纪事本末一体，以事件为主，不以年代、人物为主，史体遂备。纪事本末一体，自来皆称始于袁枢《通鉴纪事本末》。"随之，柴德赓遂逐一介绍《通鉴纪事本末》《宋史纪事本末》《元史纪事本末》《明史纪事本末》《左传纪事本末》等史著的编纂始末和价值，进而引出"九朝纪事本末"的概念。他说："以上所讲五种纪事本末，加上《西夏纪事本末》三十六卷、李有棠《辽史纪事本末》四十卷、《金史纪事本末》五十二卷、杨陆荣《三藩纪事本末》四卷，即为所通行的'九朝纪事本末'。"最后，他进一步总结说："自宋以来，史体有以史事为主的一体，其形式不外乎纪事本末，亦步亦趋。自明至清，此体逐渐发展。……清代官书中，又有'方略'一种，实亦纪事本末之类，如《平定三逆方略》六十卷，勒德洪等撰；《亲征平定朔漠方略》四十卷，温达等撰……。至近代，此体最为发展，以年月为次，以事之首尾为起讫。如《筹办夷务始末》《武昌革命真史》《六十年来中国与日本》等皆是。"①就是在这样看似简单平实的叙述中，柴先生不但介绍了各种纪事本末体的有关史籍和作者情况，而且还将纪事本末体史书体裁的源流演变给予了简明扼要的阐发。由此可见，柴德赓先生对目录学和文献学的娴熟。

不仅是目录学，柴先生也有着丰富的版本学知识。比如其介绍《后汉书》内容和体例时，一并介绍其版本流传情况时说："《后汉书》因纪传与志分属二人，各本排列次序，都是纪、传在前，志列于后，只有殿本把志插入纪、传当中，而殿本流传又最广，因此引用《后汉书》志、传的卷数，常常相差至少三十卷。《后汉书》有宋刘攽校本，今附入注。……现存《后汉书》版本以百衲本所用的宋绍兴刊本为最早。这书的特点是保持了原来面目，比较可信。"②就在这一小段文字中，不仅简明地罗列了《后汉书》的主要版本及其异同，而且还出现了很多版本学的专有名词，如百

---

① 柴德赓：《史籍举要（修订本）》，商务印书馆2015年版，第197、208页。
② 同上书，第37页。

衲本、殿本、宋绍兴刊本、校本等，这些又充分地显示出作者扎实的版本目录学功夫，令人钦佩。

三　长于历史考据，方法缜密多样

柴德赓在学术研究中，非常善于运用史学考据方法，这也是深受其老师陈垣的影响所致。陈垣先生在《通鉴胡注表微·考证篇序录》中写道："考证为史学方法之一，欲实事求是，非考证不可。"陈垣早年服膺乾嘉学派，不仅继承了乾嘉学派优秀的考据学遗产，而且推陈出现，能够将微观的史实考索与宏观的历史关照完美结合在一起，写出了《元西域人华化考》《通鉴胡注表微》等一系列经典的考据学著作，开拓了20世纪考据学的新境界。柴德赓作为陈垣先生的得意弟子，曾在陈垣身边工作达二十年之久，深得陈垣学术之真传。据刘乃和先生回忆，当时师生二人在陈垣励耘书屋谈文论史，经常是边谈论边翻书，甚至为了查找一个证据，还要搬出许多的典籍图书来求证。① 在陈垣先生精心指点下，柴德赓继承了陈垣先生学术的精髓，掌握了陈垣先生的学术方法。刘乃和评价柴德赓说，"他精研目录之学，熟悉史料，所写论文，旁征博引，说理充分，考核精辟，令人信服。对五代史、宋史、清史暨辛亥革命史都有较深研究。尤其对清代学术源流，本末支系，传法师承，了如指掌。"② 刘乃和先生的这个评价可谓知人之言，公允恰当。其中，刘乃和先生评价柴德赓的史学研究具有"旁征博引，说理充分。考核精辟，令人信服"的特点，更是极为准确。早在柴德赓"上大学二年级时，他就撰写了《明季留都防乱诸人事迹考》论文，考证出明末在《留都防乱公揭》上签名的几十人事迹，文中充分利用地方志和其他史籍资料，考据详实，被选登在师大《史学丛刊》第一卷第一期上。"③ 这篇文章，是柴德赓公开发表的第一篇文章，牛刀小试，初步显示了史学考据的功夫。后来，柴德赓又先后撰写了《宋宦官参与军事考》《〈鲒埼亭集〉谢三宾考》《全谢山与胡稚威》《万斯同之生卒年》等多篇考证性文章，这些文章都已经收录在中华书局1982年出版的

---

① 刘乃和：《史学丛考序》，载柴德赓《史学丛考》，中华书局1982年版，卷首第3页。
② 同上书，卷首第4—5页。
③ 同上书，卷首第2页。

《史学丛考》一书中。柴德赓在这些文章的考据中,充分展示了自身的学术特长,能够娴熟的运用多种史学考据方法进行史学考据工作,其方法之缜密,形式之多样,令人信服。

柴德赓在史学考据方面,有两种考据方法尤为值得一提。其一为竭泽而渔式的考据方法,这种方法其实是柴德赓先生充分运用自己的文献学特长,对某一历史问题的几乎所有史料全部征引,然后进行逻辑的学理分析,最后得出恰当合理的结论。比如,柴德赓《明季留都防乱诸人事迹考》对明季复社同人攻讦阉党余孽阮大铖的《留都防乱公揭》上署名的140余人事迹一一进行了勾稽和考辨,仅本文的上半部分(发表在北平师大《史学丛刊》第1卷第1期)征引了正史、逸史、别史、方志、家谱、碑传集、文集、诗集、笔记乃至《东林点将录》《复社姓氏》《明清进士题名录》等各种著述近百种之多,如此的旁征博引,几乎将这一问题的所有资料都搜罗殆尽,进而把这个问题考辨的清楚明白。柴德赓的《〈鲒埼亭集〉谢三宾考》对明清之际的历史人物谢三宾的考证,也是采用了竭泽而渔式的考据方法。谢三宾是明末的一个中下级官僚,他曾在明清政权更迭的历史关头三降三叛,是一个进退失据、反复无常、一心只想保住家财和地位,毫无气节可言的宵小之徒。其实,要想勾稽这个历史人物的事迹并非易事,因为他的地位并不高,《明史》等官修史书对其事迹记载甚少,要想勾稽清晰他的生平事迹难度相当的大。然而,柴德赓先生在这篇文章中,再次展示出雄辩的考据学功夫,他广泛征引了清初实录、明季的野史、文人笔记、地方志、文集、诗集、年谱、日记等各种史料84种之多,这几乎将有关谢三宾的史料勾勒殆尽,进而他又将这些纵横交织、抵牾互见的史料逐次考辨,最终将谢三宾其人的生平概要、降叛事迹、思想活动、师友交游及其子孙后代情况考辨清晰了,几乎就是一篇内容丰富、细节清晰的谢三宾传。

其二,是柴德赓还善于采用诗文证史的方法考辨历史事实。这一点,突出的表现在柴德赓的约两万字的长文《从白居易诗文中论证唐代苏州的繁荣(初稿)》[①] 和一篇2000余字的短文《天堂苏杭说的由来》[②] 两篇文章中。据统计,前一篇文章直接引用白居易的诗句有70余则,加上韦应

---

① 载《江苏师范学院学报》1979年第1期与第2期。
② 载《新华日报》1961年6月11日"新华副刊"。

物、刘禹锡、陆龟蒙、范仲淹、范成大等人的诗竟有100余则之多。柴先生在这篇文章中所征引的诗文资料，主要归纳为11种类型，包括考史事之时间、考人物之交游、考史志之阙漏、考苏州州境大小与户口数字、考苏州城的规模与繁荣程度、考苏州物产之繁盛、记苏州城多水多桥、记苏州偶发的自然灾害、记杭州之盛、兼夸苏杭二州、反映下层民众之境况等问题的资料。① 柴德赓将这些诗文有机运用于文章论题的考证中，同时还广泛地征引正史、方志、文集等资料，使得所有材料形成纵横交织，上下贯穿的结构体系，缜密地论证出唐代苏州各个方面的繁荣状况，包括社会安定、经济富庶、城市繁华、市场活跃、户口繁多等方面都有较为详尽的论证，而且这些论证基本都以唐代的诗文作为佐证。《天堂苏杭说的由来》一文虽仅有2000余字，却引用白居易诗文有8则之多，还引用了苏轼、苏辙等诗文8则，条分缕析地论证了"上有天堂，下有苏杭"之说的由来与演变，说理透彻，解析精辟，让人兴味盎然。

回顾柴德赓一生的治学经历，其注重"诗文证史"并不仅限于上述两篇文章，只要随意地翻阅《史学丛考》这部论文集，几乎每一篇文章中都有以诗文证史的现象。比如《〈鲒埼亭集〉谢三宾考》中，就大量地引用了《续甬上耆旧诗》《鲒埼亭诗集》《句余土音补注》《深省堂诗集》《郑寒村诗文集》《明事杂咏》《松园浪淘集》等诗文，详细考证了谢三宾这个明清之际历史人物的相关史实，深化了我们对这一历史人物的认识。由此可见，善于使用诗文证史的方式考辨史事确实是柴德赓的一个重要学术风格。

四 善用历史比较方法，常能从比较中得出新意

一般而言，历史研究中比较方法，主要包括两个方面：一是对所研究的历史现象进行时间系列上的前后阶段的纵向异同比较（又称历时性比较或垂直比较），一是对所研究的历史想象作空间系列上的同一阶段的横向异同比较（又称共时性比较或水平比较）。有人认为，这种史学比较方法是20世纪初期前后才从西方开始流行起来的，然后逐渐传入中国的。或

---

① 邱敏：《以诗证史——从一篇短文论柴德赓的治学风格》，载《苏州大学学报》2007年第1期。

许作为一种现代史学方法的自觉运用，比较史学方法也许是从20世纪初开始的。其实，运用比较方法研究史学，其起源应该是非常早的，在司马迁所著的《史记》中我们都可以找到运用比较方法进行研究的例子。

柴德赓先生亦是熟练应用比较方法研究史学的典范。或许我们根本不用多加论述，仅仅从柴德赓的论文题目中便可以体会到这一点。例如，《全谢山与胡稚威》《王西庄与钱竹汀》《章实斋与汪荣甫》以及《〈鲒埼亭集〉谢三宾考》卷五《谢三宾与钱谦益》等，这些论文所论述的历史人物，都是两两一对同时出现，其中所蕴含的比较意味是不言自明的。上述这些人物，基本都是同类人物之间的比较。

有关同类人物的比较，我们可以《王西庄与钱竹汀》一文进行例证。该文主要是论述乾嘉考据学者王鸣盛与钱大昕的学术异同，对二者学术研究的旨趣、内容和理路进行了多方面的比较分析。文章开篇即指出：乾嘉史学三大家的治学途径和方法是有一定差异的，甚至是不小的差异，其中"王（鸣盛）、钱（大昕）是一个路子，赵（翼）又是一个路子"①。即是说，柴德赓认为王鸣盛和钱大昕的治学途径比较相似，而赵翼的治学途径相对独树一帜。柴德赓的这一看法获得了当代学者黄爱平、杜维运、乔治忠的支持。黄爱平说："乾嘉时期，大多数史学家如王鸣盛、钱大昕等人都由经入史，用治经的方法治史。赵翼则与此有别，而是由文入史，在经学方面无所建树。"② 因为赵翼生性颖悟，才华横溢，早年喜好古文诗词，颇"泛滥于汉、魏、唐、宋诗古文词家，兼习为词曲"，直至晚年归田以后才将精力集中于史学研究上，先后著成《陔余丛考》《廿二史札记》等史学研究著作。杜维运和乔治忠则指出了赵翼和王鸣盛、钱大昕的治学方法的不同，杜维运认为赵翼实际上是一位"立于乾嘉学风之外的史学家"③，不能将其和钱大昕、王鸣盛一样并列为乾嘉历史考据家。乔治忠也说：乾嘉史家并非全部擅长考据，"有的则不大善于从事历史考据，这构成史学另一侧面的风景线，赵翼和章学诚是其中的两位典型人物"④。由此可见，柴德赓看法与不少当代学者看法相似，他们均认为赵翼与王鸣盛和钱大昕治学途辙多有不同。揆诸事实，基本如此。然而，不同于赵翼的

---

① 柴德赓：《王西庄与钱竹汀》，载柴德赓《史学丛考》，中华书局1982年版，第255页。
② 黄爱平：《朴学与清代社会》，河北人民出版社2003年版，第291页。
③ 杜维运：《中国史学史》第三册，商务印书馆2010年版，第907页。
④ 乔治忠：《中国史学史》，中国人民大学出版社2011年版，第290页。

是，王鸣盛和钱大昕的治学途径非常相似，他们都擅长学术考据，还是"同乡、同学、同年、同官，又是至亲，晚年又同住苏州"，而且还"各人做了一部内容大致相同的书"①，二人在学术研究取径上确实有较多的相似点。然而，柴德赓却同中见异地指出，王、钱二氏在学术研究中也有不小的差异。首先，二者学术研究的内容不同。王鸣盛治学，"前期偏重经学，后期转入史学。就他的著述来看，经史参半"②，经史考证都有出色成就，但是"当时人重视他的仍在经学"③，即认为他的经学优于史学。然而，钱大昕的学问"主要是史学，其余各种专门知识，兼收并蓄，都是为史学服务的"④。他"以治经的方法治史"，却又"专治史而不专治一经"，他的为学次序是"以治史为主导的"，因而"当时人对竹汀的评价全在史学"⑤，在其生前就早被大家公认为专门史学家了。其次，二者学术功力不同。钱大昕不仅史学著作较王鸣盛多，"专精亦过之"，主要原因是"他把治经的功夫移来治史"。具体而言，柴德赓认为"竹汀于宋辽金元四史，用功较深，元史尤为专门。这方面是西庄所力所未及的。竹汀精于算学，对古代历法极有心得，著《三统术衍》《四史朔闰考》等，这是西庄未曾致力，引以为憾的。文字音韵之学，竹汀和西庄都用过功，但竹汀对古无轻唇音等比西庄有所发明。此外，地理、官制、金石、目录之学，两人各有专门，诗文亦工力悉敌"⑥。再次，二者著书的体例和方法也有所不同。从形式上看，"西庄的校勘每一条都有个题目使读者便于检寻"。"竹汀依诸史次序，标某纪某传，不立题目，有的一篇之中校出好些条，也有多少篇连着一起没有校记的。"从内容上，"西庄《十七史商榷》有三种内容是《廿二史考异》所没有"，即"评论史书优劣""评论历史人物"和"阐述治学方法"三种。⑦最后，二者治学态度和学术影响不同。柴德赓指出，王、钱二人总体说来的治学态度都是非常认真的，但是"西庄骄傲，

---

① 指的是王鸣盛所著《十七史商榷》与钱大昕所著《廿二史考异》，二书均为考察讨论历代正史内容、体例、书法的考证性著作。
② 柴德赓：《王西庄与钱竹汀》，载柴德赓《史学丛考》，中华书局1982年版，第260页。
③ 同上书，第261页。
④ 同上书，第262页。
⑤ 同上书，第263页。
⑥ 同上。
⑦ 同上书，第267页。

看不起人,时时形之笔墨。竹汀则谦虚谨慎"①。就学术影响来看,二者的著述传世,都是可以卓然自立的,但是,"从经学的考据转到史学的考据,竹汀关系最大,考证最精,其影响也最深远"②。所有这些结论,都是柴德赓通过详细的比较分析考察而得出的,读来令人信服。

在柴德赓的研究中,除了有对同类人物史事的比较外,还有不少正反对比十分强烈的史事与人物的比较研究,以此达到区分善恶、泾渭分明的目的。《〈鲒埼亭集〉谢三宾考》对谢三宾历史事迹的考证就是这方面的典型例子。谢三宾为明末降臣,字象三,浙江鄞县人,天启五年进士,崇祯时官至太仆寺少卿。清兵南下,很多江南士大夫坚执民族气节,奋起抗清,不与清朝合作。然而,谢三宾却是个丧失民族气节的小人,他屡次降清,还屡次设计陷害江南抗清义士。而且,由于他叛服无常,徘徊于明清之间,致使很多当时记载明清之际历史的史籍对其记载隐晦不清,甚至名字异称都多达20余种。柴德赓先生本着"诛奸谀于既死",曝其原形而垂戒后世的目的,决定"勾稽其事迹著于篇",③写成《〈鲒埼亭集〉谢三宾考》一文。该文详尽考证了谢三宾的一生行事,并举证了丰富的事例揭露了谢三宾的贪生怕死、陷害忠义的事实,从而凸显了抗清义士的高尚人格和节操。事例之一——亲往杭州归降:清顺治二年(1645),清军至浙江,召各地明朝官绅来降。谢三宾立即前往杭州谒见清军统帅,表示归顺。然而与之"往还甚密"的同县友人祁彪佳则拒绝前往谒见,自投池中,以死殉节。谢三宾与祁彪佳,一个是贪生怕死、丧失气节,一个则是大义凛然、以死殉节,二者行事风格之对比何其鲜明。他们二者也成为明清易代之际知识分子的两种取向的代表,为我们了解明清之际的历史提供了绝佳的参考坐标。事例之二——试图诱杀抗清志士,破坏"六狂生起义"。当时鄞县士子董志宁、王家勤等所谓"六狂生"倡议起兵抗清,众推公绅刑部员外郎钱肃乐为首,并请驻定海总兵王之人带兵来会,但谢三宾也派人致书王之仁,想以千金为饵劝诱王之仁杀六狂生与钱肃乐,然而王之仁不为所动,计划流产。事例之三——贿取南明高位后再次降清。鲁王朱以海在浙东建立抗清政权后,谢三宾见有机可乘,竟然以投机的行贿手段获得

---

① 柴德赓:《王西庄与钱竹汀》,载柴德赓《史学丛考》,中华书局1982年版,第269页。
② 同上书,第265页。
③ 柴德赓:《〈鲒埼亭集〉谢三宾考》卷一《谢三宾略传及异称》,载柴德赓《史学丛考》,中华书局1982年版,第95页。

了礼部尚书兼东阁大学士的辅臣高位,然而不久义师失败,鲁王入海,谢三宾遂迫不及待地率领朝中大臣 80 余人再次降清。然而与此同时,曾与谢三宾一同讨伐登、莱叛军而立功的朱大典,却"破家举义,尽其财不私",立守金华,终因力竭不支而焚死眷属 17 口后自尽殉国。上述三个对比鲜明的事例,一方面揭示出了谢三宾的投降卖国的丑行;另一方面也彰显了抗清义士的凛然正气。

综上所述,柴德赓先生精通目录学和文献学,他的学术研究是立足于扎实的文献考辨基础之上的。他治史擅长历史考据、旁征博引,善于缜密分析纷繁复杂的史料,从中洞见幽微,并归于实事求是,获得真实的历史见解。他还善于运用历史比较方法,经常能从平实的比较中获得新意,推动史学研究的进步。因此,柴德赓先生不愧为 20 世纪著名的历史学家,他的治史方法精当、特点鲜明、成果卓越,在 20 世纪中国史学史上应具有一定的历史地位。

(作者单位:苏州大学历史学系)

唯物史观与冉昭德学术创新的风范

张 峰

冉昭德（1906—1969）是我国杰出的秦汉史专家。他的生命历程与现当代中国历史的演进脉络密切牵涉。新中国成立以前，他受时局影响，不断播迁，然在艰难的境遇中却始终勤勉于学，受到丁山、顾颉刚、陆懋德、胡适等学术名家的激赏。新中国成立之后，他的思想随着时代的发展而与时俱进，积极学习马列主义，自觉运用唯物史观指导学术实践，从而开辟了历史研究的新境界。从他的历史著述中，不仅透视了他学术成长的坎坷历程，而且折射了新旧学问的代际嬗变。

一 成长为学术名家

1906 年，冉昭德出生于山东曹县一个书香世家。他自幼得以读书识字，并接受了新式的中小学教育。1929 年，他以总分第三名的优异成绩考取了国立青岛大学（今山东大学）补习班，翌年入国立青岛大学中国文学系就读。

大学四年，是冉昭德开阔学术视野的重要阶段。于此期间，他深受闻一多学术思想的影响，在其指导下创作了不少小说作品。然而，国立青岛大学对冉昭德的陶铸并非限于文学一隅。这一时期，丁山、游国恩等著名学者皆任教于此，他们在中国文学系开设的经、史、子、集、古器物学、古文字学等课程，对冉昭德日后从事历史研究产生了多维影响。所以在大学时期，冉昭德在学术研究上就表现得很活跃，不仅与臧克家等同学共同创办了《励学》杂志，而且先后发表了《蔡邕评传》《〈文选〉中惨死的作家》等论文，表现出一定的学术潜力。

1934 年大学毕业后，冉昭德先后执教于山东省立惠民师范和济南中学。1937 年全面抗战爆发之后，他随校内迁，并于 1938 年在湖北参加了由山东省部分教师组成的"战区中小学教师第五服务团"。① 1939年，冉昭德随该团迁至四川省三台县。在三台县，适逢东北大学历史系丁山教授受到服务团资助，成立"国史研究部"，并自任导师。丁山拟编纂一部《中国图书志》，分为天文、地理、职官、氏族和器服五个专题，期冀为抗战胜利后收集佚书提供资料。其间，冉昭德被丁山选为器服专题的负责人。② 于是冉昭德开始系统地阅读十三经、诸子百家和廿四史，有重点地抄录了许多史料，做了大量读书卡片与笔记。可以说，这一阶段，他受到了严格史学方法的训练，奠定了之后他从事历史研究的宽广厚重的基础。从1938年至1941年，冉昭德相继撰成了《三辅黄图考》《汉西京宫殿图考》《水碓小史》等学术论文。丁山对其历史考证成就赞赏有加，于是将其推荐给友人顾颉刚。顾氏在1941年8月6日致丁山的信函中说："魏兴南、张震泽、冉昭德三君好学力行，弟所极爱。""尤其冉君，此间研究所亦可罗致，以敝所整理《廿四史》，正缺中古史方面人才也。"③ 顾颉刚对冉昭德的高度赞誉，实是对冉氏学术功底与治史成就的肯定，尤为值得我们珍视。

与此同时，冉昭德亦受到史学大家陆懋德的青睐，于1941年冬将其延聘至西北大学历史系执教。入西北大学之后，冉昭德曾就《群书治要》中所收《晋书》的作者问题致函胡适，最后此函与胡适的复文一同刊登在1948年5月29日的《申报·文史副刊》上。从丁山、顾颉刚、陆懋德与胡适这些影响甚巨的著名学者对冉昭德的评价来看，冉氏的学术成就已被学界广泛认可，俨然成长为学术名家。

二　开辟历史研究的新境界

冉昭德是一位谙熟史料、精于考证的历史学家，但是，他并不自满于此，学术思想亦未故步自封。尤其是，新中国成立之后，他积极研读马列著作，并自觉地将唯物史观指导与历史研究相结合，从而开辟了学术研究

---

① 参见郭锡九《抗战时期由山东教师组成的"战区中小学教师第五服务团"》，载《文史资料选辑》第十六辑，山东人民出版社1985年版，第72—79页。

② 参见张震泽《张震泽自传》，载《中国当代科学家传略》（第七辑），山西人民出版社1985年版，第226页。

③ 顾颉刚：《顾颉刚书信集》卷三，《顾颉刚全集》本，中华书局2011年版，第138页。

的新境界。

据冉昭德之子冉鲁威回忆说，20世纪50年代初，冉昭德学习马列主义可能是受到杨向奎来信的启示。杨向奎在致冉昭德的信中说："现在是该把线装书放在一边的时候了，要集中精力学习马列主义和毛泽东的著作，这样才能在历史学的教学和研究中跟上时代的步伐。"① 实际上，冉昭德对马列主义的学习和唯物史观的接受是自觉自愿的。他在青年时代即追求进步，关心民族与国家命运，在一些文章中蕴含了抗战必胜的信念。难能可贵的是，他在新中国成立前已经认识到运用唯物史观指导史学研究是"时代的需要"。这从他1948年1月8日发表在《中央日报》上的《评吕、翦两先生的秦汉史》一文可以得到明示。他指出翦伯赞的《秦汉史》存在着公式化和史料错误的不足，但又独具慧眼地强调："翦先生是站在唯物史观的立场，用社会经济的变动来说明他的主张……这种作法是新颖的，也合乎时代的需要。"这种识见成为新中国成立后冉昭德自觉接受唯物史观的内在基础。

从现存《冉昭德日记》来看，他对理论的学习不遗余力，几乎遍览了当时已经出版过的所有马列著作，并将其中与中国历史有关的经典语句作了重点摘抄。理论的学习促使冉昭德在学术实践上结出了累累硕果。从1949年到1969年，他先后在《历史研究》《光明日报》《文史哲》《人文杂志》《西北大学学报》等刊物发表了《试论商鞅变法的性质》《试论刘邦的阶级出身》《班固与〈汉书〉》《班固的首创精神与进步思想》《黄巾、乌桓与曹操》《从磨的演变来看中国人民生活的改善与科学技术的发达》《汉代的大家、中家和小家》《关于〈史记·游侠列传〉人物评价问题》等论文。这些研究成果多从具体史事入手，冀求对重大历史理论问题作出解释和说明。譬如，他的《从磨的演变来看中国人民生活的改善与科学技术的发达》一文，试图从磨的演变出发，考察生产工具的变更与发展，进而说明社会制度的演变。大凡其新中国成立之后所撰之文，均史料详实，考证精密，蕴含着以小见大的著述旨趣，做到了将唯物史观指导与中国历史实际相融通，因而推动其历史研究不断臻于新境。

---

① 冉鲁威：《远逝的记忆——纪念父亲冉昭德》，载《冉昭德文存》，山东大学出版社2014年版，第349页。

三　学术研究"自成一风格"

冉昭德在 1960 年 8 月 12 日的日记中写道：写文章要做到理论观点、材料、形式三者的统一，但最重要的还是勤学苦练，"自成一风格"。其实，他不仅在著文形式上力求形成自己的特色，而且在历史研究中因唯物史观的指导常常能提出独到的见解，于是逐渐在学术研究中"自成一风格"。这主要体现在以下三个方面：

一是，不畏惧学术权威，在中国古史分期问题上提出一家之言。20 世纪五六十年代，学术界对中国古史分期问题进行了广泛的探讨，其中尤以郭沫若的战国封建说和范文澜的西周封建说影响最巨。对于郭、范二家关于古史分期的学说，冉昭德均不赞成。他运用唯物史观指导，立足于中国传世文献与出土资料，以商鞅变法的性质作为切入点，在深入论证的基础上，指出："商鞅变法是奴隶制国家的法，它的作用是促进奴隶制的发展。"在《从磨的演变来看中国人民生活的改善与科学技术的发达》一文中，他又提出了"东汉时期是奴隶制向封建制过渡阶段"的看法。这些观点的提出，是他理论学习与中国历史实际相结合而得出的结论，这表明他不盲从轻信、不畏惧学术权威，而是勇于通过实事求是的研究，在此基础之上，发表对重大历史问题的独立创见。

二是，敢于提出历史人物评价的不同标准，引领问题探讨的深入。新中国成立之后，对于历史人物的评价问题，是学术界关注的焦点之一。其中尤以郭沫若为曹操的翻案最为典型。郭沫若先后发表了《读蔡文姬的〈胡笳十八拍〉》《替曹操翻案》等文章，提出曹操虽然打过黄巾军，但却实现了黄巾军的目的。在冉昭德看来，郭沫若的观点"有些强词夺理之处"[1]，所以他很快撰成《黄巾、乌桓与曹操》，从曹操镇压黄巾军的目的与曹操对乌桓战争的性质两个维度，对郭老的观点予以驳斥，"其目的就在于给历史人物以批判的总结，而不是为了翻案"[2]。又如，20 世纪 50 年代，一些学者认为《史记·游侠列传》中所形塑的郭解、剧孟等人物处于受压迫的社会下层，他们反对封建势力，为被压迫的人民打抱不平。针对

---

[1] 冉昭德：《冉昭德日记》1959 年 3 月 24 日，载《冉昭德文存》，第 214 页。
[2] 冉昭德：《黄巾、乌桓与曹操》，《人文杂志》1959 年第 5 期。

此说，冉昭德撰成《关于〈史记·游侠列传〉人物评价问题》，率先对学界流行的观点提出疑义。他运用阶级分析的方法，以游侠的生活状况作为剖析点，说明游侠不是代表人民利益的，更不可能反对封建势力。他的文章发表后，立刻在学术界引起了强烈反响，《光明日报》《文史哲》《史学月刊》等重要刊物都相继发表了一些对于《史记·游侠列传》进行商讨的文章。其中既有赞成冉氏学说的，也有反对其观点的。尽管冉昭德同这些学者的文章可能还存在不足，但是通过营造自由讨论的氛围，大家从多视角收集史料进行论证，深化了对于研究对象的认识。这种学风，无疑是值得我们肯定的。

三是，理性对待史学遗产的继承、批判与总结。新中国成立后，冉昭德曾担任了中华书局版《汉书》的点校和《汉书选》的编选、注释工作。故而，对于《汉书》的成就、地位与影响有着独特的认识。然而，当时学术界普遍认为：与司马迁的《史记》相比，班固的《汉书》在历史观上是倒退的。在扬马抑班的学术背景下，冉昭德以唯物史观为指导，先后撰成《班固与〈汉书〉》和《班固的首创精神与进步思想》两篇文章，指出班固断汉为史，开创了历史编纂的新格局，遂使"后来各个朝代的正史，基本上都是沿袭《汉书》的编纂方法"。其次，他系统揭示了《汉书》十志的价值，认为十志"扩大了历史研究的领域"，成为后世创设典志体的渊源。尤为难得的是，对于后人非议甚多的《五行志》，冉昭德能够知人论世地给予评价：班固处在"阴阳五行、谶纬迷信盛行的时代"，无法脱离时代的影响，但是班固撰述之旨，在于"用五行灾异来警告专制帝王的胡作乱为"，其中保存着"与农业生产相结合的原始形式"。因此"班固并非五行迷信的说教者，而是持以反对态度"。再者，冉氏对班固进步的民族观、发展的历史观、以人民利益衡量统治得失的政治观、辩证的学术观，都予以了深入阐发。这在当时贬低班固与《汉书》的学术背景下，尤显弥足珍贵。然而，他对班固与《汉书》思想价值的发掘却遭到了当时学界的猛烈批判。其中，尤以牛致功的《怎样认识班固的历史观？》《是批判的继承，还是全盘否定？》和赵一民等所撰《就评价班固与〈汉书〉问题与冉昭德同志商榷》为代表。对此，冉昭德在《怎样对待班固与〈汉书〉》一文中，表示"诚恳地接受这一批评"，但仍以理性的态度强调："批判班固的历史观，既要指出落后的一面，也要看到进步的因素。"随着时间的推移，冉昭德运用唯物史观分析班固与《汉书》所得出的宝贵见解，历久弥新，至今仍影响着时人对班固与《汉书》的认识和评价。

  1969年，冉昭德在冤屈中离开了人世。斯人虽逝，然风范犹存。他的史学成就是一笔珍贵的思想遗产，其学术论著中所映射出的真知灼见，至今仍给人以深刻启迪，值得今人继承、发扬并在此基础之上进一步开拓创新。

（作者单位：西北大学历史学院）

回归理论还是延续考证？

——20世纪80年代"回到乾嘉去"史学现象再认识

范国强

"文革"之后，正当史学界进行全面拨乱反正，力图回归马克思主义，重建中国历史学的规范与秩序之时，一些史家走向了另外一条史学研究的道路，他们对马克思主义有一种理论彷徨般的心态，同时醉心于考证与史料之中，还有些史家更是对马克思主义公然提出了怀疑，"在八十年代的头三年中形成一股钻牛角尖的'重史轻论'热潮"①。返躬省察，我们可以很明白地知道："史学需要理论和实证研究齐头并进"②，更需要马克思主义的指导。因此，作为今天的史学工作者，我们还需要对这一"回到乾嘉去"史学现象出现的深层次原因进行更进一步地分析和总结，以探寻历史当时的原貌，还原历史的真实。

一　学术批评：学界对"回到乾嘉去"史学现象的质疑与批评

面对一些史家过分痴迷于史料与考据，甚至对马克思主义敬而远之的态度，马克思主义史家群体内部的一些正统史家产生了相当的不满和愤懑。他们或直陈其非，或批评其过，力图给这些史家以警醒或暗示。如李侃先生在1981年《史学集刊》复刊号上撰文指出："不时听到一种说法，认为研究历史选择课题，范围越窄越好，题目越小越好，过程和内容越细

---

① 许冠三：《新史学九十年》，岳麓书社2003年版，第549页。
② 庞卓恒：《史学需要理论和实证研究齐头并进》，《新时期中国史学思潮》，当代中国出版社2001年版，第208页。

越好,研究的问题越冷僻越好。"① 熊铁基先生在谈及史学工作者的素养问题时说道:"近来听说还有极少数轻视或不太信任马克思主义的史学工作者,又强调学习所谓'乾嘉学者'的考据……但科学总是后来居上的,处于我们这个时代,完全有条件超越他们,而他们绝不可能达到我们所能达到的水平。"② 丁伟志先生在论及马克思主义与宏观历史研究关系时也忧虑地表示:"由于传统的错误历史观和治学方法对我们历史工作的消极影响,特别是十年内乱对历史工作的消极影响,使得部分史学工作者理论兴趣单薄,越来越只是醉心于琐细问题的考证。"③ 当然,如果说上述史家是以劝诫般的语言表示对醉心于史学考证的史家不满的话,另外一些马克思主义史家的话语就显得严厉得多了,有的甚至将其上升为反对马克思主义的高度。如葛懋春先生在论及史论关系时说道:"在纠正理论脱离历史实际的教条主义学风,加强史料工作的时候,有人提出史学应回到乾嘉考据学派的路上去,这显然是片面的。"④ 张友渔在中国史学会第一届理事会二次会议上的发言:"现在在一些青年史学工作者中间,存在一种轻视理论的倾向。有些人认为理论不重要,只有史料才重要,有了史料就有了一切。个别人甚至认为马克思主义过时了,唯物主义不行了,只要能掌握史料,进行分类排比就可以了,无须历史唯物主义的指导,这些看法都是错误的。"⑤ 胡如雷先生更是严正地指出:"如果今天再提倡回到'乾嘉时代',那就不但是从马克思主义的史学阵地上倒退,甚至比起王国维、陈寅恪等前辈也是一种倒退。"⑥

二 理路解析:"回到乾嘉去"史学思潮原因论析

"文化大革命"以后,史学界迫切要求从指导思想与理论建设上也要来一次彻底的拨乱反正,以求摆脱长期以来"左"倾指导错误所带来的影

---

① 李侃:《严峻的历史和史学的虚实》,《史学集刊》复刊号,1981年10月。
② 参熊德基《从中国古代史的"论文答辩"谈到有关专业的素养问题》,《江西社会科学》1981年第2期。
③ 参丁伟志《马克思主义与宏观历史研究》,《人民日报》1981年8月25日。
④ 葛懋春:《论史论结合中的几个问题》,《文史哲》1982年第2期。
⑤ 张友渔:《历史研究和四项基本原则——在中国史学会第一届理事会第二次会议上的发言》,《近代史研究》1981年第4期。
⑥ 参胡如雷《时代赋予历史学家的中心使命》,《光明日报》1982年2月1日。

响以及"四人帮"的封建遗毒。但是,由于一些特殊的政治原因,"两个凡是"① 的指导方针被正式确立起来,而这种方针的确立是与当时的学界要求与理论夙愿相违背的,它不仅意味着是对"文革"时期各种错误路线和方针的一种保守和维护,对于广大史学工作者要求从思想上进行拨乱反正的美好目标和要求,也是一种严重的伤害。因此,一次对于理论与实践问题的大讨论也就在所难免了。

(一)"实事求是"学风下的史学重塑

1978 年 5 月 11 日,《光明日报》以特约评论员的身份②发表了一篇文章《实践是检验真理的唯一标准》,该文针对长期以来的左的错误理论指导以及"四人帮"流毒,提出"实践不仅是检验真理的标准,而且是唯一的标准","理论与实践的统一,是马克思主义的一个最基本的原则","革命导师是坚持用实践检验真理的榜样","任何理论要不断接受实践的检验"③ 等一系列有关实践与真理关系问题的主张。第二天,《人民日报》、《解放日报》予以全文转载,全国也迅即掀起了一场有关真理标准问题讨论的热潮。理论界、学术界有关这一问题的讨论会、座谈会接连不断,各种争鸣的文章大量见诸报端,比较有代表性的如肖前《论马克思主义的实践观》、齐振海《论实践标准的相对性与绝对性》、王若水《真理标准与实践问题》、夏甄陶《实践的要素、特性与真理的标准》④ 等不一而足,到 1978 年底,仅这类讨论性的文章已达 650 余篇。⑤ 从而很快将这场讨论推向了一个最高潮。同时,从政治层面来看,邓小平在 1978 年 6 月在全军政治工作会议上的讲话中,反复强调要:"实事求是,一切从实际出发,理论和实践相结合。"⑥ 此后,他又在听取中共吉林省委汇报工作

---

① 两个凡是的口号即:"凡是毛主席作出的决策,我们都要坚决拥护;凡是毛主席的指示,我们都要始终不渝地遵行。"参见该报社论:《学好文件抓好纲》,《人民日报》、《解放日报》、《红旗》等,1977 年 2 月 7 日。

② 该文的作者实际为当时的南京大学哲学系教师胡福明,该文在《光明日报》刊登前曾经胡耀邦批阅并刊登在 1978 年 5 月 10 日中央党校的《理论动态》上。

③ 该报特约评论员:《实践是检验真理的唯一标准》,《光明日报》1978 年 5 月 11 日。

④ 这些文章可参见肖前《论马克思主义的实践观》,《红旗》1980 年第 14 期;齐振海《论实践标准的相对性与绝对性》,《哲学研究》1978 年第 7 期;王若水《真理标准与实践问题》,《读书》1980 年第 1 期;夏甄陶《实践的要素、特性与真理的标准》,《哲学研究》1980 年第 5 期等。

⑤ 参见罗平汉《春天——1978 年的中国知识界》,人民出版社 2008 年版,第 324 页。

⑥ 邓小平:《邓小平文选》第 2 卷,人民出版社 1994 年版,第 118 页。

时指出要："高举毛泽东思想旗帜，坚持实事求是的原则。"① 此后，在 1978 年底我们党召开的十一届三中全会上，更是高度评价了关于真理标准问题的讨论，并确定了"解放思想、开动脑筋、实事求是、团结一致向前看"的指导方针。这无疑是更进一步促进了人们的思想解放并是以写进党的决议的形式表示了对"真理标准问题大讨论"的最大肯定。

　　学术上的讨论与政治上的定性无疑对马克思主义史学家内部的实证史家有很大的思想冲击作用，尤其是对于他们所做的实证与考据的工作，无疑是一种很有力的尊重与肯定。因此，"文革"之后，我国的史学发展表现在与实证史学相关的古籍整理、史料学、考据学等相关学科的发展也就特别的迅猛而快捷。如根据 1979 年之后历年出版的《中国历史学年鉴》"中外历史著作与出版介绍"部分，我们可以清楚地看到：1980 年全国经整理出版的古代史籍和各种专题资料汇编仅有 30 余种，到 1981 年就增加到了 60 余种，而到 1983 年已经是 120 余种。同时，各种史料的种类也是名目繁多。既有先秦至秦代的各种史籍、丛书和类书，又有地方志和各种地方史料的整理与汇编，还有各种相关专题的史料出版。另一方面，对于中国近现代的史料整理与出版比之古代史的部分则更加繁荣和多样化。不仅有各种政治史、经济史、文化史上的资料整理，更具体细化到各种历史名人的文集、诗词、奏稿、日记、年谱、笔记以及各种图录和工具书的整理和出版。同时学术界专论史料学、考证学等方面的文章和著作也大量出现，如张舜徽先生《关于历史文献的研究、整理问题》，《中国历史文献研究集刊》（1980 年第 1 集），荣孟源先生发表在《学术研究》上的名文《论考据》（1981 年第 3 期与第 4 期），《关于史料的鉴别》（《社会科学研究》1980 年第 4 期），赵俪生《光考据不行，还要思辨》（《文史哲》1982 年第 2 期）等。同时，白寿彝、吴泽先生所编撰的《史学概论》以及赵光贤先生编撰的《中国历史研究法》等著作，也都辟有专章对中国古代的史料学、考据学等学科进行分析和论述。因此，我们很容易得出这样一个简单的结论："文革"之后，在当时历史学学风与社会风气的影响下，历史考据、史料整理等学问很快便成为了一部分史家所经营的主业。他们以满腔的热情力图恢复曾经风光一时的乾嘉考据学风，并以此作为对"文革"时不重史料，不重考证，任意曲解历史的一种直接的感情宣泄与学术

---

① 邓小平：《邓小平文选》第 2 卷，人民出版社 1994 年版，第 126 页。

反拨，亦可算是以历史考证的方式进行学术上的拨乱反正吧，这也是我们应该值得充分肯定的地方。但是矫枉不能过正，如果不能正确对待考据和历史研究的关系问题。"认为只有考据才是过硬的学问，把考据抬到不适当的高度"① 那就不可取了。如何兹全先生《推进中国史研究的两点建议》所说的那样："全面地、系统地研究马克思主义历史理论——辩证唯物主义、历史唯物主义，"② "还需要了解社会的现实"③ 或许正是这些耽耽醉心于历史考据与史料整理的史学家们最应该做的了。

（二）"史学革命"中"拔白旗插红旗"运动下的副作用

历史的发展是多种因素综合作用的结果。回顾历史，我们可以看到，许多在民国时期的历史考证学派的史学大家在新中国成立以后是非常向往为社会主义新中国做出自己的一份贡献的。他们如陈垣、顾颉刚诸先生放弃了去海外的种种机会，积极学习马克思主义的有关理论并力图将其与中国的传统历史考证学相结合而进行史学研究。但不幸的是，与中国当时的经济发展过于"左"倾一样，"左"倾史学的发展速度远远大过了他们思想上与实际史学实践中所能达到的速度。因此，这些对新中国史学充满希望充满向往的史学家很快便在数次的政治批判运动中被打翻在地，尤其是在1958年的所谓的"史学革命"中，史料考证派作为一个群体被彻底地视为"白旗"而被要求彻底拔掉。联系"文革"后这些史学家过于醉心于历史考证与史料整理，不过多的关心现实社会，我们很难说这与新中国成立后一场场所谓的政治批判运动尤其是1958年的这场"史学革命"没有很必然的联系。

新中国成立之后不久，学术界就开展了对胡适等人的学术性大批判，这使得与之有关系的一大批民国遗留史家每日战战兢兢、如履薄冰。1958年，在全国一片"大跃进"的政治形式下，时任中共中央宣传部副部长的陈伯达在国务院科学规划委员会第五次会议上谈到了社会科学界如何跃进的问题，并正式提出了"厚今薄古，边干边学"④ 的口号。此后，许多学者专家纷纷发表文章表态支持要"厚今薄古"，这其中范文澜先生于1958

---

① 宋衍申：《考据和历史研究》，《史坛纵论》，重庆出版社1984年版，第33页。
② 何兹全：《推进中国史研究的两点建议》，《史坛纵论》，重庆出版社1984年版，第1页。
③ 陈可青：《功夫与史学》，《史坛纵论》，重庆出版社1984年版，第30页。
④ 陈伯达：《厚今薄古，边干边学》，《红旗》1959年第13期。

年4月28日在《人民日报》上发表的文章《历史研究必须厚古薄今》一文中:"厚古薄今是资产阶级的学风","厚今薄古与厚古薄今是两条路线的斗争"①的观点对学术界影响颇大。

此后,这股"厚今薄古"的歪风很快就刮到了社会的各个角落,尤其是在各个科研院所、大中专院校,各种大字报铺天盖地。如北京大学的《历史教学中的几股臭气》《四把钥匙》《汪先生学术思想中的暗流》;南开大学的《史料偏见和历史主义》《杨先生在史学史课中的厚古薄今》《郑先生在讲授明史中非马列主义的立场、观点和方法》以及山东大学的《资产阶级的教学害苦了我们》《王先生的"厚今"="厚金"》《繁琐考证是反科学的》等大字报,对汪篯、邓广铭、郑天挺、来新夏、王仲荦等老一辈学者专家尤其是那些擅长历史考据的史学大家们或商榷或问难或质疑,有的甚至是直接赤裸裸的批判。而他们所依据的理由,则认为"我国目前史学界的历史科学中普遍存在着资产阶级的倾向。例如:厚古薄今,只专不红;史料重于泰山,理论轻于鸿毛;把帝王将相描绘为历史主人,对劳动人民创造历史的功绩轻轻抹杀;对繁琐考据津津乐道,把马列主义放在一边"②。而我们的那些老专家和老教授们,面对这股汹涌的冲击巨浪,尤其面对他们这些昔日爱徒和校友们的疯狂攻击,显然是有些准备不足、手足无措的,但又想极力赶上史学思潮发展的形式,如北京大学的周一良先生提出要《挖一下厚古薄今的根》③;北师大历史系集体讨论提出《关于"厚古薄今"和"厚今薄古"的意见》④;南开大学来新夏等先生也要《砍掉资产阶级考据学的白旗》⑤,但他们没有意识到的是,这次"史学革命"的大风暴来得甚是猛烈,且他们又是这次风暴所要袭击的主要对象,所以,无论他们如何积极,如何表现,想避免这场学术大风暴的袭击是在所难免了。

很快,作为这场被批判的重考据轻理论的代表人物陈寅恪先生,"上

---

① 范文澜:《范文澜历史论文选集》,中国社会科学出版社1979年版,第224—226页。
② 人民出版社编辑部:《历史科学中两条道路的斗争·出版说明》,人民出版社1958年版。
③ 周一良:《挖一下厚古薄今的根》,《历史科学中两条道路的斗争》,人民出版社1958年版,第18页。
④ 历史系教师集体讨论:《关于"厚古薄今"和"厚今薄古"的意见》,《历史科学中两条道路的斗争》,人民出版社1958年版,第112页。
⑤ 来新夏等:《砍掉资产阶级考据学的白旗》,《历史科学中两条道路的斗争》,人民出版社1958年版,第233页。

书中山大学校长,愤怒的表示:一、坚决不再开课;二、马上办理退休手续,搬出学校。这是一个软弱无助的知识分子所唯一能行使的了结自己命运的可怜权利"①。另一位历史考据大师顾颉刚先生则以悲壮式的自我嘲弄式的口吻说自己"是一个彻头彻尾的旧知识分子,说我是'资产阶级知识分子'是高看了我"②。"南北二陈"的"另一陈"陈垣先生则在此时远离学术中心,专注于文字改革的事业。并于1959年1月28日加入了中国共产党。③ 民国时期遗留下来的这些精于史料考据的学者此时可以说是在这场学生批判老师、后辈批判前辈的闹剧式的"史学革命"中彻底地失败了。而"史学革命"的冲击也使得马克思主义史家内部主张"史学革命"的学者们逐渐分裂,"一方面,一些人继续沿着'史学革命'的道路往前走,直到与'文革'前夕掀起的更大规模的'史学革命'合流;另一方面,许多人则开始觉醒,企图制止这场革命的进行"④。此后,中国史学界陷入更加混乱更加无绪的迷局中。而我们的这些被批判的史学精英们,他们的自尊心、自信心甚至是安家立命的东西都在这场"史学革命"中被践踏、被剥夺,"这不能不使得相当一部分传统学人心灰意冷,并从此一蹶不振,造成了难以弥补的损失"⑤。因此,"同心协力中华振,老骥忘疲奋夕晖"⑥,"文革"之后这批史学家重新焕发史学的青春,并力图恢复传统学术的固有精华,专注于历史考据与史料整理的工作,我们不得不说这是"文革"前期的一次又一次的学术批判,政治批判尤其是1958年的那次"史学革命"的副作用的影响了。

(三) 史论关系相争的继续与扩大

"回到乾嘉去"史学现象的一个最明显的特征就是忽视理论,专重史料,尤其是忽视马克思主义史学理论的指导作用,这也是正统马克思主义史学家所不能容忍的。1981年,张友渔、刘大年、戴逸诸先生连续发文,

---

① 陆键东:《陈寅恪的最后二十年》,生活·读书·新知三联书店1995年版,第248页。
② 顾颉刚:《从抗拒改造到接受改造》,《光明日报》1958年12月18日。
③ 参见牛润珍《陈垣学术思想评传》,北京图书馆出版社1999年版,第100页。
④ 王学典:《历史主义思潮的历史命运》,天津人民出版社1994年版,第70页。
⑤ 王学典、陈峰:《二十世纪中国历史学》,北京大学出版社2009年版,第142页。
⑥ 陈淑玉:《忆周春元同志》,《贵州文史资料选辑》(第29辑),贵阳,文史资料委员会,1989年版,第244页。

"都强调了马克思主义指导对于历史科学研究的重要性"①。所以,从史论关系上看,确切地讲从观点与材料、理论与方法来看,我们又似乎可以把"回到乾嘉去"史学思潮的出现与马克思主义史家对其的批驳问难看作是新中国成立之后马克思主义史学家内部就出现的史论关系之争的继续与扩大。

新中国成立后,马克思主义逐渐成为历史学的唯一指导思想。此后,通过对知识分子的思想改造等一系列的运动,马克思主义的理论与方法逐渐被民国时期以史料整理与考据见长的史家所接受。但在史学界普遍学习马克思主义的同时,又出现了重论轻史的现象。1957年,尚钺先生在苏州江苏师范学院历史系及苏州市中学历史教师座谈会上就指出:"不幸的是到目前为止,还有许多史学家不用史料或者是用很少的史料,作出一篇一篇空空洞洞的大文章,并且企图用从概念到概念的这种手法,来解决历史上重大问题。"② 同年,范文澜在给北京大学的学生做演讲时也说道:"学习马克思主义要求神似,最要不得的是貌似。学习理论是要学习马克思主义处理问题的立场、观点和方法。"③ 同时要求"理论与材料二者缺一不可。作史学工作必须掌握大量的历史资料"④。此阶段,史料被马克思主义史家们格外重视。但很快,随着"史学革命"的爆发,一大批老教授、老专家被批判、被打倒,重史料、重考据的学风被彻底批判,重论轻史的史学学风逐渐又转化为以论带史甚至是以论代史,这种空疏无物的学风很快遭到了翦伯赞、范文澜等老一辈马克思主义史学家的猛烈抨击与反对。翦伯赞在1959年《红旗》杂志上撰文指出:"我们反对了把史料当成史学的说法,这是完全必要的。但是我们从来没有反对过史料本身。现在有个别教师对史料不够重视。他们为了避免陷入繁琐主义,在讲授历史的时候,不根据具体的史实分析历史问题,只是空空洞洞地讲一些原理原则,或者干干巴巴地讲一些发展规律,一再重复人所共知的道理。"⑤ 范文澜先生则严厉地多,他直言:"反对放空炮……真正打得倒敌人的历史学大炮是经

---

① 苏双碧:《史学理论探讨》,《中国历史学年鉴》(1983年),人民出版社1983年版,第1页。
② 尚钺:《关于研究历史中的几个问题》,《尚钺史学论文选集》,人民出版社1984年版,第30页。
③ 范文澜:《历史研究中的几个问题》,《北京大学学报》1957年第2期。
④ 同上。
⑤ 翦伯赞:《目前历史教学中的几个问题》,《红旗》1959年第10期。

过切切实实的历史著作（论文或书籍）。要造出这种大炮，必须对所要研究的历史事件做认真的调查研究……"① 此后，针对以论代史的现象，吴晗先生提出了"论从史出"的观点。1962年，吴晗先生在对北京师范学院历史系同学讲话时说道："史和论应该是统一的，论不能代替史，论在史之中，不是在史之外。因此，就要运用正确的方法，掌握大量的、充分的、可信的史料，加以合理的安排，通过对史实的讲述，把观点体现出来……所以我们说'论从史出'。"②

"以论带史"的观点过于强调了理论在史学研究中的位置，很容易演化成"以论代史"，吴晗先生的"论从史出"的观点虽然有一定的合理性，但又很容易陷入唯史料论的圈套中。所以，"史论结合"的观点逐渐提出并被多数史家所赞成和接受。如彭明在1961年《光明日报》上撰文指出："我们不应该把材料和观点割裂开来，历史研究工作应该从史料和观点必须统一的角度上来进行。"③ 翦伯赞先生在1962年说道："在历史研究工作中，必须把史和论结合起来。所谓史就是史料，所谓论就是理论。我们所说的理论，就是马克思列宁主义。要做到史与论的结合，必须先掌握史料与理论，掌握史料与理论，是做好史与论结合的前提条件。"④

林甘泉先生把史论问题理解为观点与材料的关系，但也认为："我们在强调重视史料的同时，决不应该对马克思主义的理论指导意义有任何忽视。"⑤ 此后，学者们还专门就史论关系举行若干的讨论会。虽然大家对史与论的具体内容有所争议，但多数还是主张应该史论结合的。但不幸的是，"文革"前夕，马克思主义史学的代表人物翦伯赞先生被打倒。他的一些正确的学术观点也遭到不同程度的否定与批判。尤其是在尹达发表他那篇名文《必须把史学革命进行到底》之后，⑥ "以论带史"被重新从故纸堆里捡拾了出来，"史论结合""论从史出"的观点被彻底抛弃。

---

① 范文澜：《反对放空炮》，《历史研究》1961年第3期。
② 吴晗：《如何学习历史——对北京师范学院历史系同学的讲话》，《光明日报》1962年1月4日。
③ 彭明：《谈观点与材料的统一》，《人民日报》1961年5月31日。
④ 翦伯赞：《关于史与论的结合问题》，《光明日报》1962年2月14日。
⑤ 林甘泉：《关于史论结合问题》，《人民日报》1962年6月14日。
⑥ 尹达在这篇文章里面说道："我们提倡以论代史，就是说我们必须以马克思列宁主义、毛泽东思想为指导去研究历史，对于大量的历史事实给以科学的分析。反对为史实而史实，史料即史学的资产阶级史学观点。"参见其所撰《必须把史学革命进行到底》，《红旗》1966年第3期。

1979年之后，史论关系又被史学界作为史学理论的一个热点而继续进行探讨，但议论的中心仍然集中在"以论带史""论从史出""史论结合"三种观点上。大家论证纷纷，莫衷一是。而我们认为，蒋大椿先生与胡绳先生的观点颇具有代表性。蒋先生认为："史与论的关系，应当放在三个不同的范围内，分别弄清'史'与'论'本身的涵义，分别予以解决。"①"第一个范围，是将史与论作为整个社会结构中意识形态范围内的两种社会现象来考察。在这里，史指历史科学，论指马克思主义哲学，首先是指唯物主义历史观……第二个范围，是把史与论放在历史科学的研究过程中来考察。在这里，史指具体的历史过程及构成这个过程的一系列历史事实，论则是对具体历史过程和历史事实的看法、认识，即史识……第三个范围，是在说明历史的过程中来考察史论关系。在这里，史指历史著作中所用的材料，论就是著作中的观点、论点。"②胡绳先生则在《研究方法和叙述方法》一文中说道："作为历史的研究方法，论从史出的方法看来是适当的……所谓史论结合，指的是叙述方法……"③此后，对于史论关系的争论又有所发展，但依然是各执一词，其讨论的热度也随之逐渐减弱了。

三 结语

"回到乾嘉去"史学现象虽然只是改革开放之初一批长于考据的历史学家的一股学术暗涌，但其中的主流确代表了马克思主义史家群体内部的一部分史家对中国史学发展道路和方向的另一种追寻与尝试。且他们这种尝试从史学方法上来看是非常值得鼓励也是很值得当代学人很好地加以继承和发扬的。但如黎澍先生所说的那样，马克思主义对历史学的要求不仅仅是求真和发现规律，更为重要的前提条件与首要条件应该是坚持马克思主义的指导。④同时，也如尹达先生在河南省社科联的讲话中所说的那样："搞历史搞社会科学同样如此，离开了马克思主义的指导，必然走到错路上去……有些同志说，我是搞考据的，不会搞理论。那么你搞考据，有指

---

① 蒋大椿：《论与史的关系考察》，《历史研究》1982年第4期。
② 同上。
③ 胡绳：《研究方法和叙述方法》，《光明日报》1985年1月16日。
④ 参见黎澍《马克思主义对历史学的要求》，《历史研究》1984年第1期。

导思想没有？有指导思想，就总有理论。你的思想不是偏重于马克思主义，就是流于非马克思主义，不可能为考据而考据，也不可能考据时不动脑子。"① 面对史学界的学术批评，一些精于考据的史学家也重新认识并强调了马克思主义的理论指导作用。如在中国史学会首次学术年会上，"宋家钰认为，不能把考据学作为研究历史的基本方法和方向来提倡。我们应持的正确态度是，坚持历史唯物主义，批判地继续旧考据学。杨向奎也认为……我们并不菲薄中国传统的考据，但考据不能使史料变为历史，不能使史料具有生命，只有分析史料的各种发展形式，探寻这些形式的内在联系，史料的生命才能观念地反映出来而成为历史学。"② 此后，在马克思主义史学家内部的一部分史家提出重新学习马克思主义的重要性；另一部分史家则在充分反思的基础上，探讨继承中国传统优良史学遗产的重要性了。

（作者单位：江苏大学文法学院）

---

① 尹达：《坚持用马克思主义指导社会科学研究》，《中州学刊》1982年第3期。
② 参见包凌云等《中国史学会首次学术年会暨中国史学界第三次代表大会综述》，《中国历史学年鉴》（1984），人民出版社1984年版，第10—11页。

构建双主线、多支线的中国世界史编撰线索体系*

——全球时代马克思世界历史理论的应用

董欣洁

今日的中国置身于一个前所未有的、剧变的全球时代。整个世界如同一个巨大的力场,将各个国家甚至每个人都牵纳其中。在现有的学科分类中,世界史为人们探索自身与世界的关系提供了重要的研究途径。从19世纪中叶中国世界史研究萌生以来,包括周谷城、①雷海宗、②齐世荣、③罗荣渠、④刘家和、⑤马克垚、⑥于沛、⑦钱乘旦⑧等人在内的世界史研究者,在构建中国自己的世界史研究体系方面进行了卓越的理论探索与实证研究。其中,吴于廑关于世界历史"纵向发展和横向发展"的思想成为当

---

* 本文为 2012 年度国家社科基金青年项目"西方全球史学研究"(12CSS017)的阶段性成果。

① 周谷城:《世界通史》,商务印书馆 2009 年版。
② 雷海宗:《世界史上一些论断和概念的商榷》,《历史教学》1954 年第 5 期。
③ 齐世荣:《编写一部简明的世界通史是时代的需要》,刘新成主编:《全球史评论》第 2 辑,中国社会科学出版社 2009 年版,第 143—150 页。
④ 罗荣渠:《论一元多线历史发展观》,《历史研究》1989 年第 1 期。
⑤ 刘家和、廖学盛主编:《世界古代文明史研究导论》,北京师范大学出版社 2010 年版。
⑥ 马克垚:《编写世界史的困境》,刘新成主编:《全球史评论》第 1 辑,商务印书馆 2008 年版,第 5—22 页。
⑦ 于沛:《生产力革命和交往革命:历史向世界历史的转变——马克思的世界历史理论与交往理论研究》,《北方论丛》2009 年第 3 期。
⑧ 钱乘旦:《以现代化为主题构建世界近现代史新的学科体系》,《世界历史》2003 年第 3 期。

今中国世界史学界的主流理论。① 2010 年,百余位学者通力合作完成的 8 卷 39 册 1500 余万字的《世界历史》,由江西人民出版社发行面世。这是中国第一部将专题研究与编年叙事结合起来的大型世界通史著作。以上这些理论与实证研究成果,既是我们在世界一体化加速发展的现实前提下研究世界史的深厚基础,又提供了新的出发点。

笔者在研究西方全球史的过程中,逐渐发现很多西方著名的世界史或全球史著作都受到马克思世界历史理论的不同程度的影响。全球时代复杂的国际政治现实和学术趋势,促使笔者重新思考马克思世界历史理论在历史学研究和编撰中的学术价值。具体而言,这个设想落实在世界史编撰领域,就是将中国世界史理论体系建设这个目标进一步具体化和细化,考虑构建一种包括双主线、多支线在内的世界史编撰线索体系。双主线是纵向的生产主线与横向的交往主线。多支线是构成或依附于两条主线的不同领域及不同层次的、具体的细节线索,包括跨文化贸易、环境变化、物种传播、疾病传染、移民、战争、殖民主义扩张、帝国主义侵略、宗教传播、文化交流,等等。世界历史就是在双主线与多支线所体现出的各种动力的交互推动下演进的。双主线与多支线的世界史编撰线索体系,实际上意味着世界历史演变的内在动力体系,这个编撰线索体系本身是历史发展合力的具体反映,需要不断在实证研究中检验和充实,同时自然也成为进一步的宏观理论构建的根基。另外,对双主线和多支线的探讨,有利于吸收西方世界史学界的积极成果、将其整合到我们自身的学术框架之中。

一

19 世纪 40 年代,经典作家在《德意志意识形态》的文稿中,提出"我们仅仅知道一门唯一的科学,即历史科学。历史可以从两方面来考察,可以把它划分为自然史和人类史。但这两方面是不可分割的;只要有人存在,自然史和人类史就彼此相互制约"。②《德意志意识形态》是马克思主义的成熟文本。另外,19 世纪,包括细胞学说、生物进化论、能量守恒和

---

① 吴于廑:《世界历史》,《中国大百科全书·外国历史卷》,中国大百科全书出版社 1990 年版,第 1—15 页。周一良、吴于廑主编:《世界通史》,人民出版社 1962 年版。吴于廑、齐世荣主编:《世界史》,高等教育出版社 2011 年版。
② 《马克思恩格斯文集》第 1 卷,人民出版社 2009 年版,第 516 页,注 2。

转化定律在内的自然科学重大进展已经为世人所知;甚至到 19 世纪晚期,牛顿经典力学在物理学家看来已经不能充分解释宇宙的运动,量子力学和广义相对论呼之欲出,即将在 20 世纪初期问世。即使在这种复杂的时代和学术背景下,对于前述"唯一的科学"这个结论,自然科学素养深厚的恩格斯(1820—1895)在晚年也未曾修正。他在 1883 年《在马克思墓前的讲话》中高度赞颂"马克思发现了人类历史的发展规律"。① 此中的深意,体现出马克思"思想的统一性"和"理论的多维性","马克思拒绝把不同的学术学科相分离";由于"物质生产力不可能同与之相适应的社会生产关系(即最宽泛意义上的社会组织)相分开",所以马克思采取的分析方法是"历史的分析",进而"揭示各个社会尤其是资产阶级社会的历史发展"。②

这种"历史的分析",也就是唯物史观所倡导的基本研究方法,即"重新研究全部历史,必须详细研究各种社会形态的存在条件,然后设法从这些条件中找出相应的政治、私法、美学、哲学、宗教等等的观点",③ 也就是"对包含着一连串互相衔接的阶段的发展过程的阐明"。④ 这是唯物史观的精髓所在。所以,恩格斯在 1895 年指出:"马克思的整个世界观不是教义,而是方法。它提供的不是现成的教条,而是进一步研究的出发点和供这种研究使用的方法"。⑤ 同理,列宁(1870—1924)在 1906 年指出:"我们不否认一般的原则,但是我们要求对具体运用这些一般原则的条件进行具体的分析",⑥ 在 1920 年指出:"马克思主义的精髓,马克思主义的活的灵魂:对具体情况作具体分析"。⑦ 这种具体的"历史的分析"构成了马克思主义理论体系的方法论基础。

由上可知,历史研究尤其是世界历史研究对马克思主义理论体系的重要性是显而易见的。经典作家对世界历史的实证研究与理论探讨,在 1843 年克罗茨纳赫时期萌芽后,历经《〈黑格尔法哲学批判〉导言》、《1844 年

---

① 《马克思恩格斯文集》第 3 卷,人民出版社 2009 年版,第 601 页。
② 埃里克·霍布斯鲍姆:《如何改变世界:马克思和马克思主义的传奇》,吕增奎译,中央编译出版社 2014 年版,第 103—126 页。
③ 《马克思恩格斯文集》第 10 卷,人民出版社 2009 年版,第 587 页。
④ 同上书,第 560 页。
⑤ 同上书,第 691 页。
⑥ 《列宁全集》第 12 卷,人民出版社 1987 年版,第 273 页。
⑦ 《列宁专题文集:论马克思主义》,人民出版社 2009 年版,第 293 页。

经济学哲学手稿》，在《德意志意识形态》中获得明确清晰的表述，但绝不止步于此，对世界历史的研究已经成为一条基本线索，贯穿在《资本论》、东方社会发展道路、历史学笔记、历史发展"合力"思想等探讨中。尤其是恩格斯晚年对历史发展"合力"思想的研究，进一步扩展了马克思世界历史理论在探索历史发展动力方面的层次和角度。"合力"思想的内容可以概括为：历史过程中的决定性因素归根到底是现实生活的生产和再生产，但是对历史斗争的进程发生影响并且在许多情况下主要是决定着这一斗争的形式的，还有上层建筑的各种因素，即表现出这一切因素间的相互作用，这样就有无数互相交错的力量，有无数个力的平行四边形，由此产生出一个合力，即历史结果，每个意志都对合力有所贡献，因而是包括在这个合力里面的。①

在马克思（1818—1883）和恩格斯之前，西方学术界在探索世界历史演变的根源时，往往背离实践而从观念出发。马克思则鲜明地提出，"全部社会生活在本质上是实践的。凡是把理论引向神秘主义的神秘东西，都能在人的实践中以及对这种实践的理解中得到合理的解决。"② 这样，马克思史无前例地把存在者的存在把握在感性活动的过程中，从而不仅与黑格尔、费尔巴哈的本体论立场划清了界限，而且批判地脱离了整个哲学—形而上学，正是在这个意义上，马克思开展出以实践纲领为基础的本体论革命。③ 相应地，丰富多彩的社会实践在世界历史研究中的重要性得到了承认。对此恩格斯指出，"以前所有的历史观，都以下述观念为基础：一切历史变动的最终原因，应当到人们变动着的思想中去寻求……可是，人的思想是从哪里来的，政治变动的动因是什么——关于这一点，没有人发问过。……现在马克思则证明，至今的全部历史都是阶级斗争的历史，……这些阶级又是由于什么而产生和存在的呢？是由于当时存在的基本的物质条件，即各个时代社会借以生产和交换必要生活资料的那些条件。"④ 根据唯物史观的基本原理，首先应当确定一切人类生存的第一个前提，也就是一切历史的第一个前提，这个前提是：人们为了能够"创造历史"，必须

---

① 《马克思恩格斯文集》第 10 卷，人民出版社 2009 年版，第 591—593 页。
② 《马克思恩格斯文集》第 1 卷，人民出版社 2009 年版，第 501 页。
③ 吴晓明、陈立新：《马克思主义本体论研究》，北京师范大学出版社 2012 年版，第 221—222 页。
④ 《马克思恩格斯文集》第 3 卷，人民出版社 2009 年版，第 457—458 页。

能够生活，但是为了生活，首先就需要吃喝住穿以及其他一些东西。因此第一个历史活动就是生产满足这些需要的资料，即生产物质生活本身，这是……一切历史的基本条件。①

经典作家指出：历史不过是追求着自己目的的人的活动而已。② 历史向世界历史的转变，"是完全物质的、可以通过经验证明的行动，每一个过着实际生活的、需要吃、喝、穿的个人都可以证明这种行动"。③ 他们指出：一定的生产方式或一定的工业阶段始终是与一定的共同活动方式或一定的社会阶段联系着的，而这种共同活动方式本身就是"生产力"；由此可见，人们所达到的生产力的总和决定着社会状况，因而，始终必须把"人类的历史"同工业和交换的历史联系起来研究和探讨。④ 在这个意义上，马克思才会做出如下判断：世界史不是过去一直存在的，作为世界史的历史是结果。

《德意志意识形态》指出：人们是自己的观念、思想等等的生产者，他们受自己的生产力和与之相适应的交往的一定发展——直到交往的最遥远的形态——所制约。⑤ "各种交往形式的联系就在于：已成为桎梏的旧交往形式被适应于比较发达的生产力，因而也适应于进步的个人自主活动方式的新交往形式所代替；新的交往形式又会成为桎梏，然后又为另一种交往形式所代替。由于这些条件在历史发展的每一阶段都是与同一时期的生产力的发展相适应的，所以它们的历史同时也是发展着的、由每一个新的一代承受下来的生产力的历史，从而也是个人本身力量发展的历史。"⑥ 所以，"一切历史冲突都根源于生产力和交往形式之间的矛盾。此外，不一定非要等到这种矛盾在某一国家发展到极端尖锐的地步，才导致这个国家内发生冲突。由广泛的国际交往所引起的同工业比较发达的国家的竞争，就足以使工业比较不发达的国家内产生类似的矛盾"。⑦ 这实际上表明，马克思世界历史理论包含着两个核心概念，一个自然就是生产，另一个则是交往。生产的发展促进了交往的扩大，交往的扩大则有利于生产的保持，

---

① 《马克思恩格斯文集》第1卷，人民出版社2009年版，第531页。
② 同上书，第295页。
③ 同上书，第541页。
④ 同上书，第532—533页。
⑤ 同上书，第524—525页。
⑥ 同上书，第575—576页。
⑦ 同上书，第567—568页。

两者之间存在着辩证的相辅相成。

如前所述，马克思世界历史理论可以简要概括为：世界历史是人类所创造的社会生产力不断发展和在此基础上人类的交往不断密切的产物，是人类整体的历史。这一论断鲜明地指出了世界历史的实践性与整体性，从本体论与认识论两方面实现了世界历史研究的革命性突破。具体而言，世界历史绝非某种纯粹的抽象行动，而是在生产力发展推动下的客观历史进程，各个相互影响的活动范围在此进程中越是扩大，各民族的原始封闭状态由于日益完善的生产方式、交往以及因交往而形成的不同民族之间的分工消灭得越是彻底，历史也就越是成为世界历史，所以世界历史的形成是人类社会生产和交往发展的必然结果。在马克思和恩格斯看来，历史发展的主体是人本身，人的生产与交往是历史发展的动力，生产力因素对历史发展具有基础性的决定作用。这个创新性的世界历史阐释框架，为唯物史观的发展提供了深厚的历史基础。

二

正如马克思在1858年所言："现代历史著述方面的一切真正进步，都是当历史学家从政治形式的外表深入到社会生活的深处时才取得的。"① 他实际上强调的是对历史发展动力的研究将推动历史叙事的发展。马克思世界历史理论的突出特点正是对世界历史演化动力的探讨。20世纪尤其是20世纪中期以来，在历史学领域，我们可以看到，西方著名的世界史著作几乎都受到其不同程度的影响。

作为"当今世界影响最大的史学流派之一"②的法国年鉴学派，其史学理论和方法的基础是由创始人吕西安·费弗尔（1878—1956）和马克·布洛赫（1886—1944）奠定的，而费弗尔和布洛赫在一定程度上受到马克思主义的影响，③怀有"创建打破不同人文学科界限的全面历史学的抱

---

① 《马克思恩格斯全集》第12卷，人民出版社1962年版，第450页。
② 费尔南·布罗代尔：《地中海与菲利普二世时代的地中海世界》第1卷，唐家龙等译，吴模信校，商务印书馆2013年版，"出版说明"，第1页。
③ 张芝联：《费尔南·布罗代尔的史学方法》，《历史研究》1986年第2期。

负",① 主张"唯有总体的历史,才是真历史"。② 年鉴学派第二代核心人物费尔南·布罗代尔(1902—1985),则将总体史的观念落实在他1949年出版的两卷本《地中海与菲利普二世时代的地中海世界》、1963年出版的《文明史》、1979年出版的三卷本《15至18世纪的物质文明、经济与资本主义》等作品中。在《地中海与菲利普二世时代的地中海世界》中,布罗代尔"为了阐明地中海1550年至1600年这短短一瞬间的生活",提出"漫长的16世纪"(long 16th century)这样一个时间单位,即"1450年和1650年之间的这些热火朝天的年代",以便对16世纪的地中海进行总量分析,"确定其大量的经济活动之间的基本关系"。③ 布罗代尔在方法论上的创见,是用地理时间、社会时间和个人时间即长时段、中时段和短时段的划分把复杂的历史现象区分为三个层次,努力以此展现出连续性的历史。他在1963年指出:这些阐述在纵的方向从一个时间"台阶"到另一个时间"台阶",在每一级"台阶"上也有横向联系和相互关系。④ 显然,他在强调自己对历史发展纵向联系与横向联系的重视。

在西方史学界,堪称誉满全球的最为著名的两位马克思主义史学家,毫无疑问是艾瑞克·霍布斯鲍姆和伊曼纽尔·沃勒斯坦。霍布斯鲍姆(1917—2012)撰有著名的"年代(Age)四部曲",被视作"所有英语世界印刷的历史书中,最有力和连贯的"世界史杰作。⑤ 其中,1962年出版的《革命的年代:1789—1848》、1975年出版的《资本的年代:1848—1875》、1987年出版的《帝国的年代:1875—1914》构成了霍布斯鲍姆的"漫长的19世纪"(1789—1914)三部曲。第四部则是1994年出版的描述"短促的20世纪"的《极端的年代:1914—1991》。霍布斯鲍姆的"漫长

---

① 费尔南·布罗代尔:《地中海与菲利普二世时代的地中海世界》第1卷,"中译本序(布罗代尔夫人作)",第7页。

② 马克·布洛赫:《为历史学辩护》,张和声、程郁译,中国人民大学出版社2006年版,第40、7页。

③ 费尔南·布罗代尔:《地中海与菲利普二世时代的地中海世界》第1卷,第19、607页,《地中海与菲利普二世时代的地中海世界》第2卷,吴模信译,商务印书馆2013年版,第404页。Fernand Braudel, "Qu'est-ce que le XVIe siècle?", *Annales. Histoire, Sciences Sociales*, 8e Année, No. 1, Jan.-Mar., 1953, pp. 69–73.

④ 费尔南·布罗代尔:《地中海与菲利普二世时代的地中海世界》第1卷,"第二版序言",第15—16页。

⑤ C. A. 贝利:《现代世界的诞生:1780—1914》,于展、何美兰译,商务印书馆2013年版,第5—6页。

的19世纪"和"短促的20世纪",显然受到了布罗代尔"漫长的16世纪"的影响,其意在对19世纪的世界历史进行总体考察。年代系列的著述目的,就是"要了解和解释19世纪及其在历史上的地位,了解和解释一个处于革命性转型过程中的世界,在过去的土壤上追溯我们现代的根源"。①霍布斯鲍姆用以组织19世纪的主题,"是自由主义资产阶级特有的资本主义的胜利和转型"。②他认为,1789年的世界是一个乡村世界,但是法国大革命和同期发生的(英国)工业革命,即双元革命,使得1789年后的世界发生巨大变革;许多非欧洲的国家和文明在18世纪后期仍然与欧洲国家保持平等地位,双元革命促使欧洲扩张霸权,同时也为非欧洲国家的反击提供了条件。③霍布斯鲍姆深谙马克思主义的方法论精髓,他虽然从纵向上把19世纪划分为三个时段,但是始终把历史看作一个整体,而不是国别史、政治史、经济史和文化史等专门领域的集合,始终用理论来统领对同一个研究主题的分章叙述。

沃勒斯坦(1930—)于1974年出版了多卷本《现代世界体系》的第1卷《16世纪的资本主义农业与欧洲世界经济体的起源》。该书的核心是讲述现代世界体系即资本主义世界经济体的起源与历史发展。沃勒斯坦认为,世界体系是一种社会体系,具有范围、结构、成员集团、规则与凝聚力,其内部冲突的各种力量构成整个体系的生命力;现代世界体系发端于西欧,并逐渐扩展到世界其他地区,最后覆盖全球;欧洲并不是当时唯一的世界经济体,不过只有欧洲走上资本主义道路并超越其他世界经济体;世界经济体在空间层面可以划分为半边缘、中心与边缘地区。沃勒斯坦也采用了源自布罗代尔的"漫长的16世纪"这一时间单位,说明资本主义世界经济体形成于"延长的16世纪"(使用的是同一个单词long,中译本翻译不同),即1450—1640年,并自那时以来从地域上向世界扩展。④《现代世界体系》第4卷出版于2011年,名为《中庸的自由主义的胜利:

---

① 艾瑞克·霍布斯鲍姆:《帝国的年代:1875—1914》,贾士蘅译,中信出版社2014年版,"序言",第Ⅸ页。
② 同上书,第10页。
③ 艾瑞克·霍布斯鲍姆:《革命的年代:1789—1848》,王章辉等译,中信出版社2014年版,第14、31—32页,"序言",第Ⅸ页。
④ 伊曼纽尔·沃勒斯坦:《现代世界体系》第1卷,尤来寅等译,罗荣渠审校,高等教育出版社1998年版,第80页;《现代世界体系》第2卷,吕丹等译,庞卓恒主译兼总审校,高等教育出版社1998年版,第6页。

1789—1914》，从时段上看与霍布斯鲍姆的界定相同，同样要讲述"延长的 19 世纪"的历史，即中庸的自由主义"驯服"保守主义与激进主义、在 19 世纪取得胜利的历史。他认为现代性开始于延长的 19 世纪，并延续到 20 世纪。① 沃勒斯坦还提出了"延长的 20 世纪"② 的时间单位，以便从联系和辩证的角度审视 19 和 20 世纪的世界史。他指出："我不采用多学科的方法来研究社会体系，而采用一体化学科的研究方法。"③

实际上，"漫长的 16 世纪"对应的是对近代早期全球状况的分析，正如马克思所说，"资本主义时代是从 16 世纪才开始的"，④ "漫长的 19 世纪"对应的则是欧洲由于工业化而与世界其他地区发生力量对比转变的时期，这两个时段的区分意味着对资本主义不同历史阶段意义的判定，和对近代以来复杂的全球演变的重新评估。这两个时间观念与中心区、半边缘、边缘地区等空间观念，在兴起于 20 世纪中期的西方全球史的研究与编撰中深受重视。很多学者从各自的学术背景出发做出相应的分析。⑤ 经典作家和布罗代尔、霍布斯鲍姆、沃勒斯坦等人的观点在其中被作为某种参照系反复讨论。还有学者将布罗代尔、霍布斯鲍姆、沃勒斯坦的作品也归入全球史之列。在西方众多全球史著作中，C. A. 贝利 2004 年出版的《现代世界的诞生：1780—1914》和尤尔根·奥斯特哈梅尔 2009 年出版的《世界的转变：19 世纪全球史》，就是两本探讨"漫长的 19 世纪"的单卷本名著。

C. A. 贝利（1945—　）这本《现代世界的诞生：1780—1914》，开宗明义便提出研究的是"19 世纪在国家、宗教、政治意识形态和经济生活方面全球一致性的起源"，认为各个社会之间外在表现的不同在增强，但这些不同越来越趋向于用相同的方式来表达，西方的统治有残酷的一面，

---

① 伊曼纽尔·沃勒斯坦：《现代世界体系》第 4 卷，吴英译，庞卓恒校，社会科学文献出版社 2013 年版，第 7—8、341 页。
② 同上书，第 8 页。
③ 伊曼纽尔·沃勒斯坦：《现代世界体系》第 1 卷，第 11 页。
④ 《马克思恩格斯文集》第 5 卷，人民出版社 1985 年版，第 823 页。
⑤ Patrick Manning, "The Problem of Interactions in World History", *The American Historical Review*, Vol. 101, No. 3, 1996, pp. 771 – 782. Jerry H. Bentley, "Cross-Cultural Interaction and Periodization in World History", *The American Historical Review*, Vol. 101, No. 3, 1996, pp. 749 – 770. Lloyd Kramer and Sarah Maza, eds., *A Companion to Western Historical Thought*, Malden, MA: Blackwell Publishing, 2002. Stefan Berger, ed., *A Companion to Nineteenth-Century Europe: 1789 – 1914*, Malden, MA: Blackwell Publishing, 2006.

但西方的优势只是部分和暂时的。① 他认为现代化具有多样性的起源,并非简单地从欧美向其他地区传播。贝利受到了霍布斯鲍姆的年代四部曲的启发,但是不完全同意霍布斯鲍姆对唯物主义力量的强调。他提出,要把"横向史"(即联系史)与"纵向史"(即特殊制度与意识形态发展史)结合起来,"要说明任何世界史都需要设定政治组织、政治思想与经济活动之间更复杂的互动",甚至提出"从最广的意义上说,历史的发展似乎由经济变化、意识形态构建和国家机制所构成的复杂的四边形的合力来决定"。② 这些论述从方法论的角度来看,是对马克思世界历史理论的直接的借鉴吸收。贝利的创见在于,他"把19世纪的世界作为一个网络重叠的全球复合体来描写,但同时要承认每个网络固有的实力差别",所以他明确提出,自己"既反对西方例外论,又反对完全相对论"。③

尤尔根·奥斯特哈梅尔(1952—)的《世界的转变:19世纪全球史》(德文版2009年,英文版2014年),书名中没有标注具体年限,正文中列有专章讨论分期和时间结构,内容则视行文需要追溯到1780年之前或延伸到当代,以便使19世纪的意义在更长的时间内显示出来。④ 两书的重点设置也有所差异,贝利特别感兴趣的主题包括民族主义、宗教、生活习惯,奥斯特哈梅尔更加关注迁移、经济、环境、国际政治和科学。⑤ 他把贝利的叙事方法描述为一种意在去中心的空间发散方法,研究者进入同时性的历史细节之中,寻找类比分析,搜寻出史实中隐藏的相互依存,相应地在年代学上会有意表现得开放和模糊;而且,专心于个体现象,并从全球视野中去审视这些现象。⑥ 他认为贝利这种横向的、由空间确定的历史编纂学与霍布斯鲍姆那种更加强调纵向的、时间性的历史编纂学之间的关系似乎显示出一种不可避免的模糊性,将两者融合起来的尝试没有获得完全的和谐,因此他怀疑用历史学家的认知工具能否在单一模式中反映出

---

① C. A. 贝利:《现代世界的诞生:1780—1914》,第1—3页。
② 同上书,第4、6、8页。
③ 同上书,第527、520页。
④ Jürgen Osterhammel, *The Transformation of the World: A Global History of the Nineteenth Century*, Princeton and Oxford: Princeton University Press, 2014, "Introduction to the First German Edition", p. xviii.
⑤ Jürgen Osterhammel, *The Transformation of the World: A Global History of the Nineteenth Century*, "Introduction to the First German Edition", p. xvii.
⑥ Ibid., p. xviii.

一个时代的动态。① 奥斯特哈梅尔倾向于贝利的方法，他认为自己走得更远，也可能比贝利更多一点以欧洲为中心，更明确地把 19 世纪看作"欧洲的世纪"。② 对此他解释道：一位欧洲的（德国的）作者为欧洲的（德国的）读者写史这个事实，不可能不在文本中留下印记，尽管蕴含着全球的意图；而且，期待、先验知识和文化假设从来没有位置中立，这种相对性导致了认知的核心不能脱离历史事实中的中心/边缘结构。③

前述这些学者的史学实践与相互之间的影响，共同构成了西方世界史发展的重要成就，同时也标明了西方世界史发展的过程和脉络。例如，霍布斯鲍姆与布罗代尔私交颇笃，称布罗代尔是"一位和蔼可亲、纡尊降贵的师父，而这种角色正是我仰慕他和喜欢他之处"。④ 霍布斯鲍姆作为主要奠基人的左派杂志《过去与现在》，在创刊号中"开宗明义就感谢《年鉴》所带来的启发"。⑤ 他们的作品无疑从广度和深度两方面拓展了西方世界史研究的层次和范围，使人类生活复杂的众多面相获得了更加鲜明的立体呈现。如果说，相对于兰克以降的西方传统世界史而言，第二次世界大战之后的西方世界史研究关于人类历史的一种更加整体化和综合化的编撰视角已经得以确立，那么很显然，其发展本身一方面有赖于多位历史学家的专业努力，另一方面也佐证了马克思世界历史理论这个框架的内在包容性与理论解释能力。

三

如何从整体上把握世界历史的进程，如何恰当地处理人类的时间发展和空间发展两者之间的关系，至今仍然是历史编纂学中的核心问题。对西方学者而言，在历史写作中，如何能够不用欧洲中心的方法而更好地考察

---

① Jürgen Osterhammel, *The Transformation of the World: A Global History of the Nineteenth Century*, "Introduction to the First German Edition", p. xix.

② Ibid., p. xvii.

③ Ibid., p. xx.

④ 艾瑞克·霍布斯鲍姆：《趣味横生的时光：我的 20 世纪人生》，周全译，中信出版社 2010 年版，第 388 页。

⑤ 同上书，第 347 页。

"现代世界",没有一个简单的答案。① 前述学者实际上都在努力将世界历史的纵向发展与横向发展结合起来考察,只是在史学实践中各自有所侧重。我们也可以看出,出于立场和背景的不同,西方学者的相应观点存在着矛盾、冲突之处。从时间纵向来看,吕西安·费弗尔和马克·布洛赫在第一次世界大战时都曾在军中效力,布洛赫第二次世界大战时参加法国抵抗运动而罹难;布罗代尔、霍布斯鲍姆第二次世界大战时也都曾在军中服役,布罗代尔还曾经沦为德军战俘。这些亲身经历与切实感受到的时代形势变化,对历史学家的宏观视野与理论、方法论构建的影响绝不可低估。第二次世界大战后成长起来的史学研究者,与前辈相比,关注点与着重点显然已经有所不同,尤其是对西方殖民主义、帝国主义给人类社会造成的沉重历史代价再无切肤之痛。例如,奥斯特哈梅尔便认为:霍布斯鲍姆的关于双重革命的似是而非的论点,不再是可持续的。② 他还认为,沃勒斯坦实际上描述了"西方的兴起"。③ 这些情况既表明了时代的转换,也说明了学术研究的复杂性。

在当今的全球时代,从马克思世界历史理论出发,借鉴吸收前述中西方世界史研究与编撰的理论、方法论成果,笔者以为,在世界史编撰过程中,可以考虑构建双主线、多支线的世界史编撰线索体系,以便更加深入地从历史发展动力的角度来探讨世界历史的纵向发展与横向发展的关系问题。

双主线是指世界历史的纵向发展主线与横向发展主线,也就是"生产"(production)主线和"交往"(communication)主线。在当代的中文语境中,生产一词指的是人们使用工具来创造各种生产资料和生活资料;生产方式是指人们取得物质资料的方式,包括生产力和生产关系两个方面;生产力是指人类在生产过程中把自然物改造成适合自己需要的物质资料的力量,包括劳动者、劳动资料和劳动对象;生产关系是指人们在物质资料的生产过程中形成的社会关系,其中起决定作用的是生产资料所有制

---

① John Pincince, "Jerry Bentley, World History, and the Decline of the 'West'", *Journal of World History*, Vol. 25, No. 4, 2014, pp. 631 – 643.
② Jürgen Osterhammel, *The Transformation of the World: A Global History of the Nineteenth Century*, pp. 542 – 543.
③ Jürgen Osterhammel and Niels P. Petersson, *Globalization: A Short History*, Princeton and Oxford: Princeton University Press, 2005, p. 31.

的形式。① 交往一词在中文里意为"互相来往"。② 在西文里,交往源自于拉丁语中的单词"分享"(communis),还具有交流、交通、交换、联络、传播等含义。在马克思世界历史理论的框架中,交往的德文对应词是Verkehr,包含着一切社会关系,包括单个人、社会团体以及国家之间的物质交往和精神交往。③ 对于世界史编撰而言,生产意味着人类社会生产力不断发展和在此基础上人类社会形态的演进,即历史的纵向发展过程;交往意味着人类社会"怎样由原始的、闭塞的、各个分散的人群集体的历史,发展为彼此密切联系的形成一个全局的世界历史",即历史的横向发展过程。④ 生产与交往两条主线纵横互相支撑,说明了"整个所谓世界历史不外是人通过人的劳动而诞生的过程"。⑤ 所谓支线,就是那些构成或依附于主线的具体的、不同层面的、不同领域的细节线索。正如经典作家指出,"一定的生产决定一定的消费、分配、交换和这些不同要素相互间的一定关系。当然,生产就其单方面形式来说也决定于其他要素",例如,交换范围扩大时生产的规模也就增大,生产的分工会更细化,城乡人口的不同分配会导致生产发生变动,消费的需要也决定着生产,"不同要素之间存在着相互作用。每一个有机整体都是这样"。⑥ 为了认识和把握这些具体的要素,"我们不得不把它们从自然的或历史的联系中抽出来,从它们的特性、它们的特殊的原因和结果等等方面来分别加以研究。"⑦ 对各种支线的把握越是准确全面,越是能加深对生产与交往双主线的理解。世界历史的演进就是在生产与交往两条主线以及包括跨文化贸易、环境变化、物种传播、疾病传染、移民、战争、殖民主义扩张、帝国主义侵略、宗教传播、文化交流等在内的各种支线的交互作用中进行的。双主线与多支线共同构成了世界历史演变的动力体系,是历史发展合力的具体表现。

在生产与交往双主线中,生产,尤其是人类的物质生产,是更加具有决定性的历史发展动力。正如恩格斯在1875年指出:人类社会和动物界

---

① 中国社会科学院语言研究所词典编辑室编:《现代汉语词典》第6版,商务印书馆2012年版,第1160页。
② 同上书,第647页。
③ 《马克思恩格斯文集》第10卷,第43—44页。《马克思恩格斯文集》第1卷,第808页。
④ 吴于廑:《吴于廑文选》,武汉大学出版社2007年版,第33—35页。
⑤ 《马克思恩格斯文集》第1卷,人民出版社2009年版,第196页。
⑥ 《马克思恩格斯文集》第8卷,人民出版社2009年版,第23页。
⑦ 《马克思恩格斯文集》第3卷,人民出版社2009年版,第539页。

的本质区别在于，动物最多是采集，而人则从事生产；1890年指出：现实生活的生产和再生产是历史过程中的决定性因素。① 适应自己的物质生产水平而生产出社会关系的人，也生产出各种观念、范畴，即这些社会关系的抽象的、观念的表现，它们是历史的和暂时的产物。② 从世界范围来看，不仅"阶级的存在仅仅同生产发展的一定历史阶段相联系"，③ 而且"各民族之间的相互关系取决于每一个民族的生产力、分工和内部交往的发展程度。……不仅一个民族与其他民族的关系，而且这个民族本身的整个内部结构也取决于自己的生产以及自己内部和外部的交往的发展程度。"④ 不过，"只有随着生产力的这种普遍发展，人们的普遍交往才能建立起来"，⑤ "生产归根到底是决定性的东西"。⑥ 也就是说，生产和交往虽然互为前提，但是生产具有基础性的作用。

　　双主线与人类时空演化的对应关系在总体上表现为：生产的发展与时间延续同向，交往的扩大与空间扩展同向。生产在特定时间点上，可能会在某一个或某几个空间位置上表现出超越其他空间位置上的先进性。从古至今，人类历史在每个大时代都表现出领导时代发展潮流的力量中心，这些力量中心的存在揭示出世界历史与人类文明演进的多中心本质。多中心的世界历史本身，说明世界史是人类作为一个物种而言整体的历史。在生产与交往双主线的坐标系中，不同的国家、地区或文明都构成历史发展的支点，这些支点共同构成了人类社会整体性和多样性的辩证统一。所谓的"欧洲独特性"如果存在，那么它是世界历史中的众多独特性之一，正如资本主义是人类社会组织中的晚近阶段之一、状态之一。事实上，每一个生产关系的总和都意味着世界历史演进中的一个特殊阶段。在马克思的世界历史框架中，"关于亚细亚的、古代的、封建的和资产阶级的形态是'递进的'陈述并不意味着任何简单的、线性的历史观，也不意味着那种认为一切历史都是进步的简单观点。它仅仅是说，其中的每一种制度在关键的方面进一步摆脱了人类的原始状态"。⑦ 资本主义是人类的历史成就之

---

① 《马克思恩格斯文集》第10卷，人民出版社2009年版，第412、591页。
② 同上书，第49—50页。
③ 同上书，第106页。
④ 《马克思恩格斯文集》第1卷，人民出版社2009年版，第520页。
⑤ 同上书，第538页。
⑥ 《马克思恩格斯文集》第10卷，人民出版社2009年版，第595页。
⑦ 埃里克·霍布斯鲍姆：《如何改变世界：马克思和马克思主义的传奇》，第142页。

一、同时也是造成当今世界整体发展严重失衡的主要根源；但其本身至今还在演变之中，并非历史的终点。只要人类继续存在，人的生产与交往都将继续发展，世界历史作为人的能动的生活过程也将继续演化。从这个角度而言，西方学界的"欧洲中心论"与"历史终结论"自身所暗含的本体论缺陷是清晰可见的。

在人类交往不断扩大的基础上，生产的纵向发展（在时间中的发展）便同横向扩展（在空间中的发展）日益紧密地交织在一起，形成活跃的、时空一体的人类历史画面。这也印证了马克思主义的判断，每一代人都是在前一代人所达到的基础上继续发展生产和交往方式，并根据自身需要的改变而改变社会制度。这一点有利于破解世界通史特别是世界现代史编撰中包括所谓西方与非西方"挑战与应战"、"冲击与反应"在内的各种认识论谜题。正如霍布斯鲍姆所指出："价值和机制的扩散，很少是由突然性的外来压力所造成，除非当地早已存在可以接受这些价值机制或可以接受它们引入的条件"，"历史很少有快捷方式"。① 从根本上看，文明的发展具有一定的自我调节能力，源于外部的刺激自然是一种导致文明变革的动力，源于内部的活力与热情也同样不可轻视。如果内部的自我调节不力，文明将面临覆灭；但如果内部的调节能力达到足够的程度，文明将演化至新的阶段，而是否达到足够的程度，可以从生产与交往双主线来定位和判断。这种状况绝非"挑战与应战"或"冲击与反应"可以简单涵盖的，片面强调外部刺激的重要性显然有失偏颇，所以，将内外因素综合起来考量更为妥当。

在生产与交往双主线的研究中，我们可以更好地把握人本身从地域性的封闭条件下的个人向自由发展的个人的转变。正如马克思所指出，具有狭隘本性的资本，为了利益最大化而"力求全面地发展生产力"，"资本一方面要力求摧毁交往即交换的一切地方限制，征服整个地球作为它的市场，另一方面，它又力求用时间去消灭空间，就是说，把商品从一个地方转移到另一个地方所花费的时间缩减到最低限度。资本越发展，从而资本借以流通的市场，构成资本流通空间道路的市场越扩大，资本同时也就越是力求在空间上更加扩大市场，力求用时间去更多地消灭空间"，"这种趋

---

① 艾瑞克·霍布斯鲍姆：《霍布斯鲍姆看 21 世纪》，吴莉君译，中信出版社 2010 年版，"序"，第 12、13 页。

势是资本所具有的，但同时又是同资本这种狭隘的生产形式相矛盾的，因而把资本推向解体……同时意味着，资本不过表现为过渡点"。① 所以，资本主义生产"本身已经创造出了新的经济制度的要素，它同时给社会劳动生产力和一切生产者个人的全面发展以极大的推动；实际上已经以一种集体生产方式为基础的资本主义所有制只能转变为社会所有制"。② 这样，按照马克思主义的理论推演，其内在的逻辑结论就是：世界历史的下一个发展阶段将是共产主义，也就是人的自由、全面的发展实现之时。

对于西方资产阶级主流社会而言，马克思的上述思想意味着巨大的政治动员力量。所以，一些西方学者在借鉴马克思世界历史理论的同时，有意无意地划定其与这一理论的界限，甚至在某些方面停步不前。这一点即使在以破除"欧洲中心论"、重新书写世界历史为宗旨的全球史中也有所表现。西方全球史在方法论上形成了研究不同人群接触后发生的多种交往即跨文化互动的基本路径，积极挖掘各种物质交往现象的意义，努力展现出历史的传承与变化。但是，西方全球史也基本上止步于对跨文化互动现象的横向归纳与分析，回避纵向的或因果必然性上的探讨。而且，还存在着将全球史的内涵缩小的观点。例如，奥斯特哈梅尔曾经指出，应当区分"世界史"和"全球史"两个概念，将之视作两种不同的思维模式；世界史是各个文明的历史，特别是各个文明的对照及其内部动力的历史；全球史是这些文明之间的联系与互动的历史；可以把全球史视作跨越民族历史的一种"对角线"探究，和从权力政治与经济之外的某些视角去分析民族、国家与文明之间关系的一种尝试。③ 这种观点体现出德国全球史学者重视跨地区研究的倾向，但是，倘若把世界史和全球史做如此拆分，明显是一种认识上的收缩或者退化。人作为世界历史演化的主体，对其生产与交往应当而且必须给予辩证、统一的考察。

四 结语

正如有学者指出：马克思思想的普遍性并非在于传统意义上的跨学科

---

① 《马克思恩格斯文集》第 8 卷，人民出版社 2009 年版，第 169—170 页。
② 《马克思恩格斯文集》第 3 卷，人民出版社 2009 年版，第 465 页。
③ Jürgen Osterhammel and Niels P. Petersson, *Globalization: A Short History*, pp. 19 – 20.

性，而是力图对所有学科进行整合；在马克思之前的哲学家们按照人的总体性思考了人，但他是第一个把世界作为政治、经济、科学和哲学的整体来理解的人。① 马克思世界历史理论正是这种思想普遍性的结晶。时间的长河滚滚而行，置身于其中的史学研究者，努力克服认识上的局限，努力触摸历史的真实，这显然是人类一种执着的本性。全球时代对世界史具有迫切的需求，在各种探索的可能之中，双主线、多支线的世界史编撰线索体系是一种可以为之努力的方向。

（作者单位：中国社会科学院世界历史研究所）

---

① 埃里克·霍布斯鲍姆：《如何改变世界：马克思和马克思主义的传奇》，第11页。

民族性与世界性的交融

——建设中国特色世界通史编纂学的几点思考

曹小文

从19世纪60年代,中国学者翻译出版《世界史纲》算起,中国学界对世界通史的翻译、研究与编纂已经有一个半世纪的历史了。事实上,与西方学术界不断重构世界史的努力相比[①],中国学界对世界通史编纂缺乏深入、系统的总结和反省,这已经成为制约其发展的基本因素之一。这在一定意义上说明建设中国特色的世界通史编纂学是中国历史学发展的必然需求。

一 建设中国特色世界通史编纂学的意义和价值

对于世界通史编纂实践的总结是提升通史理论研究水平的基本途径;而对于世界通史编纂理论的阐发和提炼无疑也会对通史编纂实践产生一定的指导意义。认真、系统、深入地总结中国学者编纂和研究世界通史的经验和教训,对于当前的世界通史编纂来说,既具有实践方面的指导作用,又具有学科建设的理论自觉。

(一) 建设中国特色世界通史编纂学是系统总结中国史学遗产的需要

自19世纪中叶算起,中国学者翻译、编纂的各种体裁、类型的世界通史达200多部,再加上各个时期,人们对这些著作的研究和评述,这就构成了中国史学研究的重要内容。这足以表明中国史家在世界通史领域的艰辛探索和不懈追求,与中国通史编纂共同构成了中国史学发展史上的两

---

① 张广智主编:《西方史学通史》第六卷,复旦大学出版社2011年版,第218页。

座文化高峰,是中国史家注重"通史家风"这一优良传统的又一生动写照。不同时代的史家对世界通史编纂问题所作的阐述,积累了丰富的思想成果,是中国历史学发展不可多得的珍贵史学遗产,同样也是世界历史研究进一步发展的学术基石和历史底蕴。

中国的世界史研究者,从陈翰笙、罗荣渠到齐世荣、于沛等学者不断呼吁加强这一领域的理论总结和学术史研究。21 世纪以来,随着世界通史编纂实践不断推出新范式下的通史著作,有关世界通史编纂研究也不断取得新进展。2011 年,于沛再次撰文呼吁加强中国的世界史学科的史学史研究。他指出,"无论是多卷本或单卷本的《中国史学史》,包括高校的《中国史学史》教材,都没有涉及中国的世界史研究,似乎在中国历史学发展进程中从来不曾有中国学者进行过世界史研究,这显然与事实不符。"[①] 很显然,目前这种状况已经成为局限世界历史研究的学术史发展的重要因素。因此,建设中国特色世界通史编纂学,使这方面的研究具有更大理论性和自觉性,便显得重要而迫切。

(二)建设中国特色世界通史编纂学是世界历史学科发展的需要

世界历史研究在 20 世纪四五十年代逐渐发展成为一门独立的现代学科。它在几代学者的辛勤耕耘下,得到了迅速发展,尤其是在改革开放以来有了突飞猛进的发展。这不仅表现在众多的专题史、国别史的研究方面,而且在世界历史理论和世界通史编纂方面也取得了重要进展。20 世纪以来中国的世界通史研究在展现世界历史学科的发展历程,总结世界历史学科发展的经验教训、拓展人们的国际视野和世界眼光等方面发挥了重要的作用。然而,这一学科与社会的需求之间仍然存在着巨大的矛盾,目前的世界历史研究发展状况远远不能满足日益走向世界、融入世界的中国全面深化改革开放的需要。中国学者的世界通史著作及其编纂思想研究属于中国历史学和世界历史学的交叉领域,长期没有引起足够的重视。学术界虽然也取得了一定的学术研究成果,但整体而言世界通史研究和编纂仍然是史学史和史学理论研究中的薄弱环节。

20 世纪 80 年代,作为国务院学科评议组成员,罗荣渠在为制定国家"七五"社科发展规划所写的高校"七五"科研规划咨询报告中,建议

---

① 于沛:《加强我国世界史学科的史学史研究》,《人民日报》2011 年 11 月 17 日。

"积极推进中国的世界史研究"。① 21世纪以来,于沛分别出版了《世界史研究》(福建人民出版社2006年版)和《史学思潮和社会思潮》(北京师范大学出版社2007年版)两部著作,对作为学术史的中国世界史研究作了专门探讨。马克垚、钱乘旦、徐蓝、刘北成、赵文洪等学者在教育部社会科学委员会历史学学部编的,具有学科发展咨询性质的《史学调查与探索》一书中,分别撰文从不同角度探讨了史学理论视野下的世界史研究问题,对中国的世界史研究提出意见和建议。2010年,于沛撰写的《中国世界史研究的产生与发展》一书作为中国社会科学院世界历史研究所主编的多卷本《世界历史》的第1卷,由江西人民出版社出版。该书是作者2006年出版的同名著作的修订版本,对中国世界史研究的学术史作了系统的梳理和总结。从史学理论研究的视角看,将世界通史编纂学纳入研究视野,在一定意义上对于促进当代史学理论的发展,尤其是历史编纂理论的发展,具有相当大的促进作用,它有助于拓宽当代史学理论研究的视野,丰富当代史学理论研究的内涵。

从世界历史学的学科建设看,建设中国特色世界通史编纂学是新世纪新阶段史学界的重要任务。2011年3月24日,国务院学位委员会和教育部下发通知,公布了新的《学位授予和人才培养学科目录(2011年)》。对哲学社会科学界来说,新目录最大的变化之一在于历史学门类下由"历史学"1个一级学科,变为"考古学"、"中国史"、"世界史"3个一级学科。世界史升格为一级学科,是处于经济全球化浪潮中中国经济社会发展的客观需要,必将对整个中国历史学发展产生巨大影响②,并进而对中国发展产生深远影响。世界历史由以往历史学的1个二级学科上升为一级学科,对于世界历史研究是一个很好的发展机遇。具体到学科建设上就需要重新调整现有的学科规划布局,加强其分支学科的研究应该成为学科规划的重要内容。世界史成为一级学科之后,其重要研究方向之一是世界史的学术史研究,对中外史学家的世界史研究成果,都可以而且应该从史学史的层面进行研究。③ 尽管有的学者曾提出,努力建设具有中国特色的世界

---

① 罗荣渠:《积极推进中国的世界史研究》,《史学求索》,商务印书馆2009年版,第118—127页。
② 刘潇潇:《世界史升级为一级学科开启历史学科发展新阶段》,《中国社会科学报》2011年4月7日。
③ 于沛:《加强我国世界史学科的史学史研究》,《人民日报》2011年11月17日。

史编纂体系①,但建设中国特色世界通史编纂学对于当今的史学界来说还不能说是已经具备了自觉的意识,仍是长期的、艰巨的学术理想。从这个意义上讲,建设有中国特色世界通史编纂学更应该提上世界历史学科建设的日程,这是加强世界历史学科发展史研究与学科建设的重要举措。

(三)建设有中国特色世界通史编纂学对于当前的世界通史教学来说具有较高的参考价值,是深化当代历史教育研究的新切入点

长期以来,中国的历史教育研究对于中国历史教育发掘得比较深入、系统和透彻,也得到了教育界的普遍重视,这是必要的。随着经济全球化与文化多样化趋势的迅猛发展,中国改革开放的深入发展,对世界各个国家的历史和世界历史发展大势的了解逐渐成为一个当代人必备的基本素质。钱乘旦曾在一部丛书的序言中指出:"在'全球化'的背景下,世界对中国更显得重要。世界历史对中国人来说,是了解和理解世界的一扇窗,也是走向世界的一个指路牌。"② 从历史观方面看,"人们对世界历史的认识也从欧洲中心论史观向综合考察人类历史的全球史观演进"③,可以说这是时代的客观要求使然。人们通过各种途径来了解世界历史,无疑为世界历史知识的普及和世界历史教育的发展奠定了基础,同时也不可避免地对作为基本教科书的世界通史的编写与研究提出了更高的要求。世界历史教学受到各方面的重视,在该领域中兴起了诸如文明史、现代化、全球化、生态史等各种教学思潮。

由于世界通史地位的特殊性,使得中国的世界通史的研究与编纂大多是基于对历史教材的编写。从教育学的角度看,作为教科书的世界通史承担着"有效地将史学的学术形态转化为教学形态",发挥"引导学生学习世界历史的导游图和指路牌"的作用。作为教科书的世界通史,"应努力体现先进的教育和教学理念,遵循高等教育的教育、教学规律,贯彻教育改革的精神,关注转变学生的学习方式,重视学生创新精神和实践能力的

---

① 于文杰:《百年来中国世界史编纂体系及其相关问题辩证》,《贵州社会科学》2014 年第 4 期。
② 钱乘旦:《加强国人世界史教育是一个时代课题》,《博览群书》2009 年第 6 期。
③ 徐蓝:《20 世纪以来世界历史观念的发展与中国的世界史教学》,《课程·教材·教法》2013 年第 10 期。

培养，激发学生学习历史的积极性、主动性和主体性。"① 这也就使世界通史具有了一般历史著作所不具有的时代特色和教育内涵。对世界历史的整体研究与把握在很大程度上也就是当代历史教育研究的重要内容和领域。世界通史的编纂理念在很大程度上能够影响当前历史教育和教学的发展趋向。

无须讳言，现阶段对于世界历史教育的研究仍为历史教育领域的薄弱环节之一。我们所面临的现实是，"中国人对世界的了解还不够，对世界历史的了解更加贫乏，这已经影响到改革开放的深入发展，影响到中国发挥更大的世界性作用了。"② 造成这种结果的原因是多方面的，其中世界史教材研究的落后无疑是一个重要因素。很多学者已经认识到这一点，并进行了富有成效地探索。目前，中国学者对世界历史的认识与世界史教学总的发展趋势是：以包括马克思主义世界历史理论的唯物史观为指导，否定"欧洲中心论"，承认文明的多样性，逐步确立"全球史观"，并从全球的角度看待各种文明的互动与交往。③ 很显然，这个趋势并不是自今日才开始，而是就20世纪以来的世界历史研究与编纂的发展历程而言的。因此，将世界历史教育和普及的重要载体——不同历史时期的世界通史著作——进行研究，无疑将在一定程度上促进世界历史教育研究的深化。

二 中国特色世界通史编纂学的内涵和特征

中国特色世界通史编纂学的学科属性、研究对象是学科建设首先应该研究的问题。吴于廑、齐世荣等学者对此均有明确的阐述，认为世界史不是一个包罗万象的大口袋，而是有其自己的特定研究对象和内容。它既不是把中国史除外的外国史，也不是囊括一切国家、民族和地区的历史汇编，是一门有特定研究对象的历史学分支学科。④ 中国特色世界通史编纂

---

① 王斯德主编：《大学世界史·前言》，高等教育出版社2011年版，第Ⅵ、Ⅶ页。
② 钱乘旦：《加强国人世界史教育是一个时代课题》，《博览群书》2009年第6期。
③ 徐蓝：《20世纪以来世界历史观念的发展与中国的世界史教学》，《课程·教材·教法》2013年第10期。
④ 齐世荣：《编写一部简明的世界史是时代的需要》，刘新成主编：《全球史评论》第二辑，中国社会科学出版社2009年版，第147页。还有的学者，强调世界历史是指自诞生以来的历史，尤其注重人类社会在全部历史过程中的主体地位。参见俞金尧《"世界历史"与世界历史学科定位》，《史学月刊》2009年第10期。

学是一个中国历史学与世界历史学的交叉学科,亦是历史编纂学的一个分支学科,是史学理论研究的重要内容。它的研究对象主要包括:中国学者编写的世界通史著作和世界通史编纂思想、外国学者的世界通史著作及其世界通史编纂思想。中国特色世界通史编纂学具有其丰富的内涵,其特征主要表现在:

第一,中国特色世界通史编纂学应该坚持以唯物史观为指导,积极构建马克思主义史学理论新形态。[1] 马克思主义是一种开放性的理论体系,它不仅是对人们实践活动的一种理论概述,也是对人们科学成果的一种总结。[2] 坚持马克思主义唯物史观的基本原理是建设中国特色世界通史编纂学的基本原则之一。20世纪20年代,中国的世界历史研究与编纂就与唯物史观有着密切的联系,产生了最早的以唯物史观指导编译的三部马克思主义世界史著作。20世纪50年代,中国的世界史学者在唯物史观的指导下,对世界历史研究与编纂领域存在的"欧洲中心论"展开了斗争,推出了第一部以唯物史观为指导的世界通史著作。改革开放以来,中国学者在重新学习唯物史观基本原理,深入钻研世界历史实际之后,编写出一系列的世界通史,形成了中国世界通史编纂领域的三大流派。这一时期基本上形成了中国自己的世界现代史学科体系[3],强调运用马克思主义的立场、观点、方法从整体上研究世界历史的总体运动,建立马克思主义的世界史体系。[4] 当然,这并不是一帆风顺的,世界历史研究与编纂也遇到了包括后现代主义史学思潮在内的西方史学思潮的冲击和影响,20世纪90年代以来,唯物史观的指导地位非常明显地被弱化,甚至到了被边缘化的地位。

经过反省和重新探索,人们对唯物史观的认识更加全面与辩证,对唯物史观的坚持也就更深刻地体现在人们的学术思想和编纂实践中。21世纪以来,中国的世界通史编纂步入多途发展的新时期,开始完成多种范式指导下新型世界通史的编纂,在世界历史体系、世界历史理论、世界通史编

---

[1] 于沛:《史学思潮和社会思潮——关于史学社会价值的理论思考》,北京师范大学出版社2007年版,第5页。
[2] 宁可:《历史研究和马克思主义》,《宁可史学论集续编》,中华书局2008年版,第15页。
[3] 《世界现代史》课题组:《世界现代史·导论》上册,高等教育出版社2013年版,第3页。
[4] 郭圣铭:《建立马克思主义的世界史体系》,《世界历史》1984年第1期。

纂等方面取得多种多样的理论成果。例如世界现代史的编纂，于沛主编的《世界现代史的主线和体系》一书代表新世纪新阶段史学界的新探索。该书集中探讨了唯物史观在世界现代史编纂中的地位和作用，将以唯物史观为理论指导视为撰写《世界现代史》的基础和前提。① 徐蓝在多年编纂实践的基础上总结出了世界现代史编纂的基本原则。第一，以马克思主义的世界历史理论和马克思主义中国化、中国特色社会主义理论体系为理论指导，吸收国内外学术界的研究成果，以世界全局的宏观视野，较长时段地综合叙述自19世纪末20世纪初以来的世界现代历史整体发展的趋势和史实。第二，打破"欧洲中心论"的束缚，并将中国在20世纪的历史作为世界现代史的有机组成部分，对中国发生的具有世界影响的重大事件给以论述，编写出具有中国特色的世界现代史。② 这两个原则对世界通史编纂也具有相当的启示，因而也可以看作世界通史编纂问题上带有共性的原则和要求。2012年，徐蓝又进一步拓展了其世界通史编纂的视界，成功编纂了《世界近现代史（1500—2000）》一书。这既是对编纂世界现代史基本原则的检验，又是对20世纪编纂世界通史编纂基本原则的总结和提升，是构建马克思主义史学理论新形态的重要举措。中国社会科学院世界历史研究所主编的8卷本38册《世界历史》始终以马克思主义唯物史观为理论指导，通过对复杂的世界历史进程的研究，特别是通过对影响世界历史进程的若干重大问题的深入探讨，再现人类社会丰富多彩的历史图景。这是该书在编纂之初就确定的根本指导方针。时任中国社会科学院院长的李铁映指出："撰写好这部《世界历史》（多卷本），关键在于，它应当写出当代中国人对世界历史的看法。这就要求我们，必须坚持以马克思主义的历史唯物主义为指导，并结合中国人民的实践，特别是一百多年来中国近代史的发展给我们的启示，来进行理论思维。"③ 在李铁映看来，马克思主义的基本观点和中国社会主义的伟大实践，是撰写好这部《世界历史》的两大重要理论来源。同时，还应该指出的是，构建马克思主义史学理论新形态，不仅要以唯物史观为指导研究客观历史，而且还要以唯物史观为指

---

① 于沛主编：《世界现代史的主线和体系·前言》，中国社会科学出版社2010年版，第3页。
② 徐蓝：《关于世界现代史教材编写的一些想法》，《世界历史》2010年第4期。
③ 李铁映：《撰写一部中国人的高质量〈世界历史〉——在〈世界历史〉（多卷本）理论研讨会上的讲话》，《世界历史》2003年第1期。

导加强史学研究。因而,马克思主义性质是中国世界通史编纂学的重要特性。

第二,中国特色世界通史编纂学应该体现着中国人的思维方式和语言风格,具有浓厚的民族特色与民族品格。从一般意义上讲,各国有自己看世界的出发点,不仅是不可避免的,而且是有其独特价值的。其最重要的哲学依据在于,世界史只存在于逻辑的比较研究中。① 从内容上讲,源远流长的中国历史是世界历史发展长河中的重要一脉。如何在不同的历史时期恰如其分地表现世界历史中的中国,是中国世界通史编纂学研究的重要问题。很显然,随着中国综合国力的不断增强,当"中国因素"、"中国符号"日益成为影响现代世界历史进程重要力量的时候,中国在世界历史上的地位和作用愈益引起人们的研究兴趣,也就是必然的了。怎样认识现实的中国,怎样认识历史上的中国,对于中外史家来说都具有重要的意义和价值。中国特色世界通史编纂学具有民族眼光和民族意识还具有另一方面的意义,那就是在经济全球化、文化多样化的过程中如何使中国学者的世界历史研究成果走出去,通过这些成果去影响别人,以增强中国的世界历史研究在国际世界历史科学研究中的话语权。而建设中国人的世界史话语体系的基本条件应该是,在马克思主义的历史唯物论和唯物辩证法的指导下,以中国人自己脚下的土地与文化传统为依据②,构建与传播中国人心中的世界历史。"古老的中国正在走向现代,封闭的中国正在走向世界,历史科学的当代发展要求同世界范围内的史学建立更为密切的联系。中国历史科学应当对世界历史科学的发展有所贡献。"③ 就中国历史学来说,为世界历史科学的发展作出贡献的途径和方式是多样的,毋庸置疑,通过建立中国特色世界通史编纂学无疑是最能体现这一宗旨的有效途径。

从编纂形式看,中国史学在其辉煌灿烂的发展历程中创造了许多对我们今天编纂世界通史仍有借鉴价值的编纂体裁、体例、笔法与语言,这是一笔为全世界人类所共有的珍贵文化遗产,在世界通史编纂中如能恰当借鉴、适当运用,定能更加充分体现出中国特色。"可以在唯物史观基本原

---

① 刘家和:《试谈中国的世界史研究》,《光明日报》2015年1月10日。
② 于文杰:《百年来中国世界史编纂体系及其相关问题辩证》,《贵州社会科学》2014年第4期。
③ 姜义华、瞿林东、赵吉惠:《史学导论》,复旦大学出版社2003年版,第316页。

理的指导下,用来构建我们自己的研究体系和话语体系,从而避免对外国史学理论的生搬硬套,彰显民族特色和中国风格。"① 这就要求,在编纂世界通史的过程中,"在叙述整个人类历史发展过程时,把中国史的相关内容很自然地揉入其中,使人们能够更加清晰地看到中华文明在人类历史上所处的位置,同时也启发人们在全球视野下,对本国历史进行深深的思考。"② 从通史编纂者的素养看,编纂者必须中西兼通,"研究外国史,必须懂得中国史,反之亦然。历史有共性,也有特性,我们要能从共性中看出特性,从特性中看出共性。"③ 具体到世界通史的编纂来说,不仅"研究的内容是世界的,而且还应通过对世界史的研究表达出中国人民的感情、立场、认识、风格与气派,表达出中国人民对现实的认识和对未来的理想。"④ 另一方面,只有更好地对世界史加以研究,尤其是对世界通史研究给予准确定位,才能自觉地"对中国与世界发生联系的重大史实、中国发生的具有世界影响的重大事件进行论述并揭示其意义,阐明中国和世界的相互关系,勾勒出中国走向世界、世界走向中国的历史轨迹。"⑤ 在现代世界中的自我定位,不仅是中国史家,而且也是众多外国史家的艰难纠结。⑥ 这正是中国特色世界通史编纂学的重要任务。

第三,中国特色世界通史编纂学应该注重世界眼光和整体意识的培养。世界通史研究与编纂应该具有世界眼光和整体意识本应是题中应有之义,但在学术发展的实际进程中,却有探讨的必要。马克垚曾指出,要编写一部理想的世界史,首先要设法清除东方主义、汉学主义的影响,然后选择一些世界上重要的民族国家在比较中研究他们的特性与共性,最后也许可以达到写出新体系、新观点、新方法的世界史。⑦ 客观地讲,世界历史研究进程中的各种带有中心论色彩的历史观在推动世界史研究发展的同

---

① 董欣洁:《中国的通史传统与世界史编纂》,《史学集刊》2009 年第 3 期。
② 武寅主编:《简明世界历史读本·引言》,中国社会科学出版社 2014 年版,第 3 页。
③ 齐世荣:《我和世界现代史与世界通史研究》,《世界史探研:齐世荣自选集》,首都师范大学出版社 2008 年版,第 12—13 页。
④ 张凤娜:《使世界史研究体现出鲜明的时代精神》,《中国社会科学报》2013 年 1 月 11 日。
⑤ 徐蓝主编:《世界近现代史(1500—2007)·导言》,高等教育出版社 2012 年版,第 3 页。
⑥ 赵轶峰:《民族主义、现代性、东方主义、后殖民主义——晚近西方学术语境中韩朝历史编纂学》,陈启能主编:《国际史学研究论丛》第一辑,社会科学文献出版社 2015 年版,第 152 页。
⑦ 马克垚:《如何编写世界史》,《光明日报》2015 年 1 月 10 日。

时,也不同程度地遮蔽了人们观察和认识世界历史的眼光。王斯德还把世界历史的整体性也纳入到世界通史之"通"的要义范畴,"世界通史的要义还在于'世界性'(整体性),只有具备'古今贯通'、'经纬交会'的历史融通感,才能进入'登高壮观天地间,俯仰古今一脉流'的历史通观胜境。"① 这一理想的目标在现实的世界通史编纂往往会遇到许多因素的制约,具体到中国的世界通史编纂,其历史的包袱或许更重。

中国历史学在进入近代以来,就一直存在一种倡导向西方学习的意识和冲动,直到今天这种学习仍没有结束,甚至已经成为中国人的一种潜意识的行动。应该承认这种"师夷长技"、"洋为中用"的"拿来主义",在中国历史学近代化的过程中发挥了积极的推动作用,对国人认识世界功不可没,也是建设中国特色世界通史编纂学不可忽视的途径。这是因为,"世界视野有助于学生获得批判西方文明价值体系的能力,虽然不一定敌视自己的价值观念,但有助于他们认识自己价值体系的局限性。"② 这从客观上反映出,"要写好一部世界史,我们应当如实地反映各个国家、民族在人类世界上作过的贡献,如实地反映它们之间的相互关系,当然这是很困难的,各国学者必须抛弃国家、民族的偏见,通力合作,经过长期的努力才能做到。"③ 这表明,国际学术视野下的世界通史编纂,固然需要各国学者的通力合作撰写出尽可能客观的世界通史,更多可能会是不同国家的学者编纂的世界通史著作之间的交流与碰撞,在相互激荡中共同促进世界历史研究的发展。这就要求研究者在接触他人的思想理论时,保持独立思考的精神、批判的头脑,以及不断否定自己的勇气,才有可能引领"我们达到一个更加接近事物本质的境界",才能"建构起属于我们自身的思想理论体系,打破现代西方人垄断世界话语体系的状况"。④ 一个典型的例子是,当前史学界对于全球史观的批评、肯定与改造都反映了中国学者对建构宏观世界史体系的严肃思考。⑤ 从吸收和借鉴外国历史遗产的角度来看

---

① 王斯德主编:《大学世界史·前言》,高等教育出版社2011年版,第V页。
② 施诚:《相辅相成:美国大学的西方文明史与全球史教学》,刘新成主编:《全球史评论》第二辑,中国社会科学出版社2009年版,第183页。
③ 齐世荣:《编写一部简明的世界史是时代的需要》,刘新成主编:《全球史评论》第二辑,中国社会科学出版社2009年版,第147页。
④ 世图北京公司"大学堂"编辑部:《出版后记》,[美] R. R. 帕尔默:《现代世界史》,世界图书出版社2009年版,第1028页。
⑤ 张旭鹏:《新时期以来中国史学发展的特点与趋向》,《史学理论研究》2014年第3期。

待世界通史编纂的重要意义，标志着人们对世界通史认识的新进展。这一认识既是对以往世界通史编纂工作的反省和总结，同时又是对世界通史编纂提出的新要求，一经形成就对当时的世界通史编纂产生了重要影响，有力地推动世界通史研究的发展。

第四，中国特色马克思主义世界通史编纂学应该具有致用情怀和忧患意识。

世界通史编纂学从根本上讲是一门关乎人类情感和理智的学问，是一门塑造人的精神世界的学科。史学理论家从最一般的意义上指出："历史学家有责任通过自己的研究，推动人们能够站在人类历史发展总进程的高度，正确认识和正确处理由全球化引发的种族的、民族的、地域的、经济的、宗教的、语言的、文化的等各种实体相互之间种种复杂的新关系"①，而多卷本《世界历史》的作者则在有关科学技术在人类历史发展进程中的作用怀有一种深深的忧患："当代人类越来越面临着科学技术的根本目的是什么的问题，如科技是造福于人类，还是贻害人类？"②齐世荣总主编的《世界史》中深刻剖析了科学技术发展与全球性生态危机的关系。③更有全球史研究者满怀忧患看到了进入21世纪的人类社会，正面临着恐怖主义全球化、地区冲突的加剧、能源危机显现、全球疾病蔓延等众多层出不穷的问题，并希望通过对世界历史的研究增强发展的信心。④从一定意义上讲，致用和忧患都是基于人类过往历史行程而对人类社会前途和命运的思考和把握。齐世荣在20世纪末以无限期待的笔触展望了21世纪中国历史学的发展，他说："21世纪将是一个什么样的世纪呢？我们希望，这将是一个持久和平与共同繁荣的世纪，生活在这个世纪的后世子孙们将比他们的前辈更为幸福。要把这种希望变为现实，人们还要做出极大的努力。在建设人类美好未来的事业中，历史学家是大有可为的，他们不是消极的记录员，而是积极的参与者。从学习历史中，人们将增长智慧，汲取力量，树立乐观进取的精神。这是历史学的最大社会功能，而世界通史和世界现代史就是其中两门可以充分发挥这种功能的学科，因此是值得大力提倡

---

① 姜义华、瞿林东、赵吉惠：《史学导论》，复旦大学出版社2003年版，第318、320页。
② 吴必康：《现代科技和经济发展·前言》，江西人民出版社2012年版，第2页。
③ 齐世荣总主编：《世界史·当代卷》，高等教育出版社2006年版，第416—420页。
④ 周明博编著：《全球通史：从史前时代到21世纪·前言》，当代世界出版社2011年版，第1页。

的。愿有更多的人们参加到研究世界通史和世界现代史的行列中来!"① 同时,学习世界史,可以帮助人们加深了解今天开放世界的历史渊源,加深对改革开放重要性的认识,可以总结世界各国发展的历史经验,作为建设中国特色社会主义的借鉴,还可以通晓人类社会发展的规律,坚定走建设有中国特色社会主义的信心。②

三 建立中国特色世界通史编纂学是当代中国历史学的重要发展趋势

从客观世界历史进程发展的角度讲,世界历史本身所具有的世界性即各民族之间的联系,也有一个客观的发展过程。正如马克思所说"世界史不是过去一直存在的,作为世界史的历史是结果。"③ 20 世纪以来,中国史学界的世界史研究力量由弱到强,世界史学科从无到有逐步建立起来了。正如有的学者所指出的:"在世界史研究中,'通史'研究是世界史研究的重要组成部分,占有重要的地位,没有'通史'研究的世界史,是不完整的世界史研究。从某种意义上可以说,世界通史的研究水平,包括理论框架设计和理论体系的构建,往往体现了世界史学科整体上所达到的学术水平。"④ 这在相当大的程度上表明,世界通史的编纂和出版越来越被史学界看重,成为世界史学科发展进步的重要标志之一。

第一,建设有中国特色世界通史编纂学是重新认识"中国"与"中国史"史学思潮的逻辑发展,是撰写中华民族记忆中的世界通史自觉意识的新发展。当代中国史学要想获得自身的发展特色,最根本的在于对当代中国,以及与当代世界密不可分的复杂的现实问题的思考与解答。事实上,史学界已经认识到单纯依靠西方的解释框架和阐释模式解决不了这些问题。这就愈发使得中国与中国历史具有了无法抗拒的学术魅力。时下出现

---

① 齐世荣:《漫谈世界史和世界现代史》,《齐世荣史学文集》,人民出版社 2002 年版,第 343 页。

② 齐世荣:《学习世界史与建设中国特色社会主义》,《世界史探研:齐世荣自选集》,首都师范大学出版社 2008 年版,第 359—368 页。

③ 马克思:《政治经济学批判导言》,《马克思恩格斯选集》第 2 卷,人民出版社 1995 年版,第 28 页。

④ 本书编写组:《史学概论》,高等教育出版社、人民出版社 2009 年版,第 122 页。

的众多爬梳"中国"渊源的研究成果①,就显示出目前学术界的这一趋势和潮流所在。

中国史学界日渐兴起的将中国在世界历史发展进程中的定位意识和学术实践,日益彰显了中国学者将中国史融入世界历史中加以思考和研究的理论自觉。这不仅"要在全球化视野下研究中国发展道路并构建具备较强理论影响力和学术阐释力的分析框架和解释范式,而且还要在全世界范围内传播中华文化和中华文明的历史形态和现实模式,尤其是中国特色社会主义的发展模式。"② 更有学者指出:"摆脱西方中心论的桎梏,不再把资本主义的诞生当作历史的命定目的和归宿,不是从资本主义产生的历史中抽象出什么普遍、必然的历史规律,并以之为标准尺码来否定或肯定自己的历史,而是回到历史之中,回到历史复杂的真实的相互联系,在世界史的范围内,在不同地区和文明的比较和联系之中,探究明清以来乃至整个中国史的动力系统和动态过程。"③ 在论者看来,重新将"中国史"置于"世界史"之中,"以形成新的符合时代要求的'中国史'和'中国'论述",这才是全球史带来的"现实感的思想启发"。④ 从这个意义上讲,这也正好验证了全球史是民族记忆中的全球史的观点。中国学者撰写的全球史自然是中华民族记忆中的全球史。这就不仅要求中国学者从中国史研究的视角对中国继续深入研究,而且更要求中国的世界史学者在世界历史发展的进程中对中国进行研究,以更加客观、中肯地呈现在世界通史中。从最根本的意义上看,这也是构建中国特色的世界通史编纂学的学术动因之所在。

因此,要独立地对世界历史进行思考和研究,就不能将自己的观点,在别人的概念体系中得到阐释。"离开了别人的命名系统就寸步难行是不

---

① 如忻剑飞:《世界的中国观——近二千年来世界对中国的认识史纲》,上海学林出版社2013年版;何志虎:《中国国名的由来与中国观的历史演变》,人民出版社2014年版;刘仲敬:《从华夏到中国》,广西师范大学出版社2014年版,等等,是这一史学潮流的代表性成果。值得注意的是,这些成果与西方一些学者对中国渊源的"种族"视角的认识有许多契合之处。从本质上看,这一思潮受到西方新文化史或后现代主义的影响较深。作为对这一思潮的回应,中国的世界史研究兴起的对中国民族主义的阐释与总结,则完全体现了中国的民族话语与研究方式。

② 曹守亮:《当代中国历史学的民族特色和世界眼光》,《前线》2014年第4期。

③ 江湄:《重新将"中国史"置于"世界史"之中——全球史与中国史研究的新方向》,刘新成主编:《全球史评论》第七辑,中国社会科学出版社2014年版,第219页。

④ 同上书,第194页。

行的。如果只知道是在写'世界史',而忘记了自己首先是中国人,那将是十分悲哀的。中国人应该写出自己心灵中的世界史。"①"中国人的世界史研究,从内容上讲应该是'世界'的,而且这个'世界',理所当然地包括中国,中国是世界的中国。而从研究的立场、观点,即文中所说的世界的'角度',则必须是中国的。……如果确实做到了'从中国的角度'出发,首先明确了在研究中怎样做一名中国人的前提下,去从事世界史的研究,那一定会使我们的世界史研究有另外一番不同的天地。"② 在中国学者编写的世界历史中适当地阐述中国历史的地位和作用,让世界各国人民能够更好地了解中国、进而认识世界。这也就是通常人们所说的"植中国的'根',塑中国的'魂'的问题,也就是说建设有中国特色的世界史研究理论体系和话语体系,乃是摆在我们面前一项重要的、迫切的任务。"③ 这里的理论体系和话语体系能否构建成功,在笔者看来,能否建成有中国特色的世界通史编纂学,是其中最重要的标志之一。

第二,建设有中国特色世界通史编纂学是建构中国世界史研究的话语体系和研究范式,是中国史学走向世界,自立于世界史学之林的重要一步。21世纪以来,对世界史的整体研究或世界史体系问题的探讨受到了世界史研究者的高度关注,产生了整体史观、现代化史观、文明交往史观和全球史观四大类阐述模式。④ 从学术发展的历程看,建设中国特色世界通史编纂学也是一个经过长时期的实践而得出的学术共识,代表着世界历史学科发展的重要趋势之一。历史学家路易斯·戈特沙尔克在总结参写联合国教科文组织的《人类史》经验时指出两点:未来的世界史必须更多地关注非西方世界和每个国家必须写出适合于自己人民的世界史。⑤ 1980年,英国历史学家巴勒克拉夫在《当代史学主要趋势》一书中也提出,不仅需要把亚洲、非洲的历史当作世界历史研究中一个不可缺少的组成部分,而且还需要用亚洲的方式来认识亚洲,用非洲的方式来认识非洲,也就是从内部而不是从外部来看待亚洲和非洲。只有这样,亚洲和非洲的历史经历

---

① 于沛:《史学思潮与社会思潮——关于史学社会价值的理论思考》,北京师范大学出版社2007年版,第141页。
② 同上书,第119页。
③ 于沛:《世界史研究》,福建人民出版社2006年版,第198页。
④ 张旭鹏:《新时期以来中国史学发展的特点与趋向》,《史学理论研究》2014年第3期。
⑤ Gilbert Allardyce. "Toward World History: American History and the Coming of the World History Course", Journal of World History, 1990 (1).

在全世界的背景中才变得有意义。① 中国学者在 1984 年也提出要编写有中国特色和中国气派的世界史的设想②，并成为几代世界史学者孜孜以求的学术理想。更有学者认识到："缺乏了一个宏观的世界历史的整体背景的把握，而把观点仅只局限于某一个特定的领域之内或某一个特定的观点之上，终究是不可能窥见人类文明历史的堂奥的"，而"把具体的历史条件置于世界历史的整体背景之下加以考察，似乎是历来我国史学研究领域中一个较为薄弱的环节"。③ 这与整个国家的世界史学科发展长期滞后有很大的关系。而对世界历史发展趋势缺乏整体的把握和前瞻性的分析判断，势必要影响到一个民族或者一个国家的发展思路和发展战略。中国史学要走向世界，不仅要把自己国家的历史和文化推向世界，而且更应该对世界历史，尤其是宏观世界历史发展大势作出自己的研究，形成自己特有的范式和话语，进而使自己的研究成果走向世界，扩大影响。从这个意义上讲，世界通史著作无疑是完成这一任务的重要载体，也可以说是中外文化和史学交流的重要桥梁和纽带。而对于不同时期的世界通史著作加以研究，对于编纂具有时代特色和民族品格的新型世界通史，更好地促使中国史学走向世界，形成中国史学在国际史坛中的话语权，也就具有不同寻常的现实意义了。

面对经济全球化，中国历史学应坚持世界性与民族性的辩证统一。很显然，建设有中国特色世界通史编纂学，无疑是一个极好的结合点。在坚持唯物史观指导地位的基础上，密切关注域外文化，既要努力学习其优长、吸收其积极成果，又要警惕消极、颓废文化的侵袭；既要反对文化壁垒和盲目排外，又要反对崇洋媚外和全盘西化，编纂出符合时代需求的 21 世纪中国人心中的世界通史，进而弘扬民族精神，在对世界历史的研究中，不断提升民族史学的品位，凸显民族史学的特色。任何一个民族，如果失去了自身文化的独立性，同时也就失去了自己民族的独立性。史学的民族性，实质上就是一定民族与其他民族在文化特质方面最本质、最深刻的区别。文化的民族性，是一个民族赖以生存与发展的精神动力源泉，只

---

① 参见 [英] 杰弗里·巴勒克拉夫《当代史学主要趋势》，杨豫译，上海译文出版社 1987 年版，第 231—232 页。
② 郭圣铭：《建立马克思主义的世界史体系》，《世界历史》1984 年第 1 期。
③ 何兆武：《序二 现代世界史的标准著作》，[美] R. R. 帕尔默：《现代世界史》，世界图书出版社 2009 年版，第 5 页。

要这个民族的文化基因存在，这个民族无论经历怎样的浩劫与灾难，都不可能消亡。越是弘扬民族精神，也就越能体现出世界文化的丰富多样性。正是在对史学的民族性和世界性的辩证认识中，很多学者探讨了中国传统史学的现代价值，并就在经济全球化背景下如何维护民族史学的独立性表达了自己的见解。在民族性中反映出世界性的内容和走向，在世界性中体现出民族性的特色和品格，已成为当代中国史学发展的主要趋势，而对这一趋势认识的自觉程度也必将深刻影响着这一趋势的发展进程。从这个意义上讲，盲目地认为西方文化能够"一体化"中国文化与中国文化能够"压倒"西方文化的观点都是不现实的。"中国文化应以一种合理的、健康的心态积极走向世界，即既把优秀的中国文化（包括传统的和现实的优秀中国文化）向世界传播，使世界各国文化从中国文化中得到裨益；同时，又把世界各国的优秀文化吸收过来，用以丰富自己。这种心态和实践，将有大益于中国文化的发展和世界文化的进步。"[1] 因此，在 21 世纪里，中国历史学发展的主要趋势，是民族性和世界性在更高层次上的互动和结合，即在民族性中反映出世界性的走向，在世界性中体现出民族性的特点。对于这一趋势认识的自觉程度，必将深刻地影响着这一趋势的进程。这对于我们理解建设有中国特色世界通史编纂学无疑是具有重要启示的。

（作者单位：首都师范大学历史学院）

---

[1] 瞿林东：《中国史学通论》，武汉出版社 2006 年版，第 265 页。

刘秀的帝位之争和形象塑造

陶继双

在地皇三年（公元 22 年），王常、刘演等率领的南阳和绿林联军战胜新莽南阳官军围剿后，面对首次较大胜利和可能夺取政权的形势，"诸将会议立刘氏以从人望，豪杰咸归于伯升（刘演），而新市、平林将帅乐放纵，惮怕升威明而贪圣公（刘玄）懦弱，先共定策立之，然后使骑召伯升，示其议。"① 鉴于此，刘玄获取帝位并非出于能力出众，而是相反。类似的有："更始即帝位，南面立，朝群臣。素懦弱，羞愧流汗，举手不能言。"② "更始既至（长安），居长乐宫，升前殿，郎吏以次列庭中。更始羞怍，俯首刮席不敢视。"③ 可见帝位本该属于"威明"的南阳集团首领刘演，他死后应由集团新领袖刘秀承继，这就是《后汉书》等建构的逻辑。这与两度做过太史令的张衡所说的"更始居位，人无异望"④ 的诉辞极不相称，其中必有一妄。本文通过钩沉索引，还原刘秀帝位之争的历史真实，望能对研究莽末和东汉初历史起抛砖之劳。

一 帝位之争的由来及辨析

有的学者认为，刘玄称帝后集团中存在有三对矛盾，一是绿林军领袖与南阳士大夫的矛盾，二是刘氏宗族中分出刘玄集团与刘演集团的矛盾，三是绿林军领袖之间因与刘玄和刘演的亲疏而产生的矛盾。⑤ 第一组矛盾的存在毋庸置疑。最后一组矛盾由王常事迹引发而来。《王常传》称"诸

---

① 《后汉书》卷一四，中华书局 1965 年点校本，第 551 页。
② 《后汉书》卷一一，中华书局 1965 年点校本，第 469 页。
③ 同上书，第 470 页。
④ 《后汉书》卷五九，中华书局 1965 年点校本，第 1940 页。
⑤ 安作璋、孟祥才：《汉光武帝大传》，中华书局 2008 年版，第 53 页。

将议立宗室,唯常与南阳士大夫同意欲立伯升"①,这是经不起推敲的。首先绿林实力倍于刘演,王常不可能舍弃同为绿林出身的刘玄。其次刘演被杀时王常根本没有任何袒护举措。再次在刘秀登基后王常在迫不得已下才姗姗来迟。更为重要的是,《汉书》里却说"王常、朱鲔等共立圣公为帝"②,说明《后汉书》在《汉书》的基础上删削是比较明显的。实际上刘秀与王常的关系是从起事初期开始的,刘秀兄弟在绝望时前来求助,王常不但未予拒绝,反促成联合,且其后刘秀与王常经常一起带兵,二人结下了友谊而已。

  第二对矛盾与帝位之争关涉最深,须稍作详解。刘秀与刘玄的祖上由汉景帝之子长沙定王发传衍而来,二人是五服兄弟,但刘玄与大宗关系更近。如在他俩之间发生致命冲突的话,大宗肯定会支持刘玄,宗族其他成员也会倒向刘玄。巧合的是,刘演死时没有宗室出面挽救,包括其叔父刘良;而在刘秀羽翼丰满之时,也没有宗族弃刘玄来投,即便刘玄倒台已久,刘嘉尚且观望,刘信兵戎相见,显示出对刘秀的不满。宗人刘稷反对过更始③,大概是绿林刻意藉以打击他的由头,不能成为宗室反对更始的硬材料,所以不存在南阳宗族里还分两个集团的说法。

  再看刘玄和刘演个人对比方面。首先在成长上:刘玄之父子张,居于乡里,未能出仕。"王莽时诸刘抑废,为郡县所侵。蔡阳国釜亭长醉詈更始父子张,子张怒,刺杀亭长。后十余岁,亭长子报杀更始弟骞。"④ 其后刘玄与族弟刘显密谋复仇,事泄后刘玄逃逸刘显被拘,后刘显之子刘信等约合刺客杀死亭长妻子共四人。由此可见刘子张是武断乡曲的人物,刘玄等同样如此。不过时过境迁,失去皇族最后一点的庇护,刘玄必须逃避,而其父在此前则不用。刘演则不同,幼随父刘钦辗转于多个任所,其父死后一家为叔父刘良照看。大概不久他们便回故乡自立门户了。⑤ 但从门户势力和威望来说,刘演不及刘玄。比如刘演发动起兵时,"诸家子弟恐惧,

---

① 《后汉书》卷一五,中华书局1965年点校本,第579页。
② 《汉书》卷九九下,中华书局1962年点校本,第4180页。
③ 《后汉书》卷一四,刘稷曾说"今更始何为者也"。中华书局1965年点校本,第552页。
④ 《后汉书》卷一四,中华书局1965年点校本,第564页。
⑤ 平帝元始三年(公元3年),"刘钦死在南顿令任上。这一年,刘秀九岁,他的兄长和姐姐也不过十多岁,孤儿寡母……估计在刘秀兄弟们长大成人的时候,他们与母亲便一起返回故乡,自立门户了。"见安作璋、孟祥才:《汉光武帝大传》,第6—7页。我们从刘嘉经历中得知,刘钦在世时,曾送他和刘演同往长安游学。刘秀在二十岁左右也曾游学长安。如果当初刘演也在二十岁左右游学长安,而恰巧其父死去,那么他也至少比"九岁而孤"的刘秀要大十来岁。

皆亡逃自匿，曰'伯升杀我'"① 是为明证。其次从能力上：刘演被塑造成刘邦似的人物，豁达任侠具将帅之才。我们反观刘玄，虽似无雄才大略，但与史书描述的懦弱形象是不对等的。刘知幾所言："圣公身在微贱，已能结客报仇，避难绿林，名为豪杰。安有贵为人主，而反至于斯者乎？"② 这是再简单不过的推理了。刘玄加入绿林军不久即当上安集掾的职务。该职并非只是"一个安集军民为职责的小官"③，可以想知，加入平林兵起事者，绝非安分良民，大多是有勇力的任侠者和思想的活跃者，正如王夫之所谓："夫民易动而难静，而乱世之民为甚。当其舍耒而操戈，或亦有不得已之情焉，而要皆游惰骄桀者也。"④ 与其说是刘玄安集他们，毋宁说是在弹压和说服。这不仅需任侠经历，还需具有威望和善于言辞。刘玄是任侠的，帝室之胄使他具有必要的威望。刘玄评价王莽时说，"莽不如是，当与霍光等"⑤，很有见地，未必不善言辞。再次必须考虑的是刘玄母族在平林，按照刘氏的婚娶准则，如刘秀之父娶豪富樊重之女、刘秀之姐嫁望族邓晨等，刘玄母族绝非普通门户，刘玄加入平林，必然有其母族的支持，这也将助推他的威望。刘玄积军功升为更始将军，说明他有军事才能。从对比中看不出二刘有太大悬殊。

前引《王常传》有"南阳士大夫"支持刘演称帝一说，起初"南阳士大夫"主要指刘氏宗族和李氏、邓氏等少数几个大家族，即限于刘演的"族人婚姻党与"⑥，随着战争圈的不断扩大，这一指代有所变化。刘氏宗族以外，以李氏家族为巨，李通为领袖。此时李通被更始封为大将军、西平王，镇守荆州；族弟李松为宰相，李松之弟李汎为长安城门校尉；族弟李轶为舞阴王，与朱鲔等拥重兵镇守洛阳。李通为刘秀妹婿，可置而不论。李松可能在对赤眉时战死，李汎曾为救李松逼不得已献长安城门，结局不知。李轶在刘秀出卖之下被朱鲔袭杀，反映出关键时刻"南阳士大夫"与绿林将领互不信任。通过李氏家族事例得知，他们是刘玄的主要支

---

① 《后汉书》卷一，中华书局1965年点校本，第3页。
② （清）浦起龙：《史通通释》卷七，上海古籍出版社1978年版，第197页。
③ 安作璋、孟祥才：《汉光武帝大传》，中华书局2008年版，第53页。
④ （清）王夫之：《读通鉴论》卷六，中华书局1975年版，第136页。
⑤ 《后汉书》卷一一，中华书局1965年点校本，第470页。
⑥ 《汉书》卷九九下，中华书局1962年点校本，第4180页。

持者，践行"刘氏复起，李氏为辅"① 的谶语，并未有倒向刘秀的举动。从刘氏宗族和以李氏为代表的南阳大族两方面看，说他们支持刘演反对刘玄是站不住脚的，选择刘玄是南阳人士和绿林都能接受的结果。

刘演之死是其与绿林的积怨所致，这既有现实的也有历史的原因。在该时代，士农工商有严格的分界，士大夫对农民有着天然的优势，何况帝室之胄。但矛盾在于此时农民武装占据绝对优势，想控制联合武装以后的所有走向，造就了他们之间不可调和的矛盾。比如在第一次联合作战胜利后，绿林军因"军中分财物不均，众恚恨，欲反攻诸刘。光武敛宗人所得物，悉以与之，众乃悦。"② 在昆阳之战前夕，面对强大的官军，义军欲分散逃走，刘秀以为"今不同心胆共举功名，反欲守妻子财物邪"，招致诸将怒曰："刘将军何敢如是！"刘秀只好"笑而起"③。王夫之以为"此大有为者所以异于一往之气矜者也"。④ 认为刘秀未作强势回应，是大有为者和常人胸襟不同的体现，却未见绿林将领因实力强大占据领导权，刘秀实属迫不得已。不难看出，每一次的争执，都以刘氏妥协而止。最令绿林将领不能容忍的是，随着战争的推进，绿林军到处碰壁而刘秀可以通过游说让冯异、苗萌率五县来降，平林军攻打不下新野的时候，新野宰愿听刘演一言而降。这除了"诸将皆壮士屈起，多暴横，独有刘将军所到不虏略"⑤的因素外，更为重要的是，这些官宰根本不信任和看不起农民出身的绿林将领，逼不得已投降时，他们宁愿投降同为士大夫阶层的刘氏宗族。这让绿林将领看到的却是刘演"兄弟威名益盛"的局面⑥，这种势头的发展，必然让绿林将领担心他们实际控制的武装，有被刘氏宗族取代的危险，除掉刘演就是必然的了。史载：

> 更始君臣不自安，遂共谋诛伯升，乃大会诸将，以成其计。更始取伯升宝剑视之，绣衣御史申屠建随献玉玦，更始竟不能发。及罢会，伯升舅樊宏谓伯升曰："'昔鸿门之会，范增举玉玦以示项羽。今

---

① 《后汉书》卷一，中华书局1965年点校本，第2页。一作"刘氏复兴"，见同书卷十五《李通传》，第573页。
② 《后汉书》卷一，中华书局1965年点校本，第3页。
③ 同上书，第6页。
④ （清）王夫之：《读通鉴论》卷六，中华书局1975年版，第127页。
⑤ 《后汉书》卷一七，中华书局1965年点校本，第639页。
⑥ 《后汉书》卷一四，中华书局1965年点校本，第552页。

建此意，得无不善乎？'伯升笑而不应。"①

安作璋先生说"不知什么原因，刘玄接到玉玦后却没有举起，击杀刘演的阴谋也就没有在这次大会上实现"。② 其实刘玄是出于不忍，并非史书欲表达的懦弱表现，他放弃执行杀害刘演的既成计划，是作了最后一次保护刘演的努力。刘玄在牺牲刘演的时候，是力量薄弱和憧憬缓和这一矛盾的被动不得已，但无法改变矛盾的集中爆发和历史走向，这个矛盾不仅牺牲掉刘演，刘玄最终也逃不过与绿林兵戎相向的宿命。

二　刘秀的崛起及反叛

刘演之死是南阳集团与绿林将领在初期难以兼容的一次矛盾积累的爆发。不过刘演之死，绿林以为刘氏已不足为惧，放松了警惕，为刘氏宗室迎来了宽松的发展环境，这也是刘演死后刘秀能保存下来的原因，当然也离不开刘玄的保护。史载：

> 会伯升为更始所害，光武自父城驰诣宛谢。司徒官属迎吊光武，光武难交私语，深引过而已。未尝自伐昆阳之功，又不敢为伯升服丧，饮食言笑如平常。更始以是惭，拜光武为破虏大将军，封武信侯。③

更始贵为皇帝，刘氏宗族的代言人和维护者，为竟保护不了刘演而感到惭愧，非因他主使杀害刘演而对刘秀进行补偿。此时绿林也不好再咄咄逼人的反对，两派取得了暂时的平衡。如果杀害刘演是刘玄策划，斩草除根是剪除政敌最简单的逻辑，刘秀韬光养晦之计是根本行不通的，更别说封侯及之后被派遣到河北安置了。刘秀被派至河北并非因"诸家子独有文叔可用"④，而是刘玄以此为借口，让他远离政治漩涡，进一步保护他。

此时全国一团乱麻，唯独河北很平静，但这种平静让刘玄等以为河北

---

① 《后汉书》卷一四，中华书局1965年点校本，第552页。
② 安作璋、孟祥才：《汉光武帝大传》，中华书局2008年版，第57页。
③ 《后汉书》卷一，中华书局1965年点校本，第9页。
④ 《后汉书》卷一四，中华书局1965年点校本，第565页。

对刚建立的更始政权不够热情和畏惧。此前更始已派使者巡视河北，但在上谷，使者受到了冷遇，甚至武力威胁。更始以为，派遣一名有分量的人物再次安抚河北是非常有必要的，事实证明，这一决策是对的。刘秀在河北兢兢业业地执行刘玄交待的任务，所过州郡效忠投诚。但中途出现的王郎事变，打乱了更始的既成计划，使得之前没有参与动乱的河北沸腾了，"于是赵国以北，辽东以西，皆从风而靡"①，刘秀若丧家之犬，迷失在河北。当耿弇提出让刘秀向北进发联合上谷、渔阳的时候，遭到刘秀随从的反对，以为"死尚南首，奈何北行入囊中"②，邳彤及时指出了该建议的危害，以为回不到长安，队伍便会分崩离析，即便回到长安，刘秀的政治前途也将从此断送，坚定了刘秀北上的决心。

刘秀进入河北虽然只有七个月左右，但通过联姻在内的多种手段，已然与当地实力派结成政治命运共同体。正如耿纯所说：

> 天下士大夫捐亲戚，弃土壤，从大王于矢石之间者，其计固望其攀龙鳞，附凤翼，以成其所志耳。今功业即定，天人亦应，而大王留时逆众，不正号位，纯恐士大夫望绝计穷，则有去归之思，无为久自苦也。大众一散，难可复合。时不可留，众不可逆。③

对河北众将而言，朝中高位已被占据，他们期盼成为刘秀帝业的元老，还有一层是这些士大夫羞于与起于陇亩的绿林将帅为伍。王郎事变让刘秀在河北不仅获得一批追随者和强大的兵团，尤以上谷、渔阳的突骑最为精锐，更为重要的是把他偏柔弱的心智磨练的更为坚毅，心理和实力的双重变化，刘秀产生觊觎神器的念头。何义门说："诛王郎则河北定，光武始有土"，而刘秀使吴汉等袭杀刘玄在河北的大将，"谢躬后，与更始遂绝，既定河北，又得铜马之众，可以自树，无所瞻顾也。"④ 刘秀的反叛成为更始覆灭的主要原因。史言赤眉最终推翻更始政权，不过是为刘秀承担骂名，他们只是乘机的搅局者而已。⑤

---

① 《后汉书》卷一二，中华书局1965年点校本，第492—493页。
② 《后汉书》卷一九，中华书局1965年点校本，第704页。
③ 《后汉书》卷一，中华书局1965年点校本，第21页。
④ （清）何焯：《义门读书记》卷二二，中华书局1987年版，第352页。
⑤ 刘敏、陶继双：《王郎垮台和更始覆灭要因发覆》，《河北学刊》2015年第35卷第5期。

《后汉书》的叙事逻辑是，在刘秀叛变刘玄之时，南阳宗族没有反对的迹象，甚至主动投诚刘秀，旨在说明刘玄不得人心。这与史实不符。前文已经涉及，在刘秀崛起的时候，刘氏宗族无一人前来襄助和投诚，已然说明他们在二刘之间的态度。更有甚者如刘信，竟和刘秀兵戎相见，因实力不济而降。刘赐镇守南阳，是刘秀既定的攻击目标，好在他主动投靠才避免一战。还有刘嘉，当邓禹西征的时候，他"且观成败。……三年，到洛阳……十三年，封为顺阳侯。"① 他的情况比较特殊，在血缘上和刘玄近，在情感上应和刘秀近。刘嘉少孤，被刘秀父亲养大，并把他和刘演一起送到长安游学，所以无论如何，他应该是支持刘秀的，但事实绝非如此，他对抗到最后，直到刘秀打出感情牌，且在无路可走的时候才归降。对于其他宗族成员，包括兵戎相加的刘信，只要前来归降，当即封侯，但直到建武十三年才封刘嘉为顺阳侯，说明刘秀对他是很不满的。

最终南阳刘氏还是形成一个凝固的整体，支持刘秀统一天下，无外乎几点原因。一是刘秀虽然叛变刘玄，但对于整个刘氏复兴的大局而言，是可以原谅的。二是虽然刘演被杀非刘玄主导，但他贵为皇帝难辞其咎。三是刘秀消灭了他们最为痛恨的两个集团，来自流民的绿林和赤眉。刘氏非常痛恨绿林，比如刘嘉手刃绿林大将廖湛，刘恭手刃出卖更始的赤眉元老谢禄，都反映出他们对农民军领袖的仇恨。四是既然更始没有能力整合出一个强势的复兴政权，刘秀不但做到了，且对他们的待遇没有丝毫减损，也是可以接受的，虽然牺牲掉刘玄是他们十分不愿的。

上文提及了以刘玄为首的南阳集团与绿林军有着不可调和的矛盾，在取得政权后就更加凸显出来，这是刘玄失败的主要因素。双方出身不同，导致行为、视野、性情、立场等都有着截然对立的不同。比如，与其说他们不懂政治规矩，毋宁说他们单纯可爱，一个烂羊胃可以换取骑都尉、烂羊头则可以获得关内侯的回报，这多少透露着农村式的恩报理念和任侠式的豪气，但对政治和政权来说则是灾难。又比如他们仍然保持着之前打家劫舍，豪取强夺的流氓作风，而不知国家已走向正轨，需要法制维系秩序和民心。凡此种种说明绿林军不具备治理国家的能力，是士大夫阶层所不能接受的。如李淑对此进行了强烈的谴责：

---

① 《后汉书》卷一四，中华书局1965年点校本，第568页。

> 陛下定业，虽因下江、平林之势，斯盖临时济用，不可施之既安。宜厘改制度，更延英俊，因才授爵，以匡王国。今公卿大位莫非戎陈，尚书显官皆出庸伍，资亭长、贼捕之用，而当辅佐纲维之任。

但此时，刘玄的力量还不足压倒绿林，所以不得不惩处李淑，摆出敬畏绿林的姿态，等待政策调整功效发挥，但对不明底里者来说，自然要替李淑抱屈，对更始抱怨，所谓自此"关中离心，四方怨叛"①。

对刘玄来说，他至少通过三条措施来限制绿林。其一是任用李松和赵萌处理政务，政务机关把持在刘氏集团手中。李松出身前文已提及。赵萌是棘阳人氏，估计是义军被甄阜击败退守棘阳时，得到了土著赵氏的支持，刘玄娶其女，不无联姻的因素。由此推论下去，赵萌是豪族当属可能，与农民出身的绿林军首领意识肯定不同，又因其加入义军队伍较晚，必然依附皇权才能立身，由此两件，他是维护更始政权的。其二是大肆分封诸王，并委以军权和镇守一方的要职。在刘演死后，刘氏宗族受到一定程度的打压，只有封王才能提高他们的地位，并顺理成章的委以重任，以与绿林对抗。如封刘祉为太常将军，刘顺为虎牙将军，"（刘）赐为宛王，拜前大司马，使持节镇抚关东……典将六部兵。"刘信为汝阴王，扫平江南，占据豫章。刘嘉为汉中王，都于南郑，有众数十万。②即便刘秀出使河北，也是基于这一既定政策。其三是加强直属部队建设，削弱盘踞三辅的王匡势力。

刘玄与绿林的摊牌，是长期以来矛盾的总爆发，只是比刘玄预想的早了些。何义门说："新市、平林诸将，皆盗贼小人，固不可与共大事也。"③虽不乏偏见，但阶层的不同，最终导致相互间的不信任。在胜利面前，不信任可以暂时被掩盖，但面对危局，必然爆发。

三　刘秀形象的塑造

刘演并不存在与刘玄争夺帝位的事实，这些史料的出现是编史者有意

---

① 《后汉书》卷一一，中华书局1965年点校本，第472页。
② 《后汉书》卷一四，中华书局1965年点校本，第560—568页。
③ （清）何焯：《义门读书记》卷二二，中华书局1987年版，第366页。

为之，目的是为刘秀乃继代刘演得天下造合于正统的舆论。既然不存在这一历史真实，那么刘秀后来以河北为根基登上皇帝宝座的行为，无疑是同室操戈和以臣叛君的典型。刘秀对此心存愧疚，故在更始被弑前，封他为淮阳王，并宣言"吏人敢有贼害者，罪同大逆"①，又比如善待其子等。虽然是政治作秀，也不可否认确有出于同宗连血的怜悯。王夫之说：

> 光武之拒更始，与昭烈之逐刘璋，一也；论者苛求昭烈而舍光武，失其平矣。刘焉之于昭烈，分不相临，光武则固受大司马之命矣。……然则以忠信坚贞之义相责，而昭烈有辞，光武无辞矣。②

这就是此前刘秀迟迟不愿称帝的顾虑所在，他必须拿《赤伏符》所谓天命来遮脸。王夫之为光武找到了逃避指责的内心修炼方法，认为更始被立为皇帝，不是出于刘秀的意愿，心里没有认同，就没必要愧疚了，自欺欺人，勿用置辩。其实这是一个成王败寇的时代，刘秀的自豪是胜过惭愧的。然而刘秀的叛节行为，对继承者的困扰显然高过刘秀本人。这是无法逃避的社会规律，即当社会走向正轨的时候，忠孝的舆论就会被格外推高。既然如此，刘秀在君臣之义上就不能是个输家，他必须不仅是创基立业的英雄，也是忠孝两全的偶像。因此在人为主导下，对刘秀形象的塑造就自然发生了。这不仅涉及子孙为先人讳，更是现实的政治需要。因此，他们就主要围绕以下几个方面对刘秀形象进行塑造。

第一，塑造刘演举事正统形象。这由两个因素促成，一个是塑造出刘演本该得到皇位的故事，让读者为刘演有能力而未得皇位抱屈，对他的死报以同情，然后推演出兄终弟及的逻辑，这样一来，刘秀的叛变不但不突兀，反而顺理成章。另一个则是人为情感因素：

> 临邑侯复好学，……与班固、贾逵共述汉史，傅毅等皆宗事之。复子驹騄及从兄平望侯毅，并有才学。永宁中，邓太后召毅及□□入东观，与谒者仆射刘珍著中兴以下名臣列士传。□□又自造赋、颂、

---

① 《后汉书》卷一，中华书局1965年点校本，第24页。
② （清）王夫之：《读通鉴论》卷六，中华书局1975年版，第125页。

书、论凡四篇。①

刘复是刘演之孙，他与子侄两代掌控和监督东汉史的编修，我们今天看到的《后汉书》等史籍对刘演的推崇就可想而知了。他们这么做，也可能是门阀的高自标置，与抬高宗系在东汉地位有关。

第二，塑造更始无能形象。这又分三个层面：一是从更始个人说起，塑造出懦弱的形象。二是从更始集团内部人士说起，塑造出更始荒淫酒色毫无才具形象。三是从河北将帅说起，如耿弇劝刘秀拒听更始解兵权之命令时说：

> 今更始失政，君臣淫乱，诸将擅命于畿内，贵戚纵横于都内。天子之命，不出城门，所在牧守，辄自迁易，百姓不知所从，士人莫敢自安。虏掠财物，劫掠妇女，怀金玉者，至不生归。元元叩心，更思莽朝。

而就在四五个月前，耿弇受父命投效更始，中途遇王郎突起，他所带领的从吏全弃他而转投王郎，耿弇轻蔑地嘲笑他们"不识去就，族灭不久也"②。可见他之前是多么看好更始。这些抹黑刘玄的话语，是非常有攻击效果的，正如王夫之所说"更始之不足以有为，史极言之，抑有溢恶之辞。欲矜光武之盛而掩其自立之非，故不穷更始之恶，则疑光武之有惭德也。"③ 只有搞臭更始，才能树立起光武的光辉形象。虽然前有张衡、后有刘知幾、王夫之等提出质疑，但并未能使被定格的更始形象得到彻底地改塑。

第三，塑造刘秀的无辜和迫不得已形象。这主要体现在赤眉的问题上。《后汉书》等极力宣称，刘秀是出于担心更始难挡赤眉丢了刘氏江山才迫不得已背叛。但事实上恰是赤眉巧妙利用二刘的矛盾，伺机夺取了长安。④

第四，塑造刘秀神话色彩和儒者形象。古来史家在某人称帝的最终解

---

① 《后汉书》卷一四，中华书局1965年点校本，第558页。
② 《后汉书》卷一九，中华书局1965年点校本，第704—706页。
③ （清）王夫之：《读通鉴论》卷，中华书局1975年版，第125—126页。
④ 刘敏、陶继双：《王郎垮台和更始覆灭要因发覆》，《河北学刊》2015年第35卷第5期。

释上，都归结于天命，因此帝王都是生而灵异，此非对刘秀一人的发明。但对刘秀的神话色彩的书写，又具有特别的意义，因为遍观当世，起事者十数家，仅刘氏就有刘玄、刘崇、刘婴、刘盆子、王郎所伪托的刘子舆、刘演等等，只有当初并不被看好的刘秀笑到最后，必然有某种超人力的因素，而加强对这种因素的勾勒和加工，自然增强刘秀的神秘感和统治威力，这是封建年代皇帝的必需。所以我们就看到了发生在刘秀身上的种种异象，如生时有"赤光"；禾"一茎九穗"，这是刘秀名"秀"的由来；"凤凰来仪"；卜者、望气者纷纷现身说法；最后到刘秀"隆准，日角，大口，美须眉"的长相，无不充满着非常人的怪异，这都是对刘氏复兴是天命所在而非人可力取的最好注脚。① 另一点就是塑造刘秀的儒者形象。史载刘演任侠，刘秀则与之相反，尚农喜文，所以把他们比作是刘季对刘仲。但我们从一些只言碎语中可以看到，刘秀也具有任侠个性。如刘秀见李轶时，买半臿佩刀怀之，以备不虞。② 湖阳公主曾说刘秀"为白衣时，臧亡匿死，吏不敢至门"③。这些却被编史者故意忽略而着重书写刘秀的文儒，如起义之初，刘秀穿着"绛衣大冠"，获得"谨厚者"称号④；在战争中，刘秀手不释书，并为功臣武将们讲经；马援拿刘秀和刘邦比，说"高帝无可无不可；今上好吏事，动如节度，又不喜饮酒"⑤；统一天下后，光武退武将进文臣等，都在展现刘秀的儒者形象。如果说神话能证明刘秀皇权天授的神秘性，那儒者形象则释放出他是现实世界中士大夫阶层的代表，更有利于得到实际掌控地方政权的读书人的支持。

综上可见，历史上从来就没有刘演与刘玄争帝导致被杀的事情，既然不存在帝统的争夺，那么所谓南阳士大夫支持刘演称帝进而得出他们同样支持刘秀称帝也就不符合事实。因此刘秀在河北登基并不是天命所归和民心所向，而是对刘玄的反叛。刘秀的反叛引起多米诺骨牌的效应，各地因此蠢蠢欲动，效而仿之，激起了赤眉的放手一搏。在众叛亲离和各地纷起的危难中，刘玄只能走向覆亡。刘玄是值得惋惜的，在那个成王败寇的年代，刘秀也不必为所谓"坚贞"愧疚多少。只是当时著史者进行着伪史的

---

① 吴树平：《东观汉记校注》卷一，中州古籍出版社1987年版，第1页。
② 《后汉书》卷一五，中华书局1965年点校本，第574页。
③ 《后汉书》卷七七，中华书局1965年点校本，第2490页。
④ 《后汉书》卷一，中华书局1965年点校本，第3页。
⑤ 《后汉书》卷二四，中华书局1965年点校本，第831页。

编著，让后世读者被误导，真实的历史被误读，中华文化在传承中夹杂着很多谎言和伪故事，这才是令我们心生悲痛的。正如刘知幾所言：

> 将作者曲笔阿时，独成光武之美；谀言媚主，用雪伯升之怨也。且中兴之史，出自东观，或明皇所定，或马后攽刊，而炎祚灵长，简书莫改，遂使他姓追撰，空传伪录者矣。①

> 东观秉笔，容或谄于当时，后来所修，理当刊革者也。②

这些空传的"伪录"，理当由后来修史的范晔等完成刊革的任务，他们此时不用背负政治风险，去后汉未远，能够获得更完整的后汉史料，是有完成刊革条件的。或是囿于述而不作的承袭，或是囿于个人精力有限的偷懒，抑或是史识所限，最终范晔版的《后汉书》在取代《东观汉纪》等其他家汉史后，并未能做到尽善尽美，这不能不说是一大缺憾。

（作者单位：深圳职业技术学院西丽湖校区）

---

① （清）浦起龙：《史通通释》卷七《曲笔·第二五》，上海古籍出版社1978年版，第197页。

② （清）浦起龙：《史通通释》卷四《编次·第十三》，上海古籍出版社1978年版，第103页。

当代中国历史记录理论初探

钱茂伟

当代中国历史记录理论研究刻不容缓

"当代人修当代史",是中国传统史学的一个基本理念。近二十年,仍在谈论之中。① 前人的讨论,偏重当代人能不能修当代史。本文的前提是当代人能修当代史。所要讨论的话题是,何谓当代史,当代人为什么要修当代史,为什么当代人不重当代史,当代人如何修当代史,如何克服当代人修当代史的缺陷,及当代人修当代史的价值与意义。②

所谓"当代",如果放在广阔的时空下考虑,那是一个十分宽泛的概念。除了在空间上可粗区分中国与外国外,时间上可指"最近几十年"。不过,历史学上所谓"当代",经常是一个特定的概念。古代中国人所谓的当代,是指"本朝",相对于"前朝"而言。中国是一个周期性朝代更替频繁的国家,所以有"前朝"、"本朝"概念。当代,即当下朝代。这个概念至今仍在使用,如 1949 年后中华人民共和国时期被定为"当代",

---

① 查中国期刊网、百度,输入"当代历史记录",相关文章甚少。输入"当代人写当代史",主要有沈葵《史学界要关注当代史研究》,《安徽史学》1995 年第 4 期;田居俭:《当代人要治当代史》,《光明日报》1994 年 4 月 11 日;刘西水:《从两个历史决议看当代人写当代史》,《福建党史月刊》2000 年第 4 期;韩钢:《当代人不能修当代史吗?》,《北京日报》2006 年 10 月 30 日;阎长贵:《当代人应当修一部当代信史》,《北京日报》2007 年 3 月 17 日;王海光:《回忆录的写作和当代人的存史责任》,《炎黄春秋》2007 年第 5 期;齐鹏飞:《当代人如何写当代史》,《人民日报》2008 年 9 月 9 日;汪振华、许华卿:《当代人要作当代史研究综述》,《黑龙江史志》2008 年第 5 期;钱江:《为什么要写当代史》,《人民论坛》2008 年第 21 期;王学典:《当代史研究的开展刻不容缓》,《山东社会科学》2009 年第 11 期;田心:《当代史只能由后人撰写吗?——访中国社科院副院长、当代中国研究所所长朱佳木》,《中国青年报》2009 年 10 月 12 日;金冲及:《当代人写好当代史是历史责任》,《百年潮》2015 年第 2 期;安鲁东:《当代人为什么不能写当代史》,共识网 2016 年 3 月 11 日。

② 本文系宁波大学人文社会科学培育项目(XPYA16001)中国公众史学理论与实务研究(多卷本)阶段成果。

今有当代中国研究所、《当代中国史研究》杂志。如此,当代人修当代史,就是"当朝人修当朝史"。在世界史中,也用"当代",指的是第二次世界大战结束以后的世界历史。这样的划分法偏重公共纪年,其特点是,上限相对固定,而下限会不断延伸。如果偏重民间私人纪年,则会又有不同的理解。从个体来说,"当代"可以理解为"60—100年",因为一个普通人的生命周期多在60—100年间。如果以家庭为单位来理解,当代是3代同存期。以30年为一代,100年正好是3代。如此,下限固定,永远是"今年",而上限会不断向后缩。

史,不同时代也有不同的理解。传统的"史",就是上层政府国家史。而后现代主义理解的史是多元。① 就当代中国历史记录内容来说,根据国家与社会二分理论,可分为当代中国政府史与当代中国公众史上下两大基本层面。前者是宏观层面的政府组织及政府人物,包括中央政府与地方政府,后者是微观层面的民间组织与民间人物,包括个人史、家庭史、社区史、公司史、市镇史之类。政府史是组织本位的,公众史是人为本位的,组织本位与人为本位是两种基本的历史观察单元。人是活动主体,可以是政府中的人,也可以是民间的人。某些人会身处政府或与政府联系较多,或者说某些政府领导本身来自地方。所以,通过人物观察历史,上下层是可以打通的,有时可以获得人际网络体系中的相关人物、相关单位、相关行业、相关专业的历史。组织本位与人为本位的提出,可以使普通人的历史记录找到合适的定位,不致错位。

当代史,不同时代也有不同的理解。到了20世纪以后,主要指经过历史研究后编纂而成的历史著作,特别是通史与专史。传统中国的史,内涵更广泛一些,既可指编纂成书的史著,也可指历史记录层面的史书。唐代史家刘知幾有过精辟的论述,称"夫为史之道,其流有二。何者?书事记言,出于当时之简;勒成删定,归于后来之笔"②。后人将此归纳为"历史记注"与"历史撰述"③。这是中国古人对历史书写活动的权威归纳。

---

① 彭刚:《历史记忆与历史书写——史学理论视野下的"记忆的转向"》,《史学史研究》2014年第2期。
② (唐)刘知幾撰,(清)浦起龙释:《史通通释》卷一一《史官建置》,上海古籍出版社1978年版,第325页。
③ 朱渊清:《书写历史》(上海古籍出版社2009年版)第一章《历史的书写》,分为历史记注、历史撰述、历史研究三大类。

今日中国，有人主张分为"历史记述"与"历史研究"两大层面。① 笔者一直主张根据研究层次的不同，将历史学活动划分为历史记录与历史研究两大层面。② 如此，所谓当代史，既可以是历史研究，也可以是历史记录。在2014年"两会"上，社科组的政协委员们讨论时提出让"当代人写当代事"③，这是对历史概念理解有偏而作出的补救措施。在不少人眼中，历史是一个很久很久以前的概念，与当下无关。其实，历史是一个有上下限时断的概念，它的上限在遥远的古代，它的下限就在当下。所以历史并不遥远，就在当下，就在身边。需要说明的是，历史记录也有研究的成分，只是层次稍低而已。历史记录是一种初加工的历史建构活动，而历史研究是一种深加工的历史建构活动。这样的区分可以使人们从空泛的"当代史"走出来，从而轻装上阵，更好地做好当代中国历史的记录工作。

从历史记录方式来看，当代中国历史记录有两种基本模式，一是及时记录，指各种零星的记录；二是事后回溯，指相对系统的初级历史建构。只有及时记录、事后回溯两者结合，才有完整的当代史记录。前者如各级组织文秘、传统平面媒体、现代多媒体、自媒体上的组织及个人时事记录，它们使当代生活的及时记录丰富了。特别要提及的是当代中国因治安需要而建立的遍布各地的监控摄像系统所拍下的录像，简直是当代中国人生活的第一手录像资料，最为完整的当代史录像资料，这是一般人不注意的现象。事后的系统回溯，传统偏重文献，指笔书史。其实，还应有口述史、图像史。这种方式更适宜不会写作的普通人参与历史记录工作。事后回溯是相当重要的当代史建构法，个人与组织，如果未经系统的回溯，意味着没有建构起自己的历史框架。

当代人，不同时代也有不同的理解。古代所谓的当代人，主要指史官及准史官的士大夫们。今日指全体国民，提倡人人都是历史的记录者。既可以是各级组织、公司的文秘、平面媒体、多媒体的记者、自媒体的发布者，也可指其他普通人员。这样扩充的结果，是鼓励人人参与当代历史记录活动。

---

① 李峰：《西周的政体：中国早期的官僚制度与国家·自序》（生活·读书·新知三联书店2010年版）称"历史这一门学科其实可以分为两部分，一部分是历史记述（Historical Documentation），另一部分则是历史研究（Historical Study）。"
② 钱茂伟：《小历史书写理论与方法的研究》，《学术研究》（广州）2013年第11期。
③ 张蕾：《让当代人写当代事》，《北京晚报》2014年1月19日。

如此，从历史记录入手，从民间入手，从民众入手，加大当代中国历史的记录力度，当代人修当代史就会有全新的面貌出现。

综观当代中国历史的研究，有三个现象值得关注：一是史界重当代中国历史研究而忽视当代中国历史记录。20世纪以来中国历史学社会科学化后流行历史研究，反而将传统中国史学最基本的历史记录功能忘了。历史记录活动，实际上被史学界边缘化，甚至踢出去了。这样的现状要改变，用电视剧《历史转折中的邓小平》总编剧龙平平的话说，"当代人写当代史要勇敢面对，不应交后人"①。二是当代中国历史记录实践活动多而当代中国历史记录理论研究少。似乎当代中国历史记录是无师自通的技术，不需要认真讨论与训练，这样的观念是需要更新的。当代中国历史记录要得到发展，必须建立一套当代历史记录的理论与技术规则，使之成为系统的学问，如此才能成为历史系本科生的训练项目，让历史系的毕业生成为当代中国史记录的人才。当代中国历史记录理论所涉的基本问题，至少应包括历史记录的定义、原因、意义、主体、路径、价值、忌讳等。当代人写当代史问题，古今中外的史学有所涉及②，但确实没有得到很好的解决。当代中国历史记录是一个永恒的话题，它离我们非常近，好像人人懂一些，但确实鲜有人加以系统的理论思考。目前的相关理论思考文章，多是根据古今中外史学知识作出的泛泛而论，而且多涉当代中国通史或专中的研究与编纂，只有个别文章提出了一些新的思考。三是当代中国政府组织史记录相对成熟而当代公众史记录则尚不成习惯、尚不成系统。笔者近年来关注小历史（公众史）书写理论，也关注口述史理论，之所以要进一步关注当代中国历史记录理论思考，是想进一步触摸共同的顶端，从更高的层面来思考学理问题。公众史与口述史的本质是当代历史记录。公众史，在古代与近现代不可能出现，只有当代是可以做的。口述史，更是适合当代的活动，因为这是一项只可与活着的当事人或相关人才能对话的活动。口述史，既适合上层政府史，也适合下层公众史。公众史，在传统的组织

---

① 龙平平：《当代人写当代史要勇敢面对，不应交后人》，搜狐历史 2014 年 8 月 17 日（http://history.sohu.com/20140817/n403512310.shtml）。

② 齐世荣：《"合之则两美，离之则两伤"——试论当代人写当代史与后代人写前代史》，《史学理论研究》2001 年第 2 期；舒小昀：《当代人写当代史的困境——以霍布斯鲍姆为中心进行的考察》，《学术月刊》2008 年第 7 期；宋学勤：《当代人作当代史：梁启超史学理论构建的现代意义》，《郑州大学学报》2006 年第 1 期；曹守亮：《论当代人写当代史》，《山西师大学报》2015 年第 3 期。

本位原则下，提出了全新的人为本位的观察视角。两者结合，才可完整地记录下当代历史。另一个方面，也是想引入原来关于小历史或公众史书写的相关理论思考，丰富"当代人修当代史"的理解，从而建构出相对完整的当代中国历史记录理论来。在古今中外当代历史记录理论与技术基础上，进一步梳理、建构出新的当代历史记录理论与技术体系，这是笔者近年来一直努力的方向。① 当代中国历史记录的理论思考，无疑应是当代中国马克思主义史学建设要关注的重要话题。

一 为什么要记录当代中国历史？

为什么要记录当代中国历史？

1. 文本之外无历史。人类生活的过程即人类的历史过程，不断生活下去就不断产生新的历史，这就是人们常说的"书写历史"。当代史的本质是什么？当代史是人类新创造的一段历史，是历史发展的最新阶段。因为时间不断往前延伸，所以永远会有当代。当代不是一个时间点，它应是一个有上下限的时间段，人类历史是一个当代上限不断往后缩进、当代下限不断往前延伸的动态发展过程。当代历史不断往前推进时，当代历史文献建构的任务也不断地被提出来。由生活世界而文本世界的过程就是历史记录，中间要经历生活世界、大脑记忆、文本记忆三大阶段。由生活世界而大脑记忆的过程是自动发生的，只要历史发生了，大脑记忆就会存储。历史发生时，除大脑记忆外，也可直接借助机械外脑（如照相、录音、录像）来记录。而由大脑记忆转化为文本记忆的过程是人为的，大脑记忆有其短暂性，必须转化成文字文本记忆，才会是永恒的，所以历史记录的核心是要将大脑记忆转化成为文本记忆。文本记忆是相对固定的，是不存在的存在。德里达在《论文字学》中说"文本之外别无他物"，笔者要说的是"文本之外无历史"。何以如此？一般人相信真实的生活世界，相信大

---

① 钱茂伟：《小历史书写理论与方法的研究》，《学术研究》（广州）2013年第11期；钱茂伟：《平民传记史学价值的多视野观察》，《人文杂志》2015年第8期；钱茂伟：《由小众而大众：历史话语权的扩大》，《学术研究》（广州）2016年第4期；钱茂伟：《公众史学：与公众相关的史学体系》，《人民日报·理论版》2016年2月22日；钱茂伟等：《人人都是历史的参与者——关于中国公众史学的对话》，《光明日报·理论周刊·史学》2016年4月20日及钱茂伟《中国公众史学通论》相关章节，中国社会科学出版社2015年版。

脑记忆，而没有想到生活世界已经消失了，个体大脑记忆本身有时空限制，最终是会消失的，历史记忆是会变形的，只有文本才可能提供精确的历史记忆。人类创造了历史，但历史本身瞬间即逝。要想留住，别无他法，就要将之记录下来成为文本。"历"是经历，"史"是文本，所以历史是事物过往经历的文本记录。个人、家族、社区、单位、城市、国家，如果没有留下当代历史记录，它们的历史记忆在未来世界中是不存在的。永远有新的当代史出现，新开辟的当代历史均要有历史文献来加以建构，所以当代史书写是一个永远要思考要关注的领域。

2. 历史记忆要有一个前后传承过程。记忆靠个人大脑，而人类有一个历史记忆代际传承问题。任何人与事的出现都是特定时空的结果，前一时空历史现象的消失，大脑历史记忆的代际嬗变，会使之出现前后文化断裂现象，会使前后代间存在一个知识盲点。前一个时空中存在的现象到了后一个时空往往无法理解，这样就需要加以解释，这些是历史记录与历史学出现的原因所在。将消失的历史记录下来，历史记忆就传承下来，如此历史在记忆中是前后相连的。"每一代人都有自己薪火传递的文化使命。……能否为后人提供一个真实的历史样本，会直接影响到他们鉴往知来的历史感知能力。"①

3. 当代历史的建构要及时。传统的历史观念，历史要沉淀一下，最好让后人来写。这种观念实际上是就当代史研究而言的。从历史研究来说，强调得有时空距离，脱离直接利益圈，才可纵情地理性讨论。不过，从历史记忆的保存来说，越早越好，越近越好，当代人要及时参与记录工作。因为人类的一切活动都靠大脑来记忆，但大脑记忆存在遗忘机制，必须转化成文本才能实现长久保存。时间越近记忆越清，时空越远记忆越模糊。物以稀为贵，人以近而贱，历史记忆人人拥有，似乎最不值钱，一旦失去才觉珍惜。

4. 历史文本的建构可使前人永远活在后人心中。当个人、家族、公司有金钱、权力以后，下一步该追求什么？从当下来看，无疑是物质的消费、文化消费；从长远来看，无疑是历史文化建设。文化层次低的人追求物质消费，容易成为底层一族；文化层次高的人应进一步追求文化消费，成为精神境界很较高一族。人类历史如果没有文献加以记录，将沉没于历

---

① 王海光：《回忆录的写作和当代人的存史责任》，《炎黄春秋》2007 年第 5 期。

史长河之底。现实的权力财富荣誉只有短暂性，只有历史文本才能使之永恒化长久化。非洲社会把人分成三类：活人（还活在世上的人）、"撒哈"（活的死人）、"扎马尼"（死人）。① 这样的分法比较有创意。死人可以永远被人遗忘，也可以被人经常提起，这取决于是否留下文本。有了文本，死人就可成为"活着的死人"。这就提示我们，如果不想成为永远的"死人"，就得留下文本，成为"活着的死人"，人类得完成由物质层面而精神层面的转型。在普通人群体中普遍存在历史遗忘主义，死了就算了。要想永垂不朽，往往只有名人、大人物才有这样的想法。

总之，当代历史记录的优势更为明显，"就是当代人能直接观察、亲身感受、耳闻目染当代史本身，至少能部分地直观到历史的所谓本来面目"②。不得不承认，在历史记录方面，局内人与当时人优于局外人与后来人。"当代人写当代史，历史当事人都在，可以相互补正，有着后人所不企及的即时性优势。"③

当代史记录为什么滞后？

在现实生活世界中，多数个人、家庭、社区等不会想到留下历史记录。何以如此？到底有哪些因素制约人们参与当代历史记录行列？笔者曾将影响个人史写作的因素归纳为九条：第一，平凡平淡观念的禁锢。第二，保护隐私观念的限制。第三，世俗社会缺乏精神超越感。第四，伤心的往事不堪回首。第五，非读书人对文本世界的生疏。第六，文本的严谨性限制人的写作欲。第七，人类普遍的忙于外务而忽视内务习性。第八，老年人自身的种种难处。第九，观众数量少也限制了个人史书写的发展。④除此之外，这里重点谈几点：

1. 真身及其大脑记忆的存在影响当代历史记录活动的出现。人类在世的时候，真身及其大脑记忆可以承载一切，所以往往忽视自己的记录。生活世界的个体，实际的生活接触有限，无法超越时空，视野与思维容易被束缚。只有时间久了，空间远了，视野、思维才会扩大。人类生命是一个成长体，个体的行程是向前的，目光多是向前看的，大脑记忆的回溯往往是偶尔的短暂的。大脑记忆只可持续几十年，但文本的存在可持续上百年

---

① ［英］保尔·汤普逊：《过去的声音：口述历史》，辽宁教育出版社 2000 年版，第 175 页。
② 王学典：《最真实的历史有可能是当代史》，《历史学家茶座》2011 年第 8 辑。
③ 王海光：《回忆录的写作和当代人的存史责任》，《炎黄春秋》2007 年第 5 期。
④ 钱茂伟：《中国公众史学通论》，中国社会科学出版社 2015 年版，第 158—161 页。

上千年。在真身离开人世以后，只有他人对他的记忆或记录是存在的。也就是说存在有两种不同的存在，一是真身及其大脑记忆的存在，二是他人对其的大脑记忆与文本的存在。他人是与当事人有交往的亲人、朋友、同事、门生、故吏，及研究他的学者。真身离开人世以后，得靠他人的大脑记忆与文本来持续。"上书了"，这是生活世界转化成文本世界的通俗说法，由生活世界而文本世界的过程就是"上书"。生活世界的东西只有上书，才能长存于世。个人史是一个文本世界概念，就是真身的替身，可以离开真身而独立存在。也就是说，人的存在要经历真身存在与文本存在两大阶段。真身离开人世以后，文本的意义才会体现出来。

2. 缺乏公共分享意识。历史书写往往是一种外来的公共文化建设要求的结果。人的不朽性是在公共文化视野中提出来的，它关注的是人人动手做多元的文本记录，为人类留下更多的活动证据。就个人来说，多缺乏留下历史记录的内在动力。由此可知，保存文化遗产与历史记忆完全是公共意识影响的结果。在生活中，人们会在亲人或熟人圈口头叙说自己的片段经历与经验，这本质上也是一种公共分享，只是范围较小，且是口述而已。生活世界的分享，一是多为当下的事，二是过往历史的片段。生活世界是当下的，历史世界是过往的。口述史是有意识的系统回溯，这样的方式有别于生活世界。个人的经历与经验如果不分享出来，就会成为死的记忆，最终是无声无息消失于世界的。由此可知，有分享精神的人具备文化意识与能力，独享或分享是讨论历史记录能否成立的核心理念所在。分享是一种双赢的活动，口头叙述会让自己心情舒服，让别人获益。个人的经历与经验一旦成为文本，就成为公共历史文化的一部分。留下历史记录，自己也可享受，但更多的是给别人看的。给别人看就是分享，是一种公共文化观念，公共分享是历史记录中最为重要的观念。

3. 现实利益高于历史利益。实用主义是世俗社会的普遍特性，根据当下时空判断事物的轻重缓急，这是多数普通人的基本特征。能超脱当下时空的局限，根据未来时空加以轻重缓急的判断，这只有部分聪明人具备这样的判断能力。老百姓多都谈眼见的当下的利益，跟他们谈几年以后的利益都是行不通的。某村领导说，他们会考虑五年内的事，而普通百姓往往只能考虑一年内的事。只顾当下利益，不顾未来历史利益，也是一种普遍心态。只根据当下时空来判断有用与无用，那是实用利益至上；如果用未来50年、100年来判断有用与无用，那是有历史眼光了。历史眼光本质上是一种长时段的文本眼光，就是要用未来 50 年、100 年眼光来观照当下所做事的价值。普通人只有当下利益观，不具备长远历史利益观，所以不会想到记录历史。

4. 个人的历史记录要靠别人来发现。人类的历史记录始于帝王将相，这不是帝王将相本人的需求，而是职业史官关照的结果。国家史官的出现是一件有历史意义的大事，知识分子的国家大视野让他们产生记录帝王将相的理念。他们是国家的主要人物，自然值得记录下来。同理，平民自己往往缺乏历史意识，平民的书写须有人从民间历史记录角度来关注，才会被记录下来。也就是说，个人史书写与否取决于背后的组织大视野。历史书写需求的提出是外在组织，可以是国家的，也可以是家族的。个人与集体是一种相互依赖、相互映照的关系，没有集体历史记录的需求，个人史书写的意义体现不出来。这个社会中哪些人有必要记录下来，往往不是由当事人决定的，而是由公共历史学家决定的。公共史学家有大的历史视野，有较浓的历史意识，能判断哪些人值得记录下来。公众史书写迟迟出现不了，也与民间组织力量的过弱有关。集权与分权是一对矛盾，集体天生反对分权。在中国的集体体制下，民间缺乏组织，力量分散。中国不同于西方，有自身的地方组织系统，一是地方政府的行政管理，二是家族的自我管理。如此，传统中国有自己的民间记录系统，地方志是对地方政府管理活动的记录，家谱是对宗族管理活动的记录。这种体制的本质是组织本位的，这种记录活动本质上也是组织本位的。在这种情况下，个人本位的记录是滞后的，如此多数人会觉得没有必要记录下自己的历史来。

二　当代人如何参与当代中国历史记录

人人参与记录。历史观内容的不同，也使参与方式不同。在小国家视野下，历史是政府上层的历史，只要有史官即可。以前的国史记录是由史官来担任的，史官是从事国家历史记录的官员。在大国家视野下，除了政府史要记录，也要记录民间历史、人人的历史，当然得人人参与，因为历史经历者本人最为清楚。历史研究是专业的活动，只有小众会做，而历史记录是初级的书写活动，是大众性的，可以人人参与。当代史是与生活世界最接近的领域，是人人可以做的领域。自己的事就是国家的事，做好自己的事就是替国家尽了一份力。所以，普通人并不必超出自己的能力去记录上层政府史，只管记录好自己、单位、职业与周边人际网络圈人物的历史，就算尽了当代人修当代史之职。及时记录人人要做，事后回溯也应是多数人来做，至少由精英来带头。当代史记录可以让百姓的历史书写自主意识强化，习惯得以养成。

要创造历史记录的需求。在本质上，历史记录是别人提出的，自己有时意识不到。谁来关心个人史？主要是身边的亲友和远处的学者两大人群。前者关注身边家族利益，后者关注民族长远的公共利益。学者关注别人的历史记录，本质上是一种关心人类的活动。政府的行政力量与舆论的宣传力量，均可创造出当代历史需求。当代人大脑记忆资源的有用与无用，取决于历史编纂需求的创造。历史文化编纂需求，使历史资源的作用得以体现出来。历史编纂项目所创造的需求，可以让人有动力来做事，从中培养历史意识与历史写作能力。

重在民间历史的记录。从国家与社会来看，民间社会、公众的发展是现代国家的核心所在。我们重点关注是"一人之史"与"一家之史"。如此这些以前没有关注的民间与个人问题，就提上议事日程了。部分人只关注大历史，所以动不动会关注到三年自然灾害、"文化大革命"之类事大事件。我们关注民间历史与民众历史，所以视野会更宽。自己的历史自己就可以说、可以写了，不必等国家来做主，这样的开放当然更为公正与客观。普通人记录当代史，当然不要求全面记录国家历史，只要求记录下自己人生故事与人际网络之史即可。民间人物成为历史研究对象，这是全新的变化。在几千年中，除政府及其精英有文献记录传统外，民间与大众人物向来没有文献记录传统。历史记录超越了研究型史家的职责，恢复了当年史官精神。现代历史学既要有史家精神，也要有史官精神。

上下层要各得其所。人类的眼界往往只关注个人事、周围事、别人的事、远边的事，往往是其忽视的。所以，我们主张上层的记录上层，下层的记录下层，而不是错位，让上层的记录下层，让下层的记录上层。历史上的野史杂史，被冠以道听途说，正是错位的结果。当然，这也是由传统的历史只关注政府历史一途有关。今日的历史，上层政府史，下层民间史，都得要记录下来。从个人来说，尤其强调先个人，后组织。人既是独立个体，也是群体一部分，所有的群体史与集体史都是由相当多的个体活动汇合起来的。重大事件本身不会说话，须靠不同的当事人的记忆来体现。不同的人记忆汇集起来，就可以建构起一个相当完整的事件来。在现代中国，以个人为中心，以家庭为中心，在生活世界是实现了。个人史、家庭史的提出，正是适应这种趋势的。每个人每个家族每个组织每个行业都可以来做，当代史记录的出现正好可以实现这种途径。

参与方式的多样化。"历史的表达方式，有口述，有笔书，有录音，有录像。既然方式多样化，自然参与的方式也会多样化。文本是读书人的专利，而口述则是普通人的偏爱与特长所在。如此，有文化的人提倡直接做文本，个体写史，独立完成。而那些文化程度不高的人，则主张用口述。口述本身无法转化成文本，须与读书人合作，即会写的人与会说的人合作。"① 中国古人所谓"文献"，涵盖了文献与口述两种形态。文献记录与大脑记忆，两者相辅相成，缺一不可。口述人人会，笔书只有少数人会，所以必须发挥口述的方式，建构人类的个体历史记忆库。当代历史记忆存在于人类的大脑之中，必须直接从大脑中索取，通过口述来完成历史记忆的文本化过程。口述史是当事人或相关活人在说，口述史的最大意义在于通过嘴巴的说来建构当代公众历史。

书写内容的平凡化。有意义才会想到记录，这是人类的实用特性所在。当代史记录要克服传统历史记录留下的种种偏颇观念，一是书异不书常，二是书超人而不书凡人。"书常"就是要记录人类的个人经历及经验。凡人有凡人的经历与经验，留下来可以为后人参考。不要动辄以成败论英雄，觉得成功就会自信地说，觉得失败或过于普通就不好意思说自己的故事。要让口述者克服不好意思的心态，平实客观地讲述自己的人生经历与故事即可。公众史记录重当代重常态，将挑战人类的历史书写习惯。公众史记录重当代重常态，将挑战人类的历史书写习惯。

三 当代史记录的价值

1. 可以留下当事人的历史认知。自从有史学以来，历史认识向来是史官与史家的专利，似乎普通人不具备历史认识能力。以政府为主的国家史自然如此，即便人物的书写也如此，传记是从他传开始的，向来由史官与史家代为说话，当事人的历史认识看不到。随着时代的发展，当事人也参与历史记录工作，出现了自传、回忆录。在这种"自理"模式下，当事人

---

① 钱茂伟：《中国公众史学通论》，中国社会科学出版社2015年版，第79页。

的历史认知就可以体现出来了。20世纪中叶现代口述史的出现，让我们更加关注到当事人的历史认知问题。当事人是普通人，不是专业史家。普通人也有历史认知能力吗？突然抛出这样的一个问题，很多人一定会迟疑一下才敢说出自己不太自信的答案。我们的态度十分明确，普通人也有自己的历史认识能力。人类有历史思考能力，他们的大脑记忆会更新，会不断建构，形成对自己有利的、认可的标准版本，这就是当事人的自我历史认知。① 当代人撰写的历史记录作品体现的就是当事人的历史认知水平，这些当事人作品可以留下当事人的历史认知。人人参与，人人有机会说话，这是历史话语权的开放。当事人的历史认知，可以为后人提供借鉴与参考。从个体来说，人类的生活世界是一个个生命体的自我发展过程。在地球上，前人走了，后人来了，周而复始，人类社会就是这样传存下来的。前人来一趟地球，摸索着过完一生，划出了自己的人生轨迹，留下了自己的人生经验与历史体悟。人人都是历史的探索者，人人的历史都有独到性与创新性，都值得记录下来。后人来到地球上，仍得要在地球上探索。如果有前人分享经验作参考，后人的人生摸索之路会走得更顺一些，层次水平更高一些。否则，人类之路就是原地踏步了。当事人提供的历史认知可能是不太精确的，当然不能与专业史家提供的精确知识相比，但他们仍然是历史认知，这种历史认识，可称为人文历史知识。进入20世纪以来，我们成天谈科学知识，实际上忽视了人文知识的重要性。建立公众史学的目的之一，就是要肯定普通人的人文历史。

2. 可以留下当代学人的历史认知。在当代史中有一个史料概念，把历史记录作品当作史料。其实，这是一个错误的概念。因为"史料"完全是一个学术研究概念，学术史学是一种再加工程度较高的史学分析活动，在这种视野下所有的活动都是搜集史料，所有可用于研究参考的文本都是史料。史料就是资料，是等着被任人宰割的东西，它没有主体性，丧失了自我类型特性。历史记录是自成一体的历史作品，代表着当代学人对当代史的认识。口述史是在采访人问题引导下的当事人自我陈述，采访人是当代历史记录人，他们是专业或准专业的口述史家。他们的问题，可以体现当代人的历史认知方向。由专业或准专业人编纂的各种当代史作品，如传记、杂史，体现的是当代学人的历史认知水平。一切历史都是当代史，所

---

① 陈墨（《口述史学研究：多学科视角》，第19页）称为"自我认知"。

有的历史编纂代表的是当代人的历史认知水平与观念，所以要编纂出代表当代人认知水平的当代历史，而不是等待后人来编纂。后人当然也会来编纂历史，但那代表的是后代人的历史认知水平的作品，这是两种不同类型的历史研究。

3. 大国家史建设的尝试。传统以上层政府为主的国家史框架有限，而包含全体国民的大国家史建设的提出，使历史记录的范围更加多元了。小历史与大历史都是国家历史，只是切入路径不同，一是由小入手，一是由大入手。由此看到的面貌会不同，一是整体之史，一是民间之史。有了民间历史，国家历史更加全面而深入了。章学诚称："且有天下之史，有一国之史，有一家之史，有一人之史。传状志述，一人之史也；家乘谱牒，一家之史也；部府县志，一国之史了；综纪一朝，天下之史也。比人而后有家，比家而后有国，比国而后有天下，惟分者极其详，然后合者能择善而无憾也。"① 此中的"一国之史"，实际是地方史。"天下之史"，才是真正的国史。天下者，中国的之天下。这是由小而大、由下而上的四种历史建构单位。这是一套典型的中国特色的历史单元建构单位体系，对今天的历史记录单位建构，仍是借鉴意义。先分门别类地详写，然后合集成史。因为有众多的专史可选择，所以容易写出国家的全体面貌，章学诚这种思想仍未过时。

4. 当代史进一步研究的基础。王家范提到中国史学面临第二次革命，重点由古代史、近代史转型到现当代史。② 转型到现代当代史，重点是应当代历史记录。当代的东西都值得记录下来，只有记录下来，后代才有研究基础。记录历史建构当代史文献，这是一项全新的工作，值得不断做下来。当代历史文献覆盖之日，历史记录的任务才算完成。做好当代历史的记录就是一件了不起的工作了，甚至可以说是更伟大的工作，这是区别于其他行业的历史文化存在价值所在。从当代史记录开始，这是第一手的记录，后人据此可以不断地进行再加工，成为不同的历史专著。当代历史记录是历史研究的基础，直接决定了未来历史研究的水平与质量。

5. 大数据库建设，功在当代，利在千秋。做当代历史记录的最大意义

---

① （清）章学诚：《文史通义新编新注》外篇四《州县请立志科议》，仓修良编注，浙江古籍出版社2005年版，第836页。

② 王家范：《史学重心的第二次下移：对当代史研究的期望》，《社会科学》2013年第6期。

是可以建立一个大数据意义上的当代历史记忆信息库。这样的事，人类从未做过。今日有了云端，有了大数据库概念，完全可以做了。大数据库是人类语言博物馆，人类精神信息库，人类心理档案库，社会活动的信息库，人类职业及专业的知识库，人生经验知识库。有了这个数据库，将发掘出无数有用的信息，服务于多方面的公共文化建设，如人文与社会科学研究，甚至国情数据库。[①] 大数据建设的竞争，是未来国家间力量竞争的核心所在，其建设须费上几十年甚至几百年的努力。

（作者单位：宁波大学人文与传媒学院）

[①] 详参陈墨《口述史学研究：多学科视角》，人民出版社2015年版，第24—32页。

论史学价值观与历史教育

尤学工

史学价值观是人们对史学价值及其实现方式的认识。它反映了史家对史学的理解和对自我的认识，直接影响着史家的行为动机和学术追求，也影响着史家对历史教育的认知和态度。它让我们不断追问：史学有何价值和作用？如何发挥这种价值和作用？史家应对历史教育秉持何种态度，处于什么位置？对于这些问题，不同时代的史家做出了相同或不同的回答。①作为历史学的基本命题，这也是生活于当下的我们应当思考并回答的几个重要问题。

一 中国古代的史学价值观

中国古代的史学价值观渊源于史学意识的产生，因为只有认识到史学

---

① 对史学价值及其实现方式的认识古已有之，并形成了关于史学功用的丰富理论，瞿林东曾在其主编的《中华大典·历史典·史学理论与史学史分典》第 2 册（上海世纪出版股份有限公司、上海古籍出版社 2007 年版）中专列 "史学功用部" 加以总结。近人和今人对史学价值及其史学形式亦有丰富多样的认识，反映在各种史学论著之中。如果我们把这些古人和今人的认识视为史学价值观的 "本体论"，那么对史学价值观的 "认识论" 的研究相对而言并不多见。比如，刘治立将史学价值论定性为反思的历史哲学，并论述了它作为一个学科的源流、性质和地位，认为该学科的建立既有必要性又有可行性（刘治立：《史学价值论：反思的历史哲学》，《固原师专学报》（社会科学版）1998 年第 1 期），他和李仲立还从理论上探讨了史学价值的实现方式（李仲立、刘治立：《论史学价值的实现》，《庆阳师专学报》（社会科学版）1995 年第 1 期）；刘卫、徐国利强调了历史本体论对史学价值观的影响，认为历史本体论的发展变化决定了史学价值观的形成与取向（刘卫、徐国利：《对史学价值观与历史本体论关系的历史考察》，《中国社会科学院研究生院学报》2004 年第 4 期）；荣剑则指出，不同的历史观影响着人们对历史的价值判断，进而形成不同的历史价值观，这种历史价值观与史学价值观又有着密切的关联（荣剑：《论历史观与历史价值观——中国史学理论若干前提性问题的再认识》，《中国社会科学》2010 年第 1 期）；等等。这些研究为本文提供了不少启示和借鉴，但对史学价值观与历史教育的关系则论之不多，这为本文提供了一定的空间。

的价值和意义，才会产生对史学的需求，而史学意识的产生和发展则会使史学价值观逐渐走向成熟。

中国古代的史学意识萌芽甚早，有意识的历史记忆是从刻木、结绳结合口述开始的。即便是如此原始的历史记忆，它的传承也是基于对历史记忆之价值的认知。文字产生后，历史记忆得以通过书写的方式保存和传播，史学意识进一步发展。这时，人们对历史记忆在凝聚族群、传承文化、鉴戒经验等方面的功能和价值已有比较明确的认识。"惟殷先人，有册有典"①，"典"和"册"作为历史记忆的载体，受到了特别的重视，人们也把它们作为传承历史知识、推行历史教育的教材。西周时，周公充分认识到了"殷鉴"对治国理政的价值和意义，历史经验的总结受到了空前的重视，所谓"罔敢湎于酒"、"无于水监，当于民监"②、"君子所，其无逸"③等，就是周人从殷商败亡的历史中总结出的宝贵经验。周公用它来告诫贵族们吸取历史教训，不要重蹈覆辙。这种"殷鉴"④思想，成为我国历史教育的思想源头之一。而以夏殷历史经验为基础的人本思想的兴起，为中国古代历史理论的形成准备了条件。西周对中国古代史学的另一个重要贡献，则是史官系统的建立。从周天子到诸侯王、卿士大夫，皆设有史官。虽然今天已基本看不到这些史官的作品，但这些史官的存在已经说明了西周史学意识的发达。

值得注意的是，史官系统的设置使中国古代史学出现了早期的专职化趋势，文献保存、历史记录和书写等成为史官的基本职责。这种专职化塑造了史官的角色意识，造就了他们的职业操守，并逐渐转化为一种史学传统。最能反映这种特点的，是春秋时期的董狐和齐太史。据《左传》记载，"晋灵公不君"，赵盾屡次进谏，晋灵公不但不听，甚至还要加害于赵盾。结果"乙丑，赵穿杀灵公于桃园。宣子未出山而复。"对于这件事，"大史书曰：'赵盾弑其君'，以示于朝。宣子曰：'不然。'对曰：'子为正卿，亡不越竟，反不讨贼，非子而谁？'宣子曰：'呜呼！诗曰：'我之

---

① 《尚书正义》卷一六《多士》，《十三经注疏》，中华书局1980年影印本，第220页。
② 《尚书正义》卷一四《酒诰》，《十三经注疏》，第207页。
③ 《尚书正义》卷一六《无逸》，《十三经注疏》，第221页。
④ 《尚书正义》卷一五《召诰》："我不可不监于有夏，亦不可不监于有殷"（《十三经注疏》，第213页）；《毛诗正义》卷一八《大雅·荡》："殷鉴不远，在夏后之世"（《十三经注疏》，第554页）。

怀矣，自诒伊戚。'其我之谓矣。"① 同样，齐庄公也有"不君"的行为，崔杼借机引庄公入府而弑君。"大史书曰：'崔杼弑其君。'崔子杀之。其弟嗣书，而死者二人。其弟又书，乃舍之。南史氏闻大史尽死，执简以往。闻既书矣，乃还。"② 对于这种历史记述方式，孔子评论说："董狐，古之良史也，书法不隐。赵宣子，古之良大夫也，为法受恶。惜也，越竟乃免。"③ 孔子对"弑君"行为是十分不满的，所以他一方面为赵盾这样的"良大夫"为法受恶而感到惋惜，另一方面则大力赞扬"书法不隐"的董狐是"良史"。这里需要注意的是孔子对"书法"的强调。显然，他认为"书法"是历史书写和历史评价的标准与尺度，"不隐"则是要求史官坚持"书法"，不畏强权。所谓"书法"，其实是以周礼为代表的"礼法"。孔子要求史官坚守"书法"，实质上就是要求史官坚持以"礼法"作为历史评价和历史书写的基本原则。但是，"礼法"强调的是"应当"，而非"是"。所以，即便赵盾本人并未弑君，但按照"礼法"也"应当"承担弑君罪名。这种情况，确乎是孔子所谓的"为法受恶"，"礼法"规定了"书法"。"礼法"赋予"书法"以正当性与权威性，也赋予了史官坚守"书法"的勇气和决心，"书法不隐"自此成为中国古代史官和史家的价值取向和精神追求。

"书法不隐"包含着两种价值取向：一种是强调"书法"，一种是强调"不隐"。当强调"书法"时，书写者对历史的褒贬就占据了重要位置；当强调"不隐"时，"秉笔直书"、"不避强御"就成为历史书写的一个基本原则。而当两者结合起来时，就形成了中国古代史学以"不隐"为原则、以"书法"为追求、以史经世的史学价值实现模式。

这种史学价值观及其实现模式经过孔子的宣扬而得以确立，而孔子修《春秋》就是对它的最好实践。孔子作为中国"古代史学上第一位认识到历史撰述之社会功用的史家"④，看到"世衰道微，邪说暴行有作，臣弑其君者有之，子弑其父者有之"，乃"作《春秋》"⑤。很显然，他是打算通过历史教育，而达到使"乱臣贼子惧"的社会目的。孔子对文献的重视、

---

① 《春秋左传正义》卷二一《宣公二年》，《十三经注疏》，第1867页。
② 《春秋左传正义》卷三六《襄公二十五年》，《十三经注疏》，第1984页。
③ 《春秋左传正义》卷二一《宣公二年》，《十三经注疏》，第1867页。
④ 瞿林东：《中国史学史纲》，北京出版社1999年版，第75页。
⑤ 《孟子注疏》卷六《滕文公章句下》，《十三经注疏》，第2714页。

对历史记述真实性的严格要求等都说明了他对"不隐"原则的坚持。而《春秋》对中国古代史学最大的影响还在于它的"春秋大义"和"褒贬书法"。一部史书而能使"乱臣贼子惧",所"惧"何在?惟在于"名"和"义"。所谓"名",是指被评判者的"身后之名",亦即他在历史上的地位和声名。中国古人有着浓重的历史意识,特别在意后人对自己的历史评判。刘知幾指出:"上起帝王,下穷匹庶,近则朝廷之士,远则山林之客,谅其于功也名也,莫不汲汲焉孜孜焉。夫如是者何哉?皆以图不朽之事也。何者而称不朽乎?盖书名竹帛而已。"① 这种"书名竹帛"的意识正是"褒贬书法"能够发挥作用的内在心理基础。当人们由于"重名"而重视历史评判时,史家就有可能通过"褒贬书法"来宣扬"义",并以"义"作为历史评判的标准和历史书写的追求。"义"就是史家著史的宗旨,代表着史家的思想倾向。孔子在《春秋》中所宣扬的"义",实际上是以周礼为代表的社会伦理秩序。在一个失序的时代,他相信通过这种历史书写方式可以使人明白应当遵守的社会伦理秩序,并借此认识是非善恶及其背后的道理,从而为现实社会提供一套价值秩序和方向指引。这样,历史的"书法"及其背后所蕴含的"大义"就成为史学和史家呈现其价值的主要方式,它可以使历史评判产生对现实行为的约束和导向作用。这就明确了史权的重要性,而史家握有史权,居于历史评判者地位,成为史学价值得以实现的主体。

刘知幾说:"史之为用,其利甚博,乃生人之急务,为国家之要道"②。这个认识,与他的"史之为务,厥途有三"③ 之说,都是对史学价值的充分肯定。"春秋大义"是史学价值的一个集中体现。它是一个历史性概念,不同时代、不同史家对其有不同的理解,从而也使中国古代史学价值观呈现出丰富多样的特点。对国家与社会而言,史学的价值在于资治与教化;对个人而言,史学的价值在于畜德与明智。而历史教育则是史家体现主体作用、发挥史学价值的主要方式。

资治是中国古代史学最受重视的价值之一。中国史学的早期形态是"学在官府",资治自然是官方史学的主要功能与目的。后来学术下于私

---

① (唐)刘知幾撰,(清)浦起龙释:《史通通释》卷一一《史官建置》下册,上海古籍出版社 1978 年版,第 303 页。
② 《史通通释》卷一一《史官建置》下册,第 303—304 页。
③ 《史通通释》卷十《辨职》上册,第 282 页。

人，私史兴起，士人群体为其主力。而士人注重政治参与，修史亦是参与手段之一。这使得中国古代史学形成了以政治史为重心的特色，而资治则始终是史家之追求。资治的对象主要是当政者，内容则以兴亡成败的历史经验为主。荀悦指出："古之令典，立之则成其法，弃之则坠于地，瞻之则存，忽焉则废，故君子重之"。他的《汉纪》内容丰富，"有法式焉，有鉴戒焉，有废乱焉，有持平焉，有兵略焉，有政化焉，有休祥焉，有灾异焉，有华夏之事焉，有四夷之事焉，有常道焉，有权变焉，有策谋焉，有诡说焉，有术艺焉，有文章焉"，可谓包罗治国理政之万象。若能吸收如此丰富的历史经验，则"可以兴，可以治，可以动，可以静，可以言，可以行，惩恶而劝善，奖成而惧败，兹亦有国者之常训，典籍之渊林"①。这就把史学的资治价值说得很清楚了。而司马光修《资治通鉴》，资治的意图更为明确。他说《资治通鉴》就是"专取关国家盛衰，系生民休戚，善可为法，恶可为戒者"②，作为帝王治国理政之资。王夫之对"资"、"治"、"通"、"鉴"作了深刻的阐述，认为"'资治'者，非知治知乱而已也，所以为力行求治之资也"，"设身于古之时势，为己之所躬逢；研虑于古之谋为，为己之所身任。取古人宗社之安危，代之以忧患，而己之去危以即安者在矣；取古昔民情之利病，代之以斟酌，而今之兴利以除害者在矣。得可资，失亦可资也；同可资，异亦可资也。故治之所资，惟在一心，而史特其鉴也。"③ 这段话从历史和现实、古人和今人、成功和失败、经验和教训等方面清楚地说明了史学对政治、社会、人生的重要意义。他们的认识受到后世史家推崇，使修史资治成为古代史学的主流价值观之一。

如果说资治主要是针对社会上层，那么教化就是针对社会下层。教化的对象是下层民众，施教者则是包括史家在内的士人和官府，而施教的过程就是进行历史教育的过程。教化的目的，一方面是让受教者接受既定的历史观念，塑造其历史观；另一方面则是提供历史镜鉴，进行是非善恶的惩劝教育。这种教化在孔子《春秋》里已有鲜明的体现，所以后人说"《春秋》之义，采毫毛之善，贬纤介之恶"④。刘勰宣称史学的价值就在

---

① （汉）荀悦：《汉纪》序，《两汉纪》上册，中华书局2002年版，第2页。
② （宋）司马光：《进书表》，《资治通鉴》第二十册，中华书局1956年版，第9607页。
③ （清）王夫之：《读通鉴论》下册《叙论四》，中华书局1975年版，第955—956页。
④ （汉）王充：《论衡》卷九《问孔》，上海人民出版社1974年版，第139页。

于"彰善瘅恶,树之风声"①。"彰善瘅恶"既是教化的内容也是教化的原则,"树之风声"则是对教化的期望,希望通过教化而收移风易俗之效。清人徐鼒说:"孔子之作《春秋》以讨乱贼,所以明君臣之义,正人心而维世运也",两汉至五代"人心波靡,伦纪荡然",而"朱子忧之,作《纲目》一书,以昌明孔子之教,踵事《春秋》,而义例较浅显,稍识文字者能读之而知其说。于是愚夫妇亦晓然于君父之义,怵然于名节之防。故自南宋后七八百年中,有递嬗之世,无篡立之君,极微贱之人知节义之重,则圣贤正人心而维世运之明效大验也。"他撰《小腆纪年附考》,就是"取《春秋》、《纲目》之义",以"正人心维世运"为宗旨。② 由此可以看出,古代史学的教化似乎更重视善恶是非的"褒贬"与"惩劝",而非史事的确定和历史知识的可靠。这给教化性历史教育抹上了浓重的政治性和泛道德性色彩。

对个人而言,史学的价值在于畜德与明智。古人早就认识到"多识前言往行",可以"畜其德"③。这个"德",不只指道德、品行,还包含有见解、器识之意。④ 这就是说,人们能够依据历史知识,对过去明是非、别善恶、观成败,提高见解和器识,也就是提高人生修养。这种认识,在后来的中国历史和史学发展中逐渐成为一个内容丰富的优良传统。如刘知幾说史书记载历史人物,"其恶可以诫世,其善可以示后"⑤,使后人能够"见贤而思齐,见不贤而内自省"⑥。这是"畜德"说的延续。胡三省在论到《资治通鉴》对人君、人臣、人子的关系时,指出它对于人们的"自治"、"防乱"、"事君"、"治民"、"谋身"、"作事"的重要。这几个方面,可用修身、治世来概括。王夫之在释《资治通鉴》之"通"时说:"其曰'通'者,何也?君道在焉,国是在焉,民情在焉,边防在焉,臣谊在焉,臣节在焉,士之行己以无辱者在焉,学之守正而不陂者在焉。虽扼穷独处,而可以自淑,可以诲人,可以知道而乐,故曰'通'也。"⑦

---

① (梁)刘勰撰,范文澜注:《文心雕龙注》卷四《史传》上册,人民文学出版社1958年版,第283页。
② (清)徐鼒:《小腆纪年附考》上册《自叙》,中华书局1957年版,第3页。
③ 《周易正义》卷三《大畜》,《十三经注疏》,第40页。
④ 白寿彝:《中国史学史》第一册,上海人民出版社1986年版,第323页。
⑤ 《史通通释》卷八《人物》上册,第237页。
⑥ 《史通通释》卷一一《史官建置》下册,第303页。
⑦ (清)王夫之:《读通鉴论》下册《叙论四》,第956页。

这也是对史学之修身、治世作用的很好说明。而胡三省所谓"道无不在，散于事为之间。因事之得失成败，可以知道之万世亡弊"①，王夫之所谓"知道而乐"，龚自珍所谓"出乎史，入乎道，欲知道者，必先为史"②，都包含着明确的从历史进程认识其发展规律的观念，同时也指出了人们通过读史而"知道"的重要。总之，史学、历史教育与人生修养的关系，就是以"畜德"为基础，以修身、治世、明道为目标，以有益于社会实践、历史进步为归宿。③ 其实，个人能从史学中汲取的不仅是德性，还有智慧。宋人陈傅良说："学之为王事，非若书生务多而求博，虽章句言语，皆不忍舍也。诚能考大臣之除罢，而识君子小人进退消长之际；考政事之因革，而识取士养民治军理财之方，其后治乱成败，效出于此，斯足以成孝敬广聪明矣"④。中国古人善于从对历史的观察中寻求个人进退取舍的经验与参照，力图获得对人生透彻的理解。他们经常把自己放在历史的节点上进行审视，所谓"今之所以观往，后之所以知今"⑤ 就是要用通透的历史眼光来看待现实的人生。从这种眼光和需要出发，中国古人习惯把历史、现实与未来视为一个连续的发展过程，而现实则是历史与未来之间的连接点。这就赋予了历史以指导现实的价值和地位，所以中国古人重视"彰往察来"，以"究天人之际，通古今之变"为人生最大的智慧。

无论是资治、教化，还是畜德、明智，史家都是实现史学价值的主体，而历史教育则是其基本手段。除了少数专职史官，古代史家的身份往往具有多重性，很多史家同时具有政治家、思想家、教育家等多种社会身份。这个特点为他们推动历史教育、发挥史学价值提供了特殊的便利，也让他们对历史教育具有了高度的自觉性，"经世致用"遂成为中国史学的优良传统。

---

① （元）胡三省：《新注〈资治通鉴〉序》，《资治通鉴》第一册，中华书局1956年版，第28页。
② （清）龚自珍撰，夏田蓝编：《龚定庵全集类编》卷五《尊史》，中国书店1991年版，第93页。
③ 参见瞿林东《论读史明道》，《北京师范大学学报》1992年第5期；《传统史学与人生修养》，《北京师范大学学报》1994年第4期；《史学与人生修养的关系》，《中国史学史纲》，北京出版社1999年版，第109—112页。
④ 《文献通考》卷一九三《经籍考》，浙江古籍出版社1988年影印本，第1368页。
⑤ 《魏书》卷四八《高允传》，中华书局1974年版，第1071页。

二 中国史学价值观的现代转型

中国现代史学价值观是在对古代史学价值观的批判和更新中逐步建立的,而各种史学思潮又对不同学派的史学价值观产生了重要影响,使其呈现出多元化的特点。

晚清是西方进化史观在中国产生重大影响的时期,梁启超的《新史学》被视为中国史学走向现代的宣言。在《新史学》中,梁启超对古代史学的价值近乎一概否定,其"四弊二病"之说在相当长时间内塑造了人们对古代史学的基本认识。但是,他并未否定史学本身所具有的价值,只是更新了对史学价值的认识。这时的梁启超"想从教育方面先下手,先新民而后兴国"[①]。他认识到"今日欧洲民族主义所以发达,列国所以日进文明,史学之功居其半焉"。这使他产生了改造中国之旧史、以"新史学"提倡中国之民族主义的激情,所以他说:"史学者,学问之最博大而最切要者也。国民之明镜也,爱国心之源泉也","今日欲提倡民族主义,使我四万万同胞强立于此优胜劣败之世界乎?则本国史学一科,实为无老、无幼、无男、无女、无智、无愚、无贤、无不肖所皆当从事,视之如渴饮饥食,一刻不容缓者也"。而要克服旧史的弊端,则必行"史界革命",建设"新史学","呜呼,史界革命不起,则吾国遂不可救。悠悠万事,惟此为大"[②]。进行"史界革命",推进历史教育,离不开史家,故史家责任尤其重大。梁启超对史学的界说反映了他对史家责任的认识:他先要求史家"叙述人群进化之现象而求得其公理公例",后要求史家"记述人类社会赓续活动之体相,校其总成绩,求得其因果关系,以为现代一般人之资鉴",这是从史学研究本身对史家的要求。虽然他后来对因果关系不再坚持,但基本要求并未大变。另一方面,史家还要承担国民教育之责:"史家目的,在使国民察知现代之生活与过去、未来之生活息息相关,而因以增加生活之兴味;睹遗产之丰厚,则欢喜而自壮;念先民辛勤未竟之业,则蘧然思所以继志述事而不敢自暇逸;观其失败之迹与夫恶因恶果之递嬗,则知耻

[①] 张朋园:《梁启超与清季革命》,台北,中研院近代史研究所,1982年第3版,第4—5页。

[②] 梁启超:《新史学》,《饮冰室合集》文集九,中华书局1989年版,第1—7页。

知惧，察吾遗传性之缺憾而思所以匡矫之也"①。总之，他是要将历史学由"养成士大夫君臣之学"改造为"养成国民之学"②，提供"国民资治通鉴"或"人类资治通鉴"③，以历史教育养成"新民"，这就是他的史学价值观。这种史学价值观并未脱出"经世致用"的基本模式，只是在对象、内容、旨趣上有了更多的现代气息。20世纪初的中国史家大多认同这种以史为用、学用一体的史学价值观，而这种价值观推动了很多史家投身于历史教育。

随着科学史学在中国的兴起，中国史家对史学价值及其实现方式的认识也发生了变化。1913年，《湖南教育杂志》发表《历史教育及教授法》一文，提出了历史学术与历史教育的二分法。作者说："纯正史学者，以最公平之心解释历史上之事实，一切依其本质以研究之。盖以探得历史上之真相为唯一目的者也。普通教育则不然。普通教育之历史，则操索历史事实，而以教育的组织法组织之，因而据以施国民教育，此其目的也。盖一则欲得其真相，一则以之供教育的组织。以是两比目的之相异，而史学者与历史教育者之任务，遂生划然之区别焉。即前者为一种之科学，而后者则术也，从事于前者为史学家，任后者之务，则教育家也。"按照这种说法，历史教育与历史学术区别有二：一是目的上，历史学术以"探得历史上之真相为唯一目的"，历史教育则是以历史学术之成果"供教育的组织"，"据以施国民教育"；二是性质上，历史学术为"科学"，历史教育不过是一种教育之"术"而已，不具备科学性质。由此带来了主体的划分，即从事于历史学术者为史学家，从事于历史教育者为教育家。这样，历史教育就被从史学家的任务中剔除了，他们"仅负搜集提供材料之任务而已，且其材料之于教育，有视为有害者，有视为无害者。唯此，固史学家寻常之事，彼但以发见搜集事实为能尽其职者也"④。可以看出，他们所说的历史教育，就是将历史学术所得的成果，依照"教育的组织法"加以"组织"，然后"据以施国民教育"的一种教育形式。这种二分法将"历史学术"和史学家从历史教育中分割出去，直接影响到了史家对历史教育

---

① 梁启超：《中国历史研究法》，《饮冰室合集》专集七三，第3页。
② 江湄：《梁启超"民族主义"历史教育观的一点启示》，《学术研究》2002年第12期。
③ 梁启超：《中国历史研究法》，《饮冰室合集》专集七三，第3页。
④ [日]中岛健依别撰，禹朋译：《历史教育及教授法》，《湖南教育杂志》第2年（1913）第10期。

的态度与责任。

　　这种历史学术与历史教育的二分法经过科学史学理念的催化而逐渐成为一种重要的史学价值观。胡适等人倡导学术独立和学术自由，主张以学问为目的而不以为手段。这种史学价值观以求真为史学的第一要义，不主张甚至反对致用，故以学、用分割为特点。在治史范围上，他们主要集中于古史考订。在治史方法上，他们强调科学的考据和事实的确定，不注重甚至反对进行历史解释，以史料优先于史观。当时比较流行的一种说法，就是以无用为大用。顾颉刚曾经述说过他对这个问题的认识转变过程。早在民国三年至六年，顾颉刚就在思考学与用的问题。"当我初下'学'的界说的时候，以为它是指导人生的。'学了没有用，那么费了气力去学为的是什么！'普通人都这样想，我也这样想。但经过了长期的考虑，始感到学的范围原比人生的范围大得多，如果我们要求真知，我们便不能不离开了人生的约束而前进。所以在应用上虽是该作有用与无用的区别，但在学问上则只当问真不真，不当问用不用。学问固然可以应用，但应用只是学问的自然的结果，而不是着手做学问时的目的。"① 为此，他批评了清末今文家是"拿辨伪做手段，把改制做目的，是为运用政策而非研究学问"②。他认为，"科学是纯粹客观性的，研究的人所期望的只在了解事物的真相，并不是要救世安民，所以是超国界的。学术若单标为救世，当然也可以媚世，甚至于感世"，"但这原是说不上科学。""科学的应用是间接的，不是直接的。只因它的用是间接的，它的本身没有用，所以为一般急功近利的人所不喜，他们看不见它的真价值，只觉得是些'无聊的考据'。但也因为它的本身没有用，不为现实的社会所拘束，所以它的范围可以愈放愈大，发现的真理也愈积愈多，要去寻应用的材料也日益便利，这就是无用之用。""把应用看做一切的学问的标准，这种人的愚昧也着实可悲了！"③ 所以他宣称："薄致用而重求是，这个主义我始终信守"，这是他的"基本信念"④。当时，信守这个"基本信念"的史家远不止顾颉

---

① 顾颉刚：《〈古史辨〉第一册自序》，《顾颉刚全集》第 1 册，中华书局 2010 年版，第 22 页。
② 同上书，第 37—38 页。
③ 顾颉刚：《北京大学研究所国学门周刊一九二六年始刊词》，《顾颉刚全集》第 33 册，第 222—225 页。
④ 顾颉刚：《〈古史辨〉第一册自序》，《顾颉刚全集》第 1 册，第 23 页。

刚一人，而是一大批新历史考据学派史家。鉴于这个学派在中国现代史学发展中的重要地位和影响，他们所信守的史学价值观因而一度成为中国现代史学的主流价值观。他们孜孜于"专门高深之学问"，将历史教育视为"不生利"的事情而排斥于史家的职责之外。应当说，他们的史学价值观决定了其对历史教育的认识和态度。

与新历史考据学派不同，中国马克思主义史学一开始就与时局的变迁紧密相连，并抱有为中国社会寻求历史前途的使命。马克思主义史家追求的是"科学性"与"革命性"的统一，亦即学与用的统一。这是他们的史学价值观。在他们看来，学的目的不只是求知，更重要的是致用，人们应当以学到的知识和历史规律来指导现实的社会运动。从这个意义上说，学只是手段和阶段性目的，用才是最终目的。这是他们的史学价值观与新历史考据学派异趣之处，而这种异趣直接影响到了他们的治学取向。新历史考据学派史家始终无法完全认同马克思主义史家理论为先、注重阐释的治史取向，除了批评他们只会搬弄一些新名词而缺乏精密考证的功夫之外，还质疑他们会为了学术之外的目的而扭曲学术，削中国历史之足而适外国理论之履，损害学术的独立性；而马克思主义史家则对新历史考据学派史家孜孜于古史考订大为不满，认为这种埋头于故纸堆的"象牙塔"式治史取向除了玩物丧志，无助于危难之中的国家与民族。

史学价值观的差异一度造成了新历史考据学派与马克思主义学派之间的学术鸿沟，但文化抗战的需要为他们弥合鸿沟、调整史学价值观提供了契机。为抗日救亡，史学界的治学取向整体上出现了由"考古"向"考今"的转变①，史学的大众化、通俗化成为急迫的需求。一贯标榜"为学问而学问"、反对致用的新历史考据学派史家不同程度地改变了史学取向，不再严格坚持"以学问为目的而不以为手段"，开始采取不同的方式关注和回应抗战需求，注重以史为用。比如，傅斯年开始关注中国民族与边疆问题尤其是东北问题，反驳日本史家侵略中国的谬论；顾颉刚创建通俗读物编刊社，编辑发行通俗读物，创办禹贡学会和中国边疆学会，编辑《禹贡》半月刊和《边疆周刊》，动员民众，尽一个知识分子的爱国救国之责。②当新历史考据学派调整史学价值观、逐渐重视学以致用之时，马克

---

① 朱谦之：《考今》，《朱谦之文集》卷二，福建教育出版社2002年版，第157—158页。
② 顾颉刚：《顾颉刚自传》，《顾颉刚全集》第38册，第357—373页。

思主义史家则进一步强调了史学在民族解放和政治建设中的作用。翦伯赞说:"我深切地希望我们新兴的历史家,大家用集体的力量,承继着我们先驱者努力的成果,依据正确的方法论,依据中国历史资料的总和,来完成中国史的建设,并从而以正确的历史原理,来指导这一伟大的民族解放的历史斗争,争取这一伟大的历史斗争的胜利。"① 这种看法代表了抗战时期马克思主义史家的集体价值取向。对中国马克思主义史学的价值取向影响更为深远的,则是毛泽东。他对史学的价值有深刻的认识,将历史知识放在与"革命理论"同等重要的位置上。在《如何研究中共党史》、《在延安文艺座谈会上的讲话》等谈话中,他明确提出文艺要为工农兵服务、为无产阶级政治服务,走普及与提高相结合的道路。这种学术与政治关系的定位,是文化抗战与政治建设的需要,有其合理性,也发挥了巨大的历史作用,深刻影响了中国马克思主义史学的发展道路。但是,这种定位需要谨慎处理学术发展与政治需要之间的关系,否则极易使学术沦为政治的工具,"文革"时期出现的政治挂帅、滥用史学就是一个极端的范例。

20世纪前半期,还有一些以理论阐释见长的史家和流派抱有与马克思主义史家相似的史学价值观。比如,何炳松针对当时盛行的"为历史而历史"的治史旨趣提出应当重视史学的社会效用。他说:"历史底目的,在于明白现在底状况,改良现在底社会,当以将来为球门,不当以过去为标准"②。他尤其重视史学在培养智慧、提高国民素质方面的效用,认为研究历史及受史法训练的人,可以革除遇事轻信之恶习,树立科学之态度;可以扩大视野,驱除不同民族间的成见,知人类习俗之不同,有其社会历史根源,对于现代人类殊异之风尚,都能深表同情;可以从古今社会之变迁及人事之演化中,得知人类社会之消长盈虚,势所必至,革新改善,理有固然。这些作用都是不可替代的。③ 朱谦之十分欣赏克罗齐的"一切真的历史都是现代史"之说,他倡导的"现代史学运动"就贯彻了这一思想。他认为真正的史家应该是"真理的火把"、"生命之指导师"、"往古的传达人",使人明白自己的现状与未来。④ 战国策派的代表人物雷海宗将历史学视为时代精神的表现,"每一个时代所认识的过去,都是那一时代的需

---

① 翦伯赞:《历史哲学教程》,河北教育出版社2000年版,第7页。
② 何炳松:《新史学导言》,《史地丛刊》第2卷第1期,1922年6月。
③ 何炳松:《历史研究法》,上海商务印书馆1927年版,第81—82页。
④ 朱谦之:《〈现代史学〉发刊辞》,《现代史学》第1卷第1期。

要、希望、信仰、成见、环境、情绪等所烘托而出的"，"没有任何一种事实能有百世不变的意义"①，所以他主张寻求历史背后的意义。他提出的"中国文化二周说"就是力图运用文化形态史观，从历史角度说明当时中国的前途命运，鼓励国人抗战的信心。这些史家和流派的史学价值观迥异于新历史考据学派，又与马克思主义史家异曲同工，是当时史学价值观多元化格局的一个重要组成部分。

20世纪后半期基本上是马克思主义史学一枝独秀的局面，它所倡导的史学价值观得到进一步巩固和强化，"为人民服务"、"为无产阶级专政服务"成为中国史学的主流价值观。出于普及唯物史观、提高国民文化素质的需要，历史教育受到了空前重视，其中既有对非马克思主义史家的思想改造，也有对普通民众的社会发展史学习，还有《中国历史小丛书》等历史普及读物的大量出版，史学的价值和功能得到了充分的释放。不过，由于政治对史学的干扰越来越严重，马克思主义史学价值观越来越强调"革命性"，而"科学性"则在不断的政治运动中受到削弱。随着"为革命而研究历史"口号的提出，马克思主义史学价值观受到了严重扭曲，史学逐渐沦为政治的传声筒。史学的表面繁荣不但不能说明马克思主义史学的健康发展，反而抽离了马克思主义史学价值观的精髓，严重损害了马克思主义史学的声誉。改革开放以后，随着史学界的拨乱反正，马克思主义史学价值观逐渐摆脱了教条化与政治化，"科学性"得到尊重，"革命性"也有了新内涵，中国史学慢慢走上了恢复与发展的正常道路。在这个过程中，史料的价值被重新加以认识，隐藏在"史料"与"史观"之争背后的"求真"与"致用"的不同价值取向也引起了激烈的讨论，并影响着此后的史学发展走向。20世纪90年代以后，唯物史观地位下沉，马克思主义史学价值观开始面临越来越多的挑战，史学价值观有再次走向多元化的趋向。

三 史学价值观对历史教育的影响

史家是历史教育的主要推动者，他们的史学价值观直接决定着他们对历史教育的态度和立场，影响着他们对历史教育的参与方式与程度。

---

① 雷海宗：《历史过去释义》，《中央日报》（昆明版）1946年1月13日。

无论是资治、教化，还是畜德、明智，中国古代史学价值观都要求史学、史家与社会的紧密结合。这就促使史家采取"经世致用"的治史态度，而历史教育是"经世致用"的基本方式，所以古代史家对历史教育普遍持积极态度，具有历史教育的自觉意识。在对"致用"的理解和实践中，有两种倾向值得注意：一是像欧阳修那样重视"春秋笔法"，主张通过"褒贬"评判历史，推动"致用"；二是像王鸣盛那样重视"实事求是"，主张以考订事实为务，致用则"待人自择"和"听之公论"①。这两种倾向若推之极致，则不免产生两个弊端：一是"任情褒贬"，强史为用，这是曲笔产生的重要原因。"褒贬"是一种价值判断，"褒见一字，贵逾轩冕；贬在片言，诛深斧钺"，"腾褒裁贬，万古魂动。"②但"褒贬"要强调的是"是非"而非"真伪"。当史家力图通过"褒贬"来彰显史学的价值时，就不可避免地受到主体价值观念的影响，从而有可能陷入"任情褒贬"的极端，损害史学的可靠性与公信力，因而也会使史学的价值大打折扣。二是重史实而轻史意，陷于琐碎考据，失去致用之旨。确定史实"真伪"是史学的第一步，但不是最后一步。若将之视为史学的最高目标和史家的唯一任务，则所得只能是历史的"碎片"，而不免琐碎无用之讥。

古人已经注意到这个问题，并提出了以"事实"作为"褒贬"前提的解决办法。孟子提出，"事"、"文"、"义"为史学的三要素，"事"为前提，"文"为手段，"义"为宗旨。若一味求"义"之高妙而罔顾事实，那就不是史学了。所以刘勰提出："文非泛论，按实而书"，若"任情失正，文其殆哉！"③ 所谓"正"，就是要回到史学以事实为前提的基本原则。吴缜进一步阐述了这个认识："夫为史之要有三：一曰事实，二曰褒贬，三曰文采。有是事而如是书，斯谓事实。因事实而寓惩劝，斯谓褒贬。事实、褒贬既得矣，必资文采以行之，夫然后成史。至于事得其实矣，而褒贬、文采则阙焉，虽未能成书，犹不失为史之意。若乃事实未明，则徒以褒贬、文采为事，则是既不成书，而又失为史之意矣。"④ 这种认识力图弱化"求真"与"致用"的冲突，可以避免"经世致用"的极端倾向，具有相当的合理性，是对"书法不隐"传统的进一步发展，丰富

---

① （清）王鸣盛：《十七史商榷》序，上海书店 2005 年版，第 1 页。
② （梁）刘勰撰，范文澜注：《文心雕龙注》卷四《史传》上册，第 284 页。
③ 同上书，第 286—287 页。
④ （宋）吴缜：《新唐书纠谬》序，国家图书馆出版社 2011 年版，第 4 页。

了古代史学价值实现模式的内涵。

　　有意思的是,乾嘉学派的史学价值观对后来者产生了重要影响。新历史考据学派不仅从学术、思想和方法上汲取乾嘉学派的营养,而且也颇为欣赏他们的"实事求是"的治史信念,并将之与现代的科学理念结合起来,形成了自己的史学价值观。还有一个因素直接影响着他们的史学价值观,那就是历史学术和历史教育的二分法,而其深层则是求真与致用两种史学价值取向的对立。这种二分法直接将历史学术和历史教育分割开来,也将历史教育作为非科学的"术"从史学家的任务中分割出来。这就为此后的普及与提高对立观念的形成埋下了伏笔。到了"五四"前后,科学观念和科学精神得到了进一步强化,形成了追求专门高深之学问、"为学问而学问"的学术风气。大部分史家认同了历史学术和历史教育的二分法,历史学术作为科学而受到尊崇,历史教育作为"术"的色彩相形更加浓厚,以至于受到了冷落甚至排斥。反对"以史明道"、"经世致用"等传统史学观念,以"求真"为鹄的,追求"无用之用",成为他们的史学追求。这种价值观使他们对历史教育采取消极态度,而史学发展的学院化、职业化,历史知识传播及其媒介的专业化,进一步局限了历史教育的范围,使其愈益走向小众化。这一时期,普及与提高对立的情形是十分明显的,普及在一定程度上被从史学家的任务中剔除了。这种思路,被以后的史家自觉不自觉地继承了下来,一直影响到现在。这说明,虽然不同时期造成提高与普及对立的具体原因有所不同,但这种二分的思路是造成普及与提高对立的根本原因。提高与普及的对立,造成了一系列问题,如史学的专业性品格被强化,而其大众性品格被忽视,历史学越来越成为少数人的职业和爱好,历史知识在很小的社会范围内传播,一般公众与历史学的距离却越来越远,以至于当他们需要了解历史时却找不到合适的途径;由于史家缺席"通俗化历史工作的队伍",造成了社会历史教育领域弊端丛生;局限于历史工作者的"小圈子",普及工作不能由第一层次即对历史工作者的普及,顺利推进到第二层次即由历史工作者向非历史工作者的普及;将普及等同于通俗,将通俗等同于庸俗、肤浅和功利,认识不到普及工作的学术价值和社会价值,促成了对史学和历史教育的偏见;等等。所以,有人指出:"现在的形势不是互相联系,而是互相分家。要讲提高就讲找冷门,讲些偏僻的题目,这就叫'专'。这样的'专'不像是做学问,这是受西方的教育影响。从总的看,它是不能解决根本的大问题的,更不能解决重要的理论问题和跟现实相联系的大问题"①。这是对历史教育问题的深刻反思，值得警醒。

要从根本上解决这个问题，必须从解决历史学术和历史教育的二分法及求真与致用的二元对立入手。毛泽东提出的"普及基础上的提高"和"提高指导下的普及"②，从思想上解决了历史学术和历史教育的二分，确立了提高与普及的辩证关系。当普及与提高的辩证关系确立时，其实已经暗含了求真与致用的辩证统一关系。这个思想，被后来的史家所认同，比如瞿林东从中国古代史家对求真与经世关系问题的认识出发，提出了这样的认识，即史家角色意识和社会责任的统一，史学的求真精神与经世目的的统一，以及建立在信史原则和功能信念基础之上的二者的深层联系，决定了中国史学的基本面貌和史学传统的精神本质。③ 这个认识，给求真与致用辩证统一的思想以更加坚实的历史基础，为当前人们尤其是史家继承中国史学的优良传统，树立求真与致用、普及与提高辩证统一的思想提供了有益的启示。

对于马克思主义学派、战国策派等重视史学社会价值的学派来说，重视历史教育是应有之义。他们像古代史家那样拥有历史教育的自觉意识，为着各自的目的而积极投入历史教育，大力推动史学的科学化、通俗化与大众化，为不同时期历史教育的发展作出了贡献。需要指出的是，当他们在"求真"与"致用"之间取得平衡之时（比如马克思主义史家努力寻求史学"科学性"与"革命性"的统一），他们所推动的历史教育就能获得健康发展。反之，当"求真"与"致用"之间出现失衡，史学往往会被政治等非学术因素所左右，历史教育就会受到极大的损害。这已经被中国史学发展的历史反复证明。

史家固然不应囿于史学价值观而失职于历史教育（尤其是社会历史教育），而当他投身历史教育时，也应对自身的角色和作用有恰当的认识。无论是古代还是现代，史家在推动历史教育时都会表现出一种文化的优越

---

① 白寿彝：《谈历史教学在教育上的作用》，《白寿彝史学论集》上册，北京师范大学出版社1994年版，第257页。
② 毛泽东：《在延安文艺座谈会上的讲话》，《毛泽东选集》第3卷，人民出版社1991年第2版，第862页。
③ 瞿林东：《论史家的角色与责任和史学的求真与经世》，《史学与史学评论》，安徽教育出版社1998年版，第20页。

感，从而自觉或不自觉地将自己置于教导者的地位。这是一种发自于传统士人文化的精英意识，形诸于史家对史权的垄断。这种精英意识会培育史家从事历史教育的责任感与自觉心，但它带来的优越感则会对受众带来文化和心理的压力，甚至使受众产生心理排斥，从而大大影响历史教育的效果。同时，这种精英意识也会使史家以自己喜好的方式推进历史教育，而较少顾及受众的接受习惯和水平，从而可能使历史教育方式缺乏针对性与可接受性，不利于适应历史教育的多层次性，也会直接影响历史教育对社会大众的渗透范围和影响力。因此，若要推进历史教育，史家应当摒弃精英意识，树立大众意识，切实有效地承担起对历史教育的责任，在历史教育的发展中实现自身和史学的价值。

（作者单位：华中师范大学历史文化学院）

唯物史观与20世纪中国史学方法（二）

关于史学理论学术体系建设问题的思考

乔治忠

在中国，历史学的产生和发展可谓源远流长，在史学长足发展的基础上，理所当然地产生予以总结和概括的要求。对历史学发展状况进行抽象性的概括，达到从具体研讨到理论思维的升华，这样形成的史学理论，在历史学整体结构中具备高层次、宏观性的特征，应为历史学科的核心内容，需要坚持不懈地建设与发展。迄今为止，史学理论的研究虽有了很多论著，但如何建立起中国史学理论的学术体系，还有诸多亟须探索的问题，其中厘清基本概念和基本的学术范畴，是必不可少的起点。

一 历史与史学

史学理论的建设从何说起？首先应当厘清"史学理论"这一范畴的内涵和外延，方能够形成提出问题与解决问题的目标导向。但"史学理论"的概念、内容并不是孤立的，它混含在由史学发展和中外史学交流过程的概念系列之内，需要从头道来。

在中国古代，单音词多所盛行，"史"字最初是指执行某种使命的官员，即所谓史官，当史官中分配出一部分人作为内史，参与从事撰述政府公文和记载事宜之职务，就越来越倾向于把史官看作记事、记言的职官，这显现于西周末期到春秋时代，也正是中国上古史学萌发和早期发展阶段。约于战国时期，"史"也渐渐代指史官记载的文化产品，孟子说："晋之《乘》，楚之《梼杌》，鲁之《春秋》，一也。其事则齐桓、晋文，其文则史，孔子曰：其义则丘窃取之矣"[1]，《庄子·天下》篇称："其明而在

---

[1] 《孟子·离娄下》，载（宋）朱熹《四书章句集注·孟子集注》卷八，中华书局1983年版，第295页。

历数者，旧法世传之史，尚多有之。"这里的"史"，都明显是指史文、史书。但是，史官与史书都言之为"史"，二义并行，在中国古代长期处于这种一词多义状况，撰史之人与撰写的史籍，二者在语词上不严格划分，全凭整句整段语义加以理解，却很少会出现误读。对于以往的史事，多直言某个朝代之事，或以"古"字表达，"殷鉴"就是以殷商的史事为鉴戒，"唐鉴"就是以唐代的政治得失为鉴戒。唐太宗说："夫以铜为镜，可以正衣冠；以古为镜，可以知兴替；以人为镜，可以明得失。"① 请注意语句中是"以古为镜"而不是"以史为镜"。宋代刘随上奏说："臣闻以古为鉴，可以知兴亡。不敢远稽前典，且以近代言之：唐太宗何如主也！十八起义师，二十四定天下，二十九即帝位。鉴情伪之理，明治乱之由，圣文神武，高于三代。然犹每与大臣会议，政事必令谏官、宪臣、史官预闻之。苟诏令不便，大臣不直，刑赏不当，邪正未分，则谏官得诤之，宪臣得弹之，史官得书之。是以上下无壅，而君臣同德，太平之风可谓至矣。"② 刘随虽然引证最近的唐代史事，仍称"以古为鉴"。近代以来几乎成为口头禅的"以史为鉴"这种语词表达，在中国古代直至清朝前期，却是极其罕见的。诚然古代也有"史鉴"这个词语，但"史鉴"乃是指可以以来作为鉴戒的史籍，如明黄佐、廖道南撰《殿阁词林记》卷九载明英宗谕旨："翰林官中有才识忠行者，日轮二员入直东阁，凡经书、史鉴有关君德者，日录所闻以赞朕不逮"；清《钦定国子监志》卷五十三载大臣王熙上奏要求国子监"设立课程，定期稽查，必使各习一经，兼习史鉴，详为讲解，俾令贯通，务期成材，以收实用"③。以史鉴与经书相对应，其意甚明，均为正宗而有益的经史典籍。即使极其偶然出现"以史为鉴"的语句，其中"史"的含义仍然是史籍，清乾嘉时倪思宽读书笔记《二初斋读书记》有言曰"古称史，今亦称鉴，'鉴'字，本于《说苑》公扈子曰'《春秋》，国之鉴也'一语。宋司马温公编集《历代君臣事迹》，神宗赐名《资治通鉴》，以史为鉴，殊觉意味深长"④。此处"以史为鉴"是说宋

---

① 《旧唐书》卷七一，《魏征传》，中华书局1975年版，第2561页。
② （宋）刘随：《上仁宗论当今所切在纳谏》，《宋朝诸臣奏议》（上）卷五一，上海古籍出版社1999年版，第554页。
③ （清）王熙：《请严国学官学疏》，（清）文庆等：《钦定国子监志》（下）卷六七，《艺文一》，北京古籍出版社2000年版，第1166页。
④ （清）倪思宽：《二初斋读书记》卷九，清嘉庆八年涵和堂刻本。

神宗把"史"称为"鉴",① 这与现代所言"以史为鉴"的内容、含义是大不相同的。

　　以上的辨析,并非无端的咬文嚼字,绵延几千年的语词、话语的特征,应当映射着某种基本的观念和认知,就是中国古代在史学的发展中,"史"字虽然从史家、史官等人员的指称延伸到对典籍的指认,但却避免了客观史事与人们对于历史的撰写混为一谈,即单一的"史"字,很少用以表示过去所发生的客观史事,史事与对于史事的记述,二者有清晰的分界。在东晋到南北朝时期,还出现了"史学"这个词语,先是北方少数民族石勒政权委令"任播、崔浚为史学祭酒"②,后南朝刘宋政权于元嘉年间"上留意艺文,使丹阳尹何尚之立玄学,太子率更令何承天立史学,司徒参军谢玄立文学"③,此后历代言"史学"者充满官、私文献和四部之书,表明在中国古代已经明确了史学是一种专门的学问。与此大体同时,中国古人也将"事实"这一概念,用来表示与书史记载可能不同的真实史事,例如《晋书·裴秀传》载其《禹贡地域图序》说大量书籍记述的历史地理"或荒外迂诞之言,不合事实,于义无取"④;《宋书·裴松之传》言裴松之"以世立私碑,有乖事实,上表陈之"⑤;北宋史家范祖禹指出史官应当"执简记事,直书其实而已",但"后之为史者,务褒贬而忘事实,失其职矣"⑥。所谓的"事实",是与"史学"之记述相区别的概念,相互对比,反映了客观历史与历史认识之间的辩证关系,这是中国传统史学在概念体系上的重大成果,值得引为重视。

　　整个世界历史学的发展,自上古就形成了两大最具活力的史学体系,一是以中国传统史学为核心的东亚史学,二是以古希腊史学为起源的西方史学。在古代,两大史学体系乃各自独立发展。西方史学的概念与观念,与中国传统史学存在许多异同之处。至近代,西方史学依靠政治、经济、思想文化各个方面的综合优势,影响东方,而最初的一些新概念,是因日本以汉字翻译西文的方式传入中国,其中包括"历史"这一词语,很快就

---

① 除了上引倪思宽的语句之外,笔者再未发现中国古代有"以史为鉴"的词语运用。
② 《晋书》卷一〇五,《石勒载记下》,中华书局1974年版,第2735页。
③ 《南史》卷七五,《雷次宗传》,中华书局1975年版,第1868页。
④ 《晋书》卷三五,《裴秀传》,中华书局1974年版,第1039页。
⑤ 《宋书》卷六四,《裴松之传》,中华书局1974年版,第1699页。
⑥ (宋)范祖禹:《唐鉴》卷六,《太宗四》,上海,商务印书馆《丛书集成初编》本,1936年,第45页。

被中国史学界、文化界所接受。遗憾的是：在西方的概念中，客观的历史与人们对于历史的撰述含混不分，在词语上都可以用 History 来表示，自希罗多德之后两千年没有产生如同中国"史学"一语的明确概念。这反映了西方古典史学的一个先天的不足。虽然西方古代学者也有人坚持历史撰述决不同于文学作品，但大部分史家还是将历史撰著的文学色彩作为最重要的追求，因为古代西方没有中国传统史学中组织化、制度化的官方史学，不像中国史学那样被纳入国家的政治机制，西方史著不仅依靠内容的鉴择，也需要笔法的睿智和文采，才会博得社会的接受，文学性是古代西方历史著作生存、传世的条件之一。把史书的文采和文学性当作撰述的焦点，这不可避免地限制了对于真实历史与史籍记述之间关系的理论性关注。

"历史"这个词语，由日本对西文的翻译而输入中国，如果用于表达人类社会业已经历过的客观进程，包括以往所有的人物、事迹、生产、生活，确是非常有价值的概念，与"史学"一语配合，一个表示客观历史，一个表达对于客观历史的记述与研究，有助于形成确切的学术理念。杨鸿烈《史学通论》指出："概念不明了的结果，可使人的思想混乱……'历史'是历史，'史学'是史学，两者皆然为二事。现在若更进一步，寻本溯源，就不得不要首先就明白'什么是历史？''什么是史学？'"①

区分"历史"与"史学"这两个概念，看上去简单，实际意义颇大，为史学理论建设正途的第一步。承认以往客观"历史"的独立存在，意味着"史学"研究必须力求符合历史的真实，即求真是其学术的底线，这与马克思主义认识论若合符契。人类社会曾经存在过一个不以今天人们意愿为转移的历史过程，这是极其简明、最无可置疑的常识，但在唯物史观之外，西方近现代各种史学流派，大多都回避或曲解这一常识，把客观历史消解在无休止的诡辩之中。例如意大利思想者克罗齐有"一切真历史都是当代史"②的论点，直至21世纪我们有些学者还为之叫好，这是理论界很悲哀的事情。克罗齐立论的理由是说只有与"现在生活的一种兴趣打成一

---

① 杨鸿烈：《史学通论》第一章《绪论》，商务印书馆1939年版，第2页。
② 在克罗齐等人的理念中，根本没有以往客观史实的内容，我们姑且将他们所云的"历史"视为史学。

片"、表现当下之思想的撰述才算"真历史"①。他划定的"历史"圈子排除了史料汇编性的"编年史",排除了历史的叙述,将之定性为"死历史"。也排除了充满爱憎激情而对历史人物、事件评论的史著(克罗齐称之为"诗歌性历史"),排除了自然史等等,将之归结为"假历史"②。那么克罗齐的"真历史"还剩下什么?他既然提倡联结"现在生活的一种兴趣"才是"真历史",是不是要主张历史学为现实中的政治或其他利益服务呢?有些人正是这样把克罗齐的观念联系到中国的"史学经世"思想。可是真的对不起!克罗齐倘若有知,也会对此报以耻笑,因为他对所谓"实用性历史"也颇多微词,"偏颇的历史,如果细加考虑,其实不是诗歌性历史就是实用性历史",实用性历史"它并不是历史",它讲究的是"道德功效",而"真历史"是"作为思想的历史",它应当具备的乃是现在"思想的生活兴趣"③。于是,克罗齐的"真历史"只剩下一种,就是像他的著述那样,驰骋个人想法而不时地选择一些史事当作实例,没有历史叙述、没有对历史事件的褒贬、没有历史评论。如同史学界之外的一个思想暴君,断然否定了以往几乎所有历史著述作为"历史"的资格,当然,对于独立于史著之外的客观历史,更从论述的开始就抛到九霄云外了,用其自己的话说就是达到了"这种思想主观性的高度"④。有的学者认为按照克罗齐的理论乃是"根本不可能写出一部真实的历史"⑤,是很正确的评判。

广泛流传的英国史家卡尔(Edward Hallett Carr)《历史是什么?》一书提出:"历史是历史学家与历史事实之间连续不断的、互为作用的过程,就是现在与过去之间永无休止的对话。"⑥ 这里承认历史事实的存在,甚至还承认历史研究是一种社会的过程,现在与过去的对话"不是一场抽象的

---

① [意]贝内戴托·克罗齐(Benedetto Croce):《历史的理论和实际》,傅任敢译,商务印书馆1986年版,第2、8页。
② 同上书,第17、23、27、28、105页。
③ 同上书,第29、28、30、23页。
④ 同上书,第23页。
⑤ 刘修明:《非"一切真历史都是当代史"——兼评一种现代史学思潮的形成与前途》,《江汉论坛》1987年第5期。
⑥ [英]爱德华·霍列特·卡尔(Edward Hallett Carr):《历史是什么?》,陈恒译,商务印书馆2007年版,第115页。

孤立的个人之间的对话，而是今日社会与昨日社会之间的对话"①。表面上声称历史学家与历史事实之间是平等、互动的关系，但实际仍然以折中主义和诡辩论方法取消了客观历史事实的独立地位，抛弃历史学最根本的求真准则，在所谓"对话"中选择事实和加以解释，都是由历史学家做主，怎能实现与事实之间的平等和互动关系？卡尔（E. H. Carr）同样认为只有被历史学家选择的事实才会成为历史，并且断言："历史学家当然对事实有所选择。相信历史事实的硬核客观独立于历史学家解释之外的信念，是一种可笑的谬论。"② 这清楚地体现了一切主观唯心主义史学理论都着意混淆客观历史与历史学的区别，否定客观历史独立存在的地位，从而消解史学必须力求符合真实历史的原则，以便于任凭己意地选择史事和随意解说。

总之，区分客观历史与人们研讨历史的史学，虽然是中国古代学者就得出清晰认识的常识，但至今还是坚持正确历史观念和史学观念的基点，是建设史学理论体系的在概念组合中的底线，必须明确历史是指客观的、独立于历史学者之外的、以往人类社会的发展历程，而史学则是人们对于客观历史的系统性研究，史学的研究结论必须符合历史的真实状况。这个求真的进程是持续进展的，其中某些问题的偏差要在研究进程中纠正和修订。以往历史的一去不返并不影响其独立地存在并且起到史学探讨的约束作用，因为第一，大量史料（包括文献、实物与遗迹）的存在，可以考订历史的真相；第二，运用系统性知识的推理可以弥补一些史料的缺环，如掌握太平天国自广西金田起事后的多次战役和定都南京，可基本推断其主力的进军路线和壮大过程。学术界自有不少学者会将考订史实当作他们"思想的生活兴趣"，不容许自由的思想者任意解说历史。在面对形形色色史学流派云遮雾罩的辩词之时，只要用是否承认客观历史的存在、是否主张史学的准则为求真来检测，其观念体系与宗旨就可以烛照无遗。可见对于无论多么抽象和高深的理论，最基础的概念总会是很有效的试金石。

---

① ［英］爱德华·卡尔（Edward Hallett Carr）：《历史是什么？》，陈恒译，商务印书馆2007年版，第146页。
② 同上书，第93页。

二 历史理论与史学理论

历史研究与其他门类的学术研究一样，认知的积累会逐步形成系统性的知识结构，与此同时，历史认识会迈向概括提炼、抽象总结的理论化趋向，逐步形成系统的历史观即历史理论。具备宏观性和高度抽象性的历史理论，也被称作历史哲学。当然，历史理论除了具有指导具体历史研究的作用之外，它本身也要经受进一步历史认识的检验，因而做出改造和修订，有些历史理论体系会被否定，而有些历史理论自产生之日起，整体上就不能合乎客观历史及其系统的知识结构。被否定的历史理论，也可能留下某些启示和借鉴。这是历史认识发展的一般规律。

历史理论与其他历史认识的具体知识一样，都是人们对于人类社会以往生活历程的反思，这种反思的比较丰厚、比较系统的形式即可成为史学，历史进程的系统描述和系统概括，都是史学研究的成果，换言之，史学就是对人类历史的较丰厚、较系统的反思。而史学也处于不断发展的进程之中，它本身的认知积累也一定会予以反思，其反思也是采取两种方式，一是系统描述性的反思，即史学史；二是抽象概括性的反思，即史学理论。这种以历史认识论反思角度考察的关系，可以作图示意如下：

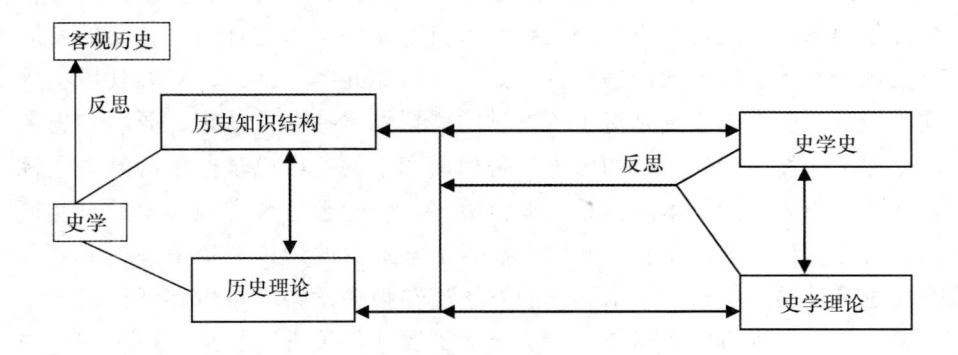

上图的单箭头表示着反思的指向，双箭头表示具有明显的学术互动的关系。而客观的历史作为所有广义历史认识的依据，史学之内所有发展出来的认知之间有着互动、互补、互为检验的关系，都是不言而喻的，图中不作标示。这里需要注意的是历史理论与史学理论的联系与区别，重点在于厘清二者乃为不同的概念，具有很不一致的内涵。在上文已经辨明"历史"与"史学"两个概念之区分的基础上，顺理成章，历史理论与史学理论的区别也应当是清晰的。然而情况并不那么简单，因为历史理论和史学理论都在广义的历史认识范围之内，都是历史学科中的事项，许多人没有察觉将之区别开来的需要，而且二者确有较为密切联系，很容易混合在一起。西方史学大多流派既然不分历史和史学，也就没有区分历史理论与史学理论的概念。中国的马克思主义史学，虽然对客观历史与历史学的区别有明确的认识，但马克思主义的经典作家，主要致力于历史理论即唯物史观的探索和论述，不暇进行史学理论方面深入、系统的研究。所有这些因素，致使史学界长期忽略了历史理论与史学理论的区别，至今行世的大量书名中标示为"史学理论"的撰述，内容多含有高比例的历史理论的内容，甚至完全以历史理论的论述为主，可见其普遍与严重的程度。

历史理论与史学理论的联系，主要在于研究方法，二者都体现着理论思维的高度概括性、抽象性，历史理论先行发展，其较为成熟的思维方法，特别是提升到哲学层次的方法论，被史学理论的探讨所借鉴。历史理论与史学理论的区别，是研究对象的不同，历史理论研究和思考的是客观历史的发展问题，是对以往客观历史的概括和抽象，是宏观考察古今中外历史发展的总结，提出和所要解决的问题有：人类社会是怎样产生的？人类社会组成结构的根本机制是什么？历史上个别人物与人们群体的关系如何？不同群体之间的关系在历史进程中如何演化？历史人物与事件的评价标准如何掌握？人类历史是否发展？历史发展的动力是什么？社会的发展有无规律？社会发展的进程和方向如何？诸如此类，都是针对客观历史的深入探讨。史学理论则是对于历史学的概括性、抽象性认识，研究和思考的是史学的发展问题。诸如历史学是如何产生的？历史学产生的基本条件是什么？历史学的基本属性是什么？历史认识能否符合客观历史的真实概括？历史认识如何检验？凡此均为探索史学本身的理论与历史理论隔着一个反思和总结的层次。学术研究的方法论在很多学科中可以相通，而研究对象是决定学术方向的标的，是决定学术属性的关键。如果把历史理论与史学理论含混地视为一体，谈论史学理论往往跑题到历史哲学问题，就会使真正的史学理论问题淡化、隐没而不彰明，造成亟须解决的理论问题得不到关注，反而把形形色色历史哲学的议论重复组合，烦琐炒作，不着边际。为了正本清源，现在强调一下史学理论与历史理论的区别，是必要的，因为将二者混淆的时间和程度已经很过分了。

值得提出的是：西方许多史学流派虽没有客观历史与史学相区别的意识，但在理论的探研中还是体会了历史理论与史学理论的区别，因为二者思考与研究的对象明显不同，但他们用另外的话语来表达，即所谓"历史哲学由思辨向分析的转移"。自20世纪以来，西方史学流派杂沓纷呈，例如文化形态史观、新黑格尔主义史学、新文化主义史学、后现代主义史学等等，而在理论上的一个共同的话语之一是区分"思辨的"与"分析的"历史哲学，这是一个值得关注的重要问题。什么是思辨的历史哲学？什么是分析的（也称为"批判的"）历史哲学？学术界有过多次同样的解释，"思辨的历史哲学试图在历史中（在时间的过程中）发现一种超出一般历史学家视野之外的模式和意义"[①]。其含义指探索历史发展的动力及其规律性，考察历史事物的评价和意义，很明显，这是对社会历史作理论层次探讨的历史理论。"分析派的历史哲学"乃是"从解释历史事实的性质转移到解释历史知识的性质上来……是对历史学的探讨和解释"[②]。这也很明显，乃是对历史学做理论性总结的史学理论。因此，所谓："思辨的"与"分析的"历史哲学，实质不过是历史理论与史学理论而已，此乃中国史学界早就具备的学术概念。

西方学者之所以采用了词不达意和蹩脚的表述方式，部分原因是语词的贫乏——据说西方缺少区别"历史"与"史学"的语词概念，但这决非主要原因，因为语词很容易根据需要而构建出来。如果明确划分历史与史学的概念、划分历史理论和史学理论的范畴，一开始就清晰地展示了客观历史与人们之历史认识的区别和联系，这是西方"分析派"历史家所不愿意看到的，他们主张历史依赖于史家的主观精神、个人思想，从而以主观主义或相对主义的方法消解了客观历史。历史理论与史学理论的概念，是平行存在的，二者各有探索领域，不可混淆也不可取代，而所谓"历史哲学由思辨向分析的转移"，乃是抛弃历史发展理论的研究，在现代西方史学流派看来，历史是无客观性、无规律性的，甚至反对宏观地研究"大写历史"，因而才转移到关注史学理论的问题。"思辨的"、"分析的"历史哲学，不管原文还是译文，皆表意模糊，扞格不通，却正好被用于填塞反历

[①] ［美］威廉·德雷（William H. Dray）：《历史哲学》，王炜、尚新建译，生活·读书·新知三联书店1988年版，第8页。

[②] 何兆武：《从思辨的到分析的历史哲学》，《世界历史》1986年第1期。

史科学的议论。一些中国学者，对本国史学界固有的准确概念熟视无睹，却津津乐道地向西方流派学舌，如果不是故弄玄虚，就是在理论上的一塌糊涂。中国史学界毫无必要接纳"思辨的、分析的历史哲学"一类话语，区分历史与史学、区分历史理论和史学理论，这是中国史学界的理论优势，这一点与现代西方史学理念格格不入，而符合马克思主义的唯物史观。

史学理论与历史理论的区别原本十分明显，而其联系也很明晰，史学理论可以将以往的历史理论作为史学现象予以总结和反思，而史学理论的研究也离不开先进历史理论的原则和方法，如唯物史观和唯物辩证法对史学理论的建设具有原则性的指导作用。但只有理清二者的区别，才能把握二者的联系，否则只是一团迷茫。遗憾的是多年以来，国内史学界习惯于把史学理论看作唯物史观的附庸，或者在史学理论的论著中填塞关于唯物史观的常识性知识，而对于史学理论的探索则尚难达于差强人意，许多问题语焉不明。当前的史学理论研究，应当打破现代西方史学概念工具的套路，建设成具有中国话语指征的史学理论体系，这是历史学界当前的要务。

三　史学理论建设的基础与构想

将史学理论作为一个相对独立的专业来建设，在逻辑上必然面对一个问题：史学理论的研究的起点和基点何在？史学理论建设所依靠的知识基础和学术前提是什么？这是不能不提出的问题。对此，我们先从历史理论的来源说起。众所周知，历史唯物论是马克思主义的历史哲学，且与辩证唯物主义构成马克思主义哲学的完整体系。但历史唯物论虽然贯穿唯物辩证法的思想方法，但其全部观点和结论，不是将辩证唯物主义降临在历史问题上套出来的，而是立足于对历史事实的研讨和考察。真实的历史进程如何，真实的历史状况如何，才是历史唯物论的基点和研究的起点，唯物辩证法只是研究中的指导思想，而且这种指导思想也是在研究史实中发展、完善的。这就是说，历史唯物论是从历史真情实况的研究出发。恩格斯说："如果不把唯物主义方法当作研究历史的指南，而把它当作现成的公式，按照它来剪裁各种历史事实，那末它就会转变为自己的对立物。"[①]

[①] 《马克思恩格斯选集》第 4 卷，人民出版社 1972 年版，第 472 页。

很明显，马克思主义历史理论并不是从哪种一般的哲学体系中推衍出来，而是必须通过研究历史来作出总结、概括和抽象，整个研究过程当然包含着科学思想方法的指导，但真正研究历史和参考历史研究已有的成果，是必不可缺的基础。

正如历史理论是对历史事实和社会发展真实历程的抽象性概括，史学理论的建设基础也应当来自历史学发展状况和发展历程的总结。这里仍然需要唯物辩证法的指导，但不能简单地套用某种历史哲学的范畴和观念。对史学发展状况予以描述性总结的学科，就是史学史，不言而喻，史学理论应当以史学史的研究为基点，从史学史研究的可信成果出发，抽象出理论化的论断，建立自己的认识体系。不少史学理论的著述，习于从唯物史观的论断推衍出史学理论的论述，总想着怎样套用马克思主义哲学的观点，似乎坚持了马克思主义的理念，但这种做法从一开始就违反了马克思主义的唯物论，那不是从史学发展的史实出发，犯了把历史唯物论当作现成公式来剪裁史学事例的错误，乃是根本思想方法的问题。平实而言，以某种哲理推衍具体的学术问题，也可以提出某种富于启发性的见识，但不能获得关键的核心认知，不能解决主要的难点，更不能建立系统而正确的理论体系。根据唯物辩证法的认识论原理，史学理论的研究务必摒弃观念推衍的论述方式，将之牢牢立足于史学史研究成果的基础之上。

中国史学史在世界文化史中占有十分特殊的地位，梁启超说："中国于各种学问中，惟史学为最发达；史学在世界各国中，惟中国为最发达。"[①] 作为史学理论建设的知识基础，中国史学史不能缺位；而根据中国连续发展的史学发展史且参照西方史学史，概括为史学理论，就能够取得高屋建瓴的学术水平，这样得出的史学理论，毫无疑问会带有中国自古以来优良史学遗产中的概念、命题与思想因素，即具有明显的中国式的话语指征，这应是史学理论新建设的特点之一，也是其优点之一。

中国史学在长足的发展中，形成了丰富的概念组合，如表达史家必备资质的史才、史学、史识、史德等概念，反映史籍存在官修、私修以及不同级别的国史、野史、正史、杂史等概念，说明史学社会功能的鉴戒、资治、经世等概念，彰显治史准则的直书、实录、实事求是等概念，归纳史

---

① 梁启超：《中国历史研究法》第二章，《过去之中国史学界》，上海古籍出版社1987年版，第10页。

书编纂方式和内容范围的体例、书法、通史、断代史等概念，揭示史学内在结构和层次的"事"、"义"、"文"概念等等，不胜枚举。这些概念经过整合与新的阐释之后，大多能融会到当代史学理论之中，发挥积极的作用。例如意大利思想家克罗齐认为：只有灌注了当代思想和精神的历史才是"真历史"，他说："既然一件事实只有当他被人想起时才是一件历史事实"，那么在史学家思想之外，"事实其实并不存在"[①]。而中国传统史学关于区分史学"事"、"义"、"文"层次的理念，即可破解克罗齐的观点，北宋史家吴缜说："夫为史之要有三，一曰事实，二曰褒贬，三曰文采……至于事得其实矣，而褒贬、文采则缺焉，虽未能成书，犹不失为史之意。若乃事实不明，而徒以褒贬、文采为事，则是既不成书，而又失为史之意矣。"[②] 作为历史思想的"义"是附从于史事的，二者关系不能颠倒，也不可搅合一团，克罗齐的主观主义狡辩是站不住脚的。在史学理论建设中，以唯物辩证法的思想方法为指导，充分利用中国史学史的知识体系，是大有可为的。总结和概括几千年来中国史学以及史学思想的发展，必须得到格外注重，让中国话语成为当代史学理论的显著指征。建设中国的史学理论，并非盲目排外、闭门造车。相反，史学理论的探索，应当观照古今中外的史学发展状况，外来史学理论的优秀成果，需要认真鉴别和汲取精华。新的史学理论体系的建设，正是需要理解中外史学史的系统知识，从而进行中外史学发展状况的深入比较，探索其中的异同并且析解造成这种异同的原因，方可概括出深切的史学理论。

关于史学理论的组成结构，史学界、理论界进行了长期的研讨，提出许多卓识。例如将史学理论的内容概括为"本体论"、"历史认识论"、"史学方法论"三大组成部分（当然也有不同的意见）。其所谓"本体论"，是指历史唯物论的主要观点和基本原理。于是给人以这样的印象：既然本体在于历史哲学，似乎史学理论还是历史唯物论观念的延伸。现在的作为，应当贯彻区分历史理论与史学理论的理念，贯彻对于中外史学史的总结、比较与概括的思路，加以调整、充实、更新和提高，以建设史学理论的新体系。

---

① ［意］贝内戴托·克罗齐（Benedetto Croce）：《历史的理论和实际》，傅任敢译，第83、54页。

② 吴缜：《新唐书纠谬序》，载《四部丛刊三编》本《新唐书纠谬》卷首，上海商务印书馆1936年版。

史学理论的结构应当包括三个组成部分，即史学本体论、史学认识论、史学方法论。史学本体论不应叙述唯物史观的原理，因为那属于历史理论的范围。史学本体论要探讨历史学的本质是什么，是科学还是艺术？客观历史与历史学的关系如何？历史学是如何产生和发展的？是否各个民族或地区都会原发性地产生史学？史学存在和运行的社会机制是什么？历史学的发展有无规律？等等。

史学认识论，是史学理论的核心内容，大量难点皆在此中，例如：历史认识能否达到符合客观历史的真实概况？历史认识是否可以检验、如何检验？历史学研究的宗旨是什么？不妥善解决这些难点，马克思主义的史学理论就不能说是建立起来。对此，回避不可以，随便解说不可以，套用别的一种观念也不可以，必须结合史学史的研究予以阐明，没有史学认识论的史学理论，不仅是残缺的，而且是缺少了主要内容，回避要点与难点，就不成为一种系统的理论。将史学理论建立在史学史研究的基础上，那些认识论的难点就可以解决。例如历史认识如何检验的问题，是主观唯心论历史观否认历史学科学性的主要说辞，而从史学史上考察，凡属可靠的和正确的历史论点，都是史学探讨者群体在求真、求是准则下，经过研究与论辩得出的。因此，在求真、求是理念下，历史学界共同进行的历史学学术实践，才是检验历史认识的唯一标准。而顺理成章，求真与求是，乃是历史学的根本宗旨。

史学方法论的主要内容，不应只是讲述研究历史的具体技能，那种如何搜集史料、如何判别文献史料和其他资料等具体方法和事例，可以提到一些，但必须将治史方法概括、提高为理论化的总结，以高度抽象的纲领，纳入具体实例。在方法论的层面上，历史研究的根本方法只有三项：历史的方法、逻辑的方法、系统与层次的分析方法。

历史的方法是社会科学和人类思维活动的基本方法之一，其特征是事物的产生、发展从何时何地开始，我们的考察就从该时该地开始，按照事物本身的发展过程展开研究程序，通过事物发展中包括时间顺序在内的有机联系，探索其因果关系、演化过程与发展趋向，从而得出深入系统的历史认识。逻辑的方法是暂时摆脱事物的原初状态，抓住典型、有代表性的现象，进行一系列归类、分析、综合、概括以透视历史内涵；以归纳、演绎等推理过程而揭示事物的本质。逻辑的方法具有抽象性，在运用中往往撇开事物的曲折过程与偶然的、枝节的表象。系统和层次的分析方法具有总体、宏观地考察事物的特征，即将持续存在、有序发展的事物视为一种系统。就社会而言，每一由社会关系组成的集团、民族、国家，都可以看作一个社会系统，随着社会联系的日益广泛，直至全世界人类社会组成一个大的系统，同时，社会与自然又时时组成自然——社会生态系统，这是系统由分支组成整体的进程，而系统内部又有不同的层次。分析历史现象，要将之放在不同层次的系统中考虑，既注意总的整体系统的作用，注意大的系统的作用，也要注意子系统、小系统相对独立的作用，在系统与层次的结构中研究事物所处的地位及内外联系。其余具体的研究方法和技能，或者是从大的方法论中衍生出来，或者如历史比较方法、计量史学方法、心理史学方法等等，虽也被称为历史研究的基本方法，但其实仅仅可以针对某些具体课题，并不普遍适用，故不能归结为史学方法论，毋宁将之视为历史研究的一种切入方式，更为妥当。

史学理论在本体论、认识论、方法论的探讨上，有着广阔的有待开发的领域，还有许多问题需要解决，其学术前景灿烂辉煌，但也充满难点。发现史学发展的动力和社会运行机制，揭示史学发展的规律，是史学理论达于成熟化的标志，不解决这一史学本体论的高端问题，史学理论体系的建设就不算成功。源远流长、连续不断、特别兴盛的中国史学，为史学理论的探研提供了丰富、清晰的素材与发展线索，运用唯物辩证法深入研究，完全可以揭示中国史学起源与繁荣的原因和机制，阐明中国史学的发展规律。解决了中国史学的理论问题，进而考察整个世界史学的发展机制与规律，总结其方法和理路，反过来给社会历史规律的探讨以启迪，推动历史理论研究的进展，这些都是可能达到的目标。当然，这些理论研究工作的每一进展，仍是十分艰难的，需要史学界更多的学者勇于投入，锲而不舍地共同努力。

（作者单位：南开大学历史学院）

"中国马克思主义史学"称谓辨析

张　越

时下，以唯物史观为指导的中国历史学（包括中国史研究、世界史研究等）被称为"中国马克思主义史学"，已经被学术界所普遍接受，并被广泛使用于20世纪以来的学术史、史学史研究论著中。然而，中国马克思主义史学的形成是有一个发展过程的，其间对此的称谓亦各种各样，所指的含义也不尽相同，因此，有必要将之做一辨析，以便在对中国马克思主义史学的研究和论述中能够更准确地使用。

"马克思主义史学"这一称谓，在民国时期很少见人使用，而"中国马克思主义史学"的称谓在民国时期则基本不见使用。已经有学者注意到，在民国时期，"时人似不怎么用'马克思主义史学'这种提法"[①]，那时对运用唯物史观研究中国历史的一派，有不同的表述。

20世纪30年代，如冯友兰、周予同所说的"释古派"，其中即包含有用唯物史观研究历史的内容，如冯友兰说"释古派"是"颇可因之以窥见古代社会一部分之真相"[②]，周予同提到的"释古派的社会决定的争论"[③]，这些特点都与开始不久的唯物史观史学有直接关系。《夏鼐日记》1933年12月7日记同学王栻与夏鼐言及"今日中国史学界状况"，王说："敢于作通史者，仅有两派：一派为守旧之右派，如柳诒徵及缪凤林辈，以中国旧有之历史哲学为基础，以整理旧史；一以新起之左派，以新输入之唯物史观为基础，大刀阔斧地构成中国社会进化史。"[④] 该日记还在1947年3月30日记下贺昌群的谈话："据贺君之意，近来一般青年，即习史学者亦

[①] 李孝迁：《域外汉学与中国现代史学》，上海古籍出版社2014年版，第183页。
[②] 冯友兰：《中国近年研究史学之新趋势》，《中国哲学史补》，上海商务印书馆1936年版，第93页。
[③] 周予同：《纬谶中的"皇"与"帝"》，《周予同经学史论著选集》，上海古籍出版社1983年版，第422页。
[④] 《夏鼐日记》卷一，华东师范大学出版社2011年版，第205页。

在其内,对于当前社会问题,颇为关切,对于史学著作,亦喜读综合性的,对当前社会有关的,故考据文章,如陈垣、胡适等所作者,已非现下思想界之主潮。而左派历史学以唯物史观而整理,虽肤浅,亦大受欢迎,惟真正之鹄标,在作以考据为基地之断代通史。"① 方豪在50年代写就的《民国以来的历史学》一文中称"对日抗战时期,政府与共党曾发表联合宣言,共赴国难,左派史学家遂大肆活跃"。② 可知"左派史学""左派史学家"也是当时对使用唯物史观研究历史的学派和史家的称谓。

到了20世纪40年代,唯物史观史学无论在研究者和研究成果上都已经在中国史学界占有一席之地,有着不可忽视的影响,相关史学史的描述便更为明确,顾颉刚等在1945年至1946年著《当代中国史学》,将其归之为"社会经济史研究"一类,书中介绍说:"研究社会经济史最早的大师,是郭沫若和陶希圣两位先生,事实上也只有他们两位最有成绩。郭先生应用马克思、莫尔甘(摩尔根——作者注)等的学说,考索中国古代社会的真实情状,成《中国古代社会研究》一书,这是一部极有价值的伟著,书中虽不免有些宣传的意味,但富有精深独到的见解。中国古代社会的真相,自有此书后,我们才摸着一些边际。"③ 齐思和在其《近百年来中国史学的发展》一文中称其为"中国社会史研究","到了北伐以后中国社会史研究,特别是唯物史观的社会史,遂更展开","中国社会史的研究到了郭沫若先生才真正的走上了学术的路上"④。这里列举的周、顾、齐三种论著,当为民国时期写就的阐述近代史学史的权威论著,都将郭沫若、陶希圣等一干人均视为社会经济史或社会史研究中的一员,然而都没有使用马克思主义史学的称谓。

值得注意的是,《当代中国史学》提到的"社会经济史研究"是有"郭陶两派"之说⑤,齐思和除了指出到了郭沫若才使中国社会史研究走上

---

① 《夏鼐日记》卷四,华东师范大学出版社2011年版,第113页。
② 方豪:《民国以来的历史学》,转引自王学典、陈峰编《20世纪中国史学史论》,北京大学出版社2010年版,第49页。直到今天,如台湾学者如王汎森使用的是"左翼史学",大陆学者李孝迁使用的是"左派史学"。
③ 顾颉刚:《当代中国史学》,见《顾颉刚全集·顾颉刚古史论文集》卷十二,中华书局2010年版,第407页。
④ 齐思和:《近百年来中国史学的发展》,《燕京社会科学》第2期,1949年10月。
⑤ 顾颉刚:《当代中国史学》,第409页。齐思和:《近百年来中国史学的发展》,《燕京社会科学》第2期,1949年10月。

了学术之路，还强调"中国社会史之唯物辩证法的研究，到了范文澜先生所著编的《中国通史简编》才由初期的创造而开始走进了成熟的时期"①。可见顾、齐都已感到分别以郭和陶为代表的社会史研究并非完全相同。

众所周知，用唯物史观与中国历史相结合讨论中国历史发展阶段和各发展阶段的社会性质，始于20世纪20年代末至30年代初的中国社会史大论战。由于论战是以探讨中国的现实问题、回答中国向何处去的问题、解决中国革命的出路问题为出发点的，论战表现为以现实政治问题为主旨、以学术讨论和学术研究的方式展开，这就使得不同政治背景的派别、不同政治身份以及不同职业身份（政治家、思想家、学者等）的人都被吸引到论战中来，论战因此而表现得声势浩大、波澜起伏、交锋激烈、影响广泛，参加论战的人员则十分复杂，那些声称自己才是真正坚持马克思主义的论战参与者，有的是中共人士、有的是国民党人士、有的是托派人士、有的是自由主义者。论战之后，各派人士因其政治立场、学术追求等的不同而各行其是。如1934年12月陶希圣创办《食货》半月刊以"中国社会史的专攻刊物"相标明，宗旨是"集合正在研究中国经济社会史尤其是正在搜集这种史料的人，把他们的心得、见解、方法，以及随手所得的问题、材料，披露出来……并不像过去所谓'中国社会史论战'那样的激昂，那样的趋时。"②因《食货》杂志而形成的"食货派"，同样直接产生于社会史论战，并且"在组织和推动中国经济史学科的发展方面做出了不可磨灭的贡献"③。但是陶希圣声明"食货学会会员不是都用唯物史观研究历史的"，"这个方法又与什么主义不是一件事情"④，显然是在撇清与"正统"马克思主义史学的关系，在政治立场上与中共完全不一致，与中共的"正统"马克思主义史学已经不在一个语境中。

事实上，在社会史论战时期，郭沫若本人不在国内，他的《中国古代社会研究》也不一定是专门为国内的论战而作，只是在出版后时值国内的社会史论战正在高潮阶段，郭书又是第一部运用唯物史观考察中国历史的系统之作，在论战中产生了重要影响。吕振羽是在论战中后期参加论战的，他的《中国经济之史的发展阶段》《史前期中国社会研究》等论著，

---

① 齐思和：《近百年来中国史学的发展》，《燕京社会科学》第2卷，1949年10月。
② 《食货》半月刊创刊号"编辑的话"，1934年12月。
③ 李根蟠：《二十世纪的中国古代经济史研究》，《历史研究》1999年第3期。
④ 《食货》半月刊第2卷第4期"编辑的话"，1935年7月。

理论和史料并重,并把中国历史的叙述上推到远古时期,是最早主张西周封建论的学者。吕振羽的著作是首先正面肯定与充实郭沫若《中国古代社会研究》的研究成果,郭、吕一系则构成正统之中国马克思主义史学发展的早期脉络。翦伯赞在论战高潮时期,发声并不太多,论战进入尾声阶段,发表了一系列文章,对论战中的各种中国史观点进行了总结,提出了自己的见解。范文澜时在北大任教,从事经学、诸子等方面的学术研究,侯外庐在埋头翻译《资本论》,他们几乎没有介入论战。在社会史大论战期间及之后的十余年间,"以唯物史观支配历史研究并不是中共史学的专利,其他学者视唯物史观为一种方法,自觉加以运用,不乏其人"①。

直到抗战时期,正统马克思主义史学专业队伍都是在政治立场上信仰马克思主义的中共人员或进步人士,当年参加社会史论战的许多人因为政治原因远离或放弃了用唯物史观观察中国历史的研究路向和研究方法。在今天看来,所谓正统的马克思主义史学大约包括从社会史论战时期的郭沫若、吕振羽及中共"新思潮派"一系直到抗战时期延安地区范文澜等和重庆地区郭沫若等为代表的马克思主义史学阵营,这个史学阵营基本将社会史论战中"新生命派""动力派"等曾经或依然在使用唯物史观研究历史的人排除在外了。

"正统"的马克思主义史学初具雏形并迅速发展起来是在抗战时期。抗战爆发后,1937年郭沫若回国,在重庆继续致力于马克思主义史学研究,写出了《青铜时代》《十批判书》等论著。吕振羽在1936年和1937年分别出版了《殷周时代的中国社会》和《中国政治思想史》后,在重庆出版了《中国社会史诸问题》《简明中国通史》(上)等论著。翦伯赞在长沙完成了《历史哲学教程》,赴重庆后又撰写出版了《中国史纲》前两卷和《中国史论集》《史料与史学》等论著,侯外庐结束了《资本论》的翻译,在重庆期间完成了《中国古典社会史论》《中国古代思想学说史》和《中国近世思想学说史》等。此外,重庆还聚集了杜国庠、华岗、胡绳、嵇文甫、吴泽、赵纪彬、陈家康等马克思主义史家。延安地区在毛泽东、张闻天、吴玉章等中共高级领导人参与下,范文澜、陈伯达、杨松、何干之、叶蠖生、尹达、谢华、佟冬、金灿然等人,则成为延安史学研究队伍中的主要成员,最突出的是范文澜在1940年8月至1941年底撰写完

---

① 李孝迁:《域外汉学与中国现代史学》,上海古籍出版社2014年版,第183页。

成了《中国通史简编》上册和中册。以延安和重庆两地为主，形成了中国马克思主义史学的专业研究队伍。

就研究旨趣而言，1939年冬，毛泽东和在延安的几位马克思主义史学工作者合作编写的《中国革命和中国共产党》（其中的第一章《中国社会》由他人起草、毛泽东修改定稿，第二章《中国革命》由毛泽东亲自撰写）一文，确定了马克思主义的中国史研究体系的基本框架，明确了中华民族的发展经过从原始公社崩溃到转入阶级生活时代开始，经过了奴隶社会、封建社会，鸦片战争以后是半殖民地半封建社会的中国历史的不同社会性质，"革命史"体系基本形成。《中国革命和中国共产党》一文"既回答了论战之初提出的'中国社会到底是什么社会'的问题，又对'中国社会之史'作出系统总结，把'中国社会与中国革命'、'中国革命与中国共产党'三者紧紧联系在一起，从篇名到内容都显示其是对论战进行的理论总结，成为宣告论战终结的最重要标志。此后，这一名篇成为中国马克思主义历史学长期遵循的'最高指示'"。① 延安史学的代表史著《中国通史简编》也正是以此为基本框架完成的。中国马克思主义史学阵营及其研究特点至此基本成型，而开始使用"中国马克思主义史学"这一称谓，大约是在新中国成立之后，普遍使用这一称谓则要到了20世纪80年代以后了。

据此可以认为，阐述民国时期的史学发展，笼统使用"中国马克思主义史学"，恐难准确概括社会史论战中及论战后同是用唯物史观研究中国历史的不同人员及群体（如"食货派"）。理由之一，"中国马克思主义史学"的称谓出现较晚，且使用这个称谓时，以特指在政治立场上信仰共产主义、在学术上适应中国革命需要而研究中国历史的中共党员或进步人士为主。理由之二，如果不加甄别地统一使用"中国马克思主义史学"这个称谓，就很有可能排除了民国时期其他那些曾经使用唯物史观研究中国历史的人员和成果，如果是这样，对于全面展现马克思主义史学在中国的发展过程就是有不全面的。

个人认为，民国时期史学中"中国马克思主义史学"的称谓，应当专指从社会史论战期间的"新思潮派"、郭沫若、吕振羽、翦伯赞等人直到抗战期间延安和重庆地区以及新中国成立前的中国马克思主义史家的史学

---

① 谢保成：《学术视野下的社会史论战》，《学术研究》2010年第1期。

研究；民国时期所有使用唯物史观进行的历史研究，宜统称为"唯物史观史学"，包括中国马克思主义史学，也包括"食货派"等不同政治立场的相关研究者。中华人民共和国成立后，中国马克思主义史学主导地位得以确立，统称"中国马克思主义史学"便顺理成章了。

（作者单位：北京师范大学历史学院）

思想分歧与道路选择：重新认识五四时期的"社会主义论战"

左玉河

俄国十月革命和第一次世界大战对中国思想界产生了重大影响，社会主义学说在中国得到广泛传播。社会主义的各种流派（无政府主义、民族粹主义、基尔特主义、新村主义、议会社会主义、科学社会主义等）竞相在中国传播。既然传入中国的社会主义流派众多且各不相同，那么随后中国思想界面临的主要任务，就是在社会主义宣传过程中自觉或不自觉地选择中国所要走的是哪种社会主义道路。当时中国可资选择的社会主义道路有两种：一是列宁领导的布尔什维克所走的俄国道路——以暴力革命推翻资产阶级统治、建立无产阶级专政的道路——暴力革命的道路；二是欧洲以议会、行会为中介走和平改良的英国式（或德国式）道路——以非暴力手段和平走向社会主义的道路。究竟中国应该选择俄国式的革命道路，还是英德式的改良道路？五四时期的中国思想界围绕着社会主义道路选择进行了一场激烈的思想论争，这便是1920年的"社会主义论战"。这场社会主义论战既展示了五四思想界关于社会主义问题的认识分歧，导致了中国社会主义思想的分化，也迫使五四思想界不得不作出明确的道路选择——走俄国人的路，还是走英德式的道路，导致了中国社会主义阵营的分野。目前学术界关于五四时期"社会主义论战"问题已经有了众多的研究成果。[①] 但总体上看，这些成果主要集

---

① 比较重要的成果有：李光一的《关于五四时期的"社会主义论战"》（《新史学通讯》1956年第7期）、葛懋春的《"五四"时期的社会主义问题论战》（《山东大学学报》1961年第2期）、谭双泉的《关于1920—1921年的"社会主义论战"》（《湖南师院学报》1962年第1期）、刘孝良的《评建党时期陈独秀与张东荪关于社会主义问题的论战》（《淮北煤师院学报》1983年第1期）、蔡国裕的《1920年代初期中国社会主义论战》（台湾商务印书馆1988年版）、王纪河的《建党前夕关于社会主义的论战》（《河北师范大学学报》1991年第3期）、李银德等人的《中国早期社会主义问题大论战述论》（《安徽史学》1992年第2期）、王国宇的《再评五四时期关于社会主义的论战》（《湖南师范大学社会科学学报》1993年第4期）、王存奎的《反思五四时期的

中于从马克思主义传播的角度阐述这场论战的原因、过程及其影响,肯定其对马克思主义传播及中共建党的历史功绩,但对作为马克思主义者的对立面——以张东荪为代表的研究系之社会主义及其道路选择则关注不够,对研究系在这场论战中所阐发的思想缺乏深度解析,对其提出的主张缺乏应有的肯定,因而对这场论战的评判存在较大的偏颇,难以全面客观地展现五四思想界选择科学社会主义的艰难性。故关于"社会主义论战"的研究仍然有较大空间,值得深入挖掘其思想内涵。笔者拟在梳理前人研究成果基础上,以张东荪为代表的研究系为主要考察对象,从五四时期社会主义思想发展的内在逻辑入手,探究当时思想界对社会主义道路所作的艰难选择,揭示"社会主义论战"双方的思想发展脉络及其历史局限,客观评价这场论战的思想史意义。

一 认识分歧:浑朴的趋向还是科学的学说

走俄国人的暴力革命道路,是以李大钊、陈独秀等为代表的中国早期马克思主义者在宣传科学社会主义学说基础上,经过认真比较而作出的坚定选择;而走德国式的社会改良道路,同样是以张东荪、梁启超等为代表的研究系在宣传社会主义学说基础上,经过比较而作出的选择。两者在社会主义论战中各自作出了社会主义的道路选择,但两者之间的思想分歧实际上五四时期传播社会主义学说之初已经埋下。

作为五四思想界的风云人物,张东荪敏锐地看到,社会主义成为战后世界思潮的发展趋势,中国应当顺应这个趋势而介绍社会主义。他在《第三种文明》中指出,自有历史以来的人类文明分为三种,第一种文明是宗教的文明;第二种文明是个人主义与国家主义的文明;第三种文明则是社会主义与世界主义的文明。由于第一次世界大战表明第二种文明破产了,第三种文明遂成为世界历史发展的必然趋势,故中国要顺应世界新文明发

"社会主义"问题论战》(《徐州师范大学学报》2005 年第 4 期)、宋连胜等人的《"社会主义论战"与早期马克思主义中国化》(《理论学刊》2008 年第 6 期)、孙建华的《"社会主义论战"与马克思主义中国化思想探论》(《社会主义研究》2010 年第 6 期)、张立波等人的《五四时期社会主义论战的内在逻辑:以〈社会主义讨论集〉为例》(《理论探讨》2015 年第 3 期)、高波的《社会主义论战缘起再审视——地域、认同与形象构建的视角》(《齐鲁学刊》2015 年第 6 期)等。

展的趋势,"专从第三种文明去下培养工夫。"① 故张东荪在其主办的《时事新报》《学灯》和《解放与改造》上发表了大量介绍社会主义的文章。《学灯》上的文章主要有:《劳动与资本》(7月25日起转载《晨报》上的文章),《河上肇博士关于马克思之唯物史观的一考察》(12月6日起),《马克思的唯物史观》(河上肇,5月19日起),《社会主义之进化》(6月11日起),《马克思社会主义之理论的体系》(8月5日起)等长文;也发表了刘秉麟(南陔)的《社会党泰斗马克思之学说》(5月12、13、14日),《社会主义两大派之研究》(6月23、24日),《社会改良与社会主义》(7月7、8日)等。在《解放与改造》上,张东荪亲自撰写了《罗塞尔的"政治理想"》(1卷1号)、《奥斯氏社会主义与庶民主义》《我们为什么要讲社会主义》(1卷7号)等文,其中以《我们为什么要讲社会主义》最为著名。

1919年12月,张东荪在《解放与改造》上发表《我们为什么要讲社会主义》一文,除了解释自己介绍社会主义的动机外,较全面地阐述了他所理解的社会主义的内容。在他看来,社会主义本身是多方面的,"社会主义乃是一种人生观与世界观——而且是最进化最新出的人生观与世界观。"正是基于这种理解,他虽然承认社会主义发展到马克思时便得到了"科学的基础",但并不满意马克思只注意社会物质生活上的改造的观点,认为社会主义的改造应该包括精神生活方面的改造在内,因而断定:中国目前所采取的社会主义只能是一个"浑朴的趋向",而不能是具体的社会主义制度:"我们只能定方向,而不能定以后的步骤。因为步骤不能预定,非走了第一步,不能有第二步。"② 这样,张东荪明白地宣布了自己所要介绍的社会主义的主要内涵:"我们讲社会主义不是从物质方面破坏现在的制度入手,乃是从精神方面传播一种新思想、新道德、新人生观、新生活法入手,也就是先从打破现在社会上资本主义的习惯入手。不是对于中国问题做单独解决,乃是对于中国问题用解决全体人类问题的共通方法去解决他。不是对于中国前途的自然破坏去促进他,乃是预先指出将来所不能逃避的自然破坏起来了以后的建设方向。所以不是专讲未来而抛却现在,

---

① 张东荪:《第三种文明》,《解放与改造》创刊号,1919年9月1日。
② 张东荪:《我们为什么要讲社会主义》,《解放与改造》第1卷7号,1919年12月1日。

也不是专讲世界而忘记中国。"① 中国现在所应努力的只是朝着"社会主义"这个浑朴的趋向渐进，为将来采取社会主义的具体制度奠定基础，而不必进行具体的社会主义运动，更不应进行社会主义革命。

由此可见，张东荪在当时所宣传的社会主义并不是马克思的科学社会主义，而是所谓"浑朴的社会主义"。这种"浑朴的社会主义"表面上是对马克思主义观点之修正，而实际上是一种温和型的社会主义。张东荪对马克思主义"过分强调物质而忽视精神""过分强调一个阶级的事而忽视各阶级共通的事""单纯的经济改造"等观点进行了批评，用所谓"精神主义""世界主义""道德主义"和"互助主义"来改造马克思主义，实际上是将其"修正"为一种社会改良学说。

张东荪对马克思主义的批评，其中有很多误解和歪曲之处，但在当时未引起中国早期马克思主义者的批评。这主要是因为：当时人们对于社会主义的认识处于幼稚的水平，尚缺乏对于各种社会主义应有的辨别力。对于这种情况，瞿秋白的比喻最为形象："社会主义的讨论，常常引起我们无限的兴味。然而究竟如俄国 19 世纪 40 年代的青年思想似的，模糊影响，隔着纱窗看晓雾，社会主义流派，社会主义意义都是纷乱，不十分清晰的。"② 正是在这种思想界普遍缺乏必要辨别力的特殊条件下，张东荪不仅成为当时介绍和主张社会主义的风云人物，而且他一度被陈独秀邀请为中国共产党的发起人。然而，张东荪所主张的"浑朴的社会主义"与马克思主义有着天壤之别，他与中国早期等马克思主义者实际上存在着巨大的思想分歧。随着社会主义思潮在中国介绍的深入、马克思主义的广泛传播及人们认识的深刻和辨别力的增强，张东荪与中国早期马克思主义者关于社会主义问题上的这些分歧便不可避免地暴露出来。

这种思想上的分歧，最初体现在张东荪与陈独秀等人筹备成立中国共产党的实际活动中。鉴于张东荪是当时介绍社会主义思想的著名人物，陈独秀在上海筹备成立共产主义小组时邀请张东荪参加。③ 但张东荪认为，中国远远不具备实行共产主义的条件，更没有实行马克思主义的社会基础，故不赞同立即在中国建立共产党，进行社会主义的实际运动。因此，

---

① 张东荪：《我们为什么要讲社会主义》，《解放与改造》第 1 卷 7 号，1919 年 12 月 1 日。
② 瞿秋白：《饿乡纪程》，《瞿秋白文集》第 1 集，人民出版社 1954 年版，第 23—24 页。
③ 参见《陈公博、周佛海回忆录合编》，香港春秋出版社 1967 年版，第 113—114、139—140 页。

他继续鼓吹其"温和型"的社会主义,从而加剧了与中国早期马克思主义者的思想冲突。

二 重心转向:开发富力还是宣传主义

张东荪退出了中国共产党的筹建工作,本已引起了中国早期马克思主义者的不满,也表明张东荪为代表的研究系与陈独秀为代表的马克思主义者之间对社会主义的理解上有着较大分歧。这种分歧到1920年下半年遂以"社会主义论战"的方式得到集中展现。

1920年10月,英国哲学家罗素应邀来华演讲,张东荪负责接待并陪同其到湖南演讲。湖南经济的落后、官吏的横行等给张东荪留下了深刻印象。11月初,张东荪回到上海后在《时事新报》上发表《由内地旅行而得之又一教训》,认为"中国的唯一病症就是贫乏,中国真穷到极点了",故中国所要努力的方向是"使中国人从来未过过人的生活的,都得着人的生活,而不是欧美现成的甚么社会主义、甚么国家主义、甚么无政府主义、甚么多数派主义等等",并强调:"救中国只有一条路,一言以蔽之,就是增加富力。而增加富力就是开发实业。"①

救中国的道路不是"空谈主义",而是"开发实业""增加富力",这既是张东荪自己得到的宝贵教训,是他对自己过去大讲社会主义的忏悔,同时也是对当时积极宣传社会主义学说者的忠告。这篇时评表明张东荪的思想发生了变化,由大谈社会主义转变为批评社会主义宣传,由大力宣传社会主义变成通过发展实业为实行社会主义准备条件。如此公开地批评社会主义宣传活动,自然是正在积极筹备成立中国共产党的中国早期马克思主义者所不能接受的,必须予以严厉批评。11月7日,李达署名"江春"在《民国日报》副刊《觉悟》上发表《张东荪现原形》,陈望道在《觉悟》上发表《评东荪君底〈又一教训〉》,邵力子在《觉悟》上发表《再评东荪君〈又一教训〉》等,掀起了五四时期著名的"社会主义论战"。

张东荪在《由内地旅行而得之又一教训》中提出了"开发实业"问题,但并没有明确指出开发实业的方法。由于他不主张谈社会主义,遂使马克思主义者误认他是不主张用社会主义方法。因为没有提出用社会主义

---

① 张东荪:《由内地旅行而得之又一教训》,《时事新报》1920年11月6日。

方法，实际上是仍用资本主义方法，故陈望道质疑："你所谓'开发实业'，难道想用'资本主义'吗？你以为'救中国只有一条路'，难道你居然认定'资本主义'作唯一的路吗？"邵力子则申明："现在中国穷到极点，和谈论社会主义毫不相干，谈论社会主义者也正急欲救穷；这种很浅显的道理，我敢断定东荪君也是很清楚的。"①

李、陈、邵等人对张东荪的批评，表明了中国早期马克思主义者的严正立场，使他们与张东荪为代表的研究系关于社会主义的思想分歧公开化。他们之所以要对张东荪进行批评，旨在坚持社会主义宣传的必要性，坚持只有社会主义能够救中国。但客观地说，他们对张东荪的批评有失公允，因为张东荪此时并未反对走社会主义道路，更没有诅咒社会主义，只是他所理解的社会主义并不是科学社会主义而已。

张东荪的时评也引起了陈独秀的关注。陈独秀在《新青年》第8卷4号上开辟了"关于社会主义的讨论"专栏，刊出了讨论社会主义的文章和通信13篇。其中以张东荪与陈独秀之间的书信最重要。张东荪在致陈独秀信中第一次公开提出了增加富力的方法："或用Cooperation或用资本主义，不妨各据当地的情势而定。"他将自己的意见归纳为四点："一、我不相信以地域如此广大交通如此不便之中国，能实行一种主义。我以为中国以后总不外乎地方自决。二、勿论地方如何自决，而以中国民族的根性与时代的趋势，决不会产生强有力的地方政府。无强有力的政府，则劳农主义不能全部实行。三、中国物力太穷乏，而穷乏的原因不是纯由于资本主义。故救穷乏也不当专在打破资本主义一方面下功夫。四、但我深信外国资本主义是致中国贫乏的唯一原因。故倒外国资本主义是必要的。若以倒国内资本主义而为倒外国资本主义之手段，其间是否有密切的关系，我尚未敢断言。"② 在他看来，中国并不排除用资本主义方法发展实业的可能，宣传社会主义并从事社会主义运动并不一定要打倒中国幼稚的资本主义。

陈独秀在回复张东荪信中提出了自己的意见："如果说中国贫穷极了，非增加富力不可，我们不反对这话；如果说增加富力非开发实业不可，我们也不反对这话；如果说开发实业非资本不可，且非资本集中不可，我们不但不反对这话而且端端赞成；但如果说开发实业非资本主义不可，集中

---

① 邵力子：《再评东荪君底〈又一教训〉》，《觉悟》1920年11月8日。
② 张东荪：《东荪先生致独秀底信》，《新青年》第8卷4号，1920年12月1日。

资本非资本家不可,我们便未免发笑。"因为资本和资本家是不同的。他向张东荪提出了三点质问:(一)同是中国人,何以政府及劳动阶级都不可靠,只有资本家可靠呢?(二)有资本主义渐渐发展国民的经济及改良劳动者的境遇以达到社会主义,这种方法在英、法、德、美文化已经开发政治经济独立的国家或者可以这样办,像中国这样知识幼稚的民族,外面政治及经济的侵略又一天紧迫似一天,若不取急进的 Revolution,时间上是否容我们渐进的 Revolution 呢?(三)既不赞成用革命手段集中资本来实行社会主义的生产制,而中国的资本家向有不愿以财产充资本之习惯,那么"先生等所迷信的资本主义,仍是一个空中楼阁;而先生等又不欢迎外国资本主义,将以何法来开发中国底实业呢?"① 很显然,这三点是张东荪为代表的研究系与陈独秀为代表的马克思主义者在"社会主义论战"中激烈争论的焦点问题,也是张东荪与陈独秀等人思想分歧的关键所在。

陈独秀对这些问题提出了中国早期马克思主义的见解:中国可以通过社会主义方式开发实业,根本不可能用资本主义方式发展中国实业。他说:"所谓中国资本家都直接或间接是外国资本家底买办,只能够帮着外国资本家来掠夺中国人,只望他们发达起来能够抵制外国资本家,能够保全中国独立,再过一两世纪也没有希望。"② 这样,陈独秀将马克思主义者关于"社会主义论战"中所持的基本观点阐发出来了。

三 开发实业:资本主义还是社会主义

1920年12月,为了答复中国早期马克思主义者的质问,张东荪在《改造》第3卷4号上发表了《现在与将来》一文,对自己社会主义主张"做一个比较的正式说明,"③ 系统论述了自己的总观点:用资本主义发展中国实业。在提出自己的主张之前,张东荪首先分析了中国社会现状和发展趋势,然后指出了中国所应选择的道路。故张东荪在《现在与将来》中主要回答三个问题:一是中国现状是什么?二是从现状的潜伏趋势里推测未来呈何状?三是我们的使命是什么?

---

① 陈独秀:《独秀复东荪先生底信》,《新青年》第8卷4号,1920年12月1日。
② 同上。
③ 张东荪:《一个申说》,《改造》第3卷6号,1921年2月15日。

第一，中国的现状是"四病"交加。张东荪认为，中国社会存在着四种病症：大多数人民无知识，与原始人类的状态差不多，可称其为"无知病"；大多数人民困于生计，因本来物产不丰，加以连年天灾人祸，以致愈贫，可称其为"贫乏病"；自民国以来，连年内战，以致兵匪增多，可称其为"兵匪病"；自前清以来，关税、外交完全失败，外国的国家主义与资本主义合而为一，以压倒中国，可称其为"外力病"。"无知病"和"贫乏病"使中国没有形成市民社会，工人、商人数量很少，都不成为有力的阶级，所有的只是处于愚昧状态的农民与人性变态的兵匪；"兵匪病"造成了军阀当道；"外力病"使中国处于外国经济力压服之下，国内民族产业不易发展。在这"四病"中，"无知病"和"贫乏病"是根本的，"外力病"对中国社会起了推波助澜作用，而"兵匪病"则是对中国社会危害最严重的病症，也是目前需要解决的主要问题。张东荪的分析揭示了当时中国社会的一些实情，但这些只是社会表象，为何会造成这四种病症？张东荪并没有说明。

第二，关于中国未来发展的趋势，张东荪认为中国不能发生社会主义运动，而只能对劳动者进行改良；中国所走的道路只能是社会主义与资本主义并行的道路；资本主义是利在目前而害在将来。张东荪在对中国社会发展的趋势进行观察后认为，社会发展的趋向是军阀趋于分裂并日趋末路，"其消灭之路有二种：一，一部分蜕化为财阀，而他部分为新兴阶级所灭；二，为等于军阀者所灭。"前者是平和的或渐进的，后者是革命的或急变的。打倒军阀只能用渐进的方式，而又必须依靠正在发展中的"中产阶级"——绅商阶级（张东荪称之为"财阀"）。他说："我们还要晓得财阀必定亦有和军阀开战的时候，必定亦有一部分军阀是灭在财阀手里，因为财阀可用经济力制垂毙的军阀之死命。更有一因，就是中国的实业，不论中国自己开发与否，外国总是要来大开发而特开发的；不过外国势力一来，中国自己的企业亦必乘势而蜂起。到那时，外国的势力便不啻给中国财阀以保障与后盾，则末路的军阀更无法相抗了。"即财阀与外国的势力合作而制服军阀。这样，财阀与"外力"合作而倒军阀是一种缓慢的发展趋势。① 正因绅商阶级"在其迟迟而行的中途"，而"人民贫乏太甚，求食不得，不能久持，"故极有可能发生劳农主义。因中国缺乏实现劳农

---

① 张东荪：《现在与将来》，《改造》第3卷4号，1920年12月15日。

主义的阶级、经济和社会基础，故这样的劳农主义必定是"伪劳农主义"。正是基于这种分析，张东荪坚决反对在中国实行无产阶级专政并断言："真的劳农制度决组织不成，而伪的劳农革命或可一度发生。"一旦伪的劳农革命发生，将会给中国造成严重的灾难，"伪劳农主义万一发生，必是纯粹破坏的，绝难转到建设方面，不过在许多内乱上加一个内乱罢了。"①

第三，张东荪提出了解决中国社会问题的方案。中国既有贫乏病，则开发实业为唯一之要求。用什么方式来开发实业？张东荪的回答是明确的：不排除资本主义方式。为什么要采用资本主义？主要有四方面原因：一是用资本主义发展实业，对于"增加富力及于一班人民"都有好处："即使资本主义的企业发达，终是利在目前而害在将来。我们没有法子破坏他的缘故，亦就在他能利于目前。"二是资产阶级是将来打倒军阀的主要力量，发展资本主义就是顺应"绅商阶级"渐造的趋势，逐步增大其力量，渐渐地消灭军阀势力。三是绅商阶级发展后，劳动阶级也随之壮大，为将来实行社会主义提供必要的基础。他说："我们认定这种趋势只是把阶级分明起来，造成一个绅商阶级，同时造成一个劳动阶级，而把求为劳工而不得的人吸收进去，却是他的好处。"其好处就在于使劳动阶级因资本主义发展而壮大。四是资本主义是人类社会必经的一个历史阶段，世界范围内的社会主义运动未必会兴起，故资本主义生产方式仍会对中国产生影响，发展实业非采取资本主义的方式不可："资本主义、机器生产的工厂必日增一日，乃是不可抗的。这事不论我们愿意不愿意，愿意亦是如此，不愿意亦是如此，乃是一个自然的趋势。"②

这四方面的原因决定了中国要发展实业必须采用资本主义方式。所以，张东荪告诫中国马克思主义者说，目前最急要的问题是如何打倒军阀、发展实业。他强调："我们当有自知之明，我们无力打倒军阀而只能眼看军阀与绅商阶级的瓜代；我们无力阻止绅商阶级的发生，纵我们极力鼓吹劳农主义亦不过引起一个伪劳农革命。"所以，现在还不是进行社会主义运动的时代，社会主义"对于现在尚是不合宜"。他批评马克思主义者现在就实行社会主义的主张"似乎太越阶了"③。而合宜于现在的只能是

---

① 张东荪：《现在与将来》，《改造》第3卷4号，1920年12月15日。
② 同上。
③ 同上。

顺应造成绅商阶级的趋势，发展中国的资本主义。

《现在与将来》写好后，张东荪将它寄给在天津的梁启超。梁启超撰写《复张东荪书论社会主义运动》一文，详细阐述其对社会主义问题的意见，对张东荪的观点作了进一步发挥。梁启超的观点与张东荪的观点互为表里：张东荪主张发展资本主义用以救穷，梁启超也强调"不能不奖励生产事业以图救死"；张东荪主张发展资本主义的同时必须注意劳动者利益，梁启超也强调"借资本阶级以养成劳动阶级"；张东荪认为中国工人阶级还很幼稚、劳资对立并不突出，梁启超则提出中国目前不是阶级对立问题，不是"有产"与"无产"问题，而是"有业"与"无业"的问题。他们都主张中国的当务之急是用资本主义方式发展实业。

张东荪在《现在与将来》上阐发的意见，着重论述中国发展资本主义的倾向，虽然明确主张中国只能用资本主义来发展实业、社会主义是将来的事，但他仍感到文中没有对为什么现在不能实行社会主义问题展开论述。故他撰写并发表《一个申说》来集中阐发对社会主义问题的意见。

第一，重申了所谓"始终固守的阶段说"："我的阶段说是什么？简言之，资本主义必倒，而社会主义必兴"，① 但他强调，社会主义是一个"未来的理想"，而资本主义则有目前的实际利益。故主张："我们对于资本主义须把实际看得重些，而我们对于社会主义须把理想看得重些；我们对于资本主义须把切近的目前看得重些，而我们对于社会主义须把较远的未来看得重些。更换言之，我们要创造新社会主义不能不把他推得很远。"② 所谓"阶段论"的具体含义是：中国目前的前途有"共管"与"赤化"两条路，这两条路实际上都正向着一个方向——资本主义方向前进。这实际上是一个中国必经的"资本主义必兴"的阶段。在这个阶段，"我们必须积极地研究社会主义"，而不是实行社会主义；到了这个阶段之后，方才是实行社会主义的阶段。张东荪明确主张现在应该采用资本主义，将来实行社会主义："我们对于社会主义总当认为最后的标的，宜努力随着各民族的共同研究去创造。"③

第二，社会主义必兴，但社会主义派别很多，究竟选择哪种社会主义

---

① 张东荪：《一个申说》，《改造》第3卷6号，1921年2月15日。
② 同上。
③ 同上。

流派？张东荪所理解的社会主义，不是具体的哪种社会主义，而是一种趋势；社会主义是一种正在发展中的学说，其中有"比较上最圆满的社会主义"。他公开主张：只有基尔特社会主义适合于中国。理由是：基尔特社会主义虽是英国的产物，但其基本原理可以普遍采用。中国原有的"同业公会"制度可以作为引进及实行时的参考。他将社会主义分为"学问上的社会主义"与"信仰上的社会主义"，信仰上的社会主义等于各种宗教，只是一种热烈的感情；学说上的社会主义则尚在"创造修改"之中。一般人往往把两个混谈，遂变成了一个学说与信仰相混合的社会主义，马克思主义实际上就是两者混合的产物。张东荪所推崇的实际上就是所谓"学问上的社会主义"，对此，他说："我以为我们非把学理上的社会主义推进一步，换言之，即不能创造出来一种更圆满的社会主义。"也就是"基尔特社会主义"。"不但基尔特社会主义如此，其他一切社会主义都是正在研究修正中。"① 这是张东荪首次公开赞美基尔特社会主义是"比较上圆满的社会主义"。

早在此之前，张东荪主编的《解放与改造》已刊出了许多宣传基尔特社会主义的文章，如1卷3号郭虞裳的《基尔特社会主义》，2卷10—11号连载延陵的《廓尔的〈实业界的自治〉》，2卷13号上有献书译《基尔特主义的哲学原理》，2卷14号上明权译《基尔特组合员的社会》，《改造》3卷6号上连载延陵《基尔特解决法》和赤笑译《劳动与权力》，在稍后出版的3卷7号上有徐六几的《基尔特社会主义研究》等。在1920年7月，在与张君劢的通讯中，张东荪也已经倾向于基尔特社会主义。"弟近来思想倾向于工会的社会主义原理。工会的社会主义（Guild socialism）之原理实兼收无治主义与工团主义（Anarchism and Syndiealism）一之长。"② 但只是到了社会主义论战的高潮时，张东荪才公开亮出了基尔特社会主义底牌。

至此，张东荪等人关于社会主义的见解已经基本形成：张东荪等人虽然厌恶资本主义，但认为这是不能超越的历史阶段，所以不能不加以采纳；社会主义虽然是他们欢迎的，但却不是目前要采纳的；马克思的社会

---

① 张东荪：《一个申说》，《改造》第3卷6号，1921年2月15日。
② 君劢、东荪：《中国之前途：德国乎？俄国乎？》，《解放与改造》第2卷14号，1920年7月15日。

主义仅是社会主义的一种，中国所要采纳的社会主义不是马克思的社会主义，而是温和的社会主义。如果以前只是"浑朴的"社会主义倾向的话，此时，张东荪明白地将"基尔特社会主义"作为这种温和的社会主义的代表并加以提倡。

四 思想分野：基尔特社会主义还是科学社会主义

张东荪、梁启超的文章发表后，立即得到研究系的支持与共鸣，蓝公武、蒋百里、彭一湖、费觉天等都参加了社会主义讨论。蒋百里在《改造》上发表《我的社会主义讨论》（3卷6号）和《社会主义怎样宣传》（4卷2号）两文，指出："要不是资本主义现在自身走到尽头路，那共产主义抬头的日子还早哩"，中国要实行社会主义，必须具备三个条件：工业能不能社会化，劳动者"精神上的自觉"和"能力上的锻炼"是否具备。所以社会主义在中国的实行是将来的事，目前是"怎样"宣传社会主义的问题。彭一湖表示赞成张东荪的意见："我们除了使资本家拿资本主义来发展实业以外——在资本家生产制度之下，我们也可以要求进步的劳动立法，不必一定让资本主义如何跋扈，这只要实业发达、劳动者一多的时候，是尽可以做到的。"① 费觉天指出，社会主义讨论的关键问题，一是今日中产阶级在此军阀政治下，能否发达起来，自成资产阶级，而推翻军阀；二是要发展中国实业，是否必须经过资本阶级，还是可以越级而升，跳过资本主义阶段？他断言："社会主义是应当实行于今日的中国"。② 其理由有三：一是就社会主义本身而言，社会主义的目的不仅在讲求分配，而且注重生产，以社会主义方法发展实业，优于资本主义方法。二是从国情方面看，国内武人与国外资本阶级的压迫，中产阶级不仅不能发展变为资本阶级，且流为无产阶级，若欲救济，则除唤醒工农与中产阶级联合起来，一面以经济制军阀，一面实行国家生产以制外国资本家外，别无他法。三是就中国与国际方面而言，今日中国的一举一动，皆与世界相关系，欲问中国应否实行社会主义，当先问今日世界应否实行社会主义，况

---

① 彭一湖：《我对于张东荪和陈独秀两先生所争论的意见》，《改造》第3卷6号，1921年2月15日。
② 费觉天：《关于社会主义运动致蓝志先先生书》，《改造》第3卷10号，1921年6月。

且今日中国既在受外国资本家压迫，则早是已有资本主义，既有资本主义，则实行社会主义，便不能谓越阶。

陈独秀、李大钊等马克思主义者对张东荪、梁启超等研究系观点进行了激烈的批评。1921年初，陈独秀在《新青年》9卷3号上发表《社会主义批评》的演讲，集中论述了为什么要讲社会主义、为什么能讲社会主义及应讲什么样的社会主义三个问题，明确反对德国式的国家社会主义，主张采取马克思的共产主义。他阐述了四方面原因：一是救济中国断不能不发展实业，但采用在欧美已经造成实业界危机的资本主义来发展实业，未免太无谋了；二是中国全民族对于欧美各国是站在劳动的地位，只有劳动阶级胜利，才能救济中国的危机及不独立；三是欧战以来资本制度已经大大动摇了，我们正应该联络各国的同志作国际的改造运动；四是在不完全破坏外资相当的利益范围以内，由国家立在资本家的地位经营国内产业及对外贸易，也必不能免绝对的干涉。

李大钊在致费觉天信中阐述了中国今日能否实行社会主义问题，他指出，中国虽未经自行欧美、日本等国的资本主义的发展实业，而一般平民间接受资本主义经济组织的压迫，较各国直接受资本主义压迫的劳动阶级尤为苦痛；中国国内劳资间虽未发生重大问题，中国人民在世界经济上的地位，已立在这劳工运动日盛一日的风潮中，想行保护资本家的制度，无论理所不可，亦且势所不能；再看中国在国际上的地位，人家已经由自由竞争达到必须社会主义共管地位，我们今天才起首由人家的出发点，按人家的步数走，正如人家已达壮年，我们尚在幼稚，人家已走远了几千万里，我们尚在初步。根据上述三点，他认为中国"要想存立，适应这共同生活，恐非取兼程并力社会共管的组织不能有成"。其结论为："今日在中国想发展实业，非由纯粹生产者组织政府，以铲除国内的掠夺阶级，抵抗此世界的资本主义，依社会主义的组织经营实业不可。"[①] 其立论前提是：要看中国是否已具备实现社会主义的经济条件，须先问世界今日是否已具备实现社会主义的倾向的经济条件，因为中国的经济情形，实不能超出于世界经济势力之外。现在世界的经济组织是"已经资本主义，以至社会主义"了，中国当然应该追随世界潮流，实行社会主义。

---

① 李大钊：《中国的社会主义与世界的资本主义》，《评论之评论》第1卷2号，1921年3月20日。

李达在《讨论社会主义并质梁任公》中对梁启超的观点进行了批判，明确提出了自己的主张："就中国现状而论，国内新式生产机关绝少，在今日而言开发实业，最好莫如采用社会主义。"努力设法避去欧美资本制产业社会所生的一切恶果。① 他强调，劳动者没有祖国，所以要谋国际的团结，要扫灭全世界的资本主义，资产阶级温情主义的社会政策是不能达到社会主义的。李汉俊先后发表了《中国底乱源及其归宿》和《我们如何使中国底混乱赶快终止》两文，对张东荪"社会主义是要物质的条件完备，才能实现"的观点进行批评，认为中国与俄国情况相像，资本主义均未发展，但科学的社会主义就先发达了，俄国社会革命说明资本主义的崩溃是必然的。故要使中国混乱赶快终止，就要"努力使中国赶快进化到社会主义"，不一定非经过资本主义不可。"现在中国要进化到社会主义，没有要经过资本主义充分发展的阶段的必要，可以直接向社会主义的路上走去，并且资本主义在现在的中国没有充分发展的可能，以中国现在的环境又有直接向社会主义路上走去的必要。"②

许新凯先后发表了《今日中国社会究竟怎样的改造》《共产主义与基尔特社会主义》《再论共产主义与基尔特社会主义》等文，对张东荪鼓吹的基尔特社会主义提出了批评。他认为基尔特社会主义，"在英国的特殊国情之下，或者若干年后，能以实现也未可知"，但"在中国，则是一定办不到"，应以"革命为第一步"，"打破资本家底国家，破坏资本家的帮手，解除资产阶级的武装，没收资本家的财产，以转付于全体劳工阶级的公共管理之下"，为达此目的，必须实行无产阶级专政和权力集中的手段。③ 施存统也认为，基尔特社会主义是一种"渐进的、改良的方案"，主张蚕食主义，反对暴力革命；指出张东荪主张基尔特主义是"主张资本主义底别名"，"因为主张基尔特社会主义的结果，势必要去赞助资本主义，延长资本主义的寿命。"④ 此外，蔡和森、周佛海、李季等人也著文批评张东荪等人的观点，阐述了马克思主义者的主张。

---

① 李达：《讨论社会主义并质梁任公》，《新青年》第 9 卷 1 号，1921 年 5 月。
② 李汉俊：《我们如何使中国底混乱赶快终止》，《民国日报》副刊《觉悟》1922 年 1 月 1 日。
③ 许新凯：《再论共产主义与基尔特社会主义》，《新青年》第 9 卷 6 号，1922 年 7 月 1 日。
④ 施存统：《读新凯先生底"共产主义与基尔特社会主义"》，《新青年》第 9 卷 6 号，1922 年 7 月 1 日。

这样，围绕着"社会主义"问题，当时中国思想界的众多人士参加了争论，在当时社会上产生了巨大的影响。在论战中也明显地形成了分别以张东荪和陈独秀为代表的针锋相对、立场和观点迥异的两派。而两派争论的中心问题，概括起来就是：用资本主义还是用社会主义方式发展中国实业？

张东荪等人所主张的基本上是温和型的社会主义，他们虽在认识上也有分歧，如张东荪、杨端六等人主张英国的基尔特社会主义；彭一湖、蓝公武等人主张德国俾斯麦的国家社会主义；张君劢则主张第二国际的社会主义，但他们在"社会主义论"战中的根本观点是一致的：第一，他们认为，社会主义革命的产生要先具备两个条件：一是资本主义工业发达；二是工业发达结果造成无产阶级队伍，并且他们由于感到"贫富不均"而有迫切的革命要求。中国工业不发达，工人阶级人数少，因此不具备社会主义革命的物质和阶级基础。条件不具备，时机不成熟，若强行实行社会主义运动，则必是"伪劳农革命"。第二，他们认为，中国问题的症结是"太穷"，为此必须"开发实业"。"资本主义必倒，社会主义必兴"虽是张东荪等人的共同信念，但社会主义目前只不过是一种理想和趋向，它的实现是遥远将来的事。他虽然也不愿意发展资本主义，希望跳过资本主义阶段而进入社会主义阶段，但经过再三研究与讨论后，认为这是不可能的。资本主义是利在目前，它能开发实业、增加富力，创造将来社会主义革命的条件。因此，他一方面说，"在开发实业的大要求下，资本主义机器生产的工厂，必日增一日，乃是不可抗的"；另一方面说，"我们在资本主义的发达上尽一分力，我们就是接近社会主义一分"。第三，他们认为，就中国现在环境而言，社会主义"尚是不合宜"，故社会主义须有自知之明，只能"在静待中择几个基础事来做"，如从事文化及教育事业，以救济无知病；创办消费协社、生产协社，以救济贫乏病；从容地研究社会主义的详细内容，不急于宣传和实行。第四，他们反对现在即宣传社会主义，并组织团体，认为现在尚不合宜，若勉强实行，则必发生伪劳农革命。

陈独秀等马克思主义者在这场论战中的观点可以集中概括为：第一，分析中国社会状况，驳斥张东荪、梁启超等人所谓中国没有阶级、没有贫富不均、社会主义不妨迟迟的理论。中国劳动者所受的压迫比欧美国无产阶级还悲惨。第二，为开发实业而发展资本主义，不是救中国的道路。理由为：一是国家的独立富强，固然应该开发实业，但问题是走什么道路，用什么方法来开发实业，他们指责张东荪的方法是依靠资本家和帝国主义的资助，在中国发展资本主义的目的，只能是为了少数人的利益和快乐。无产阶级开发实业的目的是"谋自己民族的幸福，和帮助旁的民族幸福，进而达到全人类的满足生活"，故最好采用社会主义；二是认为当时中国是万国的商场，帝国主义是不会帮助中国发展资本主义的，资本主义在中国是行不通的；三是认为资本主义在今日不是救济失业贫民的方策，它会导致两极分化，一面发展实业，一面却增加贫乏，所以根本的方法是社会主义。第三，社会主义是一个没有压迫和剥削的社会，有着比资本主义的优越性，同时世界已进入社会主义和无产阶级革命的时代，中国非依社会主义的方式和组织生产、发展产业不可。第四，依据无产阶级革命与专政的理论，批评张东荪的基尔特社会主义是一种与资本主义妥协的改良主义，不可能解决社会问题，唯一的出路就是进行社会主义革命，实行无产阶级专政。

这场社会主义论战直接影响了当时中国人对中国社会主义道路的选择。早在1919年，张东荪与在德国的张君劢就社会主义问题进行通信讨论，并将往来书信以《德国乎，俄国乎》在《解放与改造》中刊发，提出了社会主义阵营无法回避的问题——中国究竟应该选择哪条社会主义道路：德国式道路，还是俄国式道路？在社会主义论战中，中国思想界因对社会主义认识的分歧而产生了道路选择上的分野：以张东荪等人为代表的研究系实际上选择了德国式（英国式）的道路——温和的改良的社会主义道路，而以陈独秀为代表的中国早期马克思主义者选择了俄国式的道路——激烈的暴力革命的社会主义道路。

在这场社会主义论战中，张东荪等人与陈独秀等人均将各自关于社会主义的观点作了充分的阐述，使人们大致弄清了科学社会主义与温和社会主义的界限：张东荪等人所介绍的基尔特社会主义、议会社会主义、国家社会主义等等，都属于"温和"的社会主义；陈独秀等人坚持的马克思的社会主义，才是"科学"的社会主义。在论战中，双方都力图论证自己所介绍和主张的社会主义是适合中国国情的，自己关于中国社会问题的意见是正确的，都力图说服对方。但论战后所得到的实际情况却是：论战的双方并没有说服对方，而是各自坚定了自己的立场和信仰，都认为自己的意见在原则上是正确的。而对那些密切关注这场论战、并倾向于社会主义的青年知识分子来说，他们面对社会主义的思想分歧，很自然地面临着痛苦的抉择：是用社会改良的"温和"社会主义改造中国？还是用"激进"的社会主义"根本改造"中国？其结果，自然造成了社会主义阵营的分野和此后中国社会主义运动的分化。

这种在社会主义问题上的分化情况，在新民学会内部体现的十分明显。1920年7月6日至10日，留法勤工俭学的新民学会会员在法国蒙达尼开会讨论"改造中国与世界"问题时，蔡和森为代表的多数会员，主张俄国式革命、阶级战争、无产阶级专政、组织共产党；以萧子升为代表的少数会员，认为"世界进化是无穷期的，革命也是无穷期的"，主张"温和的革命"，"以教育为工具的革命，为人民谋全体福利的革命"，主张"以工会、合作社为实行改革的方法"。① 在国内，新民学会内部亦因思想分歧而引起激烈争论并导致组织分化。1921年1月在长沙讨论并决定选择社会主义问题时，毛泽东等人主张走陈独秀的"根本改造"道路，不走张东荪的改良，主张劳农专政、过激主义、革命的社会主义；而有些人则主张基尔特社会主义，以开发实业、普及教育等渐进的方式，改造中国社会。② 这样，新民学会内部在"社会主义"问题上因思想分歧而发生了严重的组织分化，以毛泽东、蔡和森为代表的多数会员选择了马克思的社会主义道路。

以陈独秀、李大钊为代表的中国早期马克思主义者选择了走"俄国人的路"，仿效列宁的建党路线和革命道路，组建中国共产党，进行暴力革命，肇始了中国共产主义运动，并掀起了20世纪上半期的中国革命；以梁启超、张东荪为代表的社会改良主义者，选择走"德国式"或"英国式"道路，接受并信仰温和的社会主义，随后建立了国家社会党，成为社会民主主义或民主社会主义在中国的鼓吹者和践行者。这样，陈独秀、李大钊等早期马克思主义者与张东荪、张君劢等人为代表的温和社会主义者作出了各自的抉择，公开表明了两者之间的根本差异，从而形成了中国社会主义的分野——科学社会主义与民主社会主义（或社会民主主义）的分野。

1921年9月，张东荪创办了《时事新报》副刊《社会主义研究》，将

---

① 《新民学会会员通信集》第3集，《新民学会资料》，人民出版社1980年版，第137页。
② 《新民学会会务报告》第2号，《新民学会资料》，人民出版社1980年版，第23页。

鼓吹基尔特社会主义的研究系同人集合起来,公开在中国打出了"基尔特社会主义"的旗帜,正式作出了温和的改良的社会主义道路选择。他说:"我们怀抱基尔特社会主义的思想,树起基尔特社会主义的旗帜,在《社会主义研究》发刊的第一天,宣言我们是基尔特社会主义者。"认定:"我们信仰基尔特社会主义系出于我们的研究结果,我们信任基尔特社会主义确是民主主义思想的究极,而且是社会改造原理最彻底的一个。"他强调自己所理解的社会主义与马克思主义是根本不同的:"我们的目的是要根本改造社会全体;我们的要求既不是产业上的自由,又不是政治上的自由,我们实为着人类生活的根本原理而要求自由。……所以我们认为正当的方法,不在于革命的宣传,而在于思想的传播。"基于这种认识,张东荪等人提出了所谓"职能的民主主义"。其基本原则为:"(一)公共生活组织的主要基础,一定要依着职能或职业为区别;(二)基尔特必为自治的;(三)基尔特必为分权的。若使不能避免近代社会高度的集权倾向,他们将成为万恶的官僚。"①

这样,张东荪等人便选择了温和的社会主义思想道路,走上了一条"德国式"的渐进的中国社会改良道路。1932年5月,张东荪与张君劢等人组织国家社会党,提出"修正的民主政治"主张,实际上正是这种社会主义思想的继续和发展。

五 客观评判:论战双方的交互影响

以陈独秀、李大钊等为代表的中国早期马克思主义者,坚持走马克思的科学社会主义道路,坚持建立中国共产党,坚持无产阶级专政,从大方向上看是正确的。当时世界资本主义已面临巨大危机,社会主义成为世界历史发展的潮流,陈独秀等人坚决主张在中国实行社会主义,坚决接受欧洲社会主义思潮中最科学的一种——马克思主义,在原则上是正确的,顺应了世界历史发展的趋势,是应该给以充分肯定的。陈独秀等马克思主义者开始用初步接受的马克思主义观点分析中国国情,否定中国发展资本主义的前途,认为中国已经有了日益壮大的无产阶级,具备了建立无产阶级政党的条件,驳斥了张东荪超等人对中国阶级状况的分析,从原则上也是

---

① 同人:《宣言》,《时事新报》副刊《社会主义研究》,1921年9月16日。

正确的。在论述中国为什么要采取社会主义时，提出了中国民族为无产阶级民族的观点，成为当时批驳张东荪等人观点的最有力论据，"无产阶级民族"的概念，便是中国革命是世界无产阶级革命一部分思想的来源。这也是应该给以充分肯定的。马克思主义者坚持用革命的手段来打倒军阀、根本改造社会的观点，显然也是正确的。

然而，陈独秀等马克思主义者在论战中也暴露了自己的一些弱点和不足：一是他们对中国国情问题认识的普遍忽视。当时，刚刚接受了科学社会主义的早期马克思主义者，从总体上对中国的国情是忽视的，认识也是肤浅的。坚持中国必须走社会主义道路，但为什么要走社会主义道路？在论证上显然是不充分的；由于对中国的社会实际缺乏必要的了解和透彻的分析，他们面对张东荪所指出的中国缺乏实行社会主义的阶级、社会和经济基础问题时，无法给以有力的回答；他们坚持中国应走社会主义道路，但究竟中国应该如何实行社会主义？他们的主张显然是简单的、不成熟的，其提出在目前就要实行社会主义、开始社会主义革命，显然是行不通的；二是对于张东荪提出的"中国能否越过资本主义阶段"问题，马克思主义者给以肯定的回答，但论证明显是不充分的。在这个问题上，早期马克思主义者对走社会主义道路、避免中国的资本主义前途是充满信心的，认为世界已经进入了社会主义革命的时代，中国也必然要实行社会主义，不能再走西方资本主义的老路。但问题并没有他们想象的那么简单，在中国这样一个经济落后、专制主义严重的国家实行社会主义，是异常困难的。中国可以不经过资本主义阶段，可以越过资本主义阶段而直接进入社会主义阶段，但中国却无法越过开发实业、发展经济的阶段，否则是不可能建成社会主义的，即使勉强实行了社会主义，也会因缺乏必要的经济和社会基础而遭到失败。

张东荪等人在世界已经发展到社会主义的时代，仍然要走资本主义，仍坚持采用资本主义方式发展实业，拒绝接受科学社会主义，从总体上说是错误的，背向于当时世界发展的大趋势。张东荪也意识到了这一点，故在主张发展资本主义时并不理直气壮，而是"犹抱琵琶半遮面"，仍然标榜自己并不反对社会主义。张东荪提出了"四病说"，认为解决中国社会问题必须用渐进的和平方式，并将希望寄托于"绅商阶级"，这显然背向于近代中国发展的趋向，是其一贯坚持的社会改良思想的发展。实践证明，近代中国的反动统治者是十分强大的，也是十分顽固的，他们拒绝进行有利于社会进步的改革并且极力阻挠和破坏这些改革，斩断了进步的中国人和平渐进手段改造中国社会的希望，故用革命的手段打倒军阀，推翻帝国主义在中国的统治，是历史的必然。在这个关键问题上，张东荪为代表的研究系暴露出社会改良的本质。

然而，张东荪等人的见解虽然从总体上是错误的，但其中包含着许多合理的意见；他们所提出的问题对后人是有启发意义的。

一是发展实业的观点，无疑是正确的。张东荪看到了中国社会贫弱的现实，强烈要求发展经济，实现国富民强，这集中反映了近代中国民族资产阶级发展经济的要求，顺应了当时中国社会发展的趋势，是应该肯定的。这一点，当时的马克思主义者并不否认，而关键在于用什么方式发展实业。张东荪虽在五四时期积极宣传社会主义，但却不主张采用社会主义发展生产，因为在他看来，用资本主义的方式发展生产更有效率，更能发挥人们的积极性，虽然资本主义方式在世界上受到了动摇，但中国却非常需要。张东荪这个观点，从总体上看，不一定正确，但当时要发展实业，却的确舍此并无第二方法，因为当时人们对于用社会主义的方式进行生产，还缺乏起码的了解，况且在当时根本也是办不到的。

二是张东荪向中国思想界提出了一个非常有讨论价值的理论问题：中国能否越过资本主义阶段而直接实行社会主义？张东荪的回答是否定的，而中国早期马克思主义者的回答是肯定的，双方意见针锋相对。这是双方争论的焦点所在。张东荪经过分析和研究，断定在经济如此幼稚的中国是无法逾越发展资本主义阶段而实行社会主义的。如果从当时张东荪的论述上看，在对中国社会和经济状况、阶级状况等方面的分析上看，他的观点受到了许多人的赞同，也表明当时这种观点的确代表了当时很多人的意见。这个问题在当时引起了激烈讨论，但张东荪等人没有能够说服陈独秀等马克思主义者，同时马克思主义者也没有能够说服张东荪等人，因为张东荪的观点虽然看起来背向于世界发展的趋势，但因为直接面对了中国的现实国情，用中国实际落后的情况来作论据，故的确具有一定的现实依据；加上它又有马克思的五种社会发展阶段论来作理论依据，所以在当时影响还是很大的。马克思主义者当时对中国国情问题的普遍忽视和总体上认识的肤浅，使其没有提供出有说服力的论证。然而，马克思主义者却从世界发展的趋势上，即从国际方面提供了有力的论证，这就是李大钊所说的"无产阶级民族"的观点。对于马克思主义者的这个理论依据，张东荪等人也是无法驳倒的，因为他们十分清楚第一次世界大战后世界思潮发展的趋势，这也是张东荪等人承认的，更是他们在主张目前当采用资本主义、将来实行社会主义的现实依据。这样，张东荪等人与马克思主义者双方便各有部分道理，虽然无法令对方心服，却足以使自己坚定自己的观点。这个问题注定在当时不可能有答案，也注定了在较长时间内还会成为困扰中国人的一大理论问题。如果去掉形式上的争论，我们可以看出，资本主义生产方式的确有其合理的一面，中国可以不采用资本主义制度，但资本主义国家有效的生产和管理方法是必须采用的；中国可以越过资本主义阶段，却无法逾越发展实业、发展市场经济这个"卡夫丁峡谷"。

三是张东荪通过对中国社会现实的分析和发展趋势的观察，提出了"四病说"，虽然对中国社会性质问题没有看透，但也反映了他对国情问题的重视。他的这个观点，多少揭示了当时社会的实际情况，认识到了中国社会的某些症结所在，这是应该肯定的。他将"兵匪"和"外力"作为两大病症，并明确地提出了打倒军阀、抵制外国势力侵略的主张，是与近代中国反帝反封建的革命主题相适应的，顺应了近代中国历史发展的主流，其进步意义是明显的。他的失误处主要在于反帝反封建的方式（渐进的和平方式）和依靠者（"绅商阶级"）方面。当时陈独秀等中国马克思主义者由于对中国国情认识的忽视，还远远没有提出这样的历史任务，还没有对中国革命的对象问题有清醒而深刻的认识。张东荪等人的这个观点，随后对陈独秀等人产生了一定影响。

社会主义论战促进了马克思主义的进一步传播，越来越多的进步分子选择并信仰了马克思的科学社会主义；而张东荪等人的"温和"社会主义在中国思想界的影响受到一定削弱。然而，这并不是说张东荪等人的思想已经完全为人抛弃，相反，张东荪等人的立场却更加坚定。同时，这场论战使双方多少都接受了对方的一些观点，认识到自己理论主张上的某些不足，此后都对自己的观点进行了某些修正和补充，使自身的观点更合乎实际、更严密、更"圆满"。一场思想论战不同于一场军事战争，它无法用"胜利"与"失败"这样简单的术语概括其结果，因为思想的发展自有其规律。思想论战的结果，往往表面上是"不了了之"，而实际上通过论战暴露了双方的弱点和不足，双方都从对方接受了一些观点和启示，对自身的观点进行修正和补充。具体到这场社会主义论战，这种现象也是显而易见的。

张东荪在论战中暴露出的理论问题是：世界思潮已经发展到了社会主

义阶段，中国还能单独实现资本主义？还能从容地先经过资本主义发展阶段，然而再实行社会主义吗？在发展实业问题上，张东荪一生的观点未变，但在如何发展实业上，张东荪的思想经过这场论战确实发生了一些微妙变化。他在主张用资本主义方式发展实业的同时，渐渐主张可以同时采用社会主义的方式，即国家资本主义的方式。这种思想的转变，在1922年9月与陈独秀的通信中开始表现，到20世纪30年代组织国家社会党、提出"修正的民主政治"时已经公开主张了。

陈独秀等马克思主义者在论战中所暴露的问题是：在中国这样一个无产阶级力量弱小、资本主义没有充分发展、经济和社会落后、军阀横行、帝国主义压迫日益严重的国度里，如何才能实行社会主义？如何才能用社会主义方式发展实业？这场论战后，陈独秀等人开始重视对中国国情问题的研究，开始关注现实的政治和社会问题，开始考虑如何在中国具体地进行社会主义革命。这样，在1922年7月召开的中共二大上，陈独秀等马克思主义者在共产国际帮助下，制定了党的最低纲领和最高纲领，提出了"打倒军阀""驱逐帝国主义"和"建立统一的民主共和国"三大纲领，确立了目前所进行的革命是"民主革命"，而不是"社会主义革命"；认为发展实业不需要资本主义，但可以用国家社会主义，或国家资本主义方式。这样，张东荪与陈独秀等人都调整了自己的政治视角，双方的意见虽未根本改变，但都丰富发展了，并在"国家社会主义"的基点上找到了发展实业的共同途径。双方这种变化，在他们1922年9月的通信中得到基本体现。

当时，中共二大已经通过了"民主革命纲领"，陈独秀给张东荪的信中说：发展中国实业，只有国家社会主义与私人资本主义两个途径；所谓"国家社会主义"，实际上就是国家资本主义，应该是中国发展经济的途径。他认为，"真的民治主义的政制能否在中国完全实现，弟万分怀疑；因为此时中国资产阶级的力量与无产阶级同一幼稚，这是不可否认的事实。今后的进步，必然是两阶级平行进步，而世界的趋势能否容民主的政制占领长时代而不生急进的变化，乃是一个问题。弟亦以为必经过这个时代，但无很强大的力量，而且不久必生他种变化"。[①] 实际上他开始正视中国社会现实，同意张东荪的某些观点。张东荪在答复陈独秀时，欢迎并赞

---

① 陈独秀、张东荪：《联省自治与国家社会主义》，《学灯》1922年9月17日。

同中共提出的"打倒军阀割据"与"抵抗帝国主义"口号，认为这些主张"实在与我的私见相合"。他认为陈独秀所谓的"国家社会主义"与自己所主张的民主主义并没有太大区别，它实际上"以我的真正民治主义为前提"。他劝告陈独秀，不要将革命矛头对准资产阶级，军阀不打倒，"劳动阶级即把资本阶级完全打败，也是不相干的，还不是仍在十八层地狱里么？"① 从陈独秀与张东荪的通信中，可以看出了双方观点都开始发生了微妙变化，出现了"交互影响"的状况，这或许才是"社会主义论战"的真正的思想意义之所在。

（作者单位：中国社会科学院近代史研究所）

---

① 陈独秀、张东荪：《联省自治与国家社会主义》，《学灯》1922年9月17日。

郭沫若和翦伯赞的史家修养论*

徐国利

郭沫若、翦伯赞是中国著名马克思主义史学家。郭沫若是中国马克思主义史学的奠基者,翦伯赞则是将理论与研究结合最突出的马克思主义史家。同时,他们都受过良好传统教育,对中国传统史学有深刻认识,传统的文史修养深厚。他们以马克思主义理论为指导,结合中国现代史学发展要求,在总结自身史学研究经验的基础上,对史家修养的相关问题进行了比较全面的阐述。对他们的史家修养思想加以分析,有助于我们认识中国马克思主义史家在这方面的理论成就。如果运用中国传统史学中史家修养的才、学、识和德的四个范畴来概括和分析他们的思想,主要包括以下内容:在史才方面,着重论述了史料的搜集和整理、治史方法和撰述的技艺问题;在史学方面,主要论述了拓展知识的途径、要懂得和掌握外语的问题;在史识方面,主要阐述了马克思主义理论的重要性、学习和运用马克思主义的方法和正确运用马克思主义来研究历史;在史德方面,提倡树立求真务实的科学精神,倡导学术的民主。这些思想体现了中国马克思主义史学的理论特色,有强烈的实践精神和现实感,是中国现代史家修养论的重要组成部分,对当代史学研究者提高自身修养有重要启示。学术界在研究他们史学思想的著述中对他们的相关思想虽有不同程度涉及,但缺乏系统的梳理和评述。故本文拟对他们的史家修养论作初步总结,以有助于中国马克思主义史学理论遗产的总结和继承。

一 史才:史料的搜集整理、治史方法与撰述技艺

郭沫若和翦伯赞对有关搜集和整理史料、如何治史和撰史述艺进行了

---

* 项目资助:本研究得到国家社科基金一般项目"多维视角下传统史学与中国现代新史学关系研究"(12BZS002)的资助。

诸多论述，这些思想大体属于传统的史才范畴，即史学工作者应当具备的基本能力，下面予以叙述和评析。

（一）史料的搜集和整理

史料的搜集和整理是历史研究的基础，也是史家应当具备的基本能力。马克思主义史学强调历史研究要以史实为依据，进而探究社会历史的本质和规律，因此，他们对此十分重视这个问题。郭沫若便指出研究历史的过程就是搜集史料、分析史料进而得出结论的过程，"任何研究，首先是占有尽可能接触的材料，其次是具体分析，其次是得出结论。只要是认真能够实事求是地做到这其中的任何一步都是有价值的工作。"①

史料搜集和整理是历史研究的基础。那么，如何搜集和整理史料呢？翦伯赞的《略论搜集史料的方法》一文对此作了系统论述。他认为，要解决史料存在于文献中的办法，首先，要掌握目录学，以明了历代文献的名字、篇章、版本及作者的姓名等；其次，要"从一种书到另一种书，逐书搜求"，即，从与这一史料有关的诸文献上去搜求；最后，从一种书的引用语或注解中去追寻与这一史料有关之第二种书类。关于史料搜集的方法，他认为最好方法是作笔记，即把所要搜集史料从原书上一条条摘录下，并于摘录的文句下注明书名、篇章及页码，以备应用时查考，他说，"抄录史料是一种拙笨的方法，但是做学问就是一种拙笨的事业"。关于史料的整理，他强调一定要系统，不要东抄西袭，否则，"还是一盘散沙"，主张要依史料的性质进行分类整理，"不依其来源，而依其性质，再为类别。"② 他后来还提出，对材料的择别要具体分析，"不要为了凑多，把鸡毛和鸡一锅煮。也不要在剔除不重要的材料，把小孩同脏水一齐倾倒出去。"③

关于史料的运用和分析，他们主张要善于对史料进行科学分析，体现了将传统和现代史料批判精神与马克思主义史学重视理论分析相结合的特色。郭沫若在谈到武则天出生地的考证时说，"书本上有固然好，但不要

---

① 郭沫若《开展历史研究，迎接文化建设高潮》，《郭沫若全集》（历史编第三卷），人民出版社 1984 年版，第 443 页。
② 参见翦伯赞《史料与史学》，北京出版社 2005 年版，第 85—113 页。
③ 翦伯赞：《对处理若干历史问题的初步意见》，《翦伯赞历史论文选集》，人民出版社 1980 年版，第 73 页。

过于轻信，书本上没有固然不好，但也不要过于武断。"① 翦伯赞的论述具体入微，说历史研究的最后一步是提炼史料，也就是在唯物辩证法指导下，从史料中抽出历史原理，然后去再现生动的历史，"最初，是把各组史料加以提炼，由一千条史料中抽出一百条，一百条中抽出十条，十条中抽出一条，这一条，就是史料的精髓。再把这一条史料的精髓放在科学高温之下，加以蒸发，于是这条史料，就汽化而为历史原理"，他指出，"有了这种历史法则，我们又倒回来用这种法则去贯串史料，于是这种体化于法则中的史料，再不是陈死的片断的史料，而是生动的整然的历史了"。②

他们对史家如何搜集和整理史料的阐释是比较丰富的，既继承了中国传统史学思想，又强调了马克思主义的指导作用，体现了马克思主义史学的特性。其中许多思想仍然能够为我们继承和发展，用以指导当下的史学实践。

（二）治史方法

历史研究不仅需要有史料，还要掌握基本和系统的研究方法，这样才能保证历史研究及其结果的科学性。郭沫若、翦伯赞强调马克思主义是历史研究的基本方法论，同时也重视对历史研究具体方法的学习、掌握和运用。

郭沫若强调掌握科学理论的方法论意义，强调研究历史"掌握正确的科学的历史观点非常必要，这是先决问题"③。这里所说的科学历史观点是指辩证唯物主义和历史唯物主义。他认为治史者只有学会运用科学的历史观，才能有分析史料的能力，才能在研究中把握正确方向。他形象地比喻说："有了史料，如果没有根据辩证唯物主义和历史唯物主义的方法加以处理研究，好像炊事员手中有了鱼、肉、青菜、豆腐而没有烹调出来一样，不能算作已经做出了可口的菜。"④ 他还将马克思主义比作治史的灯塔，说："这是我们的老师们给我们的灯塔，在这光辉的照耀之下，我们

---

① 郭沫若：《武则天生在广元的根据》，《郭沫若全集》（历史编第三卷），人民出版社1984年版，第509页。
② 翦伯赞：《略论搜集史料的方法》，《史料与史学》，第113页。
③ 郭沫若：《中国古代社会研究·新版引言》，《郭沫若全集》（历史编第一卷），人民出版社1982年版，第4页。
④ 郭沫若：《杜甫与苏涣》，《郭沫若全集》（历史编第四卷），人民出版社1982年版，第485页。

才不至于在暗中摸索；在暗中有幸运的人也能摸出正确的道路，但那是事倍功半的，而且很容易窜入迷途邪路。"①

翦伯赞论史家如何治史有三个观点值得重视。一是，要懂得分析与综合的方法。他说："分析不怕细致、深刻、否则不能揭示历史事件的本质，综合不怕全面、概括，否则不能显示历史的全貌、线索。因此，在分析的时候要钻进个别历史事件里面去，用显微镜去发现问题；在综合时，又要站在个别历史事件之外，高瞻远瞩，用望远镜去观察历史形势。"② 也就是说，史家既要学会使用显微镜，又要学会使用望远镜。前者能使他们把握过细功夫，认识历史事实，洞察幽微；后者能培养他们的远大眼光，纵览全局，把握要害。所以两者必须结合使用，缺一不可。二是，要用发展的观点看问题。他说："用发展的观点看历史，这是我们写历史的基本原则。但历史的发展不是直线上升，它'常以跳跃和曲折前进，如果必须处处跟它，那就不仅必须注意到许多无关重要的材料，并且必须常常打断思维进程'。应该摆脱那些起扰乱作用的偶然性的史实，把历史纳入它向前发展的长流中，显出它的发展倾向。"③ 三是，要将全面研究和重点研究相结合。他说："全面看问题，是我们写历史的基本原则，但不等于没有重点，要透过重点显示出历史的全貌。""写任何时期的历史都必须掌握这一时期的历史全局。既要看到经济，也要看到政治和文化，还要看到它们相互之间的内在联系。片面地强调政治、文化，否定经济的决定作用，这是唯心论。但片面地强调经济，并把经济的规律绝对化，否定人的主观能动作用，也不是马克思主义而是经济主义。"④

郭沫若强调马克思主义对历史研究的方法论指导意义，翦伯赞提出史家要将分析与综合相结合、全面研究与重点研究，要用发展的观点看问题，反映了他对历史研究方法的系统和辩证认识，是历史主义治史原则的具体体现。这些思想对推动中国现代史学发展具有重要意义。不过，他们对西方近现代其他新史学理论不够重视是一局限。

---

① 郭沫若：《在马列主义指导下，努力攀登莫问高——郭沫若答北大学生怎样研究历史》，《北京日报》1957年4月6日。
② 翦伯赞：《对处理若干历史问题的意见》，《翦伯赞历史论文选集》，第72页。
③ 同上书，第64页。
④ 同上书，第66页。

（三）历史撰述

史学研究的最后一步是撰写史学著作或文章。史家既要客观和简洁，又生动地叙述过往的历史。这是史学撰述的重要问题，中国传统史学对此十分重视。郭沫若和翦伯赞继承了这一优良传统，不仅身体力行，而且论述颇丰。

郭沫若不仅是史学家，也是文学家，对史著或文章的撰写有独特见解。他认为，史学著作或文章有它的形式问题，它是用语言文字来表达思想的，这是它的外形，"司马迁写《史记》说'藏之名山，传诸其人'。虽然藏在名山里，也还是为了叫人看的。文章既是为了叫人看的，就要使人家容易懂，懂得了以后才能和你起共鸣。好的文章不但要使人家懂，而且还要叫人家容易记，还要叫人家喜欢看，'喜闻乐见'。这如同请客吃饭一样，要叫人家爱吃。毛主席说的文章三性：准确性、鲜明性、生动性，在形式上就是要求写文章能叫人家容易懂，容易记，喜欢看，更平易近人。"① 他强调写文章要有文法，说："文章的法，就是文法，也应该注意学一些。作文章，总不能违背中国的语法。要使文章生动，特别要注意学习活的语言，当然也不排斥古时的优秀语言。"② 他最后对如何著文提出这样的观点："反对自己思路不通，乱写文章；反对'以艰深文浅陋'，提倡老实；直爽一些，不要曲曲折折；自己没有弄清楚的东西，最好不要写；反对无理冗长，'宁肯少些，但要好些'；不要句子太长；少用成串形容词；重视文章标点，段落要分明；讲究注脚，引用语要注明出处；多看两遍，多改两遍，改了又改，删了又删。"③ 关于语言文字的运用，他说："言语文字必须熟练，要力求其大众化，近代化，明确化，精洁化，要绝对地能操纵自如，并不断地采用或制造新武器。多写作，多改润，多请教，少发表，不要汲汲于想成名。"④

翦伯赞倡导史著撰述既要生动，又要平实、准确和简要。他说，写文章，"既要生动，又要准确、严肃。不要一二三四罗列现象，要条理清

---

① 郭沫若：《关于红专问题及其他》，《文史论集》，人民出版社1961年版，第38—39页。
② 同上书，第39页。
③ 同上书，第40—41页。
④ 郭沫若：《如何研究诗歌与文艺》，《郭沫若集》，中国社会科学出版社2005年版，第500—501页。

楚。……章与章，节与节，段与段之间，又要能够衔接贯通。文章要剪裁，除繁芜无用的辞句。句子要锤炼，去掉不必要的字眼。不论是文章的剪裁或句子的锤炼，都不要为了美词而害意。"① 文章要繁简恰当，"近人好为长文，喜写厚书，其实文不在长，书亦不在厚，只要内容就行。当然，如果非长不能尽其意，非厚不能毕其词，我们也不反对长文和厚书，但故意拉长、加厚，就大可不必"，主张学习司马光从两屋稿子中提炼出《通鉴》的办法，"删繁就简，取精用宏，特别应该记得列宁的教训：'宁肯少些，但要好些'"。②

可见，他们在提倡史著撰写的生动性和通俗易懂的同时，对史著的平实、简洁和准确作了许多阐发，体现了马克思主义史学力求让史学研究服务于人民大众的特点和要求。他们所撰写的史著既明白晓畅，又富于文采飞扬，一些著述和篇章成为中国现代史学的名篇佳作，很好地实践了他们的思想主张，为当时和后来的史学研究者树立了楷模。

二 史学：拓展知识的途径和学习外语的重要性

郭沫若和翦伯赞十分重视史家知识结构与知识面的培养，这大体属于传统史家修养论所说的"史学"范畴。关于史家要具有合理的知识结构与知识面涉及的问题很多，他们主要是从拓展知识的途径和要懂得外语方面来阐述的。

（一）拓展知识的途径

史家要了解并掌握众多知识并非易事，需要有拓展知识的正确途径，翦伯赞对此作了论述。他比较集中地阐述了个人学习和集体学习相结合的问题。

翦伯赞提出了掌握个人学习与集体学习的方法的重要性。他说："所谓个人学习，就是自己从书本中，或从实际生活中吸收知识；所谓集体学习，就是把自己从书本中或从实际生活中吸收知识，和朋友交换，计量，讨论，得到正确的解释。如果要真正从事集体学习，也须加强自我学习；

---

① 翦伯赞：《对处理若干历史问题的初步意见》，《翦伯赞历史论文选集》，第74页。
② 翦伯赞：《跋〈宋司马光通鉴稿〉》，《翦伯赞历史论文选集》，第371页。

从自我学习中,取得足够的知识,把这种知识投入集体读者讨论之中,然后作为参加集体学习的成员,方能学得到东西。"① 他还引用《诗经》"如切如磋,如琢如磨"的话来阐明自己的观点,说:"'他山之石,可以攻玉'。这是说,即使一块美玉,但如果不用另外一块石头加以琢磨,便不能显出他的晶莹。做学问也是一样,即使是一个有智慧的人,如果和朋友共同研究,也不会得到正确的知识。这个理由很容易明白,即一个脑筋总敌对不过几个脑筋的总和;多一个参加研究,总比少一个好;甲想不到的,乙可以想到。反之,乙不理解的,甲可以理解。这样加起来,便把一种不完全的知识,变成完全的知识;不正确的认识,变成正确的认识。"②史家在获取知识时要综合运用这两种方法,缺一不可。

(二) 要懂得和掌握些外语

近代以来的中国,如何更好地学习西方的文化,实现传统文化的现代转型成为学者们思考的中心问题之一。具体到史学领域,如何更好地了解和引进西方史学发展的理论和方法,对史家从事研究便显得十分的迫切。郭沫若和翦伯赞分别到日本和美国学习和生活过,对学习外文的重要性有切身体会和清醒的认识。

翦伯赞结合亲身经历,强调指出学习外文有利于对外史学交流,可以和错误的史学思想和论敌进行斗争。他说:"外国文懂得愈多愈好。当然时间有限,四、五年纵然学不了太多,还是要学。恩格斯对学外国文是非常认真的。他为了研究一个东方的问题,学波斯文。他就是为了研究什么问题,而专门去学那种文字。现在外国史学家研究我国历史的很多,有些人歪曲我国的历史。我们不懂外国文,那就没有办法,而且懂少了都不行。我曾经参加两次外国的汉学家会议,我到荷兰去过一次,到巴黎去过一次。有几百位外国教授,有的反对马克思主义,我们在那里要和他们进行争论。因为他们的报告有德文的,有法文的,有英文的,又有意大利文的。我们晚上不能睡觉,要翻译。有的外文我也不懂,就去找外国的共产党员同志帮我们翻译。译好了,第二天才好回答他们。这还不行,在开会

---

① 翦伯赞:《个人学习与集体学习》,许虹《厦门〈星光日报〉副刊〈星星〉选集》,厦新出(96)内部资料1996年版,第317页。
② 同上书,第318页。

的时候，他离开讲稿，给你提出问题来。"① 郭沫若也有类似看法，说："搞历史的人，尤其搞外国史或世界史的人，精通些外文，是必要的。精通些外文有好处，可以接触外国资料，更可以和外国学者交流经验或作思想斗争。"② 郭沫若在日本的学习、生活和研究长达十几年，他能够在学术研究方面取得卓越的成就，是与他能够熟悉运用日文分不开的。

在当代中国史学界与国外的交流日趋频繁，从事历史研究对外文资料的使用越来越多，因此，今天的史学工作者更需要具备相当的外文水平。他们的上述见解不仅对我们富有启示，他们的实践也值得今天的史学工作者学习。

三　史识：马克思主义的学习与运用

史家要对历史问题有深刻的见解，就必须有扎实和深厚的理论水平。史家的理论水平主要集中体现在其思维方式和世界观、人生观、价值观等方面，是史家对世界和历史的总看法和根本观点，是史家著书立说的指导思想与灵魂。这一问题大体属于传统史家修养论中"史识"的范畴。郭沫若和翦伯赞在这个方面也有相当丰富的认识。他们十分重视史学工作者理论学习及其能力的培养，认为学好和运用马克思主义是历史研究成败的关键。

（一）掌握马克思主义的重要性

郭沫若和翦伯赞指出掌握马克思主义理论，特别是唯物史观对历史研究具有决定作用。对此，他们从不同角度和层面作了论述。

郭沫若强调了史家掌握正确历史观和方法论的重要性。他说："研究历史，和研究任何学问一样，是不允许轻率从事的。掌握正确的科学的历史观点非常必要，这是先决问题。"③ 又说："史学家必须精通辩证唯物主

---

① 翦伯赞：《关于历史学的"三基"问题》，《史料与史学》，第17页。
② 郭沫若：《关于厚古薄今问题——答北京大学历史系师生的一封信》，《光明日报》1958年6月10日。
③ 郭沫若：《中国古代社会研究·新版引言》，《郭沫若全集》（历史编第一卷），人民出版社1982年版，第4页。

义与历史唯物主义才能治好历史,也犹如必须精通烹调术才能治好烹调。"① 翦伯赞则从反面强调了马克思主义理论的重要性,说:"没有这种理论去指导,研究历史,是研究不好的。如果马列主义没有学好,毛泽东思想没有学好,那很可能在历史研究中犯错误。若没有理论怎么行呢?毛主席告诉我们,从孔夫子到孙中山都要研究。……我们要对成千上万的人作总结,如果没有理论能行吗?……没有理论,就不能开步走。马克思讲,学自然科学的人,可以用显微镜看微生物,看细菌,也可以用化学反映药来识别。学历史的人,用显微镜不行,用化学反映药也不行。"② 他在北大工作期间,明确提出要"巩固地确立马列主义、毛泽东思想在教学和科学研究中的指导地位",说:"资料是重要的,但是马列主义的学习更为重要,没有马列主义理论的指导,决不能在科学研究中做出任何创造性的成就。至多只能对前人的陈说加以补充注释,作一些拾遗补缺的工作。"③

他们强调马克思主义对历史研究的指导意义,虽然一些论述和思想有时代和理论的局限性,但是,强调理论对史家从事历史研究的决定作用,将唯物史观作为历史研究的指导的观点并没有过时,在当代中国史学发展仍具有重要意义。

(二) 学习马克思主义的态度与方法

那么,如何才能学好马克思主义呢?郭沫若和翦伯赞的相关论述主要集中在要认真读原著,在学习中要善于独立思考,要结合历史研究的实际来学习。

郭沫若认为,对马列主义的认识和运用应采取不断学习的态度,精读经典著作当然是很好的学习,但若从历史研究中切实体验可能是更好的学习,他引用列宁的话加以说明,即,"工程师承认共产主义所经历的途径并不象过去地下宣传员和著作家所经历的那样,他们是通过自己研究的那门科学所达到的实际成果来承认共产主义的。"④ 他还说:"要学习马克思

---

① 郭沫若:《致开封中国新史学研究会分会》,黄淳浩:《郭沫若书信集下》,中国社会科学出版社1992年版,第18页。
② 翦伯赞:《关于历史的"三基"问题》,《史料与史学》,第1—2页。
③ 翦伯赞:《巩固确立马列主义、毛泽东思想在教学与科学研究中的指导地位》,《翦伯赞历史论文选集》,第134页。
④ 郭沫若:《开展历史研究,迎接文化建设高潮》,《郭沫若全集》(历史编第三卷),人民出版社1984年版,第442页。

列宁主义,学习毛泽东思想,最要紧的是要学习那种批判精神。无批判地肯定一切与无批判地否定一切,都不合乎辩证唯物主义与历史唯物主义的方法。"①

翦伯赞对于马克思主义经典著作的学习有自己的认识和方法。有学者说:"翦老对于经典著作的学习方法,一是通读,一本一本,一篇一篇,依次阅读,从首页读到末页,连注释也一字不漏。二是重点读,反复读。这主要是读基本原理和对研究历史有直接指导意义的著作或'史学名著',如《家庭、私有制和国家的起源》《共产党宣言》《资本论》《反杜林论》《俄国资本主义的发展》等。阅读时,常在书的空白处或字行间写下心得、批注,或画以各种标记。三是做读书笔记。翦老保存在手中的最早的读书笔记是读《资本论》时做的,时在三十年代初期,还是日文版的。解放后所做笔记,多随手分类,有关于土地制度、农民战争、民族问题、人民群众与个人在历史上的作用等类。这对于研究历史很有帮助。他还做过有关研究态度和方法的笔记,题名《凡事开头难》。"② 翦伯赞是中国马克思主义史家中对马克思主义理论研究最深入的史家之一,他撰写的《历史哲学教程》等著述代表了中国马克思主义史学家对马克思主义经典理解的最高水平。因此,他所提出和总结的这些马克思主义经典学习方法无疑具有指导意义。

(三) 正确运用马克思主义来研究历史

翦伯赞在论述马克思主义经典著作的学习中,除了主张通读、重点读外,更重视学会运用。翦伯赞说:"学习理论不是一件容易的事情。第一要记得;第二要懂得,但最重要的还是要能应用。记得不等于懂得,懂得不一定就会应用。我们之中的有些同志,能背诵马克思主义经典著作中的许多名言,也懂得这些名言的意思,但是每当把这些理论结合到具体历史问题的时候,理论和史料就分了家。"③ 那么,如何应用马克思主义理论从事历史研究呢?他提出要做到"五不要",即:不要公式化,这是指要条理分明,脉络贯通,能够画出历史的轮廓,能够显示出历史发展的倾向;

---

① 郭沫若:《关于秦良玉的问题》,《郭沫若全集历史编》(历史编第三卷),人民出版社1984年版,第553页。
② 乔默、江溶编:《怎样学习和研究历史》,中国青年出版社1985年版,第305页。
③ 翦伯赞:《关于史与论的结合问题》,《文汇报》1962年1月21日。

不要概念化，这是指要把历史问题提高到理论的深度和原则的高度；不要表面化，这是指要通过历史的现象，揭示那些隐藏在历史背后的本质，不能从本质上来谈本质，要从现象中发掘出本质来；不要简单化，是指不要烦琐，不要堆砌，要能扼要地把历史发展的过程和典章制度的具体内容写出来；不要片面化，这是指要能分辨清楚主要、次要，有所侧重，既不能片面的夸张，又要重点突出。① 翦伯赞在中国马克思主义史家中，是把马克思主义理论与历史研究的实践结合的相当好的典范，他倡导的历史主义原则并将其贯彻到历史学的研究和著述当中去，可以说是他的上述思想的一种体现。

由上可见，郭沫若、翦伯赞对史家学习和运用理论的方法和态度进行了比较深入的阐述。在史学研究中，史学家要想具备高深的理论水平和思维能力，首先必须学习好掌握好马克思主义的理论；其次才能有理论水平和思维能力从事史学研究工作。对于马克思主义要认真学、真正掌握和领会，这样真正运用到历史研究中去。这些思想和主张对今天的史学研究者正确理解理论学习与史学实证研究的关系和真正掌握唯物史观来研究是很有启发和帮助的。

四　史德：道德修养与思想境界

郭沫若、翦伯赞特别重视史家的道德修养和思想境界，倡导实事求是的科学精神，发扬"百家争鸣"的学术民主风气，主张开展批评与自我批评，坚持谦虚谨慎和勇于学术创新的品质。这些思想丰富和拓展了中国传统史学的史德论。

（一）求真务实的科学精神

历史是人类社会以往的事实，因此，历史学描述出的历史应当是客观真实的，而不是史家虚构想象的，这就要求史家必须养成实事求是的科学精神。郭沫若、翦伯赞对此从不同角度作了阐述。

郭沫若具体解释了历史研究的实事求是，说："实事求是，说得平易一点，就是摆事实，讲道理。我们要把客观事实，尽量收集，加以分析、

---

① 翦伯赞：《关于历史学的"三基问题"》，《史料与史学》，第6页。

提炼、综合，使其合理化，也就是说求出一定的分析规律。那一定规律就是道理。"① 1954 年，他在《中国古代社会研究》的"新版引言"中从另一个角度和层面对实事求是作了解读。他说，实事求是也表现为勇于承认自己的学术错误和勇于改正，"错误是人所难免的，要紧的是不要掩饰错误，并勇敢地改正错误。把自己的错误袒露出来，对于读者可能也有一些好处。因为'前车之覆，后车之戒'，读者可以从我的错误中吸取一些经验。"他还引用毛主席《改造我们的学习》中的话来告诫史学工作者，"马克思列宁主义是科学，科学是老老实实的学问，任何一点调皮都是不行的。我们还是老实一点吧。"② 他在《十批判书》的代"前言"《古代研究的自我批判》《甲骨文字研究·重印弁言》和《中国古代社会研究·新版引言》中都实事求是地指出了自己过去研究中存在的一些错误观点和结论，并予以修正。

翦伯赞指出，坚持实事求是是马克思主义的座右铭。他在谈到历史研究必须将历史唯物主义原则和马克思主义的阶级分析观点相结合时，要做到"六不要"，即：1. 不要类比。历史类比是很危险的，因为，不同历史中不可能出现性质相同的事件或人物。2. 不要影射。以古射今或以今射古。3. 不要推论。一再推论就会用主观观念代替客观历史。4. 不要附会。不要过多追溯或展望，应把历史事件和人物写在他们出现的时期。5. 不要过多引用经典著作的文句，最好把文句内含的精神体现在史实叙述中。6. 不要依据孤证作出结论，武断历史，也不要堆上一大堆材料掩盖历史发展的脉络。③ 翦伯赞对强调历史研究的"六不要"实际是对历史研究中实事求是原则和精神的具体化。他还对如何做好历史研究中的"实事求是"作了阐述，说，"历史是具体性的科学，论证历史，不要从概念出发，必须从具体的史实出发，从具体史实的科学分析中引出结论。不要先提出结论，把结论强加于具体的史实。"每一个论点，都要有论据，不要写空话。最好用第一手材料。要批判地接受前人对材料考证的成果。不要依据孤证作出结论，武断历史。④

---

① 郭沫若：《进一步展开"百花齐放，百家争鸣"》，《文史论集》，人民出版社 1961 年版，第 87 页。
② 郭沫若：《关于奴隶与农奴的纠葛》，《郭沫若全集》（历史编第三卷），第 131 页。
③ 翦伯赞：《对处理若干历史问题的初步意见》，《翦伯赞历史论文选集》，第 73 页。
④ 同上书，第 73—74 页。

（二）学术民主和批评与自我批评

郭沫若积极提倡史学研究的民主作风，这主要表现在倡导学术研究的"百家争鸣"和批评与自我批评这两个相互联系的方面。

学术自由和民主是学术创新和发展的动力所在，郭沫若对此早有阐述。新中国成立后，随着"百家争鸣"的学术文化方针的提出，他结合新形势对此作了进一步阐述。他说，只有坚持"百家争鸣"才能求得学术上的进步，争鸣的方式可以多样灵活，既可以在刊物上，也可以在讨论会上，"在争鸣中，有些重大的学术问题不能一下子做出结论也不要紧。各有所长，就各抒己见，从各人掌握的材料和对问题的不同看法中，彼此可以得到启发，这样对提高自己的学术水平是很有好处的。在讨论中，意见不一致是常有的事。但经过争鸣、讨论，意见就可以逐步地接近，而且总有一天会求得一致的，因为真理只有一个，正确的结论只有一个。"① 郭沫若也是学术民主的践行者。1941 年，他主管文化工作委员会讲中国通史和中国古代思想史，本来可以由他一人主讲，他却邀请了持不同观点的翦伯赞、侯外庐、周谷城、吕振羽和杜国庠等人来讲。有人问他为什么这样做？他说自己有意识这样做，"这一方面是百家争鸣；另一方面能启发大家独立思考问题。我本人的历史观也是一家之言，你们大家可以互相比较，择善而从，学问就能深入了。"②

学术自由与民主的实施和发展，是与历史研究的批评与自我批评紧密联系在一起的。可以说，史家们开展批评与自我批评既是学术民主的内容，又是使学术民主得以实施的根本保障。郭沫若对此也从不同方面作了论述。

郭沫若提倡和鼓励史学家要有批评与自我批评的精神。他说："每个人要进行自我批评，严格要求自己。一个人不能原谅自己，马马虎虎的作风，那就是欺骗自己。……凡是能严格实行自我批评的人，才能虚心坦怀的接受别人的批评，也才能肝胆照人地批评别人。凡是对自己要求不严格的人，一听到批评就会跳起来，而对别人则严到不容情。对己宽必定对人严，结果闹成意气之争，门户之争，这种争论是不宜鼓励的。争论是思想

---

① 郭沫若：《同广东史学界人士亲切谈话广泛交换关于学术工作的意见》，《文汇报》1962 年 1 月 7 日。

② 钱远铎：《永恒的怀念——纪念郭沫若同志逝世一周年》，《武汉文艺》1979 年第 4 期。

交锋,虽不免有一种斗争意义,不必一团火气;但也不必一团和气。如果一个人做到严格、严密、严肃的地方,就能有充分的自信,就能理直气壮,敢于说话,敢于批评,敢于斗争,敢于胜利。"① 他进而阐述了开展学术批评与坚持个人学术见解的辩证关系,说:"听取别人的意见也不是毫无原则地什么都听,而是说,要经过自己批判地选择吸收。事物是不断发展的,人的脑子也是不断发展的,学术见解也会不断发展。自己的学术见解,只有经过不断修正,才能更加成熟。如果有人认为自己的见解是真知灼见,是经过深思熟虑,而且又与许多学术见解作过比较而证明确实站得住脚的,当然可以坚持,而且应该坚持,即使有一万个人反对你,你也不应该放弃。如果你的见解不是真知灼见,你要坚持,也无可厚非。但是作为一个科学家、学术工作者,当有了新的材料发现,有了新的看法,就应改变自己原来的看法。"②

郭沫若倡导"百家争鸣"的学术民主方针和作风,对史学研究批评与自我批评的重要性及其开展的方式,对开展批评与自我批评及坚持正确己见等作了多方阐述,丰富了传统的"史德"论,有利于中国马克思主义史学的发展。

综上所述,郭沫若、翦伯赞运用马克思主义理论,吸收中国传统史家修养论和现代史家修养的思想,结合自身的史学实践,对史家的修养问题进行了诸多理论阐述,形成了颇具特色的史家修养论。这些思想极大丰富了中国现代史家修养论,成为中国现代史学理论宝库中的重要内容,对今天的史家修养的培育和学术风气净化都具有重要意义。当然,他们的思想也存在局限和不足,如,对西方近现代的非马克思主义史学的相关思想关注和吸收不够,有些论述有着时代和理论局限性,过于强调阶级分析方法的理论指导意义等。这是我们在继承和发扬他们的史家修养论时应当要注意修正和避免的。

(作者单位:上海财经大学人文学院)

---

① 郭沫若:《谈历史工作者的任务——3月18日在广西壮族自治区历史学成立大会开幕会上谈话》,《广西日报》1963年3月26日。
② 郭沫若:《同广东史学界人士亲切谈话广泛交换关于学术工作的意见》,《文汇报》1962年1月7日。

郭沫若早期文史研究中的唯物史观探析*

孙寿涛　周德丰

历史地看，20 世纪 70 年代以前，对于郭沫若（1892—1978）的学术地位，早有定评，且无疑义；但在最近若干年，一些人开始质疑和攻击其学术地位和学术评价，包括"无耻文人""问题文豪"的说法纷纷出笼。这些说法中，有的观点根本不能成立，有的观点则属于一家之言，还有的观点则属恶意构陷，带有明显的诽谤性质。面对如是种种质疑和攻击，我们有必要予以回应。本文拟考析郭沫若早期文史研究中的唯物史观，以重新彰显其学术贡献，求教于方家。

郭沫若早期的文史研究成果，主要体现在《中国古代社会研究》（1930 年出版）一书中，该书标志着现代中国马克思主义史学的创建。自该书起，他走上以唯物史观研治中国历史文化的道路，孜孜不倦，终生以之，成为现代中国以唯物史观为指导从事文史研究的一代宗师。

郭沫若于唯物史观指导下在文史研究上所取得的成就，得到各家学者的高度评价和充分肯定。翦伯赞曾指出："在中国开始以史的唯物论把历史作系统研究的，要算是郭沫若。"① 台湾学者董作宾评论道："大家都知道的，唯物史观派是郭沫若的《中国古代社会研究》领导起来的……他把《诗》、《书》、《易》里面的纸上材料，把甲骨卜辞、周金文里面的地下材料，熔冶于一炉，制造出来一个唯物史观的中国古代文化体系。"② 顾颉刚则强调："郭先生应用马克思，莫尔甘等的学说，考索中国古代社会的真实情状，成《中国古代社会研究》一书，这是一部极有价值的伟著，书中……富有精深独到的见解。中国古代社会的真相，自有此书后，我们才

---

* 本研究项目得到南开大学亚洲研究中心资助。
① 翦伯赞：《历史哲学教程》，新中国书局 1949 年版，第 18 页。
② 董作宾：《中国现代学术经典》（董作宾卷），河北教育出版社 1996 年版，第 614 页。

摸着一些边际。"① 三位史学巨擘对郭沫若于唯物史观指导下从事文史研究所取得的学术成就所给予的高度评价和肯定，无疑具有一言九鼎的意义。

一 以唯物史观为指导的研究方法：
"用科学的方法回治旧学"

在研究方法上，郭沫若主张："用科学的方法回治旧学"。所谓科学的方法亦即马克思主义的唯物史观，具体说来主要包括人民本位标准、历史主义眼光和全面辩证的观点等。

（一）以人民本位标准权衡旧有文化

早在20世纪三四十年代，郭沫若就提出评判历史人物的标准："人民本位！"并称自己"就在这人民本位的标准下"从事学术研究和创作。② 在其他场合，他对此标准有过类似的说明。③ 他以此衡量中国传统文化，区分精华与糟粕，体现出鲜明的民主精神。

首先，郭沫若以人民本位标准品评人物。他精心撰写系列研究历史人物的论文，像忧国忧民的大诗人屈原，改革家王安石，隋代音乐家万宝常，明清之际的少年英雄夏完淳等。郭沫若之所以热情讴歌屈原，就因为他是一个民本主义者。④ 郭沫若之所以高度评价王安石，也是由于"他是比较以人民为本位的人"，他的"政见，主要是由人民的立场出发"⑤。

其次，郭沫若以人民本位标准衡量学术。比如在先秦诸子中，他最为推崇孔子和孟轲，因为在各家中他们的思想比较富于人民本位的色彩。⑥ 他认为吕不韦"尊重民意""反对家天下制"，"可以说是一位进步的政治

---

① 顾颉刚：《当代中国史学》，胜利出版公司1947年版，第100页。
② 郭沫若：《历史人物·序》，人民文学出版社1979年版，第1页。
③ 如在《十批判书·后记》中他说：我们批评古人是依人民本位的准则；合乎这一准则的就是善，违背这一准则的就是恶。在《为革命的民权而呼吁》中他强调："对于旧有文化自应以人民本位之思想而别作权衡，更不能沿既定体系以为准则。""我们并不蔑视文化遗产，全要以人民本位为依归，本此绝对的是非，不作盲目之墨守。"
④ 郭沫若：《历史人物·屈原研究》，人民文学出版社1979年版，第7页。
⑤ 郭沫若：《历史人物·王安石》，人民文学出版社1979年版，第167页。
⑥ 《郭沫若全集·历史编》第2卷，人民文学出版社1982年版，第482页。

家"①。相反，他对韩非颇多贬词，称韩非是"极端的王权论者"②。

20世纪50年代，郭沫若仍认为："我们评价一位历史人物，应该从全面来看问题，应该从他的大节上来权其轻重，特别要看他对于当时的人民有无贡献，对于我们整个民族的发展、文化的发展有无贡献。"③ 这一结论是他人民本位思想的继续和发展。

（二）历史主义地还原学说的"社会属性"

郭沫若遵循"社会存在决定社会意识"及把学术文化"置于一定的历史范围之内"的唯物史观基本立场及历史主义的基本方法，主张任何学术思想"必然有它的社会属性，一定要把它向社会还原"④。

他考察《周易》（主要是《易经》），从中发掘中国上古社会渔猎、牧畜、商旅、耕种、工艺等生产活动，家庭关系、社会组织、行政事务、阶级分野等政治活动，以及艺术、宗教、哲学等精神活动。

他以上述方法分析春秋战国时代的社会变革析理精当："到春秋末年差不多一切都变了质，上帝坍台，人王倒楣，众人翻身，井田破坏，工商自主，龟卜失灵，旧的名物尽管不甘废弃，新的名物却是不断涌现，新旧交腾，有如鼎沸。这是社会制度变革时期所必有而且特有的现象。"⑤

他论述法家思想的问世也是持唯物史观的基本立场："社会有了变革，然后才有新的法制产生，有了新的法制产生，然后才有运用这种新法制的法家思想出现。"⑥

他论及名家的产生，认为这是社会变革在意识形态的反映："社会制度发生了变革，各种事物起了质变。一切的关系都动摇了起来，甚至天翻地覆了，于是旧有的称谓不能适应新的内容，而新起的称谓还在纷纷尝试，没有得到一定的公认，在这儿便必然卷起新旧之争，即所谓'名实之相怨'"。反过来说，名家的产生亦足证"在周、秦之交，中国的社会史上有过一个划时代的变革"⑦。

---

① 《郭沫若全集·历史编》第2卷，人民文学出版社1982年版，第412、417页。
② 同上书，第355页。
③ 《郭沫若全集·历史编》第3卷，人民文学出版社1982年版，第470页。
④ 《郭沫若全集·历史编》第2卷，人民文学出版社1982年版，第484页。
⑤ 《郭沫若全集·历史编》第3卷，人民文学出版社1982年版，第58页。
⑥ 《郭沫若全集·历史编》第2卷，人民文学出版社1982年版，第314页。
⑦ 同上书，第252—253页。

总之，郭沫若认为，任何学术思想都是适应一定社会的需要而产生，都有其生成的现实土壤，那种所谓纯而又纯、远离现实的思想学说，其实并不存在。

（三）唯物辩证法是"参破"国学"无门关"的"钥匙"

郭沫若自称是"生在过渡时代的人"，唯物辩证法给予他精神上的启蒙。他认为唯物辩证法是参破"人生和学问上的无门关"的一把钥匙。① 针对五四以后某些学者的形式主义偏颇，郭沫若主张："答覆歪曲就只有平正一途。我们不能因为世间上有一种歪曲流行，而另外还他一个相反的歪曲。矫枉不宜过正，矫枉而过正，那便有悖于实事求是的精神。"② 针对有些学者认为他"有点袒护儒家"的说法，他回答："话不能那样笼统地说"，其实不仅秦汉以前和秦汉以后的儒家大不相同，即使是先秦的儒家也各有派别，并非铁板一块，"不加分析而笼统地反对或赞扬，那就是所谓主观主义或公式主义"③。同理，对秦汉以后的儒家也不应一味"抬举"，因为它的作用老早变质，它的时代也老早过去了。其运思辨证，令人折服。

辩证思维也使他在品评、裁量历史人物方面力求全面公允，提出许多前人所未发的卓见。他指出，人皆咒骂"暴虐无道"的殷纣王，却有使"中国东南部早得开化"④ 之功；顾炎武、王船山等清初鸿儒，虽有非凡建树，也只是"富于民族气节而贫于人民思想"⑤。正是由于郭沫若掌握了唯物辩证法，才使他最大限度地实现了学术研究的科学性、深刻性。

二　以唯物史观为指导研究中国古代社会："清算过往社会"

郭沫若的中国古代社会研究，大体可分为十年内战时期、抗日战争和

---

① 《郭沫若全集·历史编》第 2 卷，人民文学出版社 1982 年版，第 465 页。
② 同上书，第 479 页。
③ 同上书，第 478 页。
④ 《沫若文集》第 12 卷，人民文学出版社 1961 年版，第 286 页。
⑤ 郭沫若：《历史人物·序》，人民文学出版社 1979 年版，第 4 页。

解放战争时期、新中国成立后三个阶段。① 1928 年至 1929 年撰写、1930 年出版的《中国古代社会研究》是他用唯物史观研究中国古代社会的奠基之作。该书不仅规定了他自己的研究方向，而且也影响了几代马克思主义史学工作者的研究方向和方法。该书甫一出版，张荫麟就将其与顾颉刚的《古史辨》第二册等量齐观，认为它们是 1930 年国内史界最重要的两种出版品，强调郭沫若的"贡献不仅在若干重要的发现和有力量的假说，尤在他例示研究古史的一条大道，那就是拿人类学上的结论作工具去爬梳古史的材料；替这些结论找寻中国记录上的佐证，同时也就建设中国古代社会演化的历程"②。当代学者评价道：该书"不仅为中国引进了马克思主义史学研究的新'范式'，为中国的马克思主义史学奠了基，而且还用研究成果粉碎了'马克思主义不合中国国情'的滥言，为共产党人改造中国起了消除障碍的作用"③。

（一）《易》《诗》《书》中的古代社会

《中国古代社会研究》收录的《〈周易〉时代的社会生活》和《〈诗〉、〈书〉时代的社会变革与其思想上的反映》两篇文章，是郭沫若以唯物史观为指导剖析古代社会生活的代表作。

郭沫若利用《周易》的卦辞爻辞，剖析中国先民的生产生活状态。他指出，《周易》有许多卦爻辞涉及渔猎，猎具为弓矢，矢是黄色的金属，表明当时处于铜器时代。整部《易经》只有一条爻辞提到耕种，另外有四五处提到"田"字，但都与耕种无关。其他如耕种的器具以及五谷的名目也找不到。工艺（器用）方面，卦爻辞中有门、庭、家、屋、庙、宫、户、阶、城、床、枕、庐、隍、井、穴等字，说明当时已经有了宫庙建筑，但还只是石头的堆砌。《易经》中的黄裳、盘带、履、朱绂、袂等字与衣履有关，但材料主要是"革木兽毛草索"。至于纯粹的器用，可分为土器、石器、草器、木器、革器、金器六类。《易经》中涉及工艺的材料

---

① 第一阶段郭沫若著有《中国古代社会研究》《甲骨文字研究》《卜辞通纂》《殷契粹编》《金文丛书》《两周金文辞大系考释》等著作。第二阶段著有《青铜时代》和《十批判书》等。第三阶段著有《奴隶制时代》等。吕希晨，何敬文主编：《中国现代唯物史观史》，天津人民出版社 2003 年版，第 184 页。

② 张荫麟：《评郭沫若〈中国古代社会研究〉》，《大公报·文学副刊》（第 208 期）1932 年 1 月 4 日。

③ 税海模：《审美感悟与文化透视》，巴蜀书社 2003 年版，第 325 页。

如此之多，但却找不到关于"工艺"的字样。当时的商贸活动已经比较发达，但多为"行商"，交通工具是马牛车舆。虽有"涉大川"的记载，但没有出现舟楫等字，说明舟楫还没有发明，或者发明了尚未发达。此外，流通的货币是"资贝"，童仆也可以买卖。郭沫若得出结论："《周易》的时代是由牧畜转化到农业的时代，牧畜还是生活的基调，如农业，如工业，如商业，才仅见一些儿萌芽。"①

在研究社会生产的基础上，郭沫若进而考析当时的社会关系。家族关系方面，《易经》中群婚遗习，已无可考，惟偶婚的痕迹仍然存在。有些地方似乎表明男子出嫁、女人做酋长的"母系制度的残存"。但当时的家族制度确已向父系推移。② 政治组织方面，《易经》中提到"天子""王公—大君—国君""侯""武人—师""臣官""史巫"等，可见"国家的雏形是约略具备了"③。除天子、王侯等之外，还存在一般的抽象的社会阶级，即大人、君子和小人。《周易》中，这几种人，有单举的，有对举的，由此可知小人的对立面是大君、公、高宗。而大人、君子就是王侯百官，小人就是一般的平民。大人、君子是支配阶级，小人是被支配阶级。结论是："那时的阶级国家显然是奴隶制的组织，支配者即为奴隶所有者。"④

与奴隶制的"社会情形相应，自然也有它的意识上的表现"⑤。具体表现在宗教、艺术和思想方面：宗教方面，《易经》是一部以"魔术"为脊骨，以迷信为血肉的宗教书。⑥ 艺术方面，《易经》中记载了跳舞、装饰、雕塑、音乐等多种形式。虽然这些艺术还处在幼稚的萌芽之中，但从中可看出艺术论上的两条原则：即"艺术是与当时的物质的生产相应"；"艺术是与时代生活有密切的关系"⑦。思想方面，《易经》富有辩证思想："八卦的基础本来是建立在男女两性的象征……《易经》的观念就根本是阴阳两性的对立。一切万事万物都是由这样的对立而成。"⑧

郭沫若以《诗》《书》二经互为表里，对中国古代社会发展的阶段做

---

① 《郭沫若全集·历史编》第 1 卷，人民文学出版社 1982 年版，第 44—45 页。
② 同上书，第 46—47 页。
③ 同上书，第 49 页。
④ 同上书，第 57 页。
⑤ 同上。
⑥ 同上。
⑦ 同上书，第 60 页。
⑧ 同上书，第 65 页。

出全新解释。他认为，中国古代社会有两个变革时期值得注意：第一次变革时期是在殷、周之际；第二次变革时期是在东周以后。① 他运用"现代的眼光"来划分中国古代"历史的发展阶段"：尧、舜时代是"实行亚血族群婚"的母系氏族社会②；夏、殷是经亚血族群婚的父系氏族社会"转换到奴隶制国家"的时代③，"奴隶制的社会组织是在周初才完成"④；周室东迁前后为由"奴隶制变为真正的封建制度的时期"⑤。

（二）卜辞和彝铭中的古代社会

在研究中国古代社会中，郭沫若感觉到，仅仅依靠传统的文献资料尚有缺憾。他说："我要找寻第一手的资料，例如考古发掘所得的，没有经过后世的影响，而确确实实足以代表古代的那种东西。"⑥ 他在1929年夏用几个月时间研读当时出版的几乎所有甲骨文和青铜器图录的铭文与考释，将古代史研究与古文字研究结合起来，写出17篇考释文章，后结集为《甲骨文字研究》出版。尔后，他运用这批真实可靠的原始史料深入研究殷周社会，于1929年9月写出《卜辞中的古代社会》和《周代彝铭中的社会史观》两篇文章，一并收入《中国古代社会研究》一书中。

郭沫若指出："得见甲骨文字以后，《诗》、《书》、《易》中的各种社会机构和意识才得到了它们的泉源……我现在即就诸家所已拓印之卜辞，以新兴科学的观点来研究中国社会的古代。"⑦ 经过对作为商代"社会基础"的渔猎、牧畜、农业、工艺、商贾等生产状况的考察，他认为："商代的产业是由牧畜进展到农业的时期。"⑧ 考察了商代的婚姻、氏族、财产、阶级等"上层建筑的社会组织"后，他得出结论："殷代已到氏族社会的末期，一方面氏族制度尚饶有残余，而另一方面则阶级制度已逐渐抬头。"⑨

---

① 《郭沫若全集·历史编》第1卷，人民文学出版社1982年版，第90页。
② 同上书，第98页。
③ 同上书，第100页。
④ 同上书，第127页。
⑤ 同上书，第155页。
⑥ 《沫若文集》第3卷，人民文学出版社1961年版，第119页。
⑦ 《郭沫若全集·历史编》第1卷，人民文学出版社1982年版，第196页。
⑧ 同上书，第217页。
⑨ 同上书，第245页。20世纪40年代，郭沫若抛弃殷代氏族社会末期说，肯定殷代是奴隶制社会，新中国成立后，在《奴隶制时代》一书，他全面提出和论证殷周奴隶社会说和战国封建社会说体系。

郭沫若认为，要真实地阐明中国古代社会，还要仰仗"锄头考古学"，"目前有一件不可缺少的事情便是历代已出土的殷、周彝器的研究"，"这些古物正是目前研究中国古代史的绝好资料，特别是那铭文，那所记录的是当时社会的史实"。他根据存世的二三千具以上的周代彝器，断定"周代是在青铜器时代"①；又根据大量铭文断定周代的"庶人""民人""臣仆"等，都是作为"一种主要的财产"用以赏赐、买卖和抵债的奴隶，他们"来自俘虏"并"家传世袭"②。据此他力证西周社会是奴隶制度，并反证其不是封建制度。

（三）中国社会历史发展阶段

郭沫若以唯物史观为指针，致力于探索中国古代社会的历史进程和发展规律。他撰写《中国社会之历史的发展阶段》一文，并将其作为《中国古代社会研究》一书的《导论》。他撰写这篇文章时，恩格斯《家庭、私有制和国家的起源》的中译本尚未问世。因此，他先将这部名著剔出来的"古代社会的秘密——特别是由氏族社会转移到国家组织的变迁"③介绍给读者，然后"根据这个缩写，回头来看我们中国社会发展的程序"④。经研究，他得出结论："中国的历史是在商代才开幕，商代的产业是以牧畜为本位，商代和商代以前都是原始公社社会。"西周因为发明铁器，"从牧畜社会的经济组织一变而为农业的黄金时代"；"一方面在族内使用着奴隶"，另一方面去征服"四方八面都还是比较落后的牧畜民族"，"事实上它还是被四围的氏族社会的民族围绕着的比较早进步了的一个奴隶制的社会"。"周室东迁以后，中国的社会才由奴隶制逐渐转入了真正的封建制"，"从那时候一直到最近百年，中国尽管在改朝换代，但是生产的方法没有发生过变革，所以社会的组织依然是旧态依然，沉滞了差不多将近二千年的光景"⑤。

值得强调的是，郭沫若第一次明确论证，中国历史的发展同世界上其他一切国家或民族的历史发展一样，经过原始公社制、奴隶制、封建制等

---

① 《郭沫若全集·历史编》第1卷，人民文学出版社1982年版，第250—251页。
② 同上书，第253—255页。
③ 同上书，第14页。
④ 同上书，第18页。
⑤ 同上书，第21—28页。

社会发展阶段。这一论证是他对中国马克思主义史学的一大贡献。他以丰富的历史事实,科学地证明了马克思主义普遍原理的正确性,有力地批驳了新生命派、国民党改组派、现代评论派、新月派、托陈取消派等借口"中国社会特殊",否认我国历史上存在奴隶制的论调,坚决支持了中国社会史论战中的马克思主义者一方。① 同时,他的研究也为中国古代史的研究指明了方向。②

当然,《中国古代社会研究》并非白璧无瑕。正如郭沫若自己反省的,该书在研究方法上"犯了公式主义的毛病",往往"把唯物史观的公式,往古代的资料上套"③。换言之,他注意探求历史发展的共性,却相对忽略历史发展的多样性、特殊性。随着研究的深入,他也不断订正自己的观点。在1953年所写的《中国古代社会研究》新版引言中他说道:"二十多年来我自己的看法已经改变了好几次,差不多常常是今日之我和昨日之我作斗争。"④ 郭沫若的目的无非是自觉地冶"中、西、马"于一炉,更好地运用唯物史观研究中国社会历史,揭示历史真相,阐明历史规律。⑤

三 唯物史观的文化会通说:"努力创造出更高一级的新的文化"

郭沫若致力于文化问题的研究,主张用历史唯物主义的方法处理好古今中西关系问题,倡导文化会通。他主张吸收古代遗产,继往开来,会通东西文化,希望"我们中国人利用我们优秀的头脑,批判地接受既成文化

---

① 李一氓:《正确评介郭沫若同志》,载《郭沫若研究》(学术座谈会专辑),文化艺术出版社1984年版,第23—24页。
② 何干之曾这样评价:"他的西周奴隶说,打破了一二千年来官学对中国古代史的'湮没'、'改造'和'曲解',确是一桩破天荒的工作。目前中外的新史家,差不多都以他的研究为出发点。"
③ 《沫若文集》第8卷,人民文学出版社1961年版,第339页。
④ 《郭沫若全集·历史编》第1卷,人民文学出版社1982年版,第4页。
⑤ 应指出的是,郭沫若的中国古代社会研究除了本文强调的唯物史观("马"即马克思主义)的指导外,也与他自觉地"上承罗王(罗振玉和王国维)事业"("中")和直接借鉴西方近代优秀社会科学成果("西",对"西"的借鉴路径之一是间接地通过王国维)是分不开的。可以说,他是中国现代学术界熔冶"中、西、马"的大家和代表,限于主题和篇幅,本文对此不予涉及。

的精华，努力创造出更高一级的新的文化"①。

（一）五千年生生不息的"文化进化史"

郭沫若认为，中华文化堪称无比光辉灿烂。因为："我们五千年来的生生不息的一部文化进化史，便是充分的证明。……我们虽然也曾经遭遇过极险恶的外患，但每经受一次外患，只增加了我们民族和文化的繁荣。"②

中国文化如浩瀚江河，有许多支脉。如文学：先秦诸子、《诗经》《离骚》《九歌》、唐诗、宋元词曲、明清小说等"文学的宝贵遗产，直到现在乃至再延到永远的将来，总是应该接受的"③。如史学：司马迁"的一部《史记》不啻是我们中国的一部古代的史诗"。《国语》《战国策》也值得"选读"。如哲学："简练和精粹"的《论语》和"精粹而韵致深醇"的《道德经》"可称双璧"。④ 如艺术：我们民族在四千年前便有"极优秀的抒情诗，大规模的音乐，气韵生动的雕刻与绘画"⑤。如科技：中国农业之发达，"恐比世界中任何国家的历史为先"⑥；与农业有密切关系的天文历法，在周以前已形成独立系统⑦；物理学在《墨经》中已示端倪；邹衍的"先验小物推而大之"的归纳法，惠施"遍为万物说"的穷究精神⑧，也都具有一定的科学意义。如政治："关于用人行政之道，在周秦之际的思想家倒已经有很周密的一套想法，便是公正无私，不避亲怨，综核名实，信赏必罚。"⑨ 如此等等。郭沫若的论述，热情洋溢，如数家珍，不仅是对祖国文化遗产的讴歌，更体现出弘扬民族优秀文化的意图。他揭示古代中国确已形成独具风采的文化体系，涌现出灿烂辉煌的文化成果。仅此即足以长国人志气，增国人信心，破除民族文化虚无主义的种种谬说，意义十分重大。

---

① 《沫若文集》第11卷，人民文学出版社1961年版，第73页。
② 同上书，第373页。
③ 《沫若文集》第12卷，人民文学出版社1961年版，第250页。
④ 同上书，第255—256页。
⑤ 《沫若文集》第10卷，人民文学出版社1961年版，第101页。
⑥ 同上书，第9页。
⑦ 同上书，第10页。
⑧ 同上书，第11页。
⑨ 《郭沫若全集·历史编》第4卷，人民文学出版社1982年版，第125页。

但郭沫若并未沉醉在"东方文化优胜"的迷恋中,相反,他对民族文化的缺陷和不足有深刻的观察和清醒的估量:(1)科学与科学思想先天不足,后天发育不健全。① (2)逻辑学片面发展,未能形成纯逻辑思维体系。② (3)汉代以后的经学传统、注疏章句限制人的自由思索。③ (4)中国固有文化负担太重,也有其负面效应。④ 这些论述切中中国文化弊端,对国人全面认知、更新改造传统文化,很有教益。

(二)"继往而开来"

当东方文化派与西化派各执一端、聚讼不止时,郭沫若旗帜鲜明地指出:"有人主张'中国本位'的,这是半封建的意识。有人主张'全盘接受'的,这是买办意识。"我们应立足于中国固有的优秀文化,同时博采西方文化,"努力创造出更高一级的新的文化"⑤。概言之,就是要用历史唯物主义方法处理好古今中西关系问题。

郭沫若认识到:在中国大地上从事文化建设,必须以自己先人的文化业绩为"出发点"⑥。针对五四以后一些学者"不读中国书"的非理性主张,他诚恳指出:"我们是用中国字、中国语言写东西的人,对于中国的书不读是最要不得的。五四以后有些人过于偏激,斥一切线装书为无用,为有毒,这种观点是应该改变的了。"⑦ 他多次提醒人们不要数典忘祖。他还现身说法,承认自己读了很多中国古书,阅读之后,"只有好处",并未"中毒"。事实上,郭沫若岂但是一般地"阅读",他把许多的古代典籍都"剿翻"了。

郭沫若还提醒人们,历史发展到今天,人类的生产、生活、思想观念都发生巨大变化,人们求知于祖先的事情越来越少,而求知于全世界的事情却日益增多,因此要放眼未来,不要沉醉既往。我们民族几千年来之所以永不衰老,原因就在于我们不断"与时俱进""创造更新";当它要达

---

① 《沫若文集》第 10 卷,人民文学出版社 1961 年版,第 10—11 页。
② 黄正岩:《珍贵的墨迹——郭老论名学的题字》,《中国哲学》(第二辑),生活·读书·新知三联书店 1980 年版。
③ 《郭沫若全集·历史编》第 3 卷,人民文学出版社 1982 年版,第 293 页。
④ 《沫若文集》第 11 卷,人民文学出版社 1961 年版,第 70—71 页。
⑤ 同上书,第 80 页。
⑥ 《沫若文集》第 12 卷,人民文学出版社 1961 年版,第 250 页。
⑦ 《沫若文集》第 13 卷,人民文学出版社 1961 年版,第 28 页。

到"老境"时,立刻便有一针"血清注射",形成再度生长的"妙机",阻止衰老,重获青春。① 只有僵挺死硬的文化保守主义者,才会抱残守缺,不思进取,"这种人是文化的叛逆者,是自然法则的叛逆者,同时也就是我们当前的敌人。"他这种尖锐泼辣的言辞是"回敬"那些"国粹迷""古董癖"。② 这些论述,和当年鲁迅对"国粹派"的批判完全一致,意在把现代文化大军引导到正确的道路上去。

郭沫若还从思维规律角度阐释古今关系,他说:研究既往的时代和思想意识形态,"须要超越了那个时代和那个意识才行"。因为"不能超越那个时代和意识,那便无从客观地认识那个时代和那个意识,不用说你更不能够批判那个时代和那个意识"③。这如同处于儿童期的儿童自身不明白自己的处境和意识一样。他主张:研究古代文化,必须以现代意识即科学的世界观和方法论为指导,以古论古,只能是食古不化。

郭沫若主张,"先欲制今而后借鉴于古"④。古代文化的研讨,必须立足当今,服务现实。对古代东西的研究,仅仅是手段,而不是"究极的目的"⑤。他以亲身经验告诉人们,做一个革命现实主义的文化战士,应该做到"虽然在古代文献里游泳,但他不是为鱼而游泳,而是作为鱼雷而游泳的。他是为了要批判历史而研究历史,为了要扬弃古代而钻进古代里去刳它的肠肚的。他有目的地钻了进去,没有忘失目的地又钻了出来"⑥。这一"入乎其内而又出乎其外"的道理,实在警策之至。

(三)"东西文化可以开出一条通路"

现代文化的基本发展趋势,是各民族文化的交流会通。在这一大潮中,中国文化必将迅速走向世界。郭沫若指出:"文化的成品应该是无国界种界的。举凡先觉者的精神生产都应该是全人类所共有的遗产……凡是世界上有价值的东西,都应当赶快设法接受。"⑦ 他主张:"东西文化可以

---

① 《沫若文集》第11卷,人民文学出版社1961年版,第373页。
② 《沫若文集》第10卷,人民文学出版社1961年版,第56页。
③ 《郭沫若全集·文学编》第20卷,人民文学出版社1992年版,第330—331页。
④ 《沫若文集》第11卷,人民文学出版社1961年版,第127页。
⑤ 《郭沫若全集·文学编》第20卷,人民文学出版社1992年版,第320—321页。
⑥ 同上书,第332页。
⑦ 《沫若文集》第10卷,人民文学出版社1961年版,第259页。

开出一条通路"①。这是和世界潮流合拍的现代文化意识。

郭沫若以这种意识反观中国文化现状,倡导文化会通。他指出,近代以来中国文化上的厄运造成部分国人文化心态失衡。有人丧失民族自信心,"以为自己很低下,遇见外国人便叩头百拜"②;有人则盲目自大,"只知道本国本族有'粹',而不知道他国他族也有'粹'"③。民族自卑感和民族自大狂,其实是病态文化心理的两种表症。

为了健全国人文化心态,利于东西文化会通,郭沫若提出几条救治措施:其一,以史为鉴,培养信心。要使国人知晓,"以前的中国文化,并不全部由中国民族自己创造的,有许多部分是由外来"。以中国人的特质而论,自古以来在接受外来文化方面"很有弹性",很有"吸纳力""同化力";此种特质今日不当失之。其二,克服自大,医治"洁癖"。他屡告国人:"洁癖到了排外,在今天是极危险的事"。文化上的"义和团",特别值得警惕。④ 其三,借石他山,以攻美玉。外国的东西并非一切皆好,要加以分析:"我们要宏加研究、介绍、收集、宣传,借石他山,以资我们的攻错。"⑤ 其四,礼尚往来,全面交流。他认为近代文化交流"差不多是片面的",传播进来的像"洪流",介绍出去的似"溪涧"。文化交流重在礼尚往来,来而不往就谈不上交流。他"期望中国文化像洪水一样奔流"到国外⑥,中国在政治、经济、思想、学术、文学、艺术等各方面都能够与英、美、苏并驾齐驱。

四 结语

在现代中国各个文化派别的激荡冲突中,郭沫若属于唯物史观派。他早期走向文史研究之路,是从翻译引进马克思主义唯物史观开始的。1924年春夏之交,他翻译日本学者河上肇博士的《社会组织与社会革命》一书,这是一部阐释唯物史观的著作,该书对郭沫若的思想转换与定型起了

---

① 《郭沫若全集·历史编》第3卷,人民文学出版社1982年版,第299页。
② 《沫若文集》第11卷,人民文学出版社1961年版,第64—73页。
③ 《沫若文集》第10卷,人民文学出版社1961年版,第380页。
④ 《沫若文集》第13卷,人民文学出版社1961年版,第287页。
⑤ 《沫若文集》第10卷,人民文学出版社1961年版,第102页。
⑥ 《沫若文集》第12卷,人民文学出版社1961年版,第185—188页。

重要作用。随后在研读马克思主义经典著作过程中,他发现恩格斯的《家庭、私有制和国家的起源》一书"没有一句说到中国社会的范围",于是决心以这本名著为"向导"撰写"续篇",以"写满这半部世界文化史上的白页"①。自《中国古代社会研究》始,"郭沫若的学术研究走的正是用唯物史观'清算'中国社会,使马克思主义的辩证唯物论'中国化'的路径"②。

  郭沫若的文史研究具有鲜明的个性:他考订古代文字、研究古史,确认中国殷周时期奴隶制度的存在,使马克思关于社会发展规律的学说,得到东方历史的佐证,从而使中国革命的道路更明确。他对明末农民起义领袖李自成盛衰荣辱的研究,不仅总结农民革命的规律,还给处于胜利前夜的中国共产党人以防骄破满的有益提示。对于郭沫若所取得的学术成就,我们党也给予高度评价。早在20世纪40年代,周恩来就将他与鲁迅相提并论:"鲁迅是新文化运动的导师,郭沫若便是新文化运动的主将。鲁迅如果是将没有的路开辟出来的先锋,郭沫若便是带着大家一道前进的向导。"③ 于他身后,邓小平盛赞他"是继鲁迅之后,在中国共产党领导下,在毛泽东思想指引下,我国文化战线上又一面光辉旗帜"④。郭沫若在中国现代学术界的重要地位,由此可见一斑。

(作者单位:南开大学马克思主义学院)

---

① 《郭沫若全集·历史编》第 1 卷,人民文学出版社 1982 年版,第 9 页。
② 何刚:《郭沫若"驳〈说儒〉"撰著缘起初论》,《新文学史料》2014 年第 4 期。
③ 龚济民、方仁念:《郭沫若年谱》上册,天津人民出版社 1982 年版,第 26 页。
④ 龚济民、方仁念:《郭沫若年谱》下册,天津人民出版社 1983 年版,第 27 页。

范文澜与经学

周文玖

范文澜是一位经学底蕴极其深厚的马克思主义史学家。他生在研究文史风气甚浓的浙江绍兴,自幼习读经书。"追踪乾嘉老辈",是家族对他的期望。父母的课督,叔父的鼓励,使他在少年时代就打下了坚实的经史功底。他出身于北京大学国文门。毕业后又在北京、沈阳、天津、河南等地高校任教,讲授经学、古典文学及文学史等。特别是他对《文心雕龙》的校勘和注释,为他赢得"范雕龙"的雅号。① 范文澜专门从事历史研究和撰述,是1940年1月到延安以后。几年之内,他成为延安史学界的权威,在延安学术界享有盛名。中共领袖人物对范文澜也非常尊重,称他为"范老",尽管当时范文澜的年纪不过五十岁上下。范文澜为中国马克思主义史学宝库奉献了《中国通史简编》,这是第一部以马克思主义观点撰写的中国通史,是他学习和运用马克思主义,努力摆脱旧学影响、艰辛探索的成果。虽然如此,旧学还是在范文澜的史学中打下了深深的烙印,特别是经学对范文澜史学具有深远的影响。因此,研究范文澜与经学的关系,对于全面理解范文澜的学术精神,把握其学术特点,无疑是很有意义的。

一 为古文经学摇旗呐喊

范文澜出生于1893年,与毛泽东、顾颉刚同年生人。这个时代的人,

---

① 参见许殿才《千秋青史情无限——蔡美彪先生谈十卷本〈中国通史〉》,《史学史研究》1995年第4期。文史大家金毓黻对范文澜在《文心雕龙》方面的造诣也高度称赞,说:"同门范君文澜曾撰《文心雕龙注》,余甚羡之。"见金毓黻《静晤室日记》第9册,1947年12月22日,辽沈书社1993年版,第6468页。赵俪生与范文澜1948年在华北大学期间是同事,他这样描述范文澜的生活:"范老睡在西头,头边安一小桌,放一盏油灯,桌上放着他平生喜爱的《文心雕龙》校注稿,上面朱墨斑驳,批着若干增注,这稿子是他睡觉也不离开的。"见赵俪生、高昭一《赵俪生高昭一夫妇回忆录》,山西人民出版社2010年版,第107页。

在他们青少年求学阶段，中国学术正处在由旧向新转变的过渡时期，也就是说，他们是身经中国学术转型的一代。诵读儒家经书，是他们幼时的日常科目。到了上学的年龄，清朝废除了科举制度，于是他们进入新式学堂就读。除了经史科目，他们还学习现代科学文化知识、外文等。范家是读书世家，虽然传统学术日渐式微，但范文澜受传统经学的熏陶却未曾减弱。参加革命后的范文澜，对自己的过去不愿回首，但1940年，也就是他到达延安不久，他应《中国青年》之邀，依然写了一篇带有自传性质的文章《从烦恼到快乐》。从他对自己接受传统学术教育的"烦恼"的描述中，可以看出，他幼时受到的经学训练是极其严格的："书房里共三个人，——我，我的哥哥，还有一位堂阿哥——在赵老师严格'管教'之下，三个活泼儿童，也都成了机器人。"① 这是范文澜从否定传统经学教育的角度所作的回忆。但不可否认，这种严格训练，为他以后成为一个国学家打下了扎实的基础。

晚清以至民国初期，今、古文经学都出现了大师级的学者。范文澜1913年考入北京大学预科，次年入本科国文门，1917年毕业。在北京大学的四年，他受到经古文家大师的熏陶，并被视为最能继承古文经学衣钵的学人之一。这期间，他受三个学者的影响最大，他们是黄侃、陈汉章、刘师培。此三人均属古文经学的重要学者，当时在北大讲授经学、小学、文学史等。其中，黄侃是章太炎高足，在日本东京留学时师从章太炎，学习小学、经学，颇得章氏之法，在音韵训诂、传统经学方面卓有成就。章太炎也很赏识和器重这位弟子。由于他们在音韵学、小学方面的精深造诣，故音韵学曾被时人称作"章黄之学"。黄侃治学勤勉严谨，博达宏通，精益求精，其研究所得不是定论不轻易示人，并以极其严谨的态度对待著书，尝言"年五十，当著书"。② 意思是五十岁以后才著书立说。陈汉章是清末举人，读书很多，学问以渊博见称，学生给他取绰号"两脚书橱"。顾颉刚是他的授业弟子，陈氏为其授中国哲学史课。顾颉刚说："他是一个极博洽的学者，供给我们无数材料，使得我们的眼光日益开拓，知道研究一种学问应该参考的书是多至不可计的。他从伏羲讲起，讲了一年，只

---

① 范文澜：《从烦恼到快乐》，《中国青年》（延安）第3卷第2期，1940年12月。
② 参见任道斌、萧弓主编《中华文化名人传》（下），河南人民出版社1991年版，第210—212页。

到得商朝的《洪范》。"① 刘师培出身于朴学世家，曾祖、祖父、伯父三代治《春秋左氏传》，尤以曾祖刘文淇的《左传旧注疏证》最为有名。刘师培少年老成，很年轻时即获大名，他在经学及《左传》方面的造诣连章太炎都很称赞。章太炎与他在东京时结为金兰，后来关系破裂，刘氏投靠清廷两江总督端方。辛亥革命后被逮，但章氏惜其才，保他获释。刘师培1914 年初进入北大，主要讲中国文学和中国文学史。

范文澜在回忆文章中说到北京大学时的生活及自己的治学旨趣。"那时北大的教员，我们前一班是桐城派的姚之（永）概。我们这一班就是文选派了。教员有黄季刚、陈汉章、刘申叔等人。辜鸿铭教西洋史，其实根本不讲课，上课就是骂洋人，说只有中国才是礼义之邦。那时北大有点'百家争鸣'。姚之（永）概上课宣传桐城派，骂文选派。黄季刚上课就骂桐城派。"②"我在大学里，被'当代大师'们'谬奖'，认为颇堪传授'衣钵'，鼓舞我'好自为之，勉求成立'。我那严肃可怕的父亲，看我写的什么'考'什么'篇'，也颇改变态度，宽加辞色。我那和蔼可亲的叔父，更是奖勉有加，教我努力上进。我似乎有了自信力了，'追踪乾嘉老辈'，成为全部生活的惟一目标。"③ 五四新文化运动时期，范文澜是站在新文化的对立面的，民国初年，他很佩服鲁迅，经常登门拜访。但五四时期，看到鲁迅写白话小说，他深为不满，为鲁迅惋惜。他说："'五四'运动没有打动我的'好古'根基，我不赞成白话文，我甚至荒唐到替鲁迅大师惋惜。以为他'离经叛道'，走错了路，因之偶到北京，不再专诚谒见他。"④

范文澜受黄侃影响很大。他继承和发扬了黄侃的学术，在南开大学任教时，为学生列出要研读的文论名著有"《文心雕龙》、《史通》、《文史通义》三种"，并指出"《文心雕龙》为重要，尤宜先读"，所授课的教材就是他著的《文心雕龙讲疏》。⑤ 在该书《自序》中，范文澜特别提到黄侃对他的教益："曩岁游京师，从蕲州黄季刚先生治词章之学。黄先生授以

---

① 顾颉刚：《古史辨自序》，河北教育出版社 2000 年版，第 52 页。
② 转引自蔡美彪《旧国学传人　新史学宗师——范文澜》，见萧超然主编《巍巍上庠百年星辰：名人与北大》，北京大学出版社 1998 年版，第 426 页。
③ 范文澜：《从烦恼到快乐》。
④ 同上。
⑤ 王文俊等：《南开大学校史资料选 1919—1949》，南开大学出版社 1989 年版，第 195 页。

《文心雕龙札记》二十余篇，精义妙旨，启发无遗。退而深惟曰：《文心》五十篇，而先生授我者仅半，殆反三之微意也。用是耿耿，常不敢忘。今兹此编之成，盖亦遵师教耳。异日苟复捧手于先生之门乎，知必有以指正之，使成完书矣。"① 梁启超当时也在南开大学讲课，他对《文心雕龙讲疏》作了极高的评价，说："展卷诵读知其征证详核，考据精审，于训诂义理，皆多所发明，荟萃通人之说而折衷之，使义无不明，句无不达。是非特嘉惠于今世学子，而实大有勋劳于舍人也。"②《文心雕龙讲疏》是在黄侃《文心雕龙札记》基础上的进一步扩展，内中征引和发挥黄侃的议论甚多，且凡引用黄侃的话，均称"黄先生曰"。据统计，"仅《原道》、《征圣》二篇，注解中引'黄先生曰'者多达十处，……其余各篇的注和述评，引用黄侃的议论多类此。又有大段引黄氏《诗品讲疏》以作参考者。"③ 其后，范文澜又在《文心雕龙讲疏》基础上详加考校，撰成《文心雕龙注》，《例言》有云："愚陋之质，幸为师友不弃，教诱殷勤，注中所称黄先生，即蕲春季刚师，……著其姓字，以识不忘。"此书由北平文化学社分三册出版，上册是本文的集校，中、下册是注释。上、中册出版于1929年，下册出版于1932年。1936年开明书店合订再版。《黄侃日记》1931年3月7日提到范文澜，说"焯又借胡及光明书局《中国文学史》及范《文心雕龙注》上。"④ 这说明，范文澜的《文心雕龙注》出版后，寄给过他的老师黄侃。

范文澜早期的经学观点，倾向古文经学。他1933年出版的《群经概论》，是他全面论述经学的著作，由十三章组成，依次为：经名数及正义、周易、尚书、诗、周礼、乐、仪礼、礼记、春秋及三传、论语、孝经、尔雅、孟子。也就是说，该书"概论"的内容是《十三经注疏》中的"十三经"以及乐。旁征博引是《群经概论》的一大特征，反映了范文澜对经学史和各家观点的娴熟。范文澜对前人观点的征引，既注意全面性，又在不同观点的比较中表明自己的看法，可谓述而有作。特别是书中有不少节，直接用自己老师的成文，更反映出范文澜经学的家派特点。如内中有六节均直接采自刘师培的文章，下署名刘申叔先生，这六节依次为第四章

---

① 范文澜：《文心雕龙讲疏》，新懋印书局1925年版，自序第1页。
② 梁启超：《文心雕龙讲疏序》，范文澜《文心雕龙讲疏》，第2页。
③ 陈其泰：《范文澜学术思想评传》，北京图书馆出版社2000年版，第160页。
④ 黄侃：《黄侃日记》，中华书局2007年版，第687页。

的第十六节"毛诗词例举要"、第九章的第十三节"左氏学行于西汉考"、第十四节"周官左氏相通考"、第十五节"左传荀子相通考"、第二十节"公羊荀子相通考"、第二十二节"穀梁荀子相通考"。第九章的第八节"左传时月日古例",也基本用的是刘师培的观点,该节移录了"刘申叔《春秋左氏传时月日古例诠微》"。有两节直接采自陈汉章的文章,即第一章的第五节"今古文家法"、第七章的第七节"仪礼行于春秋时证",均在下面署名陈伯弢先生。书中多处出现的"陈先生曰",此陈先生系指陈汉章。有时则写作"陈师伯弢"。有一节采自黄侃的文章,即第九章的第二十四节"三传平议",下署名黄季刚先生。书中的"黄先生曰",此黄先生系均指黄侃,有时直写为"黄师季刚"。有一节是专门介绍章太炎的著述,即第九章的第二十四节,题目为"章太炎春秋左传读叙录后序"。这些节目的设置,一方面说明它们在范文澜看来是经学中的重要问题;另一方面表明范文澜赞成师说,以继承发扬师说为己任,而不在乎研究的独断性。在没有署名老师的章节,范文澜都有自己的挖掘和发挥。

  在今古文两家有争议的地方,范文澜大都表明自己支持古文家的观点。如对于《周礼》,今文家认为是伪书,该书设立专节"周礼不伪证",引用汪中、陈澧、陈汉章、黄侃等人的观点和论证,否定今文家的看法。最后说:"读陈先生此文,可知春秋时诸侯虽不能共秉《周礼》,而典制之遵用者,自《左传》一书观之,已多至六十证,《周礼》之非伪书,的然无疑矣。"① 对于今文家攻击的《左传》,他引《史记》《汉书》有关《左传》的记述和评论,表达自己的看法:"案《史》《汉》之言,昭明若此,谓左氏不传《春秋》,特汉博士嫉妒道真之辞耳。"② 范文澜征引了刘逢禄否定《左传》的观点,接着又引述章太炎对刘逢禄进行驳斥的文字,并发表自己的看法:"章氏所云,驳诘明快,足以张左氏学者之目。"③ "刘歆、桓谭、王充三说,皆足正当时俗儒妄谓左氏不传《春秋》之谬。"④ 他对章太炎驳斥刘逢禄的文章,非常赞成,说"章氏驳刘说极是",⑤ "案章说

---

① 范文澜:《群经概论》,《范文澜全集》第一卷,河北教育出版社2002年版,第147页。
② 同上书,第264页。
③ 同上。
④ 同上书,第266页。
⑤ 同上书,第232页。

甚辩，足以塞刘氏之口。"① 在《仪礼》篇数问题上，他批评今文家皮锡瑞武断："皮锡瑞《三礼通论》力主十七篇并非残阙不完之说，可谓武断。"② 对于晚清今文家力攻《逸礼》，他持反对态度。他说："清儒邵懿辰力攻《逸礼》，以为伪作。丁晏辨之曰：'位西谓逸礼不足信，过矣！当依草庐吴氏别存逸经为允。'至斥逸礼为刘歆诬伪，颇嫌臆断，且逸礼古经，汉初鲁共王得于孔壁，河间献王得于淹中，朝事仪见于《大戴礼》，学礼见于贾谊书，皆远在刘歆以前，未可指为歆赝作也。"③ "皮锡瑞辈称逸礼即非伪造，亦必孔子删弃之余，殆未必然也。"④ 当然，他对今文家的观点并不一概排斥，他对皮锡瑞的经学成果就很重视和尊重，有时还专节介绍皮锡瑞的观点，如第九章的第十八节，标题是"皮锡瑞说存三统"，第十九节的标题为"皮锡瑞说异外内之义与张三世相通"。对皮锡瑞合理的观点，他也予以肯定，如他说"皮氏论《大戴》次序合于礼运说甚精当。"⑤ "皮氏力主王制为今文大宗，其说甚是。"⑥ 对皮锡瑞比较正确的论断，书中也予以引述，如在第七章的第六节"仪礼读法"，他赞成皮锡瑞的看法："皮锡瑞《三礼通论》谓'《仪礼》重在释例，尤重在绘图，合以分节，三者备则不苦其难'。"⑦

范文澜倾向古文家是明显的，但他也具有不为家法所蔽的自觉意识。对今、古文家的不合理观点，他都进行批评。如孔子与《春秋》的关系，他认为，今文家、古文家的看法都有其偏执的一面："今古文家之所以辩难纷纭，终古不决者，皆各有所蔽而不明因袭之理也。今文家以孔子为无前圣人，《春秋》制作，必欲归之孔子而后快。古文家以孔子全述周公旧典，若影之于形，了无意义。其实皆非也。"⑧ 不过，他这样对古文家进行批评在书中比较少见，在今古文的对立中，他基本上是支持古文经学。他是古文经学阵营中的一员。他后来回忆说："我那时候深信学问只有'好古'一家，别无分号。所以曾跟古文经学家摇过旗，曾跟'选学妖孽'呐

---

① 范文澜：《群经概论》，《范文澜全集》第一卷，河北教育出版社2002年版，第233页。
② 同上书，第193页。
③ 同上书，第194页。
④ 同上。
⑤ 同上书，第195页。
⑥ 同上书，第214页。
⑦ 同上书，第200页。
⑧ 同上书，第229页。

过喊"。① 从他的《群经概论》看,范文澜的这个回忆实在是坦诚的自白。

二 以马克思主义为指导论述经学及经学史

《群经概论》侧重于论,主要论述十三经的一些基本问题,包括各经的名称、作者、卷(篇)数、传授过程、各经的性质,并对历史上关于该经长期聚讼不休的焦点进行辨析,其中包含大量的经学学术史的知识,反映了范文澜深厚的经学造诣。《群经概论》既是经学入门书,是进一步研究经学的基础,同时它还是包含了经学认识最新成果的著作。就形式而言,它属于旧式的纯粹的学术史著作,不仅文字古雅,而且治学方法采用的也是汉学家的考据路数。范文澜到延安后,学习和运用唯物史观,对经学进行了重新认识。1940年,延安新哲学年会请他讲演了《中国经学史的演变》,讲演稿发表在延安的学术刊物《中国文化》第二卷第二、三期上,篇幅虽然不大,却高屋建瓴地勾勒出中国经学演变的脉络,并用马克思主义观点对经学的基本问题进行了论述。与《群经概论》相比,这篇讲演完全是另一种风格的经学史著作。

范氏关于经学的讲演是在延安的中央党校作的,毛泽东莅临听讲,第三次讲演毛泽东因生病没有去听,为此,他给范文澜写了封信,高度评价范文澜的讲演。说:"提纲读了,十分高兴,倘能写出来,必有大益,因为用马克思主义清算经学这是头一次,因为目前大地主大资产阶级的复古反动十分猖獗,目前思想斗争的第一任务就是反对这种反动。你的历史学工作继续下去,对这一斗争必有大的影响。第三次讲演因病没有听到,不知对康梁章胡的错误一面有所批判否?不知涉及廖平吴虞叶德辉等人否?越对这些近人有所批判,越能在学术界发生影响。"② 毛泽东的这封信写于1940年9月5日,他所看到的提纲,可能只是以后发表出来的《中国经学史的演变》的一个纲目,而非全文(尽管发表出来的文字对中国经学史来说,还不过是一个提纲)。而发表出的文字稿很可能受到毛泽东的这封信的影响,增加了对信中提到的近代经学家进行批判的内容。

《中国经学史的演变》的字数近3万字,由五部分组成,即前有"绪

---

① 范文澜:《从烦恼到快乐》。
② 毛泽东:《毛泽东书信选集》,人民出版社1983年版,第163页。

言"，最后是"总结"，中间正文分三部分：第一部分　汉学系——孔子到唐；第二部分　宋学系（道学、理学、心学）——唐到清；第三部分　新汉学系——清到"五四"。绪言谈了六个内容：经是什么？经是怎样产生的？经讲些什么？经与经学，经学史的分段，经学发展的规律。三部分正文基本是依历史时代梳理经学史，从孔子到唐是第一个阶段，这个阶段经学的范畴为汉学系。从唐到清是第二个阶段，此阶段经学的范畴为宋学系。从清到五四运动，是第三个阶段，其特征表现为新汉学。对每个阶段，范文澜按照经学的变化，又划分若干小段，单独标目，间或按照问题进行标目，目的是把该阶段经学的演变线索和特点讲清楚。如第一部分在三部分中所占篇幅最大，论述的问题为：1. 原始状态的经；2. 原始经学——孔子及七十子后学；3. 从原始经学看儒家思想；4. 经学的初步发展——战国时代；5. 新的经出现——西汉；6. 经学战胜黄老刑名，取得实际的独尊地位；7. 今文古文的斗争——西汉东汉；8. 郑学与王学，南学与北学的斗争——东汉末迄南北朝；9. 经学与佛学的斗争——南朝；10. 汉学的末路——唐朝。这里面有为了突出问题标目的，有按照经学发展阶段标目的。历史与逻辑有机结合。

《中国经学史的演变》有以下几个突出的特点：

1. 第一次用马克思主义观点梳理经学的历史。这一点，毛泽东在给范文澜的信中即给予了肯定，说"用马克思主义清算经学这是头一次"。范文澜在绪论中，对经的本质、经的产生、经学发展的规律性，都尝试用马克思主义的观点予以阐发。如他说："经是封建统治阶级在思想方面压迫人民的重要工具。统治阶级要巩固自己的政权，必须（需）一套'天经地义、万古不刊'的'永恒真理'来证明自己地位的不可动摇"。① "经是封建社会的产物。原始封建社会产生原始的经，封建社会发展，经也跟着发展，封建社会衰落，经也跟着衰落，封建社会灭亡，经也跟着灭亡。"② "发展就是各对立方面之间的斗争。有斗争才有发展"。"一部经学史，就是一部经学斗争史。"③ 这些看法，是范文澜运用马克思主义的社会存在与社会意识的辩证关系、阶级斗争理论、唯物辩证法对经、经学的理论认识。这些认

---

① 范文澜：《范文澜历史论文选集》，中国社会科学出版社1979年版，第265页。
② 同上书，第266页。
③ 同上书，第268页。

识不仅与今文经学的观点毫无共同处,就是与古文经学的经学观也毫不沾边。此时的范文澜,已摆脱了沉溺于旧学的"烦恼",而获得了学习和掌握马克思主义的"快乐",由撰写《群经概论》时的旧文人,转变为一个走在革命队伍里的马克思主义者。两个范文澜,俨然判若两人。①

2. 从批判的角度立论。范文澜这次讲演是在毛泽东发表《新民主主义论》之后作的。《新民主主义论》有关于新民主主义文化的论述,提出了对待传统文化的方法论原则:"清理古代文化的发展过程,剔除其封建性的糟粕,吸收其民主性的精华。"②"我们必须尊重自己的历史,决不能割断历史。但是这种尊重,是给历史以一定的科学的地位,是尊重历史的辩证法的发展,而不是颂古非今,不是赞扬任何封建的毒素。对于人民群众和青年学生,主要地不是要引导他们向后看,而是要引导他们向前看。"③毛泽东发表这个文章,当然是为了反驳国民党的一些论调。毛泽东给范文澜写信,也提道:"目前大地主大资产阶级的复古反动十分猖獗,目前思想斗争的第一任务就是反对这种反动。"希望范文澜对近代的一些经学家(既有古文经学家,也有今文经学家)作出批判。这个背景,就决定了范文澜立论的出发点在于"破",特别是在绪言、近代经学史及总结部分,批判的色彩比较明显。范文澜本人所写的识语也表明了这一点。他说:"我对这门学问,既所知有限,借以批判经学的马列主义,更未能窥见途径,谈不到正确运用。"④

3. 深入浅出,引人入胜。这个讲演,听众主要是延安的高级干部,而不是专业研究者。这就要求讲演者必须把深奥的经学通俗化,使非专业人士能够听得懂。范文澜成功地做到了这一点。他在力求表述准确的基础上,善于运用浅显易懂、生动活泼的语言。如他这样解释和评述《周易系辞》中的"天尊地卑,乾坤定矣;卑高以陈,贵贱位矣":"天一定在上,地一定在下;在上的一定尊,在下的一定贱;因此尊卑贵贱是无可变动的'真理'。天从来不会在下,地从来不会在上;所以庶民永远当贵族的奴

---

① 从范文澜在新中国成立后,不愿署名黄炎培"弟子"、不愿为旧著《文心雕龙注》写新版序言来看,他似乎是有意识地与"旧我"决裂。参见陈其泰《范文澜学术思想评传》,北京图书馆出版社 2000 年版,第 142—144 页。
② 毛泽东:《新民主主义论》,《毛泽东选集》第二卷,人民出版社 1991 年版,第 707 页。
③ 同上书,第 708 页。
④ 范文澜:《范文澜历史论文选集》,第 265 页。

仆。这正是十足的封建主义哲学。"① 经学史一般来说，是比较枯燥的，但他的这个讲演，却是非常生动的。没有对经学的娴熟掌握和深入理解，做到这一点是不可能的。

4. 完整系统，线索清楚。这个讲演，先阐发理论，最后结合社会形势做出总结。正文对经学史的梳理，从经的产生，一直论述到五四运动，可谓是一部中国经学通史的纲要。所论述的内容，丝丝相扣，形成完整的经学发展链。以"宋学的发展"为例，范文澜讲了四个要点：（1）经学要哲学化，必须夺取佛道两教的武器，来改造自己。（2）周敦颐首先采用道教思想入经学。（3）二程是周敦颐的弟子，把周学更发展。（4）二程讲体认天理，流传为李侗的"默坐澄心"（佛教有"入定"）。朱熹是李侗的弟子，传二程之学。宋学（理学派）到朱熹发展到最高点，集周（敦颐）、邵（雍）、张（载）、二程的大成。理学供给统治阶级更精妙的压迫工具，比汉学讲礼讲阴阳五行精妙得多。朱熹被尊为道统继承人，绝不是偶然的事。这就把宋学与汉学的不同、宋学形成的几个点揭示出来了。其他部分都是如此。可见，范文澜的讲演虽然简略，但讲的都是经学发展的关键点，而且这些点还是点点相连的。

5. 详略得当，简中有详。范文澜以三万字叙述中国经学史，当然是非常简略的。但是一味地简略，会令人不知所云。在一些知识点和经学发展的重要环节上，范文澜在讲演中往往停下来，详细说明和论述。如第一部分的前四节"原始状态的经""原始经学——孔子及七十子后学""从原始经学看儒家思想""经学的初步发展——战国时代"讲得相对详细。因为这些内容讲清楚了，听众有了基本的经学知识，对于以后经学的发展变化就能够理解了。再如第二部分宋学系，专设立一节"经学怎样战胜佛老"，实际上说明的是宋学虽然与汉学不同，但却没有宗教化，它还属于儒学的范畴。该文的文字看似平常，实际上每句话都很有分量，都有许多的知识和材料作支撑，体现了作者厚积薄发的学术风格。

范文澜用马克思主义理论对于经学演变过程的梳理是极其精到的，摆脱了今、古文家派的狭隘观念，体现了实事求是的精神，在经学研究的历史上，具有重要的地位。因为这个讲演是在抗日战争时期的延安作的，在体现鲜明的时代特点的同时，不可避免地带有时代局限性。主要表现在由

---

① 范文澜：《范文澜历史论文选集》，第 274 页。

于是从批判的角度立论，对于经学在中国历史上的正面意义，阐发不够。对近代经学家，有以政治批判代替学术批评之嫌，夸大了他们的不足，这就不免使该文的学术含量有所降低。时代的局限，无可如何，似不必苛求作者。

1963年，范文澜为《红旗》等单位再次讲经学，形成文章《经学讲演录》。该文依然保持了深入浅出的行文风格。与延安时期的《中国经学史的演变》相比，此文对经学的论述，心态比较平和，在某些地方更加深化了。

《经学讲演录》谈了四个问题：（1）经的开始；（2）今文经学与古文经学之争；（3）宋学；（4）明清的经学。这四个问题，基本上反映了范文澜对经学发展史的分期认识。"经的开始"指经学的初期发展阶段，从周朝到西汉末。"今文经学与古文经学之争"在他看来是经学发展的第二个阶段："从西汉后期开始就变成今、古文之争，这一斗争直到唐朝告一结束"。① "宋学"代表了经学的一个时代，但它并非专指宋代的经学。它在唐朝已开始酝酿了，直到明末，但最盛时则在宋朝。明清经学是经学的最后一个阶段。"清代的经学可以称之为汉学"，"古文学派中最后的一个代表人物是章炳麟。他是清末古文经学的代表。"② 范文澜列的这四个题目，点出了经学发展的阶段性特征，将它们连起来，具有经学通史的性质。可见，此文仍然具有"通"的特点。

第一，该文提出了很多精彩的观点。如，文章说，"经学与中国文化的关系很密切。经学虽然为封建统治阶级服务，但也起了一些好的作用。""儒经为封建统治阶级服务，这是没有问题的，但它起了反对宗教的作用。"③ 对宋学，近代批评很多，范文澜则说："宋学讲气节，亡国殉国，不投降外国，这是值得肯定的。"④ 这些观点，都是作者摆脱批判性思维，力求以理性的态度论述经学的反映。

第二，该文注重从政治、经济、学术等综合的因素，论述一个时期经学的特点及产生之原因，显示出作者视野的开阔和知识面的广博。如关于东汉今文经的衰落，范文澜指出两点原因，一是东汉时不再通过今文经学的途径做官，做官是通过征辟之途了。士人学今文经不再那么热心。二是

---

① 范文澜：《范文澜历史论文选集》，第307页。
② 同上书，第336页。
③ 同上书，第300页。
④ 同上书，第327页。

今文太烦琐。一部经书的章句，多至一百万字，少的也有几十万字。苦死了学习的人。西晋永嘉之乱，博士们保存的章句都丢掉了。但古文的注解很简单，所以儒生还记得住，而今文，由于太烦琐，都记不得了。这样，西汉博士所传的今文也就全部消灭了。再如，讲宋学的兴起，范文澜认为原因有二。一是由于内乱。内乱需要"宋学"这样的东西。因为宋学着重讲伦常。二是由于与宗教的斗争。唐、宋，佛教均极盛行，佛教与伦常有矛盾，因此统治阶级提倡儒学。文中用了大量的例证，从社会的多个方面说明经学现象，避免了就学术论学术的局限，所作论证富有说服力。

第三，该文大量运用了比较的方法。《经学讲演录》既是从纵的方面谈经学史，同时又很注意作横向比较、前后比较。其论述的立足点显然比《中国经学史的演变》更高。在比较方面，明显的有先秦儒家荀、孟学派的比较，经今文学、经古文学的比较，汉学、宋学的比较，浙西学派、浙东学派的比较，吴派、皖派的比较。如他说，宋儒讲经学与汉人不同。汉人是笃守师法，宋儒则认为，凡合于理的便是师法，否则便不是。因此，宋人讲经有个特点：敢于怀疑。经学中不同派别的特点，往往在比较中才能看得出来。而要做出比较，需要对不同学派有贯通的把握。

第四，娴熟运用辩证的方法解释经学的变化。所谓辩证的方法就是从矛盾的对立统一中，认识事物的发展和变化。范文澜考察经学的变化，注意考察经学与社会的矛盾，经学内部不同派别之间的矛盾，以及两种矛盾的相互作用。如孟、荀两派在秦朝是相互对立的，一个主张法后王，一个主张法先王。孟子学派与阴阳五行结合后，势力大起来。秦始皇时的博士儒生，大都是孟派。但荀派的李斯在朝廷做大官，有权力。孟派喜欢是古非今，否认现状，自然引起秦始皇和李斯等人的厌恶，结果被秦始皇坑杀四百多人，孟派的重要人物大都死光了。但孟派潜在势力仍很大。汉初荀派失势，孟派与阴阳五行结合，很受统治者欢迎。汉文帝时，孟子曾（被）立博士（不久又取消）。传授五经的儒生，一般出于荀子之门，学风比较朴素，不讲阴阳五行去迎合朝廷的好尚，始终与孟子学派对立。孟派与阴阳五行合流的代表人物是董仲舒。董仲舒在汉代地位崇高，汉人把他看成是汉朝的孔子。再如论清代今文经学的出现，他说，汉学到了戴震是登峰造极了，但是，物极必反，汉学发展到极致出现了反对派。戴震的学生孔广森就是反对清代汉学最有力的一个学者。他开始研究与古文经学作对的今文经学。今文经学适应时代的需要，逐步发展起来。

第五，跳出今古文家法的圈子，力求公正地评价近代经学家。皮锡瑞是今文经学家，范文澜的早年经学评论，对皮锡瑞多持批评意见。但在这篇讲演中，皮锡瑞的经学成就得到范文澜的高度评价。他说："今文学中，真正算得上是今文学的经师的是皮锡瑞。皮是个进步的举人。康梁变法失败后，他即闭门著书，他比康、梁好得多，是个真正的经生。他作的《经学历史》是一部比较好的书。他有点偏于今文学，但他对各家的评价基本上是公允的。"① 对他过去崇信的古文经学，他也有批评，如他说，古文经学是学而不思，很难引申出革命来。从师承关系来看，章太炎是他的师爷；从地缘上看，章是他的同乡。在《群经概论》中，他对章太炎非常推崇，此时则批评他说："章太炎虽然是革命分子，但他的革命思想与古文经学没有关系，他主要是受黄宗羲浙东学派反满思想的影响。章主要是反满，所以辛亥革命之后，即跑到袁世凯那里去了"。② 这个批评是否正确，尚可讨论，但从这一点可以看出，他已自觉摆脱古文家法的成见，力求平实地评述近代的今古文经学及其代表人物。《经学讲演录》最后列了一些清代学者的经学方面的著作。这对研究清代经学是很重要的，但也由此给人一种仓促结尾的感觉。《经学讲演录》似乎是一篇未完之作。

经学是范文澜治学的一个重要领域，早在1942年延安中央研究院中国历史研究室的学术规划中，就列有"中国经学史"，承担者为范文澜。③ 范文澜写完《中国通史简编》后，计划写一本中国经学史著作。但由于诸多原因，这个计划最终没有实现，范文澜一直引为憾事。④ 范文澜在经学方面的深厚素养和功力，没有尽情地发挥，这对中国学术史的研究不能不说是一个很大的遗憾。也正因如此，他在不同历史时期留下的经学著述，其价值亦就弥足珍贵。

三 结语：一代马克思主义国学宗师

蔡美彪先生说，范文澜的著述生涯，"大致经历了三个阶段。从20年

---

① 范文澜：《范文澜历史论文选集》，第335—336页。
② 同上书，第336页。
③ 《中国历史研究室研究计划》，见温济泽编：《延安中央研究院回忆录》，中国社会科学出版社1984年版，第281页。
④ 荣孟源：《范文澜同志在延安》，见温济泽编：《延安中央研究院回忆录》，第182页。

代初从事学术著述到 1939 年去延安为第一阶段，1940 年抵达延安至中华人民共和国建国前为第二阶段，建国以后为第三个阶段"。① 《群经概论》《中国经学史的演变》《经学讲演录》恰是作者这三个阶段的经学代表作。这三部著述既有联系，又有区别。《群经概论》为作者打下了坚实的研究经学的基础。② 后两篇文章则是用马克思主义的观点重新认识经学的结晶，是对《群经概论》的升华。《中国经学史的演变》偏于批判，着眼剔除经学中的糟粕；《经学讲演录》重于继承，着眼于发掘经学中的精华。但无论重在批判还是继承，范文澜均注意运用辩证法，发现和指出经学中的有益或有害的成分。

范文澜对经学源流和经书内容的娴熟，使得他的经学评述，言之有物，准确深刻。他将一向深奥难懂的经学或经学史娓娓道来，从容不迫、深入浅出地予以讲述，这是他学术积累过人之处，非学术大师难以做到这一点。当年包括毛泽东在内的中共领袖人物饶有兴趣地听他讲经学史，甚至以未能听讲引以为憾，可见其学术风采和魅力。

范文澜以史学名家，一生以写出完善的中国通史为鹄的，晚年曾对家人说："毕一生精力写出一部通史来，富贵于我如浮云。"③ 然而他的中国通史著述与他的经学素养和早年的古文经学训练，有着紧密的联系，主要体现在追求马克思主义史学的民族特色以及体现出的民族观、史料观、学风文风等方面。④ 范文澜不仅是卓越的马克思主义史学家，还是精于经学的一代马克思主义国学宗师！

（作者单位：北京师范大学历史学院）

---

① 蔡美彪：《范文澜》，见中国社会科学院科研局：《中国社会科学院学术大师治学录》，中国社会科学出版社 1999 年版，第 141 页。
② 范文澜在第一阶段著述丰富，他曾经将自己这一时期出版的著作予以排序，《群经概论》为"范文澜所论第一种"。以下依次是《正史考略》（第二种）、《诸子略义》（第三种）、《文心雕龙注》（第四种）、《文心雕龙讲疏》（第五种）、《水经注写景文钞》（第七种）。只有第六种不见着落，蔡美彪先生推断可能是他在京津各大学以及后来在河南大学讲授过的中国文学史讲义，该讲义已佚。他的排序，并非依据出版时间先后，而是依据经、史、子、集顺序排比，计划构成一套国学著述系列。参见蔡美彪《旧国学传人　新史学宗师——范文澜》，萧超然主编：《巍巍上庠　百年星辰：名人与北大》，北京大学出版社 1998 年版，第 431 页。
③ 王晓青、张克兰：《范文澜与胡适》，《史学理论研究》1999 年第 3 期。
④ 参见周文玖《经学与中国马克思主义史学》，《中国史研究》第 93 辑，2014 年 12 月。

关于李大钊论历史学性质问题的探析

张文生

关于历史学的学科性质,简称历史学性质的争论,起自19世纪的西方。争论的焦点,历史学是艺术,还是科学?这一在西方争论已经持续了一个多世纪的理论问题,在近代随着西学东渐也引入中国。20世纪初期的中国史学界,正值梁启超开启"新史学"之际,中国史学亦踏上近代化的征程。史学如何近代化?怎样近代化?各家各派都在著书立说,阐释或论证本人本派的主张与学说。自然,历史学的学科质性问题,也成为被关注的重要的史学理论问题之一。在20世纪初期,中国史学家就这一问题展开讨论,马克思主义的史学家李大钊在较早的时候就关注这一问题,展开深入研究,积极参与讨论。李大钊关于历史学特有性质的论述,是他史学思想中的一个重要内容,但过去人们对此关注不多,或者在理解上尚不全面。本文就此作一探析,敬请同仁教正。

一

李大钊作为中国马克思主义史学的开创者,中国史学近代化的参与者与推动者,很早就开始关注与思考历史学性质这一史学理论中最基本而且很重要的理论问题。因为这是建设马克思主义史学理论体系,推进中国史学近代化的需要。经过研究,李大钊对于历史学性质问题从理论上进行了系统地阐释。先让我们引述李大钊的两段相关的集中论述,然后围绕之,并结合李大钊其他的相关论述作进一步的解读、分析与探讨。

1923年,李大钊在《史学与哲学》一文中讲道:

"以历史为中心,史学可分二部:记述历史;历史理论。记述的历史的目的,是欲确定各个零碎的历史事实,而以活现的手段描写出来，这是艺术的工作。历史理论的目的，是在把已经考察确定的零碎事实合而观之，以研究其间的因果关系的，这乃是科学的工作。"①

1924年，李大钊的《史学要论》出版，这是中国马克思主义史学的第一部史学理论专著。对此，李大钊又对于历史学的性质问题进行了更为详尽的理论阐述：

> 史学由个个事实的确定，进而求其综合。而当为综合的研究的时顷，一方欲把事实结配适宜，把生成发展的经过活现的描出，组之，成之，再现之；于他一方，则欲明事实相互的因果关系，解释生成发展的历程。由第一点去看，可说史学到某程度其研究的本身含有艺术的性质（不独把历史研究的结果用文学的美文写出来的东西是艺术的作品，就是历史研究的本身亦含有艺术的性质）。由第二点去看，史学的性质，与其他科学全无异趣。实在说起来，所谓事实的组成描出，即在他种科学，亦须作此类的功夫到某程度；所以到某程度含有艺术性质的事，亦不独限于史学，即在地质学，古生物学等，亦何尝不然？②

李大钊对于历史学性质的论述，是他史学思想的重要组成部分，与其同期或稍早的史学家梁启超、胡适、何炳松等的述论相比要更为详尽，也更为系统。他的论述可以说对于稍后，如张荫麟、刘节等史学家提出的观点也是有一定的影响作用。应该说，在近代中国李大钊是对于历史学的学科性质问题论述较早，也较为成熟的史学家，他的这一思想在今天仍有启发与指导作用，值得我们学习与研究。

二

无论在西方，还是当时中国史学界，否认历史学不具有科学性的一些

---

① 李大钊：《史学与哲学》，《李大钊全集》（第四卷），河北教育出版社1999年版，第215页。
② 李大钊：《史学要论》，《李大钊全集》（第四卷），河北教育出版社1999年版，第366页。

人，往往是从否认历史发展无规律可循立论的。因此在他们看来，历史发展是无规律的，因此历史研究也不需要，更无可能发现规律。既然如此，历史学也就无科学性可言了。也可以说，李大钊关于历史学性质的论述，首先是对这一不正确的认识或观点的积极而有力地回应。对此，李大钊着力进行了详尽的论述。李大钊一般把人与社会发展的规律称之为法则，或理法。"所谓一般的理法，自指存于人事经历的理法而言，非谓于个个特殊事例，常以同一普遍的形态反复出现。"① 李大钊坚决反对有人否认历史发展存在规律的观点，他指出："世界一切现象，无能逃于理法的支配者。人事界的现象，亦不能无特种的理法，惟俟史家去发现他，确定他了"。当然"在现实个个特殊的时会，种种事情纷纭缠绕，交感互应，实足以妨碍一般的理法以其单纯的形态以为表现。"② 这就是说，历史的法则，或理法是存在于人类历史发展的客观过程之中，是客观存在的，但由于为"种种事情纷纭缠绕，交感互应"，不易发现，这是问题的一面。能否去发现它或研究它这是问题的另一面。换句话说，历史的法则我们能否发现是一回事，去不去发现又是一回事。我们不去发现和研究它，就断然否认历史存在法则，历史存在规律，这不是科学的态度和应采取的做法。固然，历史规律的发现较之自然规律的发现要复杂和困难得多，但不能因之而否认历史存在规律。也不能因之而不去发现历史规律。因为历史学研究的一个重要任务，"与自然科学相等，以发见因果法则为其目的。"③ 当然"人事现象的复杂，于研究上特感困难，亦诚为事实；然不能因为研究困难，遽谓人事科学全不能成立，全部不能存在。"④ 这种以"研究困难"来否定历史学成为科学的观点或认识是极不正确的，需要特别地指出并加以克服。

显然，以否定历史发展存在规律，历史学也不需要，不可能去发现规律来否定历史学的科学性是不符合实际的。李大钊在他的历史学系统中做了更为详尽的论述。在这一系统中的普通历史学（广义的历史学）由两部分组成，一是记述历史；一是历史理论（狭义的历史学）。普通历史学研

---

① 李大钊：《史学要论》，《李大钊全集》（第四卷），河北教育出版社1999年版，第371页。
② 同上书，第370页。
③ 李大钊：《马克思的历史哲学与理凯尔的历史哲学》，《李大钊全集》（第四卷），河北教育出版社1999年版，第466页。
④ 李大钊：《史学要论》，《李大钊全集》（第四卷），河北教育出版社1999年版，第370页。

究的对象是以人为中心构成的各种团体的生活经历。"人类的经历,是一个概括的名称,包括人类在种种范围内团体生活的总合。"这些以人的活动为中心的团体从小到大依次是个人的、氏族的、社团的、国民的、民族的、人类的。记述历史是对以上各种团体生活的经历,也就是过程的考察和记述,重在"记"。历史理论,它不是去记述那诸般的史实,而"是以一般就种种史的研究其普通的性质及形式,说明一以贯之的理数为目的"①,重在"论"。记述历史主要以历史的方法,对历史过程或历史事实的记述。也就是记述以人在各种团体中的生活经历,形成各种"经历史",亦可称作"记经历"。历史理论与记述历史"所研究的对象,原非异物"是相同的。只是"考察方法"不同。前者主要用逻辑的方法,后者主要用历史的方法。所以,历史理论(狭义的历史学)就种种史实的性质、形式及其相互间的关系、作用从理论上作出回答和概括,并通过具体的史实的概括的推论,发见理数,即规律性的东西。"史学的主要目的,本在专取历史的事实而整理之,记述之;嗣又进一步,而为一般关于史的事实之理论的研究,于已有的记述历史以外,建立历史的一般理论。"② 只不过就当时历史理论研究的现状,正如李大钊指出的那样:"今观于实际,则治史学者,类多致其全力于记述历史的整理,而于一般史实理论的研究,似尚置之度外;即偶有致力于此者,其成功亦甚微小,以致历史科学尚未充分发展至于成形。"③ 这也是李大钊侧重致力于历史理论研究的原因所在。

三

在回答了上述质疑后,李大钊坚定地指出:"史学的性质,与其他科学全无异趣"。李大钊讲:"史学实为与其他科学同性质同步调的东西。史学之当为一种科学,在今日已无疑义。不过其发达尚在幼稚罢了。"④ 就此,李大钊从如下两个方面作了进步的论述。

第一,历史学研究的对象是过去发生的历史实在,它的最显著的特征

---

① 李大钊:《史学要论》,《李大钊全集》(第四卷),河北教育出版社1999年版,第371—372页。
② 同上书,第366页。
③ 同上书,第371页。
④ 同上书,第368页。

是它的"过去的实在"性。"实在的过去,是死了,去了;过去的事,是做了,完了;过去的人,是一冥长逝,万劫不返了;在他们有任何变动,是永不可能了;……过去的人或事的消亡,成就了他们的历史的存在"。譬如:孔子,"实在的孔子死了;不能复生了,他的生涯,境遇,行为,丝毫不能变动了。"① 历史上发生的人人事事,不论你记得也好,不记得也好;知道也好,不知道也好,已是一种客观实在。而且这一切又都发生在过去的时间和空间,更是一种过去的客观实在,现今的人们可以研究与评说他们,但决不能改变他们。这是唯物史观与唯心史观的根本区别。如"屈子的骚怨,少陵的悲愤,或寄于文辞,或寓于诗赋,百千万世的后人,只能传诵他们,吟咏他们,不能照原样再作他们"②。这就是说,历史学研究的对象不是人们随心所欲的玩物,是客观的实在。这样就把历史学的研究对象置放到坚实的客观的基础之上,为历史学成为科学奠定了客观的基础。

第二,马克思主义的唯物史观为历史学成为科学提供了科学的历史观和方法论。当时中国的史学界,对于历史学科学性的追求是十分重视的。正像杨鸿烈讲述的那样,"关于史学的'科学性质'的鉴定很重要的,其情形颇有如《民法》上的'妻'与'妾','嫡子'与'庶子'或'私生子'等等的'身份'证明显然有优劣高低差别,所以假如说'史学'没有成为'科学'的资格,那么'史学'就根本没有研究的价值。"③ 但在总体上,当时对于历史学科学性的鉴定,最初基本上是属于方法的层面。即是把西方实证主义史学,特别是兰克的客观主义史学的"科学方法",以及后来把美国的"实验主义"的"科学方法"引入史学领域,逐步形成了以西方所谓的"科学方法"与清代乾嘉"朴学"方法相结合为特征的"科学史学"。在一部分史学家认为:史学的科学性的实质,就是用这些"科学方法"对史料的批判和史实的实证。重视证据的科学态度,对于克服史学研究中的主观随意性,无疑起到了一定的积极的作用。但其所存在的缺陷,正如同英国史学家柯林武德讲的那样,"在它那工作的一方面所留给近代历史编撰学的遗产,就是空前的掌握小型问题和空前的无力处理

---

① 李大钊:《史学要论》,《李大钊全集》(第四卷),河北教育出版社1999年版,第360页。
② 李大钊:《时》,《李大钊全集》(第四卷),河北教育出版社1999年版,第290页。
③ 杨鸿烈:《史学通论》,商务印书馆1993年版,第33页。

大型问题这二者的一种结合。"① 而无法真正从宏观和根本上去把握历史发展的全貌。因此，历史学的科学性还需要理论科学，即有科学理论，特别是要有正确的历史观的指导。"史学家当有一种历史观，而且自然的有一种历史观，不过不要采了个偏的、差的历史观罢了。"不然，历史研究"便如迷离漂荡于洋海之中，茫无把握，很难寻出头绪来"②，更不能够把考订史料、解释史实、探求历史发展规律结合起来形成系统论述。而唯物史观为历史研究提供的是科学的历史观与方法论。李大钊认为，马克思主义的唯物史观对于研究历史重要的指导作用，就在于：一方面"就在训练学者的判断力"；另一方面"令他得着凭以为判断的事实"③。从而能够克服"从来的史学家，欲单从社会的上层说明社会的变革（历史），而不顾社会的基础"的缺陷。④ 这就改变了人们过去仅从显赫的政治生活中去解释历史，而未从过去人们不注意的看似平常的经济生活中去解释历史的本末倒置的做法。"因为所有别的进步，都靠着那个民族生产衣食方法的进步与变动。"⑤ 所以，李大钊指出："自有马氏的唯物史观，才把历史学提到与自然科学同等的地位。此等功绩，实为史学界开一新纪元。"⑥

四

李大钊坚持历史学的学科性质是科学的，同时也承认在具体的历史研究过程中存在艺术性的工作。对此，李大钊首先是从历史学的任务开始阐述的。历史学的任务通俗地讲，就是复原与描述历史过程与历史现象的；发现与揭示历史发展的规律。李大钊把它归纳为，一是整理事实，寻找它的真确的证据；二是理解事实，寻出它的进步的真理。⑦ "以历史为中心，

---

① 柯林武德：《历史的观念》（汉译本），中国社会科学出版社1986年版，第149页。
② 李大钊：《史学与哲学》，《李大钊全集》（第四卷），河北教育出版社1999年版，第214页。
③ 李大钊：《唯物史观在现代史学上的价值》《李大钊全集》（第三卷），河北教育出版社1999年版，第539页。
④ 李大钊：《史学要论》，《李大钊全集》（第四卷），河北教育出版社1999年版，第357页。
⑤ 同上书，第541页。
⑥ 李大钊：《马克思的历史哲学与理凯尔的历史哲学》，《李大钊全集》（第四卷），河北教育出版社1999年版，第467页。
⑦ 李大钊：《史学概论》，《李大钊全集》（第四卷），河北教育出版社1999年版，第280页。

史学可分二部：记述历史；历史理论。记述的历史的目的，是欲确定各个零碎的历史事实，而以活现的手段描写出来，这是艺术的工作。历史理论的目的，是在把已经考察确定的零碎事实合而观之，互为因果关系的，这乃是科学的工作。"① 历史学的这两大任务都以历史为研究对象的。但因完成的任务不同，在研究的过程中侧重点也不尽相同。"史学由个个事实的确定，进而求其综合。而当为综合的研究的时顷，一方欲把事实结配适宜，把生成发展的经过活现的描出，组之，成之，再现之；于他一方，则欲明事实相互的因果关系，解释生成发展的历程。"② 也就是说，描述史事与探究法则是统一于历史研究工作过程之中的，不是割裂的。这是因为历史是人类既往发展的客观过程，其最基本的特点是过逝性。它留给我们的只是各种痕迹、信息与材料，即我们通常所谓的史料。所以历史上发生的种种史事就是通过历史发展留下的各种痕迹、信息与材料的史料来显现的。但是，史料相对于客观的历史，总是残缺和零散的，而在实际的研究工作中，对种种史事的描述又总是要相对系统些与完整些，把这些林林总总的"事实结配适宜"，并"把生成发展的经过活现的描出，组之，成之，再现之"。在这一工作过程中，一定有推理和想象的空间存在。冯友兰先生曾讲："史料多系片段，不相连属，历史家分析史料之后，必继之以综合工作，取此片段史料，运以想象之力，使连为一串。"③ 同时"事实结配适宜"这一工作的结果最终还要用文字描绘出来，描绘的过程和描绘的本身既需要形象的思维，也需要艺术性的手法与生动的文采。这样才能"把生成发展的经过活现"之。这是历史学研究的一个任务。历史研究的另一个任务是就通过对于历史发展过程与现象的描述与复原的基础上，发现与揭示历史发展的规律。即在整理与理解历史事实的基础上，解释历史事实间的因果关系，进而发现历史发展的法则或规律。因此，"史学家固不是仅以精查特殊史实而确定之，整理之，即为毕乃能事；须进一步，而于史实间探求理法。"④ 历史法则或规律的发现与揭示的过程，就是通过对人类社会的发展过程"所显诸般史实的普遍形式，性质，理法，一般的施以讨

---

① 李大钊：《史学与哲学》《李大钊全集》（第四卷），河北教育出版社1999年版，第213页。
② 李大钊：《史学要论》，《李大钊全集》（第四卷），河北教育出版社1999年版，第366页。
③ 冯友兰：《中国哲学史》，商务印书馆1976年版，第10页。
④ 李大钊：《史学要论》，《李大钊全集》（第四卷），河北教育出版社1999年版，第367页。

究,而抽象的表明之。"的研究过程。① 具体而言,就是"将史实汇类在一起,而一一抽出其普遍的形式,论定其一般的性质,表明普遍的理法"②。这一研究工作,如同其他的学科的研究工作一样是科学研究的工作。所以,"史学的性质,与其他科学全无异趣"。

五

在李大钊看来,历史学的学科性质这种长期争论情况的出现,原因还在于争论的双方缺乏辩证的思维,即缺乏马克思主义的辩证法,而是非此即彼的线性思维方式所致,于是各持一端,或者因强调历史学的科学性而忽视其艺术性,或者因肯定其艺术性而否认其科学性。事实上,艺术与科学也并非是绝对对立,水火不容的,不可截然分割的。科学始于艺术的想象力完成于逻辑推理,而艺术始于逻辑推理,完成于想象力,科学可以让艺术从梦想变为现实,艺术又能使科学插上想象的翅膀。历史学研究含有艺术性的工作和历史学的学科是艺术性是两回事。不能说历史学的研究因为有艺术性质的工作而否认其学科的科学性。在肯定了历史学的科学性的前提之下,李大钊也充分注意到历史学研究工作中的艺术性。在李大钊看来,历史学研究所含有的艺术性,并不是仅仅限于过去人们在长期的争论中所讲的是用艺术性的手法描绘历史研究结果的层面上。还存在于研究过程中的思维层面上。所以,李大钊特别强调:"不独把历史研究的结果用文学的美文写出来的东西是艺术的作品,就是历史研究的本身亦含有艺术的性质"。但是,历史研究中所体现的这种艺术性它是工作层面的事情,而工作的层面是不等于学科性质层面的。所以说,不能因历史研究工作中含有艺术性的工作,而否认历史学是科学的学科性质。同样,也不能因强调历史学的学科性质是科学的,而不承认在历史研究工作中有艺术的成分。当然,承认或强调历史研究中的艺术性,要以不损害历史学的科学性为前提。因此,李大钊特别指出,作史者"与其要诗人狂热的情感,毋宁要科学家冷静的头脑","即以诗人狂热的情热生动历史的事实,应以不铺

---

① 李大钊:《史学要论》,《李大钊全集》(第四卷),河北教育出版社1999年版,第368页。
② 同上书,第370页。

张或淹没事实为准,"这是"须有其限度"决不能突破。① 这就是历史学与文学等艺术学科本质的区别。

算来,李大钊关于历史学性质问题的论述距今近百年的历史了。当时正值马克思主义史学在中国的创立时期,类似的一系列的理论问题都需要年轻的马克思主义史学家们作出回答,不然中国马克思主义史学是不能立足于中国史坛的。所幸的是,以李大钊为首的早期的中国马克思主义史学家们完成了这一历史任务。为中国马克思主义史学的发展奠定了理论基础,开辟了实践道路。我们除敬重他们的精神,更需要研读他们的经典,研讨他们的史学理论与史学实践。因为中国马克思主义史学的发展是一个持续的过程。不论是成就,还是曲折,乃至失误,都是这一发展过程的重要内容。我们不能够割断这一过程,正确的态度应该是去探讨、解析、继承,及其修正这些丰富的思想资源与伟大的史学实践。这样我们才知道我们从哪里来,到哪里去,为发展与丰富当代马克思主义史学提供重要的历史启示与思想资源。这也是本文的所愿。

(作者单位:内蒙古师范大学历史文化学院)

---

① 李大钊:《史学要论》,《李大钊全集》(第四卷),河北教育出版社1999年版,第395页。

出史与入道

——李大钊的史学之道及史学应有的研究理路

杨　东

1982年，著名史家白寿彝先生曾撰文指出："李大钊同志对于史学的崇高的期望，使我们今天读着他的遗著，还觉汗颜。"姑且不去发微李大钊厚重的史学思想，仅《史学要论》这本不到四万字的小册子，白寿彝先生即认为"是马克思主义史学开辟道路的重要著作"，对于在中国传播马克思主义史学理论来说，"李大钊不愧是第一个开辟道路的人。"而且"这本小册子凝结着一个革命家、一个无产阶级理论家对人类前途的真挚的希望。"[①] 时至今日，一版再版的《史学要论》，依然凸显着李大钊史学思想的价值和地位。古往今来，史学济世的箴言不绝于耳，"出史"与"入道"向来都是史家追求的一种境界与史观。[②] 然而当下存在的诸种治史风气，在相当程度上与这种"出史入道"的境界相背离，与李大钊对史学的崇高期望还有不少的距离。笔者不揣浅论，斗胆拟就相关问题作一粗浅的看法。需要说明的是，李大钊的史学思想与历史观，学界早已做过卓有成效的研究，本文不打算就此展开。笔者想要探究的是：李大钊究竟希望开创什么样的史学。换言之，究竟什么才是真正的史学，进而才能使史学真正成为一门"入道"的科学。挂一漏万之处，恳请方家不吝赐教。

---

① 白寿彝：《六十年来中国史学的发展》，《历史研究》1982年第4期。
② 龚自珍即指出："史"是"天""地"，是整个人类文化与社会文明的载体，史家的任务就是要"通乎当世之务"，发现问题之后寻求现实对策，探索"人道"或"万亿年不夷之道"，即"出乎史，入乎道；欲知大道，必先为史"（参见王佩诤校《龚自珍全》，上海古籍出版社1999年版，第21、5、81页）。

一　史学之道——李大钊对史学的看法与期望

李大钊"夙研究史学",特别是在"唯物史观"和"史学思想史"方面用力颇多,他是继梁启超提出"新史学"之后,更具时代特征的"新史学"提倡者。质而言之,李大钊所要开拓并希望建构的史学,可从下面几个方面廓清梗概。

(一) 历史不是"死"的记录,而是"活"的历史

研究历史,首先要明了什么是历史。李大钊明确指出,历史的记录不是历史。卷帙浩繁的历史记录,"他们无论怎样重要,只能说是历史的记录,是研究历史必要的材料,不能说他们就是历史。"即便是研究中国的一些记载或著作,也只能是研究的材料,而不能径直就将其看作是中国。他举例说,某人研究过列宁并作了列宁传,但并不能说这就是列宁;某人所作罗素传,也不能说这就是罗素。因为在"列宁或是罗素的传记以外,俨然有个活的列宁、活的罗素在。率此以推,许多死的记录,典籍,表册,档案以外,亦俨然有个活的历史在。"正是在这个意义上,李大钊指出"从前许多人为历史下定义,都是为历史的记录下定义,不是为历史下定义;这种定义,只能告我们以什么构成历史的记录,历史的典籍;不能告我们以什么是历史。"真正意义上的历史是什么呢? 李大钊说真正的历史是"活的历史"。他说:"历史这样东西是人类生活的行程,是人类生活的联续,是人类生活的变迁,是人类生活的传演,是有生命的东西,是活的东西,是进步的东西,是发展的东西,是周流变动的东西;他不是些陈编,不是些故纸,不是僵石,不是枯骨,不是死的东西,不是印成呆板的东西。我们所研究的,应该是活的历史,不是死的历史;活的历史,只能在人的生活里去得,不能在故纸堆里去寻。"因而"我们当于此类记录以外,另找真实的历史,活的历史"①。

(二) 历史学要在"解喻"事实的基础上形成一般理论,进而才成其为科学

李大钊认为,过去所谓的"历史学"有两种倾向:一种是"记录的历

---

① 朱文通等整理编辑:《李大钊全集》第 4 卷,河北教育出版社 1999 年版,第 353—356 页。

史";另一种是"沿革的历史"。这样的研究固有一定的价值,但是研究过于宽泛,没有特定的研究对象,这样的研究并不属于史学的范围。在李大钊看来,历史学能够成为一门科学,不是对一般事物的考察,而是要有专门的研究对象,概而言之,就是"整个的人类生活"。与此同时,历史研究的真谛在于对历史事实的"解喻"。他说:"没有一个历史事实,不要不断的改作"。从这个意义上讲,"只有充分的纪录,不算历史的真实;必有充分的解喻,才算历史的真实。"① 李大钊认为,历史学的要义有三:(1)要考察社会随时代的经过发达进化,人事的变化推移;(2)寻究实际发生事件的证据,以明人事发展进化的真相,这是历史的研究的特色;(3)历史的研究不能仅仅考证零零碎碎的事实和片片段段的东西,而是要作一个整个的、互为因果、互有连锁的东西去考察他。即便"要考证或确定片片段段的事实,但这只是为于全般事实中寻求普遍理法的手段,不能说这便是史学的目的。"以此为基础,李大钊明确指出:"历史学,即是历史科学,亦可称为历史理论。史学的主要目的,本在专取历史的事实而整理之,记述之;嗣又更进一步,而为一般关于史的事实之理论的研究,于已有的记述历史以外,建立历史的一般理论。严正一点说,就是建立历史科学。"② 进而言之,只有符合这样的逻辑,史学才是一门科学。

(三) 史学要借助相邻学科,开展全方位研究

历史是研究人类社会的科学,是通过历史理论考察人类生活的经历。而人类生活所统辖的范畴又是极其广阔的,因此以往仅以社会全体或国民生活作为研究范畴是远远不够的,举凡个人史、氏族史、社团史、国民史、民族史、人类史,以及个人经历论、氏族经历论、社团经历论、国民经历论、民族经历论、人类经历论等等,均是历史研究的范畴。除此之外,还有种种特殊的社会现象,例如政治史、法律史、道德史、伦理史、宗教史、经济史、文学史、哲学史、美术史等,均可自定界域作研究。这就要求历史研究必须注意同相邻学科之间的关系,任何学科都有与之相关的学科和学问。李大钊认为,与史学有较近关系的学问大概有六类,他特别强调文学、哲学、社会学对史学研究的帮助与影响。他说:"古代的文

---

① 朱文通等整理编辑:《李大钊全集》第4卷,第360页。
② 李守常:《史学要论》,商务印书馆1999年版,第90、87页。

学，亦是古代的历史；故文史不分，相沿下来，纂著历史的人，必为长于文学的人。"但是"为此亦须有其限度，即以诗人狂热的情热生动历史的事实，应以不铺张或淹没事实为准"。史学与哲学，也绝非漠不相关，二者在研究的性质上有互相辅助的关系。史学与哲学同是研究人生根本问题的学问，史学与哲学在学问上存在哲学史和历史哲学的关系，特别是历史哲学比在历史学上研究的问题更渊深。史学与社会学的关系同样密切。历史研究的目的，在考察人类社会生活的经历及其变革，而社会学则是人类社会生活的结合及其组织，它是就人群的共同生存的一切社会现象作为研究对象。概而言之，历史学是把人类社会的生活纵起来研究的学问，社会学是把人类社会的生活横起来研究的学问。因此"自其学问的性质上说，二者有相资相倚的关系，自不待言"。

（四）历史要致用现实、启发人生

李大钊对历史的研究以及对史学理论的考察，其直接动力即来源于对现实社会和人生的思考。他对历史与现实的深刻思考是互为表里、相互推动的，为深入理解现实就需要去研究历史，而研究历史则是直接服务于现实的，乃至于是连接未来的。1921年3月21日刊发于上海《民国日报》副刊《觉悟》上的《俄罗斯革命之过去、现在及将来》一文，颇能代表他用史学直接服务于现实这一思想。除此之外，诸如《"五一"May Day 运动史》《工人国际运动略史》《马克思与第一国际》《胶济铁路略史》《大英帝国主义者侵略中国史》等，无一不是如此。他说："过去一段的历史，恰如'时'在人生世界上建筑起来的一座高楼，里边一层一层的陈列着我们人类累代相传下来的家珍国宝"。建设未来的世界，"只有在过去的崇楼顶上，才能看得清楚；无限的过去的崇楼，只有老成练达踏实奋进的健足，才能登得上去。"① 李大钊同时指出，史学的另一功能是对人生有用。他指出："凡是一种学问，或是一种知识，必于人生有用，才是真的学问，真的知识；否则不能说他是学问，或是知识。"他特别强调历史学对于人生态度上的影响。他认为："历史学是研究人类生活及其产物的文化的学问，自然要与人生有密切的关系；史学既能成为一种学问，一种知识，自然亦要于人生有用才是。"在他看来，历史学可以陶炼求真的科学态度，

---

① 朱文通等整理编辑：《李大钊全集》第4卷，第407—408页。

是前进道路上的人生导星,增进人的智识与情感,确立乐观迈进的人生观。李大钊作《史学要论》,就是认为"历史中有我们的人生,有我们的世界,有我们的自己",并以此鼓舞人们"向历史中寻找人生寻找世界寻找自己的兴趣"①。

上述四端,尽管难以完全廓清李大钊的史学思想,但应该是最能体现他对史学的认识和看法。李大钊虽未将全部精力放到史学研究上,然而在当时的学界已被认为是影响很大的"史学大家"②,在当时进步学生眼里被认为是"当代马克思主义专家"③。随后发生的社会史大论战中,时人提及他是"近五十年中国思想史上第一流的思想家","先生虽早死,而先生之学说思想日发展而光大"④。这些赞誉,不应当仅仅成为时人对李大钊的认识,更应该成为当今史界学人切实学习的楷模。

二 冷眼旁观——从史学危机到现实困境

"一代之兴必有一代之学。"李大钊对史学的探究,正是时代推动下史学革新的具体体现,由此也奠定了马克思主义史学发展壮大乃至最终独树一帜的重要基础。改革开放以来,随着社会主义市场经济的逐渐确立,史界学人开始用新的时代眼光去审视史学,"史学危机"的呼声成为学界重新寻找史学发展的一个重要开端。冷眼旁观,史学尽管取得了卓有成效的大好成绩,但是从里一个层面来看,很难说已经完全走出了真正的"危机",历史研究的现实困境依然存在着。

其时,有学者明确提出,"史学危机"其实是史家在社会变革中产生的普遍的"认同危机"。⑤ 尽管,史学界对于"史学危机"存有不同的看法,质疑是否存在史学危机,"史学危机"一词是否确切,但是在社会变革演进的大环境下,人们对史学现存状态的焦虑,史学如何适应时代发展,通过史学的自我反省和重新定位,应该是确定无疑的基本看法。社会史就是当年希望冲出史学危机的重要尝试。田居俭指出:"积极倡导'复

---

① 李守常:《史学要论》,第132、136页。
② 杨鸿烈:《史地新论·自序》,北京晨报社1924年版,第7页。
③ 朱务善:《回忆守常同志》,《人民日报》1957年4月29日。
④ 郭湛波:《近五十年中国思想史》,北平人文书店1936年版,第151、162—163页。
⑤ 郭国灿:《关于史学与现实关系的再认识》,《史学理论》1987年第1期。

兴和加强社会生活史的研究"'就是"作为史学走出'危机'的一条切实可行的途径"。① 冯尔康先生也认为"开展社会史研究是历史学走向繁荣的途径和走向新阶段的起点,这是进行社会史研究的第三个意义。现在有些历史学工作者认为史学处在危机中,不被人重视,因而思考史学的功能与出路",而"社会史恰能充当此任"。② 1987年,《历史研究》以《把历史的内容还给历史》为题,呼请史学界扩大视野,以"突破流行半个多世纪的经济、政治、文化三足鼎立的通史、断代史等著述格局。"③ 可以看出,"史学危机"为人们的主动进取和谋求新突破形成了不容忽视的现实压力,并由此转变为符合时代需求的动力。随后,社会史研究一枝独秀,成为史学研究的重要范式和广泛关注的研究方法。

社会史研究尽管在冲出"史学危机"的过程中发挥了重要作用,但是随着时间的推移,似乎又使得史学步入了敬谢不敏、意兴阑珊的境地。近年来广受诟病的"碎片化"现象即是如此。社会史研究重心"下移",将具体而弥散式的选题作为研究对象,进而出现了七零八落、琐碎靡遗的研究偏误。这种研究取向由于过于关注深描细述,缺乏大理论与大阐释的宏观视野,结果沦为了游离于宏观历史逻辑之外的孤零碎片,其结论往往缺乏普遍性意义,这样不仅显得干瘪面平,而且历史价值也无法得以完全彰显。更为重要的是,这种"碎片化"的现象,往往使得"人"在历史学当中处于屈从的地位。

再回到李大钊的史学思想中,李大钊明确提出,历史学的研究对象是人类社会,而人类社会就是人的生活经历,人的活动和经历构成了各种"人事",是成千上万的"人事"组成了人类社会生活。李大钊正是以人及"人事"作为史学研究的切入点。他尤其强调"人事的变化生成者"。在他看来,历史上的"人事"的产生发展,并非是孤立的单线发展,而是相互联系的。也就是说历史学研究的对象应该是整个的人类社会,绝非是孤立的事件和片段的记录。因此他特别强调,不能把"人事看作片片段段的东西;要把人事看作一个整个的,互为因果,互有连锁的东西去考察他"。人事的变化推移就在于"健行不息"。是"不静止而不断的移动的

---

① 田居俭:《史学通向"柳暗花明"的一条途径》,《光明日报》1986年6月20日。
② 冯尔康:《开展社会史研究》,《历史研究》1987年第1期。
③ 《历史研究》评论员:《把历史的内容还给历史》,《历史研究》1987年第1期。

过程"。① 而时下的"碎片化"研究却很难完全关照到这个"移动"的过程和有序变化的节奏。就人类社会生活的演变规律而言，实际上是有其内在有机联系的共同体，具有特定的序列性和整体性。历史研究的任务，一如李大钊去上海大学演讲时所说：（1）整理事实，寻找它的确的证据；（2）理解事实，寻出它的进步的真理。② 如果单纯聚焦于单向的某个细枝末节，细述某个特殊、具体甚或边缘的个案，不仅缺乏连贯的序列关联，而且由此推演历史研究的一般意义和普遍真理，实在值得怀疑，更遑论致用现实、启发人生了。从这个意义上来看，社会史研究原本是走出"史学危机"的重要突破口，但结果不免因"碎片化"的研究取向，而走入另一种"危机"。

实际上，这些年来出现的"碎片化"取向的另一面，是排斥合理的宏大叙事。还在1981年，白寿彝先生就提出："细小问题的考证，我认为，也可以作，甚至也可以有一部分同志专门去作，但这总不能看做是我们工作上的重点。"他建议史学工作者应重视开阔自己的视野，把天地看得大一些，要站得高些，要有察往知来、承前启后的抱负，要善于发现重大问题，推动全国史学的前进。我们不能要求每一个史学工作者都做到这一点，但总要有一些同志敢于担起时代交付的担子，敢于跟同志们互相勉励，携手迈进。③ 但是这种叙事宏大的史论史著，及至目前真正建树的似乎并不多见，反而是层出不穷的"一个村庄""一个家族""一种疾病"的探究。这种"一叶障目，不见泰山"的研究取向，不仅囿限了人们对历史的整体认知，而且也限制了人们对重大历史问题开展历史探究。结果历史日益被社会边缘化，历史学的影响渐趋式微。

曾经出现的"史学危机"，与"文革"时期的史学失真不无关联。随后，学界出现了求真求实的史学转型。应该说这样的努力是有成效的，但是在时下同样出现了矫枉过正，以致出现了追求绝对真实而实际虚幻的怪圈。

实际上，李大钊早就指出，历史的真实有两层含义：一是"曾经遭遇过的事的记录是正确的，一是说关于曾经遭遇过的事的解喻是正确的。前

---

① 朱文通等整理编辑：《李大钊全集》第4卷，第365、369页。
② 同上书，第280页。
③ 《白寿彝文集》第5卷，河南大学出版社2008年版，第461页。

者比较的变动少,后者则时时变动。"这是因为随着史观与知识不断的进步,"人们对于历史事实的解喻自然要不断的变动。去年的真理,到了今年,便不是真理了;昨日的真理,到了今日,又不成为真理了。同一历史事实,昔人的解释与今人的解释不同;同一人也,对于同一的史实,昔年的解释与今年的解释亦异。"① 这也就是说,尽管历史研究是要求"真",但是绝对的真实是不存在的,那种所谓绝对求"真"只是一厢情愿式的幻想。历史事实的复杂多样、历史记录的主观认知、研究旨趣的实际差异,已在相当程度上使相关历史信息真伪混杂、残缺不全,在这种条件追求绝对事实,只能是可望而不可即的虚幻憧憬。

但是现实情况是,不少学人依然奉行"历史即史料"的观念,寄希望通过史料还原所谓"真实"的历史。要还原历史,势必要"上穷碧落下黄泉"式地搜寻史料,通过堆砌资料以"考镜源流",希望以此成为历史研究的最高规则和学术标准。这样的结果,实际上首先就丢弃了李大钊所倡行的"活的历史",历史研究的手法难免沉闷枯燥,历史也最终沦为李大钊所谓的"僵石""枯骨",成为"死的历史"。历史研究的僵硬刻板,也就成为李大钊所谓的"空笔"。李大钊说,历史首先"应作成一个传奇小说的样子,以燃烧他们的想象",否则就是"空笔"。② 然而时下的历史研究,诸如这样的"空笔"又何其之多。结果历史非但不能令人兴奋,而且也缺少启迪后人的生存方式与智慧,最终只能成为少数"小众"的圈内"游戏",这样不仅将更多想参与的人排斥在外,而且也在很大程度上影响到了普通人对史学的阅读兴趣。实际上最近这些年一些调查统计已经暴露出这样的问题。

据北京零点市场调查与分析公司对北京、上海、武汉、深圳四个城市14—28岁之间的1065名青少年进行测验调查,结果显示青年人对中国历史的了解程度非常低。如果按满分100分计算,全体受访者的平均分仅为27.69。如果按照60分为及格分,全体受访者的及格率只有1.5%。据调查者说,此次调查的史学测验题共有25道,每题4分,满分100分,所列测验题并没有偏题和怪题,所涉及范围也并没有超出初中历史课本的内容。在这次测验中尤其值得关注的是,尽管受过高等教育、脑力劳动者和

---

① 李守常:《史学要论》,第79—81页。
② 同上书,第133页。

国有单位的青年对中国历史的了解程度略高于整体水平，但是高学历者（大专以上）的平均得分仅仅高出整体平均分 5.77。也即是说他们对中国历史的了解同样非常薄弱。根据调查者说，此次调查的可信度很高，误差不会大于 5%。① 即便是在一些专业的历史系学生中，有人曾做过这样的统计：在某校图书馆 20 世纪 90 年代以来出版的数百种较为重要的史学著作中，有 2 人或 2 人以上借阅的仅占 11%，有 1 人借阅的占 24%，其余的则多年来尚无一人问津。这种现象甚至在一些高校的专业历史系中也有着同样的表现。有人曾对某重点高校历史系学生的阅读情况进行了抽样调查，在接受调查的 35 名历史系学生中，发现只有 6 人阅读过两种或两种以上有关史学期刊的论文，9 个学生阅读过一种期刊中的史学论文，剩余 20 名学生中竟然一种也未曾看过。② 这些调查结果，原因固然多样，但是枯燥乏味的历史著作当是一个重要原因。

在李大钊的史学思想中，特别强调史学致用现实、启发人生的功能。然而这一问题，即便在今天也没有成为普遍追求的理念。"为研究而研究""为史学而史学"的现象依然存在着，甚至在一些历史学家面前，"现实"成为一种瘟疫唯恐躲避不及，进而出现了"集体出逃"的怪状。于是便有一些学者所谓"史料即史学"，告别"古为今用"，走向"为历史而史"，告别"宏大叙事"，走向无关宏旨的"琐碎史学"，告别"自言自语"，走向"日常生活史"。当所有的这些倾向叠加在一起，导致近 30 年来的史学研究日益国学化、汉学化、实证化、碎片化。③ 最终的结果是史学被边缘化。史学边缘化，"首先是史学的公信力在下降，降到有史以来最低点，史书失去读者的信赖是史学的一大悲剧。"④ 当史学沦为一种"悲剧"的地步，由此体现的困境不能不令人堪忧！

三 殷殷希望——史家与史学应有的努力

史学是"百学之王、百政之始"。中华民族"用历史以激发未来——

---

① 《青少年历史知识薄弱现状堪忧》，《光明日报》2001 年 2 月 26 日。
② 王东：《中国当代史学的困境与误区》，《河北学刊》1996 年第 1 期。
③ 王学典：《从反思"文革"史学走向反思改革史学——对若干史学关系再平衡的思考》，《中华读书报》2015 年 3 月 18 日。
④ 刘志琴：《当代史学功能和热点的转向》，《甘肃社会科学》2012 年第 4 期。

且莫论其所激发者有当与否——恐怕在中国是最有效也最自然的办法了。"① 同样，目前正当全国上下在为构筑"中国梦"而乘风破浪前行之时，我们有理由相信中国从未向今天这样需要在披荆斩棘的历史征程中鉴往知今，少走弯路，抓住机遇，实现梦想。因此，我们也真切希望史学工作者，应切实行动起来作些实质性地努力，追求史家与史学应有的精神。

第一，塑造角色意识，承担社会责任，发扬"出史入道"的精神。史家的角色意识与社会责任，在一定意义上是相互联系和统一的。"历史学家是单独的个人，同时又是历史和社会的产物。研究历史的人，正是应该从这双重的事实出发来看待历史学家。"因此历史学家"既是他所属的那个社会的产物，同时又是那个社会的自觉或不自觉的代言人，他正是以这样的资格去接触过去的历史事实的。"② 如果说历史是一个国家的民族记忆，史学研究者实际上就担当着作为民族记忆的代言人的角色，历史工作者的社会责任就是"担当着的向现在解释过去的这一工作"。③ 因此史学研究，不仅是史家本身应有的职责，也是史家通过研究历史，与社会国家联系在一起的实践形式。实际上，史家的角色意识与社会责任，在很大程度上会影响和铸造中国史学的面貌，进而决定着历史研究的发展趋向。进而言之，史家的角色意识与社会责任，至少在两个层面会影响到史学的发展趋向，第一是史学的求实精神；第二是史学的经世致用。具体说来，"史家的角色意识同史学的求真要求相关联，史家的社会责任同史学的经世目的相贯通。"其间固有的深层联系是，"史家的社会责任意识必倾注于史学之中，而史学亦必成为史家藉以经世致用的智慧和手段。"④ 这样的角色意识与社会责任，应当成为当前史学工作者的基本要求。如果说当年孔子因作《春秋》而"乱臣贼子惧"，那么对于今天的史学工作者，更应该在社会变革转型的关键时期承担起这样的责任。质而言之，研究历史要有"出乎史，入乎道；欲知大道，必先为史"⑤ 的精神。

第二，紧握时代脉搏，在社会变革转型中凸显大时代精神。在李大钊

---

① 许纪霖、李琼编：《天地之间：林同济文集》，复旦大学出版社2004年版，第18页。
② ［英］卡尔：《历史是什么？》，吴柱存译，商务印书馆1981年版，第44、34页。
③ 何新等译：《美国历史协会主席演说集（1949—1960）》，商务印书馆1963年版，第11页。
④ 瞿林东：《论史家的角色与责任和史学的求真与经世》，《社会科学战线》1996年第2期。
⑤ 《龚自珍全集》，上海古籍出版社1999年版，第81页。

的史学思想中,"时"是一个重要的概念。在他看来,一切事物归根结底都以"时"为转移,由"时"来决定。"时"的这一特点,就要求我们必须正确地对待过去与未来、新与旧的关系,要以"时"为标准不断地弃旧图新。当前的史学研究同样应以此为基点来展开。尽管实证是史学的重要特点,但是实证不是史学研究的全部,史学的真正使命恰在于社会变革的过程中,探求社会发展的内在逻辑,在倾听时代呼声的过程中探究史学,在解答时代关切的问题中体现史学应该具有的时代精神。"历史就是活着的心灵的自我认识",历史学家所研究的事件"应该在'历史学家的心灵中荡漾'",当历史学家"批评和解释这些文献时,历史仅仅是作为一种现在的兴趣和研究而活在历史学家的心灵之中,并且由于这样做便为他自己复活了他所探讨的那些心灵的状态。"① 柯林武德所谓历史就是"活着的心灵",正是李大钊所强调的"活的历史",他们都在强调历史与时代的内在联系。实际上,举凡有所建树的史家,他们总是把过去、现实和未来看成一个有机联系的整体。史学与现实发展之间从来就有着天然的联系。从人类社会出现开始,史学就紧握时代的脉搏,承担着记录社会、资鉴社会的功能。当前的史学研究又何尝不是如此。历史是曾经的现实,现实必将是未来的历史。服务社会、致用社会,是史学须臾不可离开的基本功能。只有如此,史学才无愧于这个变革的伟大时代。

第三,发掘问题意识,在讨论攻克重大问题中激发开拓精神。直面问题开展研究,原本是史家应有的素养,也是当年李大钊研究史学的重要逻辑起点。但是这些年来的史学研究实在缺乏热烈而生动的局面,许多应该由史学讨论的问题却"集体失语",许多该由史学来解决的问题却"集体出逃"。诚如一些学者所说:"在近50年的中国史学界,'文革'十年除外,实在没有哪一个年代像近20年来这样缺乏问题。"曾几何时,被誉为"五朵金花"的史学讨论,尽管存在着一定的缺陷,但是当时的讨论对学术的推动,以及这种讨论在史学研究中的地位却是有目共睹的。随后,史学领域的讨论更多,诸如像农民战争史这一问题的讨论,对于研究基层社会史有相当的刺激和引导作用。"文革"结束后,压抑多年的各种讨论再次蜂起,极大地推动了这一时期的思想解放。改革开放以来的整个80年代,可谓是一个论战的年代,中国近代史发展线索问题、中国封建社会长

---

① [英]柯林武德:《历史的观念》,商务印书馆1997年版,第286页。

期延续问题、亚细亚生产方式问题、中西文化问题等,不仅将整个80年代搞得有声有色,而且经过讨论所取得的成果也最多。然而到90年代后,"大河上下,顿失滔滔,各种问题似乎一下子都消失了,学术界对问题的兴趣锐减。"由于缺乏问题,学术界疲软不堪、生气全无。① 没有问题就没有焦点,没有焦点就无法聚合力量。研究历史就是研究矛盾,"历史科学是研究历史上的问题,问题是什么呢?问题就是事物的矛盾,事物能存在和发展,就是因为它有矛盾,有矛盾才能存在和发展。研究历史上的各种事件,就是要研究历史上的各种矛盾,从这些矛盾中找出历史发展的规律来。"② 然而当下的研究几乎是各自为战、一盘散沙,问题意识乏善可陈,攻关讨论甚少出现,许多该解决的问题无人问津。问题是史学研究的强心剂,我们热切期望史学工作者,在研究具体问题的同时,也能够提出重大的史学问题,引发新一轮的讨论热潮,进而能使当下的历史研究再次风生水起、蔚为大观!

第四,注重借鉴吸收,在史学话语中秉持独立自主的精神。史学是一门综合性较强的学科,打破史学壁垒,借鉴吸收相邻学科,亦是李大钊史学思想中的重要观点。但是任何事物如果走向极端,往往会南辕北辙走到其相反的方向上去。改革开放以来,随着各种学科理论的大量输入,史学研究逐渐出现了鱼龙混杂的西学理论,应接不暇的海外名词,致使不少学术著作在这些新理论和新名词的组合运用中,看上去光怪陆离但读起来云山雾水,不知所云。细细想来,这一现象当是一个世纪性的话题。金岳霖在评价胡适《中国哲学史大纲》一书时说:"我们看那本书的时候,难免一种奇怪的印象,有的时候简直觉得那本书的作者是一个研究中国思想的美国人;胡先生于不知不觉间所流露出来的成见,是多数美国人的成见"。③ 随着马克思主义史学体系建立后,一些著名史家开始了史学中国化的努力。侯外庐说,中国学人"在自己的土地上无所顾虑地能够自己使用新的方法,掘发自己民族的文化传统了","已经超出了仅仅于仿效西欧语言之阶段了,他们自己会活用自己的语言来讲解自己的历史与思潮了"。④

---

① 王学典:《问题缺席——当前史学界的困局》,王兆成主编:《历史学家茶座》总第26辑,山东人民出版社2012年版,第3页。
② 《范文澜全集》第10卷,河北教育出版社2002年版,第409页。
③ 金岳霖学术基金会编:《金岳霖全集》第2卷,人民出版社2013年版,第389页。
④ 侯外庐:《中国古代思想学说史·自序》,文风书局1946年版,第1页。

但是在改革开放以来的全球化背景下，随波逐流的追逐所谓的新潮理论，逐渐失去中国民族特色的史学研究，致使史学研究非但缺乏基本的学术增量，更遑论以本土化来回应西方强势的学术挑战。史学原本是一个国家的民族记忆，它的最大特点就是有着鲜明的民族特色，一味地拘泥于西学理论与国外名词，往往会使史学的民族性失真，缺乏坚实的历史土壤，而且也是没有研究效度的。也就是说，依据西学理论开展的学术研究，能够在多大程度上反映历史的客观与真实程度，所得出的结论在多大程度上是有效的，本身就需要研究。因此，在注重借鉴吸收的过程中，在史学话语中秉持独立自主的精神，实在是需要史界学人认真思虑并切实践行的一种精神。

近代以来，在中国社会变动的大背景下，史学与中华民族的历史命运连接在一起，在民族危机的最紧急关头，彰显着它的精神动力和价值张力。史学也因此成为民族危亡的紧急关头激励民族情绪、唤醒民族意识、彰扬民族精神的巨大文化力量，并在社会变动与时代助推之下，实现着中国社会更深层次的新陈代谢。当前，正值全国上下为构筑"中国梦"而乘风破浪之时，史家与史学家实在不该置身时代之外，而应积极投身于时代大潮之中。我们有理由相信中国从未向今天这样需要在披荆斩棘的历史征程中鉴往知今，少走弯路，抓住机遇，实现梦想。这也是时代赋予史学的重要责任，也是史学重新焕发青春活力的重要机遇。

（作者单位：天津商业大学马克思主义学院）

李大钊与中国古代历史研究

武 军

李大钊是近代著名的史学家、中国马克思主义史学的奠基者。他对中国史学由传统向现代的嬗变，作出了杰出的贡献。这不仅体现在他创立了以唯物史观为指导的中国马克思主义史学理论，为中国史学提供了科学的历史观和方法论体系，还在于他首先将这一理论运用于历史研究，为后人作了示范。对于后者，一些论著虽然提及，但论述尚欠充分。笔者认为，仅就李大钊对中国古代历史的研究而言，至少有三方面：即对远古为"黄金时代"说的批判；对古代社会经济生活的探讨；和对古代社会历史发展规律问题的论述等等，为与其同时代的史家所不及，对创立科学的中国古代史体系有重要意义。

一 对"黄金时代"说的批判

中国传统史学认为，传说中的古代帝王，从盘古到三皇五帝，都是客观存在的。他们发明了各种生产、生活用具，教人民从事渔猎耕稼畜牧等各种生产活动。他们的时代是"大道之行也，天下为公"① 的时代，是中国历史上的"黄金时代"。尧舜以降，道统虽经禹、汤、文、武、周公、孔子而不坠，但已不能恢复三代以前的盛况，孔子以后更是每况愈下。这种观点完全把神话传说等同于信史，不仅有悖于历史真实，而且反映了一种退化的历史观。它自汉代形成后，流传两千余年，影响深远。其间也有一些学者、史家或思想家从不同角度对之提出质疑，但都未从根本上动摇其统治地位。到了近代，随着西方进化论思想传入，康有为、梁启超、夏曾佑等对"黄金时代"说，甚至对有关历史记载本身的真实性都表示了怀

---

① 《礼记·礼运》。

疑。康有为认为，"上古茫昧无稽"，① 孔子时已感叹夏殷的文献不足征，何况三皇五帝的史事。梁启超呼吁从信古的束缚中解脱出来，"摧陷千古之迷梦"。② 夏曾佑在《最新中学中国历史教科书》中，将周初以前称为"传疑时期"，认为三皇五帝之说"不可授为考实"。这些言论的流布，动摇了"黄金时代"说所代表的信古、崇古思想，直接启发了二十年代的疑古辨伪思潮。但他们既未从史观角度揭示"黄金时代"说的历史根源，也未从史料角度提出古人作伪的充分证据，还不足以推翻信古思想在史学界的统治地位。民国初年历史文化领域里的复古思潮，恰恰说明了这一点。

李大钊在早期新文化运动中，曾经以进化论思想为武器，对复古思潮进行过批判。五四运动后，李大钊以历史唯物主义的社会发展观为依据，对"黄金时代"说及其所反映的历史退化观作了更加深刻的批判。其论述可以概括为如下三点：

第一，揭示了"黄金时代"说产生的社会历史原因和思想根源。他认为，"黄金时代"说源起于春秋战国时期诸子百家的托古之说。"孔孟之徒，言必称尧舜；老庄之徒，言必称黄帝；墨翟之徒，言必称大禹；许行之徒，言必称神农。此风既倡，后世逸民高歌，诗人梦想，大抵概念黄、农、虞、夏、无怀、葛天的黄金时代，以重寄其怀古的幽情。"③ 由信古到崇古、怀古似乎是一种必然的心路历程。这种怀古思想何以能如此长久地占据人们心灵呢？李大钊在1922年1月所作的一次演讲中，对此有详尽的分析：一是因为人们"厌倦现在，认现在都是黑暗的，没有光明的"；二是"受时间距离太远的影响，因而在心理上发生一种暗示，这种暗示可以把古人变成过于实在的伟大，如同拿显微镜看物一样"；三是由于历史发展常常出现曲折反复，"世运每由昌明时代，转为衰落时代，甚而至于撕灭。因而许多人以为今不如昔，就发生怀古的思想"；四是由于崇拜祖先的风俗，"随着家族制度，发生崇祀祖先的思想，也可以引起崇拜古人的观念"；五是因为"现在也有不如古来的，如艺术。艺术乃是有创造天才的人所造成的，艺术不分新旧，反有历时愈久，而愈见其好者，因此也可以使人发生怀古的观念。""中国科学不发达，古人遗留下的多是艺术

---

① 康有为：《孔子改制考》卷1。
② 梁启超：《近世文明初祖两大家之学说》，《饮冰室合集·文集之13》，中华书局1989年版，第1页。
③ 李大钊：《史观》，《李大钊史学论集》，河北人民出版社1984年版，第72页。

的……故中国人崇古的思想，格外的发达，中国人对于古人格外仰慕，对于古人的艺术格外爱恋。"① 这些论述，从人们的历史意识、社会心理到历史过程本身的丰富多样性、曲折复杂性，层层剥笋，鞭辟入里，对崇古、怀古思想的根源作了富于辩证哲理的揭示，对我们颇有启发作用。

第二，阐释了"黄金时代"说不能成立的根据。他指出，古代史书关于"黄金时代"的记载有许多不可置信的成分。他举例说，"从前的史书，都认火的发现，农业及农器的发明，衣服的制作，为半神的圣人，如燧人氏、神农氏等的功德"②；是由这些"半神的圣人，给我们在一个相距不远的时代一齐造出来的"③。这些记载并不可靠。根据人类学家的研究，衣服最初是由树叶制成的。"人类渐渐的站起来用足走路以后，腹部因蔽体的毛稀薄，感畏风寒，乃渐取树叶遮盖；后来旁的地方怕受风寒，也会想法去遮盖了。这就是衣服的起源，由树叶到衣服的进步更不知道经过了多少年月！"④ 其他发明也是如此。"火同农业的发明，是社会的进化，并不是所谓神农燧人一二人的功德。"⑤ 这些发明及其应用，改良都有一个漫长的历史过程，"实为人类生活一点一点的进步的结果；在原人时代，不知几经世纪，几经社会上的多数人有意无意中积累的发现与应用的结果，始能获享用此文明利器。"⑥ 从社会生产发展的客观角度看，人类社会的进化更是一个长期的历史进程。"由茹毛饮血的生活而渐进于游牧的生活，由游牧的生活而进于畜牧生活，而进于农业生活，手工业的生活，机器工业的生活，这里边有很悠久的历史，并不会一时得到的。"⑦ 他进一步说明，几千年来人们称羡不已的所谓"黄金时代"，其实"只是些草昧未开、洪荒未调的景象"⑧，即生产力发展水平极度低下，人们的生活条件极其恶劣和艰苦的"原人社会"。它根本不是什么理想的乐园，而是人类社会发展史上最低级的一个阶段。因此，"黄金时代说是错误的"，是"伪造的"，⑨

---

① 李大钊：《今与古（二）》，《李大钊史学论集》，第 172—174 页。
② 李大钊：《史学要论》，《李大钊史学论集》，第 203 页。
③ 李大钊：《研究历史的任务》，《李大钊史学论集》，第 190 页。
④ 同上书，第 191 页。
⑤ 李大钊：《今与古（二）》，《李大钊史学论集》，第 172 页。
⑥ 李大钊：《史学要论》，《李大钊史学论集》，第 203 页。
⑦ 李大钊：《研究历史的任务》，《李大钊史学论集》，第 191 页。
⑧ 李大钊：《史学与哲学》，《李大钊史学论集》，第 186 页。
⑨ 李大钊：《今与古（二）》，《李大钊史学论集》，第 174—175 页。

是对远古时代历史真相的歪曲。这些论述虽然基本上是从社会发展史的角度立论,但对于"黄金时代"说的批评是切中其要害的。

第三,主张打破"伪造的黄金时代说",创造将来真正的黄金时代。他深刻地阐述了历史观与人生观之间的密切联系,指出在无始无终、奔驰前涌的历史长流中,如不通过考察探明其趋向,人生将如同大海中的一叶孤舟一样无所归依,"故历史观者,实为人生的准据,欲得一正确的人生观,必先得一正确的历史观。"① "黄金时代"说所反映的是退化的历史观,由于这种"伪造的黄金时代说"盛行,"退落的历史观,遂以隐中于人心","一部整个的中国史,迄兹以前,遂全为是等史观所支配。"这种史观不仅支配着中国传统史学,而且造成了消极保守的人生观。人们不是通过自身努力去改善处境,而是把希望寄托在命运或"天宜天纵"的英雄人物身上,"衰乱行吟,则呼昊天;生逢不辰,遭时多故,则思王者,思英雄。"② 这种状况严重地阻碍了中国社会的发展。只有"把中国伪造的黄金时代说打破,才能创造将来,力图进步。"③ 李大钊认为,人类历史从总体上讲是一个发展、进步的过程,"黄金时代不是在我们背后的,是在前面迎着我们的。"④ 打破伪造的"黄金时代"说,目的不仅是否定一种错误的历史观点,还历史以本来面目,而且要使我们通过对历史真相的了解"得到乐天迈进的人生观",增强信心和勇气,"于现在、于将来努力去创造黄金时代"。⑤ 这样,李大钊就将对于一种错误史观的分析评判与创造未来历史的重大使命结合起来,在史学的求真与致用之间架起了一座桥梁,把史学的社会功能提高到了一个新的层次。

需要指出的是,李大钊批判崇古、信古思想,否定退化史观,但也不造成对古代历史遗产持虚无主义态度。他认为,"古代自有古代相当之价值",古人创造的东西,如艺术作品,"固有我们不能及的地方"。⑥ 对于其一再批评的怀古思想,他也没有一概否定,认为其中含有的不满现状的因素可以加以利用,向创造将来的方向引导。⑦ 他对今古关系有相当辩证

---

① 李大钊:《史观》,《李大钊史学论集》,第68页。
② 同上书,第72页。
③ 李大钊:《今与古(二)》,《李大钊史学论集》,第174页。
④ 李大钊:《演化与进步》,《李大钊史学论集》,第187页。
⑤ 李大钊:《史学与哲学》,《李大钊史学论集》,第186页。
⑥ 李大钊:《今与古(二)》,《李大钊史学论集》,第175页。
⑦ 同上书,第172页。

的看法，认为今与古是相对而言的，"我们看古是旧，将来看今也是古"；今古关系同时又是包含和继承的关系，"古人所创造的东西，都在今人生活之中包藏着"。① 因此，对古代历史遗迹顶礼膜拜和不加辨别地一概贬斥同样不妥，"我们固然不能轻于盲拜古人，然亦不可轻于嘲笑古人"。② 正确的态度只能是批判地继承。

李大钊的上述分析和评论，主要是在历史观的层面上讲的，与稍晚出现的"古史辨"派专门从历史文献辨伪角度"打破古代为黄金世界的观念"③，可谓殊途而同归。作为五四运动和中国共产党早期的一位主要活动家，李大钊没有也不可能像"古史辨"派学人那样，通过系统的文献整理证明"黄金时代"说之虚妄，但其对"黄金时代"说的批判所达到的思想高度，却非"古史辨"派及同时代其他学者所能及。"黄金时代"说作为一种历史观念，仅从史料辨伪角度对其进行批驳，并不能抓住问题的本质所在。只有从社会发展史的角度，对远古时代作准确的历史定位，才能从根本上驳倒这种荒谬的历史观。李大钊侧重于史观角度的阐述，不仅较"古史辨"派更为深刻，而且提供了正确对待古代历史遗产的范例，而后者对于创立科学的中国古史体系是不可或缺的。

二 对中国古代社会经济生活的探讨

对"黄金时代"说的批判，集中地体现了李大钊的疑古精神。然而，疑古只是探索古史真相的一个必要前提，而并非古代史研究的全部。李大钊并未停留于疑古，而是在唯物史观指导下，运用历史文献和地下出土材料，对中国古代社会作了一定的考察，从而使其古代史研究具有科学研究的内涵。

李大钊的古代史研究有一个与以往史家明显不同的特点，即注重对古代经济生活的研究。中国古代传统史学主要记载"帝王爵贵的起居，一家一姓的谱系"④，"王公世爵纪功耀武的事"⑤，对社会生活其他领域的反映

---

① 李大钊：《今与古（二）》，《李大钊史学论集》，第175页。
② 李大钊：《史学要论》，《李大钊史学论集》，第203页。
③ 顾颉刚：《答刘胡两先生书》，《古史辨》第1册，上海古籍出版社1982年版，第101页。
④ 李大钊：《史学要论》，《李大钊史学论集》，第200页。
⑤ 李大钊：《唯物史观在现代史学上的价值》，《李大钊史学论集》，第147页。

相对较少。近代新史学扩大了研究领域,但仍侧重于政治史、文化史,而对经济史未给予足够重视。李大钊着重研究经济史,不仅是要纠正以往史学的弊病,而且也基于唯物史观对历史的认识。他援引马克思的论述指出,"文化是以经济作基础","有了这样的经济关系,才会产生这样的政治、宗教、伦理、美术等等的生活"。① 因此,他研究经济史,还有更深一层的用意,即寻求历史发展的真实基础。

李大钊对中国远古至商周时期的社会生活尤其是经济生活,作了初步的考察。(1)他根据地下发掘材料和古代文字的演变,以及有关伏羲、神农、黄帝的传说,肯定中国远古时期有渔猎、畜牧、农业等不同经济时代的存在,被中国人尊奉为祖先的黄帝,"是农业经济时代的反映","农业之民,土地为重,故崇地之黄色为正色。其首长亦取地的光色尚黄,其民即尊之为黄帝"。② (2)他将经济发展与君主制的产生联系起来,认为君主的产生与火的发现有关,"火为人类生活史上第一个大发明,故那时的人们对于精于用火者,即奉为君主。"③ 这较夏曾佑仅仅将君主制的产生归结于宗法制,④ 无疑是一个进步。(3)他考察了远古时期的商品交换情况,根据古文献记载和考古发现,认为"在中国石器时代以贝壳为主要的货币",龟甲、家畜、兵器、农具、布帛等物品也都曾充当货币。⑤ 这实际上说明,当时的商品交换是原始的以货易货的物物交换方式。(4)他根据当时所见殷墟出土物中没有金属器物,能辨读的甲骨文字中无金字或从金的字,以及《尚书》《诗经》等有关文献记载,判定殷商时期"尚为石器时代",周朝才进入铜器时代。⑥ 这个判断并不符合史实,考古学家后来不仅从殷墟中发掘出青铜器,而且将铜石并用时代向前推进到公元前三千年初期,即仰韶文化晚期。⑦ 然而,李大钊有意识地利用出土材料与已有文献相印证、以探索古史真相的研究方法,应当予以肯定。当时,中国的考古学、人类学尚未产生,大规模的考古发掘尚未开始,对远古时期即史前史的研究受到材料的很大限制,有某些牵强附会的解释甚至错误的判

---

① 李大钊:《研究历史的任务》,《李大钊史学论集》,第189页。
② 李大钊:《原人社会于文字书契上之唯物的反映》,《李大钊史学论集》,第252—253页。
③ 同上书,第253页。
④ 严复译:《社会通诠·夏曾佑序》,商务印书馆1981年版。
⑤ 李大钊:《原人社会于文字书契上之唯物的反映》,《李大钊史学论集》,第253—257页。
⑥ 同上书,第255页。
⑦ 苏秉琦:《重建中国古史的远古时代》,《史学史研究》1991年第3期。

断,是难免的。李大钊作为这一领域的开拓者之一,留给后人的主要不是符合今天认识水平的多少具体结论,而是研究方法上的许多有益启示。

李大钊对中国古代土地制度作了较为系统的考察。土地是农业经济时代最基本的生产资料,土地制度是社会经济基础的主要组成部分。研究土地所有制状况,对了解和认识社会形态和发展阶段,是必不可少的。在1925年底至1926年初发表的长篇论文《土地与农民》第一部分中,李大钊论述了中国土地制度的起源,认为春秋以前"有一个土地共有的阶段","直至春秋战国时,土地私有制才渐次确定"。[①] 他概述了从西汉到清朝的历代土地制度及其主要内容,包括汉武帝时的限田制主张,王莽的王田制,西晋的占田制,北魏的均田制,唐代的班田法,宋代的限田主张,金元时期统治集团对汉族人民土地的掠夺,明代的庄田,清代的旗地等等,比较完整地勾勒出中国古代土地制度演变的轨迹。对于一些在历史上曾发生过重大影响的田制,他作了重点分析。他认为,井田制在先秦是否实行过,有不少争论,但其意义在于它成为战国以后"谈政者一种理想的土地制度",其特点"是一种比较完满的土地国有,平均的授与农民耕种使用的制度"。[②] 这样就揭示了井田制被历代政治家、思想家谈论不休、并屡次被改革家借用的根源。对于在历史上受到颇多赞誉的北魏和唐代田制,李大钊指出,北魏均田法是在"大乱以后,人民离散,土地荒芜,豪强跋扈,税制紊乱,乃谋所以安插游民,奖励稼穑,以荒闲的土地给与贫民,以图增加税源的方策,而非根本的解决土地问题的政策";唐代班田法也是如此,"其目的,并不在没收富者的田地以给贫民,而在整理租税"。[③] 这些社会背景和主观意图方面的说明,有助于人们在对北魏和唐代田制作出必要的历史肯定的同时,不致偏向一端。对明代庄田和清代旗地,李大钊一针见血地指出,"明代庄田滥设,引起富强兼并土地的事实","富农多献地于王公,借庄田之名,以避赋役,管庄官及庄头,假威以害民";清代旗地"不过为一部分征服民族,立一种保障特权的土地制度"。[④] 这些论述深刻地揭示了封建社会土地所有制与政治特权相结合、阶级压迫与民

---

① 李大钊:《土地与农民》,《李大钊文集》(下),人民出版社1984年版,第822页。
② 同上。
③ 同上书,第823页。
④ 同上书,第824页。

族压迫相一致的特点。《土地与农民》第一部分是一篇较完整的土地制度史纲，在中国古代经济史研究领域具有开创意义。

李大钊在古代史研究中，还运用了中外比较的方法以分析中国古代经济文化的特点。他认为，包括中国在内的东方诸国，由于自然条件比较优越，"故以农业为本位"，过定居生活，进而形成大家族制度（家族主义）和重男轻女、一夫多妻的风俗，以及"与自然调和，与同类调和"的精神；西洋诸国情况恰好相反，是"以工商为本位"，经常迁徙，进而形成小家族制度（个人主义）和尊重妇女、一夫一妻的习惯，以及"与自然竞争，与同类竞争"的精神。① 这种差异还体现在东西方经济思想的不同上。西方人的经济思想，对人的欲望"惟尽力以求其满足"而不择手段，"其要点在于应欲与从欲，在于适用与足用"；东方（包括中国）人的经济思想，则只满足人们"于一定的限度内认为必要的欲望"，对不合理的欲望则加以约束，而且强调手段的正当性，"其要点在于无欲与寡欲，在于节用与俭用"。产生这些差异的原因，他归结为"受了自然环境的影响"。② 这些论点无疑有不确切之处，而且把东西差异的原因仅仅归结为自然环境也是不够的，但它们同时也包含着相当大的合理成分。李大钊还列举了老子、儒家、管子、荀子、墨子、韩非等先秦诸子的经济思想的主要论点，但留下的材料（讲义）不全，我们无法得知他对上述诸家经济学说有何评论。李大钊已注意到中国古代文化对西方的影响。对造纸术由中国传播到欧洲的途径，他引用英国学者的研究成果，指出是在公元751年中国与阿拉伯人的一场战争（即怛逻斯战役）后，由被俘的中国人传给阿拉伯人的，以后又由阿拉伯人传给欧洲人。这已为现代史学界所公认。他还明确指出，"中世末期欧洲得了两种新发明，一是造纸术，一是印刷术，遂以召起文艺复兴的大运动"。③ 这大概是中国史学界第一次对中国古代的两项伟大发明与欧洲文艺复兴运动之间的关系作出正确的说明。对中西古代文明的比较及其相互关系的探讨，不仅反映了李大钊史学方法的高超，而且体现了其史学意识的开阔。

---

① 李大钊：《由经济上解释中国近代思想变动的原因》，《李大钊史学论集》，第59页。
② 李大钊：《中国古代经济思想之特点》，《李大钊史学论集》，第278页。
③ 李大钊：《原人社会于文字书契上之唯物的反映》，《李大钊史学论集》，第258—259页。

三 对中国古史中规律问题的认识

历史发展有没有规律可循，或者说有没有必然的历史法则？这是中外史学界长期聚讼不休的重大理论问题，也是史学能否成为科学的关键之所在。中国古代进步的史学家，如司马迁，在某种程度上接近于对历史发展作出带有规律性的说明，但古代史学家不可能从总体上对历史发展规律作出科学的阐释。近代史学家多数否认历史发展规律的存在。梁启超说，历史"绝无必然的法则以为之支配"。① 与李大钊同时在北京大学执教、讲授历史研究法课程的何炳松也说，历史"不能有所谓定律"。② 他们都以社会历史现象不同于自然现象，只具有一定性，不具有重复性为由，否认社会历史发展规律的存在。更多的史家则对历史发展规律的问题闭口不提。

李大钊肯定社会历史发展有规律可循。指出"世界一切现象，无能逃于理法的支配者，人事界的现象，亦不能无特种的理法"。所谓"理法"，就是历史发展规律。他认为，社会历史现象比起自然现象来，确实更加错综复杂，"其理性不易寻测"，但不能因此否认"理法"的存在；人类社会的"理法"与自然界的"理法"表现形式不同，"非谓于个个特殊事例，常以同一普遍的形态反复表现"，"此理法常反被认为一定的倾向。此一定的倾向，有时而为反对的势力所消阻"。③ 这样既回答了历史规律的否定论者，又与机械的历史决定论划清了界限，显示了李大钊历史认识的过人之处。

李大钊对中国古代历史发展的具体规律问题进行了探索。他在批判古代史学的"黄金时代"说明，阐述了自己对历史发展过程的精辟见解。他指出，历史发展不是直线上升的过程，"历史的演进，常是一盛一衰，一治一乱，一起一落"；"一盛之后，有一衰，一衰之后，尚可复盛，一起之后，有一落，一落之后，尚可复起"。这就是说，历史是盛衰、治乱、起落不断变化更替的过程；但每一次变化更替又不是回到原来的起点上，"一盛一衰，一起一落之中，已经含着进步，如螺旋式的循环"。"衰落之

---

① 梁启超：《中国历史研究法》，《饮冰室合集·专集之73》，中华书局1989年版，第117页。
② 何炳松：《历史研究法》，上海商务印书馆1927年版。
③ 李大钊：《史学要论》，《李大钊史学论集》，第211页。

后,还有将来的昌明"。① 他用"螺旋式的循环"深刻地阐明历史是一个辩证发展的过程,不仅至今看来仍具有真理性,而且为划分历史阶段提供了科学依据。从历史过程的角度看,历史规律体现于历史分期上,体现于不同社会形态及每一社会形态内不同阶段之变化更替上。因而,科学地划分历史阶段,阐明各阶段的特点及相互联系,是探索历史发展规律的重要体现。

在李大钊之前,梁启超、夏曾佑等人依据进化论观点对中国历史进行分期。梁启超把中国历史分为上世史、中世史、近世史三个时期,并按照西方考古学方法将史前期分为石刀期、铜刀期、铁刀期三个具体发展阶段,② 体现了其史学见识。夏曾佑则进一步将中国历史划分为上古、中古、近古三大期和传疑、化成、极盛、中衰、复盛、退化、更化七小期。③ 这些分期突破了古代史学以皇朝划分历史阶段的局限,在一定程度上反映了历史的变化更迭及其因果联系。但是,他们以政治制度或思想文化的演变为划分标准,分期并不科学,也不可能真正揭示历史发展的规律。李大钊在《我的马克思主义观》这篇最早系统介绍马克思主义的论文中,即引用马克思在《〈政治经济学批判〉序言》中关于社会历史发展阶段的经典论述:"综其大体而论,吾人得以亚细亚的、古代的、封建的及现代资本家的生产方法,为社会经济的组织进步的阶段。"④ 李大钊在其论著中屡次使用诸如"原始社会""古代社会""资本主义"等概念术语,而未加以解释,说明他赞成马克思的有关论述,而且相信这些论述也同样适用于中国,因而他未对中国历史分期提出自己的系统见解。不过,他注意到远古时期中国历史的阶段性问题。他肯定远古时期的渔猎、畜牧、农业等不同经济阶段和石器时代、铜器时代的存在,并以发展的眼光看待从渔猎经济到畜牧经济再到农业经济的演变,从石器时代到铜器时代的演变,这些在前面已有论述。难能可贵的是,李大钊重视考察历史阶段的更替与社会经济关系的演变之间的联系。他认为,从母系氏族社会向父系氏族社会的转化,与社会经济形式的变化有关,"女权的衰落,大约起于畜牧时代。而男性的优越,实大成于农业经济时代。"由于男女社会分工发生变化。男

---

① 李大钊:《今与古(二)》,《李大钊史学论集》,第173页。
② 梁启超:《中国史叙论》,《饮冰室合集·文集之6》,第10页。
③ 夏曾佑:《最新中学中国历史教科书》,上海商务印书馆1906年版。
④ 李大钊:《我的马克思主义观》,《李大钊史学论集》,第13页。

女的社会地位也随之发生变化，"到了农业经济时代，男子便专从事于农作，在经济上占优越的地位，女子遂退处于家庭以内，作些洒扫的琐事。"① 这样的解释，更接近于历史实际，也有益于探索原始社会的发展规律。

李大钊还根据唯物史观关于经济基础与上层建筑关系的原理，分析了中国古代的经济关系与政治、文化、思想意识之间的关系。他认为，集血缘关系和经济关系于一体，而以经济关系为主的大家族制度，"就是中国的农业经济组织，就是中国二千年来社会的基础构造。一切政治、法度、伦理、道德、学术、思想、风俗、习惯，都建筑在大家族制度上作他的表层构造。"孔子学说所代表的纲常名教、礼义道德，其特点无一不是"损卑下以奉尊长""牺牲被治者的个性以事治者"，正是以大家族制度为特征的农业经济的产物。孔子的学说之所以能支配中国人心达两千余年，是"因为经济上有他的基础"，"因为中国的农业经济没有很大的变动，他的学说适宜于那样经济状态的原故"。随着农业经济为工业经济所取代，大家族制度瓦解，孔子学说的统治地位"不能不跟着崩颓粉碎了"。② 李大钊以孔子学说在中国古代和近代的地位变化为例，深刻地阐述了经济基础对社会生活其他方面，尤其是意识形态的决定作用，揭示了历史发展的最终动力是经济即物质生产的发展。这样，李大钊的古代史研究就具有了完全的科学研究的意义。

从以上三方面看，李大钊并未对中国古代历史作整体性的系统研究，但却抓住了创立科学的中国古代史研究体系所必须解决的几个关键问题。李大钊在研究中也有不足之处，某些提法不一定合适，某些具体结论不一定正确；但我们很少见到他犯有简单化、公式化、片面性的弊病。他在史学研究方法上，从王国维那里汲取了营养，而又有所创新。尽管李大钊在中国古代史研究领域只是做了一些尝试性的工作，却在指导思想和研究方法上留给后人不少宝贵的启示，也为中国马克思主义史学研究开了一个好头，其筚路蓝缕之功是不应当忘记的。

（作者单位：军事科学院）

---

① 李大钊：《原人社会于文字书契上之唯物的反映》，《李大钊史学论集》，第261页。
② 李大钊：《由经济上解释中国近代思想变动的原因》，《李大钊史学论集》，第59—65页。

重估侯外庐"早期启蒙思想"学说

冯 峰

侯外庐是著名的马克思主义史学家，他的《中国思想通史》奠定了他在马克思主义历史学发展进程中的重要地位，而被誉为"史学五老"之一。然而自改革开放以来，侯外庐以及"侯外庐学派"却颇有被遗忘的趋势，相比研究胡适、陈寅恪、钱穆等人论著的数量与质量，侯氏史学思想和学派至今未有一本系统的专著，就不能不令人感到诧异。①

侯氏关于中国早期启蒙思想的论述为国内史学界所推崇，早已成为明清思想史研究的一种"典范"。② 但仍有两方面的问题值得注意：（一）该学说在海外可资比较的研究者中应者寥寥，如同样关注这一时期儒学转型的沟口雄三和余英时的相关研究，颇可以与侯氏理论相印证者，但海外（包括港台）学界似乎"遗忘"了侯氏理论。（二）国内的研究者大多阐发了"早期启蒙思想"论述在思想层面的意义，而对"早期启蒙思想"论述的文本——《近代中国思想学说史》《中国思想通史》第五卷和《中国近代启蒙思想史》——缺乏历时性的比较。③ 由此也忽略了侯氏写此论著

---

① "史学五老"的提法大致形成于解放初期，指郭沫若、范文澜、翦伯赞、吕振羽、侯外庐五人。侯外庐学派大体包括了，侯外庐、杜国庠、赵纪彬等第一代学者，以及"诸青"第二代学者。"诸青"是当时参与《中国思想通史》编纂的青年学者的笔名，其中李学勤、张岂之、何兆武等人仍是目前史学界的名家。

② 相关研究见孔繁：《读中国思想通史》第五卷、李锦全：《研究中国哲学遗产必须依据马克思主义的观点方法》、任大援：《侯外庐先生对明末清初启蒙思想的研究》，三文均收于《纪念侯外庐文集》，陕西人民教育出版社1991年版。武少民：《论侯外庐对清代学术史的贡献》，《东北师大学报》2006年第2期。萧萐父、许苏民：《"早期启蒙说"与中国现代化》，《江海学刊》2003年第1期。萧、许二人还著有《明清启蒙学术流变》（辽宁教育出版社1995年版）一书，更系统地阐发与发展了侯氏的"早期启蒙说"。

③ 从《近代中国思想学说史》的撰写到《中国近代启蒙思想史》的再版，前后历时已半个世纪。不仅作者的思想产生极大变化，而且新中国成立后各种运动的干扰与影响，也不可避免地在书中留下痕迹。因此，我们考察侯外庐的启蒙思想研究，就必须对比前后不同版本，才能得出客观的结论。

时，对民国已有研究（如章太炎、梁启超、胡适、钱穆等人著作）的"扬弃"，以及其与马克思主义学说的关系。本文讨论第二方面的问题，而第一方面的问题则留待他文。

一　写作背景——政治与学术之间

侯外庐进入史学研究领域的时间很晚。当标志着马克思主义史学在中国确立地位的"社会史论战"轰轰烈烈展开之时，侯外庐正在欧洲试译《资本论》。当他1930年回国时，郭沫若蛰伏日本十年写成的《中国古代社会研究》正风靡学界，在数月之间三次印刷，于次年已刊行7000余册。① 此时，侯外庐先是在哈法大短暂任教，而于"九一八"后来到北平，担任北平大学法学院教授，教经济学课程，专业还不是史学。②

侯外庐真正进入史学领域是到重庆以后。但侯氏初到重庆不是以研究者，而是以政论家的面目出现的。当时年轻的学者胡绳回忆说，"我除了知道他（侯氏）是《资本论》的译者外，还把他看作是位政论家。他在1934—1935年已开始社会史、思想史的研究，但我那时还没有读到他在这方面的著作。我所读到的是他的《抗日民族统一战线》《抗战建国论》两本书和杂志上发表的政论文章。"③ 确实，侯氏这一时期是宣传抗日民族统一战线的著名理论家，他甫到重庆就受命主办《中苏文化》。这是一份中苏友好协会的刊物，会长是孙科，其成员主要为有留苏经历的国民党员和倾向共产党的知识分子，刊物的实际负责人是王昆仑、侯外庐和翦伯赞。他们以《中苏文化》为阵地，大力宣传苏联和中苏友好。④ 侯氏从1938年到1942年，发表的时论文章不下五十篇，主要都刊于《中苏文化》，内容集中在抗日民族统一战线和抗战建国的问题。⑤ 难怪胡绳会以为侯氏是政

---

① 有关社会史论战以及郭沫若的地位，见［美］阿里夫·德里克《革命与历史》，翁贺凯译，江苏人民出版社2005年版。
② 侯外庐：《韧的追求》，生活·读书·新知三联书店1985年版，第17—18、27—29页。
③ 胡绳：《纪念侯外庐同志》，《纪念侯外庐文集》，第2页。
④ 如每逢抗战纪念日、孙中山诞辰、十月革命纪念日、列宁诞辰忌辰、斯大林寿辰、苏联红军建军节，即出版特刊、发行专号。刊物不仅邀请国民党左派、各界名流、民主党派人士发表文章，也请党的领导人毛泽东、吴玉章等撰写稿件，还通过邀请蒋介石为抗日题词等方式，化解了国民党右派的攻击。侯外庐：《韧的追求》，第92—97页。
⑤ 侯外庐：《韧的追求》，第96页。

论家。

　　1941年初皖南事变爆发，国共关系遇到重大挫折。为此重庆中共的负责人周恩来及时调整了宣传策略，一方面继续维持统一战线；另一方面密切与知识分子的联系，以《新华日报》《群众》《中苏文化》为阵地加强对国民党的理论攻势。周恩来还组织学者们成立"读书会"，定期举行会议，宣传统一战线的斗争策略，并亲自参加讨论，如侯外庐参与的小组中就有许涤新、胡绳、杜国庠、翦伯赞、王寅生等著名左派学者。① 但习惯了"学问国"的学者们一时还很难领悟党策略的变化。比如侯外庐等人就紧盯着重庆学术界唯心主义哲学"权威"冯友兰、贺麟，以及雷海宗等人的《战国策》，展开猛烈的批评。周恩来及时地加以制止，把学者的矛头转向陈立夫的"唯生论"，认为应该尽力团结各派知识分子，以便在统一战线中占据有利地位。在周氏的指导下，杜国庠、侯外庐等左派学者还组织了"新史学会"，吸收顾颉刚、张志让、周谷城等著名的中立学者。②

　　周恩来在新的斗争形势下又一举措，是尽力保持左派知识分子的"党外"身份。侯外庐留法时就加入了共产党，到重庆后他又多次要求重新入党，周恩来则力劝他保持党外身份。这出乎侯氏的意料，但不久他就明白了周恩来的深意。1944年，侯氏参加了"中国民主革命同盟"（又称"小民革"）。该组织成立于皖南事变前后，是一个在共产党领导下的"秘密革命组织"。最初主要成员是国民党的上层左派，以王昆仑、刘仲容、于振瀛、杜斌丞、许宝驹、屈武、谭惕吾为代表，1944年开始向知识界扩充，阳翰笙（郭沫若领导下文化工作委员会秘书长）、沈志远（生活书店编辑）、侯外庐等文化界人士，以及科学家梁希、涂长望等相继加入。③

　　周恩来还鼓励知识界多研究中国的问题，以学术为现实政治服务，与侯外庐的学术追求不谋而合。④ 因此，他在1941年开始从事中国古代思想史（先秦段）研究时，虽然有学术的因素，如长久以来对社会史论战的关注、翻译《资本论》在理论上的积累以及同行学者郭沫若的鼓励等，但皖南事变后周恩来代表的党对学术界的指导，是促成他此时动笔的最重要的

---

　　① 侯外庐：《韧的追求》，第121—122页。
　　② 同上书，第122—123页。
　　③ 同上书，第149—157页。
　　④ 侯氏从不讳言自己的研究有功利目的。他说，"绝对超乎政治之外的学者，我没有见过一个"。见刘茂林《浅谈侯外庐同志的历史思维》，《纪念侯外庐文集》，第62页。

政治因素。

《中国古代思想学说史》的写作开始于1941年初,完成于1942年底,历时约两年时间。其间他还完成了《中国古典社会史论》,由此奠定了他社会史和思想史相结合的治学方法。侯氏还规划了规模宏大的写作计划,即分古代、中古、近代三编写出完整的中国思想史。因此,到1942年底《古代思想学说史》完成,按照计划应该转入中古思想史的研究,然而他却一跳至近代,开始着手《中国近代思想学说史》的写作。侯氏解释说:

> 著者治中国思想学说史有年,古代思想史已经问世,本想将过去的研究大纲扩充范围,按照次序,继写秦汉思想史,再及中古玄学史,宋明理学史,最后至近世思想史,惟有一个先决难题实须研究清楚,即社会史的时代认识是。中古至近世的中国社会颇易辨析,而古代至秦汉的中国社会则颇难于研究,学者间至今犹无共认的定论。……因此,我把写作的程序变更,先(把)关于十七世纪以至清末明初的思想史整理出来,然后回头从事中古诸朝的思想研究,期以十年或有全部更完整的贡献。其次,中国先秦诸子思想之花果,固然可以比美于希腊文化,而清代思想之光辉,亦并不逊色于欧西文艺复兴与宗教改革以来的成果。①

侯氏转向近代思想的研究至少有两个原因:第一,他坚持思想史与社会史并重的原则,所以要评述思想首先须搞清楚社会的性质。他写古代思想史,就先完成古代社会史的研究。到1940年代古代社会性质的讨论,已尘埃落定,郭沫若的奴隶制社会说,已成学界占统治地位的学说。侯氏虽然提出了不同意见②,但大体上属于马克思主义史学内部的分歧。古代社会性质既已明确,那么古代思想史的研究也自然容易下手。至于中古社会的性质(即中国封建社会的开端与分期)当时在马克思主义史学界内部也并无定论,故而中古思想史的研究只好推后。第二,侯外庐认为近世(17世纪以至清末)思想,堪与先秦思想并论,为中国历史上最为辉煌的

---

① 侯外庐:《近代中国思想学说史》自序,生活书店1947年版,第1页。
② 郭氏认为中国古代社会是典型的奴隶制,而侯氏认为是"亚细亚生产方式"的奴隶制,郭氏认为古代社会的形成是革命性的,而侯氏认为走的是改良道路。见侯外庐《韧的追求》,第117页。

两个阶段,自有其研究的价值。但是,仍令人不解的是,在完成《近代思想学说史》前后,侯氏并没有写出近代社会性质的专论,该书只讲思想史,其社会史的内容直到新中国成立后《中国思想通史》第五卷出版时才补上,与他思想史与社会史并行的治学原则不符。

一个原因可能是近代中国社会性质大致已有结论。那就是毛泽东在1939年到1940年发表的《新民主主义论》《中国革命与中国共产党》等论著,代表了中共对近代中国社会性质的权威论述。作为"政论家"的侯氏对党的权威论述显然晓然于心。他曾清楚地表述自己的任务是,"旨在清扫半殖民地半封建文化学术阵地,为新民主主义文化有所'立'"①。他有关统一战线的理论基础和领导权的一系列政论文章,正是这一宗旨下的产物。因此,他的近代"社会史"的内容基本已经蕴含于党"新民主主义"理论和他的政论文章中了,于是《近代思想学说史》专门就思想史的问题展开论述。

二 启蒙思想 VS 文艺复兴

为何侯外庐把明清思想称为"早期启蒙思想"呢?这与当时学界存在着"启蒙思想"与"文艺复兴"两种话语有关。

近代学人习惯以中国的某个历史阶段与西方相比附,启蒙运动和文艺复兴就是经常被提及的两个比较对象。早在20世纪初,梁启超在《论中国学术思想变迁之大势》中,即把有清两百余年学术称为"古学复兴时代"②。此后,《国粹学报》的黄节、邓实等人进一步用"古学复兴"的观念,比附西方的文艺复兴时代,他们认为中国今日努力之"国学",一大目的是要复兴先秦思想自由时代的诸子之学,类似于西方文艺复兴时代所提出的"回到希腊"的口号。③ 此后吴宓等"学衡派"的主将也倡导过中国的"文艺复兴",但用"文艺复兴"来表述自己的一番事业的当属胡

---

① 刘茂林:《浅谈侯外庐同志的历史思维》,《纪念侯外庐文集》,第62页。

② 梁氏认为,有清一代学术呈中国历代学术思想之倒演的形态,由程朱陆王而汉宋,由汉宋而今古文,由今古文而诸子百家,时代愈趋近,学术愈近古。见梁启超《论中国学术思想变迁之大势》,夏晓虹导读,上海古籍出版社2001年版,第133—134页。

③ 可见罗志田《中国文艺复兴之梦——从清季的"古学复兴"到民国的"新潮"》,收于其著《裂变中的传承》,中华书局2003年版,第53—90页。有关国粹派的观念,见郑师渠《晚清国粹派》,北京师范大学出版社1997年版。

适，他清晰地表述了"中国文艺复兴"的内涵：

> 《文艺复兴》（Renaissance）是 1918 年一群北京大学学生，为他们新发行的月刊性杂志所取的名字。……下面几个特征特别使他们联想到欧洲的文艺复兴：首先，它是一种有意识的运动，发起以人民日用语书写的新文学，取代旧式的古典文学。其次，它是有意识地反对传统文化中的许多理念与制度的运动，也是有意识地将男女个人，从传统势力的束缚中解放出来的运动。它是理性对抗传统、自由对抗权威，以及颂扬生命和人类价值以对抗其压抑的一种运动。最后，说来也奇怪，倡导这一运动的人了解他们的文化遗产，但试图用现代史学批评和研究的新方法重整这一遗产。在这个意义上说，它也是一个人文主义运动。①

文中提到北大学生所办杂志，即傅斯年、罗家伦、顾颉刚等人办的《新潮》，他们以"新潮"译 Renaissance，显然是受到他们的青年导师胡适的影响。新文化运动在胡适的心目中就是"中国的文艺复兴"。但胡适的上述说明，除了白话文代替文言，与西方文艺复兴时代以欧洲各民族语言取代拉丁文，颇为相似外，其他以理性对抗权威，对文化遗产的批判，以及人文运动的内涵，似乎都更接近西方的启蒙运动，而非文艺复兴。

20 世纪 20 年代梁启超也积极阐发文艺复兴思想。他旅欧归来后，醉心于重新揭示"东方文化"的优良内涵，故而对清代思想文化有更为积极的评价。他原为蒋方震的《欧洲文艺复兴史》撰序，而重审清代思想史，认为清学与欧洲文艺复兴，在"由复古而得解放，由主观之演绎进而为客观之归纳"两点上，实为同调，遂一发不可收拾将一篇序文，写成了几万字的小书，此即《清代学术概论》。②而此书对清代学术的评价以及与西方文艺复兴的比较，明显也受到胡适清学研究及其"文艺复兴"思想的影响。③

而"启蒙思想"的提出，则与共产党的知识分子于 20 世纪 30 年代在北平发起的新启蒙运动有关。所谓新启蒙运动是在中共北方局领导下，一

---

① Hu shih, *The Chinese Renaissance*, University of Chicago Press, p. 44. 转引自余英时《文艺复兴乎？启蒙运动乎？》，收于其著《重寻胡适历程》，广西师范大学出版社 2004 年版，第 244 页。

② 梁启超：《清代学术概论》，朱维铮导读，上海古籍出版社 1998 年版，第 109 页。

③ 当然，梁、胡二人对文艺复兴思想的界定还是有区别的，胡适倾向于把五四比作文艺复兴，而梁氏则是把清代学术与文艺复兴相比较。见罗志田《中国文艺复兴之梦——丛清季的"古学复兴"到民国的"新潮"》，第 53—90 页。关于胡适对梁启超的影响，见张朋园《胡适与梁启超——两代知识分子的亲和与排拒》，台湾《中研院近史所集刊》第 15 期下册，1986 年 12 月。

群党的知识分子掀起的思想解放运动,又称新理性主义运动。1936 年 9 月到 10 月,陈伯达发表了《哲学的国防动员》,艾思奇发表了《中国目前的新文化运动》,建议共同发扬五四的革命传统精神,号召一切爱国分子发动一个大规模的启蒙运动,唤起广大人民的抗战与民主的自觉。到 1937 年五四 18 周年纪念时,北平地下党员、左派教授吴承仕、张申府等人联合成立新启蒙学会,周扬、何干之、艾思奇等写成《现阶段的中国思想运动》,要求在救国的前提下政治、社会诸势力达成思想上的团结。到 1937 年底,抗战全面爆发和抗日统一战线基本形成,新启蒙运动进行了近一年,对扫除蒙昧、宣传抗日,起到了一定的作用。①

无疑,新启蒙运动有着阐扬五四科学与民主精神的重要思想解放的意义,但也无可讳言,它更是一场共产党领导下的政治运动。为了突破国民党的封锁,中共这一时期高举"统一战线"的大旗,寻求与国内各种政党、团体的合作,以结束内战,同时逐步放弃激进的土地革命路线,采取温和的民主政策,以吸引抗日同道。在此策略的指导下,刘少奇于 1936 年初赴任北方局,任命陈伯达为宣传部门负责人。而早在刘到任前,赵庆阳、柯庆施、陈伯达等北方局的领导者,已策动了 1935 年的"一二·九"运动,故"一二·九"运动与新启蒙运动乃一体之两面,就好比是五四运动与新文化运动的关系。② 中共通过巧妙的方式将反对国民党的学生运动与思想解放联系起来,从而为改善党的生存环境创造了条件。

可见,"文艺复兴"是一些学界知识分子逐渐兴起的讨论,而"启蒙运动"则带有浓厚的党派斗争的色彩。不过,这些接受共产党领导的知识分子也很快通过学术的讨论,建立起自己的一套"启蒙运动"学说。1937 年 12 月何干之出版的《近代中国启蒙运动史》,1939 年 11 月张申府出版的《什么是新启蒙运动》,从学术的角度对"启蒙运动"的提法加以完善。

侯外庐开始写作《近代中国思想学说史》的时候,就面对着两种话语的选择。他一方面强调"十七世纪以来的启蒙思想,气象博大深远";一方面又说,"清代思想之光辉,亦并不逊色于欧西文艺复兴宗教改革以来的成果",又说,"十九世纪中叶以至二十世纪初叶的文艺再复兴,更接受

---

① 该书编辑委员会:《哲学大辞典·中国哲学卷》,上海辞书出版社 1985 年版,第 676—677 页。

② 余英时:《文艺复兴乎? 启蒙运动乎?》,第 246--248 页。

了西洋学术的直接影响",将文艺复兴与启蒙运动并用,表明最初他对两种解释采取折中与调和的态度。① 直到新中国成立以后出版的《中国思想通史》第五卷(副标题为"中国早期启蒙思想史"),才正式确立了"早期启蒙思想"的解释体系。②

三 对民国学说的"扬弃"——《近代中国思想学说史》上册

侯外庐在《近代中国思想学说史》序言中提到,他所使用的研究方法是"朴实"二字,亦是正统学者标举的治学精神,因此"非敢自认己见独是而抹杀前人的心血"。但同时又指出,治学应"实事求是"与"自得独立"并重,"实事求是"可得古人之真面目,"自得独立"则可以抒发古人之所以然,"因为研究问题在于决疑","决疑只有在现象的背影处去掘发",个人之自得愈深刻,本质上的意义愈能表露。③ 表明侯氏要对之前研究相关主题者,如章太炎、刘师培、梁启超、胡适、钱穆等人的观点,加以"扬弃"。

"近代思想学说史"先讲王夫之的思想,篇幅多达103页,认为王船山的贡献在"形式知识上的解放"。他说,"梁任公先生曾录述过一些船山的知识论断片,而后来从事研究者,亦尚浅肤,不论罗列论点与轮廓要旨,都不能表达夫之的学问所在"④。考梁启超在《近三百年学术史》中认为王夫之"是为宋明哲学辟一新路,因为知识本质、知识来源的审查,宋明人是没有注意到的。……他这种治哲学的方法,不能不说比前人健实多了"⑤,特标出船山知识论的特色,但对王氏的评价似仍未跳出宋明理学的范围。钱穆则更是在宋明理学的范围内来肯定王夫之,"船山则理趣甚深,持论甚早,不徒近三百年所未有,即列之宋明诸儒,其博大闳括,幽微精警,盖无多让"⑥。这显然不能令侯氏满意,故侯氏只点到梁启超的名

---

① 侯外庐:《近代中国思想学说史》自序,第1页。
② 启蒙话语在《近代中国思想学说史》只是偶尔出现,如讲黄宗羲思想的时候,用了"启蒙思想家"的字眼,但在《通史》第五卷中却删去了这一说法。
③ 侯外庐:《近代中国思想学说史》自序,第2页。
④ 侯外庐:《近代中国思想学说史》,第1页。
⑤ 朱维铮校注:《梁启超论清学史两种》,复旦大学出版社1985年版,第182页。
⑥ 钱穆:《中国近三百年学术史》,商务印书馆1997年版,第106页。

字,对其他人一语带过。①

当然,侯氏对王船山思想的评价并不局限于"知识论"。他讲船山对传统的发展;船山的自然史哲学——"氤氲生化论";船山自然哲学的诸范畴;船山关于思维与存在的哲学,船山的人性论、道器观、人类的能动性;船山人性论中的近代主题;船山的知识论和人类史观,在在都突破了前人对船山哲学思想研究的深度与广度。而他评价船山的政治思想,"甚可与十六世纪欧洲'廉价教会'的要求,十七世纪以后'廉价政府'的要求相比照,而他之主张'所有'神圣,不得任意侵犯,则又和洛克的思想相类似",说船山"纾富民"的思想,颇接近亚当·斯密"国民之富"的观点。又说,"船山的泛神论易学以及走向科学方法的思维,都受了外来文明的影响",特别是他和利玛窦曾辩论过意志神的理论。② 也都说明这位身居湖南深山的学者与欧洲近代学说的契合,大大超出了梁、钱二氏在宋明理学传统内对船山思想的评价。

梁启超论黄宗羲,强调黄氏乃阳明学派之余波及其修正派,阐扬其经史之学,表彰其弟子万斯同修明史之功及《明儒学案》于学术史之贡献。而钱穆亦注重梨洲对王阳明、刘蕺山学说的发展及其经史之学,与梁氏大同小异。至于梨洲的民主思想,梁氏虽指出清末"梁启超、谭嗣同辈倡民权共和之说,则将其书(《明夷待访录》)节钞印数万本,秘密散布,于晚清思想之骤变,极有力焉",然于民国后已嫌其"甚普通甚肤浅"③,而尽弃旧说。

侯氏肯定了梁启超在清末思想界宣传黄宗羲民主思想的巨大贡献。而于《明夷待访录》的写作意图,则不同意章太炎以此书为向清廷上陈条,力辩此书为代清者说法,以其弟子万斯同北上,戒万氏勿上河汾太平之策,可证梨洲无媚清之事,亦引梁氏为奥援。侯氏也将《明夷待访录》比之"人权宣言","尤以'原君'、'原臣'、'原法'诸篇显著说出民主主义"。但他对梨洲民主思想的评价并未停留在"民主主义"④,而认为其颇

---

① 侯外庐还提到了章太炎,但他说章氏几乎忽视了王船山的学术思想。侯外庐:《近代中国思想学说史》,第2页。
② 侯外庐:《近代中国思想学说史》,第3、5页。
③ 梁启超:《清代学术概论》,朱维铮导读,第18页。
④ 在对黄宗羲的评价上,钱穆与清末梁启超同。梁说黄氏此书"含有民主主义精神",钱说,"发明民主精义,已为近人所传诵"。侯外庐:《近代中国思想学说史》,第118页。

具有现代的思维方法,——如不以朝代更迭为时代,而以中古乱世为一代,梦想未来之光明;敢于批评君主制度,"在人民生活权利上主张着齐之均之的制度";批评封建时代无公法,而视君主为"公仆"——都直指中古社会之核心问题。这些论断也显然超出了梁、钱二氏的评价。①

梁、钱二人对亭林思想的评价颇不同。梁氏认为清代学术的独特之处就在于清儒的经学,而顾炎武是清学开山之第一人,他高举"经学即理学"的大旗,反对内在的、主观的学问,而提倡外向的、客观的学问,有清一代学术由此而奠定精神。②而钱穆则反对梁说,一则曰亭林治古音乃明代陈第之遗绪,再则曰经学即理学,钱谦益已先言之,皆否认亭林乃清学开山祖的说法。③钱氏则特标出亭林治学之宗旨,一曰"行己有耻",一曰"博学于文",而清儒则"师其'博文'之训,而弃其'行己'之教","于其所以为博文者,弃其研治道、论救世,而专趋于讲经术、务博闻",认为清儒之学术气度与顾氏简直不可同日而语。④总之,钱穆表彰亭林在于他的道德理想、经世志业,而不在其治学之法,梁启超则看重亭林的治学之法,合于现代科学的精神。

胡适和梁启超一样高度评价顾氏开创清代学术方法论的地位。⑤侯氏认为亭林学问的关键在于倡导一种特异的"经验主义",但此经验主义并非方法论意义上的,而是哲学意义上的。因此,他不能同意梁氏的一段评价,"清初大师,如夏峰梨洲二曲,纯为明学余波,船山舜水辈,虽有反明学的取向,而未有所新建设,或所建设未能影响社会,亭林一面指斥纯主观的王学不足为学问,一面指点出客观方面许多学问途径来,于是学界空气一变,二三百年跟着他所带的路走去",颇嫌梁氏高估了亭林在方法论意义上的开创之功。侯氏则要人们注意清初诸儒在哲学上的贡献,因此并不认为船山的贡献逊色于亭林。当然他也不认为亭林的贡献只在朴学方

---

① 侯外庐:《近代中国思想学说史》,第 115—128 页。
② 朱维铮校注:《梁启超论清学史两种》,第 153—165 页。
③ 汪荣祖:《钱穆论清学史述评》,收于《史学九章》,生活·读书·新知三联书店 2006 年版,第 155 页。
④ 钱穆:《中国近三百年学术史》,第 136—161 页。
⑤ 梁氏总结亭林开创清人之研究方法有三点,一贵创,二博证,三致用,见梁启超著《清代学术概论》,朱维铮导读,第 11—12 页。胡适也说,顾炎武以下的经学里产生一种新的做学问的方法,即用证据来考订古书,"这便是科学的治学方法"。见胡适《几个反理学的思想家》,收于欧阳哲生编《胡适文集》第 4 册,北京大学出版社 1998 年版,第 67 页。

法的指示,"亭林的显学价值甚巨,清代学者乾嘉以后发展了他的经验论,有历史的狭义价值"①。这一点上他和钱穆相似,都认为乾嘉学者把亭林的学问狭隘化了,不过钱穆强调的是顾的经世精神,而侯则高度评价顾的哲学思想。②

侯氏在介绍了清初三大儒之后,还关注到以前常被忽视的一些清初学者,并给与他们应有的地位。如首创诸子研究的傅山(青主);折中体用二元论的李颙(二曲);近世中国的第一位流亡学者朱之瑜(舜水);以及著名的政论家唐甄(铸万)。诸人之学术前贤如梁启超、章太炎也偶有提及,但大多较为粗略,未能如侯氏这样全面而系统地审视其学术思想,并给与"近代化"的高度评价。③

乾嘉汉学是清代鼎盛时期的统治学术,梁启超、胡适等人皆以汉学为清代"正统派",大有以汉学代替整个清学之势。有关汉学之起源,章太炎的《清儒》影响颇大,"清世理学之言,竭而无余华:多忌,故歌诗文史楛;愚民,故经世先王之志衰。家有智慧,大凑于说经,亦以纾死,而其术近工眇踔善矣",以清代之高压统治为汉学兴起原因。梁启超虽然承认高压统治的作用,却更强调乾隆时期朝廷对文化事业之讲求(如开四库馆),封疆大吏以养士为己任(如阮元、毕沅),而引起社会上对学者的尊重,其他如私人藏书、民间书籍贩卖之发达,皆为学者提供了研究的便利条件,能于政治因素外看到社会因素的积极作用。④侯外庐论汉学之源起颇近太炎,一说"乾隆朝的政策更实行对封建文化笺注与烦琐并行提倡的指导方针",即清廷一手理学,一手汉学的统治手段;一说自雍正以来闭关锁国,使中学失去与西学交流的机会。对外闭关锁国与对内钦定封锁,造成了所谓的专门汉学。⑤

侯氏对汉学的评价,着重于对汉学具有"科学"精神的批判。章太

---

① 侯外庐:《近代中国思想学说史》,第 166 页。
② 在侯氏看来清初顾、黄、王三大儒各有其思想的高度,"船山走的路线是知识形式的解放,有浓厚的理性哲学精神,梨洲走的路线是政治理想的乌托邦,而亭林则更走了一种特异路线,即经验主义的倡导"。侯外庐:《近代中国思想学说史》,第 165 页。
③ 侯氏对思想家的评价与前贤颇不同。他持有非常强烈的"近代化"史观,颇能发掘原来不被注意的"异端"思想,给与其正面的积极评价,使边缘进为中心。
④ 章太炎:《清儒》,《訄书》重刻本,卷十二。梁启超:《清代学术概论》,朱维铮导读,第 65—67 页。
⑤ 侯外庐:《中国思想通史》第五卷,人民出版社 1956 年版,第 411 页。

炎、梁启超、胡适等人都极力表彰乾嘉汉学具有现代科学的精神。章氏总结汉学治学六法，为审名实、重佐证、戒妄牵、守凡例、断情感、汰华辞。胡适在一篇文章中也提到汉学的音韵学、训诂学、校勘学、考订学，颇合"大胆的假设、小心的求证"的科学精神。梁启超则在《近三百年学术史》中从经学、小学、音韵学、校注古籍、辨伪书、辑佚书、史学、方志学、地理学、谱牒学、历算学等方面，总结了清人整理旧学的成绩。①而在侯外庐看来，汉学无论从治学方法或治学成绩上，都难符合科学之标准。

侯氏承认如戴震所说"十分之见"与"未至十分之见"，颇似定理与假说的关系，"一部分是合于科学的精神"，但总的看来汉学距离科学还很远，"大部分汉学家因为没有将来社会的信仰，在结论上还是被古道所桎梏的。他说在古籍狭小的天地中只有科学态度的冷静，而没有科学态度的热力，这热力是要超出于古籍而进入于物质世界与光明社会的"。因此侯氏对汉学方法有一总评价：

蔽于古而不知世（古指古籍，世指社会）；

蔽于词而不知人（词指由词明道之词，人指个性）；

有见于实、无见于行（实指一部分认识方法，行指认识的验证、准绳）；

有见于阙、无见于信（阙指关于过去的疑问，信指对于将来的追求）。②

所以乾嘉汉学虽有科学精神的因素，但不是真正的科学。汉学家曾有一理论假设，即由词以通语言，由语言以通道，侯氏认为这不过是"'长于比勘'的基本知识"，"而曰由此即可以明道，则把史学的精神庸俗化了"。侯氏还指出文字校勘对古史研究颇有意义，但经过校勘的古籍并非就是史学，因此汉学家不过是考证古史的初步努力，而历史的流变因革则有待历史学家来完成。③

侯氏对专门汉学的态度尤其体现为对戴震的评价。戴震不仅被尊为汉学之泰斗，其哲学亦为近人章太炎、胡适所推崇。侯氏同意太炎的分析，认为戴震在清代专制统治下，"披着经师的大衣，讲着战国亚圣的语言"，而阐发对"以理杀人"的批判，其哲学具有某些"消极的"益处，"一方

---

① 章太炎：《说林下》，《太炎文录初编》，文录卷一。胡适：《清代学者的治学方法》，《胡适文集》第2册，第282—304页。朱维铮校注：《梁启超论清学史两种》，第294—520页。
② 侯外庐：《近代中国思想学说史》，第371—372页。
③ 同上书，第372—379页。

面是反映汉学的前途有限；一方面亦反映乾嘉时代和珅秉政以来所表现的社会矛盾"。但侯氏反对胡适将戴东原尊为清代哲学大本营的元帅，他在详细考察东原哲学的基本观念后，认为东原哲学不仅比不上王夫之，亦难以与颜元等列，"颜习斋的哲学规模，不是狭义的实用主义，而是实践的哲学，其见识是东原所不及的"。胡适曾费尽心力考证颜元弟子李塨南下事迹，把戴震反理学之思想与颜李学派相挂钩，试图说明戴震结合考据学与反理学的两种手段，而建设清代的一种新哲学。但这种努力在侯氏那里被轻易地推翻了，"东原走了颜元弟子李恕谷重知轻行的路线，从高调'由词通道'的方法，否定了真理的标准"，故其哲学远不如习斋深远。①胡适所希望证明之处，正是侯氏反对的地方，因此他说，清代的哲学也好，一般的学术也好，我们认为17世纪的成就是伟大的，并非清代中叶18世纪的准备基础；反之，乾嘉时代的哲学却不是清代学术的全盛期，而仅仅是清初传统的余绪（极小限度发展）。②

乾嘉汉学的局限，就在于以烦琐考证替代了清初诸儒的抗议精神。侯氏批评戴震称"海寇郑成功"，已没有了清初诸儒的民族、社会思想。因此当他溯源18世纪专门汉学的前辈时，反对将黄宗羲、顾炎武等人与汉学相提并论，而认为阎若璩、胡渭、毛奇龄、万斯大、万斯同、全祖望等人才是汉学的真祖，其原因在于阎、胡、毛都曾屈从于清廷的招徕政策（虽然二万、全氏于民族气节有所保存，但也是一种消极的退隐），从而失去了清初诸儒的抗议精神。③

即使在考据学兴盛的时代，侯氏还是发掘了一批敢于批评现实、抨击汉学的"异端"思想。如继承了清初传统的文史学家章学诚，复兴诸子异说的墨者汪中，或是能批评汉学弊端，或是于经学外开辟一学术新天地。即使汉学后进，如焦循、阮元辈，侯氏也发现他们身上预示着近代的因素，如他认为焦循是依据数理逻辑建立均衡哲学的思想家，阮元则是总结乾嘉汉学的殿军。以上都说明侯氏是以启蒙思想的兴衰来评判一个时代学术成就的高低，而体现出"思想"凌驾于"学术"之上的强烈取向。

---

① 侯外庐：《近代中国思想学说史》，第380—389页。
② 同上书，第389页。
③ 同上书，第378、355—365页。

四　向马克思主义的皈依——
《中国思想通史》第五卷

　　侯外庐何时成为一个真正的马克思主义史学家？这对国内许多马克思主义学者来说似乎不成问题。白寿彝在纪念侯外庐的一篇文章中提到，李大钊的《史学要论》代表了20世纪20年代马克思主义史学的发展水平；郭沫若的《中国古代社会研究》代表了30年代的理论成就；40年代侯外庐的著作则在当时马克思主义史学著作中有着特殊地位。① 则至迟在重庆时期侯外庐已经成为马克思主义史学家的代表。但令人感到意外的是侯氏的《近代思想学说史》全书并没有引用马克思、恩格斯、列宁、斯大林、毛泽东的经典论著，若以引经据典作为马克思主义史学家的一个标准，我们有理由对侯氏的马克思主义史学家身份究竟何时成立产生疑问。

　　其实，侯氏在重庆时期至多属于左派史学家，如上述他的书中不断地与民国"旧学"的纠结，可以看出他关心的问题仍在民国学人的清代学术论述。而1949年共和国成立后，一系列知识分子思想改造运动此起彼伏，先是在共产党干部中间掀起学习马克思主义毛泽东思想的社会主义教育活动，而波及知识分子，接着是批判电影《武训传》，然后是1954年开始的俞平伯为代表的资产阶级"红学"研究的大批判，随之民国最有地位的知识分子胡适也终于被送上审判台。② 这些激烈的思想斗争，都发生在《中国思想通史》第五卷出版前夕，作为受人尊敬的"史学五老"之一，侯氏在"新作"中体现出的马克思主义的理论内涵，甚至是强烈的阶级斗争的气息，就不难理解了。

　　首先，侯氏《中国思想通史》第五卷体现出与民国"旧学"彻底决裂的态度。他的《近代思想学说史》对梁启超、胡适、钱穆的评价还算客气，到了解放后这些人统统都成为了"反动学者"，《中国思想通史》第五卷也对诸人的学说加以不同程度的抨击。如梁氏说王夫之学说"是理学之一大反动"，具有近代启蒙时期思想方法的精神，侯氏则说，"这论断是

---

① 白寿彝：《外庐同志的学术成就》，《纪念侯外庐文集》，第20页。
② 吴建国等编：《当代中国意识形态风云录》，警官教育出版社1993年版，第24—28、34—47页。

极其粗疏的，梁氏一点也不知道夫之的理论体系"。对于梁氏的评价还算平和。至于胡适，那时正遭到全国知识分子的围剿，因此侯氏对胡适的批评充满了战斗性的语言，如胡适以戴震为清代哲学的大本营，侯氏就此评价说"胡适的这种胡扯，显然是和历史唯物主义的分析相反，完全是由他主观来凭空编制起来的荒谬理论"，而针对胡适把颜元思想与实用主义相联系，侯氏说，"有人因为颜元主张功用，以为他似美国式的资产阶级的实用主义。这更是恶劣的附会"。又说，"胡适非历史主义地认为只有汉学才配称为中国学说中的科学，这完全是胡扯"。"胡扯"、"恶劣的附会"、"荒谬理论"，这位当年《学说史》中还被侯氏称为"胡适之先生"的遭遇可见一斑。至于钱穆的境遇也不比胡适好多少，侯氏书中一处不点名地提到"钱穆"时说，"从前有一个反动的唯心论者，依照庸俗的生物进化说来乱扯夫之的学说"，这个反动唯心论者正是钱穆。侯氏还对"反动学者"内部进行了阶级分析，他说，"胡适的观点是反动的大资产阶级观点，而钱穆的是反动的封建主义的卫道观点"①。

在《通史》第五卷中，侯外庐已能自觉地应用"唯物/唯心"的二分法解释思想。如梁启超、胡适都认为清代学术全盛期在乾、嘉时期，侯氏对此评价道，"二说尽管不同，而唯心主义地误断历史则是相同的"。而针对胡适、钱穆对戴学的不同评价则说，"唯心主义的主观成见是没有不曲解历史的。"② 以胡、钱为代表的民国论清学的几位学者不论观念有何分歧，总体上都被归入唯心主义阵营，而被轻易地否定了。唯有章太炎可能是个例外，侯氏对章太炎也不乏一些具体的批评，但总体上对太炎极为尊敬，一方面可能侯氏欣赏太炎思想的博大精深；另一方面太炎是系统论述学术史的第一人，胡、钱不过步其后尘。③

不仅如此，侯氏还把思想领域归结为唯物与唯心两条路线的斗争。他批评胡适引用詹姆斯把哲学家区分为"心硬"和"心软"两派的理论来分析思想史，"胡适这个反动的理论，把思维发展史硬还原做两种人性的交接史，这是歪曲历史的唯心主义的观点。"而他认为一时代之思想常表现

---

① 侯外庐：《中国思想通史》第五卷，人民出版社 2011 年版，第 51、412、291、380、82、415 页。
② 同上书，第 414、415 页。
③ 侯外庐认为章太炎是"中国学术史的第一次尝试者"，见侯外庐《近代中国思想学说史》，第 826 页。

为唯物与唯心的斗争,"一个大时代的思潮,没有一色的清流,其间贯穿着唯物主义和唯心主义的斗争,好像河流的压倒趋势,其间总有逆流与横流贯注着。"① 因此,他在分析胡适等人于 1924 年在北京掀起纪念戴震运动的时候说:

到了"五四"文化统一战线内部分裂的时候,马克思主义在中国的传播和中国共产党的成立,使得资产阶级的文化领导和政治领导失去任何地位,而资产阶级右派却跑进了古董堆中,一点一滴地宣传实用主义去了。这些人托于戴震,企图抵抗马克思主义。②

而《学说史》中是这样说的:

及乎民国十年前后,军阀混战,以曹锟贿选达于黑暗之顶点,在思想上要求理性主义正是北平学术界的前进思想,与东原托于孟子相似,当时托于东原,正是势之使然。③

他先前认为纪念戴震运动是进步的,合乎五四之理性精神,而后来则认为胡适等人"托于戴震",是与马克思主义对抗的落伍行为。前后变化说明"唯物/唯心"两军对垒和阶级斗争已成为《通史》第五卷的主要分析手段。

"唯物论"、"唯心论"是侯氏解放后才熟练应用的新理论、新术语。④如他在《学说史》中评价王夫之"继善以成性"的哲学意义时,"'历史是人类创造的',但这不是主观观念论么?"而《通史》第五卷则说,"'历史是人类创造的',不是如主观唯心论那样,把创造只放在人心的自由意志方面。""观念论"的提法为"唯心论"所取代。又如《学说史》说船山的知识论,"在学派上是接近于理性论者,而和顾亭林之接近经验论者不同,"而《通史》第五卷却说,"夫之的知识论,基本上是唯物的。他的理论比顾炎武之接近于经验论更高明了。"前书把王夫之划入"理性

---

① 侯外庐:《中国思想通史》第五卷,人民出版社 2011 年版,第 314 页。
② 同上书,第 411 页。
③ 侯外庐:《近代中国思想学说史》,生活书店 1947 年版,第 387 页。
④ 《近代中国思想学说史》下册,侯氏讨论章太炎对"唯物论"的批评时,也使用过"唯物/唯心论"的范畴,但仅见于此,"唯物/唯心论"并非该书贯彻始终的分析工具。见侯外庐《近代中国思想学说史》,第 879—890 页。

论者",而后书则定位为"唯物论者"。又如对顾炎武经验主义的评价,《学说史》说,顾炎武的义理之学是经验主义的义理,而《通史》第五卷则说顾炎武的义理之学是"唯物论"的义理之学,只不过仍带有经验主义的因素罢了。① 侯氏在唯物主义的叙述体系下不仅抬高了王夫之、顾炎武的哲学地位,而且用"唯心/唯物论"取代了"理性/经验论"的范畴,更新了自己的哲学语言。

然而,侯外庐向马克思主义的皈依尚不止于此,他在《通史》第五卷中大量引用马克思、恩格斯、列宁等人的理论,这与《学说史》中仅在几处引及黑格尔的话适成鲜明对比。

《中国思想通史》第五卷引用马克思主义经典著作统计

作 者	论 著	引用次数（书中出现页码）
马克思	《资本论》	9（第3、7、7、8、14、16、20、21、624页）
马克思	《共产党宣言》	4（第21、22、22、28页）
马克思	《鸦片贸易》	3（第623、624、625页）
马克思	《不列颠在印度的统治》	2（第15、393页）
马克思	《费尔巴哈论提纲》	2（第220、540页）
马克思	《德意志意识形态》	1（第160页）
恩格斯	《费尔巴哈与德国古典哲学的终结》	9（第30、31、32、33、35、67、199、203、220页）
恩格斯	《德国农民战争》	8（第22、29、143、145、150、155、169、180页）
恩格斯	《自然辩证法》	4（第34、34、36、273页）
恩格斯	《反杜林论》	3（第7、393、570页）
恩格斯	《给斯他尔根堡》	1（第32页）
恩格斯	《致施米特的信》	1（第628页）
马克思、恩格斯	《神圣家族》	1（第57页）
列宁	《我们究竟拒绝什么遗产》	7（第27、30、30、35、247、324、324页）
列宁	《十九世纪末期俄国的土地问题》	5（第8、9、9、15、17页）

---

① 《近代中国思想学说史》第52、65、118页。《中国思想通史》第五卷,第92、106、217页。

续表

作 者	论 著	引用次数（书中出现页码）
列宁	《俄国资本主义的发展》	3（第17、396、401页）
列宁	《反对抵制》	1（第26页）
列宁	《社会民主党在1905至1907年第一次俄国革命中的土地纲领》	1（第7页）
列宁	《列宁文选》	1（第27页）
列宁	《黑格尔"逻辑学"一书摘要》	1（第57页）
列宁	《哲学笔记》	1（第116页）
列宁	《什么是"人民之友"以及他们如何攻击社会民主党人》	1（第689页）
黑格尔	《逻辑学》	1（第94页）
毛泽东	《毛泽东选集》（第二卷）	1（第3页）
	苏联《历史问题》杂志	1（第395页）
总计：6人	总计：26种	总计：73次

略作统计可见：（一）以经典作家而论，引用恩格斯27次，马克思21次，列宁21次，马克思、恩格斯1次，黑格尔1次，毛泽东1次，苏联《历史问题》杂志1次。（二）以单篇论著而论，引用《资本论》9次，《费尔巴哈与德国古典哲学的终结》9次，《德国农民战争》8次，《我们究竟拒绝什么遗产》7次，《十九世纪末期俄国的土地问题》5次，《共产党宣言》4次，《自然辩证法》4次，《反杜林论》3次，《俄国资本主义的发展》3次，《鸦片贸易》3次，《不列颠在印度的统治》2次，《费尔巴哈论提纲》2次，其他《德意志意识形态》等论著各1次。（三）以论著种类而论，引列宁论著9种，恩格斯论著7种，马克思论著6种，马克思、恩格斯1种，黑格尔1种，毛泽东1种及苏联《历史问题》杂志1种。（四）据不完全统计，全书共引用经典作家6人、论著26种（包括杂志1种），引用次数高达73次。该书受马克思主义理论影响的深度与广度可见一斑。

《通史》第五卷也终于补充了"社会史"的内容。20世纪50年代，作为"五朵金花"之一的"资本主义萌芽"问题在历史学界引起了激烈的讨论，侯外庐及时地参与其中，论证了"早期启蒙思想"的社会史基础。虽然此次论争出发点是为了证明毛泽东的著名论断，但也不可否认参与其中的一批著名历史学家还是充分发挥了他们的专业素养，就明末清初的经济史、社会史、政治史的方方面面，不仅发掘、编辑了一批重要的史料，而且进行了细致而富有启发的研究，催生出一些至今仍有价值的论著。无疑，"资本主义萌芽"的讨论不仅是一次政治任务，更是学界的一场盛会。①

《通史》第五卷第一章《十七世纪的中国社会和启蒙思潮的特点》曾发表在《历史研究》，后收入《中国资本主义萌芽讨论集》。与当时参与讨论的大多数学者一样，侯氏将资本主义萌芽上推到明嘉靖到万历年间（少数学者认为资本主义萌芽起源于宋代）。他认为由于城市化和商品经济的繁荣，土地私有制得到了发展，动摇了中央专制政权所赖以存在的土地国有制形式。这种土地国有制从汉到唐，采取了对劳动力的、军事的、政治的编制形态，如屯田、营田、垦田、公田、均田等均是，而从天宝、开元到明代，则采取对劳动力的经济的经营方式，所谓皇田、官田、皇庄、官庄，历经唐宋元明一直在集中，到明代更是变本加厉。但到明嘉靖到万历年间，私人对土地的经营、劳动力从国家土地所有制的束缚中解放出来，都冲击着旧的土地占有模式。在工商业方面，城市私人手工业的发展，城市商业与对外贸易的繁荣，货币用银的频繁，以及由此引起税收制度的变革（如"一条鞭法"的实施），都表明私有制的发展不仅在农业，更在工商业上成为了普遍现象，说明中国资本主义的萌芽已是不争之事实。

侯氏进一步探讨了阶级关系的变化。他指出随着资本主义萌芽的出现，一批新兴阶级开始活跃起来，他们总体上反对现有制度，可区分出两派：一派为城市中等阶级的反对派，他们大都主张平均土地但反对农民暴动，晚明东林党运动代表了这一阶级的利益；一派为平民反对派，多出自下层，如城市工商业者和手工业工人队伍，倾向于同农民组成联合反对派，以李贽为代表的泰州学派多出身于这一阶级。

---

① 《中国资本主义萌芽讨论集》的编者说这场讨论，"有助于我们把中国历史从特殊论、循环论等唯心主义泥坑中解救出来，并且有力地驳斥帝国主义污蔑我国社会只有外力侵入才有进步与发展的胡说"，承认有意识形态的因素。但又指出近年来史学界的讨论已不满足于"空洞无物的公式主义和教条主义的长篇大话"，而是"进入了学习掌握理论和发掘丰富史料、进行理论与实际结合的研究的阶段"，强调了史家专业素养的提升。《编者的话》，中国人民大学历史教研室编《中国资本主义萌芽讨论集》，生活·读书·新知三联书店 1957 年版，第 2—3 页。实际上在党"百家争鸣"的鼓励下，当时史学界确实体现了活跃的学术思想。该书收著名史家邓拓、吴晗、尚钺、侯外庐、傅衣凌、翦伯赞、白寿彝、黎澍等 33 篇、逾 80 万字的文章，许多文章至今仍有其理论价值。

而早期启蒙思想即建立在这种经济变革和阶级关系变化基础之上。因此早期启蒙思想家（如何心隐、李贽以至王夫之、顾炎武、黄宗羲和颜元）共享着以下一些基本思想主张：（一）他们以不同的表现方式，强烈地仇视农奴制度以及依存于它的一切产物；（二）他们都拥护教育、自治与自由；（三）他们同情农民的利益，虽然并不赞同农民暴动。侯氏总结道，"他们是历史的觉醒者，他们在哲学、历史、政治、经济和文学方面的'别开生面'，就不仅是反理学运动的量变，而是按他们自己的方式表现出对资本主义世界的绝对要求"，从而肯定了早期启蒙思想的进步意义。

当然，侯氏也指出资本主义萌芽的发展并不顺利，旧秩序虽然在解体中，但新的经济因子却并没有生根。新、旧生产关系的矛盾对立也决定了启蒙思想家的内在矛盾，一方面他们要求市民阶级的世界观；另一方面又不得不推崇经学与子学的古代世界。侯氏进而指出，满清入主后，18 世纪的中国工商业和手工业恢复甚至超过了明代的水平，但另一方面清政府压制工商业、限制土地的自由流转、封锁对外贸易以及镇压国内民族、民主运动，又压抑了新兴的阶级与思想。因此，18 世纪的中国社会呈现出两面性：一方面清朝统治不断得到稳固；一方面资本主义萌芽、市民的力量和农民反抗也在生长。反映到思想上，一方面是专门汉学统治地位的确立；一方面则出现了戴震、汪中、章学诚、焦循等人代表的"异端"思想。①

总之，侯外庐在《通史》第五卷中，体现了与民国旧学彻底决裂的态度，而且大量引用马恩列等经典作家的话语，熟练使用了马克思主义的理论术语和分析工具，表明了他向马克思主义的全面皈依，但同时他的"早期启蒙思想"的全面论述也真正定型于这一时期，这一结合了经济变迁、阶级结构和思想学说的理论，还是充分体现了侯氏学术思想的闪光点。在马克思主义理论的指导下，侯氏并没有放弃史家的学术责任，《通史》第五卷是学术与政治结合的又一显例。

五 回归"启蒙"——《中国近代启蒙思想史》的出版

1957 年的反右运动后，党与知识分子的关系不断恶化，此后的岁月

---

① 侯外庐：《中国思想通史》第五卷，第 393—403 页。

里，侯外庐不得不听命于"政治挂帅"的指令来规划自己的研究方向，他的学术工作也基本陷于停顿。庐山会议前后，侯氏因其"封建土地国有论"而被扣上"修正主义"和"反土改"的政治帽子，虽然未遭到大规模的批判。1973 年，侯氏有机会组织思想史组的成员编写"中国近代思想史"，该书于 1975 年定稿，但直到"文革"结束后，才于 1978 年出版，改名为《中国近代哲学史》。①

《中国近代哲学史》是侯氏倾注心血之作，结合了张岂之、林英、黄宣民、樊克政、何兆武等人的集体智慧，但由于其成于"文革"时期，不可避免存在若干缺陷：（一）大量引用毛泽东的话语，如第一章第一节第三个标题"战后中国社会的重大变化"，短短 6 页篇幅中，引用到毛泽东《新民主主义论》、《中国革命与中国共产党》两文达 8 处，使人不得不联想到"文革"时期漫天的毛泽东语录。（二）对某些近代思想家的评价明显带有"文革"的影响。如拔高严复的地位，侯氏《中国近代思想学说史》中几乎遗忘了严复在近代思想上的地位，1952 年也曾写过批判严复的文章，发表于《新建设》，而此书称严复为"近代启蒙思想家"，颇能见到"文革"后期"儒、法斗争"的影子。（三）本书延续了侯氏结合青年才俊进行集众式研究的一贯做法，但正因为是集体的成果，侯氏个人对中国近代思想史的一些想法反而不能畅所欲言。因此，他的"启蒙思想"的理论只好在一段时期内隐而不显。②

改革开放后，知识分子迎来了新机遇。很快对"文革"的反思与批判，催生出知识界对改革的褒扬和对 20 世纪革命道路的批判，"新启蒙运动"应运而生。学者们认为近代中国的问题是"救亡压到了启蒙"，导致自由、民主、科学等西方近代进步观念迟迟不能在中国的文化土壤中生根发芽，于是种种封建专制的思想得以利用"革命"的名义借尸还魂，因此他们呼唤完成五四运动未完成的"启蒙"任务。一时间，思想界兴起了介绍和翻译西方理论的高潮，如《走向未来》丛书的出版和上海译文出版社进行的译书工作，而同时向五四甚至更早时期清理中国近代以来的"启蒙思想"传统，也成为当务之急。

---

① 黄宣民：《后记》，侯外庐：《中国近代启蒙思想史》，黄宣民校订，人民出版社 1993 年版，第 413—415 页。

② 参见侯外庐等《中国近代哲学史》，人民出版社 1978 年版。

侯氏的"早期启蒙思想"说就此迎来了转机。在及门弟子黄宣民的主持下,《中国近代启蒙思想史》于1993年出版,距离《中国近代思想学说史》的问世已过去了将近50年。《中国近代启蒙思想史》基本是侯氏《中国近代思想学说史》下册的再版,但也做了一些补充和修订:(一)《学说史》下册是整部书的第三编,从常州今文经学、龚自珍的思想讲起,侯氏可能是为了追溯维新派康有为等人今文学思想渊源而有意作此安排。但《通史》第五卷已把常州今文经学、龚自珍思想移至该卷最后,乃是严格遵守以1840年为近代开端的权威论述(今文经学、龚自珍都在此之前),因此到黄宣民再版时,"今文学"部分已没有必要出现,而《近代启蒙思想史》直接从康有为讲起。(二)增补了侯外庐解放初期发表的文章四篇。《学说史》下册除了今文学、龚自珍的部分外,涉及的思想家只有康有为、谭嗣同、章太炎、王国维四人,从近代思想与学术成就来看,侯氏也许认为这四人的贡献很大,但若从启蒙思想的深度与广度来看,其代表性或有不足,因此黄宣民收入侯氏论洪秀全和洪仁玕、论孙中山、论鲁迅以及批判严复思想的四篇文章,系统阐述了近代民主主义思想的发展脉络,更能体现侯氏在近代启蒙思想方面的全面认识。①

而侯氏"早期启蒙思想"的阐发亦后继有人。萧萐父、许苏民合著的《明清启蒙学术流变》于1995年出版。萧萐父曾以"洞观古史知难产,发掘新芽续启蒙",总结了侯氏一生最重要的学术贡献在亚细亚生产方式的阐发和早期启蒙思想的洞见,而他以继承后者为志业。该书以59万字的篇幅,把明嘉靖至鸦片战争前中国启蒙思想分为三期,以个性解放、民主、科学精神为启蒙思想之三大特色,均能见到侯氏"早期启蒙思想"的影响,但是又能在侯氏理论基础之上作进一步的阐发,可谓侯氏之功臣。②

(作者单位:长安大学政治与行政学院)

---

① 参见侯外庐《中国近代启蒙思想史》,黄宣民校订,人民出版社1993年版。
② 萧萐父、许苏民:《"早期启蒙说"与中国现代化》,《江海学刊》2003年第1期。参见萧萐父、许苏民《明清启蒙学术流变》,辽宁教育出版社1995年版。

论侯外庐对马克思生产方式理论的研究与运用

程鹏宇

侯外庐早年从翻译《资本论》入手，经历了从马克思主义政治经济学研究到历史研究的学术路径，这使得侯外庐的中国马克思主义史学研究有着自己的鲜明特色。何兆武先生曾说："侯先生是一个真正的马克思主义者。我这里所谓真正的马克思主义者并非是说，别人都是假马克思主义者；而是说侯先生是真正力图以马克思本人的思想和路数来理解马克思并研究历史的，而其他大多数历史学家却是以自己的思想和路数来理解马克思并研究历史的。"①"力图以马克思本人的思想和路数来理解马克思并研究历史"的确是侯外庐史学的重要特点，笔者认为，这一特点集中体现在侯外庐对马克思的生产方式理论的研究与运用上。尽管既有研究表明这个问题在近年来已经受到一定程度的重视，但是尚未有人对此做专门探讨。② 本文试图考察侯外庐是如何研究马克思生产方式理论以及怎样将其运用于中国历史研究中去的问题，希望能够进一步加深对侯外庐史学的研究与认识。

一 生产方式理论——马克思本人的思想和路数

生产方式理论是马克思主义政治经济学的基本理论，它是马克思在早

---

① 何兆武：《〈历史理性批判散论〉自序》，《历史理性批判散论》，湖南教育出版社 1994 年版，第 15 页。
② 中国社会科学院史学史研究室编写《新史学五大家》（社会科学文献出版社 1996 年版）中的"侯外庐的史学"一章中曾对侯外庐对生产方式的研究做过一个简要的梳理。此外，韩永志的博士论文《侯外庐中国古代所有权问题研究述论》（西北大学 2015 年）、周鑫的博士论文《侯外庐与三四十年代的中国马克思主义史学》（首都师范大学 2015 年）、于佳彬的《普遍与特殊之间——侯外庐运用马克思主义理论的治史路径》（《人文杂志》2016 年第 4 期）等，均对侯外庐运用生产方式理论研究中国历史的问题进行了不同程度地论述。

年的哲学批判中所确立的"实践本体论"① 在政治经济学中的展现，集中地体现了马克思本人的思想和路数，是我们理解侯外庐史学的关键。

我们知道，"全部哲学，特别是近代哲学的重大的基本问题，是思维和存在的关系问题"②，这个问题靠哲学本身［Philosophie selbst］是不可能解决的。马克思的"实践本体论"则创造性地将实践［Praxis］"本身理解为对象性的［gegenständliche］活动"③，把思维与存在、主体与客体、人与自然之间的关系本身看成是世界的本体，认为"整个所谓世界历史不外是人通过人的劳动而诞生的过程，是自然界对人来说的生成过程"④。马克思的"实践本体论"跳出了哲学基本问题的束缚，从根本上终结了哲学本身⑤，进而开拓了历史科学也就是政治经济学的道路。

从马克思的哲学批判转到政治经济学中，我们就可以看到：无论如何，人不能脱离现实的生产活动［Produktive Tätigkeit］而存在，"任何一个民族，如果停止劳动，不用说一年，就是几个星期，也要灭亡；这是每一个小孩子都知道的"⑥。劳动过程［Arbeitsprozeß］，其本质就是"人和自然之间的过程"⑦，也就是主体与客体的统一过程，"是制造使用价值的有目的的活动，是为了人类的需要而对自然物的占有，是人和自然之间的物质变换的一般条件，是人类生活的永恒的自然条件，因此，它不以人类生活的任何形式为转移，倒不如说，它为人类生活的一切社会形式所共有"⑧，因此，政治经济学上的"劳动"［Arbeit］就是哲学批判中的"实践"［Praxis］，它具有本体性，即马克思在其"唯物主义"中所"唯"之

---

① 参见邓晓芒《马克思的人学现象学思想》，《江海学刊》1996 年第 3 期。
② 恩格斯：《路德维希·费尔巴哈和德国古典哲学的终结》，《马克思恩格斯文集》第 4 卷，人民出版社 2009 年版，第 277 页。
③ 《马克思恩格斯文集》第 1 卷，人民出版社 2009 年版，第 499 页。
④ 同上书，第 196 页。
⑤ 恩格斯在《路德维希·费尔巴哈和德国古典哲学的终结》中指出："马克思的历史观……结束了历史领域内的哲学，正如辩证的自然观使一切自然哲学都成为不必要的和不可能的一样。现在无论在哪一个领域，都不再是从头脑中想出联系，而是从事实中发现联系了。这样，对于已经从自然界和历史中被驱逐出去的哲学来说，要是还留下什么的话，那就只留下一个纯粹思想的领域：关于思维过程本身的规律的学说，即逻辑和辩证法。"（《马克思恩格斯文集》第 4 卷，人民出版社 2009 年版，第 312 页）
⑥ 《马克思恩格斯文集》第 10 卷，人民出版社 2009 年版，第 289 页。
⑦ 《马克思恩格斯文集》第 5 卷，人民出版社 2009 年版，第 207 页。
⑧ 同上书，第 215 页。

"物"。不过，马克思在这里所讲的是"抽象的人类劳动"①［Abstrakt menschlicher Arbeit］，它"只是一个幽灵"②，即《导言》中曾经提到的"生产一般"［Produktion im Allgemeinen］，但是"生产一般是一个抽象"③，这个抽象的概念"就它本身来说，是根本不存在的"④，必须通过特殊的历史加以表现，这就形成了特殊的"生产方式"［Produktionsweise］。⑤ 在《资本论》第二卷中，马克思给出了生产方式的经典定义及其学术价值："不论生产的社会的形式如何，劳动者和生产资料始终是生产的因素。但是，二者在彼此分离的情况下只在可能性上是生产因素。凡要进行生产，它们就必须结合起来。实行这种结合的特殊方式和方法，使社会结构区分为各个不同的经济时期。"⑥ 也就是说，生产方式就是劳动过程中的主体（劳动者）与客体（生产资料）在特殊的历史条件下的特殊的结合方式，这样，就由"生产一般"的普遍性过渡到了"生产方式"的特殊性，而这种特殊性，就是区别各个不同的经济时期的标志。马克思的这段论述及其内涵，就是后来侯外庐阐发生产方式理论时的主要依据。

侯外庐早在 1927 年出国之前，就铭记了李大钊对他的教诲："搞理论应从马克思恩格斯的原著入手。"⑦ 他的学术生涯始于 1928 年开始的对《资本论》的翻译，而在翻译《资本论》的过程中，侯外庐同时精读了《剩余价值学说史》等马克思主义经典著作和大量的古典哲学、政治经济学著作⑧，这使得他的马克思主义理论修养在同时代学者中处于较高的水平，因此他有足够的理论能力抓住"生产方式"这个《资本论》的基本问题⑨，从而深入地理解马克思本人的思想和路数。

---

① 《马克思恩格斯文集》第 5 卷，人民出版社 2009 年版，第 60 页。
② 《马克思恩格斯文集》第 7 卷，人民出版社 2009 年版，第 923 页。
③ 《马克思恩格斯文集》第 8 卷，人民出版社 2009 年版，第 9 页。
④ 《马克思恩格斯文集》第 7 卷，人民出版社 2009 年版，第 923 页。
⑤ 德文 weise 的动词形式是 weisen，意为"指点，指引，教导"，即具有"特殊性"的意思，所以侯外庐曾计划将 Produktionsweise 改译为"生产导式"或"生产指导法"，突出其特殊性的意义。（参《社会史导论》，《侯外庐史学论文选集》（上），人民出版社 1987 年版，第 36 页）
⑥ 马克思：《资本论》第二卷，《马克思恩格斯文集》第 6 卷，人民出版社 2009 年版，第 44 页。
⑦ 侯外庐：《韧的追求》，生活·读书·新知三联书店 1985 年版，第 14 页。
⑧ 参侯外庐：《韧的追求》，生活·读书·新知三联书店 1985 年版，第 19、232 页。
⑨ 《资本论》的另一位翻译者郭大力先生曾指出："《资本论》主要是研究资本主义的生产方式。"（郭大力：《关于马克思的〈资本论〉》，中共中央高级党校 1957 年版，第 7—8 页）

二 侯外庐对马克思生产方式理论的研究与阐发

20世纪20年代末30年代初在学术界兴起的社会史大论战，是一场"唯物史观首次较大规模地被用于解释中国历史和中国社会"①的学术运动，对中国马克思主义史学的建立产生了重要的影响。侯外庐在当时由于忙于《资本论》的翻译工作，并没有直接参加论战，但他仍然深入地思考了论战所反映出来的问题。侯外庐认为，社会史论战中的学者虽然大都认为生产方式是决定社会性质的根本因素，但对生产方式本身的理解却很不统一，而且，有些人的解释，据他看来是"多少偏离了马克思的原意"②的。基于这个原因，侯外庐在1933年写了一篇《社会史论导言》③，目的就是要对社会史论战中的方法论"作一个总的评判"④。

侯外庐对马克思生产方式理论的研究与阐发主要包括正反两面。从正面来说，首先，侯外庐明确了生产方式的概念及其在马克思主义政治经济学和历史学中的地位。侯外庐从马克思经典著作中总结出了生产方式的定义，即"生产手段⑤与劳动力⑥的特殊结合关系"⑦，这实际上就是对上文所述马克思经典定义的概括。侯外庐在阅读和翻译《资本论》的过程中发现，马克思在讲到资本主义的各种经济范畴的时候，总是把"生产方式"作为其定语，他认为马克思的这种严格的方法论"实在是认识一社会构成的先决条件"⑧。因而，明确生产方式的意义是"经济学中的第一义"⑨。也就是说，只有解决了生产方式理论的问题，才有可能解释政治经济学中的一切问题，进而认

---

① 张越：《20世纪中国史学中的唯物史观史学》，《史学理论研究》2015年第1期，第17页。
② 侯外庐：《韧的追求》，生活·读书·新知三联书店1985年版，第226页。
③ 《社会史论导言》后发表在1939年《中苏文化》四卷二期上，收入《苏联历史学界诸论争解答》时题目改为《关于社会发展史指导律的问题》，今收入《侯外庐史学论文选集》上册，题目改为《社会史导论》。
④ 侯外庐：《回顾史学研究五十年》，吴泽主编《中国史学集刊》第一辑，江苏古籍出版社1987年版，第15页。
⑤ 今译为"生产资料"[Produktionsmittel]。
⑥ 今译为"劳动者"[Arbeiter]。
⑦ 侯外庐：《社会史导论》，《侯外庐史学论文选集》（上），人民出版社1987年版，第26页。
⑧ 同上书，第22—23页。
⑨ 同上书，第35页。

识具体历史阶段的社会性质。在历史学中，人们首先遇到的就是社会性质的问题，只有了解了一定历史时期的社会性质，才有可能对此一历史时期的历史现象进行科学的解释，而"社会性质是由生产方法而决定"[①]。由此可见，生产方式理论在马克思主义史学中占有首要的地位，这也是理解侯外庐史学的关键。

其次，侯外庐阐明了生产方式、生产力、生产关系三者之间的关系。侯外庐也认为，生产方式的概念本身不难辨明，关键是要辨明"生产方法与生产诸关系以及生产诸力三者间的相互关系问题"。在他看来，生产方式是生产力与生产关系的"绍介"（中介），生产力的总和是社会发展的内容，而生产关系的总和是社会发展的形式，"二者是生产过程中内容和形式的对立物"。由内容如何过渡或发展出形式，就依靠一定的生产方式，即"指导这对立的生产过程之倾向的独特方式"。这种方式把社会的内容和形式"绍介着，贯联着"，是生产力和生产关系"中间发生渗透作用的东西"，生产方式一方面再发展着生产力；一方面再生产着生产关系，"使二者始而融协，既而矛盾，终而破裂"[②]，从而构成一定历史时期的运动着的经济基础。这就是侯外庐对生产方式、生产力、生产关系三者之间关系的科学阐释。[③]

从反面来说，首先，侯外庐批判了"技术决定论"。他认为，在社会史论战中，许多学者包括著名的马克思主义史学家郭沫若等，都犯了"技术决定论"的错误，即把技术或工具"当作决定的前题规定着"[④]。侯外

---

① 侯外庐：《社会史导论》，《侯外庐史学论文选集》（上），人民出版社1987年版，第35页。
② 以上引文分别见侯外庐《社会史导论》，《侯外庐史学论文选集》（上），人民出版社1987年版，第35、36、38页。
③ 侯外庐此处立论的主要依据是《资本论》第三卷中的一段话："资本主义生产方式是一种特殊的、具有独特历史规定性的生产方式；它和任何其他一定的生产方式一样，把社会生产力及其发展形式的一个既定的阶段作为自己的历史条件，而这个条件又是一个先行过程的历史结果和产物，并且是新的生产方式由以产生的既定基础；同这种独特的、历史地规定的生产方式相适应的生产关系——即人们在他们的社会生活过程中、在他们的社会生活的生产中所处的各种关系——，具有一种独特的、历史的和暂时的性质。"（《马克思恩格斯文集》第7卷，人民出版社2009年版，第994页）另外，需要指出的是，虽然侯外庐在20世纪30年代就已经提出并解决了这个问题，但学术界并没有给予重视，以至于马克思关于《资本论》研究对象的论述长期成为理论界的一个"难解之谜"，直到60余年后，当代经济学家吴易风先生发表《马克思的生产力—生产方式—生产关系原理》（《马克思主义研究》1997年第2期）一文，才重视并解决了这个问题，进而解开了这个"难解之谜"，这不能不说是中国马克思主义发展史上的一个遗憾。
④ 侯外庐：《社会史导论》，《侯外庐史学论文选集》（上），人民出版社1987年版，第24页。

庐则根据马克思的经典著作认为，劳动手段（劳动资料、工具）［Arbeitsmittel］只是社会关系的指示器［Anzeiger］①，"不是一般的当作'种差'决定这一社会"②，真正决定一个历史阶段的社会性质的是生产方式。生产方式在马克思那里具有社会差别的根本标准的意义的，不能用"技术"来替代生产方式的地位。

其次，侯外庐批判了"流通决定论"。在社会史论战中，部分学者用商品的流通关系［Zirkulationsverhältnisse］来规定社会性质，宣称中国是所谓的"商业资本主义社会"③，这是一种典型的用现象代替本质的观点。在马克思看来，"流通的直接存在是纯粹的假象。流通是在流通背后进行的一种过程的表面现象"④，也就是生产的现象。可见，社会形态绝不可能被"流通关系"这种"假象"［Schein］或"表面现象"［Oberflächlichen Phänomenen］所决定。侯外庐从马克思对重商主义的批判出发，认为重商主义所持的"流通决定论"是对"事实表象的误解"⑤。他又进一步认为，早在地理大发现之前，生产方式已经发生了强大的变革运动，"商人资本是不会革旧生产方法之命的"⑥，因为"商业资本是附庸的性质"⑦，它本身不是生产而是从属于生产的，从封建生产方式向资本主义生产方式的变革才是社会性质变革的根本原因，这就有力地批判了"流通决定论"的错误观点，阐发了马克思的正确理论。

---

① 马克思在《资本论》第一卷中指出："劳动资料不仅是人类劳动力发展的测量器，而且是劳动借以进行的社会关系的指示器。"（《马克思恩格斯文集》第 5 卷，人民出版社 2009 年版，第 210 页）

② 侯外庐：《社会史导论》，《侯外庐史学论文选集》（上），人民出版社 1987 年版，第 27 页。按：侯外庐所说的"种差"源自于马克思的《剩余价值理论》（《剩余价值学说史》），德文为"Differentia Specifica"（参侯外庐《中国古代社会史论》，河北教育出版社 2000 年版，第 48 页），在郭大力版中被译作"诸特征"（《剩余价值学说史》第 3 卷，生活·读书·新知三联书店 1957 年版，第 94 页），《全集》中文第一版中译作"界限的特征"（第 26 卷（第三册），人民出版社 1974 年版，第 86 页），《全集》中文第二版（第 35 卷，人民出版社 2013 年版，第 88 页）同第一版，都具有决定性质的特征的意思。

③ 参林甘泉、田人隆、李祖德《中国古代史分期讨论五十年（1929—1979）》，上海人民出版社 1982 年版，第 58—69 页。

④ 马克思：《政治经济学批判（1857—1858 年手稿）》，《马克思恩格斯全集》第 30 卷，人民出版社 1995 年版，第 210—211 页。

⑤ 侯外庐：《社会史导论》，《侯外庐史学论文选集》（上），人民出版社 1987 年版，第 29 页。

⑥ 同上。

⑦ 同上书，第 31 页。

再次，侯外庐批判了"分配决定论"。当时，有学者认为，中国是资本主义社会，因为中国存在着剥削，剥削这种分配关系［Distributionsverhältnisse］决定了中国的社会性质。① 侯外庐首先指出，剥削是阶级社会的普遍现象，"诸形态中亦包含着剥削形态"②，因此，绝对不能用一种普遍现象来规定一种特殊的社会性质。他又进一步指出用分配关系来规定社会性质的观点明显是"一种因果倒置论"③，只有特殊的生产方式才会产生特殊的分配关系，生产方式"是财富分配的基础，而不是其结果"④，因而，不能通过分配关系来规定社会性质，必须通过特殊的分配关系追问到此一分配关系所依据的特殊的生产方式，才能真正明了某一时代的特殊的社会性质。

以上内容，是侯外庐对马克思生产方式理论所做的阐发和对一系列错误思潮所做的批判。不过，需要着重指出的是，侯外庐在当时坚持马克思的生产方式理论是需要有强大的学术勇气的，这不单单表现在他需要面对各种反动势力和思潮的干扰，而且还表现在革命阵营内部的分歧中。侯外庐因为坚持与斯大林相左的生产方式理论⑤，在当时的马克思主义学界中也受到非议，但他敢于打出"斯大林的说法我不懂"⑥的旗号，确实需要今人难以想象的学术勇气。

---

① 参见陈独秀《我们不要害怕资本主义》，《陈独秀著作选》第 3 卷，上海人民出版社 1993 年版，第 514—519 页。

② 侯外庐：《社会史导论》，《侯外庐史学论文选集》（上），人民出版社 1987 年版，第 32 页。

③ 同上。

④ 同上书，第 34 页。

⑤ 斯大林在《联共（布）党史简明教程》中给出了他对"生产方式"的定义："用来生产物质资料的生产工具，以及有一定的生产经验和劳动技能来使用生产工具，实现物质资料生产的人，——所有这些因素共同构成社会的生产力。但是生产力还只是生产的一个方面，生产方式的一个方面，它所表现的是人们对于那些用来生产物质资料的自然对象和力量的关系。生产的另一个方面，生产方式的另一个方面，就是人们在生产过程中的相互关系，即人们的生产关系。……生产、生产方式既包括社会生产力，也包括人们的生产关系，而体现着两者在物质资料生产过程中的统一。"（《联共（布）党史简明教程》，人民出版社 1975 年版，第 133—134 页）简单来说，斯大林认为"生产方式"就是"生产力"与"生产关系"的统一。这与上文所述侯外庐从马克思经典著作中所得出来的结论是不同的。

⑥ 侯外庐：《韧的追求》，生活·读书·新知三联书店 1985 年版，第 229 页。按：侯外庐的观点绝不是"一家之言"，如王亚南在论述封建生产方式时指出："对封建制有全面决定作用的因素，乃是主要由农业劳动力与土地这种自然力相结合的生产方式。"（王亚南：《中国官僚政治研究》，中国社会科学出版社 1981 年版，第 52 页）李达也认为："劳动力与生产手段相结合的方法，叫作生产方法。"（李达：《先资本主义的社会经济形态论》，生活书店 1948 年版，第 9 页）

三 侯外庐根据中国历史实际对生产方式理论的运用

对生产方式理论的研究显示了侯外庐卓越的马克思主义理论水平，但是，单纯地说明理论本身是远远不够的，必须要将之灵活地运用在对中国历史的研究上，才能体现出马克思主义理论对于研究中国历史的价值。

侯外庐曾说："我对于中国历史……的研究，都是从'生产方式'这一经济学的基本范畴开始的。"① 具体来讲，侯外庐对马克思生产方式理论的运用，便是紧紧扣住生产方式的两个方面去发现其在中国历史实际中结合的特殊性。这种分析方法，在他对中国历史上的三个历史时期②的研究中都有表现。

（一）古代生产方式（亚细亚生产方式）

亚细亚生产方式问题是马克思主义理论史上的一个非常著名的问题③，侯外庐对中国古代社会史的研究，便开始于"弄清楚亚细亚生产方式的理论"④。他认为，亚细亚生产方式就是中国古代社会的生产方式⑤，"古代社会的生产方式是，当做工具使用的劳动力和奴隶主所有的生产资料两者的结合"⑥，侯外庐对中国古代社会的研究，就是从这两方面入手的。

首先，在生产资料方面，主要是土地所有制问题。这一点中国与古希

---

① 侯外庐：《〈侯外庐史学论文选集〉自序》，《侯外庐史学论文选集》（上），人民出版社1987年版，第9页。
② 事实上，侯外庐对原始氏族社会的生产方式也有一定的研究，体现在《中国古代社会与老子》中对老子理想的生产方式和《中国古代社会史论》中对殷商时代生产方式的研究中，但这在侯外庐整个史学体系中所占的比例较小，本文暂且略去。
③ 参林甘泉、田人隆、李祖德《中国古代史分期讨论五十年（1929—1979）》（上海人民出版社1982年版）、王立端《亚细亚生产方式问题争论研究（1949—1999）》（福建师范大学2011年博士论文）。
④ 侯外庐：《中国古代社会史论》，河北教育出版社2000年版，第4页。
⑤ 关于"亚细亚生产方式"和"古代生产方式"的关系，参刘宝才《亚细亚生产方式理论的中国化》（《中国史研究》2003年第2期）、王军福：《亚细亚生产方式与侯外庐先生的中国古代社会史研究》（《晋阳学刊》2003年第4期）。
⑥ 侯外庐：《中国古代社会史论》，河北教育出版社2000年版，第49页。

腊的路径是不一样的,古希腊在梭伦改革后,产生了土地私有制,而中国古代社会则是在周王朝的征服过程中逐渐形成的,因而打上了氏族战争的烙印,国家与氏族纽带形成了不可分割的统一体,以至于中国古代的土地所有制形式走上了国有制的道路,"土地财产是国有或氏族贵族专有"①,这就是中国古代社会中生产资料的特殊性。

其次,在劳动者方面,侯外庐认为,社会只有发展到文明阶段,才能收容和利用别的部落的成员,把他们用作奴隶。在卜辞所记载的战争中是伐杀多、俘获少,而周金中对战俘的记载"比卜辞中记载的俘获数目大到一千倍,它的意义不但在于数目,更在于把这样的数目和马车牛羊并重,可以知道有新的用途"②,即用于生产劳动。这就说明"中国社会的文明阶段的特征,到了周初才更显示出来"③。但中国古代的奴隶也有他的特殊性,"是拿家室作为计算单位的集体生产者"④,这不同于古希腊的奴隶,即"古代东方是家内奴隶制……所谓家内的并非指不事生产的仆役,而是指家族的集团"⑤,也就是说,奴隶作为劳动者——侯外庐特别强调这一点,切不可将之视为寄生的仆役集团——被血缘关系所束缚,成为附属于家族的劳动集团,这就是中国古代社会劳动者的特殊性。

侯外庐根据马克思的生产方式理论,详细地给出了亚细亚生产方式的答案及其历史意义:"土地氏族国有的生产资料和家族奴隶的劳动力二者间的结合关系,这个关系支配着东方古代的社会构成,它和'古典的古代'是同一个历史阶段的两种不同路径。"⑥侯外庐这一结论有着丰富的学术内涵,与之前学术界对于亚细亚生产方式的混乱的、模糊的认识完全不同,因为它是建立在马克思关于生产方式的科学理论基础之上的。

---

① 侯外庐:《中国古代社会史论》,河北教育出版社2000年版,第4页。
② 同上书,第60页。
③ 同上书,第5页。
④ 侯外庐:《韧的追求》,生活·读书·新知三联书店1985年版,第238页。
⑤ 侯外庐:《中国古代社会史论》,河北教育出版社2000年版,第27页。
⑥ 侯外庐:《中国古代社会史论》,河北教育出版社2000年版,第27页。按:恩格斯认为,只有雅典的古代社会是自然形成的典型的古代社会,即侯外庐所说的"古典的古代":"雅典人国家的产生乃是一般国家形成的一种非常典型的例子,一方面,因为它形成过程非常纯粹,没有受到任何外来的或内部的暴力干涉……另一方面,因为它使一个具有很高发展形态的国家,民主共和国,直接从氏族社会中产生。"(恩格斯:《家庭、私有制和国家的起源》,《马克思恩格斯文集》第4卷,人民出版社2009年版,第136页)

(二) 封建生产方式

侯外庐的中国封建社会观，主要包括两个大的方面①：一是封建社会的确立问题；二是封建社会的内部分期问题。他对这两大问题的研究，都贯彻了马克思的生产方式理论。

1. 封建社会的确立，也就是封建生产方式作为社会主要生产方式地位的确立。侯外庐认为既然生产方式决定着社会性质，那么，在研究封建社会的确立时，就应该分析封建的生产方式是如何逐渐取代古代的生产方式而占据主导地位的。因此，他根据具体的史料，认为中国封建生产方式的萌芽源于商鞅变法，"所谓废井田，开阡陌，就是推翻氏族贵族的国有土地，使土地不合法地私有，产生小土地经营制，使生产者由奴隶逐渐转变为隶农，以维持劳动力的再生产"②，直到汉武帝的"法度"，封建化过程才完成，也就是封建的生产方式"作为主导倾向而统驭了社会的全性质"③。这就从生产方式的角度说明了古代社会向封建社会转变的具体内容。

首先，生产资料方面的变革主要是土地国家所有制与豪族占有制④的形成。土地国家所有制的形成主要是两方面的原因：一方面是由于"古代土地国有"⑤的传统影响；另一方面是由于封建国家在战争中发展起来的"野蛮的军事组织形式"⑥的结果。而豪族土地占有制的形成也是两方面的原因：一方面是"古代社会的世族做了它的前身"⑦，在奴隶制生产方式不能适应历史发展的情况下，传统的、古代的世族阶级便转化为新的、封建的豪族阶级；另一方面，"由于中国村社的残余以及北方的游牧民族的内徙"⑧，加强了这种身份性的地主阶级的制度。但是，土地豪族占有制是依附于土地国家所有制的，豪族之所以获得可靠的土地占有的权力，"是依

---

① 关于"封建社会的解体"的问题，由于涉及资本主义生产方式萌芽的问题，特留在下文论述。
② 侯外庐：《韧的追求》，生活·读书·新知三联书店1985年版，第251页。
③ 侯外庐：《中国封建社会史论》，人民出版社1979年版，第57页。
④ 关于土地所有权和土地占有权的解释，参韩永志的博士论文《侯外庐中国古代所有权问题研究述论》（西北大学2015年）第四章的第一节"侯外庐对封建所有权结构和特点的理论辨析"。
⑤ 侯外庐：《中国封建社会史论》，人民出版社1979年版，第255页。
⑥ 同上。
⑦ 同上。
⑧ 同上。

据了名分的传统以及荣誉的恩赐"①；反过来说，土地国家所有制又必须依靠土地豪族占有制，因为豪族"附着在村社的村落自治体上面"②，是政权的基础，因而，皇帝虽然是最高的土地所有者，"但他为了巩固政权，必须依靠身份性的地主阶级"③，故此二者之间形成了一种对立统一的特殊关系。这也就是说，土地国家所有制与豪族占有制之间的联合，打破了古代的氏族贵族土地所有制，形成了中国封建社会初期的特殊生产资料所有制形式，成为新的封建生产方式的一个方面。

其次，劳动力方面的变革主要包括：（1）郡县制的实行，使得"血缘的氏族落地成为地缘的家族"④，这一巨大的历史变革，使得氏族奴隶作为劳动力的古代社会解体，形成了封建社会的小农经济的基础；（2）秦汉产生了打破血缘氏族贵贱的基于耕勤战力的等级制度，"等级的社会制度正是封建制的人格隶属关系"⑤，这就使劳动者突破了血缘关系隶属下的作为工具的劳动形式，而是被一种新的等级关系加以控制；（3）秦汉建立了"领民户口制"⑥，"上至诸侯以户邑为制，下至地主开广田宅，都基于户籍名数"⑦，使得编户齐民"占了社会劳动力的支配地位"⑧，成为课税的对象。在这一系列的变革中，"处于封建的依附性和隶属性的政治条件之下"⑨的农民取代氏族奴隶成为主要的社会劳动者，这就构成了封建生产方式的另一个方面。

总之，侯外庐认为，生产方式的两个方面在秦汉时期都发生了与古代生产方式相比的质的变化，这就说明秦汉时期中国进入了封建社会。

2. 侯外庐认为中国的封建社会内部又可以分为"两期四段"⑩，均以

---

① 侯外庐：《中国封建社会史论》，人民出版社1979年版，第42页。
② 同上书，第70页。
③ 同上书，第76页。
④ 同上书，第83页。
⑤ 同上书，第85页。
⑥ 同上书，第86页。
⑦ 同上。
⑧ 同上书，第88页。
⑨ 同上书，第48页。
⑩ 侯外庐认为："大概地说，中国封建社会可分为前期和后期两个阶段。前期从商鞅变法起，又可以战国末秦、汉之际为过渡，两汉作为一个阶段，魏、晋、南北朝、隋为一个阶段。后期可以隋和唐初为过渡，从中唐至明代中叶为一个阶段，明代末叶，即自十六世纪中叶以后，至一八四〇年为又一个阶段。"（《中国封建社会史论》，人民出版社1979年版，第147页）

封建生产方式在各个历史阶段的不同特点为标志。

封建社会前期的第一个阶段，即主要是秦汉时期，这一阶段生产方式的特色，在上文中关于封建生产方式的建立中已经有所论述，即国家所有、豪族占有的土地与强固地依附于国家和豪强的农民之间的结合。

封建社会前期的第二个阶段，即主要是魏晋南北朝时期。生产资料方面，魏晋南北朝继承秦汉的土地国有制，但又有其特点，即"军事编制之下屯田式的官有土地制"①。劳动力方面，魏晋南北朝统治者由于受了汉代农民战争推翻封建王朝的历史教训，不得不在劳动力的编制上实行更强力的统治方法，即用"野蛮式的统治"② 强制劳动力依附于土地。这种军事性的土地所有制与野蛮强制下的劳动力之间的结合，就构成了封建社会前期的第二个阶段的特殊的生产方式。

封建社会后期的第一个阶段，即中唐到明中叶时期，在生产资料方面，"非身份性地主阶级"的土地占有制超过了"身份性地主阶级"的土地占有制，通过政治、军事的剥削手段已经不能适应生产力的发展了，"均田制失去了束缚农民于份地上的作用，封建专制主义国家要再掌握更多的劳动人手，就必须改变方式了"③，从而，经济的剥削手段开始占主要方式，这种方式就是庄园经济，即主要采用"皇庄和官庄的方式"④。在这种条件下，劳动力方面也发生了一些变化，农民有了一定的人身自由，并且"可以自己负责在好象是自己占有的或使用的土地上从事生产"⑤，同时，剥削形式也由"租庸调这种以劳役地租为主的形态……让位于以实物地租为主要形态的两税法"⑥ 了，从而农民获得了一定的人身自由。这种国家土地所有制下的庄园土地占有模式与获得一定人身自由的农民之间的结合，就构成了封建社会后期的第一个阶段的特殊的生产方式。

至于封建社会后期的第二个阶段的特殊的生产方式，由于有了新的不同质的生产方式——资本主义生产方式——萌芽的出现，产生了更多的新特点。

---

① 侯外庐：《中国封建社会史论》，人民出版社1979年版，第125页。
② 同上书，第124页。
③ 同上书，第162页。
④ 同上书，第163页。
⑤ 同上书，第250页。
⑥ 同上书，第285页。

总之，侯外庐认为，中国封建社会前期生产方式的主要特征是：在生产资料方面，土地国有制与"身份性地主阶级"的土地占有制占统治地位；在劳动者方面，则"采取了对劳动力的军事的政治的编制形态"①。反之，中国封建社会后期生产方式的主要特征是：在生产资料方面，土地国有制与"非身份性地主阶级"的土地占有制占统治地位；在劳动者方面，则"采取了对劳动力的经济的经营方式"②。其标志是中唐实行的"两税法"，"它反映了均田制的破坏，庄园经济的发展。这正是封建社会从前期向后期发展的一个重要转折"③。但是，这种生产方式的变化只是土地经营方式上的改变，"封建主义土地所有权并没有根本的变化"④，因此，这只是同一种生产方式的不同阶段，而不是不同生产方式之间的变革。⑤

（三）资本主义生产方式的萌芽

侯外庐认为，中国资本主义生产方式的萌芽是从明朝嘉靖到万历年间开始的，"十七世纪的中国社会，已存在着资本主义的幼芽，这是在十六世纪中叶开始的"⑥，在这个阶段中，生产方式的两个方面都发生了质的变革。

首先，在农业中，从生产资料方面看，首先是土地所有制的变化，也就是封建土地国有制形式的变化。封建社会从前期向后期的转变，在土地经营方式上的表现就是由政治的、军事的向经济的转变，这就已经说明生产力的发展导致封建土地国有制逐渐成为经济的赘疣，显示着封建生产方式走向解体的历史命运。因此，到了明代，土地私有制逐渐兴起，自然地促进农业的资本主义生产方式的萌芽，这就出现了所谓的非身份的"有心计之家"⑦，即农业资本家的前身。上层建筑不能不反映经济基础，生产方式的新变化必然地反映在统治阶级的法典中，这就是所谓的"一条鞭"

---

① 侯外庐：《中国封建社会史论》，人民出版社1979年版，第255页。
② 同上书，第256页。
③ 侯外庐：《韧的追求》，生活·读书·新知三联书店1985年版，第253页。
④ 侯外庐：《中国封建社会史论》，人民出版社1979年版，第165页。
⑤ 部分学者把侯外庐的"封建社会两期说"称为"唐宋变革论"，实则不然，在侯外庐的历史理论体系中，只有生产方式的变革才能称为"变革"，封建社会的两期只是"变化"，不能称之为"变革"。相关观点参张邦炜《"唐宋变革"论与宋代社会史研究》，李华瑞编《唐宋变革论的由来与发展》，天津古籍出版社2010年版，第7页。
⑥ 侯外庐：《中国封建社会史论》，人民出版社1979年版，第251页。
⑦ 同上书，第258页。

法,"土地商业化或私有化就是'一条鞭'法施行的物质条件"①。由于"一条鞭"法"把各种名目的税和劳役,合并为一,折银征收"②,从而改变了剥削形式,适应历史条件的发展,转变为具有在"最大限度上减轻封建依存的财产税形式的新的剥削制度"③,这就同时在劳动力方面带来了变革,农民的人身依附关系进一步减轻。同时,因为"资本主义要排斥身分性的人格依附"④,于是,迫于生计的农民开始逃向城市,成为自由工人的前身。⑤ 封建生产方式在农业中的两方面的这种变革,就显示着它的解体和资本主义生产方式的发展方向。

其次,在手工业中,也可以显示资本主义生产方式的萌芽,这就是所谓的"机户出资,机工出力,相依为命"⑥ 的生产方式的产生。"机户"占有生产资料,同时支出可变资本雇佣"机工"进行生产,剥削其剩余价值,而"机工"则只能靠出卖劳动力以获得必要的生活资料,所谓"吾衣食于主人,而以日之所入,养吾父母妻子"⑦,这些丧失生产资料的自由工人,主要"是从农村逃亡而来的"⑧ 剩余人口。资本家占有生产资料与丧失了生产资料的自由工人的结合,就形成了资本主义的生产方式。

但是,中国的资本主义萌芽有它的特殊性,侯外庐认为,从16世纪以来,中国的历史没有像欧洲那样走向资本主义社会,"关键在于旧的生产方式以及旧的思想影响太深,新的因素十分微弱"⑨,加之落后民族的统治和西方列强的侵略,中国终究选择了异于欧洲的发展道路。

从上文的分析中我们可以得知,侯外庐对整个中国社会史的分析,都贯穿着马克思的生产方式理论,并将其与中国历史的实际密切结合起来,从而他对中国社会史上各个阶段特征的论断就显得非常明晰。侯外庐的这种研究路径,就明显地体现了马克思本人的思想和路数,也就是恩格斯所

---

① 侯外庐:《中国封建社会史论》,人民出版社1979年版,第258页。
② 白寿彝主编:《中国通史纲要》,上海人民出版社1980年版,第314页。
③ 侯外庐:《中国封建社会史论》,人民出版社1979年版,第256页。
④ 同上书,第263—264页。
⑤ 参侯外庐《中国封建社会史论》,人民出版社1979年版,第265—266页。
⑥ 《明实录》神宗卷三六一,侯外庐:《中国封建社会史论》,人民出版社1979年版,第265页。
⑦ 徐一夔:《始丰稿》卷一,侯外庐:《中国封建社会史论》,人民出版社1979年版,第265页。
⑧ 侯外庐:《中国封建社会史论》,人民出版社1979年版,第265页。
⑨ 侯外庐:《韧的追求》,生活·读书·新知三联书店1985年版,第259页。

说的"像马克思那样地去思考问题"① 的研究方法,因此我们可以说,侯外庐当之无愧于"马克思主义者"这个称号。

20 世纪 90 年代后期,生产方式理论一度成为学界的热点问题②,但是,很少有学者注意到,侯外庐先生早在 30 年代就对这个问题作了深入的研究,并将其运用在对中国历史的研究上,取得了丰硕的成果。侯外庐的这种学术路径具有很强的典范意义,它表明:只有在深入研究马克思主义原著的基础上,才有可能真正地理解马克思主义的科学原理,而不至于走上教条主义的歪路;同时,只有将马克思主义的科学原理灵活地运用到中国历史的研究当中,结合中国的实际情况,实现马克思主义的民族化,才能发挥其理论的力量,科学地认识中国的历史和现实,进而为当代中国的发展提供正确的学术意见。

(作者单位:北京师范大学历史学院)

---

① [俄] 阿·沃登:《和恩格斯的谈话》,苏共中央马克思列宁主义研究院编、胡尧之等译《回忆马克思恩格斯》,人民出版社 1957 年版,第 383 页。

② 参包先建《1997 年以来国内关于生产方式理论研究述评——兼论生产方式的内容结构及其相互关系》,《教学与研究》2005 年第 8 期。

抗战时期桂林地区马克思主义史学家群体

谢辉元

广西桂林是著名的抗战文化名城，有关该地文化史（尤其是文艺史）的研究一直是抗战史研究的重点。以往研究对于桂林地区的史学发展状况也曾有所关注①，但有关马克思主义史学发展的总体把握和集中描述则比较少见，本文着力考察抗战时期聚集于该地的马克思主义史学家的群体活动状况，以求为相关问题的认识提供一点助益。

一 马克思主义史学家群体的聚集情况

抗战前后，随着国土沦陷日剧，原先广布于大江南北的众多史学工作者开始向西南地区集中，而桂林作为当时的广西省会，交通畅达，是整个广西的政治、经济、文化中心，自然也就吸引了众多史学家的聚集。出于工作和生活需要，在桂马克思主义史学家不得不以一定的组织机构为依托进行活动。从相关组织机构的运行状况来看，以1942年为界，马克思主义史学家群体的聚集状态大体可以分为两个时期。

前一时期以广西地方建设干部学校、文化供应社、广西建设研究会、广西大学等社会组织为依托，聚集了相当一批有影响力的马克思主义史学家。广西地方建设干部学校筹备于1939年1月，同年3月正式开学，1940年底结束。它是新桂系为适应抗战需要而创办的以培养新型地方干部为目的的学校。在地干校，著名史学家杨东莼担任教育长，每周进行一次"精神

---

① 参见桂遵义的《马克思主义史学在中国》（山东人民出版社1992年版），陈国生等的《抗战时期西南地区的史学研究》（《史学史研究》1998年第3期），魏华玲的《抗战时期的桂林史学研究——兼评田亮著〈抗战时期史学研究〉》（《抗战文化研究》2008年第00期），以及钟文典、潘香华的《抗战时期的广西史学》（《广西文史》1995年第2期）等著述。

讲话",以历史唯物主义分析社会、历史问题。张健甫教授中国近代史,姜君辰教授社会发展史。文化供应社由中共党人胡愈之倡导,联合桂系民主派创立而成,始于1939年10月,主要出版抗日进步书籍。姜君辰曾是该社发起人,史学家杨荣国曾在社中任编导,宋云彬、曹伯韩等也参与过编辑工作,宋还担任过出版部主任。广西建设研究会成立于1937年10月,该会以学术研究为名行反蒋之实,是桂系当局为联络各派、网罗人才而牵头成立的。姜君辰、杨东莼、李达等人都曾是该会的研究骨干。而在广西大学,邓初民①、李达曾在此讲授过社会发展史和马克思主义哲学。

后一时期则以桂林师范学院为中心,集中了一些独立战斗的马克思主义史学家。② 桂林师范学院筹建于1941年10月,当时定名为广西省立师范专科学校,次年4月改为广西省立桂林师范学院,1943年改为国立。该校设有史地系和国文系,众多文史学家来校任教。史地系主任为陈竺同(建校初到校),教授汪士楷(1944年秋或1945年2月到校)讲西洋近世史③,宋云彬(1939年到校)讲中国近代史。谭丕模(1944年下半年到校)为国文系主任,主讲中国文学史和清季思想史,教授曹伯韩(1945年初到校)讲文字训诂。

在桂期间,这些史学家先后发表了众多史学著述。杨东莼作为"三四十年代中国八大史学家之一",早在二三十年代就以其译作《费尔巴哈论》《古代社会》,著作《中国学术史讲话》《中国文化史大纲》《高中中国史教科书》闻名学界,但在桂期间由于忙于各种社会工作,史学研究斩获不多,他在离校前夕组织编写的《两年来的地干校》倒是有意识地收集、整理了关于地干校的众多史料。张健甫将自己在地干校授课的讲义整理成《中国近百年史教程》,1940年由文化供应社出版,影响颇大,两年之内再版6次。史学论文也有若干篇发表。宋云彬在文供社工作期间著述众多,编《高小历史教本稿》一册,曾选注《历史小品选》(1942年桂林立

---

① 邓初民自1935年夏至1937年夏先后在广西省立师范专科学校、广西大学任教,1937年9月间去到武汉,其著作文章在广西有着广泛影响,一般研究广西抗战的文章皆将其纳入考察范围,这里亦同。
② 1944年桂林沦陷,桂林师范学院先后辗转于广西三江、贵州平越等地,直至抗战胜利才返迁桂林。由于师院名称、结构、运行模式均未有大的变化,为方便考察起见,本文仍将1944—1945年桂林师范学院马克思主义史学家的活动状况列为考察内容。
③ 1938—1940年,汪士楷在桂林先后为国民党高级将领陈明仁和黄杰做私人教师,讲授过政治经济学理论和讲授社会发展史,1941年在桂林国立汉民中学任高中历史教员。

体出版社），其杂文《破戒草》与《骨鲠集》也先后在桂林出版。他还写了许多富有见地的近代史论文，有代表性的如《四十年来宪政运动之回顾》(《国民公论》1940 年第 6 期)，《章太炎的学术思想及其影响》(《文化杂志》1941 年第 1 期)，《辛亥革命前的中国文化运动》(《文化杂志》1941 年第 3 期)。杨荣国在桂期间则出版了《中国古代唯物论研究》(1940 年桂林写读出版社)，同时还应邀分别为文化供应社写过《封建社会是什么》《资本主义是什么》《西洋经济史》，为新知书店写过《日本帝国主义的故事》，为石火出版社写过《西洋现代史常识》等通俗读物。姜君辰则将其社会发展史的课堂讲义写成《社会学入门》出版（1940 年桂林文化供应社）。曹伯韩在此期间先后出版了《帝国主义》《中国近百年史十讲》(1945 年重庆生活出版社)，《中国现代史常识》(1939 年桂林石火出版社)，再版了《通俗社会科学二十讲》(1939 年重庆读书生活出版社)。陈竺同也写了《中国文化史略》(1944 年桂林文化书店)。谭丕模来桂前著有《中国文学史纲》《宋元明思想史纲》《清代思想史纲》，在师院讲学期间多次修改了《中国文学史纲》，而其第六稿终于在 1947 年由桂林文化供应社出版。李达是著名的马克思主义理论家，其名著《社会学大纲》出版于 1937 年，在桂任教期间他将此书人手一册地印发给学生。邓初民的《中国社会史教程》也于 1942 年由桂林文化供应社出版。

二　马克思主义史学家群体的活动状态分析

桂林地区的马克思主义史学家可大体分为两大类。一类作为公开或秘密中共党员直接接受中共领导以开展学术和社会活动，如杨东莼、谭丕模、杨荣国、姜君辰等；一类作为左翼民主人士而开展活动，如宋云彬、汪士楷、陈竺同、张健甫、曹伯韩、李达等。后一类都曾是中共党员，他们或者由于大革命失败后与组织失去联系（陈竺同、曹伯韩、宋云彬），或者受中共党内"左"的政策迫害而脱党（张健甫），或者因"托派"等问题与中共中央意见相左而脱党（汪士楷），或者为专心研究理论问题而脱党（李达）。尽管脱党原因各异，但在中共政策实现调整后，他们又在不同程度上接受了中共统战政策的影响，并常对中共的抗日民主活动给予支持。当然也有像邓初民这样接受中共领导却未曾加入中共的左翼民主人士，但毕竟只是少数。

马克思主义史学家群体面对特殊的抗战环境和微妙的政治生态，呈现出特有的群体活动状态：

1. 工作去留受政治环境影响大，在夹缝中求生存。马克思主义史学家的教学、研究活动多带有明显的左翼色彩，加上本来或一度是中共党员，在国共政争的环境中遭受巨大压力，不得不在政治夹缝中求得容身之地。蒋桂两系矛盾甚深，几度兵戎，抗战开始后虽表面携手言欢，共赴国难，内地里却貌合神离，互相猜忌。广西作为桂系固有地盘，在抗战开始后逐渐遭到蒋介石势力的渗透，为维持统治地位，李宗仁、白崇禧、黄旭初等人鉴于自身力量不足，试图以开明政策吸引各方力量共同反蒋，于是接纳各省来桂的进步文化团体、名人，爱国民主人士和中共党员，终于把桂林打造成著名的文化城。为有效组织各方力量，桂系打着"建设广西，复兴中国"的口号，成立"广西建设研究会"，集合各路反蒋势力，名义上开展广西政治、经济、文化的研究，实则开展反蒋政治活动。为培植自身势力，适应抗战需要，桂系又提出"行新政，用新人"口号，废弃旧的民团干部训练方法，借民主、进步人士之力培养新的地方行政人才，由此决定创办广西地方建设干部学校。这些举措都为既有反蒋意图又有学术水平、研究能力的马克思主义学者预留了政治空间。而桂系内部派系也不统一，作为白崇禧老师、时任广西临时参议会议长的国民党左派李任仁，以及同盟会老会员、时任广西绥靖公署顾问的陈劭先比李、白更加开明，他们同情左翼民主人士的各种学术和社会活动，并常常给予支持。如任用杨东莼做地干校教育长的建议就是李任仁提出的，而杨1940年6月辞职后又住在李任仁老家，继续开展各种活动。①

中共组织在相关史学阵地的开辟中也发挥了重要影响。周恩来在抗战开始后不久就与白崇禧谈判，提出在桂林建立八路军办事处，并表示中共将实行做"好朋友"，"不挖墙脚"的政策。武汉失守后，为给大批进步人士入桂寻求更多便利，周又建议白招贤纳士、网罗人才。② 这些举措收到很好效果，有力照应了马克思主义史学工作者的活动。八办建立后，成为中共组织在桂的领导机构，对包括地干校、汉民中学、文供社等机构内

---

① 汤有雁：《广西地方建设干部学校的回顾》，载《广西文史资料第30辑·新桂系纪实》中集，政协广西壮族自治区委员会文史资料委员会1990年版，第91页。
② 谢和赓：《我的回忆》，载《八路军桂林办事处》，广西人民出版社1990年版。

部的党组织进行领导。如在杨东莼负责的地干校，行政和教学基本由中共组织掌握，地下党组织还曾秘密调派党员到干校学习，正因有着浓厚的红色文化氛围，该校被称为"南方抗大"。文供社则是在生活·读书·新知等进步书店屡遭国民党压迫的情况下，由中共党员胡愈之以救国会名义联合陈劭先、李任仁创立的。杨东莼、胡愈之作为中共秘密党员与八办处长李克农单线联系，开展工作。

马克思主义史学家群体因为政治形势宽松而保有一定的活动阵地，同样也因政治形势转劣而遭受困难。第一次反共高潮中，桂系在财政上受蒋介石钳制，政治上也开始向蒋靠拢，蒋系势力如"中统"等逐步深入广西。受反共活动加剧的影响，地干校于1940年底结束，1941年皖南事变之后，姜君辰去到苏北新四军驻地作专任研究员；杨东莼去到四川成都大学当历史学教授；曹伯韩去到香港主持《华商报》电讯翻译工作；杨荣国也去到重庆做统战工作。1943年初，国民党中宣部要求接办文供社，文供社被迫改组，曹伯韩和宋云彬等也被迫辞职。这样，具有中共背景的史学家多数都被迫转移阵地了。而桂林师范学院这个学术阵地的开辟更加隐蔽，集中在这里的更多的是脱离中共后的左翼民主人士，适应了新的斗争需要，成为马克思主义史学传播的新阵地。

2. 不同政治背景的史学家互相引介，抱团中求发展。具有不同政治背景，来自不同学术领域的马克思主义史学家能够进入各组织机构，主要得力于史学家们在抗战的恶劣环境中能够抱团取暖，互相引荐。在地干校，杨东莼接受黄旭初邀请时提出了相应的任职条件，其一就是"干校"的人事由杨直接负责，不受掌管人事部门的牵制，并声明：平时接触的人各方面都有，比如徐特立，希望不要听信外界谗言。① 得到黄的同意后，杨立马聘请了姜君辰、张健甫等来校任教。文供社也是一样，由胡愈之牵头，姜君辰等人响应，聘用一些刚刚南下桂林的进步人士做编辑，其中就有来自救国会的曹伯韩，来自第三厅的宋云彬。胡愈之曾指出文供社所用干部"大部分都是由李克农同志推荐的"。② 至于广西建设研究会，由于主持会务的李任仁、陈劭先等用人不拘一格，同样聘请了杨东莼、李达、姜君辰

---

① 汤有雁：《广西地方建设干部学校的回顾》，载《广西文史资料第30辑·新桂系纪实》中集，第74页。

② 赵晓恩：《抗日战争时期桂林文化供应社始末》，载《桂林文史资料第38辑·抗战时期桂林出版史料》，漓江出版社1999年版，第608页。

等左翼学者。而在桂林师范学院，校长曾作忠治校理念兼收并蓄，多方延聘思想进步的学者来校任教，原先在桂有长期教学经历的陈竺同被聘为史地系主任，谭丕模与师院院长曾作忠、教务长林励儒有同窗、师生之谊，亦被聘请为国文系主任，由此吸引了宋云彬、汪士楷、曹伯韩等众多漂泊无着的左翼文史工作者。

3. 不同时期的史学家群体活动存在明显差异。1942年以前，桂林的史学家群体在中共影响下积极开展进步工作，他们在不同机构中兼职，开展史学研究的同时，进行大量社会活动。如杨荣国在文化供应社工作的同时还任写读出版社编辑；杨东莼同时在地干校和广西建设研究会工作；姜君辰则同时任地干校教员和《中国农村》战时版主编，还在新知书店桂林分店、文化供应社、广西建设研究会工作；张健甫则同时在地干校和文供社兼职；李达在广西建设研究会工作的同时，还在广西大学担任教职。学术研究与社会活动并进，是这群史学家的重要职任。尤其值得关注的是当时的文供社还专门组织了读书会，姜君辰、宋云彬、曹伯韩、张健甫等人都参与其中，会议分享读书心得并对各种观点进行批判、分析，同时讨论稿件内容，统一宣传口径。据宋云彬回忆，探讨内容涉及封建主义、图腾主义等历史唯物主义理论问题。① 与之对比，在桂林师范学院时期，史学家们则专事史学研究与教学，社会活动的参与则相对较少，抗战期间诸如陈竺同、汪士楷、曹伯韩、宋云彬等人在师院并没有像前一时期的学者那样花费大量精力进行兼职工作。不过对于进步活动，他们还是时有参加的。

4. 史学家们利用优越的出版条件传播和发展马克思主义史学。抗战时的桂林有着强大的出版网络，有人指出抗战时期的"精神粮食——书，有80%是由它（桂林）出产供给的，所以说桂林是文化城，不如说它是出版城更来得适当"②。这就为马克思主义史学作品的出版提供了得天独厚的渠道。这其中最具代表性的是文化供应社。该社编辑了大型理论性月刊《文化杂志》，该杂志影响很大，胡绳批冯友兰唯心主义哲学，李达谈社会发展迟滞原因的文章就发表在这上面，宋云彬、曹伯韩等人也为该杂志写过文章。文供社还出版过众多进步书籍，其中包括十七册的《青年新知识丛

---

① 宋云彬：《红尘冷眼》，山西人民出版社2002年版，第55、62页。
② 赵家蔓：《忆桂林——战时的"出版城"》，上海《大公报》1947年5月18日。

刊》，里面就有杨荣国的《封建社会是什么？》，还有《怎样研究历史》（林楚）、《被压迫民族问题》（戈明）、《帝国主义侵略中国的经过》（李声玄），等等著作。除了在桂马克思主义史学工作者的著述外，也有大量来自外地学者的成果在桂出版，如华岗的《中华民族解放运动史》（1939年新知书店）、李平心的《中国近代史》（1943年光明书店）、吴泽的《中国原始社会史》（1943年文化供应社）、吕振羽的《中国原始社会史》（1943年耕耘出版社）。另外，《建设研究》《青年生活》《中学生》《国民公论》《新道理》《自学》等杂志也是马克思主义史学的传播阵地。

三　桂林地区马克思主义史学的学术特色

相较桂林与重庆、延安两地，桂地马克思主义史学的发展呈现出鲜明特征①：

1. 从治学偏好来看，桂林地区马克思主义史学家群体中纯粹的史学家并不多，更多的是文史学家或社会科学家。除杨荣国专做思想史、张健甫专做近代史外，包括杨东莼、陈竺同、宋云彬、谭丕模、曹伯韩、姜君辰、邓初民等人，皆是进行文史哲或社会科学等多领域的研究。譬如杨东莼就同时开展过哲学、文化学、历史学、新闻报道等方面的工作。宋云彬研究过文学史、思想史，还搞过杂文创作，其本人还是中华全国文艺界抗敌协会桂林分会理事。谭丕模是著名的文学史和思想史家。姜君辰兼通经济学和社会学。陈竺同写过文学史、哲学史、工业技术史、戏剧史等多方面著作。曹伯韩涉猎过语言学、地理学、国际关系、通俗社会科学等多个领域。邓初民在政治学和社会学方面卓有建树。这种情况的出现可能与桂林文化城特有的氛围有关，这里集中了大量文艺团体、文艺名人和文艺出版发行机关，也就为文史人才的集聚和培养提供了优越条件。政治环境宽松，但治史条件欠缺也是个中原因。

2. 从治史领域来看，桂林马克思主义史学以社会发展史、近代史、思想文化史领域为主。如邓初民、姜君辰的社会发展史，杨荣国、谭丕模的思想史，张健甫、宋云彬、曹伯韩的近代史，杨东莼、陈竺同的文化史。

---

① 这里仅就身处桂林的马克思主义史学家的研究成果进行分析，至于外地史学家有研究成果而在桂林出版者不在此论述之列。

中国史学的基本领域如通史、政治史（近代以前）等考察反而相对较少。此种现象出现的原因概与前同。

3. 从史著类型来看，以教材出版和通俗读物出版居多。桂林地区的马克思主义史学家的著述中，诸如张健甫的《中国近百年史教程》、宋云彬《中国近百年史》、曹伯韩的《通俗社会科学二十讲》、姜君辰的《社会学入门》、邓初民的《中国社会史教程》等都是教材。此外，他们还写了许多通俗读物。这可能与这些学者的个人境遇有关。事实上，桂林地区的这群学者在抗战时期很多都是常年漂泊，无论在生活条件、时间余裕、资料准备上都比较欠缺，难以致力于窄而深的学术研究，只好将多年讲学所积累的课堂讲义整理成书。宋云彬对此曾发过感慨："龚定庵诗云：'著书都为稻粱谋。'惭愧得很，我确然是为稻粱谋而编书的。近来颇有学无成就之感，想选定某一朝代的中国史作专门研究。'假我数年，五、六十以学'，或者能有所成就吧？我希望今后能够不必再编写这一类书。"① 这其中固然有谦辞成分，但也多少反映了作者当时的胸臆。此外，教材和通俗读物易于编著，较有销路，传播面广，符合马克思主义史学工作者改造社会的治学期许，自然也就成为他们的写作偏好。就是文化供应社、生活·读书·新知三联书店等进步书店，对此种形式的著述也是有着特殊偏好的。

桂林地区的马克思主义史学同样也与其他地区的马克思主义史学有着共同的学术取向，那就是坚持以历史唯物主义为指导。接受中共领导的史学家如杨东莼等勿论，就是被目为托派的汪士楷，也一直在坚持着历史唯物主义的教学。汪夫人杜綝就曾指出："从三十年代初到五十年代末，长达30年的时间里，他（指汪士楷）在高等学校任教，是全身心地投入用唯物史观研究经济史和西洋史。"② 学友杜畏之曾言道："汪泽楷先生于二十年代初接受了马克思主义的真理，从此以后，便一直坚持这个真理，不肯须臾背离。1929 年冬，他被中共开除党籍以后，没有因此而放弃马克思主义，却始终坚持，直到死日。"③ 同事张毕来也指出："在国民党白色恐怖统治下，他（汪士楷）从不隐讳自己的马列主义立场、观点，在师院授

---

① 宋云彬：《中国近百年史》，香港新知书店1948年版，序。
② 杜綝：《往事历历忆泽楷》，载《株洲文史第17辑：劳人汪泽楷》，中国人民协商会议湖南省株洲市委员会文史资料研究委员会1993年版，第12页。
③ 杜畏之：《怀念汪泽楷先生》，载《株洲文史第17辑：劳人汪泽楷》，第65页。

西洋史课程时，从来就是以历史唯物主义的观点忠实传授。"①

坚持从经济基础与上层建筑的关系角度来考察历史问题，是桂地马克思主义史家的研究门径之一。陈竺同的《中国文化史略》就明确指出："这本小册子是着重于生产力去分析文化的进程。至于生产关系，就政教说，乃是权力生活，属于精神文化，而为生产力所决定。"②事实上作者也确实是从铜器、陶器、瓷器、玉器等工具来分析有史期第一阶段的文化形态，并从农业、畜牧业、商业等产业来分析其文化生活的。杨荣国研究中国古代唯物论思想时也曾指出："在周末，春秋战国时代，学术思想之所以那么发达，……这当然是由于铁制农具普遍使用后，封建的生产力特别发达，并且商业资本已在封建社会内部抬头起来为一大原因。"他并声明："这在下列各章里叙述诸唯物哲学家的时代背景时，当做详细的阐明。"③所以他在谈老子、墨子、杨朱、荀子、王充等的时代背景时，都紧扣产业发展及经济关系进行分析。谭丕模对文学史的认知也是一样，认为文学"是社会经济基础上之必然产物，而被社会经济基础所决定"，所以"经济的变迁是文学发展的动力"。④

马克思主义史学家们也注意阶级斗争的分析。张健甫从阶级势力变动考察一百年来中国社会的变质，强调资本主义势力侵略使中国沦为半殖民地，封建官僚地主知识分子被迫实行洋务运动，民间也模仿西洋资本主义生产方式开设工厂，由此造成半封建社会。但中国民族资本的发展大不利于旧社会地主豪绅对农民的剥削以及帝国主义的侵略，这就使得帝国主义和封建势力相互勾结。⑤宋云彬考察辛亥革命前的中国文化运动时直接从阶级角度切入，指出洋务运动是"封建统治者的自救运动"，维新运动则是统治者为"避免亡国的惨痛或革命的恐怖，维持自己的统治地位，而使旧的地主经济逐渐蜕变为新的资本主义的经济"。⑥曹伯韩评价太平天国运动也没有脱离阶级分析，认为这是"农民反封建统治的斗争"。他还强调辛亥革命是"资产阶级民主革命运动"，而五四运动是"中国民族资产阶

---

① 张毕来：《一生无长物举世少知音——忆故友汪士楷教授》，载《株洲文史第17辑：劳人汪泽楷》，第86页。
② 陈竺同：《中国文化史略》，文光书店1950年版，第146页。
③ 杨荣国：《中国古代唯物论研究》，桂林写读出版社1940年版，第1页。
④ 谭丕模：《中国文学史纲》，北新书局1933年版，第6页。
⑤ 张健甫：《中国近百年史教程》，桂林文化供应社1943年版，第137—139页。
⑥ 宋云彬：《辛亥革命前的中国文化运动》，《文化杂志》1941年第3期。

级小资产阶级以及工人要求民族解放的运动"。①

史学家们还开展社会发展普遍规律的考察。姜君辰将人类社会发展分为人和自然相争的时代（原始共产社会），人和人相争的时代（奴隶社会、封建社会、资本主义社会），人类征服自然的时代（社会主义社会）三个大时代。社会发展到什么程度是由生产力的发展程度决定的，而社会进步的主要动力则是劳动人们的斗争。中国的封建社会有两千余年，当前必须进行国民革命以清除帝国主义和封建主义的相互勾结。②邓初民也强调历史具有法则性，他把中国历史划分为先史时代和正史时代，前者包括原始社会和氏族社会，后者包括奴隶社会（夏殷）、封建社会（周至清）和半封建社会（鸦战到现在）。③谭丕模在给中国文学史划分阶段时认为"要知道中国文学史展开的阶段，应当先知道中国社会历史开展的阶段"。基于自己的认识——西周到鸦战之后为封建社会，谭对中国文学史的发展阶段进行了具体划分。抗战时期，他又不断修改，并最终定型为：夏以前的文学为原始共产制时代的文学，殷商则为奴隶制时代的文学，西周以后为封建时代的文学，后者又被具体分为四期。④

他们治学的又一个特征就是联系现实，注意培养学生的爱国思想和革命觉悟。抗战时期，汪士楷在汉民中学教历史课时就善于联系实际，如他讲中国近代史某些章节，总是抓住火候进行评说，指明封建统治的腐败和军阀混战是中华民族积弱受欺凌的根由。他也常借国民党弃城失地、日军轰炸屠杀的事例，教导学生要永远铭记国破家亡的屈辱历史，并强调中国有几千年文明，绝不会灭亡，不能悲观丧气。⑤姜君辰的"社会常识"课常常结合广西少数民族实际生活来讲授唯物史观，宣传资本主义世界的没落和社会主义世界的发展，指出中国社会发展要顺应俄国革命开始后的时代潮流，并要以俄国革命为师为模范。⑥张健甫谈满清入关给汉族带来的灾难，特意指出其屠杀、文字狱、奸淫掳掠等行为正与日寇当下的行为无

---

① 曹伯韩：《中国现代史常识》，石火出版社1939年版，第10、45、53页。
② 参见姜君辰《社会学入门》，文化供应社1948年版。
③ 参见邓初民《中国社会史教程》，文化供应社1942年版。
④ 参见谭丕模《中国文学史纲》，人民文学出版社1952年版。
⑤ 谭芳泽：《知史自爱国 师教犹在耳——忆汪士楷老师》，载《株洲文史第17辑：劳人汪泽楷》，第92页。
⑥ 《中国当代社会科学家（第九辑）》，书目文献出版社1986年版，第216页。

异，而太平天国因内讧而自取灭亡尤为值得后人借鉴。① 宋云彬析论章太炎在清末经今古文派之争中的贡献，肯定章在学术思想上的革命立场，认为章从古文家立场来揭露孔子的真面目，指出康有为等假借孔子以献媚清朝，"在当时改良派与革命派的思想斗争中，给予改良派以莫大的打击"。宋还特别表扬章一贯的民族主义，认为"假使他至今尚未作古，我们相信他一定是坚持统一团结抗战到底的一个"。②

综上所述，抗战时期的桂林是全国两大文化城之一，它集中了全国文化人的三分之一，而这其中就有一批是马克思主义史学家。他们兼通文史和社会科学，由此根柢他们写作了许多富有特色的马克思主义史学作品。他们还以相应的组织机构为依托，以庞大的出版网络为手段，大力传播和发展马克思主义史学研究成果，扩大了马克思主义史学的影响，从而为桂林以至全国的抗战文化发展做出了贡献。

（作者单位：中国社会科学院历史研究所）

---

① 张健甫：《太平天国之灭亡（读史杂记之一）》，《国民公论》1940年第6期。
② 宋云彬：《章太炎的学术思想及其影响》，《文化杂志》1941年第1期。

东北解放区的历史教育与马克思主义历史著作的出版传播

安学勇

抗日战争胜利后，中共中央派出大批干部和主力部队出关，在东北建立新的解放区。中共在开辟东北解放区时，把教育工作同支援战争、土地改革、政权建设、经济建设并重，成为东北解放区五大重要任务之一。在中共的教育中，历史教育向来是重要组成部分。随着中共教育工作的展开，马克思主义历史著作在东北解放区便开始了迅速的出版和传播，广大的干部和青年知识分子也开始逐渐的接受革命历史教育，马克思主义历史著作的传播为革命事业培养出一批骨干力量。

一 东北解放区的历史教育考察

东北解放区的教育可分为高等教育与干部教育、中等教育与青年教育、初等教育及其他教育等几个方面，以下分别加以考察。

（一）东北解放区革命干部的历史教育

重视对广大干部进行历史教育，是中国共产党的一个优良传统。党中央进驻延安之后，便开展干部学校的历史教育和在职干部的历史教育。1938年10月，毛泽东在《中国共产党在民族战争中的地位》中指出，学习我们的历史遗产，用马克思主义的方法给以批判总结，承继这一份珍贵的遗产。① 1940年1月中央书记处发布的《中共中央关于干部学习的指示》要求全党干部都应当学习和研究马列主义的理论及其在中国的具体运

---

① 毛泽东：《中国共产党在民族战争中的地位》，《毛泽东选集》第二卷，人民出版社1991年第2版，第533—534页。

用，将"中国近代革命史""联共党史""历史唯物论与辩证唯物论""近代世界革命史"分别纳入干部学习的初级课程、中级课程以及高级课程。①此后，中共中央先后发布一系列关于干部学习以及在职干部教育的决定，都强调要加强干部对历史的学习和教育。如1941年12月发布的《中共中央关于延安干部学校的决定》，强调要"增加中国历史与中国情况及党的历史与党的政策的教育"，使学生能将理论与中国实际两者结合起来。②1942年2月通过的《关于在职干部教育的决定》将中共党史、近百年中国思想发展史、近代中国经济史、中国革命史和世界革命史等诸多历史科学方面的课程都纳入了在职干部理论学习中。③

中共在进入东北之初，继承了老解放区的教育形式。抗战胜利之后，中共大批干部和主力部队的出关，把重视对干部进行历史教育的传统带到东北解放区。东北解放区建立初期，贯彻了"干部教育第一，国民教育第二"的方针，中共首先在东北创办干部教育，将主要精力用于对干部的培养上。为了培养军事政治干部，老解放区的几所著名的干部学校如中国人民抗日军政大学（抗大）、鲁迅艺术学院等整建制迁往东北。抗大总校挺近东北之后更名东北军政大学，招收的学员一般是知识青年，学习时间为半年，目的是使东北青年能迅速参加革命斗争。这些学校政治教育的主要内容有哲学、政治经济学、社会发展史以及中国革命运动史等。

中共在东北各地又创建了一批地方干部培训学校，这些学校在课程设置中，也注重加强历史教育。如1946年，辽宁省立第三建国学院开设课程有国文、历史、地理、中国革命问题、政治常识、时事研究、群众运动、政策法令、青年修养。④1948年，辽南建国学院第二期在瓦房店开学，主要课程有社会发展史以及中国革命运动史。⑤

对于接管的东北原有高等院校，则首先加强对教师的思想教育，要求他们要接受和掌握辩证唯物主义和历史唯物主义的科学观点，按照马克思

---

① 《中共中央关于干部学习的指示》，《共产党人》第5期，1940年4月。
② 《中共中央关于延安干部学校的决定》，《解放日报》1941年12月20日。
③ 关于延安时期干部的历史教育的详细探讨，参见张剑平《延安时期的干部历史教育》，《中国农业大学社会科学学报》，1996年。洪认清：《抗战时期的延安史学》，安徽大学出版社2006年版。
④ 《东北日报》，1946年5月7日，转引自《东北解放区教育资料选编》，辽宁省教育科学研究所编，教育科学出版社1983年版，第331页。
⑤ 《辽南日报》，1948年，转引自《东北解放区教育资料选编》，第351页。

主义和毛泽东思想将理论与实际统一起来，学习新科学，放弃旧思想，转变自己的立场观点与思想方法。东北旧教员思想改造的基本学习材料主要是涉及辩证唯物主义和历史唯物主义的材料，如政治经济学、毛泽东延安文艺座谈会上的讲话、新民主主义论等内容。这里面也包含社会发展史，通过社会发展史的学习，以强化旧教员对历史唯物主义的学习。

在职干部教育培养上也十分重视历史的教育，东北解放区针对在职干部学习中存在的问题加以整改，如安东省强调革命干部要系统学习毛泽东的各种理论著作，并配合学习一些重要的马列主义著作。对于文化水平太低的干部，除了业务与一般时事、政策教育外，还要加强文化学习，内容以国文与政治常识为主，另可选学历史、地理、社会常识等课目。[①]

（二）东北解放区的中等学校历史教育

伪满时期的学校教育，取消了中国历史、地理等课程，改教日本与伪满的历史地理，以此来消灭中国人民的民族意识和民族文化，因此东北的青年学生普遍缺乏中国历史和地理方面的知识。东北解放区在创立初期，各地从实际情况出发，根据革命老区的教育经验，开展了本地区的中等教育工作。在教学内容方面，东北政委会对历史教育非常重视，解放区的中小学校普遍开设了社会发展史、抗日战争史、中国史以及世界史等课程。

1946年9月，东北政委会召开第五次委员会，讨论东北解放区的教育发展问题并通过了《关于改造学校教育与开展冬学运动的指示》（以下简称《指示》）。《指示》认为，根据东北解放区的实际情况，教育工作的总方针是肃清敌伪的奴化教育和国民党教育在东北的影响，建立无产阶级领导的民族的、民主的、大众的、科学的新民主主义教育。中等学校的课程设计，按照"学以致用"的原则，对过去的课程实行精简，删去一些暂时不必要的课目。按照这个原则，初级中学的课程暂设下列几门：1. 国文、2. 政治常识、3. 数学、4. 历史、5. 地理、6. 自然、7. 生理卫生。[②] 在解放区的初级中学，历史课是一门受到足够重视的课程。

在教材编写上，1946年8月东北行政委员会成立之后，指示教育委员

[①] 《关于在职干部教育问题刘子载同志在安东省宣教会议上教育工作总结的一部分》，《安东日报》1948年7月26日。

[②] 《东北政委会关于改造学校教育与开展冬学运动的指示》，《东北日报》1946年10月1日。

会着手编写中小学课本，强调要以老解放区教材为蓝本充实历史课和国文课的内容，历史课程尤其是近代史课程，即属于历史教育，同时也是非常重要的政治教育，对青年学生的思想改造和认识的转变至关重要。因此，历史教材的编写要以延安的教材为蓝本，尤其是参考叶蠖生编的中学历史课本。

1947年8月，东北解放区召开第一次教育会议，并于9月发布《关于教育工作的指示》，争取东北知识青年参加革命。对东北知识青年的思想改造，加强历史教育是主要方法。历史教育从两个方面着手，一是政治课程侧重于近代史，特别是向学生讲清从"九一八"到"八一五"的历史事实，让青年学生认识到蒋介石及国民党如何出卖国家和民族利益，进行革命历史教育。二是进行历史唯物主义教育，通过《社会发展简史》的讲解，使青年学生能够了解人类社会发展的基本规律以及中国社会未来的发展方向，进而理解并支持中国共产党及新民主主义革命。

1948年秋，东北解放区的工作重心开始逐渐向城市转移，要求教育工作适应发展形势，建立正规教育制度，故在东北第三次教育会议上提出了新型正规化教育的目标。第三次教育会议之后，政委会于1948年10月10日颁发了《东北行政委员会关于教育工作的指示》，关于中学课程的制定，要求加重文化课的分量，同时要把政治思想教育渗透到文化课里面，编写充满革命内容的新教材，"要使文化课换上新的内容，渗透着辩证唯物主义和历史唯物主义的立场、观点和方法"①。要改变教学内容，"特别是政治思想显著的课目，如政治、国文、历史等课目，必须去旧换新，去掉那些封建主义、官僚资本主义和帝国主义的内容，换上民族的、科学的、人民大众的新民主主义的内容"②。同时，对于新收复区的中等学校教育，要对原有的课程加以改良或者调整，其中政治常识、国文和中国近代史等课程，必须使用老解放区的材料作教材。③

1949年9月第四次教育会议之后，对中小学以及师范学校的课程及教材都做了更加详实的规定。如初级中学要开设本国史课程；一、二年级教授通史；三年级教授近代史，通史以叶蠖生著的历史为基本教材，参考吕

---

① 《东北行政委员会关于教育工作的指示》，1948年10月10日，转引自《东北解放区教育资料选编》，第25页。
② 董纯才：《关于办正规学校的问题》，《东北教育》，第一卷。
③ 《东北行政委员会关于教育工作的指示》，《东北四年来教育文件汇编》，1949年10月。

振羽著《简明中国通史》,近代史以华岗著《中国近代史》为基本教材。高级中学的历史课程为中国革命运动史以及世界史。① 并强调在历史课程中,要"进行历史唯物主义的教育"。②

师范学校的教育,首先强调的是政治思想启蒙。通过课堂的历史的、政治的教育,使学生对中国社会的基本问题有正确的认识,并获得初步的历史政治知识。③ 在师范学校的课程设置方面,本着学以致用的原则,初级师范的文化课有国文、政治常识、数学、历史、地理、自然、生理卫生等。第四次教育会议之后,规定初级师范的史地课程设本国史与世界史;中级师范学校的历史课程为中国革命运动史和世界史。④ 其历史课程的设置大体同于中学教育。

(三) 东北解放区的初等学校历史教育

东北解放区各地民主政府成立之后,城镇的小学便陆续开学。到1947年初,整个解放区的小学教育都有了一定的发展。小学教育首先着手的是废除伪满时期和国民党时期的教材,建立起新民主主义教育。在教材的编写上,与中学一样,以老解放区的教材作为蓝本来编写新教材,在内容上则要求突出解放战争、土地改革和生产建设三个方面。

在小学教材上,在各地没有统一编写的小学教材之前,算术等偏重理科课程可以在原有旧教材的基础上适当改动加以使用,但侧重思想教育的历史、国语和政治常识等课程,必须由各地教育部门指定篇章或提出编写原则。如合江省在1946年秋季使用的高小国语、历史、常识等教材,便由省教育厅统一编写,这些教材都是结合斗争实际,以进行新民主主义的文化教育。⑤ 在东北政委会要求统编教材之后,中小学的教材开始逐渐统一由政委会负责编辑,"各省中小学须一样采用,不得采用其他书店的教

---

① 《东北区中学教育暂行实施办法(草案)》,转引自《东北解放区教育资料选编》,第223—224页。
② 董纯才:《论东北教育的改革——在东北第四次教育会议上关于东北三年来教育工作总结报告》,转引自《东北解放区教育资料选编》,第153页。
③ 张如心:《关于中学工作的若干问题》,《东北解放区教育资料选编》,第169页。
④ 《东北区师范学校暂行实施办法(草案)》,转引自《东北解放区教育资料选编》,第235—236页。
⑤ 苏甫:《东北解放区教育史》,吉林教育出版社1989年版,第100页。

本，各省应保证小学生得到东北政委会编的课本"①，并委托统一由东北书店出版发行。

在课程设置方面，1946 年 9 月，东北政委会规定，初级小学教育为国民基本教育，应使学生能够看得懂最浅显的通俗书报，写最简单的应用文，课程设置中不含历史课程；但高级小学为升中学的阶梯，课程设置中含历史课。② 此后的第三次教育会议再次确定历史课为高小文化课，第四次会议确定农村的初级小学无历史课，城镇的完全小学则开设历史课。

二 东北解放区马克思主义历史著作出版情况

（一）基于历史教育的历史著作出版

为了配合解放区的历史教育，在整个东北解放区出版了一批以马克思主义理论为指导的历史读物。据《民国时期总数目》《解放区根据地图书目录》《全国公共图书馆缩微文献联合目录·民国编》等工具书的检索，以及对东北解放区出版的各历史著作版权页的查阅，总结东北解放区基于历史教育而出版的历史著作情况如下：

（1）干部教育的历史著作

属于干部必读和学习的书目有：解放社主编的《社会发展简史》《社会发展史略》、范文澜《中国通史简编》、郭沫若《甲申三百年祭》、张闻天《中国现代革命运动史》（又名《中国现代革命史》《中国革命运动史》）、翦伯赞《历史哲学教程》、华岗著《社会发展史纲》、龚稷编的《中国近代政治思想史料》、东北军政大学编著《中国近代简史》（又名《中国近代政治简史》）等。

（2）中学历史教育的著作

属于中学课本的有③：

陈光祖编《近代世界革命史话》、陶官云编《中国近百年史话》、李石涵《从"九一八"到"七七"》《从"七七"到"八一五"》、陈怀白《中

---

① 《关于东北解放区教育工作的总结》，《东北日报》1947 年 10 月 2—3 日。
② 《东北政委会关于改造学校教育与开展冬学运动的指示》，1946 年 9 月 24 日，转引自《东北解放区教育资料选编》，第 5 页。
③ 值得注意的是，属于这部分的中学里使用的一些历史教材，同时也是通俗大众读物以及青年自学书目，在此不做详细列举。

国通史讲话》、黄祖英（著者还有沈长洪、陈怀白）《近百年史话》、华岗编著《中国民族解放运动史》①《中国近代史（上册）》、苏联科学院历史院编《近代史教程（第 1 分册）》、叶蠖生《初中一年暂用课本历史》、东北政委会编中等学校教科书《历史》、哈尔滨市教育局编初中临时教材《历史》。

属于中学教学参考书的有：

解放社《社会发展简史》被东北行政委员会教育部规定为中学政治课参考书、吕振羽《简明中国通史》为东北解放区初级中学的参考教材、李霁编译《第一次世界大战简史》学习世界史的参考材料。

（3）通俗大众读物与青年自学丛书

属于通俗读物及青年自学读物的有：青年求知学会《社会发展简史》、许立群《中国历史讲话》②《中国史话》、华善学《中华民族解放斗争史》。世界史领域有《现代世界民主运动史纲》《殖民地保护国新历史》《苏联是怎样成长强大的》《苏联的建立发展与国家社会机构》《论苏联》《三十年的苏联》《第二次世界大战的起源和性质》等。另外，哈尔滨光华书店于1948年出版青年自学丛书，历史类包括黎乃涵《辛亥革命与袁世凯》、陶官云《中国新民主主义革命史话》以及朱泽甫《中国抗战史讲话》。

（4）小学历史教材或少年读物

包括有：曹伯韩《世界史初步》、宋宜《太平天国史话》、韩启农《中国近代史讲话》、关东公署教育厅编审高级小学用《历史》、东北政委会编审委员会编《高小历史》等。

据《民国时期总数目》《解放区根据地图书目录》《全国公共图书馆缩微文献联合目录·民国编》等书的查阅，以上历史出版物再加上吕振羽《中国民族简史》、吴泽编著《中国历史简编》、范文澜《太平天国革命运动》、解放社编《什么人应负战争责任——日本投降以来大事月表》、胡绳

---

① 华岗编著《中国民族解放运动史》原名为《中华民族解放运动史》，是由作者《中国大革命史》（春耕书局出版）改编扩充而成，书出版后被解放区的一些中等学校作为中国近代史课程的教材。华岗《中国近代史（上册）》则是根据《中国民族解放运动史》第一册改编。删去原著自序、"第一章绪论"后半部分及第 7 章 "五四运动"，作为解放区 "高中第二学年上学期暂用课本"。

② 《中国历史讲话：从原始社会到鸦片战争》为中国古代史通俗读物，系《中国史话》一书改书名重版。

《二千年间》《帝国主义与中国政治》等书，基本上囊括了东北解放区出版的历史著作的全部。而东北解放区出版的这些历史书籍，基本上是由两个出版系统发行的。

（二）东北解放区历史著作出版来源考察

东北解放区出版马克思主义历史著作的机构主要有东北书店、光华书店、大众书店、新中国书局、辽东建国书社等。这些出版机构，又可以分为两支出版队伍。一支是新华书店系统，包括东北书店、辽东建国书社、大众书店等；另一支是三联系统，包括光华书店、读书出版社、生活书店、峨嵋出版社和新中国书局等。

（1）新华书店系统

东北书店总店于1945年11月7日在沈阳组建，后随党政机关北上转移至佳木斯、哈尔滨等地。沈阳解放后，东北书店总店迁入沈阳。1949年7月1日，东北书店总店改称新华书店。大连大众书店成立于1945年8月，1947年1月被中共大连工作委员会接管，1949年大众书店成为新华书店大连分店。辽东建国书社于1945年12月30日在安东成立，成立后大量翻印老解放区的出版物，1947年进驻通化后改称辽东书店，1949年7月并入新华书店。三家出版机构可看作是新华书店系统，以下列出以三家出版机构为主的新华系统在东北解放区历史著作出版情况：

表1　　　　　社会发展史著作出版统计（新华书店系统）

书　名	作　者	出版社与出版时间
社会发展简史	解放社编	辽东新华书店1949；沈阳东北书店1949
社会发展简史	陈杭编；青年求知学会选辑	大众书社（大连）1946.2；大众书店1949
社会发展史略	解放社编（恩格斯著，何锡麟译）	大连大众书店1946.2；解放社（大连）1946；辽东建国书社1946；辽北书店1948；佳木斯东北书店1948.10；哈尔滨东北书店1948；沈阳东北书店1949；长春东北书店1949

　　本表及以下诸表资料来源：北京图书馆：《民国时期总书目》，北京图书馆出版社1994年版。中国人民大学图书馆编：《解放区根据地图书目录》，1989年。《全国公共图书馆缩微文献联合目录·民国编》，国家图书馆出版社2015年版。

表2　　　　　　　　世界史著作出版统计（新华书店系统）

书　名	作　者	出版社与出版时间
近代史教程（第1分册）	苏联科学院历史院编	安东东北书店1947.10；辽东新华书店1949.7
近代世界革命史话	陈光祖编	大连大众书店1946.10；佳木斯东北书店1947.9初版，1948.10再版
三十年的苏联	东北书店编辑	佳木斯东北书店1948
十月革命的世界意义		哈尔滨东北书店1948.12
捷克的民族解放运动	勃拉尼克	大连大众书店1946.5

表3　　　　　　　　中国通史著作出版统计（新华书店系统）

书　名	作　者	出版社与出版时间
历史哲学教程	翦伯赞	辽东新华书店1949.8
中国历史讲话	辛安亭	东北书店（出版时间不详）
中国通史简编	中国历史研究会	大众书店（大连）1946.11再版；哈尔滨东北书店1947；哈尔滨东北书店1948.9—1948.10；沈阳东北新华书店1949
简明中国通史（上、下）	吕振羽	东北书店安东书店1949.1（上册）
中国历史讲话：从原始社会到鸦片战争	许立群编著	辽东建国书社（出版时间不详）
中国史话	许立群	东北书店1947.5初版，1948再版；佳木斯东北书店1948；东北新华书店辽东分店1949.9；辽东建国书社
中国通史讲话	陈怀白	东北书店（长春）1949.4；1949.4沈阳出版
二千年间	胡绳	大连新华书店1949.7
中国政治思想史（1分册）	吕振羽	东北书店辽东总分店1949.6
中国民族简史	吕振羽	大连大众书店1947.4
中国历代政治思想史料	龚稷编	东北书店1948

附：　　　　　　　　中国断代史著作的出版

书　名	作　者	出版社与出版时间
甲申三百年祭	郭沫若	东北书店1948.2

表4　　　　　中国近现代史著作出版统计（新华书店系统）

书　名	作　者	出版社与出版时间
中国近代史（上编第一分册）	范文澜	东北书店1947.12出版，1948年再版；哈尔滨东北书店1948
中国近代史讲话	韩启农	东北书店1947，1948年9月再版；哈尔滨东北书店1948.10；东北书店安东分店1948.10
中国近百年史话（从鸦片战争到政治协商会议）	陶官云编	大连大众书店1948.11
近百年史话	黄祖英等编	沈阳东北书店1949.3；东北军区政治部；哈尔滨东北书店1949.3
中国近代简史	东北军政大学编	东北书店1948；沈阳东北书店1949年4月6版；长春东北书店1949.4；新华书店1949.10
中国近代政治简史	东北军政大学总校政治部	1946.7（第3册）；东北军政大学印刷厂1946.9（上册）；佳木斯东北书店1947.11（第3册）；东北书店安东分店1949.2；吉林省政府教育厅19??
中国近代史参考材料（第一册）①	杨松　邓力群编	沈阳东北书店1949.4
中华民族解放斗争史	华善学	大连大众书店1947.3
中国民族解放运动史	华岗编著	大连大众书店1946.5初版，1946.6再版；东北新华书店辽阳分店1949.8
中国近代史（上册）	华岗	沈阳东北书店1949
太平天国革命运动	范文澜	大连大众书店1946；佳木斯东北书店1948.2初版；哈尔滨东北书店1948.10
中国近代政治思想史料	龚稷编	佳木斯东北书店1947.4；大连大众书店1947.10；东北书店1948.10
汉奸刽子手曾国藩的一生	范文澜	东北书店1946.8
中国现代史（五四运动至现在）	中国现代历史研究会拟	东北书店1947；东北书店1949.3
中国现代革命运动史	中国现代史研究会编	牡丹江书店翻印1946（上册）；辽北书店1948.12
中国革命运动史	中国现代史研究会编	大连日报社1946.6；东北书店安东分店1949.5；东北书店1949.5
中国革命运动简史		辽东建国书社（大连），作者题"青年求知学会"1946；东北书店安东分店1949
九一八前后的中国②	中国现代史研究会编	东北大学图书资料室（佳木斯）1948

① 据解放社1940年9月版翻印。
② 分两编。上编为两个革命高潮之间（1928—1930）的中国政治、经济。下编为"九一八"以来的中国政策。

续表

书 名	作 者	出版社与出版时间
什么人应负战争责任——日本投降以来大事月表	解放社编	东北书店辽阳分店1949.6
从"九一八"到"七七"	解放日报社	东北书店1947，1948，1949；东北新华书店辽宁分店1949；佳木斯新华书店1949；牡丹江日报社
从"七七"到"八一五"	李石涵	安东东北书店1947.7；东北书店1947，1948，1949；东北书店安东分店1949.2，1949.3

表5　　　　中小学教材出版统计（新华书店系统）

小学教材：

书 名	作 者	出版社及出版时间
历史（第1、3册）①	关东公署教育厅编审	大连大众书店1948.3—1949.2 初版2册
高小历史（1—4册）	东北政委会编审委员会编	佳木斯东北书店1948.4；长春东北书店1949.2（第1、3册）；沈阳东北新华书店1949.7初版（第2、4册）

中学教材：

书 名	作 者	出版社及出版时间
历史（1、2册）②	哈尔滨市教育局编	哈尔滨东北书店1948.9—11出版2册
初中一年暂用课本历史③	叶蠖生	佳木斯东北书店1949.3初版
历史④	东北政委会编	东北书店1946

　　从以上表5可以看出，（一）新华书店系统所出版的历史书籍，除少量著作外，主要以翻印延安和其他解放区的出版物为主，延安的历史著作基本都是由以上几个书店出版发行。（二）上文所列出的东北解放区干部教育与中小学教育的历史教材，除了东北政委会自编的纯粹用于中小学的历史教科书外，基本上是来自延安，并且是由以东北书店为核心的新华系统的出版机构所掌握。以东北书店为主体的新华书店系统出版机构，出版的历史著作成为东北解放区历史著作的主导，也可见延安马克思主义史学

---

① 高级小学用。
② 初中临时教材。供1—3年级用。
③ 东北政委会教育部规定。附录：一、世界大事年表；二、中国王朝兴亡表。
④ 解放区中等学校历史教科书。

在东北解放区的中坚地位及绝对影响力。

（2）三联书店系统

东北解放区的另一支重要出版机构是三联系统，包括光华书店、生活书店、读书书店、峨嵋出版社以及新中国书局。大连光华书店成立于1946年7月，后又在安东、哈尔滨、佳木斯、齐齐哈尔等地建店。三联系统的出版机构在东北解放区出版的历史著作，其版本多来自以上海为中心的国统区。比较发现，三联系统的出版物与新华书店系统的书目以及版本都有很大不同。

表6　　　　　社会发展史著作出版统计（三联书店系统）

书名	作者	出版社与出版时间
社会发展史略	解放社编（恩格斯著，何锡麟译）	大连新中国书局1949
社会发展史纲	华岗	生活书店辽宁第1版1947

表7　　　　　世界史著作出版统计（三联书店系统）

书名	作者	出版社与出版时间
近代新历史（第1分册）	苏联科学院历史研究院编，杜克展译	读书出版社（大连）（历史丛刊4）1948.4；长春光华书店（历史丛刊4）1949.4再版
现代世界民主运动史纲	A. 伦第著，陈原译	东北新中国书局1949.7
殖民地保护国新历史上卷　第2册	古柏尔等著，吴清友译	读书出版社（大连）东北3版1949
殖民地保护国新历史上卷　第3册	古柏尔等著，吴清友译	读书出版社（大连）东北3版1949
殖民地保护国新历史（上卷第1—4册）	古柏尔等著，吴清友译	读书出版社（大连）1946.4—1949.3
第二次世界大战的起源和性质①	（苏）L. 列昂捷夫著，刘辽逸译	光华书店（大连）1947年8月初版，1948年8月再版
苏联是怎样成长强大的	胡明编译	哈尔滨光华书店1948
世界史初步	曹伯韩	生活书店（大连）1948.12
苏联的建立发展与国家社会机构②	（苏）沃林著，秋江、刘水译	大连光华书店1948.7；哈尔滨光华书店1949.1

① 包括现代武装冲突的根源、第二次世界大战的反法西斯和解放的性质等5部分。

② 介绍俄国工农在二月革命后怎样建立苏维埃政权，在外国武装干涉时期怎样保卫苏维埃政权，内战结束后怎样建设社会主义，以及苏联国家组织机构等。

续表

书 名	作 者	出版社与出版时间
论苏联①	苏华	上海新知书店 1946.6 出版，1947.10 东北版
世界民主国家讲话	谢明	哈尔滨光华书店 1948.6

表8　　　　中国通史著作出版统计（三联书店系统）

书 名	作 者	出版社与出版时间
历史哲学教程	翦伯赞	新中国书局（长春）1949.4
简明中国通史（上、下）	吕振羽	大连光华书店 1948.5 初版，1949.1 再版
中国历史简编	吴泽编著	大连峨嵋出版社 1947；大连光华书店 1948.1；长春光华书店 1949.5；长春新中国书局 1949
中国民族简史	吕振羽	哈尔滨光华书店 1948.9

附：　　　　中国断代史著作的出版

书 名	作 者	出版社与出版时间
朱元璋传	吴晗	新中国书局（吉林）1949

表9　　　　中国近现代史著作出版统计（三联书店系统）

书 名	作 者	出版社与出版时间
中国近代史讲话	韩启农	上海新知书店 1947 年再版，1948 年 6 月哈尔滨初版，1948 年 9 月再版；哈尔滨新知书店 1948；东北新中国书局 1949
中国近代史研究纲要②	历史研究社编	大连光华书店 1948.5 初版，哈尔滨光华书店（历史丛刊4）1948.11 再版
中国近代史参考资料	杨邓编	大连读书出版社 1948
太平天国史话	宋宜	哈尔滨光华书店 1948.9
帝国主义与中国政治	胡绳	大连生活书店 1949.7
辛亥革命与袁世凯	黎乃涵	哈尔滨光华书店 1948.10
中国新民主主义革命史话	陶官云	哈尔滨光华书店 1948，1949.8
中国抗战史讲话	朱泽甫	哈尔滨光华书店 1948.11

---

① 分10章。介绍苏联十月革命经过、反对外国武装干涉的斗争、第一个五年计划、社会主义新宪法及苏联对外政策等。

② 分八讲，述鸦片战争至义和团运动的历史。

三联系统的书店在东北解放区所出版的历史著作，无论数量还是重要性，都不及东北书店。干部教育与中小学教育的历史教材，与新华系统比较，三联出版的较少。而上文中所提到的通俗大众读物或青年自学丛书，尤其是在世界史著作出版方面，则多来自三联书店系统的出版机构。新华系统与三联之间在历史著作出版方面不仅版本来源各有不同，而且在定位上有着明确的协作和分工。

(3) 两个出版系统之间的交叉

尽管两个出版系统之间各有分工，但是二者之间也是存在着一定的出版交叉，但数量不大，仅有《社会发展史略》《中国民族通史》《简明中国通史》《历史哲学教程》《中国近代史讲话》5本。其中吕振羽1945年抗战胜利后赴东北工作，其《简明中国通史》（下）（1948年）、《中国民族通史》（1947年）都是于东北解放区首版。翦伯赞《历史哲学教程》由长沙新知书店1938年首版。《社会发展史略》被大连新中国书局1949年编印收录"干部学习丛书"。韩启农《中国近代史讲话》1943年首版于晋西北军区政治部（兴县），属解放区少年读物，1947年于上海新知再版，1948年哈尔滨再版。

表10　　　　　　　　两个出版系统交叉出版著作

书　名	作　者	出版社与出版时间
社会发展史略	解放社编（恩格斯著，何锡麟译）	大连大众书店1946.2；解放社（大连）1946；辽东建国书社1946；辽北书店1948；佳木斯东北书店1948.10；哈尔滨东北书店1948；沈阳东北书店1949；大连新中国书局1949；长春东北书店1949
历史哲学教程	翦伯赞	新中国书局（长春）1949.4；辽东新华书店1949.8
简明中国通史（上、下）	吕振羽	大连光华书店1948.5初版，1949.1再版；东北书店安东书店1949.1（上册）
中国民族简史	吕振羽	大连大众书店1947.4；哈尔滨光华书店1948.9
中国近代史讲话	韩启农	东北书店1947；上海新知书店1947年再版，1948年6月哈尔滨初版，1948年9月再版；哈尔滨东北书店1948.10；东北书店安东分店1948.10；哈尔滨新知书店1948；东北新中国书局1949

(4) 其他出版机构的历史著作

东北解放区出版的历史著作，除以上两个系统之外，尚有其他机构也出版了一些历史著作。从出版的书目上可见,《社会发展简史》《中国现代革命运动史》《中国近代政治简史》《九一八前后的中国》《从"九一八"到"七七"》等都来自延安及解放区,《甲申三百年祭》也曾在解放区多次再版,可见,其他机构出版的历史书籍多来自延安等解放区,而不是三联系统所在的国统区。

表 11　　　　　　　　两个出版系统外出版著作

书　名	作　者	出版社与出版时间
社会发展简史	解放社编	哈尔滨兆麟书店 1948;辽西省委宣传部 1949
第一次世界大战简史	李霁编译	吉林书店 1948.6
甲申三百年祭	郭沫若	宁安印刷厂翻印 1946
中国近代政治简史	东北军政大学总校政治部	东北军政大学印刷厂 1946.9（上册）；吉林书店（吉林）1949.4；吉林省政府教育厅（出版时间不详）
中国现代革命运动史	中国现代史研究会编	牡丹江书店翻印 1946（上册）；辽北书店 1948.12
中国革命运动史	中国现代史研究会编	大连日报社 1946.6
中国革命运动简史		大连中苏友好协会 1946
九一八前后的中国①	中国现代史研究会编	东北大学图书资料室（佳木斯）1948
从"九一八"到"七七"	解放日报社	牡丹江日报社（出版时间不详）

东北解放区所出版的历史著作,主要涉及社会发展史、世界历史、中国通史、中国近现代史等领域,除范文澜、吕振羽、翦伯赞、吴泽、胡绳等少数历史学家的作品具备学术性之外,其余绝大多数的著作都属于通俗历史读物或者是中小学的教材与参考书,其出版的目的在于在东北解放区普及马克思主义的革命观。东北解放区用于干部教育和学校教育的核心作品,基本上来自延安。延安史学的一个显著特点便是与救亡和革命的时代主题相联系,具有强烈的革命性和时代性,因此,此时期东北解放区马克思主义历史著作的出版与现实的革命需要密切相关。而相对远离现实的学术性著作,如中国文化的研究、古史分期问题的争鸣、原始社会史的探

---

①　分两编。上编为两个革命高潮之间（1928—1930）的中国政治、经济。下编为"九一八"以来的中国政策。

索、中国思想史的探索等当时中国马克思主义史学卓有成就的领域,都几乎不见在东北解放区出版的痕迹。可以说,正是革命历史观教育的需要,才促进马克思主义历史著作在东北解放区的出版和传播。

三　马克思主义历史著作出版传播的意义

历史教育在东北解放区取得了良好的效果。如东北解放区建立之后,尤其是在我军开始由战略防御转向战略反攻的阶段,后方的土改也在深入开展,如何争取更多的东北青年参加革命,以便进一步适应前方的战争以及后方土地改革的需要,成为我党进行中学教育和青年教育的一项重要任务。对学生进行历史教育的同时,再加以进行时事政治教育,向学生讲清楚土地改革的必要性和紧迫性,组织学生参加社会活动,实现课堂历史教育与社会实际教育紧密联系,提高了东北知识青年的思想认识和政治觉悟。许多青年通过教育之后,建立了新民主主义革命思想,积极支持土地改革并转向革命。据不完全统计,自1947年春到1948年夏,全东北有26000名中学生参加革命或升入更高级的干部学校进行学习。

解放战争时期是马克思主义历史著作不断再版的一个高峰期①,这些著作的出版,扩大了唯物史观和马克思主义史学在东北解放区的影响,为中共在东北解放区有效推进干部教育和青年思想改造提供了重要支撑和保障。东北解放区的马克思主义历史著作的出版和传播,有力支持了中国革命的发展,对当时的广大干部和群众学习和理解马克思主义的立场、观点和方法,特别是用历史唯物主义的理论和方法去分析中国革命,去认识中国现实,提供了有力的支撑。这些历史著作出版为新民主主义革命思想的发展提供了基础,为新民主主义革命的胜利起到了积极的推动作用。

(作者单位:北京理工大学马克思主义学院)

---

① 如解放社编《社会发展史略》(东北书店1946年8月版)一次印32000册;韩启农《中国近代史讲话》(东北书店1946年10月版)一次印15000册;许立群《中国史话》(东北书店1947年5月版)一次印15000册;龚稷《中国近代政治思想史料》(东北书店1947年5月版)印13000册;苏联科学院编《近代史教程(1)》(东北书店1947年10月版)印7000册;《社会发展简史》(东北书店1949年1月版)印40000册。(据黑龙江省地方志编纂委员会:《黑龙江省志·出版图书期刊总目(上)》,黑龙江人民出版社1998年版,第120页。)

新中国成立初期毛泽东为普及唯物史观的努力[*]

欧阳雪梅

马克思主义认为,"一个阶级是社会上占统治地位的物质力量,同时也是社会上占统治地位的精神力量。"[①] 确立马克思主义在思想文化领域的指导地位,是无产阶级领导权在思想文化领域的反映。新中国成立后,毛泽东旗帜鲜明地提出:"在我们无产阶级专政的国家里,……无论在党内,还是在思想界、文艺界,主要的和占统治地位的,必须力争是香花,是马克思主义。"[②] 新中国这个崭新的社会制度是从旧制度的基地上建立起来,"反映旧制度的旧思想的残余,总是长期地留在人们的头脑里,不愿意轻易地退走的"[③]。因此,为与新的经济基础和上层建筑相适应,使马克思主义在中国意识形态领域成为"占统治地位的思想",毛泽东做出了极大的努力,发挥了关键作用。

一 开展广泛的马克思主义理论学习

新中国伊始,普及马克思主义的基本知识,进行正确的世界观和人生观教育,增强人民群众当家作主的主人翁意识,是当务之急。1949年,毛泽东亲自推荐了《社会发展史》《政治经济学》《共产党宣言》《社会主义从空想到科学的发展》《帝国主义论》《国家与革命》《左派幼稚病》《列宁主义基础》《苏联共产党历史简要读本》《列宁斯大林论社会主义建设》

---

[*] 基金项目:国家哲学社会科学基金重点项目《中国社会主义道路探索与毛泽东思想发展研究》(项目编号:12ADJ002)。
[①] 《马克思恩格斯选集》第1卷,人民出版社1995年版,第98页。
[②] 《毛泽东文集》第7卷,人民出版社1999年版,第197页。
[③] 《毛泽东文集》第6卷,人民出版社1999年版,第450页。

《列宁斯大林论中国》《思想方法论》12 种书目，作为广大干部和知识分子学习唯物史观的必读书目，期待"有三千人读通这十二本书，那就很好。"① 针对当时人民群众的思想实际和文化水平，他主张唯物史观教育主要采取学习社会发展史的方法，通过了解马克思主义关于社会发展的基本理论，借以掌握唯物主义基本观点。1950 年 6 月，毛泽东在七届三中全会讲话中建议，为团结爱国知识分子"要办各种训练班，办军政大学、革命大学，要使用他们，同时对他们进行教育和改造。要让他们学社会发展史、历史唯物论等几门课程"②。

在党中央和毛泽东的号召下，从中央到地方，从机关到厂矿、企业、学校、部队，全国各部门各行业都掀起学习热潮。1949 年创办的《学习》杂志创刊号发表了艾思奇《从头学起——学习马克思主义的初步方法》一文，阐述了学习马克思主义理论的必要性和主要任务、方法。当时的学习教材主要有《从猿到人》《历史唯物论——社会发展史》《政治经济学》等。这场全国性的学习运动不是从抽象的定义和概念出发，而是结合具体而又生动的浅显的事例，学习理论，讨论时事，逐渐将学习引向深入，使人们受到马克思主义启蒙教育，劳动创造人类世界观点、阶级和阶级分析观点、人民群众创造历史观点以及马克思主义的国家观点等深入人心，并逐步树立革命的人生观和唯物主义世界观。对史学界来说，普及唯物史观旨在使史学研究者通过学习历史唯物主义尤其是社会发展史，树立正确的历史观，以马克思主义的立场、观点和方法从事史学研究，马克思主义唯物史观成为中国史学的指导思想，引导着中国史学的走向，近代史学也因此完成了向马克思主义史学的转变。文艺界主要宣传马克思主义文艺理论，推进社会主义现实主义创作。各级各类学校则进行程度不同的马克思主义教育。在中小学开设政治常识课程，在高等院校开设《新民主主义论》《社会发展史》《辩证唯物论与历史唯物论》等课程。

为配合马克思主义理论的学习、宣传和普及，1950 年 12 月，成立人民出版社。1953 年 1 月，在 1949 年建立的俄文翻译局的基础上成立中共中央编译局，中共中央要求在保证译文质量的前提下，加快翻译出版《马克思恩格斯全集》《列宁全集》和《斯大林全集》全集。人民出版社和其

---

① 转引自陈晋《毛泽东阅读史略（六）》，《中共党史研究》2013 年第 11 期。
② 《建国以来毛泽东文稿》第 1 册，中央文献出版社 1987 年版，第 398—399 页。

他出版单位1949年至1956年重印或新出版了大量的马列主义著作。《人民日报》和《新建设》《学习》《新华月报》《中国青年》《史学译丛》等报刊刊登了大量的理论普及文章，解读马克思主义基本概念和基本观点。1950年12月29日、1952年4月1日，《人民日报》重新发表毛泽东在1937年写的《实践论》和《矛盾论》。1951年初，《人民日报》连续发表学习《实践论》的社论。2月1日，马克思主义理论家李达编写了解说。毛泽东对李达深入浅出的解说非常赞赏，于3月27日写信赞扬："这个《解说》很好，对于用通俗的言语宣传唯物论有很大的作用。"并指出："关于辩证唯物论的通俗宣传，过去做得太少，而这是广大工作干部和青年学生的迫切需要"。① 学习"两论"是全国普及马克思主义认识论的开端，主要是锻炼人们应用唯物辩证法来提出问题、分析问题和解决问题的能力。

1950年5月，中共中央成立"毛泽东选集出版委员会"，于1951年10月、1952年4月和1953年4月相继出版了《毛泽东选集》。毛泽东主持编辑工作，第1—3卷亲自选稿、确定篇目，整理文字，加写和修改题解与注释。第4卷主持通读定稿。《毛泽东选集》的出版是新中国成立后全国政治生活中的一件大事，广大干部群众自觉地掀起学习毛泽东著作的热潮，毛泽东思想得到广泛传播。毛泽东以中国人熟悉的民族文化和人民的新实践阐释并发展了马克思主义理论，为人民群众喜闻乐见，许多人是通过读毛泽东著作开始理解和接受马克思主义的。毛泽东的文章"典雅与通俗共存、朴实与浪漫互见，时常既有乡间农民的口语，又能见到唐诗、宋词里的句子；忽如老者炕头说古、娓娓道来，又如诗人江边行吟、感天动地"②，这种生动活泼新鲜有力的马克思主义文风对许多人产生了影响。

1956年初，中共中央提出"向科学进军"，后来国际上出现了匈牙利事件，知识分子和青年学生中间思想政治工作减弱，出现了一些只愿意钻研业务工作的偏向。针对这一现象，毛泽东指出："不论是知识分子，还是青年学生，都应该努力学习。除了学习专业之外，在思想上要有所进步，政治上也要有所进步，这就需要学习马克思主义，学习时事政治。没

---

① 《毛泽东书信选集》，人民出版社1983年版，第407页。
② 梁衡：《文章大家毛泽东》，《人民日报》2013年2月28日。

有正确的政治观点,就等于没有灵魂。"① 1957 年 3 月 7 日晚,毛泽东在颐年堂召集各省教育厅负责人参加的普通教育工作座谈会,强调学校要大力进行思想教育,进行遵守纪律、艰苦创业的教育。② 针对当时"许多理论课程教员,埋头准备讲稿,照念讲稿,不关心国内外大事,不学习党的重要文献,不研究现状"的状况,他批注:"应当改变。"③ 他强调政治课要联系实际,生动有趣,不要教条式的,要使中学生知道一些为人处世的道理。④ 课本要两三年修改一次,使之不脱离实际。报纸要搞得活泼,文章写得通俗、亲切,由小讲到大,由近讲到远,引人入胜,认为板起面孔办报不好。他特别重视联系中国的历史和现实来学习马克思主义,并说学好马列主义不容易,联系实际用好马列主义更困难。

二 指导知识分子思想改造

毛泽东重视知识分子在革命和建设中的重要作用。1933 年 10 月,毛泽东主持制定的《关于土地斗争中一些问题的决定》时,提出从事非剥削人工作的知识分子,"是一种使用脑力的劳动者"⑤。1939 年底,他为中共中央起草了《大量吸收知识分子》的决定,明确地提出在建立新中国的伟大斗争中,"共产党必须善于吸收知识分子","没有知识分子的参加,革命的胜利是不可能的。"⑥ 1948 年,毛泽东郑重向全党提出:"对于学生、教员、教授、科学工作者、艺术工作者和一般知识分子,必须避免采取任何冒险政策","必须采取慎重态度"。⑦ 随着战争的节节胜利和解放区的逐步扩大,毛泽东把目光投向了解放区以外的地方。他说:"国民党区大城市中有许多工人和知识分子能够参加我们的工作,他们的文化水准较之老解放区的工农分子的文化水准一般要高些。国民党经济、财政、文化、教育机构中的工作人员,除去反动分子外,我们应当大批地利用。"⑧ 但当

---

① 《毛泽东文集》第 7 卷,人民出版社 1999 年版,第 226 页。
② 同上书,第 246 页。
③ 《毛泽东年谱(1949—1976)》第 3 卷,中央文献出版社 2013 年版,第 98 页。
④ 《毛泽东文集》第 7 卷,人民出版社 1999 年版,第 247 页。
⑤ 《毛泽东年谱(1893—1949)》(修订本)上卷,中央文献出版社 2013 年版,第 412 页。
⑥ 《毛泽东选集》第 2 卷,人民出版社 1991 年版,第 618 页。
⑦ 《毛泽东选集》第 4 卷,人民出版社 1991 年版,第 1269、1270 页。
⑧ 同上书,第 1347 页。

时的知识分子"多半是地主、富农、资产阶级与小资产阶级的家庭出身，长期地受资产阶级教育的熏染"，"一般地都存在轻视工农、脱离群众的观点"，因此"要使他们能够'为人民服务'，'与工农结合'，从事各种艰巨的建设工作，就非进行必要的宣传解释工作与思想改造工作不可"①，"对他们的某些错误观点则作适当的批评"。② 1940 年，毛泽东在《新民主主义论》中指出，应当用共产主义的立场和方法去观察问题、研究学问、处理工作、训练干部。在延安，为帮助作家靠近无产阶级，把原有的小资产阶级、资产阶级的个人立场，自觉地彻底地转变过来，进行整风学习，召开文艺座谈会。毛泽东 1942 年在关于《整顿党的作风》的报告中强调：只有具备理论与实际相结合的知识、能将书本知识运用于实际解决实际问题的人，才能称得上是比较完全的、名副其实的知识分子。③ 这反映毛泽东的知识分子观。因此，"要为新中国服务，为人民服务，思想改造是不可避免的"④。实行"团结、教育、改造"的方针，"培养出大批的坚决为社会主义奋斗的红色专家"⑤，是党的共识，也是既定方针。而马克思列宁主义的学习，对于确立知识分子的革命的人生观和科学的世界观，具有决定的意义。

新中国建设事业"需要人'急'，需要才专"⑥，政务院在《关于划分阶级成分的决定》及其《补充规定》中，坚持了毛泽东 1933 年关于知识分子"是一种使用脑力的劳动者"的判断，党和政府对旧时代过来的约 200 多万知识分子采取全部"包下来"的政策，在生活上为他们排忧解难，给绝大多数人安排合适的工作，帮助失业者就业，并欢迎在海外工作或留学的知识分子回国投身建设事业，在政治上给知识分子的一些代表人物应有的社会地位。知识分子的基本队伍是爱国进步、具有建设新国家的愿望的，但是，无论是受党领导的活跃于原国统区的革命文化工作者，还是大批小资产阶级知识分子，以及原国统区留下来的曾经既反对国民党的专制，又不同意中共的革命主张，希望走一条不同于国民党又不同于共产

---

① 《人民日报》1948 年 10 月 21 日。
② 《毛泽东选集》第 4 卷，人民出版社 1991 年版，第 1298 页。
③ 《毛泽东选集》第 3 卷，人民出版社 1991 年版，第 815—818 页。
④ 《周恩来年谱（1949—1976）》上卷，中央文献出版社 1997 年版，第 175 页。
⑤ 《周恩来选集》下卷，人民出版社 1984 年版，第 176 页。
⑥ 《中国共产党宣传工作文献选编（1949—1956）》，第 83 页。

党道路的"第三条道路"的"中间派,或右派"知识分子①,都需要适应新事物、新社会、新政权。即便是来自老解放区的文化工作者,由于新中国的建设面临的是与之前完全不同的任务,"要使自己的思想适应新的情况,就得学习。即使是对于马克思主义已经了解得比较多的人,无产阶级立场比较坚定的人,也还是要再学习,要接受新事物,要研究新问题"②,存在一个继续学习、提高的问题。正如雷洁琼所说的:"今天知识分子的任务,一定要认清楚在人民世纪中自己的社会地位,坚定的立在人民的立场,与大多数人民共同努力奋斗,国家有出路,知识分子才有出路的。"③

1950年6月,毛泽东在七届三中全会上指出:必须"有步骤地谨慎地进行旧有学校教育事业和旧有社会文化事业的改革工作,争取一切爱国的知识分子为人民服务","在这个问题上,拖延时间不愿改革的思想是不对的,过于性急、企图用粗暴方法进行改革的思想也是不对的"。④ 在稍后的全国政协一届二次会议上,他指出:批评和自我批评,"这是一个很好的方法,是推动大家坚持真理、修正错误的很好的方法,是人民国家内全体革命人民进行自我教育和自我改造的唯一正确的方法。"⑤ 教育部1950年10月发出通知,对高校进行思想政治工作作出三项规定:不采取思想总结、思想检查、整风、坦白反省、斗争大会的方式;欢迎教师职工自愿参加,不要规定或勉强;在教会学校不要刺激人们的宗教感情。在新区,"均应本着争取、团结、改造的政策,通过说服教育的方式,积极鼓励其前进"。⑥ 党和政府既组织知识分子学习马克思主义基础知识和中国共产党的方针政策,还组织参加土地改革、抗美援朝和镇压反革命运动,让他们在实践中接受教育。这对知识分子的思想转变产生了重要作用。北师大校长陈垣参加了西南土地改革运动后,所见所闻改变了他原有的一些学术思路,对以往"闭门治学"所依据的考证材料产生了怀疑,对几十年来考据研究中缺乏阶级观点进行了初步的自我批判。著名文学家萧乾的《在土地改革中学习》,美学家朱光潜的《从参观西北土地改革认识新中国的伟

---

① 《毛泽东选集》第4卷,人民出版社1991年版,第1485页。
② 《毛泽东文集》第7卷,人民出版社1999年版,第271页。
③ 李纯青等:《知识分子的新方向》,中国建设出版社1949年版,第13页。
④ 《毛泽东文集》第6卷,人民出版社1999年版,第71页。
⑤ 《建国以来毛泽东文稿》第1册,中央文献出版社1987年版,第417页。
⑥ 自愿教育科学研究所编:《中华人民共和国教育大事记》(1949—1982),教育科学出版社1984年版,第23页。

大》，社会学家吴景超的《参加土地改革工作的心得》等文章，都介绍了自己在参观、学习中的收获。

1951年9月7日，北京大学校长马寅初等12位著名教授，发起北大教员政治学习运动。他写信给周恩来，提出邀请毛泽东、刘少奇、周恩来、彭真等中央领导同志为教师。9月11日，毛泽东在信上批示："这种学习很好，可请几个同志去讲演。"① 中共中央十分赞赏和支持这种主动学习的行动，决定推广到京津所有高等院校，取得经验后推向全国。9月24日，周恩来主持研究了学习的内容和目的。29日，在京津两地高校教师学习报告会上作了《关于知识分子的改造问题》的报告。思想改造运动首先在京津两地高校拉开帷幕。

10月，毛泽东在政协一届三次全会上强调："各种知识分子的思想改造，是我国在各方面彻底实现民主改革和逐步实行工业化的重要条件之一。"② 思想改造运动从教育界推进到文艺界扩展到整个知识界，形成一个全国范围的知识分子思想改造运动。毛泽东还专门为文艺界的改造做出批示，要求各级从事文学艺术工作的负责同志高度重视，使文化工作向着健康的方向发展。

知识分子思想改造运动历时两年，至1952年秋基本结束。思想改造运动的主流是积极的、健康的。1956年1月，周恩来在召开的知识分子问题会议上指出："解放以来，党所领导的思想改造运动和对于唯心主义思想的批判，对于知识分子的进步产生了很大的效果。""他们中间的绝大部分已经成为国家工作人员，已经为社会主义服务，已经是工人阶级的一部分。"③ 但在后期进行组织清理时开展的忠诚老实运动，由于没有很好地掌握思想改造和组织清理的界限，致使许多地方不同程度地发生了混淆思想与政治、斗争方法简单粗暴的偏差。这是值得吸取的教训。担任过北京农业大学党委书记的施平回忆说："我到校时，在全国高等学校中进行的思想改造运动已经结束，运动中教师受到了马克思列宁主义理论、唯物辩证法和爱国主义的教育，成绩很大。但做法有些粗暴，不利于党群之间的团结，在党群之间造成隔阂。"④

---

① 《建国以来毛泽东文稿》第2册，中央文献出版社1988年版，第448页。
② 《毛泽东文集》第6卷，人民出版社1999年版，第184页。
③ 《周恩来选集》下卷，人民出版社1984年版，第178、162页。
④ 施平：《六十春秋风和雨》，上海人民出版社1991年版，第187页。

三 领导对唯心主义思想的批判

作为伟大的马克思主义者,毛泽东在回答"中国向何处去"这个时代大问题时,研究中国实际,密切关注中国社会思潮动态。1939年2月22日,毛泽东就陈伯达写的《孔子的哲学思想》的有关问题致书张闻天:"伯达此文及老墨哲学诸文引了章(炳麟)、梁(启超)、胡(适)、冯(友兰)诸人许多话,我不反对引他们的话,但应在适当的地方有一批判的申明,说明他们在学术上有其功绩,但他们的思想和我们是有基本上区别的,梁基本上是观念论与形而上学,胡是庸俗唯物论与相对主义也是形而上学"。① 1950年8月29日,毛泽东读悉湖南溆浦人陈寄生写的关于少数民族历史的研究书籍后,强调指出:"惟觉中国的历史学,若不用马克思主义的方法去研究,势将费精力,不能有良好结果,此点尚祈注意及之"。② 新中国成立初期,思想文化多元,帝国主义、封建主义、资产阶级的思想影响还在,如果不对错误思想进行批判,就不能确立马克思主义在整个思想文化领域的指导地位。

1. 1951年,围绕对电影《武训传》及评论,批判错误的历史观。1950年底,以清末山东人武训"行乞兴学"为主题的电影《武训传》公映。电影歌颂武训为了乞讨办学的费用,当众自污,甚至给地主豪绅磕头作揖、长跪不起的苦操奇行,把武训办学与农民革命斗争相提并论,甚至以农民斗争的失败来反衬武训的成功。电影放映后"好评如潮,口碑载道",4个月里,仅上海、北京、天津三地发表肯定武训和《武训传》的文章40余篇,全国各地有百余篇。人们把武训誉为劳动人民"文化翻身的一面旗帜"③,纷纷表示要"学习武训无条件为人民服务的精神"④,"武训兴学之革命的意义,是和太平军那样的革命的意义,有某种相同处"⑤,是富有教育意义的好电影,等等。从1951年4月开始,报刊上也出现了批评《武训传》是有严重错误的电影的文章。

---

① 《毛泽东书信选集》,中央文献出版社2003年版,第135页。
② 同上书,第357页。
③ 董渭川:《由教育观点评〈武训传〉》,《光明日报》1951年2月28日。
④ 果鸿远:《学习武训无条件为人民服务的精神》,《进步日报》1951年3月23日。
⑤ 赵桓:《由武训和周大这两个人物谈起》,《天津日报》1951年3月19日。

报刊上关于《武训传》的讨论，引起了中共中央和毛泽东的注意。毛泽东修改胡乔木起草的《为什么重视〈武训传〉的讨论》一文，将标题改为《应当重视电影〈武训传〉的讨论》，批示以《人民日报》社论发表，加强导向作用。毛泽东认为这个电影提出的问题带有根本性，严厉地批评《武训传》和对《武训传》的赞扬。他指出：武训"处在清朝末年中国人民反对外国侵略者和反对国内的反动封建统治者的伟大斗争的时代，根本不去触动封建经济基础及其上层建筑的一根毫毛，反而狂热地宣传封建文化"，"难道是我们所应当歌颂的吗？""对于武训和电影《武训传》的歌颂竟至如此之多，说明了我国文化界的思想混乱达到了何等的程度！""特别值得注意的，是一些号称学得了马克思主义的共产党员。他们学得了社会发展史——历史唯物论，但是一遇到具体的历史事件，具体的历史人物（如像武训），具体的反历史的思想（如像电影《武训传》及其他关于武训的著作），就丧失了批判的能力，有些人则竟至向这种反动思想投降。"①

对电影《武训传》的讨论与批评，不仅仅是如何评价历史人物武训的问题，而是应当"研究自从一八四〇年鸦片战争以来的一百多年中，中国发生了一些什么向着旧的社会经济形态及其上层建筑（政治、文化等等）作斗争的新的社会经济形态，新的阶级力量，新的人物和新的思想，而去决定什么东西是应当称赞或歌颂的，什么东西是不应当称赞或歌颂的，什么东西是应当反对的"② 根本性问题。诸如造成劳动人民贫穷落后的根本原因是什么，是由于受压迫受剥削的阶级地位，还是由于没文化？劳动人民怎样才能获得翻身解放，是搞改良主义还是进行阶级斗争和人民革命？对这些有关中国近代历史和中国出路的根本问题，进行了一一澄清，帮助人们如何用科学的态度和方法认识历史及历史人物，这是对历史唯物主义的一次重要的宣传。1956年，毛泽东在修改中共八大政治报告初稿时进一步阐释了他的思想："当劳动人民大多数是文盲，文化水平很低的时候，只要劳动人民的阶级觉悟逐步提高，并且有了马克思列宁主义思想的指导，就能够打倒帝国主义和封建主义的统治，并且能够实现社会主义的改造。如果在那个时候，认为必须首先提高人民的文化水平，然后进行这些斗争，那是荒谬的。但是在已经完成了这些斗争以后，摆在我们面前的任

---

① 《毛泽东文集》第6卷，人民出版社1999年版，第166、167页。
② 同上书，第167页。

务就是建设社会主义；而要进行建设，就要有文化"。① 但是，毛泽东把思想认识问题不适当地提到向"反动思想投降"的政治高度，实际开了用政治批判解决思想问题的不好的先例。

2. 1953 年批判梁漱溟的思想。梁漱溟是一个"中国文化至上论"者，研究和弘扬中国传统文化、倡导儒学复兴。他浓郁的中国文化情结，关注中国社会；关注农村，探索救国救民之道，与毛泽东是相似的，但两人的文化观有根本区别。梁漱溟认为，"政治的根本在文化"，所有的政治问题都是由文化失调这一根本问题而引发的，因而，中国问题的解决首先应从文化上入手，改造儒学，"重建"和"复兴"儒学，以陆王心学来化解危机。而解决文化失调又必须从乡村开始，走乡村建设的改良道路，才能达到建设新中国的目的。他不赞成中国共产党用阶级斗争的办法改造中国，认为不符合中国社会文化传统这个国情。毛泽东认为儒家思想仅仅是一种可以批判继承、使用的传统思想资源，他的态度是古为今用。1938 年 1 月，梁漱溟到访延安，毛泽东同他长谈并有争论。从毛泽东读《乡村建设理论》写的批语看，分歧主要在三个方面：一是形成中西方社会文化差异的根本基础，是生活方式还是经济关系？二是怎样认识"老中国"的"伦理关系"，中国传统社会中有没有"阶级关系"？三是怎样看待近代以来中西方社会文化的冲突，中国社会摆脱危机的途径是什么？毛泽东认为梁漱溟书中的缺憾在于不懂历史唯物主义。临别时，他专门叮嘱："恩格斯写了一本书，叫《反杜林论》。你要读读《反杜林论》。"②

新中国成立后，梁漱溟担任全国政协常委。1953 年 9 月，全国政协讨论过渡时期总路线时，梁漱溟在发言中提出如今城市工人的生活在九天提高得很快，而乡村农民的生活却很苦，并提到有人说是"九天九地"的差别，这话值得引起注意。毛泽东知道后在会上回应说，照顾农民是小仁政，发展重工业，打美帝是大仁政。施小仁政而不施大仁政，便是帮助了美国人。实际不点名地批评了这一观点。梁漱溟认为毛泽东误解了他。9 月 18 日，梁漱溟在大会上与毛泽东正面冲突，要毛泽东承认误会了他。会后，有关梁的问题归入思想范围，对他的文化观、乡村建设理论和哲学观予以批判。梁漱溟也检讨、反省了他与毛泽东顶撞的思想根源，在思想

---

① 《建国以来毛泽东文稿》第 6 册，中央文献出版社 1992 年版，第 159 页。
② 转引自陈晋《毛泽东阅读史略（5）》，《中共党史研究》2013 年第 10 期。

上认可中共理论,并认真学习马列主义和毛泽东著作。

3. 1954年对俞平伯《红楼梦》研究观点的批判引申出对胡适资产阶级唯心主义思想的批判。胡适是实用主义哲学家杜威的学生,1917年回国后,他介绍和传播这一思想。1921年,他用实用主义观点和方法研究《红楼梦》的成果《红楼梦考证》发表。在胡适影响下,俞平伯1923年出版了《红楼梦辩》等。以胡适为代表的"新红学派"在《红楼梦》作者和版本的考证方面有建树,但陷入了烦琐考证中,而对其思想性重视不够。1952年9月,俞平伯将《红楼梦辩》修改后以《红楼梦研究》出版,并在刊物上发表《红楼梦简论》和一系列随笔、考证等文章,发挥了"新红学派"的"自传说"。1952年11月,有人向《文艺报》投稿对《红楼梦研究》观点提出批评,没有回音。1954年"五四"前夕,青年学者李希凡和蓝翎合写了《关于〈红楼梦简论〉及其它》一文,用历史唯物主义观点分析《红楼梦》,批评俞平伯的"红学"观点。作者致信询问《文艺报》编辑部,编辑部也未予理睬。文章在山东大学学报《文史哲》1954年9月号上发表。10月10日,他们又在《光明日报》"文学遗产"栏发表《评〈红楼梦研究〉》。

毛泽东对《文艺报》编辑部压制批评的做法不满。10月16日,他写了著名的《关于〈红楼梦〉研究问题的信》,指出:"《武训传》虽然批判了,却至今没有引出教训,又出现了容忍俞平伯唯心论和阻拦'小人物'的很有生气的批判文章的奇怪事情,这是值得我们注意的。"并说:"看样子,这个反对在古典文学领域毒害青年三十余年的胡适派资产阶级唯心论的斗争,也许可以开展起来了。""俞平伯这一类资产阶级知识分子,当然是应当对他们采取团结态度的,但应当批判他们毒害青年的错误思想,不应当对他们投降。"① 毛泽东的信很快传达,就文艺界批评俞平伯的"红学"观点,报刊展开讨论。

由于俞平伯的"红学"观点反映的是"胡适派唯心论思想",胡适"是中国资产阶级思想的最主要的、集中的代表者,他涉猎的方面包括文学、哲学、历史、语言各个方面。而他从美国资产阶级贩卖来的唯心论实用主义哲学则是他的思想的根本","它在人民和知识分子的头脑中还占有

---

① 《毛泽东文集》第6卷,人民出版社1999年版,第353、352页。

很大的地盘。"① 因此，两个月后即扩展为主要是批判"胡适派唯心论思想"。实用主义是自五四以来在中国影响很大的思潮，在中国学术界根深蒂固，因此，对胡适思想的批判，在文学、哲学、政治思想、史学、教育学领域全面展开，批判他的唯心论、庸俗进化论、改良主义、奴化思想等。对考据学在历史学和古典文学研究中的地位作用，《红楼梦》的人民性和艺术成就及其产生背景，展开了讨论。"这是通过对我国知识分子所熟悉的资产阶级唯心主义思想的批判来具体地宣传马克思主义唯物主义思想。"②

考虑到广大干部和知识分子中的许多人不清楚唯物主义和唯心主义的区别，1954年12月，毛泽东收到李达写的《胡适的政治思想批判》和《胡适思想批判》两篇文章，读后"觉得很好"，"建议对一些哲学的基本概念，利用适当的场合，加以说明，使一般干部都能够看懂。要利用这个机会，使成百万的不懂哲学的党内外干部懂得一点马克思主义的哲学。"③ 1955年1月26日，中共中央下发了《关于在干部和知识分子中组织宣传唯物主义思想批判资产阶级唯心主义思想的演讲工作的通知》，要求采取演讲的方式，利用业余时间，向党内党外500万知识分子讲解，并在演讲中适当地结合当地干部和知识分子中的思想状况通俗地说明马克思主义唯物论的基本观点。3月1日，中共中央发出《关于宣传唯物主义思想批判资产阶级唯心主义思想的指示》，强调思想斗争的必要性，指出："这种批判，是在学术界中、在党内外知识分子中宣传唯物主义的有效方法，是推动科学和文化进步的有效方法，是促进各个学术领域中马克思主义新生力量的成长的有效方法，是培养和组织理论工作的队伍的有效方法。"④ 并要求在开展学术批评和讨论的过程中应注意八个问题，主要是学术批评应是说理的，实事求是的，提倡建立在科学基础上的学术论争，反对采取简单、粗暴的态度，采取自由讨论的方法，反对采取行政命令；应当容许被批评者进行反批评，容许持有不同意见的少数人保留自己的意见，对于在

---

① 周扬：《我们必须战斗——一九五四年十二月八日在中国文学艺术界联合会主席团、中国作家协会主席团扩大联席会议上的发言》，《人民日报》1954年12月10日。
② 《中国共产党宣传工作文献选编（1949—1956）》第3卷，学习出版社1996年版，第901页。
③ 《毛泽东书信选集》，中央文献出版社2003年版，第449页。
④ 《建国以来重要文献选编》第6册，中央文献出版社2011年版，第55页。

学术问题上犯了错误的人，经过批评和讨论后，如果不愿意发表文章检讨自己的错误，不一定要他写检讨的文章；已经做了结论之后，如果又发生了不同意见，仍然容许争论；等等。这些政策性的规定是作为对胡适派思想批判运动以及随即展开的对胡风文艺思想批评运动的指导方针。全国各地有组织有计划地开展了对胡适思想的批判，全国省、市级以上的报纸和学术刊物发表了几百篇批判文章。这次批判广泛涉及文化学术界最深层次的世界观和方法论的问题，也是对资产阶级唯心论和五四以来欧美派自由主义文化思潮的批判。

4.1955年对胡风文艺思想的批判。胡风是一个很有个性的进步文艺理论家，同其他作家存在分歧，并因为在文艺观上过于强调"主观战斗精神"，多次被批评。从1949年第一届文代会总结国统区的革命文艺运动时开始，胡风及其七月派作家的文艺思想、文艺理论和创作实践被全面地批评。1952年，曾经发表《论主观》、与胡风持相同观点的舒芜，先后在《长江日报》《文艺报》发表文章，对自己过去的思想作自我批评，检讨了他们文艺思想上的共同错误。1954年7月，胡风向党中央提交了30万字的《关于几年来的文艺情况的报告》，反驳对他的批评。在10月到12月初批判《红楼梦》研究的会议上，胡风两次发言。他带有牢骚的发言，引起与会者的不满，遭到批评。12月8日，周扬在中国文学艺术界联合会主席团、中国作家协会主席团扩大联席会议上作了《我们必须战斗》的发言，对批《武训传》以来的思想斗争情况进行了总结，第三部分是"胡风先生的观点和我们的观点的分歧"，一一指出分歧所在。

毛泽东1953年3月在阅一封署名"一个普通文艺工作者"写的不同意批评胡风文艺思想的来信，开始关注胡风，他就此批示中宣部副秘书长熊复："此事请你调查一下，以其情形告我。"① 4月8日，熊复报告了批评胡风及胡风态度的情况。周扬在批判《红楼梦》研究会议期间，向毛泽东汇报了会议情况，他的总结发言稿送给毛泽东审阅。毛泽东写了"你的讲稿是好的，在几处作了一点修改，请加斟酌"② 的批语，表态支持报告关于胡风的意见。1955年1月26日，中共中央根据中宣部20日《关于开展批判胡风思想的报告》，作出了"胡风的文艺思想，是资产阶级唯心论

---

① 《毛泽东年谱（1949—1976）》第2卷，中央文献出版社2013年版，第46页。
② 《毛泽东年谱（1949—1976）》第3卷，中央文献出版社2013年版，第320页。

的错误思想,他披着'马克思主义'的外衣,在长时期内进行着反党反人民的斗争,对一部分作家和读者发生欺骗作用"①的判断,提出必须加以彻底批判。虽然冠以"以胡风为首的一个文艺小集团",但总体上批判还是局限于文艺思想理论范围,肯定他站在进步方面,与国民党反动派的法西斯文化作斗争。5月,由于发现了胡风等人通信中的一些言论,事情开始发生质的变化,在没有做深入调查的情况下就作出判断。毛泽东在审阅胡风的检讨和舒芜的《关于胡风反党集团的一些材料》及周扬的编者按时,批示说:"从舒芜文章所揭露的材料,读者可以看出,胡风和他所领导的反共反人民的文艺集团是怎样老早就敌对、仇视和痛恨中国共产党和非党的进步作家。"要"剥去假面,揭露真相"。②这就把人民内部矛盾变成了敌我矛盾,混淆了两类不同性质的矛盾,所谓"胡风反革命集团"案已离开了文艺思想批判的涵义。

相继开展的四次思想批判都是由具体事件引发产生的,目的就是抓住典型事件,来触动与解决思想文化界存在的问题。因为"进行唯物主义世界观的教育,只靠在经常的干部学习中学习理论是不够的,还必须使他们从当前具体的思想斗争中得到学习,使他们通过这种生动具体的思想斗争来认识唯心主义思想的反动性,学会鉴别唯心主义思想,从而较深切地认识唯物主义思想的正确性"③,即在破中立。上述被批判的思想基本上囊括了五四以来所有的非马克思主义思想,即文化上的保守主义(电影《武训传》和梁漱溟思想)、欧美派的自由主义(胡适派)、激进的小资产阶级(胡风)文化思潮,在历史上它们虽然曾程度不同地属于进步文化阵营④,但在进入社会主义的时候,文化观必须适应社会形态的变化,同社会主义的经济基础以及政治制度相适应,反映社会主义的本质特征和核心利益,必须对旧的文化观进行清算与改造。1957年,毛泽东有一个关于"共同语言"的表述。他说:"如果我们的知识分子读了一些马克思主义的书,又在同工农群众的接近中,在自己的工作实践中有所了解,那末,我们大家就有了共同的语言,不仅有爱国主义方面的共同语言、社会主义制度方面的共同语言,而且还可以有共产主义世界观方面的共同语言。如果这样,

---

① 《建国以来重要文献选编》第6册,中央文献出版社2011年版,第23页。
② 《毛泽东年谱(1949—1976)》第2卷,中央文献出版社2013年版,第372页。
③ 《中国共产党宣传工作文献选编(1949—1956)》第3卷,第902页。
④ 陈晋:《毛泽东的文化创新之路》,《中国人民大学学报》2003年第6期。

大家的工作就一定会做得好得多。"① 培养"共同语言"是毛泽东强调学习马克思主义、思想改造、批判错误思想的初衷,他希望中国共产党和知识分子可以有"爱国主义方面的共同语言"、"社会主义制度方面的共同语言",还有"共产主义世界观方面的共同语言"。这三个层面是呈梯次层延伸的。

中国人民政治协商会议第一届全体会议通过的《共同纲领》明确规定,"人民政府的文化教育工作,应以提高人民文化水平、培养国家建设人才、肃清封建的、买办的、法西斯主义的思想、发展为人民服务的思想为主要任务"②。在新中国成立初期,毛泽东在领导社会主义革命和建设进程中不断推进马克思主义中国化,不仅领导中国人民彻底改变自己的命运和国家面貌,而且,在领导中国人民改造客观世界的同时,改造主观世界,在思想文化领域通过开展普遍的马克思主义理论学习、推动知识分子的思想改造和批判错误思想等途径,确立马克思主义立场、观点和方法,建构马克思主义意识形态话语权。"正是在毛泽东等一批马克思主义理论家的努力下,马克思主义作为一种世界观,作为分析社会的方法论,在文化领域得到迅速普及,马克思主义的思想与理念,得到知识分子普遍的认同。马克思主义作为文化领域的唯一指导思想地位开始确立,新的文化范式初步奠定。"③ 哲学家冯友兰在《中国哲学史新编》序言中说:"诗经上有句诗说,'周虽旧邦,其命维新'。旧邦新命,是现代中国的特点。我要把这个特点发扬起来。我所希望的,就是用马克思主义的立场、观点和方法重写一部中国哲学史。"④ 美学领域的"唯心典型"朱光潜也很有代表性。新中国成立后,他对自己以前的唯心主义美学思想的自我批判,决心"努力学习,努力纠正我的毛病,努力赶上时代与群众,使我在新社会中不至成为一个完全无用的人"⑤。从 1952 年开始,朱光潜开始学习马克思主义。1956 年在批判胡适唯心主义运动的思潮中,作为美学领域内的"胡适派",他写了《我的文艺思想的反动性》一文,对自己学术研究前期的唯心主义作了检讨。他这样做肯定有外部的压力,同时也是出于他真诚地

---

① 《毛泽东文集》第 7 卷,人民出版社 1999 年版,第 273 页。
② 《建国以来重要文献选编》第 1 册,中央文献出版社 2011 年版,第 9 页。
③ 欧阳雪梅:《论毛泽东批判〈武训传〉的缘由及意义》,《毛泽东研究》2014 年第 2 期。
④ 冯友兰:《中国哲学史新编·自序》,人民出版社 1982 年版,第 1 页。
⑤ 朱光潜:《自我检讨》,《人民日报》1949 年 11 月 27 日。

认识到自己学术思想的缺陷，认识到"在唯心阵营里调和折衷的，'补直罐漏'的，所以思想系统驳杂，往往自相矛盾的"①，即出于反思自己学术思想的需要。后来他在《自传》中说，1956年开展的美学大讨论，"我开始认真钻研辩证唯物主义和历史唯物主义。为此，我在年近60时，还抽暇把俄文学习到能勉强阅读和翻译的程度。我曾精选几本马克思经典著作来摸索，译文看不懂的就对照四种文字的版本去琢磨原文的准确的含义，对中译文的错误或欠妥处作了笔记"②。正是在美学问题大讨论中，"他清理了自己前期学术研究中的唯心主义思想，努力学习马克思主义，提出了'美是主客观的辩证统一'的观点，并以马克思主义的'美学的实践观点'不断丰富和发展自己的美学思想和文艺思想，他运用他的'美学的实践的'观点来解释文艺问题，对于中国当代的马克思主义的文学理论做出了重大的贡献"③。在新时期开始以后，他的中心工作还是对马克思主义经典著作的摸索。他"重新试译了《费尔巴哈论纲》和《1844年经济学—哲学手稿》中一些关键性的章节，并作了注释和评价，想借此澄清一下'异化'、实践观点、人性论和人道主义、美和美感、唯心和唯物的分别和关系等这些全世界学术界都在关心和热烈争论的问题。"④ 正因为他取得了马克思主义的真经，因此对美学和文艺学问题做出了新的阐释，才有在文艺理论上的重要贡献。这是我国知识界的面貌发生根本性变化的写照。毛泽东也指出："我国知识分子的大多数，在过去七年中已经有了显著的进步。他们表示赞成社会主义制度。他们中间有许多人正在用功学习马克思主义，有一部分人已经成为共产主义者。这部分人目前虽然还是少数，但是正在逐渐增多。"⑤ 不仅如此，在马克思主义的指导下，中国人民树立正确的世界观和人生观，全社会一扫旧中国的颓唐之气，形成了意气风发、团结奋斗的精神风貌。塞内加尔前总统桑戈尔曾说："毛泽东最大的成就就是他在国内所进行的对人的改造。创造一种新人，这种人把理论与实践、理想与行动、优美与力量结合起来；他的动机不再是自私自利，而是

---

① 朱光潜：《我的文艺思想的反动性》，《美学批判论文集》，作家出版社1958年版，第11—12页。
② 《朱光潜全集》第1卷，安徽教育出版社1987年版，第7页。
③ 童庆炳：《朱光潜的"美学实践论"文艺思想》，《文艺争鸣》2007年第5期。
④ 《朱光潜全集》第1卷，安徽教育出版社1987年版，第8页。
⑤ 《毛泽东文集》第7卷，人民出版社1999年版，第224—225页。

对集体的热爱。"①

但毋庸讳言，思想批判出现了从学术讨论、思想争鸣到政治批判的发展过程，程度不同地混淆了文化、思想问题与政治问题的界限，而且毛泽东作为政治领袖，以政治批判方式来推进文化改造，因他的威望容易带来一边倒的批判，不利于思想讨论的深入，造成简单化、过火粗暴的现象，对一些被批判对象的思想、学术观点和研究方法也不够实事求是；"文化改造上过于追求一个'纯'字，导致丢失了许多必要的文化资源，所引出的教训也是深刻的"②。没有处理好指导思想的一元性与文化的多样性关系问题。

对于思想改造和思想批判中出现的偏差，毛泽东是有所察觉的。有一篇批判胡适政治思想的文章，把改良与革命完全对立起来，对改良采取全盘否定的态度。毛泽东说，作者太年轻，完全否定改良，在政治上是幼稚的。随着社会主义建设道路探索的开始，1956 年，毛泽东提出"百花齐放，百家争鸣"的文化方针。1957 年，他在《关于正确处理人民内部矛盾的问题》中指出："过去的思想改造是必要的，收到了积极的效果。但是在做法上有些粗糙，伤了一些人，这是不好的。这个缺点，今后必须避免。"③ 他重提知识分子"是脑力劳动的工人，是用脑子的工人"④，继续肯定马克思主义的灵魂作用和知识分子思想政治进步的重要性，认为"在知识分子当中提倡学习马克思主义是很有必要的，要提倡大家学他十年八年，马克思主义学得多了，就会把旧思想推了出去。"⑤ 因此，"希望我国的知识分子继续前进，在自己的工作和学习的过程中，逐步地树立共产主义的世界观，逐步地学好马克思列宁主义，逐步地同工人农民打成一片"⑥；同时，他承认"世界观的彻底改变需要一个很长的时间，我们应当耐心地做工作，不能急躁。事实上必定会有一些人在思想上始终不愿意接受马克思列宁主义，不愿意接受共产主义，对于这一部分人不要苛求；只要他们服从国家的要求，从事正常的劳动，我们就应当给他们以适当工作

---

① 许全兴：《国外毛泽东思想研究文选》，中共中央党校出版社 1987 年版，第 116 页。
② 陈晋：《毛泽东的文化创新之路》，《中国人民大学学报》2003 年第 6 期。
③ 《毛泽东文集》第 7 卷，人民出版社 1999 年版，第 226 页。
④ 《毛泽东年谱（1949—1976）》第 3 卷，中央文献出版社 2013 年版，第 122—123 页。
⑤ 同上书，第 104 页。
⑥ 《毛泽东文集》第 7 卷，人民出版社 1999 年版，第 225 页。

的机会。"① 这反映他认识的清醒和对思想文化多样性的包容。他还表示将来要替胡适恢复名誉。② 1964 年 8 月,毛泽东与哲学工作者的谈话中提到《红楼梦》研究问题,他认为,"蔡元培对《红楼梦》的观点是不对的,胡适的看法比较对一点。"③ 他同意胡适考证《红楼梦》中提出的《红楼梦》是作者曹雪芹写与自己的家族有关的事情。

对这种矫枉过正,九三学社中央委员李毅在开门整风运动的前夕写了一篇题为《从"放"想起》的文章表示了他的态度。文中写道:"当然,几年来在几次狂风暴雨的社会改革运动中,的确也使不少知识分子头昏眼花、气衰力弱,感到北风可畏、寒气逼人。但是对于大多数知识分子来说,这几次运动与其比作凛冽的严冬,不如说初春里几阵风雪。北风虽劲,但究竟已是初春天气,非但不应阻杀生机,而且反有很大的消毒杀毒的作用,为迎接即将到来的春暖花开时节,提供了有利条件。所以,在讨论中好几位教授说:'今后和风细雨的思想改造,很好,但是过去的几个大运动震动一下也是必要的。没有过去的震动,也很难有今天的和风细雨和百家争鸣。'作为一个中年以上的知识分子,仔细想想,我欢迎和煦的南风,也感激过去的几阵北风。"④ 知识分子群体中,特别是在高级知识分子中,这种认识很有代表性。

在当代中国,坚持社会主义先进文化前进方向,发展有中国特色的社会主义文化,加强社会主义精神文明建设,必须以马克思主义为指导,使马克思主义意识形态以文化形态、思想理论等形式在人民群众中获得广泛的文化共识与价值认同,仍然是我们的使命与职责。毛泽东在确立马克思主义主导地位过程中的经验教训,为我们提供了指导和借鉴。在今天的中国,由于经济成分的多样化和利益多元化而必然产生思想的多样化、多种利益诉求甚至不同的政治诉求。尤其是市场经济诱发的拜金主义和极端利己主义思潮,极其便利西方自由主义思潮的传播和渗透。对此,我们应该坚守马克思主义灵魂,进一步推动马克思主义的中国化、时代化和大众化,结合当前的时代语境,结合"中国道路"与"中国故事"来阐释马克

---

① 《毛泽东文集》第 7 卷,人民出版社 1999 年版,第 225—226 页。
② 《毛泽东年谱(1949—1976)》第 3 卷,第 92 页。
③ 《毛泽东的读书生活》,生活·读书·新知三联书店 1986 年版,第 220—221 页。
④ 《人民日报》1957 年 4 月 24 日。

思主义理论的思想内涵与时代意义，马克思主义理论学者要能够主导不同文化价值观念之间的对话，还要能够主导不同社会阶层之间的对话，同时整合马克思主义意识形态传播平台，建构有效的话语传播方式与传播体系，使之能够深入人心。对重大的错误思想和思潮不能漠然置之，而必须像毛泽东那样"对于一些有害的言论，要及时给予有力的反驳"[①]，发挥马克思主义的革命的批判的功能，不能放弃理论的批判。当然这种批判必须是说理的，有说服力的。真理的力量在于真理自身。我们只有坚持马克思主义在思想文化建设中的指导地位，才能真正以科学态度继承中国文化的优秀传统和吸收外国文化的积极成果，才能引领国内多姿多态多样的文化思潮，使其有利于社会主义主流文化的发展，并逐步实现人的全面发展和人类解放的伟大社会理想。

（作者单位：中国社会科学院当代中国研究所）

[①] 《毛泽东文集》第7卷，人民出版社1999年版，第196页。

论"十七年"史学之集体研究

赵庆云

傅斯年在其《历史语言研究所工作之旨趣》中明确宣示:"历史学和语言学发展到现在,已经不容易由个人作孤立的研究了,他既靠图书馆或学会供给他材料,靠团体为他寻材料,并且须得在一个研究环境中,才能大家互相补其所不能,互相引会,互相订正,于是乎孤立的制作渐渐的难,渐渐的无意谓,集众的工作渐渐的成一切工作的样式了"。① 不过,傅斯年所主张的集众研究,强调的主要还是学人之间的相互交流、砥砺,史语所学人的学术论著,大多为个人专题研究之成果,实则与1949年后盛行的集体研究模式迥然有别。

1949年新中国成立后集体研究的强化,乃时代大环境使然。在马克思主义理论中,集体主义被赋予崇高的道德价值,"是马克思主义重构社会的原点,也是共产党人改造和自我改造的基础。"② 政治、经济领域皆"集体"优先,学术亦不例外,集体研究模式得到大力提倡。1951年郭沫若在中国史学会成立大会所作报告中,就将"个人研究转变为集体研究"作为新史学的根本转向之一。③ 陈垣也表示,"集体合作的好处,比单干户好过多多了"④。不过,从"十七年"史学实践观之,集体研究模式并未能充分展现时人设想中的优越性。中科院近代史研究所自1950年5月成立后,集中研究力量撰写《中国近代史》成为其孜孜以求的目标。但举全所之力历时数十年,中国近代通史著作几经周折仍未竟其功。这种集体撰著模式被认为难辞其咎,受到

---

① 傅斯年:《历史语言研究所工作之旨趣》,《史料论略及其他》,辽宁教育出版社1997年版,第49页。
② 黄道炫:《抗战时期中共干部的养成》,《近代史研究》2016年第4期。
③ 郭沫若:《中国历史学上的新纪元》,《大公报》1951年9月28日。
④ 陈智超编注:《陈垣往来书信选》,上海古籍出版社1990年6月版,第799页。

质疑和指责。① 本文拟以中国科学院近代史研究所的相关档案文献资料为基础,对"十七年"间盛行的集体研究、撰著模式之实际情形及其利弊得失作出初步探讨。

一

集体研究模式可以追溯至延安时期。《中国通史简编》最初即为马列学院历史研究室人员集体编写,参与者有谢华、佟冬、尹达、叶蠖生、金灿然、唐国庆。范文澜回忆:"由于缺乏集体写作的经验,对如何编法没有一致的意见,稿子是齐了,有的太详,有的太略,不甚合用。组织上叫我索性从头写起。"② 这次集体撰著显然不太成功。范文澜在1943年撰写《中国近代史》时,"鉴于编写通史简编的经验,此书开始编写即由他独立承担"③。

近代史所建所之初,研究人员在资料收集整理方面集体协作,同时依自己兴趣从事个人专题研究。最初3年间近史所的专题研究相当兴盛。陶孟和在1951年对此提出批评:"近代史的工作,需要加强计划性,并且要坚持计划;也需要加强集体性,过去个人写专题论文的工作法,没有能够表现出集体的力量来。"④ 直到1953年,近史所还反思,"本所前几年所做研究工作,缺乏组织性、计划性,因而只能做些细碎的临时工作,殊无成绩可言"⑤。"对于进行集体研究的方法,还是非常缺乏经验,研究人员'人自为战'的作风,虽有初步改变,但尚未完全克服;过去工作中的各种组织和制度也未臻完善,因之工作效率不高,劳逸也不平衡,今后必须力求改进。"⑥

---

① 中国社会科学院近代史研究所编:《回望一甲子——近代史研究所老专家访谈及回忆》,社会科学文献出版社2010年版,第89—90、102、134—135页;李卫民:《晚岁忆师友——章开沅教授访谈录》,《晋阳学刊》2012年第5期。
② 范文澜:《关于中国历史上的一些问题》,《范文澜历史论文选集》,中国社会科学出版社1979年版,第17页。
③ 蔡美彪:《〈中国通史简编〉重版前言》,《学林旧事》,中华书局2012年4月版,第108页。
④ 《陶孟和副院长报告社会科学四所的工作情况》,院档51—2—7手写稿。
⑤ 近代史所档案:《中国科学院近代史研究所1953—1957年研究工作计划及1954年研究工作计划的说明》,油印稿。
⑥ 《近代史研究所一九五三——一九五七年工作计划纲要(草案)》。

"人自为战"受到批评,加强计划性、集体性则势成必然。此后集体撰著模式不断强化。这诚然与崇尚集体主义的意识形态密切相关,苏联经验的直接影响亦不可忽视。据苏联经验,"如果不做集体工作,就不容易在理论上提高,要用集体工作来总结个人研究的成果"。"基本上是这样一种形式:即依据研究题目的大小,组织不同情形的编辑委员会。如果研究题目很大,编委会内可以包括科学院内外各方面的有关的专家,由大家分章,分节起草,经过反复的集体讨论然后定稿。除此以外,每个人的专题研究在写成初稿后,广泛的吸收批评意见,这也起一种集体工作的作用。"① "个人的研究一般要靠集体讨论。"②

在学习苏联的思想指导下,学术研究尤重视发挥集体撰著的整体优势。郭沫若指出:"历史研究也应该走群众路线,集体地从事有计划的分工协作。这样就可以做到'多快好省'。""以任务带动科学研究,是个好办法。自然科学的研究已经在这样做了,社会科学的研究也应该如此。在史学工作方面,我觉得可以组织力量,规定任务,来进行工作,譬如成立小组,编写抗美援朝史之类,这样做,既可以训练人才,也能发展史学。如果脱离任务,孤立地进行研究,是不容易搞出成绩来的。最近,科学院历史研究所和院外有关单位合作,集体地编写中国通史,这可以看作是一个良好的开端。当然,除集体编纂外,我们也应该欢迎个人撰述。史学工作也尽可以百花齐放,只是集体编纂的工作,我们以前忽略了,这是值得注意的。"③

郭沫若虽然表示"应该欢迎个人撰述",但其意旨显然在强调"以任务带动科学研究",并以其本人主编"中国通史"为范例。④ 不过郭氏主编此书,基本置身事外,而由尹达实际主持。⑤ 翦伯赞对此种做法不无异辞,撰写《跋〈宋司马光通鉴稿〉》一文指出:"不管参加集体的成员怎样强,如果主编置身事外,那么写出来的书,也不过是一床最好的百衲

---

① 刘大年:《历史专科报告》,内部发行。
② 《中国科学院访苏代表团资料汇编》(内部材料),第 183 页。
③ 郭沫若:《关于目前历史研究中的几个问题——答〈新建设〉编辑部问》,《新建设》1959 年 4 月号。
④ 1956 年初,中宣部请郭沫若给县团级干部编写一部《中国历史》。此书采用大兵团作战方式,编写人员多达 60 余人。最终成果以《中国史稿》名之。
⑤ 翟清福:《关于郭沫若主编〈中国史稿〉的一些情况》,《社会科学学报》(《北京农业工程大学学报》增刊),总第 7 期(1990 年)。

被，如果要使集体写作的书变成一个完整的连针线的痕迹都看不出来的锦绣文章，那主编就必须对全书的体例以及各段落之间的连贯、贯通负起责任。"翦氏此文1961年6月18日在《人民日报》刊出后，引起轩然大波，尹达因此与翦伯赞结怨。①《中国史稿》书稿后来付诸学界讨论时，亦受到周予同等人的尖锐批评。②

二

就近代史所的集体研究具体操作方式来说，1954年的近代史三个组又各有特点。第一组采取3个步骤：（1）一般地广泛阅读材料，草拟提纲；（2）以提纲章节为中心，深入收集材料，写成独立的文章；（3）以各篇文章为基础，统一改写成书。第二组采取2个步骤：（1）开始时即深入收集材料，以问题为中心写成长编或文章；（2）在深入材料的基础上拟定提纲。第三组则有5个步骤：（1）普遍阅读材料，求得对研究范围有一般了解；（2）分工草拟提纲，提出讨论；（3）根据修订后的提纲分工写初稿；（4）初稿完成经讨论修改后，由一人总写；（5）最后共同讨论，反复修改。③各组作法均以一个研究题目为中心，商量讨论，分工合作。也有相异之处：一种自始即要求深入，另一种只是先划轮廓；一种依照提纲为中心整理材料，另一种则根据材料提出问题。

在时人认识中，集体写作与个人研究二者也并非绝对地不兼容。刘大年认为："对于集体研究工作，必须在思想上加以重视，但决不能对每个人死板要求，因而限制了创造性。"④ "假如不发展个人研究，科学就不能发展，甚至等于取消研究所。"⑤ 在1957年的全所会议报告中强调："科学研究要依靠个人深入钻研，我们对集体研究工作，一定要照顾个人的专长和爱好，要把个人专长与集体工作和国家利益合结起来。我们的集体工

---

① 详参张传玺《翦伯赞传》，北京大学出版社1998年版，第353页。
② 1961年5月7日，上海史学会组织上海学人讨论《中国史稿》初稿。周予同发言："初稿从头到尾看，有考古学家写的、有文学家写的、有史学家写的……，显得杂乱。通史应当通，前后成一体。集体创造不是拼凑，而是整体。在中国史书中《资治通鉴》是集体写成的，而由司马光一手贯通。"据近代史所档案：《"中国历史"（初稿）讨论会简报（六）》。
③ 刘大年：《历史研究所第三所的研究工作》，《科学通报》1954.8，第44页。
④ 同上书，第44、53页。
⑤ 刘大年：《历史专科报告》，内部发行。

作，不排斥个人专长，要把一切力量组织到计划中来，不这样做，就要走回各干个人的老路。"① 1959年9月27日，刘大年仍强调，"个人独立钻研、独立思考和集体的关系不能对立起来，要结合"②。1958年1月，近代史组开会讨论集体与个人的关系，并对个人研究计划（五年）及长远方向进行讨论。③

虽然当时近代史所学人对集体研究与个人撰述之关系不乏辩证认识，然而在二者之间难以平衡，容易陷于顾此失彼之境。在当时崇尚集体价值的整体氛围下，实际工作中往往极强调集体研究，个人研究不免受抑制或被忽视。近代史所实际主持工作者刘大年在1959年整风中反复强调："我所一直是强调集体研究，专家与群众相结合，……依靠集体我没有动摇过。"④ 刘氏主持编撰多卷本《中国近代史》时，明确要求所有人员在编写此书时不要另搞专题研究。⑤ 严中平1955年还致函刘大年请教近代史所集体撰著的经验。⑥

在这种氛围之下，近史所学人几乎全部投入于集体研究项目之中，即便在完成集体研究任务的前提下从事自己有兴趣的专题研究，也难以得到鼓励，甚至可能被别有用心者攻击为"追求个人名利"。这无疑一定程度地制约了整个学术研究水平的推进。改革开放之初，近史所在检视学术成果时，不无遗憾地指出："各方面的著作太少了"，因而要求"参加集体写书的同志，在完成任务以后，应立即按研究方向制定新的计划。要大力提倡在认真研究的基础上，著书立说……"⑦

近史所学人在改革开放以后，对此亦多有回顾与反思。张振鹍回顾："多年来一直参加集体研究项目，只在特殊情况下偶尔做一点自选专题研

---

① 金毓黻：《静晤室日记》，第7370页。
② 《李瑚日记》，未刊手稿。
③ 李瑚：《本所十年大事简记（1951—1960）》，手稿。
④ 近代史所档案：《大年同志作关于学术方针路线的检查报告》（1959年11月23日）。
⑤ 李瑚访谈记录。
⑥ 来函谓："我们正在考虑编写近代经济史纲要的问题，这是个必须集体进行的工作。这里的集体工作还有些思想问题和方法问题，没有解决，因而计划就很难产。我们大家都希望知道你所是怎样集体合作的。"（1955年3月27日）《严中平来函》，《刘大年来往书信选》（上），中央文献出版社2006年版，第109页。
⑦ 近代史所科研处档案：《关于总结1979年科研工作，落实1980年科研计划问题》（1979年11月）。

究。"① "当时所里强调集体性,集体研究、集体写书,不提倡个人自由选题做研究,反对'单干'。"② 樊百川总结:"自从1951年大学毕业参加工作以来,绝大部分时间全力参加集体研究和集体写书工作。"③ 徐曰彪回忆:"二十多年来,我一直承担集体研究项目,乐于服从组织分配,很少考虑个人志趣、爱好。"④ 王其榘回忆:"范老还针对我的毛病,告诫我要'认真搞清个人与集体的关系'。""自从职称评定后,确实激发了一些工作激情,但是也产生了'打杂'搞集体项目难出成绩的不正确思想,对有些同志这方面的言论我也随声附和,不加分辨,这是我的个人主义在抬头、不关心集体的反映。"⑤ 刘存宽回忆:"在业务工作中,个人参加的全是集体项目,能够服从大局,不计较个人名利,为年轻同志改稿校稿,不参加署名,也拒分稿费。"⑥ 可见在集体研究模式笼罩之下,个人专题研究受到压制。这些学人虽然表示不计较个人名利,甘为集体研究项目奉献,但其言辞之间何尝不透出某种遗憾。

但是,集体协作与个人研究相辅相成。当时集体研究项目多为大型通史类著作之撰著,通史须以专题研究为基础,这在近代以来渐成学界共识。傅斯年认为:"通史非急速可讲,须各家治断代史专门史稍有成绩,乃可会合成通史。"⑦ 个人专题研究的薄弱无疑不利于学术事业的繁荣,也使集体撰著通史举步维艰。近代史所同人为之努力数十年的多卷本《中国近代通史》(后以《中国近代史稿》名目出之)终未竟全功,撰著效率如此之低,其症结即在于近代通史撰著同近代史专题研究水平息息相关。专题研究不足,"对书稿的讨论、争论,大都是一些提法、用语问题,用所里老同志钱宏的话说,所讨论的大都是些'树在庙前'还是'庙在树后'的问题"⑧。这些撰著过程中并无多少实际意义的争论,耗费了研究人员大量的时间和精力。

集体研究、撰著自然也并非一无是处。李瑚认为:他所在经济组,

---

① 近代史所科研处档案:《正研表格推荐意见·张振鹍工作汇报》。
② 张振鹍:《毕生的幸运》,《回望一甲子》,社会科学文献出版社2010年版,第673页。
③ 近代史所科研处档案:《正研表格推荐意见·樊百川六年科研总结》。
④ 近代史所科研处档案:《正研表格推荐意见·徐曰彪工作汇报》,1986年1月6日。
⑤ 近代史所科研处档案:《正研表格推荐意见·王其榘工作汇报》,1986年1月5日。
⑥ 近代史所科研处档案:《正研表格推荐意见·刘存宽工作汇报》,1986年1月5日。
⑦ 钱穆:《八十忆双亲·师友杂忆》,台北,东大图书公司1983年版,第149页。
⑧ 夏春涛:《王庆成先生访谈录》,《回望一甲子》,第102页。

"当时一般都是分写，写出提纲，集体讨论"讨论中互相提出批评意见，能够集思广益。① 但总体说来，集体写书之实践相当不易。《帝国主义侵华史》的集体撰著相对成功，也有赖于在实践中摸索合作经验。在1957年底"侵华史组"的讨论中，最后决定：1. 以后各卷分工，范围不宜过大：一方面彼此密切帮助；一方面有问题容易补救。2. 个人专业方向，待集体综合工作，完毕后再考虑。个人专业方向必须建立在全所整体规划的基础上。3. "关于本组工作计划：（1）第一编分工太细，第二编分工方法比较合适。（2）分工不宜太细（如以节为分工单位），亦不宜过大（如以较长期的类似阶段史的分工）。"②

三

实际上，"十七年"间近代史所学人对"集体写书"之模式已不乏批评与反思。在1961年的调查意见中，有人提出："在写书之前，首先对各种专题作深入的研究，使各关键性问题得到解决，才可以动手写书，否则花了很大力气，书的水平仍提不高。如一组写近代史，在写前一段关于鸦片战争问题时，因为关键问题都已解决，因而工作任务完成得较快较好。反之，对太平天国和第二次鸦片战争的研究不够，有些问题没解决。"③ 中科院社会科学学部派刘志琴来近史所调查，"发现所里很多人有怨言，认为集体写书拖了中青年的后腿，大家跟着一个人弄一本书，一拖就是多少年"④。或许是迫于群众的呼声，在"1963—1972年十年规划报告"中提出：完成重点项目，"其方式可以是集体写作，但以意见一致、自愿结合为原则；也可以是个人写作"⑤。

---

① 李仲明、吴敏超、赵庆云访谈整理：《李瑚先生访谈录》，《回望一甲子——近代史研究所老专家访谈及回忆》，社会科学文献出版社2010年版，第203页。
② 近代史所档案：《帝国主义侵华史组十二月廿七日漫谈摘要》（1957年12月27日）。
③ 不过，也"有的同志不同意这种看法，认为不一定把所有的问题都解决了才动手写，写书的过程也就是对各种问题进行深入研究的过程，而且通过写书还会发现新的问题，在写书以后，深入研究解决"。据《关于集体写书问题》，近史所档案：《近史所调查意见》（1961年5月8日）。
④ 左玉河访谈、李彬彬整理：《刘志琴女士访谈录》，《回望一甲子——近代史研究所老专家访谈及回忆》，社会科学文献出版社2010年版，第135页。
⑤ 近史所档案：《关于近代史研究所1963—1972年十年工作规划的报告》。

应该看到，史学研究本质上属于一种个性思维的创造性活动，过于强调集体撰著确实会抑制个人才能的发挥，一些学人的才华与心血就在集体项目的周旋中被消磨。1979年10月，署名"汪士汉著"的《五四运动简史》（以下简称《简史》）由中国社会科学出版社出版。《简史》实际上并非汪士汉个人所著，而为集体研究成果，且20世纪50年代即开始编写，不少近代史所前辈学人为之付出心血。其编写过程，颇有曲折，为我们提供了一个管窥"十七年"史学"集体著述模式"的典型个案。

在《简史》"后记"中，汪士汉对该书编写情况作了说明：

"《五四运动简史》一书，作为前中国科学院哲学社会科学部近代史研究所（现中国社会科学院近代史研究所）的一项科研任务，是由该所现代史组的同志们集体承担的，董其昉、王晶尧、王来棣、刘明逵、杨思浩、罗超、王爱云、胡庆钧、尚明轩等同志都分别提供了有关资料。从一九五七年开始工作，中间经过许多变动，直到一九六四年才由我执笔完成初稿。随后，我的工作也有了变动，这份初稿没有经过讨论，就压下来了。经过十一年的'文化大革命'，群众审查了这份初稿，没有发现什么问题，一直保存得很好。一九七八年五月间，组织上把这份初稿退给我。我重新审查，修改了全部内容，并把第二章全文送吉林省出版的《社会科学战线》第三期发表了。我本想分章作为专论先在《社会科学战线》上发表，广泛征求读者意见后使这份初稿得到补充、修正再汇集成书，但后来又考虑到作为专论发表分量太大，还不如以现在的形式出版更合适一些。……这本书付印以前，只请王晶尧同志看过一遍，社会科学出版社的同志审阅过并提了修改意见，没有来得及请原现代史组的同志们审阅，谨致歉意……"

此说明虽承认《简史》最初为近代史研究所集体科研项目，但强调是由汪士汉本人执笔完成初稿，这一说法与事实颇有出入。《简史》出版后不久，近代史研究所原参与此书集体写作的学人王来棣、杨诗浩、周天度、刘明逵、尚明轩对汪士汉单独署名、且在"后记"中含糊其词深为不满，乃于1980年2月25日联名致函近代史研究所领导，要求澄清事实：

早在1955年，现代史组五位同志在董其昉同志领导下，开始收集、整理五四运动历史资料。1957年汪士汉同志来所任现代史组副组长后，着手编写《五四运动简史》。该书原计划写20万—30万字。1959年出版，作为五四运动四十周年献礼，定为本所重点科研项目。全书分为三章九节

（后来有改动），采用集体写书办法，先后参加者十余人，其中多数人为这本书工作四五年甚至六七年之久。各人完成章节初稿的情况大体如下：

  汪士汉 全书《导言》、《结束语》、《毛泽东同志初期革命活动》、《中国出现第一批马克思主义者》等

  周天度 《五四运动前夜的新文化运动》（当时经刘大年同志修改过）

  王晶尧 《十月革命对中国的影响》

  尚明轩 《巴黎和会的骗局》、《五四运动的爆发》

  杨诗浩 《五四学生爱国运动》

  刘明逵 《五四前夜的工人运动》、《六三工人罢工斗争》

  胡庆钧 《五四时期的资产阶级民主派》

  王来棣 《新文化运动的发展——"社会改造"问题的讨论》、《马克思主义与无政府主义的论战》、《马克思主义与基尔特社会主义的论战》、《共产主义小组》、《中国共产党第一次代表大会》等，约十万字。

此外，董其昉、王爱云、罗超、单斌、贾维诚、陈蕙芳、丁原英等同志都参加了工作。他们有的提供资料长编，有的写了章节初稿，由于我们记忆不准确，就不一一列举了。总之，全书基本资料和大部分初稿是同志们提供的。

《五四运动简史》1959年没有完成出书任务，仅以第三章初稿供"五四"讨论会讨论。1960年全书各章节经汪士汉修改后，打印成册，共20多万字，曾集会征求刘大年、黎澍等同志的意见。随后，汪士汉指定周天度负责修改第一章；杨诗浩修改第二章；王来棣修改第三章，再由他本人进一步修订成第二稿。1963—1964年，汪士汉又作第三次修改，王来棣参加了部分修改工作。1964年汪士汉同志调离本所，带走全部初稿。现在出版的《五四运动简史》就是在上述稿子基础上压缩写成的。

事实证明：《五四运动简史》一书是集体劳动的成果。汪士汉同志是这本书的总负责人，但不是唯一的作者。汪士汉同志在书的《后记》中说：同志们"提供了有关资料"，"直到1964年才由我执笔完成初稿"。这是完全不符合事实的。同志们用好几年时间，收集资料、制定写作提纲，

写出初稿，经过多次集体讨论，反复修改，数易其稿，怎么能说仅仅提供了资料？执笔写初稿的又怎么是汪士汉一个人？……现代史组同志为编写《五四运动简史》一书，付出大量的精力和时间，现在此书终于出版，大家为此感到高兴。但汪士汉同志侵吞别人的劳动成果，把此书当作他个人著作，并且事前不和群众商量，将既成事实强加于人，这种恶劣作风使大家感到十分愤慨。为了维护我们多年辛勤劳动的成果，维护集体写书制度，反对不正之风，我们要求：

（1）承认我们在《五四运动简史》一书中的劳动成果，列入个人学术档案。

（2）把我们的报告转给社会科学出版社，请做出相应的措施。

（3）把我们的意见转告历史博物馆党委，责成汪士汉同志作公开检讨。

近代史所 1980 年 3 月 13 日召开所务会议讨论此事。据近代史所科研档案记载为："同意在他们的个人学术档案中都分别写明：曾参加《五四运动简史》一书的编写工作。一九八〇年三月十三日。"至于（二）、（三）两点要求，则并无明确说法，也就不了了之。

为更了解此书编写背景，笔者对主要当事者王来棣先生作了访谈。据王先生回忆：

"1954 年近代史研究所增设现代史组，1955 年开始收集五四运动材料，当时组长为董其昉，他是 1953 年 7 月调入近代史所的革命老干部，党龄长、资格老，但实际上他没有做过研究工作。我们这些年青人也没有写书的经验，不知怎么搞。让我们先学习两年，上午学马列，学毛著，下午学已经出版的现代史。然后就开始工作，具体分工，让我写'党的建立'这一部分，刘明逵研究'工人运动'，单斌写'学生运动'，王爱云写'资产阶级'。好像主要就分这么几块，大家分头去找材料，写出初稿，由组长董其昉负责总写。应该说，总写的人对于这本书主要想突出什么问题，应该有一个总的想法，但董其昉知识水平有限，没法综合起来。那时强调集体工作，反对个人单干，如果个人想一个题目去做，就被批为'开地下工厂'。当时年轻人工作挺积极，白天黑夜的干，但付出那么多努力却难以成书，初稿材料就散在那里。大家都一筹莫展。后来汪士汉来所，接替董其昉位置。汪也是老干部,没做过研究工作,也不知如何办。他有一个想法,就是要突出毛主席,本来也够突出的了。我们把这些材料都交给他,他也归拢不起来。我们每个人也不断充实自己这一块东西,也希望能够出一个成品。结果就是弄不起来。后来汪士汉调到革命博物馆,他就把这些材料综合起来,用了他的名字出书,书的最后一页说,我们这些人提供材料,实际上基本上是大家写的,有些地方是他重新改过的。这样我们大家有意见,最初集体写书时我是组里的干事,就推我出面。就让我写封信给他,表示意见。并且大家联名致信给近代史所领导。说明:这是我们大家好几年的劳动成果,汪士汉出书时也没有征求我们的意见,也没有将稿子给我们看,有些观点我们也不同意。汪也承认,这是集体著作,结果稿费拿来大家分。我们也不是为了钱,因为是多年的劳动,好像我们什么事也没做了,这样心里不愉快。应该说,汪士汉平时对我们也不错,他也给我们回了信,道了歉。"

实际上,"五四运动史"之撰写在20世纪50年代颇重近代史所重视,且得到社会瞩目。1958年8月11日,《人民日报》刊登了题为《"五四运动简史"今年写成》的报道:明年是"五四"运动四十周年,为纪念这一伟大的历史事件,中国科学院历史研究所第三所正在编写一部"五四运动简史"。……目前"简史"的中心思想和全书大纲已经确定,并将各章节的内容讨论完,正在拟定详细的章节要点,预计全书在年内写成。书稿尚未写成,先由《人民日报》专文报道,此书之重要可见一斑。但此书并未能按照计划于1959年"五四"四十周年问世。笔者据近史所科研档案,发现撰写"五四运动史"从1958—1964年一直是近代史所的重要研究项目。兹简列如下:

1.《五四运动简史》,12月完成初稿,12万字。——《1958年研究工作计划纲要》

2."在1959年3月以前,集中所内力量,"编写《五四运动简史》。——《历史第三所1958—1959年工作计划要点》

3. 为配合"五四"运动四十周年纪念,1958年内编写一部大约十几万字的《五四运动史》初稿,准备在1959年5月以前出版。——《历史研究所第三所1958—1962年工作计划纲要草案》

4.《五四运动史》,汪士汉撰写。近代史二组一部分同志参加工作。1962年年底完成。——《近代史研究所1962年工作安排》

5.《五四运动》，1961年5月出版，作为庆祝党成立四十周年的献礼项目。——《近代史研究所1960年工作规划草案》

6.《五四运动简史》——约15万字，近代史第二组集体编写，由汪士汉负责；8月间印出初稿，12月间印出第一次修改稿。——《近代史研究所1960年写书计划》

7.《五四运动》——三年内写出一本约30万字的专著。——《历史研究所第三所1960—1962年工作规划要点》。

8.近代史所1962年小型学术讨论会：6月中讨论董其昉、王来棣、杨诗浩的有关"五四"运动的文章，近代史二组为主吸收所内外同志参加。——《近代史研究所1962年工作安排》

自以上计划可以看出，集体研究模式尤重视制定规划，认为非加强计划性不能发挥集体之优势。但因集体撰著计划往往难以实现，实际上又常常不断调整计划。集体撰著效率不佳，其症结何在。1961年近代史所对此专门进行调查，将原因归结为几点：

首先，主持者必须有一定学术水平，对全书的框架结构成竹在胸，还须有明确的写作思路。但当时不少集体研究项目的主持者显然并不具备这种条件。如《"五四"运动史》的写作，其主体构想就历经数次变化："写《'五四'运动史》时，中心思想变动很大。最初是根据大年同志的意见写规律；1958年'大跃进'，改以思想解放为书的指导思想；1959年陆定一同志对纪念'五四'运动四十周年作了指示，于是又把书的指导思想改为贯彻陆定一同志的指示。最后确定写马克思主义与中国革命结合的开端，中共诞生与毛泽东思想如何产生的历史。大家认为，写一本书要有一个一贯之道，贯彻始终，可以不断修改、补充，使之更丰富、完善，但基本东西不能动摇。"①

其次，集体协作的具体组织形式亦存在问题。近代史所《"五四"运动史》由13人分工编写，人员水平参差不齐，影响到总体进度。当时近史所同仁对此亦反思曰："关于集体写书的组织形式，不少同志认为集体工作人数不宜太多。写一本书，有一个同志负责，配上三四个同志当助手就可以了，不必十多个人一齐动手。大家认为，如何组织力量是个细致复杂的工

---

① 《关于集体写书问题》1961年5月8日，调查会意见记录。载近代史所档案：《历年工作计划》。

作，需要了解每个人的长处，分配适当的任务，同时也应当有分工。有人负责写，有人负责收集资料和研究专题。在组织力量的时候，过去一组写近代史和二组写'五四'运动史，都是用平均主义的办法分配任务，如'五四'运动史把各章节分开摊派给13个人来写，有的同志看了很多材料也写不出东西。如王爱云写资产阶级，她的稿子一组的同志就帮她改了10遍，结果还写不出来。像这种情况，最好不分配写的任务，可以专门收集资料，对本人和集体工作都有利。另一个问题是分工过细，以致参加工作的同志对书的全局缺乏了解。如写'五四'运动史，全书分三章，第一章写背景（1914—1918），分6个专题，由6个人负责写。这6个专题是：1. 资本主义发展与资产阶级。2. 北洋军阀反动统治。3. 工人阶级。4. 农民。5. 知识分子，6. 新文化。由于工作范围只局限于自己的小专题，知识面很窄，搞了几年连中心也抓不住，在讨论时由于对彼此的专题不熟悉，也往往流于形式。同志们在工作中碰到一些问题，也不知请谁帮助解决。"①

最后，"十七年"间提倡集体写作，认为可以通过充分讨论，集思广益，提高研究水准。但在实际操作中，这种设想中的优越性也往往未能落到实处。据1961年的调查记录："二组的同志反映，不少同志提出，对学术上的不同意见没有展开充分的讨论，领导同志对某些同志提出的论点，没有仔细考虑，如二组在讨论《五四运动史》一书中的毛主席少年时代的思想时，根据李锐所著的一书中的提法，说毛主席当时已提到劳苦大众是社会中坚，但是这句话在李书中没加引号和出处，也查不到。胡庆钧不同意用这句话，认为没有根据不能用。汪士汉同志就说他从右的方面来理解问题，于是胡庆钧就不敢说话了。又如汪士汉同志提出新民学会是无产阶级政党的初期形式，大家不同意想提出来讨论，周天度告诉王来棣，叫她不要提，怕扣帽子，并说，我们不提反正会有人提。"②

四

总体说来，"十七年"间近代史所的学术研究提倡集体协作模式，颇

---

① 《关于集体写书问题》1961年5月8日，调查会意见记录。载近代史所档案：《历年工作计划》。

② 《关于在集体工作中如何贯彻百家争鸣问题》，1961年5月8日，调查意见记录，载近代史所档案：《历年工作计划》。

有"吃大锅饭"的意味,一定程度抑制了个人积极性的发挥,整体上对史学繁荣发展有所制约。集体编撰固然可以集众人之力完成大的课题,但由《五四运动简史》的编写实践观之,这种模式效率不佳,造成不少无谓的消耗;参与者实际贡献多少往往不能在著作中得到明确体现,甚而导致一些著作"署名"的名不副实。

改革开放以后,个体价值重新得到弘扬,原有的集体撰著模式显然已难以因应时代变化。近代史研究所在20世纪80年代以来,个人研究成果颇丰,而集体项目却进行得相当艰难。1987年近史所专门对此进行调查。调查报告指出:"《帝国主义侵华史》第三、四卷不能按计划完成,一是参加编书的人员调动频繁,几年中有三分之二的人先后调离该室。离室的同志虽有人继续承担任务,但因有其他工作,不能同时兼顾;二是初稿质量不合格,有的初稿几经修改仍不符要求,最后只好由统稿的同志重新改写。""《中国近代史稿》迟迟不能按计划完成的原因,一是主编社会活动多,投入编书的时间无法得到保障;二是参加编写的同志多不按时交稿,有些稿子也不合格,使花在加工、改写上的时间越来越多,从而形成一拖再拖,计划一易再易的局面;三是《中国近代史稿》是一个老项目,一系列的工作程序、模式和人事关系似已形成,牢不可破,改变颇非易事。在这种格局下,尽管从事统稿的同志辛辛苦苦、全力以赴,也感到无可奈何。"① 并就如何进行集体撰著提出意见:

"主编关系极大,是该项目能否按计划进行的重要保证。一般说,集体项目的主编既是牵头人,也应是带头人,不仅对该项目要有总体设想,而且从编写体例、提纲到具体撰写都要参加。《北洋军阀资料》等项目所以按计划进行,原因之一就在于主编始终参加全过程,以身作则,并一抓到底。其次,主编要尽可能把主要精力投入编书工作。有的主编社会活动过多,势必冲撞了写书的时间,影响全书的进展。再次,主编要及时掌握情况,随时发现问题随时解决,真正负起主编的责任。平时过问很少,或仅做点原则的指导,统稿时才行使主编的职责,显然是不可取的。最后,确定主编人选既要看他的实际能力,也要考虑其身体状况,有条件的话,尽可选一些年富力强的同志充当主编。

"组织班子应有所选择。有些同志认为,组织集体项目编写班子应取少

---

① 科研处档案:《集体项目进展情况调查》(1987年8月28日)。

而精的原则。这样可减少不必要的矛盾，在风格上也容易统一。也有的同志认为，集体项目是一个浩大工程，应尽量吸收更多的同志参加，但有一点是共同的，就是参加集体项目的人员必须有所选择，特别是所外的同志，要切实了解其研究课题的实际能力。……此外，对编写组人员，主编认为确实不能胜任，或不安心工作的，应当机立断加以撤换，不可一味迁就。

"要尽可能激发参加集体项目同志的积极性，增强责任感。参加集体项目，同时又有个人研究，个人计划，这在我所是普遍现象，也是正常的。但既然参加集体项目，就有一个处理好二者关系的问题，一些同志所以不能按时完成集体项目的任务，并非不努力，也不全是水平低，而是热心于自己的研究计划。因此，要改变这一状况，单单加强主编的责任，强调摆正个人计划与集体项目的关系是不够的，还应当使集体项目真正和个人利益挂起钩来，因为较之个人研究计划，集体项目即使组织得当，也往往时间长、见效慢；况且集体项目一般要求高，费力大，数量又通常受到制约，这就需要在考核、评定职称等方面，给参加集体项目的同志以适当照顾。"①

此次调查仍主要着眼于主编及选择集体项目成员的问题，但显然已经注意到集体研究与个人研究之矛盾，并提出"应当使集体项目真正和个人利益挂起钩来"；"在考核、评定职称等方面，给参加集体项目的同志以适当照顾"。

随着时代发展，集体研究与个人研究之张力始终存在，但已逐渐向"个人"倾斜。时至今日，一些规模浩大的项目仍需集众之力，但其组织模式与"十七年"相比已颇有不同：各人承担的部分有明确界定，个人文责自负，且其贡献大小均能在署名中得到彰显，约略类似于承包责任制。这种集体协作模式，实质上是个人专题研究之组合，效率有相当大的提高。不过，若从撰著的角度来看，又会产生新的问题：各部分编写者自由度增加，体例风格难以统一，整体难以真正贯通，编写者未必能很好地贯彻主持者的意图，从而导致著作的系统性缺失。集体撰著的模式如何更臻完善，尚有待在实践中摸索、调整。

（作者单位：中国社会科学院近代史研究所）

---

① 近代史所科研处档案：《集体项目进展情况调查》（1987年8月28日）。

深入探究唯物史观与中国史学的科学道路

——评《唯物史观与中国历史学》

朱露川

伴随着唯物史观在中国的传播，中国马克思主义史学建立并发展起来，给近代以来中国史学的发展带来了剧变。今天，为了认识和把握中国史学的发展方向，我们有必要系统地总结和反思中国马克思主义史学自身发展的历史和规律、成就与问题。瞿林东、邹兆辰、张剑平、曹守亮、黄静五人合力撰写的《唯物史观与中国历史学》一书（上海人民出版社2013年版），以唯物史观指导下的中国马克思主义史学为研究对象，揭示其近九十年发展历程以及它的本质和特点，对人们客观认识中国马克思主义史学的创立、发展和价值多有启示。

《唯物史观与中国历史学》全书分设上、中、下三编。上编为"总论"，纵向阐述中国马克思主义史学的产生和发展，指出："唯物史观同中国历史研究相结合，是中国史学史上最重大的变革。"[①] 中编、下编为"分论一"、"分论二"，分别讨论唯物史观指导下的中国历史学研究，以及中国历史学在理论和方法论上的新成就。概括说来，该书旨在阐明以下几个重大问题：一是唯物史观改变了中国史家和学人的历史观，促使了中国马克思主义史学的产生；二是唯物史观改变了中国史家和学人对历史的认识，并取得了明显的成就；三是唯物史观推动了中国马克思主义史学的学科理论建设。

从内容上看，运用唯物史观的理论和方法阐释、总结并继承中国马克

---

① 瞿林东、邹兆辰、张剑平、曹守亮、黄静：《唯物史观与中国历史学》，上海人民出版社2013年版，第20页。

思主义史学遗产,是《唯物史观与中国历史学》一书的研究旨趣。

1961年,白寿彝先生在《谈史学遗产》一文中指出:"我们史学工作者注意一般的历史遗产比较多,注意史学遗产还很不够。"① 这里,"一般的历史遗产"是指"数学、天文历法、农学、化学、建筑、机械、音乐、舞蹈、雕塑、绘画、文学、哲学"等各方面人类活动所创造出的物质遗产和精神遗产的总和。从这个意义出发,"史学遗产"也是历史遗产的一部分,是人类在进行史学研究活动的过程中创造出的遗产。其后,白寿彝先生主编《史学概论》,其编纂宗旨就是:"在马克思主义基本原理的指导下,论述中国史学遗产几个重要方面的成就和马克思主义传入中国后史学的发展,及当前史学工作的重要任务。"② 这表明,历史唯物主义是历史学学科建设的基本指导思想,正如它也是其他学科的基本指导思想一样;同时,正如其他学科都有自身的理论体系一样,历史学也有自身的学科理论。确立了这样的认识,历史学学科理论才能真正建立起来。

在白寿彝先生的启发和影响下,瞿林东先生对此作了进一步阐释:"所谓史学遗产,是历史上流传下来的前人在史学活动中的创造和积累,是文化遗产的重要部分。"③《唯物史观与中国历史学》一书的研究旨趣,就是在这一前提下总结、继承和发扬中国马克思主义史学的学术遗产。

这里所说的中国马克思主义史学的学术遗产,因区别于"一般的历史遗产",而隐含着"历史"和"史学"这两个概念所指对象的区别。对此,《唯物史观与中国历史学》的作者在后记中写道:"本书阐述的重点,是着眼于考察中国史学在唯物史观指导下各研究领域在整体面貌上所发生的变化;因此,本书阐述的重点,并不是着眼于以唯物史观作指导研究中国历史的各相关的具体问题,并在此基础上探索、寻求其某种具体的结论。换言之,后者着眼于对客观历史的研究,前者则着眼于历史学这门学科的面貌,考察它的历史、变革和发展趋势。前者与后者有密切的联系,但在研究的对象和寻求的结论方面,显然是有区别的。"④

《唯物史观与中国历史学》一书正是在这样的学术前提下系统地总结和分析中国马克思主义史学的各方面成果:

---

① 白寿彝:《学步集》,生活·读书·新知三联书店1962年版,第129页。
② 白寿彝主编:《史学概论》,宁夏人民出版社1983年版,题记,第1—2页。
③ 见白寿彝《史学遗产六讲》,北京出版社2004年版,前言,第1页。
④ 瞿林东等:《唯物史观与中国历史学》,上海人民出版社2013年版,后记,第387页。

第一，揭示中国马克思主义史学发展的阶段性特征及其自身规律。作者在该书题记中指出，从20世纪20年代中期至今，中国马克思主义史学走过了近九十年的历程，先后经历了"四个各不相同而又相互联系的时期"。第一个阶段是从20世纪20年代中期至30年代初，"李大钊的《史学要论》和郭沫若的《中国古代社会研究》先后面世，随即是中国社会史论战的激烈展开，中国马克思主义史学在论战中经受了锻炼和考验，并壮大了队伍。"这是中国马克思主义史学的"创立与论战"时期。第二个阶段是从20世纪30年代中期至40年代末期，在抗日战争和人民解放战争中，马克思主义史学家开拓了史前史、社会史、通史、思想史、社会发展史及专题史等诸多研究领域。作者认为这一时期中国马克思主义史学的"生命力日益显示出来，代表了中国史学发展的新的方向"，是为其"开拓与发展"时期。第三个阶段是从1949年新中国成立到"文革"开始的十七年时间中，唯物史观和马克思主义史学的普及，以及对中国历史上一些重大问题的探讨和争论，"为中国马克思主义史学的全面发展作了理论上和队伍上的准备"，作者称其为"普及与提高"阶段。第四个阶段是自改革开放以来至今的"反思与进取"时期，作者指出，这一时期中国马克思主义史学"是在坚持'解放思想，实事求是'的思想路线的基础上，是在改革开放、面向世界的基础上，是在总结中国马克思主义史学经验、教训的基础上，是在中国马克思主义史学已有的成就的基础上，走向更加健康的发展道路，向着新的目标前进。"①

这里，《唯物史观与中国历史学》一书提出的"四个发展阶段"，以将中国马克思主义史学的发展与对历史形势的考察紧密结合为基础，同时关注中国马克思主义史学的四个发展阶段之间的"内在的逻辑联系"，揭示出中国马克思主义史学发展历程的规律及其阶段性特征。这是该书作者运用中国史学史的研究方法反思和考察中国马克思主义史学的发展历程而得出的结论。

第二，总结中国马克思主义史学的优良传统。这是该书最具有创新意义的所在。作者指出，中国历史学在其近九十年的发展过程中形成了以下几个优良传统："第一，它始终同中国历史进程、中国历史命运联系在一起，把中国古代史学经世致用的优良传统发展、提高到新的阶段。第二，

---

① 瞿林东等：《唯物史观与中国历史学》，上海人民出版社2013年版，题记，第1—2页。

它始终同中国史学遗产和史学传统联系在一起,把'两司马'、刘知幾、章学诚等古代杰出史家及其撰述作为学习的榜样,用以丰富自身的史学修养,形成了中国风格、中国气派。这也正是中国马克思主义史学之所以具有鲜明的民族特色的原因之一。第三,它始终保持着自觉的反省意识,显示了中国马克思主义史家的雍容大度、宽阔胸怀。郭沫若、范文澜、侯外庐等这些享誉中外的史学名家,都以自觉反省、执行自我批判为治学原则之一,受到学界的高度评价。尤其应当强调的是,在20世纪70年代末至80年代初开展的'实事求是,拨乱反正'的岁月里,中国马克思主义史学家群体,毫不讳疾忌医,勇于面对以往历史研究中的教条主义、片面性和把理论庸俗化的缺点、错误,坦诚地吸取教训,以新的姿态投入到历史研究中,并不断获得新的成就,近30多年的史学发展充分证明了这一点。我们可以认为,这是中国史学史上最伟大的一次反思。"[1] 基于这三点认识,《唯物史观与中国历史学》一书分别从创立与发展、研究的进展、理论与方法论建设等方面,深入总结了中国马克思主义史学的学术传统,为促进其进一步发展提供了历史经验。

在总结传统的同时,该书十分强调一些史学家在中国马克思主义史学建设发展过程中的重要作用。这是《唯物史观与中国历史学》一书的主要切入点,也是该书关注的重点。作者在书中提出了一个重要观点,即:"中国史学家对唯物史观这一科学历史观的真诚信仰,是中国马克思主义史学产生的思想条件和理论基础。"[2] 对此,作者以李大钊撰写《唯物史观在现代史学上的价值》、郭沫若撰写《中国古代社会研究》、范文澜撰写《中国通史简编》和《中国近代史》、翦伯赞撰写《历史哲学教程》、华岗撰写《中国历史的翻案》、侯外庐翻译《资本论》并撰写《中国社会史》(后更名《中国社会史论》)等早期中国马克思主义史学家群体的史学活动为例,突显出他们在中国马克思主义史学萌芽阶段的重要作用。作者同

---

[1] 瞿林东等:《唯物史观与中国历史学》,上海人民出版社2013年版,题记,第2—3页。瞿林东在《中国史学上的五次反思》一文中指出,中国史学在其发展史上经历了五次重要反思,分别以刘知幾《史通》、章学诚《文史通义》、梁启超《新史学》、李大钊《史学要论》,以及20世纪80年代以来侯外庐、尹达、刘大年、白寿彝、尚钺等人的论述为代表。其中,"中国史学上的第五次反思,从本质上看,是中国马克思主义史学的自我反省。这次反思在更大的程度上影响着中国史学的未来。"(《史学理论研究》2015年第1期,第1—11页)从这个意义上讲,《唯物史观与中国历史学》一书,在一定程度上正是中国史学第五次反思的代表性著作。

[2] 瞿林东等:《唯物史观与中国历史学》,上海人民出版社2013年版,第20页。

时关注到，蔡和森、瞿秋白、李达等马克思主义理论家对于唯物史观在中国的传播和运用亦有重要贡献。

值得注意的是，作者在书中突出强调了马克思主义史学家的学术自省与学术批评精神。作者指出，"20世纪五六十年代史学界所展开的对关于中国历史的许多重大问题的探讨，以及70年代末至90年代对几个重要理论问题的论争，在学风建设、马克思主义史学家在学术自省与学术批评方面，为史学家树立了榜样，这是学术论争中一份宝贵的精神遗产。环顾今日之学术，尤觉这份遗产的价值和意义。"①《唯物史观与中国历史学》的作者认为，马克思主义史学家的自省与批评精神不仅被历史所铭记，更应为史学工作者代代相传。

第三，用辩证的观点对待中国马克思主义史学遗产。历史人物评价问题，是中国马克思主义史学研究的重要内容。习近平主席在纪念毛泽东同志诞辰120周年座谈会上曾指出："对历史人物的评价，应该放在其所处时代和社会的历史条件下去分析，不能离开对历史条件、历史过程的全面认识和对历史规律的科学把握，不能忽略历史必然性和历史偶然性的关系。不能把历史顺境中的成功简单归功于个人，也不能把历史逆境中的挫折简单归咎于个人。不能用今天的时代条件、发展水平、认识水平去衡量和要求前人，不能苛求前人干出只有后人才能干出的业绩来。"这强调了要以马克思主义的唯物史观来认识和评价历史人物。

《唯物史观与中国历史学》一书坚持以辩证的观点考察中国马克思主义史学的成就和存在的问题，指出：唯物史观对历史人物研究的指导，"必须坚持科学的评价标准"，"必须坚持实事求是的原则"，"必须坚持科学、客观，反对根据研究者的主观意愿任意拔高或遍地历史人物"②。书中以"关于毛泽东的历史评价"为例，反思了新时期以来，中国现代史研究领域在历史人物评价方面出现的"明显的反复""矫枉过正"等现象。作者指出，"认识方法和评价方法的绝对化和极端化……直接冲击了中华人民共和国史研究的是非学术标准和风气，对学术研究和国民教育都极为不利"，而"关于杰出领袖人物的评价，不仅关系到对所评价之人的认识，而且也直接影响到对相关历史时期、历史事件的研究和评价。"为此，作

---

① 瞿林东等：《唯物史观与中国历史学》，上海人民出版社2013年版，第144页。
② 同上书，第275—276页。

者提倡"在总结正反两方面认识的基础上,注重从方法论上研究毛泽东的评价问题,从理论上推动毛泽东评价问题研究的发展"的研究路径,因为,"实事求是评价现代史上的杰出人物的方法论,正是唯物史观的具体反映"。① 事实上,中国古代史学家亦曾阐述过相近的观点,章学诚曾言:"古之糟粕,可以为今之精华。非贵糟粕而直以为精华也,因糟粕之存,而可以想见精华之所出也。"② 这与马克思主义历史唯物论强调辩证的观点相近,对于当今的史学工作具有重要的借鉴意义。

第四,"从大处着眼",关注重点问题。这是《唯物史观与中国历史学》在表述上的突出特点。如该书第三章讨论"唯物史观与20世纪关于中国历史诸多重大问题的论争及其意义",所论内容主要围绕唯物史观与关于中国社会史论战、中国社会形态问题、农民起义和农民战争问题、资本主义萌芽问题、汉民族形成问题、历史主义和阶级观点的论证、历史发展动力问题及历史创造者等诸多问题的关系及影响。通过对这些问题的论述,作者交代了中国马克思主义史学如何不断发展,中国马克思主义史学队伍如何不断壮大的背景和原因。又如在讨论唯物史观指导下的中国近代史研究的进展时,作者着重强调关于"革命"与"改良"的认识、近代社会史研究和近代文化史研究的进展、关于"现代化"问题的探讨三个问题,作者认为,这三方面的进展最能够反映出唯物史观指导下的中国近代史研究的主要成果和发展趋势。《唯物史观与中国历史学》一书,通过对重要问题的重点阐述,勾勒出中国马克思主义史学在九十年间发展的脉络,便于读者阅读、体悟。

第五,把研究中国马克思主义史学的学术遗产同当今的史学活动结合起来,在继承中创新。这是该书的现实关怀,亦是其撰述旨趣。如书中着重讨论了唯物史观对于人们认识"统一的多民族国家"的重要性,即"中国的历史是中国古今各民族共同创造的历史,这已是人所共知的基本结论,但是在理论上达到这样的共识,却是经过了一个过程的",而对于"统一的多民族国家"历史的认识,"是科学认识中国古代历史的重要内容","不仅对历史研究具有重要的学术意义,而且对当今国家的繁荣与稳

---

① 以上见瞿林东等《唯物史观与中国历史学》,上海人民出版社2013年版,第211—212页。

② 章学诚:《文史通义·说林》,叶瑛校注本,中华书局2014年版,第408页。

定具有重要的现实意义。"① 实践证明,"只有在唯物史观指导下,运用对立统一的辩证思想和方法论",才能得出"合理的判断和科学的结论"。②

该书非常重视唯物史观指导下的中国历史学在理论和方法论建设方面的继承与创新。从历史理论建设方面来看,作者指出,从翦伯赞的《历史哲学教程》到白寿彝主编的《中国通史》导论卷六十余年间,马克思主义史学的许多探索和撰述,都贯穿着唯物史观同中国历史研究相结合的进程,"循着这一路径前进,中国史学的历史理论建设必将不断获得新的成就"③。从史学理论建设来看,作者认为:"侯外庐提出并实践的马克思主义史学民族化的问题,是中国马克思主义史学发展的正确方向。从历史经验教训来看,这是走出教条主义误区的正确道路;从未来前景着眼,这是中国史学不断开拓创新的正确途径。"④ 关于史学方法论的建设,作者提出跨学科的研究方法必将成为21世纪史学研究中的重要方法,这是由于,"跨学科的历史研究已经不是一种单纯的学术兴趣和选择,而是一种学术发展的必然趋势,是促进历史学向创新方向发展的重要途径。以唯物史观为指导,对不同学科的研究方法进行整合,必将显示出这种研究方法的突出效能"⑤。

《唯物史观与中国历史学》的作者认为,唯物史观指导下的历史学理论建设和方法论建设是一项处在"进行时"的学术工程,是一项具有任重道远意义的学术事业,丰富和发展唯物史观指导下的中国史学是一项"艰苦的科学工作"。这要求当代的史学工作者协作创新,从历史学研究的不同面向出发,共同为唯物史观的发展作出新的贡献。正是在这个意义上,唯物史观的指导对中国历史学的学科建设具有深远的影响。值得注意的是,该书是一部"老中青三结合的产品",可谓意味深长。

*　　　　*　　　　*

《唯物史观与中国历史学》一书,通过对中国马克思主义史学九十年

---

① 瞿林东等:《唯物史观与中国历史学》,上海人民出版社2013年版,第169、176页。
② 同上书,第172页。
③ 同上书,第312页。
④ 同上书,第337页。
⑤ 同上书,第370页。

间学术遗产的爬梳与总结，回答了"为什么坚持唯物史观是坚持科学的历史观"这一具有指导性意义的问题。

习近平主席指出，"历史研究是一切社会科学的基础"，这表明，建设好、发展好唯物史观指导下的中国历史学，不仅是历史的要求，也是时代赋予广大史学工作者的光荣使命。《唯物史观与中国历史学》一书表明，在科学的道路上，只有唯物史观指导下的历史研究，才能担负起"一切社会科学的基础"这一学术重任。

（作者单位：北京师范大学历史学院）